八十梦忆

刘梦溪 著

生活·讀書·新知 三联书店

Copyright © 2022 by SDX Joint Publishing Company.
All Rights Reserved.

本作品版权由生活·读书·新知三联书店所有。
未经许可,不得翻印。

图书在版编目(CIP)数据

八十梦忆/刘梦溪著.—北京:生活·读书·新知三联书店,2022.1
 ISBN 978-7-108-07305-1

Ⅰ.①八… Ⅱ.①刘… Ⅲ.①中华文化-文集②学术思想-中国-文集 Ⅳ.① K203-53 ② B2-53

中国版本图书馆 CIP 数据核字(2021)第 231775 号

责任编辑	张　龙
装帧设计	蔡立国
责任校对	张国荣
责任印制	卢　岳

出版发行	生活·讀書·新知 三联书店
	(北京市东城区美术馆东街 22 号 100010)
网　　址	www.sdxjpc.com
经　　销	新华书店
制　　作	北京金舵手世纪图文设计有限公司
印　　刷	河北松源印刷有限公司
版　　次	2022 年 1 月北京第 1 版
	2022 年 1 月北京第 1 次印刷
开　　本	635 毫米 × 965 毫米 1/16 印张 56.75
字　　数	606 千字　图 60 幅
印　　数	0,001-5,000 册
定　　价	198.00 元

(印装查询:01064002715;邮购查询:01084010542)

刘梦溪、陈祖芬在杭州蒋庄马一浮纪念馆前

与柳存仁先生、金耀基先生在马来西亚汉学会上

在查良镛先生家里

在台北"中研院"与李亦园院士摄于雅美人船模型前

2017年10月3日与李泽厚在北京

陈妹妹与乐黛云先生童心相遇

作者与老友汤一介先生的快乐照

1992年9月13日和余英时先生在余宅竹丛前

刘梦溪、陈祖芬与金耀基、陶元桢夫妇

与季羡林先生

2017年10月28日上午刘梦溪、陈祖芬探望叶嘉莹先生

与"老少年"于光远先生交谈

与老友王元化、陈方正在杭州"文化中国"会议上

九十年代初与丁聪沈峻夫妇在笔会之余

与丁聪沈峻夫妇欢笑漫步

2016年5月31日晚在成都与古籍研究所尹波小友一起

妹妹和丽丽

我们的结婚照

和王鲁湘对话谈南瓜和葫芦

张光直先生在作者家中

梦溪、祖芬与文章院长

2011年8月16日学缘友聚，从左至右：梁治平、沈昌文、杨天石、刘梦溪、汤一介、乐黛云、陈祖芬、董秀玉、李泽厚

目 录

题序　　I

第一章　忆少年　　1
亲情与"家学"　　3
一架子书和"一所荒凉的花园"　　10
心感　　13
古韵乡情　　16

第二章　念故人　　19
悼朴老　　21
挽元化　　26
念育之　　32
忆希凡　　39
甲午岁尾悼庞朴　　47
追念吴小如先生　　52
"士之君子，学之诤友"
　　——思念朱维铮先生　　56

"高文博学,海外宗师"
　　——怀念柳存仁先生　　66
文化儿童丁聪　　81
悼念一位早逝的学界友人　　84
李学勤先生逝世敬致唁电　　86

第三章　望远行　87

追念王昆仑先生　　89
茅盾与红学　　93
周汝昌先生的学术贡献
　　——在新版《红楼梦新证》发布会上的讲话　　105
张舜徽和《自学成才论》　　111
季羡林先生的精神履痕　　113
难以忘怀的李亦园先生　　117
萧萐父先生西行感怀　　122
王小波的记忆　　126
芦荻老师　　128

第四章　忆旧游　131

季先生教我感受学问　　133
学术所寄之人
　　——在《汤一介文集》座谈会上的发言　　138
我与钱锺书先生的文字缘　　140
访学记情
　　——和余英时先生的"谈讲之乐"　　145

京港两地书
　　——我与金耀基先生的学缘和友缘　　162
和叶嘉莹先生的相遇相熟　　176
戴逸的"心史"　　181
读《漫述庄禅》致李泽厚　　188
"提前进入死的状态"
　　——读《道家哲学与现代生死观》致叶秀山　　196
思想的力量
　　——读朱维铮《走出中世纪》（增订本）和
　　《走出中世纪二集》　　198
看《范曾》寄遐思　　205

第五章　思佳客　　217

"说真话的时候已经到来"
　　——张申府其人其事　　219
悲剧天才张荫麟　　223
学问天才陈梦家　　227
傅斯年的胆识　　230
学术独行侠何炳棣　　236
陈寅恪的学说为何有力量　　249
明清易代与士人之出处大节　　256

第六章　思远人　　263

"西方皇帝"费正清
　　——在哈佛大学与傅高义教授的对话　　265

狄百瑞的风格　　　　　273
西方大儒史华慈　　　　276
史华慈最后发表的思想　　　　279
"在中国发现历史"的柯文　　　　298
与亨廷顿失之交臂　　　　303
《红楼梦与百年中国》韩文版译者后记　　　306

第七章　长相思　　　319
王国维的诸种矛盾和最后归宿　　　　321
陈寅恪的"家国旧情"与"兴亡遗恨"　　　　334
蔡元培与中国哲学的现代化　　　　361
马一浮的佛禅境界和"方外诸友"　　　　368
钱锺书的学问方式　　　　397
张舜徽百年诞辰述感　　　　423
陈从周的淡泊人生　　　　432
新文化背景下的文言与白话　　　　435
我们该怎样向大师致敬
　　——《解放周末》对话刘梦溪　　　　445

第八章　寻芳草　　　459
"竹柏春深护讲筵"
　　——白鹿洞书院访学记　　　　461
"桃花得气美人中"
　　——虞山访柳如是墓　　　　472

"书生留得一分狂"
　　——波士顿郊外的女作家　480
杜甫草堂背杜诗的喜乐与感伤　486
白先勇和青春版《牡丹亭》　491
茅威涛和《藏书之家》　496
王朔作为一种文化现象　499

第九章　学士吟　507

文化自觉与"美美与共"
　　——费孝通晚年的思考　509
大学之道和"止于至善"
　　——金耀基的《从大学之道说中国哲学之方向》　519
因名见物　由物正名
　　——读孙机《中国古代物质文化》书后　524
红学研究的集成之作
　　——黄一农《二重奏：红学与清史的对话》　531
"忆旧还寻陶令盟"
　　——序龚鹏程《北溟行记》　541
高占祥《仁义礼智信简明读本》跋　547
《读书》与"读书人"和"知识人"　552

第十章　忆岁月　555

我的一次学术历险
　　——《中国现代学术要略》后记　557

敬意与温情
　　——《学术思想与人物》后序　580
"了解之同情"
　　——《学术与传统》后记　591
学术典范与文化传承
　　——《学术与传统》商略雅集侧记　596
隆隆作响的震撼
　　——《陈寅恪论稿》自序　606
"由史入经"
　　——《马一浮与国学》自序　614
看不见的传统
　　——《中国文化的张力》后记　620
孔子为何寄望狂狷
　　——《中国文化的狂者精神》韩文版序　624
大观园里和大观园外
　　——《红楼梦与百年中国》韩文版导言　630

第十一章　意难忘　651
中国文化研究所小引　653
乙酉新年嘉会致辞　666
丙申仲春所聚义述　668
《所聚义述》与范曾先生互函　673
思想小集　676
《中国文化》创刊词　691
《世界汉学》发刊寄语　694

《红楼梦学刊》创刊词　　697

《中国文化》创刊周年座谈会纪要　　699

海上访学记

　　——《中国文化》上海座谈会纪实　　703

为中华文化护法传薪

　　——《中国文化》20周年戊子岁尾雅集发言集锦　　706

第十二章　有所思　　743

一只飘立在空中的洁白羽毛

　　——台湾归来所聚谈话　　745

人生小语　　763

爱为何物　　764

"敬"之一字可以升华世界　　773

文化大观园

　　——王鲁湘对话刘梦溪　　806

大师与传统

　　——刘梦溪在凤凰卫视《世纪大讲堂》演讲全记录　　815

第十三章　失调名　　833

俞曲园《病中呓语》的"呓语"　　835

题　序

不知不觉我今年已经八十岁了。没有感到时光过得快抑或过得慢。完全是浑然无觉的状态。可又不是麻木。也不是"耄期倦于勤"。连子在川上的"逝者如斯"的感叹也没有。"四时行焉，百物生焉"也好像没有看到。

可是八十岁在古代算不小的一件事。按古礼，八十岁可以挂着拐杖上朝。而且有"七十非帛不煖，八十非人不煖"的记载。更重要的，《礼记·曲礼》规定，人活到八十岁的时候，"虽有罪，不加刑焉"。这个政策，现在看未免太放纵老人了。古书念多了，难免胡思乱想。到底是古代好，还是现今好，还真不太好回答。

老人活得比较放松，是宋代。当时的风俗，老人八十，就跟小孩子一样待遇了。最有趣的，八十老人的额头上，要用红颜色的笔写上"八十"字样。本来"八十"两个字是写在小孩子的额头上，以期长命百岁。后来将八十老翁和三岁孩童等量齐观了。所以刘辰翁《一剪梅》词有云："人生总受业风吹。三岁兒兒，八十兒兒。"兒兒就是孩童的意思。辛弃疾《鹊桥仙》词《为人庆八十席间戏作》也有句："人间八十最风流，长帖在、兒兒额上。"周必大《嘉泰癸亥元日口占寄呈永和乘成兄》诗："兄弟相看俱八十，研朱赢得祝婴孩。"祝贺八十老人，也就是为三岁小儿祝福寿。俗云，人一老又活回来了，应即斯义。此为宋时风俗，可惜昔不至今。

我一向没有过生日的习惯。内子陈祖芬也不过生日。她喜欢吃蛋糕，每逢生日，总会订一份蛋糕，便也有一点过生日的意思了。但忙起来也会忘记。尤不以整寿不整寿的为然。只有一次例外。三十年前我五十岁，午饭前祖芬请人从壁柜里拿出一大捆书，上面有一红色贺卡，写着"祝熊猫哥哥五十大寿"。打开一看，是《饮冰室合集》，大喜过望的感觉自心底暖融融地生出。当时正需要梁任公此书，几次到书店都在《饮冰室》前面徘徊，翻翻这卷，看看那卷，寻找各专集的目录，最后放回原处。理由无他，囊中羞涩故也。没想到内心的一个期许，五十岁生日的时候得以实现。中国文化研究所的同事，也都知道我有不愿意过生日的习惯。一次所聚后午餐，学术秘书杨明悄悄说"今天是……"，我立刻示意不要讲出来，大家也都没说话。但用餐时，他们一人叫了一碗面，我只好也要了一碗。直到最后，没有一个人提到生日二字。我真佩服我们所的这些学人，得有怎样的修为，才能做到如此善解人意而又羚羊挂角般地不着痕迹。

今年元旦过后，刘士林来看我。他是我二十世纪九十年代在南师大指导的第一个博士，当时就是副教授了。现在是上海交通大学城市科学研究院的掌门人，做了很多事，学术成果一个接一个。他跟我商量，八十岁了，可否邀集历届同门一起庆贺一下，同时出一册纪念文集。我当即表示不必如此。国家也好，个人也好，都以不折腾为上。好在士林了解我的脾气，我态度如此，也就过去无话。不过，生日虽不过，却想在今年出一本书。去年、前年就想好了的，老妻也觉得是好主意。灵感来自前年出版的《七十述学》。七十有《述学》，八十呢？《八十梦忆》这个名字一下就浮现出来了。

  人生原本是一场梦。我经历的曲折可谓多矣。有梦想，也知道梦想的实现总是困难重重。因此对李白的《蜀道难》深感共鸣。也欣赏钱锺书先生1957年写的一首诗："弈棋转烛事多端，饮水差知等暖寒。如膜妄心应褪净，夜来无梦过邯郸。"还连类把自己的书房起名为"无梦斋"。九十年代和钱先生通信，一次提及此事，他说："无梦过邯郸，安知不即是梦呓乎？清人王正谊有句云：'名下士无天下士，眼中人半梦中人。'言甚有味，告供赏咏。"钱先生的意思，所谓无梦，是不可能的，自己看中的人，也有梦幻的成分在里面。这么说，我们都有梦，我们自己就是梦中人，区别只在梦醒与未醒而已。然而明人张瀚的《松窗梦语》写道："安知梦时非觉，觉时非梦乎？"则醒和不醒，又不见得有区隔了。1919年吴宓在哈佛讲《红楼梦》，题目是《红楼梦新谈》，陈寅恪为之题词的开头两句为："等是阎浮梦里身，梦中谈梦倍酸辛。"这和钱先生让我赏咏的清人诗句如出一辙。可知古往今来的文化人，即使意趣高远者，也无法出离"梦中谈梦"的前后左右。

  况且我是极爱做梦之人，几乎夜夜有梦。后来知道做梦倒也不影响睡眠，反倒是睡得踏实的表现。梦中景致，无所不有。有人，有故事，有山川河流，有星辰天空。梦见的人，说来还真有点讲究。七十年代，经常梦见周总理。八十年代经常梦见钱锺书先生和杨绛先生。九十年代经常梦见余英时先生。二十一世纪开始的十年，经常梦见季羡林先生。汤一介、乐黛云、李泽厚、刘再复、庞朴、龚育之、李希凡等，也不时梦到。本所的梁治平、刘军宁，也多次梦到。当然母亲、父亲、家人、妻子，更经常出现在梦中。

好多梦,都是和祖芬在一起。我还梦见过马英九。他站在我家的窗前,用极小的塑料勺,一口一口地吃冰激凌。他第二个任期就没有再梦见了。其实我和他只见过一面。后来在台湾和一位曾经在国民党里有一定地位的人讲此事,他说太绝了,马英九执政,就是在你家用小勺吃冰激凌的样子。

《八十梦忆》写的就是这些经常出现在我梦中的人物。以学术人物为主。没有想到,我生命的历程中,竟和这么多我敬重的学界人物,有如许情牵梦萦的交集。有些近现代人物,是我的研究对象,如王国维、蔡元培、傅斯年、张荫麟、陈梦家、张申府等,虽未亲炙,却如同熟识的师长,没有丝毫的陌生感。特别是陈寅恪和马一浮,他们如影随形,时时陪伴着我,成为我学问世界和精神世界的强大支撑力量。要而言之,他们都是我亦师亦友的新交旧雨,或者心仪的前辈,把他们可钦敬的道德文章和我本人与之交往的有趣事体记录下来,俾便"忆往事,思来者",同时对自己也是一种心理安慰。全书共十三章,每章都用词牌名标称,分别为——

    第一章 忆少年
    第二章 念故人
    第三章 望远行
    第四章 忆旧游
    第五章 思佳客
    第六章 思远人
    第七章 长相思
    第八章 寻芳草

第九章　学士吟

第十章　忆岁月

第十一章　意难忘

第十二章　有所思

第十三章　失调名

我国唐宋以还的词牌名,既典雅又富妙趣,很像赋比兴的"兴",和词的内容只要有笼括性、象征性的关联就可以。甚至不相关,只是旁敲侧击、插科打诨或反转其义,均无不可。曲牌名也是如此。本书所选用的词牌名,尽量使之与每一章的内容有意象上的相关性。

第一章《忆少年》,是对童年生活情景的一些回忆。《亲情与"家学"》的故事,《七十述学》发蒙部分写过,收入此书的文字经过重新改写,且增加了反思和检讨。《心感》写与母亲的心灵感应。此章的《古韵乡情》,是写一次在德国遇到的一个四人组合小乐队,禁不住引发了我的故国之思。收入此章,略志家国之情的微意云耳。

第二章《念故人》,是对赵朴初、柳存仁、王元化、龚育之、庞朴、朱维铮、吴小如、丁聪、李学勤、李希凡诸师友的纪念与怀思。第三章《望远行》,是第一章的续篇。写了茅盾、王昆仑、周汝昌、张舜徽、季羡林、费孝通、李亦园、萧萐父几位已逝去的老辈学者。第四章《忆旧游》,写我与钱锺书、汤一介、余英时、李泽厚、戴逸、叶嘉莹、金耀基、叶秀山、范曾几位师友的交往和谈讲之乐。第五章《思佳客》,写的是张申府、张荫麟、陈梦家、傅斯年、陈寅恪,凸显了他们的骨鲠精神。何炳棣置于此章，是由于何具有一般学者少见的强劲毅力和特立独行的品格，我称他为"学术独行侠"。《明清易代与士人之出处大节》，是跟张中行先生讨论明清易代和士人的气节问题，关涉陈寅恪和《柳如是别传》的人物与性格，故一并附载于此。

第六章《思远人》，写了几位外国学者，有费正清、狄百瑞、史华慈、傅高义、柯文，都是大名鼎鼎的汉学家和中国学学者。费正清我没见过，但他在我与傅高义的对话中屡屡被谈起。其余几位则是在哈佛和哥大为我所亲见亲历。韩惠京是韩国的汉学家，我的《红楼梦与百年中国》的韩文版，就是惠京教授翻译的，收入本书的是她写的一篇情文并茂的译后记。第七章《长相思》，是从学术角度深层审视王国维、陈寅恪、钱锺书、蔡元培、张舜徽、陈从周几位二十世纪的大师。我的意思，他们的人格境界和学术创获是常新的，值得永远记忆。所以连同《解放周末》对我的一次专题访谈《我们该怎样向大师致敬》，一并置于此章，可谓若合符契。

我在这篇访谈中，特别引用英国哲学家卡莱尔的话，概括大师的品质："他们是人类的领袖，是传奇式的人物，是芸芸众生踵武前贤、竭力仿效的典范和楷模，他们是有益的伙伴，是自身有生命的光源，他们令人敬仰，挨近他们便是幸福和快乐。"我还引用了郁达夫在《怀鲁迅》一文中讲过的话："没有伟大人物出现的民族，是世界上最可怜的生物之群；有了伟大的人物，而不知拥护、爱戴、崇仰的国家，是没有希望的奴隶之邦。"引用之后，我对《解放日报》的记者补充道："一个失去礼敬和敬畏的国家，是没有希望的国家。"这在渴慕大师而又看不见大师的今天，应不无启示。《新文化背景下的文言与白话》，是去年在扬州的一次演讲，整理成文后发表于《中华读书报》，文中涉及的人物和思想，可以与此章的其他人物连类比观。

第八章《寻芳草》，写我个人寻觅古人遗迹的经历和感会，以及与木令耆、白先勇、茅威涛等当代名作家的相遇相识。《王朔作为一种文化现象》，是特殊年代的有感而发，最早刊载于香港《明报月刊》，内地读到的人很少。《杜甫草堂背杜诗的喜乐与感伤》，则是古今合体之作，写出了人所不知的我的喜乐、孤独和感伤。第九章《学士吟》，是我的一组书评，关涉的学术人物，有费孝通、金耀基、孙机、黄一农、龚鹏程，都是名重一时的学者，大家看后就知道了。高占祥既是文化界的领班，又是文章作手。他重病在身，竟然写了《仁义礼智信简明读本》，让我惊异而感动，特应命撰一跋尾，以明三纲五伦之来由及其义理价值之所在。《〈读书〉与"读书人"和"知识人"》列于此章，是鉴于《读书》杂志是当代中国学人的会聚之所，而"读书人"和"知识人"的概念，则为余英时先生所首创，以此便有双重纪念的意思了。

第十章《忆岁月》，收入的是我部分著作的序言或后记。包括《中国现代学术要略》《学术思想与人物》《学术与传统》《陈寅恪论稿》《马一浮与国学》《中国文化的张力》，共六种著作。时间跨度从2004年到2019年，从中可以约略窥知我的学术历程和心路历程。每篇序言或后记，都有值得记忆的故事和思想。《学术与传统》的后记，我说自己最适合做装修队长，很少有人能识得其中的"奥义"。唯余世存看后说，刘先生的空间感真强，似为得之。《陈寅恪论稿》的自序，刊于《文汇学人》时，陆灏兄以"隆隆作响的震撼"为标题，显然洞彻我研究义宁之学所受之影响。《马一浮与国学》自序，记述了我由文学入史学再到经学的为学历程。《中国现代学术要略》的后记，故事性就更强，涉及学术界许许多多的人与事，应该很好看。《中国文化的张力》的后记，引述了余昌民先生讲述的南国改革初起的先行者袁庚对本人的奖掖之词。袁先生看了我1996年出版的《传统的误读》一书，写下这样一段话：

> 刘梦溪之著述读之确含藏充实，气势磅礴，惜乎论述只及于晚清；如今知识分子之苦，有口难言。因学术独立于权势，学术思想之多元，学派之纷繁的局面，可能下一世纪才会出现。

这哪里仅是一位特殊域区的领导者的话语，分明是站在潮头的大思想家的学术断判。"含藏充实，气势磅礴"八字评，让我有一种热乎乎的感觉充溢在胸。我感谢他。只不过他期待的"学术独立于权势，学术思想之多元，学派之纷繁的局面，可能下一世纪才会出现"，看来未免太乐观了。归根结底，袁庚是一位学者型的理想主义者，而理想主义者总是难以逃脱与生俱来的悲情。我觉得我也是这一命运中人。

我的另外两部著作《中国文化的狂者精神》和《红楼梦与百年中国》，翻译成韩文在韩国出版，是我不曾想到的。韩国加图立大学的韩惠京教授为此付出了艰辛的劳动。她着手翻译我并不知情，译稿初就，才来北京与我晤面。《中国文化的狂者精神》韩文版出版于2015年，《红楼梦与百年中国》韩文版出版于2019年。此章所收的一篇导言和一篇序，就是应韩惠京教授之约，专门为两书的韩文版所写的书前文字。自认为此两篇文字，都不乏发人所未发的创辟胜解，曾分别刊载于《光明日报》和《读书》杂志。

第十一章《意难忘》，记述了我创办的中国文化研究所，同时也连带《中国文化》杂志的一些有趣的事情。文化所始建于1988

年7月，1993年4月经文化部批准正式命名为中国文化研究所。人员都是我一个一个调入的。每个人来所都是一个故事。徐书城、梁治平、刘军宁、任大援、范曾、摩罗、喻静、张红萍，都是文化所的正式在编研究员。何怀宏、廖奔、于丹也都曾经是在编的正式成员。每两周有一次所聚，天上地下，海阔天空，无拘无束，但又相见无杂言，自成值得回味的学术盛宴。中国文化研究所和《中国文化》杂志，意趣相同，宗旨不二，有如同胞兄弟。一所一刊的学术理念，就是我本人的学术理念。2018年11月，我从研究院退休，不再担任文化所的所长。但退得不彻底，还是中国艺术研究院的终身研究员，《中国文化》仍由我主编。本章所选，都是关于文化所和《中国文化》的单篇记载，希望知情或不知情的朋友，能够和我们一起分享一个研究单位曾经有过的赏心乐事。

《丙申仲春所聚义述》，记载的是2016年4月25日，周一上午10时至12时，由李飞跃博士的调入，而东西南北，而古今中外，而抚今追昔，而众声喧哗，而才思喷涌，而胜义纷呈。此种情景，最能见出文化所众学士积学之厚，所风之蔚然。当我将当天晚上率性而成的五言六十四句，送请范曾先生指正时，他竟揄扬有加，反复与我讨论乐府、歌行和律对的关系。讨论函共三通，范二通，我一通。一并附载于此，尚请明诗善律之君子是正焉。《〈中国文化〉20周年戊子岁尾雅集发言集锦》等三篇纪实，不乏对我们一刊一所的奖掖之词，但在我则看作师友们的惺惺相惜和真情的呵护与鼓励。

本章还收入了三篇发刊词。《中国文化》创刊词、《世界汉学》发刊寄语和《红楼梦学刊》创刊词。《中国文化》创刊词撰写于1988年，颇有些迥异时流的意味。在"文化热"的背景下，我提出："深入的学术研究不需要热，甚至需要冷，学者的创造力量和人格力量，不仅需要独立而且常常以孤独为伴侣。"时贤纷纷以走向世界相标榜之际，我写道："与学界一片走向世界的滔滔声不同，我们想为了走向世界，首先还须回到中国。明白从哪里来，才知道向哪里去。"《中国文化》创刊至今，已三十余年，创刊词阐发的宗旨始终一以贯之。《世界汉学》创刊于 1998 年，当时成为很壮观的一件事。因资金受阻，只发行了四期，就无以为继了。红学是我的旧时营生。1988 年，二三子有创办《红楼梦学刊》之议，我于是写了这篇创刊词。当时的语境，使我未能完全摆脱时代的印痕，如果今天来写，宜有不同。《学刊》的题签，也是我请茅盾题写的，使用至今。但《红楼梦》的活动我早已不参加了。我喜欢《红楼梦》，不喜欢红学。我是《红楼》"梦"外人。

第十二章《有所思》，有更为特殊的意义。2018 年春节过后，我的老妻陈祖芬病了。此章首篇《台湾归来所聚谈话》，第一次向我们所的同事约略陈述了一年多治疗的经过。第二篇《人生小语》，是多年前应香港《明报月刊》写的，这里不妨引录全文，以明我当时和此时的心境。

丁聪大师为文化人造像，贱名亦忝列其间。像后例有自述及友朋附语。我的自述是："吃麦当劳，喜欢柳如是，研究中国文化。"季羡林先生赐语曰："相互切磋琢磨，莫忘那更好的一半。"[1] 王蒙撰一联："古今商之，阅经史子集，颇悟微言妙谛；天下念也，观暑寒晴雨，但求大概明白。"内子陈祖芬附

---

[1] 季先生赐语的原文为："博古通今，颖慧而且谨严。相互切磋琢磨，莫忘那更好的一半。"我最看重的是后两句，故公之于众时总是省略了前两句。

语:"小孩总想装大人。"丁聪夫人沈峻赐函或打电话,呼我为"民国前"。本所一副所长荣升,临别语所内同人:"刘先生即之也温,久而知其严,再久,又转温矣。"二十余年前,一职掌文化界之高官评云:"自傲之甚,天下谁都不如他。"邻居一退休女杂技演员的印象:"刘老师就是胆儿小。"

这篇小引句句写实,一字不虚。有助于了解我们的文化所,也有助于了解我和我的一家。写附语的几位师友也真了解我们。副所长任大援先生的话,则是体认深切的高明者之言,不是谁都能够说得出来。

此章的第三篇《爱为何物》,写出了我的爱情观。《"敬"之一字可以升华世界》,是2008年5月12日上午在本所的一次长篇谈话。谈话时作家十年砍柴先生碰巧在座。谈完话回家的路上,在燕莎旁边的红炉磨坊小坐,没等一杯咖啡喝完,汶川大地震就发生了。秦燕春博士下午发信息,说我的谈话惊天动地。十年砍柴事后写来一信,认为我的谈话与地震似乎有一点什么关联。当然不会的,人的心理感觉有时难免呈现无法证实的莫名其妙。另外则是与凤凰卫视有关的两篇文字。一篇是凤凰卫视《世纪大讲堂》的演讲全记录。曾子墨主持,总是与人不同。她能"引诱"我说出不想说的话。另一篇是凤凰卫视《文化大观园》节目的名主持人王鲁湘与我的文化对话。鲁湘是有文化眼之人,别人看不到的东西他能看到。

第十三章《失调名》,写的是晚清的大学者俞曲园。就是那位在道光最后一年考中进士,礼部覆试获得第一名的德清俞樾。覆试的诗题是"淡烟疏雨落花天",很容易让人生出黯淡惆怅之感。可俞樾依题所作的两首五言八句,其第一首的头两句竟是:"花落春仍在,天时尚艳阳。"让担任此场阅卷官的曾国藩击节称赏,评说道:"咏落花而无衰飒意,与小宋《落花》诗意相类。"小宋即宋代诗人宋祁,所写《落花》诗为两首,第一首云:"坠素翻红各自伤,青楼烟雨忍相忘。将飞更作回风舞,已落犹成半面妆。"于是曾国藩力主擢拔俞樾为第一名。但俞樾的仕途并不顺利,仅放了一年河南学政,就因科场案而罢归。真是成也科场,败也科场。但官运不通,却成就了无人不晓的大学者。

今年春节蜗居家中,翻看曲园老人的《春在堂全书》,发现那是一片交错纷呈的晚清社会与人生的海洋。曾国藩、李鸿章、彭玉麟等中兴诸将,都和俞樾有频繁的往还。他还经历了诸多家人、亲人相继离世的悲痛。他和发妻姚氏自幼就是令人羡慕的青梅竹马,结缡后感情深笃。但长期没有自己的居所,不得不与姚氏一起住在岳家。待到苏州的春在堂落成,姚氏不久就去世了。这让俞樾感到格外伤痛。他是一位经历过大浮沉、大悲欢,生与死和殊荣隆誉相与纠缠,有大阅历的传奇人物。所以在临终时能写出《病中呓语》九章,并说他身后二百年的世势都在里面了。

1932年,陈寅恪为俞曲园的《病中呓语》写过一篇跋文,是应俞樾的曾孙俞平伯之约写的,他们当时同在清华教书。由于这两个人都与我相关,以此一直对《病中呓语》抱有浓厚的兴趣。这次终于有了机缘,得以写出这篇《俞曲园〈病中呓语〉的"呓语"》。写完之后发现,此文放在《八十梦忆》里倒是异乎寻常地合适。"呓语"不就是说梦话吗?可是,如置于本书第一至第十二任何一章,都感到与前后左右的邻舍有点格格不入。最后决定,索性单独成章,作为全书的一个象征性的结语。词牌名中有一名为《失调名》,移用于此章可谓恰到好处,严丝合缝。

写到这里,已经七八千字了,意犹未尽。记得二十年前的2000年4月,大病初愈后与内子,还有南师大的几位好友,自南京,下扬州,过镇江,到常熟,经苏州,到上海,抵杭州,前后一个月的旅程,乐莫大焉。可是从扬州往镇江的路上,我心有所思。我知道那里是沈括晚年隐居的地方,其居处现在就叫"梦溪园",是一个与自己的名字相重合的所在。一车人,我又不好意思提出能否在镇江停留。因为彼处的肴肉,是无论上海、苏州都不能与之相比的,一上车几个人就啧啧于口。我沉思了好一会儿,这才知道中午可以高兴地品尝肴肉了。

第一个去处就是"梦溪园"。大家是为我而来,都高兴得不得了。园里颇荒落,除我们几人,没有其他游客,工作人员也只有一个。看了一会儿,拍几张照,就要离去了。这时我在门口停了下来,问有没有纸笔。工作人员递给我一支小圆珠笔,和一本皱皱巴巴的登记簿。我问有没有毛笔和宣纸,回答说没有。同行的高永生是极能干的老师,立刻跑到街上连同墨汁都买了回来。我一挥而就,畅然地在一张宣纸上写了两行字:"古今同一梦,双溪不二流。"沈括名字里有"梦"字,我名字里也有"梦"字,但他是古人,我是今人,"梦"字相同,梦的内涵却有古今之分别。沈括名字里有一个"溪"字,我名字里也有一个"溪"字,两个溪字是相同的,但他姓沈,我姓刘。"溪"相同,"刘"却只有一个。这样又把彼此分隔开了。并且谐音写作"流",含有两个溪的流向不一定相同之微意。中午用餐略发斯义,大家不免为之欣喜,内子则带着只有我知晓的幸福感久久地笑乐于心。

看来我与梦的关联也多矣。撂下这些古今典例不说,如果只是梦溪本人在八十岁的时候,写一本关于往昔岁月的书,以《八十梦忆》名之，也是恰切得名正言顺。但现在这本书，远不止此了。《红楼梦》第一回作者自云，"闺阁中本自历历有人"，如果将"闺阁"换作我所熟悉的学术界，自然更称得上"历历有人"。单是本书写到的人物，就超过半百之数。只就本人亲炙亲历者言，他们虽然领域殊科，年辈不一，阅历有别，性情异趣，但都是一时之选，同为我的亦师亦友则一。现在他们统统作为本书中的梦中人了。各章文字，陆续写成，大都发表过。只有何炳棣、李亦园、叶嘉莹、戴逸、金耀基等少数几篇为新近竣事。余英时、朱维铮两篇，则系重新写过。

　　钱锺书先生嘱我赏咏的清人诗句："名下士无天下士，眼中人半梦中人。"前一句不妨忽略不谈，只就后一句言，本书所写的人物，应该既是我的眼中人，也是我的梦中人。然陈寅恪题吴宓《红楼梦新谈》又说："等是阎浮梦里身，梦中谈梦倍酸辛。"则本书所写，亦只不过是一个"八十兒兒"的"梦中说梦"而已。

岁在庚子二月初二写毕于京城之东塾

第一章　忆少年

亲情与"家学"

我出生在二十世纪四十年代开始的一年,按干支是庚辰年的岁尾,因此属龙。相书上说,庚辰龙为恕龙,也许我的心性与此不无关联罢。生我的时候,母亲虚龄四十五岁,我是家中最小的一个孩子,哥哥、姐姐比我要大出十四五岁。父母是山东黄县(今龙口市)人,二十年代末迁来此地。母亲系续弦,前面的大哥,所生长子只比我小一岁。前面还有一个大姐,也经常往来。二哥、三哥和一个姐姐,是我母亲所生。他们都很疼怜我。

父亲身在农家,却很少事稼穑,兴趣主要在讲书和写字上。他书法不错,举凡春联、礼账、契约、词讼等本村和邻村的文案,很多都出自他的手笔。他还懂得一点道教的符箓,遇到我发烧,他会写一纸"聚魂单",在白酒里烧化,母亲边抛撒,边呼唤我的小名,而且叫我答应。究竟有没有效,我已经不记得。只记得小时候经常发烧。

我父亲的二叔父,是一位行医先生,我叫他二爷。一副古旧眼镜,手提带铜活的小皮箱,留着几绺白胡须,很有些仙风道骨的样子。每当他飘然来到我家时,大家最有兴趣的是听他讲《聊斋》。他讲得活灵活现,而且都是夜晚上灯之后,一讲就是半夜。

我越听越害怕,越害怕越想听。结果多少天之后,我一个人不敢走过我家的堂屋。我爱发烧,如今想来很可能与听二爷讲《聊斋》受惊吓有关。二爷也教我念《千家诗》,条件是早晨的童子玉液须送他清饮。他还跟我说过,如果手拿两只棒槌,一跃可以跳上房顶。但直到他过世,也没见他试过,这是他留给儿时的我的一个好大的悬念。母亲说他的话不一定靠谱,但我小时候真的很喜欢这位神仙二爷,每次他来,都给全家带来欢笑。

二爷讲《聊斋》,我父亲一般不在场。他熟读《三国》,但他喜欢讲的是《封神榜》以及《七侠五义》《大五义》《小五义》《大八义》《小八义》等侠义小说。每当腊月来临,年关前后,村里的一些爱好者都来我家听他讲书。有时他也哼唱鼓词,一种很平很快的说书调。我哥哥姐姐也会,他们也都识字。我父亲监管很严的一个铁皮箱里,有很多这方面的书,至少《三侠剑》《粉妆楼》《玉娇梨》什么的,我是看到过的。《诗经》《四书集注》也有,那是在箱子旁边堆放的几摞书里。如果碰巧父亲不在,箱子又没上锁,我的好机会就来了。可以随意在箱子里翻看,只要一页认识几个、十几个字,就看得很来劲儿。历史演义和侠义小说对我的影响,可说是沦肌浃髓。我学认字,也跟乱翻这些书有关。书箱外面的书,也经常翻看,但阅读兴趣不大。

父亲认真教过我的,是《三字经》《百家姓》《千字文》等蒙学读物。他口授,我一句一句跟着念。后来《三》和《百》皆能背诵,《千》开头的"天地玄黄,宇宙洪荒"两句,令我懵懂得不知所以,便偷懒没有全背。倒是能背诵《千家诗》,除了二爷一首一首地教,母亲和姐姐也提示性地教我念过一些句子。这种口授的方法,常因谐音闹笑话。譬如《百家姓》的"俞任袁柳,丰鲍史唐",我会悄悄理解为"风包屎汤",然后自己窃笑。《神童诗》我也很喜欢。"天子重英豪,文章教尔曹。万般皆下品,唯有读书高""朝为田舍郎,暮登天子堂。将相本无种,男儿当自强"。这些朗朗上口念起来特别响亮的话,让我模模糊糊地知道,世间唯有读书最好了。"书中自有黄金屋,书中自有颜如玉",也听大人念过。问父亲这两句的意思,他不答。母亲说,书念好了,长大娶好看的媳妇。

我九岁以前,就是在这样的家庭环境生长的。听二爷讲《聊斋》,听父亲讲侠义,背"三百千",自己乱翻书。如此"家学",也就思过半了。很少和小朋友玩,倒是喜欢跟姐姐、嫂嫂在一起,听她们说笑,跟她们一起做扔荷包和击鼓传花的游戏。大哥和三哥会木工手艺,他们那些工具,令我迷恋不已。至今我喜欢各种工具,潜源实在此。母亲的善良,远近无人不晓。不知有多少妇女儿童,得到过她的帮助。父亲说她是吃一百个豆不嫌腥的人。我到三四岁,还吃母亲的奶。好像是她走到哪里,我都想跟到哪里。我的恋母情结,可想而知。她吓唬我的名言是:"我今儿不打你,明儿不打你,后儿指不定打你不打你。"每当她这样宣示训词的时候,我两手垫着下颔,与其说是敬聆威吓,不如说是在领会险情已然淡远的温馨。姐姐出嫁县城,母亲常去探望,有时一次住上好多天。父亲也常有事在外面。每当黄昏降临,我一个人跪在窗前,无声而泣地盼念母亲,也是儿时真切的记忆。特别当嫂嫂走过来劝慰,说别哭了,妈妈很快就回来,我会更加难过。

我的这位嫂嫂,是二哥的妻子,年龄比二哥小很多,长得俊俏,对我的照拂无微不至。1992年,清华大学召开纪念赵元任学术座谈会,一个女生演唱赵元任作曲、刘大白作词的《卖布谣》,

其中有几句歌词是:"嫂嫂织布,哥哥卖布。卖布买米,有饭落肚。小弟弟裤破,没布补裤。嫂嫂织布,哥哥卖布。"听得我竟流下泪来。后来,一天夜里忽入一梦:嫂嫂笑盈盈向我走来,两颊红润,年轻而美。第二天打电话给哥哥,他说你嫂子昨天殁了。一年春节,姐姐的女儿一家路过北京,与我见面,同来的有二哥的一个孙女,我对她格外顾惜,希望尽量有帮助于她。我大嫂三嫂对我也很好。母亲常说:"老嫂比母。"也许我的恋母情结也转移给了嫂嫂一部分罢。

九岁前我没正式上过学。邻村一位乡先生,是父亲的老友,他办的一个只有五六个学生的私塾,我断断续续念过一年。方式是一遍一遍地跟着先生诵念《诗经》《论语》和《孟子》。《诗经》喜欢,《论语》也有好感,唯不喜欢《孟子》。致使为人师后一个时期给研究生开书目,常常有《论语》而没有《孟子》。儿时的影响可真是根深蒂固呵。说起来,我的所谓"家学",不过是略胜于无的一点点村塾的底子而已,好处是从小养成了亲近书、喜欢书、爱读书的习惯。

比较言之,童幼时期我得到的家庭和亲长之爱,可以说为造化所独钟,几乎到了娇宠的地步。没有谁责备过我,听到的都是夸奖的话。还未上正式的学,村里的大人就称赞我书念得好。上学后同学起外号叫我"大头",母亲非常不以为然,说看不出我的头大。为此我认真照过镜子,悄悄揣量和班里同学的头有什么不同,最后发觉可能真的比人家的头大一点。祖芬的头大更是有名的,季先生就管她叫"大头娃娃"。家庭、学校、社会是影响青少年成长的三个方面,第一位的是家庭。童幼时期从家庭环境和父母亲长那里得到的爱充盈,自己的爱心也会在无形中孕育生长。成人之后的爱,也不是凭空得来的,你以爱心待人,人也会回报以爱心。孟子岂不言乎:"爱人者,人恒爱之。"是矣,是矣。

但从小娇惯,也容易导致心性过于软弱。陈寅恪倡言"了解之同情",我常常还未了解就已经开始同情了。因此读《史记》看到太史公批评项羽有"妇人之仁",我内心总有受到一击的感觉。家庭影响和成长的逻辑,似乎是小时候受的委屈越少,长大后越不容易经受得住委屈。直至二十几岁、三十几岁,当受到委屈冤抑的时候,有时竟一个人默默地流淌泪珠。幸好后来历过无数次炼狱般的起伏跌宕的磨折,意志逐渐变得坚强起来,柔弱的心性得到一定程度的弥补。

张舜徽先生在《自学成才论》一文中说:"自来魁奇之士,鲜不为造物所扼。值其尚未得志之时,身处逆境,不为之动,且能顺应而忍受之。志不挫则气不馁,志与气足以御困而致亨,此大人之事也。盖天之于人,凡所以屈抑而挫折之者,将有所成,非有所忌也。其或感奋以兴,或忧伤以死,则视所秉之坚脆,能受此屈抑挫折与否耳。"可惜是过了天命之年才读到张先生的振聋发聩之论,其感奋激励不啻当万籁俱寂之时聆听到天庭传来的妙曲纶音。兹可见后天的教育、知识的吸收、学问的累积和人生阅历的直观感受,同样是人格走向成熟的必不可少的条件。

只是即使处身中年或者老年阶段,仍会找到童年生活的隐约的影子。这时你才惊讶地发现,自己还是那个自己,那个调皮的喜欢受人娇惯、渴望得到爱的小宝宝。一切都没有变。甚至小时候的爱好和习惯,也带到成为人文学者后的自处和他处中来了。学界与我情亲的一些友人,大都比我大七八岁到十四五岁。这是否与小时候我喜欢和哥哥、姐姐、嫂嫂一起说话玩耍有关?他们也都比我大十多岁或竟至十四五岁。前两天和我的同事好友梁治平谈起此事,他想了想,说的确如此。他一定想到了汤一介、乐黛云、李泽厚、龚育之、孙长江,以及余英时、李亦园、金耀基等我经常与之往还而且想之念之的师友。彼此学术观点是否相同并不重要,重要的是每有接谈都能感受到友情的温暖和激发出谈讲的快乐。假若两者之间确有某种意想不到的从小到大的精神延续和心理惯性的连接,那可是值得人类学家和心理学家予以关注的课题。

母爱的寄托和延伸,是为成家之后的配偶。但配偶能否肩负起如许使命,要看彼此的缘遇。世间情事的离合聚散也多矣,因此生出无尽期的悲剧、喜剧和闹剧。古今多少戏剧天才、文学圣手,都以此作为永恒的主题,可是无论他们展开怎样奇幻超凡的想象力,所呈现的艺术现实都不如现实人生丰富多彩。此正如《牡丹亭》第一出"标目"所述:"白日消磨肠断句,世间只有情难诉。"真正的那个与你相知相爱相亲相敬的人,也许世间本来就没有,也许有你没有遇到。遇到和遇不到,就是人间情事的有缘和无缘。

人海茫茫,世路漫漫,情事相遇的几率不是千分万分之一二,而是百万分千万分之一二。然则一旦遇到,终成眷属,她的角色将随着时空转换而日趋丰富,最后达致既是情人,又是爱人;既是知音,又是知己;既是贤妻,又是良友;既是眷属,又是伴侣;既是玩伴,又是亲人;既是姐姐,又是妹妹;既是女儿,又是妈妈。到了这一境界,生身母亲的慈爱和娇宠,自幼从父母亲长那里得到的关爱与呵护,都一一在配偶身上得到了全面的重光。然则这样的缘遇有谁可能遇到呢?

上世纪八十年代末,我读钱锺书先生的著作近乎迷狂。一次趁开会之便，拜访了厦门大学的郑朝宗先生，亦即《管锥编》每每提及的那个"郑君朝宗"，他是钱先生信得过的一位友人。交谈中我提出一个问题：以钱先生的性格和锋芒，为何1957年没有受牵连？郑先生蓦然站起来说道："这得力于杨绛！有了杨绛，他什么都有了，不需要与别人争短论长。"《红楼梦》一处交代，贾宝玉看到龄官画蔷和目睹了贾蔷和龄官的爱情之后，"自此深悟人生情缘，各有分定"。当年属意于杨绛的俊才翘楚何止二三子，可是情缘所归、分定所属只有钱锺书，那个小时候被钱基博老先生拧耳朵的贪玩的人。《红楼梦》我是熟悉的，结合郑朝宗先生的解说，我无法不产生对人间情缘的"深悟"。

让我意想不到的是，上世纪八十年代末和九十年代初，我和钱先生通信的时候，一次他在信里说："祖芬女士的文章，我们钦佩已久。你有这样一位'文章知己，患难亲人'，可喜可贺。"钱老的勉辞，让我们既惶愧，又感动，又惊叹他对人间的情缘何以洞悉得如此深微。写信的时间是1989年12月7日，三十多年来，我们夫妇始终对钱先生心存感激，不敢或忘。

2020年1月21日写讫于东塾

一架子书和"一所荒凉的花园"

我的不同时期,书的影响比较清晰。童年时代,在1949年以前,发蒙时期,对我影响最深的,是《三字经》《论语》和侠义小说。当时不能够完全理解,但是《论语》念起来很舒服,《三字经》的语句铿锵悦耳,"苟不教,性乃迁。教之道,贵以专。昔孟母,择邻处。子不学,断机杼。……养不教,父之过。教不严,师之惰……"现在我还能脱口而出。《论语》也是这样,小时候能背很多。后来长时间不接触,但只要一接触,就又回来了。

《论语》的思想,和《三字经》是互相联系的。都是教你做一个好人,知仁知义,走君子之道。小时候发蒙多背些东西,对训练记忆力有好处。学界熟悉我的朋友,都说我记忆力比较强,这和小时候背很多东西有关。越是年龄小的时候背的东西,越不容易忘记。中学、大学即使背下来了,也容易忘记。当时的《百家姓》《三字经》《千字文》《论语》《诗经》发蒙,对我日后进入中国传统文化,有铺垫预热的作用。

侠义小说对我的性格很有影响。我父亲会讲这些书,比如《小五义》《大五义》《大八义》《小八义》《三侠剑》等,里面渗透一种打抱不平的英雄主义和正义精神。

念新式小学以后,要我说哪本书对我影响最大,反而不清晰了。小学的时候,我继续偷偷读武侠,但老师不让我读。那时候看的是苏联文学,《卓娅和舒拉的故事》《钢铁是怎样炼成的》,但是我觉得构不成对我的影响。

比较明显的是初中,我产生了对中国诗词古文的特殊喜爱。《唐诗三百首》《古文观止》,其他古代诗文等,背了很多。和一个要好的同学一起背,互相比赛着背。中国诗词很优美,古人文章简洁典雅,对我后来文章写作,对审美,都有好的影响。

高中我一头扎进了欧洲十九世纪文学,不知读了多少。托尔斯泰、屠格涅夫、巴尔扎克、司汤达、雨果、罗曼·罗兰、雪莱、拜伦、普希金……读西方这些文学作品,容易滋生爱情的情绪。我最喜欢的是普希金,诗、小说都喜欢。普希金的作品,有一种温情的清雅。很喜欢念他的《假如生活欺骗了你》。《奥涅金》里达吉雅娜写给奥涅金的信,我一字不漏地抄在笔记本上。信中有一句话,还给了我一种人生意象,影响我一生。意思说,我没有太多的需求,只要有一架子书和一所荒凉的花园,就很满足了。现在念这句诗,还使我心动。当然,我现在不止一架子书了。

我的读书生活不足为法,不构成现在的典范性。但小时候背诵的训练,使我进入学术比较便利。有时它会变成思维的符号,丰富你的想象。许多古诗文能脱口而出,会使语言比较讲究,不堕入流俗。年纪逐渐大了,我反而会很清晰地想起小时候父亲讲了什么话,母亲讲了什么话。小时候的生活有了某种复活,历历在目。

现在,由于自己做研究,大部分时间都是专业阅读,又由于我的阅读习惯,使我在阅读时,并不仅仅满足于找材料,会把某一本书重读一遍,这使我写作的时间拖得很长。好处是,"学而时习之",对文本的理解会往深里走。我期待的,是一种闲适阅读,没有目的的阅读。比如我现在经常还会念一些诗,看一些无用但有趣的书,带来一种愉悦。

我对目前少年儿童阅读的建议是,阅读的关键在于不要"偏食",应该是非常丰富广泛地阅读,书籍的选择面要广,小时候开始也要念一些外国的书、外国的诗,特别是童话和寓言。

原载2011年6月8日《中华读书报》陈香主编之《阅读导刊》

心　感

骨肉亲情之间，在某种特定的情境之下，会发生心灵感应的事，每听人讲起，但由于神秘莫解，人们未免疑信参半。我个人，因为有过这方面的直接经验，所以笃信不疑。

儿时居乡下，家里养有一马一骡，在水草繁茂的夏季，骑马牵骡去野外放牧，是我最快意的事情。一次遇雨，到附近的草屋中躲避。当雷声大作、雨下得最急促的一刹那，我突然心慌意乱，不能自持，疯了似的在草屋里走来走去，好一会儿才镇静下来。雨停后回家，看到母亲手缠绷带坐在床上。原来雨下得最大的那一刻，她在路上不小心跌了一跤，跌断了左手的手臂，与我在草屋中出现烦躁难安的反常心理的时间完全相同。

母亲说这是我和她连心。这次经验对我既神秘，又有一种暖流融融的亲切感。从此人间的至性亲情，包括描写亲情的文学作品，极容易引起我的共鸣。《聊斋》里的《乱离二则》，其一写陕西某盐官，由于突发战乱，与家乡音信断绝，母亲妻子不知去向。后来受命来到京都，手下一个老班役丧偶，他拿出钱来让其买一妇人为续。当时大兵回师，俘掠的妇女人口无算，插标上市，如同卖牛马一般。这位老班役知道自己的银子有限，不敢买年轻的，看一位年岁大些的衣着甚整洁，便买了回来。不料此妇人竟是盐官的母亲。于是又给钱让老班役再买，这次买回的则是盐官的原配妻子。"一日而母妻重聚，喜不可已，乃以百金为班役聚美妇焉。"

《聊斋》谈狐说鬼，许多故事难免不经，但包括这则乱离在内的涉及明清易代酿成的社会逸闻趣事，许多都是信而有征的实录。盖作者蒲留仙实有历史兴亡的寄托在焉，此处不能多及。对于此则"乱离"，作者认为一定是这位盐官大人"有大德"，"所以鬼神为之感应"。把人间的骨肉亲情之间的心灵感应，用超人间的形式加以解释，其事可信，其理难凭。

钱锺书先生在《管锥编》论全后汉文卷三十八节里，引用应劭《风俗通义》的故事，其中记载："陈留太守吴文章少孤，遭忧衰之世，与兄伯武相失。别二十年后，相会下邳市中，争计共斗。伯武殴文章，文章欲报击之，心中凄怆，手不能举，大自怪也。"两兄弟在举手相向之际，突然产生心灵感应，立即把臂相认，悲喜交加，震撼身心。另外《吕氏春秋·精通篇》也叙及，申喜与母亲离散多年，后来"闻乞人歌于门下而悲之，动于颜色"，原来门外的乞者正是自己的生母。《淮南子·说山训》所谓"老母行歌而动申喜，精之至也"，说的就是这桩故事。

王充在《论衡·感虚篇》中引以为说，认为这类事情的发生，是由于"闻母声，声音相感，心悲意动"的结果。但对于曾参的母亲欲留访客，遂以右手掐左臂，使正在山上砍柴的曾子也感到左臂疼痛，因而立即归来的传说，王充持保留态度。他的理由是："精气能小相动，不能大相感。"可惜王充的解释，虽然合理但并不恰当。《淮南子》说的"精之至也"，十分重要。《感虚篇》开头也说："精诚所加，金石为亏，盖诚无坚则亦无远矣。"那么，如果精诚至坚,骨肉亲情之间的极虑永思,未尝不可以致远。当然还需要一些其他条件,譬如雷电阴雨的天气,也许更容易出现这种心灵感应的现象。

至于如何解释,就目前科学所达到的水准,尚无法提供满意的答案。看来人类为了求生存与自然和社会周旋,花去的时间太多了,反而忽略了对自身潜能的发掘与研究。钱锺书先生说西方把这种现象叫作"血声"(la voix du sang),即一个人将自己的心感"隐示"给亲属的意思,古希腊小说中也多有此类情节的描写。说明此种现象是人类的共感,古今一揆,东海西海,无不同也。

原载香港《明报月刊》

古韵乡情

没有想到，在欧洲，在现代德国，还会遇上一支中国的古风乐队，而且是在教堂里，那样肃穆庄严的场合。

5月3日上午，为纪念汤若望诞辰四百周年专场弥撒在科隆市圣玛利亚教堂举行，这是此次纪念活动的一部分。重头戏是国际学术研讨会，联邦德国《中华资讯中心》和《华裔学志》编辑部联合举办，地点在圣·奥古斯丁，波恩近郊的一个美丽小城。来自世界各国的与会学者乘坐会务组统一安排的旅游客车，于上午9时抵科隆。先随喜弥撒，下午再参加汤若望雕像揭幕典礼。弥撒由科隆教区的红衣主教主持，秩序井然，恭谨如仪。雄浑畅扬的管风琴把教堂的空间拓展到无限大，人的存在被缩得很小很小。突然，仪坛右侧悄无声息地转出三位青年，一男两女，女一怀抱琵琶，女二端坐在预先准备好的古琴旁，男的操起一把二胡。在场的即使是善男信女，也不约而同地把目光转向他们。啊？中国人？是的，是中国人。头发、肤色、乐器都出来证实。三位青年慢拢琴弦，略顿了顿气，整个教堂便弥漫起我所熟悉的故国乡音。

第一支乐曲演奏的是《阳关三叠》，这支唐代传下来的古琴曲，虽几经变易，仍保持着哀怨深永的音调，听起来令人回肠荡气。随着悠扬的音乐节拍,王维《渭城曲》的原词不禁在脑海里萦回:"渭城朝雨浥轻尘,客舍青青柳色新。劝君更尽一杯酒,西出阳关无故人。"第二支曲是《春江花月夜》,曲调由幽深隽永转为繁富绚丽。每曲演奏完毕,都爆发出热烈的掌声。莱茵河畔的音乐之耳是无可挑剔的,听众的情绪显示,不仅这支小乐队获得了成功,还包含有对中国民族器乐的礼赞与认同。我作为中国人,似乎也分享到了几分荣宠,但同时又平添几分凄凉与哀愁。

我莫名其妙地想知道他们得到的报酬是否合理。恰好当晚这支小乐队也来到了奥古斯丁,我们在餐桌上攀谈起来。他们知道我从故乡来,但并不问故乡事,却急于想知道我对他们演出的看法。我端起一杯红葡萄酒,祝贺他们的成功。琵琶女向我解释,为什么他们的"古风乐团"笛箫阙如。古琴手则热衷于讨论爱情和事业到底哪个重要的古老话题,看来这是她关注的热点。她掏出一张张照片给我看,说上面是她的小宝宝,一个月的、两个月的、三个月的……可是我看到的只不过是豆粒大小的一块块附着物而已。但她说感觉好极了,每有演出,她的小宝宝都能听到古琴的旋律。他们都是北京和上海的专业演奏人员,出来好几年了,前些时在法国,最近来到德国。

第二天,在纪念汤若望诞辰四百周年学术研讨会开幕式上,我又见到了这支小乐队,但多了一位女高音。演奏的乐曲有明快欢乐的《紫竹调》,有寂寞孤高的《咏梅》:"驿外断桥边,寂寞开无主。已是黄昏独自愁,更着风和雨。无意苦争春,一任群芳妒。零落成泥碾作尘,只有香如故。"演唱者神采飞扬而又落落大方,使备受欢迎的小乐队顿生光辉。她熟练地运用西洋唱法,把音色和音量控制得极佳,听众的情绪一次次被推向高潮。一位加拿大的华裔学者为乡音所感染，显得格外兴奋，别人的掌声已经停止，他还在继续孤掌续鸣。

然而我从女歌手演唱的《咏梅》词中，也感受到一种超越时空的孤绝与凄婉。由此想到这支远离故国、漂泊欧陆的小乐队，是否遭遇过被"妒"被"碾"的处境，因而对陆词"驿外断桥"的属意深有所悟。否则她何以吟唱得那样味厚情切，让观者和演唱者共披一身清凉。

这次在波恩、科隆短短几天时间，颇遇到一些他乡游子，或求学，或任教，或经商，个人事业大都相当成功，在文化氛围浓厚、强手云集的欧洲，也不失为佼佼者。但他们对祖国的命运放心不下，言谈之中不时流露出淡淡的乡愁。一次，与一位治西方哲学史的访问学者交谈，我说这里有思辨的环境，干扰少，可以专心向学。他说也有另外的干扰，譬如想家，想国内的朋友，整天看到的是西方人的面孔，虽四年多了，仍常感寂寞。

研讨会期间一直陪伴着我们的小徐，是北京来的正在攻读哲学和神学的研究生，不到两年，就以优异成绩通过了拉丁文和希腊文的考试，德文听写均无问题，英文会话很流利。纯朴和正义牢牢占据着这位年轻学子的心。回国的前一天，我问他要不要带封信或由我代打一个电话给他的双亲，他说不用了，想不起该向他们说些什么。已获得的成绩，他感到差得很远，不足以为报；为取得成绩受到的苦楚，不用说父母，就是师友也不想坦告。

当他这样说的时候，神情顿时黯淡下来，目光里充溢着对远方亲人的思念。

原载香港《明报月刊》1992年第7期

第二章　念故人

悼朴老

朴老逝世了，我并不感到意外。九十多岁的老人，这两年一直住在医院里，终归是一天天往人生的尽头走去。几周前与内子谈起，已有淡淡的不祥预感。四月上旬至五月中，南行养疴，先后在南京、扬州、常熟、苏州、上海、杭州逗留，多处看到朴老的字。没想到回京不久，就传来噩耗。坐落在北京南城东绒线胡同内南小栓胡同一号那所温馨的宅院，这几天一定悲戚肃穆而忙碌吧。我知道我应该却不必前去打扰。陈邦织先生也需要安宁。更没有想写悼念文字。但是，当看到报上朴老遗体火化的消息，遗嘱中有如下的字句："生固欣然，死亦无憾。花落花开，水流不断。我今何有，谁欤安息。明月清风，不劳寻觅。"我感到虽不一定却有必要写点什么了。

我与朴老相识，是1974年的秋天，经李一氓先生的介绍。当时正参加《红楼梦》新版本的校订，遇有版本校勘方面的疑问，常向氓老求教。一次谈及佛学问题，氓老说："我不懂佛学，你去找赵朴初。"于是写了一封信，并打了电话，荐我前去拜谒。从此便有了在南小栓胡同一号听赵朴老谈"缘"说"法"的机会。只不过时值四逆横行，国运少安，每当谈讲学问之余，难免议及时事。朴老的习惯,对国运兴衰的观感,常寄之以诗。且边吟诵,边随手书写,与友人共赏。1975年,社会上忽有评《水浒传》之举,朴老以《读〈水浒传〉》为题,成诗四句:"废书而长叹,燕青是可儿。名虽蒙浪子,不犯李师师。"恰好一天我在,他用铅笔写在一张薄薄的稿纸上,笑着看我赏读。当发现我领会了三四两句的"今典"意涵时,他朗声大笑。这首诗1978年出版的《片石集》中没有收录,我保留有当时的手迹。

惊心动魄的1976年,是我与朴老接触最多的一年。总理逝世,举国同悲。清明祭扫,共讨逆贼。那是民意群情得以充分表达的历史时刻。然而"四五"运动,惨遭横暴,一夜之间,天安门广场风云变色。朴老写了一首《木兰花令》抒写愤懑的情怀:"春寒料峭欺灯暗,听雨听风过夜半。门前锦瑟起清商,陡地丝繁兼絮乱。人间自古多恩怨,休遣芳心轻易换。等闲漫道送春归,流水落花红不断。"一改惯常的温柔敦厚的诗风,几乎是金刚怒目了。他特地用宣纸写一小幅送给我,我知道这首词实含有对青年对后学的激励勖勉之意,相期不管风云如何变幻,也不更易人生定念,即使是已经归去的春天,也会披着新装重新走来。

新时期开始以后,朴老预闻国政,担负日重。我问学写作,又平添许多庶务,便自知不该多去打扰朴老了。整个八十年代,我们都很少见面。但朴老1977年给我写的一副对联:"天道无亲常与善,人才非正不能奇。"始终挂在我的书房里。对联附题识:"十年教训,得此一联。天道作自然法则历史法则解。与犹亲也。无亲而常与,非正则不奇,相反相成之理,不甚然欤。"

1987年初秋的一天下午,我正伏案写作,猛一抬头,看见朴老联语的题款是"一九七七年九月",倏忽之间已过去十个年头,抚今追昔,不禁感慨顿增。遂信手草一函寄给朴老,感谢十年来这副联语对我的激励,同时坦告,此时的心境更喜欢王国维的两句诗:"云若无心常淡淡,川如不竞岂潺潺。"没过几天,朴老就以娟淡秀美的笔墨,写来了静安诗句,下款署"丁卯中秋",一个更加不容易忘记的日子。

1990年《中国文化》创刊一周年研讨会,朴老于百忙中参加了,并讲了话。他赞同我们确定的"深研中华文化,阐扬传统专学,探究学术真知,重视人文关怀"的办刊宗旨,勉励我们即使遇到困难,也要想办法把刊物办好。在此之前,具体时间记不得了,我与朴老曾见过一面。在朴老家里,像往常一样,朴老坐在背南朝北的单人沙发上,我坐在旁边长沙发的右侧,近膝倾谈。他慢吟着说:"殷有三仁焉""微子去之,箕子为之奴,比干谏而死。"我知道,《论语》里讲这个故事,下面还有柳下惠不能枉道事人而三次被黜的记载。因此我提到了柳下惠。但朴老如同没有察觉,仍喃喃念诵:"殷有三仁焉!殷有三仁焉!"

最后一次见到朴老,是1998年5月,端午节的前一日,《世界汉学》创刊的时候。提前打电话给陈邦织先生,安排下在北京医院会面的时间。已经很久没见过朴老了。此前的一次是1996年2月,纯属偶然。我随内子探视冰心妈妈,吴青说赵朴老就住隔壁。下楼时见朴老的房门开着,不由回身,迟疑地轻轻走了进去。朴老合衣、穿着鞋、闭目仰卧床上,双手挽脑后,在安详小息。注目致意片刻,正欲离去,朴老醒来,认出是我站在他的床前。迅即坐起,问这问那,欢悦非常。不一会儿邦织先生回来,我便告辞了。朴老一边送一边自言自语:"故人情呵!故人情呵!"朴老这句话，几年来一直萦绕在我心里。

《世界汉学》创刊座谈会朴老未能出席，因医嘱不宜离开医院。但他为这本新刊物的出版题写了贺语。本来以为随便写句什么话也就是了，陈邦织先生拿过来他常用的那种薄薄的稿纸；可是朴老不要，伸手去取宣纸，并拔开了毛笔的笔帽。略加沉吟，写出诗句："汲古得修绠，开源引万流。"末署"世界汉学创刊志庆，赵朴初敬贺"。并亲手压上刻有"朴初"二字的阳文图章。令我感愧惊喜的是，为《世界汉学》题词，朴老同时还想到了他喜欢的《中国文化》，两联诗句，各指一刊。笔者十余年的微薄而艰辛的努力，朴老只用两句话，即概括无遗。这是朴老最后一次对我的勖勉，也是我终其身命也不敢或忘并永远愿为之努力的为学轨则。

我和朴老最后这次见面，他还并非偶然地讲起了佛教的"因缘"与"因果"。《中国文化》第十四期上刊有庞朴先生笺释方以智《东西均》的文章，题目为《黑格尔的先行者》。朴老一边翻看一边说道："方以智、黑格尔，已经晚得多了。辩证法是从释迦牟尼来的。佛教讲缘，缘就是条件。任何事物的存在，都需要条件，都有其成因。因上面还有因，可以不断地追上去。但要问最初的因是什么？回答是没有的。佛教不承认第一因，也不主张有最后的果。我们讲事物的因果，是指在长河中截取一段，这一段有因有果。万事万物，无始无终。"朴老说着哈哈大笑，说他在讲佛学了。他写的《佛教常识问答》，我自然读过，但当面聆听"因""缘""果"的讲释，确为生平第一遭。

听朴老讲释佛理，讲者心悦，我亦欢喜。如同这次诵读讲者之遗嘱，心生大欢喜，应知去来处。朴老停止了呼吸，却没有死。

他的爱心,他的善念,他的慈悲,将永留人间世。

"花落花开,水流不断。"

原载 2000 年 6 月 22 日《光明日报》

挽元化

今天，2008年5月10日，忽得许纪霖兄自旧金山发来的沉痛急函，告知王元化先生已于北京时间5月9日22时40分在上海瑞金医院逝世。并云"他自去年秋天发现癌症扩散至肺部，住进医院，前几个月又扩散至脑部。一周前进入浅度昏迷状态，最后与我们告别了"。又说"中国官方已经发了短讯，称其为'中国共产党优秀党员、著名学者、原中共上海市委宣传部部长'。后事如何安排，目前暂时不得而知。华东师范大学考虑为王先生举行一个学术追思会。我目前正在美国访问，13日回上海"等等。

虽然仅半个月前我因出席浙江省儒学会开幕式，中国美术学院舒传曦教授和夫人唐玲女士约往杭州老龙井品茶，我们还谈起元化先生的病情，知道已难以回天。但接此噩耗，痛惜之余仍不胜惊诧。我无法接受元化会真的离去的事实。他是当今中国无论老辈还是小辈都难得一见的不停顿的思想者。他提倡的有思想的学术和有学术的思想对如今的学界有特别重要的意义。只要和他见面，他就会讲出正在思考的新的思想。他是有才华的文学家，有思想的学者，也是以天下为己任的知识分子。

五十年代胡风一案，他是受牵连者。长时间隔离审查，写不完的交代。侮辱的语言,冷漠的目光。他想到了死。他没有王静安从清华园走到颐和园鱼藻轩的自由,他选择的方式是把他高贵的头颅奋力撞到墙上。也许是文弱的身体缺乏足够的力气,更可能是慈悲的上帝不愿接受他的请求。他活过来了。但嘴角歪斜,舌头僵硬,语言含混不清。医生诊断他得了心因性精神病。1959年才告结案,定为胡风分子,开除党籍,行政降六级。可是反"右派"、"反右倾"、城乡社教、文艺整风,直到"文革",元化是以戴罪之身来艰难地跨越这"瀚海阑干百丈冰"的。

他是太喜爱文学了,太钟情学问了。学问和书籍使他在逆风千里中获得心灵的哪怕是片刻的安宁。境遇不好了,学问却提升了。《文心雕龙》和黑格尔成了他不离不弃的伴侣。他认识了精通中西学问的韦卓民,认识了新儒家的领军人物熊十力。古典文学学者郭绍虞给他写了嵇康的《赠秀才入军》:

> 良马既闲,丽服有晖。左揽繁弱,右接忘归。
> 风驰电逝,蹑景追飞。凌厉中原,顾盼生姿。
> 携我好仇,载我轻车。南凌长阜,北厉清渠。
> 仰落惊鸿,俯引渊鱼。盘于游田,其乐只且。

后来这首诗一直挂在元化的书房里。

当然,他的精神支撑力还来自他的美丽温柔、世家出身的妻子张可女士。元化被隔离的时候,张可带着儿子前来探望而不得一见,儿子爬上高墙摇晃着试图看到他的父亲。当"文革"张可也受到冲击,竟至于昏迷七天不能苏醒,我们的元化只能婴儿般地放声大哭而已。

元化的心碎了。

元化个体生命的舒张还是在改革开放之后。他文章不断，著作不断。厚积厚发，理出自然。他还一度出位当了上海市的宣传部部长，也是最早的国务院学科组的成员。他南北东西有许许多多的朋友，天下无人不识君。但唯有学问才是他的精神归属，他像一个热血青年那样呼喊着"新启蒙"。九十年代以后，他进入了反思反反思。他向大家介绍《东方杂志》主编杜亚泉的学术经历。

对学问，他像老人一样固执；对思想，他像儿童一样天真。无论何方人士学术上的一个小起色，都会引起他的注意。每次通电话，或出差上海趁便去看他，他都问起北京的几位朋友，汤一介、孙长江、庞朴、李泽厚如何如何。吾生也晚，不用说比元化，比汤、孙、庞、李也小去十有余岁，但我们习惯地称王元化先生为元化，称同志称先生都觉得别扭。

元化是我们《中国文化》的学术顾问，对刊物呵护有加，每问必复。约稿他也尽量有所贡献，并推荐文章给《中国文化》。第九期邵东方的文章，就是元化推荐发表的。他自己的文章有两篇，一是第六期的《"达巷党人"与海外评注》，一是第十二期的《关于京剧和文化传统的答问》。第十二期脱期很长，他说以后不给梦溪文章了。《中国文化》如今已正式交邮局发行，不会再脱期，元化知道当额首称慰，只是他已经永远无法再给《中国文化》写文章了。

九十年代中期，他开始办《学术集林》，旨趣与《中国文化》略同。每期编后都是他亲手所写。他像养护一个孩子一样照料自己的刊物。我深知编后难写，难在每期都不得不添足。以至后来，《中国文化》有几期索性"无后"。1996年元月，他写给我的一信颇及《集林》事，是对我贺岁函的回复。我和元化九十年代的通信有多封，几年前他征集，居然一时未能找到，后来搬新居，收拾囊箧，才显露容颜。下面我把此信抄录出来，与友朋共览，并以之见元化的学人性情。

梦溪同志：

　　元旦来信收到，谢谢您的关怀。向您和祖芬同志拜个晚年，祝安康愉快。我于元月三日去温哥华参加文化中国会议，九日始返。回来见到您的信，一时时差倒不过来，未能及时作复，甚歉。《集林》卷二说是已出，但我尚未见到。拿到后当寄奉乞正。这本文丛尚需兄大力支持，并望赐稿。《中国文化》是我很喜欢的刊物，我觉得我们宗旨相同，见解一致。我此次在加，向海外学人也是这么说的，杜维明还在大会上把这层意思公开宣讲。我的性急随年龄日增，故写好，马上交报纸（《新民》是短文，《文汇周报》发长文），希望早日见报，故在文丛上也未发自己稿子。但兄既约稿，当试试看，如写出一定寄奉审定。王国维集事，已向市委写了书面报告，争取拨款五十万。口头上已同意，但是否可落实，尚待观察，估计至早也在春节后可略有眉目。我忙这些事毫无个人打算，但吃力往往不讨好，有时也难免灰心丧气，想何必讨苦吃。老伴也如此相劝。但继而转念，苟一息尚存，总该做点什么，所以又干下去了。但困难真多，现在办事真难，精力不济，奈何？我的论学集已出，不日寄奉。祝好。

　　　　　　　　　　　　　　　　　　王元化，1995.1.

信纸用的是"戏剧艺术编辑部"的公笺,故元化又附语:"信纸已用罄,找到多年前已不用的信纸,只好请原谅了。"谁能想到以元化的地位影响,办起事来仍是难上加难。他说的"困难真多,现在办事真难,精力不济,奈何?",可发一叹。但灰心与无奈不能改变他的文化理想,"苟一息尚存,总该做点什么,所以又干下去了"。

  我与元化心相通,往来并不密。我与其他学界友人也是如此。往往什么研讨会上碰到了,才有论学论治一叙契阔的机会。1991年9月11日我在上海召开《中国文化》座谈会,谭其骧、顾廷龙、蔡尚思、苏渊雷、冯契、贾植芳、黄裳等沪上诸老悉皆出席,元化自然在座。不久,即9月,我们一起赴哈佛参加"文化中国:诠释与传播"国际学术研讨会,朝夕相处,有较多交谈。1994年11月杭州又有"文化中国"研讨会,我们都出席了。当时我正沉醉于"学术独立"的议题,所以发言时强调各司其业,学者不一定耗时费力去管学术以外的事情,不妨"天下兴亡,匹夫无责"。元化听后大惊,立即插话说:"梦溪呵!你怎么可以这样讲?如果'匹夫无责',你还办《中国文化》干吗?"朱维铮说:"知识分子讲的话,当政者不听,与制定政策无关,在这个意义上,我同意刘梦溪的意见,'天下兴亡',我们'无责'。"由此可以看出,元化的知识分子的文化担当。这和他信里说的"一息尚存,总该做点什么"的自我期许,是完全一致的。

  2006年12月18日,"史华慈与中国"学术研讨会在上海结束的当天下午,我到庆余别墅看望了元化。几年不见了,除了腰椎欠佳,他似乎一切尚好。香港城市大学的张隆溪、郑培凯两位老友也在,大家谈得很热烈。万没有料到,这竟是我和元化的最后一面。

元化走了，学术界、思想界失去了一位有性情有意气的长者，少了一位不肯停顿思考力的博雅大儒。其实不是一个，而是一大块。眼前看不到有谁能够填补他留下的空缺。

写了一副挽联，不能尽意，敬请朋友们指正。

大衍治世，青年也有胡心，从此雕龙黑格尔
回归清园，晚岁犹言启蒙，迩来不忘杜亚泉

刘梦溪 2008 年 5 月 10 日深夜于京东寓所

附注一 "瀚海阑干百丈冰"见于唐代诗人岑参的《白雪歌送武判官归京》，上下联句为："瀚海阑干百丈冰，愁云惨淡万里凝。"

附注二 唐陈鸿祖《东城老父传》记载九十八岁老人贾昌之言曰："今北胡与京师杂处，娶妻生子，长安中少年有胡心矣。吾子视首饰靴服之制，不与向同，得非物妖乎？"笔者引此典隐喻元化受胡风一案之牵连。

念育之

没想到育之这么快地走了。因为他刚七十八岁，还是学问的盛年，我的好多师友都是这个年龄。

但也不是毫无心理准备。2004年10月7日，我们的"金秋有约"，除了季先生，于光远也来了，育之、小礼自然不会缺席，况且正值他们的金婚之期。这是育之脑梗塞住院的一年之后，他看上去没有什么不好，只是手中多了一根拐杖。他抽得的签是："孤标傲世偕谁隐，一样花开为底迟。"黛玉的咏菊诗，看似相反，实则相成，也算吉签。我认识的熟人中，有好几位这几年或搭桥，或安支架，或装起搏器，效果都不错。我们开玩笑："只要过河不拆桥，就畅通无阻。"

今年元月，中国文化书院导师雅聚，小礼来了，育之没有来。我说还是心脏？小礼说现在主要是肾了，他的老毛病。不过，她说现在透析、换肾，都是成熟的手术。乐黛云几周前手臂骨折，裹着纱布，动弹不得。老友们纷纷过来看她，有的拿着酒杯，肢体动作过大，我于是用左手护住她的右臂。此特定情境之下小礼跟我讲育之，不知为什么，我开始有了一丝担念。就像2000年我南行养疴，古寺名刹多处看到朴老的字，因而心生悬念一样。此后每见到马惠娣,我都问起育之的情况。

马惠娣近年致力于休闲学的研究,五年前她来到我们中国文化研究所,创办休闲文化研究中心并担任主任。她是龚育之介绍来的,原《自然辩证法》编辑部的工作仍继续。可以想见她和以自然辩证法名家的龚育之的渊源,以及和"老少年"于光远的渊源。她开的休闲学的研讨会,光远、育之必来,我有时错位侧席,也是为了见到育之。我同马惠娣讲:"你知道吗?我和龚育之可是渊源有自呵。其实我比育之小十二岁,和汤一介、乐黛云、孙长江、李泽厚,也是如此。电话里找汤一介,乐黛云接听,有时我会说:'小弟刘梦溪。'但他们似乎也不觉得我比他们小,可能这就是所谓忘年吧。"马惠娣第二天清晨告诉我噩耗,当天下午打电话给小礼,我说二十多年前电影界有一对夫妇,感情甚笃,男的走了,女的几乎没落泪,送走夫君的当天晚上,就闭门续写先生未竟的长篇小说,直到完成出版。6月21日,赶去为育之送行,和小礼握手,她说:"我一定按你说的做。"

但昨天夜里小礼发来了她写的《花堪折时直须折》,记育之的病和直到离去的情形,和老龚的一篇遗稿《记我的第三个上级》,写于光远。我感到了小礼的寂寞。"花堪折时直须折,莫待无花空折枝",是他们初识相爱时,互相勉励的话。小礼用做文章的标题,如今有点像谶语了。而育之最后一篇文章写的是于光远,口述,没有完全定稿。龚育之最后的文章,不写于光远又写谁呢?于光远不最后写,他怎么能够呢?于光远是伴随他一生的人物,知遇之情,惺惺相惜,命运同济,荣辱与共。人们见到于光远,总会想起龚育之。说起龚育之,也会提到于光远。

龚育之遗稿《我的第三个上级——于光远素描》,写了一些不为人所知的于光远的逸事，比如五十年代初期"肃反"，他们单位一个人的弟弟，被所在机关怀疑是暗藏的"反革命"，那个机关要求在弟弟隔离审查期间哥哥不得去探望。其实，他哥哥还是悄悄地去了。于是追查，这位哥哥被逼得山穷水尽才承认有此事。担任该单位领导的于光远说："关心自己的弟弟，去看望一下，这是人之常情。我看算不了什么问题，不必抓住不放。"育之说光远这番话，使他脑子开了窍，转变了思路和态度。陈寅恪标举对古今人物的"了解之同情"的态度，揆情度理，于光远当时能够如此，自属难能。

当然，龚育之的文章也没有一味扬善，于光远1958年也唱过小麦高产的调子，但随后他真诚痛悔，说这是"科学处长不科学"。我不知道育之的为人为学的科学态度，只是由于他和小礼都是自然科学出身，还是受到了于光远的影响。于、龚二人，道相同，性格却不相像。于的心性中有浪漫和诗，龚则大事小事，严谨如仪。他的另外两个上级，赵沨和秦川，也都是自成格局的人物。六十年代初，我听过赵的讲演，有思想，有风度。秦亦见过，似初衷难易，定见不多。他们对育之的影响，应该都是正面的。不管出于何种理由，反正科学是龚育之毕生未尝或离的学术理念，而且知行合一。解释学的一个基本假设，是认为历史真相不能原封不动地重构。因此听人讲自己见过或经过的事情，转述别人的观点和看法，遇有情节繁简的取舍或色彩浓淡的剪裁，往往谅之。但这个世界上有一个人，凡经他的口叙述的事情，其真实可信不改原样纤毫的程度，应无有过之者。这个人就是龚育之。我本人有时相信直觉，不否定神秘经验，认为貌可以相人，心可以通灵，情可以通神，育之不以为然。汤一介、王蒙也不认同我的"大有异议非常可怪之论"。

小礼电话中嘱告京城诸友,我给汤一介、李泽厚、王蒙、严家炎、邵燕祥、沈昌文、董秀玉打了电话。泽厚人在北美的科罗拉多,闻讯大惊。李泽厚比龚育之小一岁,少时同为长沙明德中学的高才生。一次校长拉他们到讲台,举起两人瘦骨嶙峋的小胳膊,说光是学习好不够,还要身体好。这个掌故,育之给我讲过,泽厚也讲过,版本完全相同。1996年第十三期《中国文化》,刊有程千帆先生的《叶德辉〈光复坡子街地名记〉补注》一文,颇及戊戌、辛亥以还长沙旧事,包括叶德辉1927年写的攻讦农会的那副对联:"农运方兴,稻粱菽麦黍稷,一班杂种;会场扩大,马牛羊鸡犬豕,六畜成群。"嵌"农会"二字于联首,横额"斌尖卡傀",寓"不文不武、不小不大、不上不下、非人非鬼"之意,可谓极尽挖苦辱骂之能事。传说他1927年被杀,实与此联语不无关系。龚育之是我创办《中国文化》伊始就聘请的学术顾问,但虽为顾问,却没有正式向他约过稿。出版多期之后,一次晤面,才提及如有合适文章不妨也给《中国文化》一篇。他说他关注的问题与《中国文化》的内容异其趣。待看到程千帆先生的文章,他说可以写了,但不完全是学术,只是一个更正,一段掌故,一点议论。这就是第十四期《中国文化》发表的龚育之的《从叶德辉之死谈到黄兴的流血革命和胡元倓的磨血革命》一文。

叶德辉《光复坡子街地名记》主要攻讦对象是民国元勋黄兴,因此文中提到,与其改长沙坡子街为黄兴街,不如把黄兴开始出名的长沙明德学堂改为黄兴学堂。当然也是讽刺语,并非真意如此。程先生《补注》说,明德学堂始建于1903年,创办人是胡之倓,辛亥后改为明德中学。恰好龚育之就是明德中学的学生,他说校长不是胡之俅,而是胡元俅,程先生误写了。而且他文中讲了一段有关胡元俅和黄兴的故事,特别能引发我个人的兴趣。黄兴应胡元俅校长的延聘,本来担任明德中学的体育与博物教师,但这位职业革命家,却趁机成立了华兴会,并在学校的实验室制造炸药,为长沙起义做准备。事情败露后,清廷追捕黄兴,胡元俅校长挺身而出,面对臬司厉声说:"诸事我均与闻。君如须升官,吾之血即可染红君之顶子,拿我就是。"不料那臬司意外豪爽,回说:"此狗官谁愿做,此刻看如何保护他了。"于是黄兴在胡元俅的保护下得以逃脱。我在当期的《编后记》里特地拈出这一故事,而且至今赞佩不已,不仅是勇于担当的中学校长,那个能顿时开悟的臬司,也不可轻看呵。育之在这个中学念书,他有福了。

育之的文章里还讲到另外一件事,就是叶德辉的死。叶是湘省大儒,字焕彬,1864年生于长沙,光绪十八年(1892)进士,淹通文史,精于版本目录之学。原来只读过他的《书林清话》,后来由于研究陈宝箴和1895年至1898年的湖南新政,这个人物的轮廓逐渐清晰起来。他是守旧派的一员大将,地位仅次于王先谦,而比王先谦更为强硬。抵制梁启超主讲时务学堂(曰"将祸我湘人"),评点维新学政徐仁铸的《𫐄轩今语》,逼走南学会主讲皮锡瑞,都是此人所为。故1898年八月政变,维新派受挫,王、叶诗词往还,互相称贺,以至于王先谦赞许叶是当代的韩愈,有"摧陷与廓清之功"。而维新派的先锋谭嗣同和唐才常,也是湘省人士,其强硬态度又在叶德辉之上。谭嗣同说:"才常横人也,志在铺其蛮力于四海,不胜则以命继之。嗣同纵人也,志在超出此地球,视地球如掌上,果视此躯曾虮虱千万分之一不若。"当我钩沉发覆湖南新政这段历史故实时,义宁父子(陈宝箴、陈三立)固是题旨所在,其中所看到的湘人的拗强性格,亦不无感叹。虽然,"地齐"只是论学衡人的一项参酌条件,人物之妍媸美恶,岂地域所能决定哉。龚育之也是湘人,其性格尚不如是也。可见如太炎先生所说,"地齐"之外,"政俗"亦至关重要。

叶德辉之死就与"政俗"有关。发生在1927年4月的这件事,不是一件小事情,甚至两个月后自杀于昆明湖的王国维,与之也不无连带,哪怕仅仅是心理上的连带。龚育之发表在《中国文化》上的文章,为我们透露了一条关于此公案的后续消息。这就是事过四十年之后的1968年10月,毛公曾放话:"对于这种大知识分子,不宜于杀,那个时候把叶德辉杀掉,我看是不妥当的。"育之说冯友兰《三松堂自序》对此有记载。可惜毛公说那个时候他不在湖南,否则也许此历史的页册会作另外的书写?

龚育之的记忆力是惊人的。一次,我和他探讨"一目十行"是否可能的问题,他说自己做不到,不过听说有一种阅读方法,不是按字按句按行,而是按页,就像照相一样,停留三秒左右,整个一页就记住了。但他说在书店里,如果从一个书架的左边看到右边,速度不快不慢,他可以记住全部书名。我好奇自试多次,所记不过十之四五,比育之差远了。还有他的读书之博,也令人惊叹。他的专业方向主要是哲学和自然科学理论,近二十年旁涉党史文献和法律政策。但新时期以来,他读了大量当代文学作品,包括王蒙、张洁、刘心武、王安忆、贾平凹等人的。张洁的《沉重的翅膀》颇受他的赞赏。一次他问我《废都》看过没有,我说只看了开头。问他的印象,他说一般。

我结识育之,缘于老友孙长江的介绍,1973年秋天,他们两位同在一个临时的教育刊物，约请我写一篇探讨《红楼梦》与传统教育思想关系的文章。育之天生君子相，五官堂正，心宅透明，初见之下，即生好感。此后便常相往还。当时士晦民困，生命倒悬，友朋相见无杂言，但道妖氛恶。邓的复出与受制，给他带来了欣悦与困扰。他参与过诸多取向不同的文件的起草，文字上与闻国政，乾嘉诸老秉持的"实事求是"之义，他未敢或忘。此盖因科学立命始终是他的本我。但应制之文，捉刀之笔，其身不由己之艰难险阻，亦当为知者知之。

《石头记》早期抄本的一位署名脂砚斋的评者，颇谙作者身世阅历，常发为感叹："屈指三十五年矣！"我和龚育之的相识相遇，今年恰好也是三十五年。没有想写文章，只送了一副挽联："立命科学，不忽小节，敬谨修为，强记博闻，遍读百家书万卷；与闻国政，能全大体，忧先乐后，公私判然，安定天下笔一枝。"不敢称工，取意而已。但看了小礼的文章，文思涌动，往事如昨，拉杂写来，谨以为念——距育之之逝已一个整月矣。

2007年8月11日于京东寓所
原载2007年8月26日《文汇报》

忆希凡

李希凡逝世,在我实在是太突然了。一周前还打电话给他,声音、语调、思维,无一不正常。视力虽大减,只是不能看书而已,电视仍能模糊看得。外出轮椅代步,在家里走动尚无大碍。听力、心力、声气,都是好的,电话中分明感受到他生命元气的充盈。他1927年出生,今年九十有一,健旺如此,我说真是难得。没想到10月29日清晨,却传来他去世的消息,我感到一阵伤痛,登时满眼泪流。

打电话到希凡家里,希凡的外孙女接的,开始以为是蓝蓝,后来知道是大萌的女儿。她说蓝蓝在飞回北京的航班上,小芹在,正在和研究院的领导谈话。希凡有三个女儿,大女儿李萌,在科学院大气物理所工作,前些年去世了。二女儿李芹,在山东工作。三女儿李蓝,在美国一所州立大学的饭店管理和旅游学院教书,已经是教授了。三个女儿中,大萌和我最熟,李芹、李蓝也不陌生,连接电话的大萌的女儿,听说是刘梦溪,也说知道的,家里人常说起你。第二天李蓝回来,我们通了电话,知道是感冒引起肺炎,未及时送医院诊治,遂成无法挽回之憾。是希凡不让送医院:"感冒算什么病,不用去。"不料当天午夜,他打了个呼儿,竟没有醒过来。

希凡作为文化人，似乎得天独厚，一生没遭遇什么大的波折，临终也"终"得不知不觉的安然。这应了我时常说及的一句话——我说他是"福将"。但他的发妻徐潮好多年前罹不治之症去世，不久大女儿李萌也去世，二女儿、三女儿不经常在身边，他应该不无孤独感。但他并不寂寞，周围的很多朋友都与他保持联系。《人民日报》的几位老同事，田钟洛（作家袁鹰）、姜德明等，一直和他不离不弃。红学界的一些友人，也对他多有照拂。此盖由于希凡人缘好，即使在不太顺利的时候人们也念他的好。1976年"四人帮"被粉碎，他一度处境艰难，有关方面要查清他和"四逆"有无牵连。说到这里，无法不暂时回到1975年和1976年的历史现场。

现在的中国艺术研究院红楼梦研究所的前身，是1975年成立的《红楼梦》版本校勘注释小组。诗人袁水拍担任组长，李希凡、冯其庸实主其事。校订和注释科研事项，冯先生主持，小组的全面工作希凡负责。聘请老辈红学家周汝昌、吴世昌、吴恩裕和老作家叶圣陶充当顾问。冯其庸先生是我大学的老师，希凡是我的旧友，小组甫一筹划，他们两位就决定将我从山西调过来，参与其事。而1975年恰值邓小平复出，几个领域大刀阔斧地整顿，经常给人们带来欢欣鼓舞的好消息。希凡在《人民日报》工作，资讯灵通，很多消息都是他亲口所讲。对小平的态度，他和大家一样，也是称赏不已。但不久有"反击右倾翻案风"运动的兴起，他忧心忡忡。1976年1月8日，周总理去世，群情激愤，对"四人帮"的倒行逆施，开始了全国性的声讨。于是有"四五运动"发生，这是平生难得一见的人民群众直接创造历史的伟大壮举。

但随即则是"四人帮"的大规模迫害，追查天安门运动的参与者，追查都有谁散布了关于他们的所谓"谣言"。

这样一来，本来尚称平静的《红楼梦》版本校订注释小组，也不能成为避风港了。一天，组里开会，好像是要批判一下周雷的言论。一位发言者没说几句，周雷兄便睡着了。因为他夜里是不睡觉的，白天开这种会自然引不起他的兴趣。又过些许天，希凡叫我去一下他的办公室。坐定之后，他说："你的揭发材料来了。"原来我的一位从事人文研究的老熟人，受到压力，举报我言论中有蔑视"则天武后"的意涵。希凡说，反正口头言论，无从对证，就当没有此事就是了。对我采取了保护的态度。但接下来的一个举报，就比较麻烦。举报者云，我天天去天安门，并以社会良知自许。事实昭昭，无人不晓，这下希凡也无法出来为我一辩了。周边的眼神儿开始出现异样的变化，浓重的阴霾向我袭来。

正在这时，唐山大地震发生，北京亦受影响，人们为避震不得不住在户外。自然灾变延缓了"阶级斗争"的过程。真的是天怒人怨了，知者无不以为时局将变。我和希凡商量，可否离开校订组，回家一段时间。他说也好，回去避一避。于是我便以案情未了之身回到太原家中，时在1976年9月。不料仅一个月过后，"四凶"即被剪灭。我又回到校订组，一路上反复吟诵杜诗："剑外忽传收蓟北，初闻涕泪满衣裳。却看妻子愁何在，漫卷诗书喜欲狂。白日放歌须纵酒，青春作伴好还乡。即从巴峡穿巫峡，便下襄阳向洛阳。"本人重新获得了清白之身。而且由于对"四逆"的鲜明态度，1977年春节过后，我就被调到以肃清"四人帮"在文化领域的余毒为主要任务的文化部写作组去了。但始终未中断和希凡的联系，经常通电话，或者到他家里畅叙。他当时下放了一段时间,研究鲁迅的《〈呐喊〉和〈彷徨〉的思想与艺术》一书,即成于此时,其中的两篇文稿还曾给我看过。文化部写作组无人不知我与希凡的渊源,每当我为他辩护,说希凡人好,闻者不乏颇不以为然者,说你还这样看?可是我对希凡,不这样看,又能怎样看呢。

我和希凡相识于1964年,至今已过去五十四个年头了。当时我的《探春新论》在《光明日报》分上下两篇刊出之后,他和冯其庸先生都在颐和园云松巢写作组,冯先生一次带我去拜望了他。身着圆领大汗衫,下穿已经褪色的灰黑长短裤,坐在写字桌前不停地摇扇子。具体说了什么话,已不复记得,无非给予鼓励之类,给我留下的是平易近人的好印象。后来在1968年春季的某日,他竟来我所在的大学看我。危乱之际,见面格外亲切,我们一起吃的中饭,多少年之后,他还向我提及此事。而就在那一年的秋天,我外放到山西,在太原钢铁厂当了一名钳工,人各一方,见面的机会少了。但每次来京,都会到他齐家园的家里做客。吃饭就一起吃饭,晚了就留我住在他的小书房,睡在一张行军床上。第二天起来,徐潮大姐的早餐已经准备好。我最喜欢徐潮包的饺子,特别是扁豆馅的,味美得让人流连。和他几个女儿熟悉,就是在这个时候。1974年春天,希凡约我为《人民日报》副刊写一篇论《红》文,开具专函特邀我进京,住在王府井南口东盛胡同的《人民日报》招待所,见面又多了起来。文章写了一稿,我和希凡都不甚满意。不久,文化部成立《红楼梦》校注小组的事开始酝酿,写文章的事遂无果而终。

我在《红楼梦》版本校订注释小组,和1977年到文化部写作组,都属于借调。当时文化部新组,部长是老资格的外交官黄镇,常务副部长是原公安部副部长兼秘书长的刘复之。不久，下放首钢的诗人贺敬之，也起复为文化部副部长。希凡和敬之是《人民日报》的老同事，交谊甚笃。于是他给自己的旧交写了一封热情的推荐信，希望把我正式调到文化部来。尽管当时处在拨乱反正的紧要时刻，部里忙着清理"四害"在文艺界的余毒，人事工作基本冻结，贺敬之副部长在接到希凡的信之后，还是商之黄镇部长，把我正式调到了北京，并且分配给我一套两室一厅的住房。这无论在当时还是在今天，都是万难的事情。作为当事的受益人，终其一生我也难于忘怀。此事对我日后专心向学，起到了安居乐业的作用。如今抚今追昔，能不念哉，能不念哉！1978年《红楼梦学刊》的创办，我与胡文彬、周雷二兄，也是既与冯其庸先生商量，也与希凡商量。《红楼梦学刊》的创刊词是我写的，也都送请希凡和冯先生看过。就个人之间情感的牵连而言，我想当时我与希凡应该是最靠近的。他下笔为文，不肯藏锋，常常芒锐逼人，与人交则不失忠厚。

文化部写作组后来改制为文化部政策研究室，不久又与地处恭王府的文学艺术研究机构合并，成立中国艺术研究院，政研室成为艺术研究院的一个部门，叫理论政策研究室。由于此研究室有几位写匠，文艺界领导随后又决定将其划归中国文联。我在这个机构工作的时间可是不短，所写的关于文艺思想、文学思潮和当代文学研究的文字，也以此一时间段为最多；直到八十年代中期以后，开始转向学术史和文化史的研究。没想到这时又与希凡有了新的相遇。1986年年底，他正式离开人民日报社，被文化部任命为中国艺术研究院的常务副院长。当时文化部长是作家王蒙，兼艺术研究院的院长。我和王蒙相识于1979年第四次文代会主旨文件起草期间，由于他的大块文章发一篇我读一篇，对文学思想的见解亦不无针芥之合，故常有往来。这样的院长和常务副院长的组合，他们自然希望我加盟其间，对当时的文化热有所回应，筹划建立中国文化研究所和创办《中国文化》杂志。

我是1988年6月离开中国文联，调入中国艺术研究院的。由于成立独立的研究所，需要一系列审批手续，为及早启动计划，院里决定先成立院直属的中国文化研究室。7月12日，成立中国文化研究室的文件下达，任命我为研究室主任。《中国文化》杂志很快也经文化部和出版署核准，批给正式期刊号，每年出版春季号和秋季号两期，我担任主编。聘请季羡林、张舜徽、饶宗颐、金克木、周有光、李学勤、冯其庸、王元化、王蒙、龚育之、李泽厚、李希凡、金耀基等为学术顾问。五年之后，经文化部批准，正式成立了以研究和传播中华文化为旨趣的中国文化研究所。中国文化研究所的建立和《中国文化》杂志的创办，希凡是全力的支持者。2008年11月30日，我们为了纪念中国文化研究所和《中国文化》杂志的二十周年，邀集京城学界师友举行"戊子岁尾雅集"，希凡有一个发言，他说："梦溪也经历过一些困难，他自己今天没说，特别是有一段，甚至有外边的干预。《中国文化》有很多港澳台和国外的一些学者在这里发表文章，很容易引起注意。这当然是过去的事，现在看来，《中国文化》还是中国文化，的确是中国文化，跟时下的那些东西没有一点联系。它的品格，经过二十年的考验，摆在这里了。"又说："我不是《中国文化》的忠实读者，但是，我是忠实的支持者。我在位的时候，梦溪提出的想法，除去我不能做到的，我一概都满足他。"他讲的真实不虚。学术研究的成果和深度，取决于个人的天赋和努力；学术事业的成就，则需要识者的友情支援。希凡和王蒙，都是我当时致力于文化事业建构的友缘人。

上世纪九十年代以后，我和希凡的联系多少有些疏离。主要是我在思想文化史和学术史领域走得更远了，个案研究围绕王国维、陈寅恪、钱锺书和马一浮展开，他没有直接的学术兴趣，我却沉迷其中，乐不知返。研究领域的重合或分途，也是朋友之间密或疏的一个因素。但我为"中国现代学术经典"丛书写的总序，1997年以四个整版的篇幅发表在《中华读书报》，他还是通读了全文。我说太长，字又小，何必花时间。他说《中国艺术通史》也得写总序，需要看看。有意思的是，他虽是《中国文化》创刊伊始的学术顾问，我却始终没向他约过稿。他也从不以此为意。他知道我追寻的学术理念和他的文路异其趣。上世纪九十年代之后，我不再参加红学的任何会议，也是我与希凡见面减少的一个原因。但他对我个人以及中国文化研究所的呵护与照拂，可不止一端。中国文化研究室初成立之时，地点在恭王府后楼，只有一间房，实在不敷所用。后来经过他的协调，把新源里音乐研究所一栋小楼二层的整个西半部，划归我们使用，对外我们标称为新源里西一楼B座，中国文化研究所和《中国文化》杂志有了固定的办公场所，为嗣后的发展铺设了条件。所里有一个不小的学术厅，九十年代许多重要的学术研讨会和学术演讲会，包括中印文学国际学术研讨会，何炳棣、林毓生、李欧梵、杜维明、沟口雄三等国内外大家精彩的学术演讲，都曾在这里举行。而且搬出恭王府，远离繁杂的单位中心，使我们感受到自得其乐的安宁和清净。如今，中国文化研究所和《中国文化》杂志已经到了而立之岁，想起三十年的发展过程，对希凡所给予的诸多帮助，不由得心存感激。

朋友相交，主要是缘和遇。陶渊明赞叹的"淡美初交"，我们的确如此。陶氏引以为憾的"利交岁寒"，我们未发生过。我和希凡前后五十四年的交谊，中间又有不短的时间同处一院，中间不是没遇到过误解、分歧乃至心理情绪的不愉快，但雨过天晴，照样如初。让我愤然的事也发生过，甚至一次我摔了电话，认为他写了不该写的文章。但第二天他给我写来一信，说"你不要生气了"。这样的朋友，你该怎样呢？无法不念他的好。他心地宽厚，能助人就助人，从不嫉妒人。谁从他那里拿走了什么书，他总是忘得干干净净。但对故旧友好，他不忘旧。那么对"小人物"出典的不敢或忘，亦心性之本然，人情之常然，抑何怪哉，抑何怪哉。他耳朵软，心也软，不会用智。他对包括《红楼梦》在内的中国古典小说的研究，当以自成一家之言说留给后世钟情此道者。我最喜欢的他的著作，是《论中国古典小说的艺术形象》。他为纪念曹雪芹逝世二百周年撰写的《悲剧与挽歌》，思理畅达，文采斐然。但许多与人论争或纯是批评他人思想的文字，将会为承学之士所遗忘。

冯其庸先生去世，我更加思念希凡了。电话也就多起来，即使身处台岛，也会不时打个电话给他。每次都发现他很好，心里不禁为之安慰。谁想这次他真的走了。蓝蓝希望我写副挽联，我想了想，写成一副："天降人物，只瞻前不顾后，浑忘却是大是小；笔含锐芒，逢辩者即答复，又何妨心柔心宽。"

2018 年 11 月 25 日写讫于京城之东塾
原载 2018 年 11 月 28 日《中华读书报》

甲午岁尾悼庞朴

刚刚过去的2014年，是农历甲午年。这一年闰九月。新年过去了，漫长的甲午年还未走完。谁曾想，不久前我们刚送走汤一介先生，庞朴先生又不告而别了。他们走得都未免太速，太过匆促，不知还有多少学术伟业待他们竭尽心力，乐而从事。其实他们正处在学术的最后旺盛期。如果说八十年代有过"文化热"，九十年代有过"学术热"，那么先后离我们而去的这两个人，可以称为那两个时代的"双子星座"。他们同为中国文化书院发轫期的开山导师，当时各种研讨会、演讲会，都能看到他们精力充沛的身影。汤先生是一院之长，庞公是学术委员会主席。汤先生温良儒雅，庞公果决骏快。汤和之以群，庞济之以思。汤先生掌会，百家言道，断而弗忍。庞公主会，时间为狱判法典，不管是何来路，一律执法如山。汤、庞刚柔相济，国内外向学明道之君子，无不以之为马首是瞻。

九十年代初，一次在杭州开文化问题研讨会，王元化、汤一介、朱维铮、李亦园、沈善洪、陈方正等学界重镇齐聚西子湖畔。当时不像后来，入住宾馆，可以人各一室。那次我和庞公共息一屋，入睡之前，难免闭目私语一小会儿。我说他有决断力，是能控制局面的人物。他说唯其如此，才需要离开可以做到这一点的位置。由此可知，庞公其人的度事之明。要讲为人处世的聪明有智，吾未见学界有谁能出其右者。当然他是以学术为职业的学者，他的聪明使他在学术上有诸多令人兴奋的发现和发明。1988年《中国文化》筹办创刊，请他为第一期撰稿。他说倒是有一篇，不过得再做修改增补。这就是发表在《中国文化》创刊号上的《火历钩沉：一个遗失的古历之发现》。这篇古历考证足可见庞公为学的深度。金克木先生专门为此文写了推荐评骘文字，刊于同一期。他的有名的"数成于三"的简稿，最先也由《中国文化》披载，见于1991年第四期。还有《方以智〈东西均·三徵〉解疏》《儒道周行》《新材料摇撼着旧观念——读〈上海博物馆藏战国楚竹书〉》等重要文章，都为《中国文化》光耀了篇幅。有庞公文章，我们最重要的"文史新篇"专栏可以不愁空缺。他有一篇不太长的文章曰《说无》，写于八十年代，是我最喜欢而禁不住不断称美的当代学者的文字。他自己对此文也不无窃喜。一次语及于此，他说其实还想写一篇《谈玄》。我说那就预留篇幅待玄言了。后"玄"文竣稿，刊于《中国文化》五周年纪念号。但比之《说无》，不免尚存一间之隔。庞朴先生和汤一介先生都是我们《中国文化》的创刊学术顾问，名不虚挂，做到了尽职尽责尽义尽情。

我与庞公相识于七十年代中期，当时他刚从山东大学调来北京，和丁伟志先生一起在和平宾馆筹办《历史研究》的复刊，距今已过去四十个年头了。八十年代中国文化书院成立，增加了见面机会。后来多有往还，是由于我创办《中国文化》杂志并建立中国文化研究所。试想传统研究这一块，如果没有庞朴的参与支持，绝非仅仅是遗珠之憾，而是丢失好大一块精神园地。鄙所组织的研讨和演讲，只要题旨切合，庞公也每每到场相与论学。1997年春节过后，我接受李泽厚先生提议，约请部分在京师友恳谈拙著《中国现代学术要略》，李慎之、戴逸、汤一介、李泽厚、庞朴、余敦康等学界名宿，以及几位青年学人，悉皆与席。庞公说，此文最大的问题，是对前辈学者只有"仰视"，没有"俯视"，站在前辈的肩上著论才是合适的态度。余敦康先生不认同庞公说法，提出以往的教育，恰好是只有"俯视"，未能"仰视"。李慎之先生为缓解气氛，说他既不"俯视"，也不"仰视"，而是"窥视"。庞公之论，反映他为学立说的怀抱之伟。他的学术根底在史学和哲学，或曰历史哲学，兴趣为中国思想史，所擅长则是辩证逻辑。这有他的《白马非马——中国名辩思潮》和《儒家辩证法研究》两书可证。而下力气研究方以智的《东西均》，也为的是抉发其中的辩证法思想。故刊发在《中国文化》上疏解"三徵"的那一篇，正标题为《黑格尔的先行者》。以至于引起佛学大师赵朴初的异议，认为方以智、黑格尔都是后来者，真正的辩证法鼻祖应该是佛祖释迦牟尼。

庞公的思考力和思辨力是惊人的，如果放开胸襟，逞臆而谈，他的论辩对手的胜算微乎其微。但他会不自觉地顾及视听言动的结果，经常为对方也是为自己留下回旋的余地。他用心，但不使气。此点与朱维铮先生异趣。作为人文学者，他的头脑有如数理般的精确。所以成为学界的电脑高手，也就不足为奇了。九十年代初，京城学界刮起"换笔"风，庞公是带领风气的先行者。当时此一科门人口相传的信息是，年轻学者以阎步克最擅此道，年长学者则首推庞公。我因一向缺少接触奇巧科技的经验，虽跃跃欲试，却担心难以有成。于是当面请教庞公，他说只要会骑自行车，电脑操作就无问题。叩问玄规妙理，他说很简单，学不会你不肯放手，学骑单车也是如此。我卷入此道之后，遇到问题也曾有几次电话向庞公请教，往往三言两语，就让那劳什子驯顺复归。他和李泽厚都住在皂君庙社科院宿舍，同一个单元，前去探望，可以举一得二。一次看李泽厚，他开玩笑说，是顺路枉顾吧。有意思的是，李的著述有唯物史观潜迹其中，庞则始终摆脱不掉化入骨髓的辩证法。平时交往，我与李迹疏情密，与庞迹密情疏。个中原委，很大程度是庞公的"辩证法气"，把我和他隔开了。李泽厚的文章，情性跃然纸表；庞公的文字，见得性体，却敛迹性情。性与情适度的是汤一介先生。就个人性分的取向而言，我似更偏于汤、李。但按照乾嘉学者的义法，学者为学须汰除情感，庞公的老吏断狱般的文字功底，也许正合于学问的客观性法则。

庞公的身体一直是好的。他有晚饭后行散的习惯，晚8点至9点打电话，常找不到他。不知何时开始，京城不仅见不到庞公的身影，打电话也无人接听了。此前的一次见面，是在旧鼓楼大街的竹园宾馆——国际儒联所在地，他约我和另外几位学者谈儒家礼仪问题，向我推荐彭林的一本礼学著作。再一次是2009年，他看到《中华读书报》上我的《2008我读的书》一文，其中谈到读《易》、读《张载集》和《二程集》的情形，特地打来电话表示赞许之意。此事颇令我感动。问他有无新作给《中国文化》，他说写不动了。后来得知他去了山东大学。电话问何为乎而东归，他说老了，北京无人照看。大约三年前，一次竟梦见庞公在我家里，音容举止清晰可睹，而且似有几句交谈。第二天打电话告之以详，他说正住在医院，已卧病多日。声音充满暖意与欣慰，显然高兴我梦中的牵挂和突然的问候。从此我心存一念，何时得便该去济南看看庞朴先生了。

　　这期间恰好认识了山东大学儒学高等研究院的王学典先生，他是我所见及的难得一遇的学界君子。重友情，讲道义，敢担当，史学出身而有哲学头脑。思理明晰，有似庞朴；尊贤好义，鲜有其匹。遐迩闻名的《文史哲》杂志即由他来主编。他说他和他的同事把庞公照顾得很好。2013年5月，学典先生邀为儒学院演讲，讲题为《国学在今天的意义》。其实我此行的主旨是想看望庞公。5月21日中午抵达济南，下午即由学典教授和文学院冯建国教授陪同，前往庞公寓所。他事先知道我来，开门入室，见他已从沙发上站起来含笑迎候。多年不见，谈起往昔交往掌故，他会心莞尔，不断点头默许。问到汤一介、李泽厚的近况，我一一相告。他八十有五了，头脑依然清晰，唯近来有轻微幻想症，艰于言谈，行走不甚方便。临别他坚持送至门口，以小碎步急促倾斜而前，我感到了丝丝酸楚。此次泉城之行，成为我和庞公的最后一面。

　　上星期六，1月10日，接到王学典先生发来的信息："庞公因感冒引发肺炎，经十多天抢救无效，已于昨晚8时49分辞世。"我感到哀痛而震惊，不禁想到此一噩耗与汤一介先生的离去，靠得如此的近。宁可、来新夏、吴小如、方立天、田余庆等文史大家，也都是这一年离世。这个闰九月的甲午年，竟成为学界精英陨落的一年，不免为之长太息。

2015年1月13日写于东塾
原载2015年2月5日《中华读书报》

追念吴小如先生

没想到吴小如先生会在这个时候离开我们。虽然享年九十有二，按古人的说法自是寿考，但在我个人还是感到太过突然。吴先生是我尊敬的师长，大学就读，就曾亲聆咳唾之音，嗣后为学，过从不密，往来不少。我说的"这个时候"，是因为此前的3月31日，南开大学的来新夏先生逝世了，同样享年九十二岁，两位当代文史大家之逝，仅相差一个月十天又四个小时。

来先生之逝，我本该写点文字的，近十年我主编的《中国文化》杂志，几乎每期都有来公之作，关于他的学术活动也偶有参加，往还书札亦可成帙。他逝前不久还有信给我。为表达追怀之意，今年的《中国文化》春季号，特辟"来新夏先生遗稿"专栏，刊出他的遗作两篇。我在专栏的编者按语中写道："2014年3月31日下午3时10分，来新夏先生不幸逝世，享年92岁。近十年，来先生与本刊往来密切，经常有文献考订和书事随笔交《中国文化》刊载，我们则有文必登。本期的两篇遗稿，即为先生逝世前不久寄来，谦称供'补白'之用。我们非常怀念来先生的学问风采。他早年得陈援庵、余嘉锡、张星烺等名宿之教，以历史学、方志学、文献学名家，《近三百年人物年谱知见录》《书目答问汇补》《北洋军阀史》《方志学概论》等著述，足可成为沾溉后学的学术遗产。他出生浙省，就读辅仁，执教津门。思想自由，文笔灵活，著述宏富。噫！哲人远去，吾心伤悲，往事依依，不胜追怀哀悼之至。"

两位先生相继离世，都是我不曾想到的。我和来先生的交往属于学术忘年，和小如先生更添一层师生之谊。我非北大出身，但六十年代初读大二的时候，整个一学期的工具书课，都是由吴先生来担任。他对治学工具的掌握，对文史典故的熟悉，让我敬佩无地。原以为所谓工具书，不过是各种字典、词典、辞书之类，或者最多再加上几本韵书。谁知在吴先生那里，《十三经》《二十四史》《全唐诗》《全唐文》《全宋词》《六十种曲》《太平广记》，无一不是工具书，而且是治文史之学的更重要的工具书。还从吴先生学得了《全上古三代秦汉三国六朝文》可以简称为"全文"，《全汉三国晋南北朝诗》简称为"全诗"，《汉书·艺文志》简称为"汉志"，《隋书·经籍志》简称为"隋志"。这些个简称，至今我用起来仍无失无忘。特别令我难以忘怀的，是我的一篇研究《红楼梦》的文稿，得到了吴先生的批改指点。文稿为《论〈红楼梦〉前五回在全书结构上的意义》，有一万五千字之多，一次下课后我交给了他。一周后的课后，他找我退还，很多页有圈点批改，并附有三页稿纸的评语。评语具体写了些什么已不复记得，印象中基本都是鼓励的话。我日后一度治红学并小成气候，于今思之，和吴先生当年对我的鼓励也许不无关系。

因为有此前缘，2001年年初，我一次和吴先生说起四十年前的这一往事，并将我的《红楼梦与百年中国》一书呈请他指正。不料过了一段时间，竟在2001年3月11日的《人民政协报》的学术家园版,看到了吴先生的文章《红学:二十世纪小结——读〈红楼梦与百年中国〉》,差不多一个整版,让我惶悚不已。他说"一气读完"此书,"然后更反复披绎",可见吴先生对红学的情趣之厚。文章自然讲了一些称许的话,但措辞属意极见法度。他看重的是我研《红》的"平常心",未尝以之为"吃饭之具"。

我主编的《中国文化》杂志,每期都送给他,他觉得刊物办的是好的,唯错字没有根除,是为一憾。一次,他还请严家炎先生带话给我,说要注意刊物的错字。严先生转达意见,就像做学问一样严谨,批评的语言一字不漏。吴先生对称谓的混乱,尤为恨恨。"兄"之一词,是表示对往还彼方的尊称,对自己则谦称为"弟",而与年龄的大小无关。但此词使用的禁忌处在于,除非特殊情形,年小者绝不可以对年长者以"兄"呼之。倒是年长位尊者,可以比较自由地称年龄小于己者,甚而对弟子、晚辈,有时亦不妨"兄"之。记得吴先生曾有专门的文章谈及此义。还有写信的一方,可以在落款留下"敬启"字样,但上款绝不可以写"某某先生敬启"。盖"启"有二义,一曰"开启"的"启",一曰陈述之意。故写信人落款可以自称"敬启""拜启",意为"敬陈""拜陈"。而对收信人写"大启""道启"可,却绝不能写"敬启",他亦有文及此。吴先生对文章义法和属词称谓的讲求,是严格的,至有"学术警察"之目,究其本心,则是为不乱吾国固有文脉,守持语言文化之纯洁。

我的不能忘怀于吴小如先生,是当自己马齿日增、著述多有的情况下,仍不时向吴先生请益而随时得到指点。大约十数年前,我正在研究陈寅恪的家世遭际,其中涉及陈宝箴、陈三立经略湖南期间和文廷式的关系。文廷式当过珍妃的老师,深为慈禧嫉恨,早在戊戌政变之前即将文赶出宫。八月政变后，又严令各地搜捕，并可以就地处决。其时文在长沙，为陈宝箴、陈三立所救免。后来文廷式死，陈三立写有《挽词六首》，其第四首开头一句为："元礼终亡命，邠卿辱大儒。"这"元礼"是谁？我一下蒙住了。于是打电话给吴先生，问其所疑。吴先生连沉吟都没有，立即回说：是李膺，你查查《后汉书》。我一查，果然是遭遇东汉党锢之祸的李膺，元礼是其字。

  这样的师长，对古典如此"脱口而出"的功夫，即使学术长辈中，也不多见。后来《陈宝箴和湖南新政》出版，我特在后记中标明此事并向吴先生致以谢忱。我感谢吴先生，还由于大学就读之初使我深受教益的两部著作，这就是游国恩先生主编的《先秦文学史参考资料》和《两汉文学史参考资料》。这两部书当时在我心里不啻学问渊薮，它为我铺平了通往古典之路。这两书都是由吴小如先生注释定稿，其沾溉文史后学的功德，难以言喻。

  2012年，比吴先生小七岁的老伴去世，他增加了寂寞。一次通电话，他说了长长的一番话，关于吴玉如先生，关于京剧，关于俞平伯先生，关于对《唐宋文学史参考资料》编写的期待。而且思路清晰，嗓音清亮。我说想不到您能讲这么长时间的话，以后该多打电话给您。他说也不要多，不要在晚上。然而自今而后，我再也不能打电话给他了，惜哉！

原载 2014 年 6 月 3 日《光明日报》

"士之君子,学之诤友"
——思念朱维铮先生

2012年3月10日下午3时52分,我个人向所欣赏的朱维铮教授不幸逝世。闻讯后打电话给朱夫人王先生,话未出口,已彼此泣下。维铮年仅七十有六,正值学问的盛年,不知有多少未竟的课业,尚待他宵衣旰食以付。他走得太早了。如果不是长期溺嗜烟酒,悲剧应不致发生。但若离斯二瘾,也就少了维铮特有的豪气。天地有大美,唯难得其全耳,奈何奈何!人生一如艺术,总在这里或那里留下遗憾。当十年前我卧病的时候,因思念老友而不时出现维铮先生在学术会议上醉酒战群儒的场面,不禁为之慰释而喜。他雄睨多士的意气,他与乡愿决绝的率性与直声,大家将永远记得。谨成一联以志哀:

> 博通经史,雄睨多士,微言从此失诤友;
> 坐阅古今,使气命诗,率性常留遍学林。

我与维铮相识于1989年春天的卧佛寺会议,那是为纪念"五四"运动七十周年召开的国际学术研讨会,海内外众多学者参加了此次盛会。有几位是以前不熟悉的,有幸这次得以结识。香港来的陈方正先生、霍韬晦先生，都是此次一见如故，日后成为好友。韬晦兄与我性情相投，会上我提出应在小学教育中增添《论语》和《诗经》诵读，他特地为我的想法发言回应。朱维铮则是我向他征询对《中国文化》创刊的意见，并向他约稿。他看了创刊词和第一期要目，对刊物的宗旨表示认可——这是我们的初识，后来的交集便多了起来。

第二年，即1990年的秋天，维铮来北京出席冯友兰先生诞辰九十五周年纪念会，我也在会上，我们相约到我家里一叙。内子也很高兴他的到来。维铮是无锡人，但久居沪上，他们谈起上海的新旧风物，不乏共同语言。我则是第一次与维铮畅谈学术和思想，他臧否人物的直言不讳令我感到惊喜。他的老师周予同主编的《历史文选》，是我为学很受益的书，不料维铮竟是此书编选注释的与有力者。他学问根底的扎实应与此有关。然后是1991年9月，我以《中国文化》编辑部的名义，在上海召集学术座谈会，上海各方面的文史专家和著名学者二十余人与会，有谭其骧、顾廷龙、蔡尚思、苏渊雷、冯契、贾植芳、王元化、钱伯城、王运熙、章培恒、朱维铮、汤志钧、唐振常、黄裳、邓云乡等。大家围绕《中国文化》的办刊宗旨及如何深入研究中国文化和中国学术，展开热烈讨论。维铮主要就学风问题发言，他说："历史首先要问是什么？然后再问为什么。""学风不正，学术成果必然打折扣。"他建议《中国文化》不妨讨论一下"经世致用"问题。这个话题正与我的思考相合，1992年在普大与余英时先生对话也涉及这一议题。

这时，我主持的"中国现代学术经典"丛书计划已经开始。选目和编例的初稿曾送请部分师友承教。张舜徽先生、程千帆先生、汤一介先生、汪荣祖先生等都有以教我。朱维铮先生的回示有三页纸之多，同意丛书的大体设计，只是提醒我对拟选的五十家尚需再酌。他说："麻烦主要不在哪些人已经入选，而在于哪些人没有入选。"并具列宋恕、张謇、汤寿潜、孙诒让、杜亚泉、辜鸿铭、黄远庸、易白沙、陈独秀、吴虞、李大钊、丁文江、孟森、梅光迪、柳诒徵、陈序经、吴稚晖、陶希圣等人的名字，认为杨文会、顾颉刚既可选，则这些人也似可以考虑。他是启发我选政之难，非欲强加也。《康有为卷》的编校之责，我请他来担承，他同意了。请他做丛书的编委，他未克即允，过了一些时日，他才应承下来。

他是个忙人，一次因催稿，发生了不愉快。按丛书编例，每一卷卷前例有入选人物的小传，字数在三千至五千之间。但维铮告诉我，他的康传写了两万字。请他压缩，他拒绝。为此我们在电话中几乎伤了和气。内子看到我声音很大地与人理论，以为是和一个学生讲话。待知道是朱维铮，她深怪我不该如此。我已经做好了康卷换人的准备。不料三天之后接到他的来示，云"前夜得尊电，由康有为小传事，蒙申斥"，语词措意，令我忍俊不禁。然后说编委他不当了。然后说康传最好由我来作，以"垂范后世"。但随后却寄来了他的经压缩的康传改稿，并说："虽又贻迟误之罪，然终属亡羊补牢，略胜有劳先生掷还再议之烦扰也。"而当丛书出版之后，他收到三十卷样书，于1998年2月12日写信给我，说：

> 已得三十卷，即用半夜逐册翻阅目录和年表、要目，粗得印象，以为总体符合学术性要求，选编也各有特色，虽说见仁见智，所收未必合乎尊序所示经典品格的要求，而均有参考价值，则可断言。此乃主编之成功，当贺。

晚清人物及近代学术思想是维铮先生的学术强项，能得到他的认可，殊非易易。他还对丛书的销售方法提出意见："据有的学生说，已见全书在几家书店上架，但不拆零出售，只能望书兴叹。我不知是出版社批发规定，还是书店自作主张？但这类书的主要读者群，在文科的研究生和大学生。倘可零购，则各卷都有忍痛掏钱者。倘只能选择'全或无'，则绝大多数必选'无'也。即如拙编一卷，定价五十五元，要我自行购置，也需一思。况且诸卷所收，多半都有单行本，读者单为补己藏所缺的几种或数文，而要购置全卷，必多踌躇，而不拆零，更无疑拒绝主要读者。如此'生意经'，当为出版者所知。"我即刻将此意转告河北教育出版社的王亚民兄，后改为拆零销售，盖出于维铮先生的"生意经"也。

回顾"经典"丛书编纂过程我与维铮之间的曲折故事，没法不让人感到他的可爱。这一层，我在《中国现代学术要略》一书的后记中有所述，我称他"不愧为学之诤友而士之君子"。我和维铮之间，可以说因丛书而最后订交。我的《要略》一书，2008年由三联书店出版，当我寄请他指正时，很快收到他一信，原信不长，兹抄录如次。

梦溪先生：惠赐大著《中国现代学术要略》，穷宵读竟，甚感兴味。承不弃，于后记指名规过，感激。附录一读后，尤感怃然。十年前高会尊府诸贤，时已泰半耆艾，而今李慎之先生西去已久，内列名者半数长于弟，所谓耄耋矣。揆诸十年来人文学界，似无长进，乱象益甚。故而弟读尊府高会纪要，几感时空倒置，未知如今学界少年新锐，从中有得乎？弟虽不幸,已与孔夫子不再梦周公齐年,然顽劣依旧,偶陈宿见,辄遭网民痛斥。因而尤佩先生雍容气度,欲学无方也。弟照例穷忙,近日除上课外,即困于学习诸生论文。前承先生电命为《中国文化》撰稿,受宠若惊,然搵食需视作大患,仲夏前实不克作文求教,千乞鉴谅。匆此奉达,顺颂

文祉

弟 维铮 08年三月一夜

此信最能见出朱维铮的学者风度。他有锋芒,有脾气,但为人为学尊重事实,讲求明理。所谓"高会",是指1998年2月16日,我邀集戴逸、汤一介、李慎之、李泽厚、庞朴、余敦康、王俊义、雷颐、梁治平等师友,在我家里对丛书总序所做的一次学术恳谈。拿到我的赠书,竟用一个晚上读完,这在一般人也是做不到的。对后记所记述的我们之间的故事,他说:"承不弃,于后记指名规过,感激。"词语中流露的雅然之趣,让我感到敬佩。至于信中以"雍容气度"许我,就不免愧不敢当了。

维铮这封信写于2008年3月1日,同年的11月3日,我们就在杭州的马一浮研讨会上见面了。头一天会在杭州开幕,我以《马一浮的文化典范意义》为题做了主旨发言。第二天移师上虞继续开会。开幕式维铮没有出席,上虞的会他则按部就班地坐在那里。当人大国学院一位先生发言的时候,维铮打断了他,认为他讲的关于马先生的史事有出入。此次会议的参加者,大都是哲学史或儒学研究领域的学人,绝大多数不熟悉朱维铮的学术性格。他的目无余子的豪气和不容置辩的语气,很让不熟悉他的人受了一次惊吓。他对马一浮评价极低,认为复性书院的创办是马

先生想当帝师。以我对马一浮的多年研究，当然知道他的判断缺乏足够的材料依据，但我没有发言。这次相见，我们彼此都感到更加亲近。

会议在11月5日上午结束。我应复旦中文系的邀请，11月6日下午有一场演讲。刚好与维铮同乘一趟列车，于5日下午前往上海。列车晚点，给了我们畅谈平生的机会。主要是他讲，我当听众。特别是"文革"期间他的特殊经历，增加了我对他的了解和理解。他可以坦白无隐地讲他身处当时的真实状况。过来者，心有定，事有因，如有过，自担承。如果当代知识界也可以有真男子之称，我想维铮当得。

11月6日下午的演讲，我以"国学与传统文化"为题，从三点讲到五点，然后有半个小时的互动。复旦中文系主任陈思和主持，傅杰副主任安排筹划。演讲后的晚宴，维铮偕夫人出席了，并以他的新书《走出中世纪》（增订本）和《走出中世纪二集》相赠。为报答维铮一夜读竟《要略》的厚谊，回京之后，我利用一切可能的时间，通读了他的两本书。不仅通读，还写了一篇文章。11月26日写完，《中华读书报》在2009年的2月11日刊出。这是一篇痛快淋漓地论述朱维铮学术思想和学术人格的文章，既标示其长，又不护其短。下面抄录一段揭示其长的文字，请读者阅正。

> 章学诚有言曰："高明者多独断之学，沉潜者尚考索之功。"我读维铮书看到的作者，宜乎"独断之学"胜于"考索之功"。因此他是一位名副其实的"高明者"。他看重思想的力量。他的学问是活学问，不是死学问。但如果有人以为他的学问根底不够坚实，那就难免犯不知人也不知学的错误。他的学

问根底来自五十年如一日的文本典籍的阅读。他习惯夜里读写,上午睡眠。上帝虽未垂顾于他,却为他拨出比常人多得多的时间。疯狂阅读加上惊人的记忆力加上超强的理性分疏能力,成为朱维铮学问过程的主体精神结构。包括《中国近代学术名著》在内的他编的那些文史典籍,我们切忌以俗眼揣度,在他可是自己吞食原典资料的天赐良机。牵涉学术的理和事,他从不"尸位素餐"。如同钱锺书说"善述"不亚于"善创",好的编选整理,与文献研究庶几近之,远非夸张篇幅的浮词空论所能比并。课堂上下,大会小会,维铮可以随时挑出时贤后生关乎古典今典以及时地人事的瑕疵舛误,就缘于他的记忆和阅读。

还有一段说:

维铮先生的学问结构,史学是其地基,经学是其屋棚四壁,近代人物是屋中暂住的过客,思想是其柱石。说开来,他所治之学主要还是思想史。他也是以此自负自居的。他的不可一世的书生意气,一则由于不为人所理解的思想的苦痛,二则由于"高明者"的知性傲慢,三则是性情的直率与天真,最后也许还要加上长期走不出"中世纪"的"闲愁胡恨"。他优越地驱遣着入于他研究领域的历史人物与事件,他既不想充当历史人物的"辩护士",也不想做历史事件的"事后诸葛亮",但他不免相信自己对历史的清理(他偏爱马克思的这句话),没有为后来者留下多少空地。

如果这些论断是对维铮其人其学的褒扬的话,那么我可以自信地说,是褒扬,却绝无丝毫溢美。维铮的人和学,其本来的样子就是如此。但我也没有讳言他的偏失之处。针对他对儒家思想的偏颇之见,我认为那是由于:"未能将汉以后渗入家国社会结构的意识形态儒学,和作为先秦思想家的孔子和孟子区分开来","未能将宋代的哲学家程朱和明清权力者装饰过的程朱理学区分开来"。而对他武断地否定马一浮先生,我则提出理据予以反驳,甚至提出,他也许压根儿就不应该写关于马一浮的文章。我说当涉及此一方面的议题之时:"是又我爱维铮,亦不敢悉为维铮辩也。"我还谈道:"他的冷峻的语言风格,容易让读者以为他只有了解,没有同情。清儒'实事求是,无征不信'的信条,他奉为圭臬,但钱晓徵告白于海内的'实事求是,护惜古人之苦心',亦即前贤往圣著笔立说的不得不如是的苦心孤诣,我们的维铮似尚缺乏'了解之同情'。"

文章刊出后,我寄了两张样报给他。三天之后我们通电话,问他收到报纸否?维铮的欣悦与欢慰,全都不加掩饰地从声音里流溢出来。他显然不仅认可而且看重我对他的评说。

然而一年之后,就传来了维铮身体欠安的消息。我想到可以做一件事。就是从他的《走出中世纪二集》里,选录专论慈禧太后的部分,刊载于《中国文化》2011年的春季号。文长两万八千字,分八个小标题:一、由咸丰到慈禧;二、慈禧垂帘的合法性;三、胜保与慈禧;四、胜保非死不可;五、慈禧破满清惯例;六、女主慈禧;七、她是甲午战败的权首;八、帝国被慈禧终结。我跟他在电话中商定,就以最后一个小标题"帝国被慈禧终结",作为全文的题目。刊物当年5月份出版,他收到样刊后,写来一信,在我心里,这是他写给我的最值得纪念的一封信,现抄录出来,以飨读者。

　　梦溪先生：贵刊春季号拜领。拙文由简体化繁体，颇烦，而贵刊的转换，据我通阅，"硬伤"约六七处，已见校对不易。赐酬已拜领，谨呈回执。

　　愚体经住院八个月，尚属稳定，故医生同意出院在家服药，今已两月。在家眠食较随意，然仍不克恢复研究。目前仅日日读研究生论文，轮流同彼等商酌而已。曾尝试作文，因戒烟及体弱，效率大减，徒呼奈何而已。

　　再度感谢您发表拙文。专此奉达，顺候
时绥
　　弟 维铮上 2011年五月二十九夜
　　附拙文校阅一纸，请参。

不用说当时，今天再重读此信，仍感到阵阵难过。维铮是何等强健之人，突如其来的病魔，竟使他无法不面对已经疲弱的身心。更让人感到难过的是，他的凌云健笔已经不能像从前那样纵横驰骋了。但他的严谨认真一如既往，简转繁的舛误，一处不漏地校正过来。

　　万没有想到，这是维铮给我的最后一封信。九个月之后，他就悄然地离开了我们。

　　而在维铮逝世的头一年，即2011年的6月7日，我熟悉而且欣赏的章培恒先生，已经先维铮九个月又三天离开人世。他们两位同是沪上有棱角有光泽的学者，每次接谈，都能生出快意。2001年7月10日，培恒先生邀我为复旦古典文学中心和中文系师生演讲，头天晚上的餐叙和讲后的晚宴，维铮均在座，还有贾植芳先生，相谈至洽。我和章培恒先生另有渊源，此处不能多及，仅以2001年我写给他的一信，略寄怀思之微意。

> 培恒教授文宗史席：此次在沪蒙细心款待，高谊厚情，实难忘也。而酷暑炎天，迎立于库门之外，尤感惶愧无地。幸理趣契合，默然对座，亦有道存焉。又得维铮侠士傥言快论，学问之乐，尽在其中矣。世间缘法，十年一觉，非人力所能设计。日前诵读《文汇读书周报》上先生论《金庸招不到博士生以后》大文，体情之厚，哲理之密，宅心之宽，近二十年之理辨文字未能有也。查先生固因之去掉诬枉，世道学风亦为之一洗。甚佩，甚佩。内子祖芬亦大赞好文章。已复印寄京中诸师友。中心编《中国文学研究》一至三辑已拜收，谈蓓芳女史研究古代文学对二十世纪文学之影响，颇见功力，请并致劳烦之谢意。不备，即祈暑安文吉。
> 梦溪拜上2001年八月五日

章先生知道我和维铮情近，每次见面，他都约上维铮。这封信里，我称维铮为侠士，是为不经意的以心相许，然则就同此为念可也。

2012年4月写就开头之一节、2020年3月20日
增补重写于京城之东塾

"高文博学,海外宗师"
——怀念柳存仁先生

一

刚送走季羡林、任继愈两先生,就传来了久居澳大利亚的柳存仁先生逝世的消息。时间是2009年8月13日上午11时15分,终年九十二岁。不久前刚收到他的信,告以体内有积水,足部微肿,尝住院疗治。他还为无大碍而释然呢。信的落款时间为"七月十六日",距他远行只有二十余天。而信封上接收局的邮戳,则为2009年8月9日,是他不幸而逝的前三天。由于此信的内容殊为珍贵,兹全文抄录以飨读者:

梦溪吾兄史席:前得五月间远道惠寄大刊《中国文化》最近期两册,甚为慰欣。拙文乞常指疵,俾得附骥,大编中奖饰逾恒,实当不起,更乞多加鞭策,俾得稍有寸进耳。接尊刊后不久,弟即住入医院。自丁亥间去西安随喜,忽瘿足疾,不乐少履。返此间后,医生言体内积水分,宜加排除。近又发现足部微肿,或与肾脏有关系,需入医院加细检查。近始返家,幸尚无大碍。惟需多些休息,减少午夜抄阅劳顿,思之诚然。贱龄巳九十二,近来举止颠顿,大异九十年代在京捧晤时之灵便,似不得不为左右言者耳。弟因失聪,听电话时感困顿,赐书乞作短笺为幸。惟府上电话,迁新第后,想旧号或已更新,便中仍乞并传真号码一并见示,俾必要时联系,则远人念兹在兹者耳。专此奉谢并遥祝俪福。弟存仁再拜。七月十六日。

尊刊本期《中国文化》已寄赠左首两人,皆专研摩尼教者也。
广州中山大学历史系林悟殊教授
瑞典 Dr Peter Bryder
Department of comparative Religion
University of Lund
Bredgatan 4, 522221
Lund, Sweden

我不知道,这是不是他写给友朋的最后文字,但确是写给我的最后一封信。

二

我与柳先生初识于1980年国内首届《红楼梦》研讨会上,来往渐多起来是八十年代末我开始创办《中国文化》杂志。承他俯允担任刊物的学术顾问,并先后有五篇文章赐给《中国文化》发表。这就是第十期的《马来西亚和汉学》、第十一期的《道教与中国医药》、第十三期的《藏文本罗摩衍那本事私笺》和《古代的幽默》，以及第二十九期的《金庸小说里的摩尼教》。信中所说的"《中国文化》最近期两册"，指的即是今年春季号总二十九期。由于该文有极高的学术价值，我在此期的《编后记》中予以特殊推荐，并介绍了柳存仁先生的学术成就和治学特点。这段文字是这样写的：

> 本期柳存仁先生《金庸小说里的摩尼教》一文，开启了武侠研究和宗教研究的新生面。柳先生精通《道藏》，小说史和道教史是其专精的两个域区，而尤以研究小说和宗教的关系享誉学林。写于1985年的《全真教和小说〈西游记〉》，就是这方面的代表论作。他还出版过英文著作《佛道教影响中国小说考》。现在又通过对金庸小说宗教门派的研究，将摩尼教在中国传布的情形作了一次历史的还原，钩沉索隐诸多不经见的珍贵史料，熔大众欣赏的说部与枯燥无味之考据于一炉，虽不过四万余言，实为一绝大的著述。钱锺书先生称柳先生"高文博学，蔚为海外宗师"。余英时先生叹美其治学精神则说："他的著作，无论是偏重分析还是综合，都严密到了极点，也慎重到了极点。我在他的文字中从来没有看见过一句武断的话。胡适曾引宋人官箴'勤、谨、和、缓'四字来说明现代人做学问的态度，柳先生可以说是每一个字都做到了。"但当世真知仁老博雅渊深之学者甚乏其人，故余英时先生致慨："新史学家恐怕还要经过几代的努力才能充分地认识到他的全部中英文著作的价值。"（见柳著《和风堂新文集》之余序，新文丰出版公司，台北，1997）英时先生还披露，单是仁老多次阅读《道藏》的笔记，就有数十册之多，真希望这些稀世珍奇之初始著述能

够早日印行面世。

柳先生信中所说的"奖饰逾恒",盖即指此。但我有些后悔写下了这些文字。特别关于期待他的《道藏》笔记能够早日面世,本应是现在可以说的话,却说在当时了,于今思之,实所不该。

三

国内学术界对柳先生了解是比较少的,一般读者更鲜知其人其学。可是当看了钱锺书先生和余英时先生的评价,我们应该知晓其在世界范围内的学术地位。钱锺书先生称柳先生"高文博学,蔚为海外宗师",绝非虚美之词。以我对柳先生的粗浅了解,他完全当得。余英时先生说"新史学家恐怕还要经过几代的努力才能充分地认识到他的全部中英文著作的价值",也是物则有据的学理判断。因为钱也好,余也好,他们的眼界极高,从不轻易许人。

我所目睹,1991年6月新加坡国立大学中文系主办的"汉学研究之回顾与前瞻国际会议",和1993年马来西亚大学召开的国际汉学研讨会,柳先生都是特邀主讲嘉宾,而尤以前者规模更其盛大,全世界稍见头脸的汉学家悉皆出席,仅列入名册的代表就有二百八十多人。柳先生在开幕式上以《从利玛窦到李约瑟:汉学研究的过去和未来》为题发表主旨演讲,大会主席陪侍一旁,礼仪隆重,全场肃穆而无不为之动容。

柳存仁先生的籍贯是山东临清,1917年8月12日生于北京。早年毕业于北京大学国文学系,亦曾获伦敦大学哲学博士和文学博士学位。后长期定居澳大利亚,担任澳大利亚国立大学中文讲座教授以及亚洲学院院长等教职。他还是英国及北爱尔兰皇家亚洲学会会员，也是澳大利亚人文科学院首届院士。1992年获澳大利亚政府颁发的AO勋衔和勋章。国际汉学界公认他是顶尖级学者。

上海古籍出版社出版的《和风堂文集》暨《和风堂文集续编》，以及台湾出版的《和风堂新文集》，是他专著之外的重要学术论文的结集。上海古籍出版社1991年还出版过他的文化随笔集《外国的月亮》，我们从中可以体会他的文史知识和文笔情趣。其实在青年时期，他还写过剧本和小说。我与柳先生的联系之所以比较多，一则由于彼此都涉猎过红学，二则由于《中国文化》的创办和对相关问题的探讨，三则也与他的一部长篇小说重新在国内出版有一定关联。

四

刚好1993年12月23日这个日子我有记录，晚8时左右，柳存仁先生突然打来电话，说人在北京，第一次偕家人到国内旅游，明天就返回，没有惊动任何人。我意识到他是有什么事需要和我见一面，于是立刻赶往他下榻的台湾饭店。

原来他让我看一本书，他写的唯一的一部长篇小说，叫《青春》，1968年香港初版。我说内地也许可以重版此书。他开心地笑了，答应可以暂放我处。三年之后，天津百花文艺出版社出版了这部五十多万字的小说，只不过将书名改作了《大都》。当然是经过柳先生同意改的。百花主人初意恐书的内容尚不够"青春"，故提出易名问题。柳先生于是改作《四季花开》，但百花嫌意涵稍轻，建议叫《故都春梦》或《故都》。最后柳先生定名为《大都》，与书中所写清末至上世纪二十年代中期京城的人物与故事,庶几能相吻合。

  我与柳存仁先生有较多的通信,始于上世纪九十年代初,迄今已有十七八年的时间,单是他写给我的信就有七十通之多。就中涉及《大都》出版事宜的,有十余通。他的信内容非常丰富,从不就一事而写一事,而是顺手牵引诸多文史掌故,娓娓道来,幽默细腻,妙趣横生。比如因讨论书名可否叫《故都春梦》,他会联想到鸳鸯蝴蝶派名家张恨水,以及民国十八九年阮玲玉演的一部无声电影。而且还插入一段鲜为人知的"今典"故实。他写道:"说起张先生(指张恨水),有一逸事,是口头听人讲的。八十年代中国要人胡先生曾莅此间,有区区教过书的洋学生在外交部服务任接待者,曾陪同坐飞机,不免闲谈。胡公告以中国小说以张先生写得最好。"此语于张于胡均无贬义,而是觉得此掌故甚隽,可入"世说新语"。因为柳先生对张的作品是颇具好感的,连《啼笑因缘》第一回的回目"豪语感风尘倾囊买醉,哀音动弦索满座悲秋",他都背得出。只不过《大都》的写作,他认为还是属于"五四"新小说的一流,故取名宁愿远离鸳鸯蝴蝶派的"风花雪月"。

  1996年6月,百花文艺出版社正式出版了《大都》,装帧设计柳先生均称满意。接着在8月20日,趁柳先生来北大出席道教会议之便,我们中国文化研究所专门召开了一次学术研讨会会,在京学者、作家严家炎、钱理群、陈平原、赵园、韩小蕙,以及百花的社长、责编和天津的评论家夏康达、金梅等出席了研讨会。大家谈得很热烈,专家视角,言皆有中。柳存仁先生最后致谢词,说:"师姑生子,众神护持。"他强调自己的这部"旧作",主要是写那一时期的几个忧郁幽悒的妇人和可怜的孩子,他的同情始终在妇人与孩子的一边。

1995年10月6日他给我的信里，也曾谈到《大都》的这一主旨，写道："主旨实在要说，不论什么民族、什么体制，一定仍得有做人的道德。此为看到今日青年、今日社会如饮狂药，所以有此文字，现代化了的世道人心的关怀。"他希望现实世界中能够有"真的人"存在。而所谓"真的人"，并非指传统的"圣人"，而是"有血肉有情感，真实不欺的人"。"真实不欺"四字，揆诸今天，极平常而分量极重。

五

《大都》研讨会之后，1998年在北京，2000年在台北，我们又有过几次学术会议上的不期之晤。虽然他当时已年过八旬，但精神很好，不禁暗暗为之欣慰。可是2001年的4月，他接连两次突然晕倒，终于不得不为心脏安上起搏器。同年4月26日的信里，已告知此一情况，并感慨"贱龄八四，衰疲亦已逾格矣"。而第二年11月17日的长信里，写得更为详细：

> 不意去年四月五日，共内人上街，返程坐在公共汽车上（我们这里多数人有车，如弟之坐公共汽车者，往往可数，是不会很挤的），不知怎的，弟忽然晕了过去，醒时不知怎的是躺在车中地面上的，救护车已来，即抬上车，弟满面羞愧，平生无此窘境。送医院检示言无恙，氧气一吸，胸臆大畅，也就无事了。两小时后即回舍间。不意次日共友人及内人去一间饭馆"饮茶"，在座上人忽又变卦，再送医院，则四月六日了。住院中又五天，每天检验，最后说弟的心脏跳动失常，偶然会

停摆。此皆有记录可查,弟不能不信,遂于第五天施手术,在胸肩之际种入一个 pacemaker,中文曰起搏器。手术很正常,当天即出院了。现在坐飞机,检查身体会有异声,故医院又出了一张特别卡,作为过关的令箭,其余无所苦也。

尽管柳先生仍然像往常那样幽默乐观,但此后写给我的信,每每讲起他的身体状况,这也正是我所关心的。因为他只要身体允许,便难辞却演讲或者会议的人情之约。此次心脏病发作,实与发病的前一月,即 2001 年 3 月,赴香港出席道教节并以《老子和太上老君》为题发表演讲过度劳累有关。

六

孰料事有不单行者。心脏病发作的第二年,先生又因视力严重受阻,不得不施行手术,割去双眼的白内障。但手术的预后并不理想,阅读文字反而需要戴一种像放大镜似的眼镜。以前患白内障未经割治时,眯着眼勉强能看清楚报上的文字,现在却非戴那个笨重的放大镜不可了。因此先生颇有后悔之意。但他在 2002 年 11 月 17 日的信里说:"然世间亦乏治后悔的药,吾又何尤?"这是一封很长的整整三页纸的信,在最后一页他又写道:

还有一层下情,也当告诉您,就是我的眼睛施手术后,常会发生一种黏黏的半液体似的东西,最近才似乎好了些。有时候眼睛又会觉得有一种也许别人看不见的光线,只自己能看见,有时在黑暗的甬道走,忽然左边或右边会看到有一盏小灯似的，刚才觉得它有，立刻这光就自己没有了，不知何故。问我的医生，他听了我的报告，"笑而不言心自闲"。也有人说，这样的光有害，也许慢慢会影响到眼球的下面，底下的地方 retina 者，眼球最后的薄膜，它要是坏了，人就看不见东西了。希望区区的肉眼还不至于这样的倒霉。

柳先生心脏病和眼病之后的痛苦和乐观情状，这封信里表露无遗。

但接下来的打击更让他难以承受。这就是2003年的冬天，与先生一生甘苦与共的老妻，经医检发现患有乳癌，医治三载终归无效，于2006年4月28日不幸去世。柳先生在2006年1月20日的信里写道："前年冬季发现内人患乳癌，以年纪较大（今实足八十七，弱弟一岁），乳旁为有淋巴结（lymph nodes）结节，不宜电疗，经医生推荐用药疗（chemotherapy）每周只用药注射一次。而其治甚苦，经过数月，头发悉脱，顶如比丘尼，行动无力，说话声音低暗。"此情此境，加上家中只有夫妇二人，原来一直都是老妻照料先生的生活起居，现在则变成"生活杂乱，起居无节"，故信的结尾，情不自禁地发出了"北望中原，不胜綦念"之叹。

而2006年5月28日的信中则告知："内人不幸已经不在了，她于上月二十八日逝世，年阳历八十八岁，现在荼毗已毕，弟成了孟子所说的鳏夫了。"6月23日函又告余："内人罹胸癌之疾，历三年余，至今春（北半球之春）乃加剧，四月二十八日不幸去世，年八十八。"孟子鳏夫之说，见于《梁惠王下》："老而无妻曰鳏，老而无夫曰寡，老而无子曰独，幼而无父曰孤。此四者，天下之穷民而无告者。文王发政施仁，必先斯四者。"由先生引孟子，可知他处境的孤独与凄凉。

这也就是 2006 年和 2007 两年间给我的信里，何以一而再、再而三地提起老妻病逝一事的潜因。2007 年 1 月 17 日的信里说："舍间仅一男一女（谓内人及区区也），一人生病，另一人自难离开，固已不在话下。去岁四月底内人病逝，舍间堆积甚繁，不止开门七事，平时内人管的，弟俱不记。渠恒言'生在福里不知福'，今则弟自作自受孽，盖可谓深受其报矣。结缡六十四年，奈何！"2007 年 4 月 1 日一信又写道："去年四月底内人去世，寿八十八。弟在舍间杂务顿增，忡忡若有所失。"此可知先生当时寂寞无助的苦况。

而且由"结缡六十四年"一语，可推知先生结婚的时间系 1942 年，二十五岁，夫人当时为二十四岁。先生之子女，各有自己的专业职司，平时无法尽在身边照料。子为医生，也年过六旬，工作在悉尼。女儿在母亲离去后，时来帮助"治具共食"，使先生稍破寂寥。

七

先生身体正常之时，每年都有外出讲学或参加学术会议的安排，早些年去得最多的是中国香港、台湾和新加坡、马来西亚，近些年也曾多次到过北京和上海。但 2004 年自己以及老妻患病之后，有三四年的时间不曾"出远门"。2006 年 12 月，饶宗颐先生九十岁生日的庆会，柳存仁先生出席了。因为有做医生的儿子全程随侍，虽年已八十九岁，往返还算平安顺利。

但 2007 年 3 月香港中文大学新亚书院邀为主讲钱宾四讲座，共三次讲了三个题目，然后又去台湾，还第一次到了台南的成功大学，返港后再赴西安的道德经论坛。这样自3月底至4月29日，前后一个整月的时间，尽管也有人陪同，显然是过于劳顿了。致使返程由西安经港，不得不以轮椅代步。而甫及回到澳大利亚住所，便住进了医院。本文开头所引最后一信所说的"自丁亥间去西安随喜，忽瘿足疾，不乐少履。返此间后，医生言体内积水分，宜加排除"等等，就是指此而言。

不用说是九十岁的老人，即使是一中年人或者青年人，连续一个月频换地址地旅行演讲，也会让身体有吃不消之感。所以先生在2007年5月30日（返回澳大利亚住院后未久）的信里，在向我讲述此次出行经过的时候，不免痛乎言之，说"三月至四月间弟作了些愚而可数的傻事"。

八

柳存仁先生的离去在我是很突然的。如果不是那一个月的过度劳累，我想他也许不会走得这样快。他有着惊人的学术生命力，即使近五六年每信必及年龄与身体，好像在预示着什么，也始终不曾或离艺文与学术。《中国文化》杂志每次收到，他都有所评骘。

前引主要谈患病经过的2007年5月30日这封信，最后一段也还是关于《中国文化》2007年春季号，他刚收到。此期有龚鹏程兄《土默热红学小引》一文，柳先生连类写了好长一段话："在台南看见了龚先生，这一期他的土默热红学看了很让人折服。弟于《红楼梦》所识甚薄，对此亦无异说，只是觉得现在有这样的新意见，龚先生加以分析，登在尊刊上是很可宝贵的。私意则以为此案归诸曹公的线索不止一条，曹学固可不治，但知道《红楼梦》

之外还有曹家，也就很复杂的了。今又拉远拉早到明末，则范围益大，颇疑此一方面清初诸老时代与之更接近者，何以不一疑及，今既疑之，何不更多找些结实的材料来和曹学或索隐派学者重辨资料，此固读红、涉红的人所共关心者也。"

他并不以为土默热的观点可以完全论定，《红楼梦》曹著说也不见得已然被推翻，但不同的意见发表出来总是好的。特别由拙编《中国文化》来刊载，他见之而喜，因此使用了"很可宝贵"一词。他信中还提到持曹著说最力的冯其庸先生是不是表达了什么意见，问"冯宽堂（冯先生号宽堂）等人有没有新消息"。先生称自己对《红楼梦》书"所识甚薄"是过谦了。其实他治《红楼梦》极具心得，1994年撰写的《王湘绮和〈红楼梦〉》，发表在翌年"中研院"文哲集刊第七期，曾蒙见寄抽印本，那是一篇绝妙的好文。

柳先生护惜我们的《中国文化》杂志，经常勖勉有加，但遇有舛误，也会不吝指教。2006年秋季号的《编后》在介绍作者和文章时，有"本期刘梦溪先生《论国学》一文"的措辞，先生看后以为不妥，随即在2007年1月17日的来示中写道："编后话未署名，文中称梦溪为先生，而卷首即梦溪为主编，梦溪素本谦卦六四爻俱吉，此一笔漏重印时可稍移易，信无褒贬也。"此一教示令我极为感动，当即复函致歉致谢。《编后》虽非我所写，但实难辞失察之责。《易》"上经"第十五卦"谦"，其六四爻为"无不利，扐谦"。《象》辞则曰："'无不利，扐谦'，不违则也。""扐谦"指奋发向上之谦。盖先生在期许晚辈的同时，其督责亦分毫无漏。

我们的通信，先生总是有信必复，我则未能做到四时节候都及时问候。一次许久未向先生通音问，故在信里讲起，平素和友朋对坐，也曾有默然无语的时候。先生回示讲了一则故实警示于我。他说与一老辈长期书信往来，中间有一段时间居然有去无还，电话中问起，对方直说并无他因，只缘近来懒惰耳。这是先生写给我的七十余封信里，唯一两处对我直接垂教的地方。前者关乎文则，后者关乎礼仪。

九

我与柳存仁先生另外还有一次奇遇，不妨在这里一并向大家告白。那是2003年的10月，我曾有澳大利亚之行，随同本院的学术访问团，其中16日在堪培拉有一个下午和一个晚上的时间。由于临行匆忙，竟未将先生的电话带在身边。我急得不知如何是好。当晚用餐后，陪同者开车送我们回宾馆，途经一路段的英文名称是Condamine，我大呼柳存仁先生就是这条街！陪同者先将其他成员送回住地，然后带我在这条街上慢慢寻访。车行没有几步，突然见路左侧小径的深处有一朴拙的房舍，我说停下来看看。待一敲门，开门者不是别人，正是柳存仁先生。

世界上竟然有如此蹊跷的事情，由不得不信造物的神奇伟力。柳先生也没有想到我会突然而至，他的高兴自不待言。这已经是他心脏发病的两年之后了，语言思维无任何问题，只是身体明显地向左倾斜。我们照的一张合照，我居左他居右，冲出来一看，先生的头部紧紧地歪向我的一侧。因急于寻觅先生，我的一只假牙落在酒店了，说起话来颇不雅观。柳先生说他的许多老友都有此经历，"我们管这叫无齿（耻）之徒"。说罢我们相视大笑。又过了两年，即 2006 年，先生在 5 月 28 日写给我的信里，还提到"前两年您过澳洲摄寄的照片仍在架上"云云。

先生无论为文还是写信，字写得极小，密密麻麻，若非熟读，颇难辨识。心脏患病后，字不仅小，而且一溜儿往左侧倾斜。故先生信里多次引书家柳诚悬（柳公权字诚悬）"心斜则笔斜"语，自我调侃。2006 年 1 月 20 日函云："此篇又写斜了，昔柳诚悬言'心斜则笔斜'，吾为此惧。"5 月 28 日之信尾又云："纸无行格，字愈写愈斜。昔吾家诚悬先生言心不正则字不正，大可怵戒也。"病患缠身，亦不改幽默的习惯。

1994 年为《大都》出版时，涉及小说正文中数字的写法，2 月 1 日的函示中加一附语："国内出版小说，其中数目字皆改印亚刺伯（阿拉伯）数字，如 10 月、20 元之类，弟较不习惯。幸十分高兴尚未作 10 分高兴，一宿无话尚未作 1 宿无话耳。一笑！"读来令人忍俊不禁。

十

接连多天整理重读先生的信函，其和蔼宽仁的音容宛然如在。又想到不久前给我的最后一封信，真有东坡"不思量，自难忘"之感。二十年来柳存仁先生对我的相惜之情和沾溉之益，我无法忘怀。如果有人问我，柳先生的学问精神有哪些值得晚生后学汲取呢？我可以用他信里的一段话作答。

2003 年元月 22 日，我写了一封比较长的信，涉及他治学的一些方面，于是他在 2 月 6 日的复示里写道："辱荷谬赏，高明前贤而外，时人又以选堂先生为比拟，弟荒陋何敢上侧饶公，无论先辈前贤。所自勉者，不轻妄语；有失必自己认错；看书必看完全部；于闲书力之所及，有读过周匝者；如是而已，不足为外人道也。"其中以分号隔开的几句话，即"不轻妄语；有失必自己认错；看书必看完全部；于闲书力之所及，有读过周匝者"，可视为他一生为学经验的总结，同时也是他的治学格言。此亦可印证余英时先生所称美的"他的著作，无论是偏重分析还是综合，都严密到了极点，也慎重到了极点。我在他的文字中从来没有看见过一句武断的话"，确是知者的平实之言。

真理原来如此简单。

可我们尊敬的学界的仁厚长辈柳存仁先生将永远活在愿意和学问沾边的人的心里。

2009年9月24日写毕于京城之东塾
原载《中国文化》2009年秋季号

文化儿童丁聪

文化界无人不喜欢的孩童小丁，九十三岁的丁聪，离我们而去了。本来不该惊异，可还是感到突然。5月9日，纪念"五四"九十周年的一次小会，三联原老总董秀玉悄语"丁聪不好"。而几周前和几个月前，沈峻已经告知小丁近来所受的接二连三的磨难。一会儿跌断了这个，一会儿摔伤了那个，一会儿枢纽工程又堵塞了。然后能工巧匠一起上来"大修"。再好的零件如果用了九十年，其磨损的程度即使尚未宣告报废，也一定到了动辄得咎的地步，所谓"老来无病也支离"。

人类最优秀的头脑，当其晚年所遭遇的灵与肉的痛苦，常常是加倍的痛苦。

丁聪夫人沈峻是一位非凡的女性。她讲起丁聪的种种意外，语调和心绪同样平静。她扮演的是贤妻和慈母的双重角色。他们在1957年小丁四十岁时才结婚。一见钟情的成分不能说没有，更主要的是当年艺事风华的小丁，一见便不能须臾离开小他十余岁的沈峻。但婚后不久，丁聪不明所以地被打成了"右派"，循盛清（清朝的康乾时期史家称"盛清"）的则例，被发配到相当宁古塔（清代发配大都遣送宁古塔）一带的北大荒劳动改造。燕尔新婚、幸福得祖国到处挂彩虹的这对知识情侣,不得不执子之手,不忍分离,也得分离。

这一遗恨青史的天大误会,让我们的丁聪欠了他发妻一笔永远也不得还清的感情债,就像《红楼梦》里绛株仙草转世的林妹妹,一生以眼泪还神瑛侍者转世的宝哥哥一样。所以丁聪总是喃喃地说:"她跟着我没有过过一天好日子。"圈内人士尽管无不以小丁的惧内称雅,却未免忽略了两情遭遇伤痛所积蓄的欠债还泪的人性的美丽与庄严。

我结识丁聪、沈峻夫妇的时候,他们的日子已经过得不错了。九十年代初期,外省组织的一次笔会,有于光远夫妇,丁聪夫妇,诗人邵燕祥、作家池莉,还有李辉夫妇,以及我和内子。亲眼目睹了丁聪的风趣和沈峻的干练。我称沈峻有治国之才。丁聪说:"所以我受不了!一个能管理国家的人,如今只管我一个人,你想想看。"那么,小丁对沈峻以"家长"相称,就不足怪了。也是这次,沈峻开始叫我"民国前"。她发现我眼前的物事了解得甚少,而晚清以至明清的事,倒记得比较清楚。

其实,我内人陈祖芬和丁聪还要更稔熟一些。他们一度都在政协。祖芬的童心不褪大家都晓得的,又遇到吴祖光、丁聪这些年老的儿童,他们每次开会都玩得很开心。下面摘录祖芬文章里关于丁聪的一段:

> 坐大轿车去人大会堂开大会,我每每坐在车后座,看一车聪明而沧桑的后脑勺在车里颠簸着,好像在向我述说他们的颠簸人生,又好像在为五千年中华文明的源远流长作见证。
>
> 五千年文明的见证之一,是丁聪委员小丁。有人问他怎么

永远不老，是不是吃了青春宝？小丁说："不，我是吃了娃哈哈。"下车与小丁一起走进人民大会堂，有人招呼他一起找个座儿歇会儿。小丁笔挺着身子说不用，说从来到人民大会堂开政协会都没在大厅里坐过。来了，站会儿，就进会场了。而且总是高兴着，孩童般地咧开大嘴笑着——当然，孩子只能站着看大人坐着说事儿。

小丁年方八十一，没有白发，只有童颜。我想，人生历尽艰难后的最美丽的境界是童真。是用儿童的充满好奇和想象的眼睛看世界。

丁聪始终是一个孩童。八十岁是孩童，九十岁更是孩童。当然1957年四十岁的时候，也是孩童。那么一个孩童说的话，为什么还当作罪证而打成"右派"呢？不是有句俗语叫童言无忌吗？

丁聪离我们而去了。我们失去了一个聪明的孩子，一个对艺术始终保持敏感的孩子，一个笑口常开的孩子，一个需要母亲爱抚的孩子，一个需要家长沈峻照料的孩子！

我们别再打"右派"了。即使做不到爱护，可否原谅那些聪明而又无知的孩子们呢！

写于2009年5月26日深夜
原载2009年6月2日《文汇报》"笔会"专版

悼念一位早逝的学界友人

四月十六日,台湾"中研院"近代史所张寿安教授函示,她的先生、我的好友周昌龙教授过世了。闻后大为震惊,立即函问底里。原来是人类至今无法制胜的连乔布斯也难以幸免的怪物,夺去了昌龙的只有六十一岁的生命。去年八月发现,十一月停止治疗,今年二月六日溘然而逝。

周昌龙教授祖籍浙江,生在上海,长于香港。台湾大学中文系所的本科和硕士,美国威斯康星大学亚洲语文学系博士。三十八岁前一度涉足北美中文报业,文采风流,不可一世。后归本学术,长期执教暨南国际大学等学府,有《超越西潮:胡适与中国传统》等多种著作出版。我在十多年前的一次研讨会上结识昌龙,略通数语,一见如故。此后内地、香港、台北,多次晤面,无谈不乐。还因此认识了他的沉醉于清代学术的太太张寿安教授,和他们的可爱的女儿周之铭,我叫她"小周教授"。现在网上流传的歌词《花解语》就出自之铭手笔。

去年四月,寿安教授邀为其主持的"近代中国知识转型与知识传播"主题计划作主旨演讲,尝往"中研院"近代史所访学一周,以《国学与现代学术分科》为讲题。昌龙兄特地从暨大赶来"中研院"作陪，演讲后的午宴，我们谈及陈寅恪《柳如是别传》对钱柳因缘诗所做的发覆索隐，不禁兴会大增。当天下午，他又驱车带我到新光三越，购无束口袜多双。然后餐叙于福华饭店。停车时我问为何来这里，他说你喜欢呵。还是几年前在北京，谈起台湾的餐馆，我说过福华的菜比较可口一类话，他居然记得。谁知此次相聚，竟成为我和昌龙的最后一面。痛何如之，痛何如之！

恰好寿安教授检出昌龙二十二岁至六十一岁四十年间所作诗词七首，兹特刊于《中国文化》2012年春季号。寿安叙引，哀思动人，不忍卒读；爱作附语，略志友缘，并寄缅怀。

2012年4月写于东塾

李学勤先生逝世敬致唁电

惊悉我们《中国文化》杂志学术顾问、梦溪本人经常与之往还的良师益友李学勤先生逝世，不胜哀悼追念之至。我的许多学界友人就这样一个个地走了，不禁感到伤痛和落寞。

李学勤先生是当代学术的重镇，他在古文字学、青铜器研究、简帛学研究、古史研究诸领域做出的总成绩，当代学者鲜有与之比肩者。他的精勤惜时的治学态度、对学术新发现始终抱持好奇心的学术精神、重实证而又不忘整体的学术风格，足可垂范当代，沾溉后世。

无法忘记他对我们中国文化研究所和《中国文化》杂志以及我本人的为学所给予的关爱和呵护。诗曰："心乎爱矣，遐不谓矣，中心藏之，何日忘之。"李先生之学可谓安且成矣。追思不尽，敬祈福泽绵长，花开满园。

中国艺术研究院中国文化研究所创所所长暨

《中国文化》杂志主编

刘梦溪　敬悼

2019年2月27日

第三章　望远行

追念王昆仑先生

王昆仑先生与世长辞了，享年八十有三，按古人的说法，应为寿考。但讣闻传来，我仍感到震惊，心里顿生出一种怅惘之情。

关于王昆老的生平事迹，报纸上做了详细介绍。可以看出，一个人在条件允许的范围内，能够把生命的价值发挥到怎样的程度。《左传·襄公二十四年》记载叔孙豹的话说："大上有立德，其次有立功，其次有立言，虽久不废，此之谓不朽。"王昆老在德、功、言三个方面都有自己的建树。不过，我平时所接触和了解的，主要是他的言的方面，具体地说，就是红学家身份的王昆仑。

然而立言谈何容易。上世纪四十年代，王昆仑先生在雾都重庆撰写《〈红楼梦〉人物论》，一篇篇披载于《现代妇女》杂志时，有嗅觉灵敏的权力者指他为影射现实。对此，王昆老一笑置之，因为文章中有些议论原是有感而发的，如《王熙凤论》中写道："凤姐自己是这一家庭的主持人，同时却是这一个家庭的贪污首脑。她使用着自己的特权，剥削着这全家的经济利益；于是这贾府一般子弟奴仆乃至婆子丫鬟们都各营其私，各舞其弊，纷扰与罪恶，层出不穷，她也就无法厉行真有效的统制。"联系当时国内的社会政治环境，这些话的寓意不言自明。但是，到了全国解放以后的六十年代,他和女儿王金陵改编的昆剧《晴雯》,在"文化大革命"中还被诬为歌颂"反动的骨气",王夫人是影射共产党,并因此获罪,王昆老感到无论如何不可理解。金陵喃喃地说:"这个戏是周总理关心过的呀!"其不知,这正是当时蓄意构陷的直接缘由。

我几次看过昆剧《晴雯》的演出,深为它一段段优美的唱词所吸引。所谓歌颂晴雯的"骨气"云云,固然指的是全剧,但更遭谗忌的却是主题歌《芙蓉赞》:"春到纷纷争艳美,一旦秋来花叶风前坠。欲觅秋容何处?芙蓉池上昂昂立。哪怕重重风又雨,风雨重重更见红颜丽。莫道秋深花少力,挺身敢向寒霜拒。"词采飞扬,感情贯注,与"人物论"《晴雯之死》异曲同工,互为发明。1975年,我去友谊医院看望刚出狱不久的王昆老,他瘦弱不堪,只剩下一把骨头。真难以想象,《〈红楼梦〉人物论》中那些激越的文字,昆剧《晴雯》里的华美辞章,会从如此羸弱的身躯中迸发出来。

不过人能够成其为人,立于天地之间,主要靠骨骼的支撑,只要骨头在,就什么都有了。骨气就是从骨头里散发出来的,与骨头以外的部件大约没有必然联系。所以《文心雕龙》的作者刘彦和说:"辞之待骨,如体之树骸。"这样一想,不仅不以为异,反而一通百通了。《芙蓉赞》写得明白:"莫道秋深花少力,挺身敢向寒霜拒。"唯其力单而又能拒寒霜,才愈见其真美,如果霜而不寒,双手可溶,还有什么值得称道的呢?1979年,"风雨重重"的日子已经过去,昆剧《晴雯》重新上演,王昆老和金陵笑逐颜开,终于实现了"春到纷纷争艳美"的愿望。为了纪念这桩公案,我请王昆老手录了一幅《芙蓉赞》的全文,书法隽秀,骨力犹存,现在重看一遍,感到弥足珍贵。

《〈红楼梦〉人物论》的命运也不比昆剧《晴雯》更好些。既然写晴雯的戏剧犯禁忌，关于晴雯的论文岂能毫无违碍。晴雯既有问题，那么，同一作者写的论述《红楼梦》其他人物的文章，必然都有问题。于是《〈红楼梦〉人物论》是"大毒草"无疑矣。这种推论今天看来固属荒唐可笑，但在极左思想盛行时期则是司空见惯的"大逻辑"。

1962年纪念曹雪芹逝世二百周年前后，王昆仑先生对解放前撰写的《〈红楼梦〉人物论》作了改写，并以选篇的形式公诸报端，受到《红楼梦》爱好者的欢迎。至今我还记得自己当时读《晴雯之死》和《王熙凤论》的兴奋情景，我简直是在把一颗颗铅字吞下去。《红楼梦》写王熙凤如火如荼，王昆老则剖解得淋漓尽致；曹雪芹对晴雯倾注的感情超乎一般，王昆老论晴雯达到了文情并茂。中华书局上海编辑所本来准备在1965年出版修订本《〈红楼梦〉人物论》，因政治动乱开始不得不搁浅。

直到1984年年初，这部自成红学一家言的论著在饱尝艰辛之后，由三联书店出版，得以重新与读者见面。我在1963年曾写过一篇《〈红楼梦〉人物论》的书评，动乱年月，生活环境几经变迁，文稿不幸迷失，而当时购得的一部国际文化服务社版的《〈红楼梦〉人物论》，竟被老鼠咬了一个直径近二寸的大窟窿。王昆老看到他的书遭此奇劫，先是一惊，随后便会心地笑了。金陵则想到了恩格斯说过的给老鼠的牙齿去批判的典故。王昆老这几年社会活动较多，身体不是很强健，我一般不去打扰他。去年春天《〈红楼梦〉人物论》出版，我收到赠书后前去拜望，他兴致甚高，谈得很多，透露出劳动结出果实的喜悦。他指着书前的插图，问我是否也觉得人物的年龄过于小了些，我表示有同感。他说："这么小,不好谈恋爱的。"说得在座的人都笑了。没想到,这成了我和王昆老的最后一面。

《红楼梦》爱好者永远记得王昆仑先生在红学领域的贡献。

原载 1985 年 10 月 16 日《人民日报》

茅盾与红学

茅盾与世长辞了。学术界和文艺界平素与沈老相识或不相识的朋友，莫不感到悲痛。正如夏衍所说，茅盾是学贯中西的大家，不仅以自己的杰出的文学创作，为现代文学的发展树立了丰碑，而且在文艺学和古典文学研究方面，也有独特的贡献。他渊博的学识和严谨的治学态度，值得我们永远学习。这里，我想就手边接触到的一些材料，谈一谈茅盾与红学的关系，作为对创办《红楼梦学刊》曾给过极大关怀和支持的沈老的缅怀与追悼。

一

茅盾的古典文学造诣很深湛，早在青少年时期，《三国演义》《水浒传》《红楼梦》等中国文学史上的名著，就已经烂熟于心了。1932年正式从事文学创作之前，他主要致力于翻译和文学理论的研究，曾在上海大学讲授过"小说研究课"。这方面的工作加深了他对中国文学传统的理性认知。"五四"运动以后的《红楼梦》研究，由于胡适在1921年发表了《红楼梦考证》，长期以来考证派红学占压倒性地位，很少有人从文学创作的角度对作品进行深入探究。茅盾则不然，他对《红楼梦》的创作技巧，一向是非常重视的，这在1934年他应开明书店之约叙订的《红楼梦》洁本里，表现得尤为突出。当时出版这部书的目的，就是使初学写作者"学一点文学的技巧"。现在的许多青年读者，已经不记得红学史上有过茅盾叙订洁本《红楼梦》的公案了，有必要重新提及，并略述我对这一特殊的《红楼梦》版本的看法。

茅盾叙订洁本《红楼梦》，是在1934年，当时他在上海，5月间完成叙订工作，第二年由开明书店出版。洁本分上下两册，共674页，竖排，每页18行，每行43字，标点在行外，约52万字，占百二十回本《红楼梦》的五分之三。把一部艺术结构首尾贯通的长篇巨作，删削、压缩在一定的文字范围之内，而又保持故事的大体完整，不伤其精华，是一件很不容易的事情，非文章圣手，难以达到预期效果。陈独秀在1921年为亚东图书馆铅印本《红楼梦》所写的"新序"中写道："我尝以为，如有名手将《石头记》琐屑的故事尽量删削，单留下善写人情的部分，可以算中国近代语的文学作品中代表著作。"陈独秀的这个愿望，经过十三年之后，由茅盾来加以实现，恐怕他当初不曾想到。

当然茅盾很谦虚，他在导言中说："在下何敢称'名手'，但对于陈先生这个提议，却感到兴味，不免大着胆子，唐突那《红楼梦》一遭儿。"他为自己拟定了删削工作的三条原则，即第一，书中有关太虚幻境、神仙幻术等神话性质的情节，一般都予删除；第二，除"大观园试才题对额"外，诗词、酒令、谜语一类描写，也是删削的重点对象；第三，为缩减篇幅，部分故事情节，如茗烟闹书房、蒋玉菡的故事，以及贾琏和多姑娘的故事等，也只好割爱。同时，与删削后的故事情节的发展相适应，又重订了章回，改题了回目,没有保留原回目的联语形式,只用一简单词组标出,求其切题而已。如第一回的回目作"贾府的历史",第二回是"林黛玉初会贾宝玉",第三回是"薛蟠",第四回是"刘姥姥打抽丰",第六回是"金锁",第十二回是"黛玉多疑",第十六回是"小红",第十九回是"鸳鸯抗婚",第二十一回是"晴雯补裘",第二十六回是"紫鹃的心事",第三十三回是"抄检大观园",第三十五回是"晴雯之死",第三十七回是"林黛玉的心病",第四十二回是"失玉",第四十四回是"黛玉之死",第四十七回是"抄家",第五十回是"宝玉出家"等等。总共有五十个回次,上册二十六回,下册二十四回。茅盾在"导言"中说,他叙订的这个洁本"虽然未能尽善",但对"想从《红楼梦》学一点文学的技巧"的人,如中学生,"或许还有点用处",至于"研究《红楼梦》的人,很可以去读原书"。我认为茅盾提出并在实践中贯彻的删削工作的宗旨和原则,是完全正确的,这样做便于初学者阅读和学习,有助于《红楼梦》的流传和普及。洁本《红楼梦》作为诸多《红楼梦》版本之一种,有它的特色,自有其存在价值,应该促其流布。因此,当此沈老逝世的时刻,如果出版部门能考虑重新出版茅盾手订的洁本《红楼梦》,这既是纪念沈老的一种方式,对青年作者向《红楼梦》学习文学技巧也大有裨益。

值得重视的是,茅盾在洁本《红楼梦》的"导言"里,对这部伟大著作的艺术特点和文学创作的技巧的概括,可以说语语中的,至今读起来仍给人以警醒之感。他明确提出,《红楼梦》"是个人著作,是作者的生活经验,是一位作家有意地应用了写实主义的作品,所以从中国小说发达的过程上看,《红楼梦》是个新阶段的开始"。他对曹雪芹描写人物个性化的技巧极为重视,做了详尽的分析，写道："《红楼梦》写人物的个性，力避介绍式的叙述，而从琐细的动作中表现出来。林黛玉在书中出场以后，作者并没有写一段'介绍词'来'说明'林黛玉的品貌性格；他只是从各种琐细的动作中表现出一个活的林黛玉来。读者对于林黛玉的品貌性格是跟着书中故事的发展一点一点凝集起来，直到一个完全的黛玉生根在脑子里，就像向来认识似的。《红楼梦》中几个重要人物都是用的这个写法。"他还把《红楼梦》和《水浒传》加以比较，认为《水浒传》写人物虽然也很好，但它里面人物的个性"连接几回的描写中就已经发展完毕，以后这人物再出现时就是固定的了，不能再增添"；而"《红楼梦》里许多人物却是跟着故事的发展而发展的，尽管前面写王熙凤已经很多，你自以为已经认识这位凤辣子了，然而后来故事中牵涉凤姐的地方，你还是爱读，还是觉得这凤姐始终是活的"。

这些直中肯綮的评断，如不是对文学创作深有体会，绝说不出来，或者即使说出来，感受也不会那样深。茅盾自己的许多作品，如《蚀》《虹》和《子夜》等，都从《红楼梦》的艺术描写中汲取过养料，因此他之所谈，是融汇了自己的创作体会的。从事文学创作的人读起来会感到更加切近。

二

五十年代以后，茅盾担负繁重的文化行政方面的领导工作，主要注意力放到了推动文学创作的发展上，没有更多的余暇从事古典文学的研究；但是，对红学的研究和发展的情况，他始终是关注的。1954年对俞平伯《红楼梦研究》展开批评以后，他在中国文联主席团和作协主席团扩大会议上,做了很特别的发言,虽强调学习马克思主义理论的必要,却明确表示要反对贴标签的马克思主义。他说:"我觉得,我们学习马克思列宁主义没有学得好,就好像是贴满了各种各样的旅馆商标的大脑皮质上又加贴了马克思列宁主义的若干标语。表面上看,有点马克思列宁主义,但经不起考验;一朝考验,标语后面的那些乱七八糟的商标就会冒出来。如果是从那些马克思列宁主义的标语的隙缝里钻了出来,那就叫作露了马脚,那倒是比较容易发现的;最危险的,是顶着马克思列宁主义的标语而冒出来,那就叫作挂羊头卖狗肉,自命马克思主义者,足以欺世盗名。"茅盾的预言后来应验了,我们从五十年代以来一些推行极左的人身上,看到了顶着标语的假马克思主义的巨大危险。至今彻底肃清他们的流毒,仍是一项艰巨的任务。

1963年,文化部、全国文联、作家协会和故宫博物院联合举办"曹雪芹逝世二百周年纪念展览会",茅盾给予热情支持,对研究曹雪芹和《红楼梦》起了良好的作用。更为重要的是,茅盾撰写了题为《关于曹雪芹》的长篇纪念文章,发表在1963年第12期《文艺报》上,概括介绍了《红楼梦》的产生和曹雪芹生活的时代环境和身世经历。对历史上诸红学派别作了爬罗剔抉的分析和评价,充分肯定了《红楼梦》的深刻的思想意义及高度的艺术成就,认为这是一部"继承了中国古典文学的优秀传统而发展到空前的高峰"的作品,对封建制度种种罪恶揭露之深刻"前无古人"。这篇文章正文八千字,注文一万字,许多重要见解都是在注释里说的,正文和注释结合在一起,实为一部"红学简史"。我在《红学三十年》一文中曾说,茅盾这篇文章"因发表于已开始进行

'文艺批判'的时候，不久就开始了'文化大革命'，没有受到红学界应有的重视。现在应去掉尘霾，使它固有的光彩重新放射出来"。今天读这篇文章，我认为以下几点特别值得我们关注。

首先，茅盾对历史上的各种红学派别，采取实事求是的分析态度，不简单定是非，而是结合时代环境给予准确的评价。例如对索隐派旧红学，茅盾一方面揭破它的带有形而上学的比附的特点，另一方面客观地指出："平心论之，索隐派着眼于探索《红楼梦》之政治、社会的意义，还是看对了的。"对不同的索隐派别，在具体评价上也有所区别，如对蔡元培的《石头记索隐》，他认为"虽穿凿附会，顾此失彼，然其三个方法及其以康熙朝诸名士影射《红楼梦》主要人物，尚能自圆其说（当然我们不能相信他的结论）"；而王梦阮、沈瓶庵的《红楼梦索隐提要》，"则论证方法凌乱，常常自相矛盾"。为什么这样说呢？茅盾写道："王、沈二氏之'索隐'除卷首有'提要'外，每回有总评，行间有夹注，'广征博引'，而穿凿附会，愈出愈奇。然而最不能自圆其说者，为一人而兼影二人乃至三人。例如既以宝钗为影小宛之一体矣，又谓其有时亦影陈圆圆，有时亦影刘三秀；至于史湘云，则谓其影射完全不同的五个人：1．顾眉楼（横波，名妓，嫁龚芝麓）；2．孔四贞（孔有德之女）；3．卞玉京、卞嫩姊妹（明末秦淮名妓）；4．长平公主（明崇祯帝之女）。盖'索隐'之道，至此而泛滥无边，随心所欲，断章取义，几乎无一事无一人不可影射，愈索愈广，而离原作本意亦愈远矣。"应该说，茅盾对王、沈的批评是很尖锐的，可是又没有简单化之嫌，因为他运用的是具体问题具体分析的方法，褒贬得当，说理细密，具有强硬的说服力。当然，这并不意味着茅盾对蔡元培的"索隐"是完全赞同的，只是肯定他在某种意义上的一定的合理性,而肯定这一点,反而会加强批判索隐派的错误的力量。学术发展的历史表明,任何一种在历史上出现并产生了广泛影响的学派,都必然有其一定的合理性,简单地宣布一种学派完全是谬说,做起来非常容易,可惜于学术的发展无补。茅盾对待旧红学索隐一派的态度,为正确地研究红学发展的历史提供了榜样。

其次,茅盾在阐发《红楼梦》的思想意义的时候,牢牢把握住了知人论世的批评文学作品的方法,把《红楼梦》放在18世纪上半期的特定历史环境中去,从当时的经济关系里寻找一定的意识形态赖以产生的最终根源。他说:"表现在贾宝玉身上的思想积极因素,一方面是继承了李卓吾、王船山的反封建的思想传统,另一方面是中国18世纪上半期新兴市民阶层意识形态的反映。"他不仅这样提出了问题,还进一步做了具体分析,提出:"18世纪上半期的中国,城市手工业和商业虽有发展,而封建经济仍占支配地位,封建政权仍然很强大,而且利用政权工具,通过垄断性的官办手工业大工场,对城市手工业和商业进行多种多样的压迫和限制。在这样的情形下,商业资本家找到了一条风险较小的出路,即以高利贷形式剥削农民乃至中小地主,进一步兼并土地,取得又是商人又是地主的两重身份。同时,大地主和官僚也放高利贷,也经商(且不说当时还有'皇商'呢),对小商人、个体手工业者和小作坊所有者进行剥削。这样,当时市民阶层的上层分子和封建地主、官僚集团,既有矛盾,又有勾结;而市民阶层的广大底层(小商人、个体手工业者和小作坊所有者)则经济力量薄弱,且处于可上可下的地位,对封建主义又想反抗又不敢、不能反抗到底。这就决定了当时市民阶层思想意识中的积极因素(要求废除封建特权，要求个性解放等），从来不是以鲜明的战斗姿态出现，这也就决定了他们反封建之不会彻底（正如李卓吾、王船山反封建思想不能完全彻底，而带着时代的和阶级的烙印），这也就决定了18世纪中国市民阶层之历史命运——不能发展为资产阶级。"又说："《红楼梦》中贾宝玉的一生，象征了当时新兴市民阶层的软弱性和它的历史命运。"就我平素接触到的材料，对《红楼梦》产生的时代做出这样简括而又鞭辟入里的分析的，似还不多见。这正是《关于曹雪芹》这篇文章的光彩之处。茅盾认为，解放后《红楼梦》研究的不足，是对这部书的时代背景和社会基础的研究重视不够，因此较详尽地论述18世纪上半期的社会特征，他是有意识这样做的。

第三，茅盾的《关于曹雪芹》这篇文章，集中反映了他的严谨的治学精神和坚持平等讨论的学术作风。他对曹雪芹生平活动和《红楼梦》成书过程的许多疑难问题，一般都不贸然下结论，也反对别人贸然下结论。关于后四十回的作者问题，历来聚讼纷纭。"五四"以来，高鹗补作说渐占上风，至六十年代初，范宁在影印杨继振旧藏的《红楼梦稿》的时候，再次提出怀疑，认为是程、高刻本之前一位不知名姓的人士所续。茅盾说，"还未便做最后的结论""仅凭一个乾隆抄本，周春和舒元炜的一句话，似未便作为铁证，剥夺了高鹗补书的劳绩"。对后四十回的评价，他也主张态度要尽量客观，不同意像有的研究者那样，"把高鹗补书说得一钱不值"。曹雪芹的卒年问题，红学家们争论了三十多年，"壬午"和"癸未"两说相持不下，茅盾认为"双方都持之有故，言之成理，然而又都缺乏绝对的证据使对方心服"。鉴于这种情况，茅盾认为"暂时不做结论，有利于百家争鸣，从而将有可能获得更圆满的结论"。事实证明,茅盾的意见是正确的。现在又有人提出了新说,对甲戌本第一回里"能解者方有辛酸之泪"一段批语,做出了新的解释,认为"壬午除夕"四个字是批语署年,批语为畸笏所写,因此"壬午说"便不攻自破了,"癸未说"也不能再以"除夕"为时间依据。看来这个问题确如茅盾所说:"既有两说,则以百家争鸣精神,争个水落石出,是只有好处,没有坏处的。"还有,茅盾在征引各家的观点时,都一一注明出处,体现了对别人研究成果的尊重,即使不赞成对方的观点,态度也是平等的,这种作风对发展学术讨论和学术研究至为重要,应大大发扬。

三

茅盾的《关于曹雪芹》一文发表于1963年年底,不久,所谓"文艺整风"就开始了。文化部首当其冲,随后又进入了"史无前例"的时期,国家遭受磨难,他自顾不暇,自然无法再过问曹雪芹和《红楼梦》了。

直到1973年年初,已故的红学家吴恩裕先生将其新发现的曹雪芹的佚著和传记材料呈送给茅盾过目,才又重新唤起了他对红学的兴趣。他当即复吴恩裕一信,表示祝贺,并希望"更有新的发现",或至少能看到《瓶湖懋斋记盛》的全文。同年12月,茅盾写了一首《读吴恩裕同志近作曹雪芹佚著及其传记材料的发现》的七律,书赠给吴恩裕先生,原诗是:

浩气真才耀晚年,曹侯身世展新篇。
自称废艺非谦逊,鄙薄时文空纤妍。

> 莫怪爱憎今异昔，只缘顿悟后胜前。
> 慭斋记盛虽残缺，已证人生观变迁。

对曹雪芹的思想特征做了新评价。《废艺斋集稿》的真伪，红学界存在着不同的看法，依我之浅见，断言其真实无误，固然感到证据尚稍嫌欠缺；论定其为伪，更缺乏信而有征的第一手材料作坚强后盾。1977年秋天，一次我去看望沈老，谈到《废艺斋集稿》的真伪问题，他说在没有新的可靠的证据出现的时候，与其指其为伪，不如先信其为真。我认为茅盾对待曹雪芹佚著的态度是适当的。吴恩裕先生在沈老的热情鼓舞下，搜寻雪芹的有关传记材料更见辛勤了。1979年12月，吴先生不幸逝世，茅盾抱病写了追念文章，开头就说，"吴恩裕同志是红楼梦研究的专家，特别是曹雪芹佚事的发掘者"，深表惋惜。谁知未及二载，我们又来悼念茅盾先生，抚今追昔，不免令人感慨系之。

茅盾前几年还写过一些题咏《红楼梦》人物和故事的诗词，立意警拔，情趣盎然，为《红楼梦》爱好者所喜爱。如《补裘》写道："补裘撕扇逞精神，清白心胸鄙袭人。多少晴雯崇拜者，欲从画里唤真真。"诗中晴雯的形象呼之欲出。又如《葬花》写林黛玉："高傲性格不求人，天壤飘零寄此身。谁与登茵谁落溷，愿归黄土破红尘。"《赠梅》写妙玉："无端春色来天地，槛外何人轻叩门。坐破蒲团终彻悟，红梅折罢暗销魂。"都深得人物性格底里、神韵。因这些诗词大都在报刊上发表，读者可亲自翻检，余不略及。下面，我想着重谈谈《红楼梦学刊》在筹办和创刊的过程中，茅盾给予的关怀和支持。

多年以来，《红楼梦》的研究者和爱好者就希望有一个专门的刊物，为毫无拘束地探讨红学问题提供园地。这个愿望终于在1979年得以实现了。当时，文化部和文学艺术研究院（现中国艺术研究院的前身）的负责人，给予这项事业以种种支持。首都及外地的红学专家们表示热情赞助，百花文艺出版社又大力协助和积极配合，遂实施得很快，从拟议到出刊，仅三个多月的时间。为了尽可能多地吸引广大的《红楼梦》研究者，学刊组成了一个较大的编委会，并聘请茅盾和王昆仑做学刊顾问。茅盾慨然允诺，亲自为学刊题写刊名，并参加了编委会成立大会。他说："我非常赞成这项事业，是一个促进科学发展的大好事。学刊一年出四期，每期二十多万字，我相信不光在国内，对国外也会有影响。"《红楼梦学刊》第一辑出书后，我送样书给沈老看，他异常兴奋，说这是个创举，过去从未有过；对刊物的印刷和装帧技术，也极口称赞，说"百花是有名的，书印得好"。我请他给学刊写文章，他说体力不行了，主要写一点回忆录，其他无法如愿了。尽管如此，当吴恩裕先生逝世以后，他还是写了《追念吴恩裕同志》一文，发表于《红楼梦学刊》1980年第三辑。他还向学刊推荐过其他作者写来的研究《红楼梦》的稿件。作为顾问，茅盾对刊物尽到了应尽的责任。

1980年6月，美国威斯康星州首府麦迪逊，有国际《红楼梦》研讨会之举，《红楼梦学刊》主编冯其庸及编委周汝昌、陈毓罴等，应邀赴美参加了会议。发起和筹备这次会议的美国威斯康星大学的周策纵教授，在致冯其庸先生函中，表示倾慕茅盾的学识，希望得到茅盾的手书，以为会议增色。当时沈老正在医院治疗，我请韦韬和陈小曼（茅盾的公子及夫人）转告后，沈老病中挥毫，以他俊秀的书法写了一首七律：

> 红楼艳曲最惊人，取次兴衰变幻频。
> 岂有华筵终不散，徒劳空邑指迷津。
> 百家红学见仁智，一代奇书讼伪真。
> 唯物史观精剖析，浮云净扫海天新。

陈小曼女士亲自将手书送到我家，赴美的头天晚上，我交给了冯其庸先生。后来得知，茅盾的诗作和法书受到了国际《红楼梦》研讨会与会者的称赏。

茅盾的一生，是为文化为国家的一生，他对祖国文化事业的贡献是多方面的，就中也包括自三十年代以来对红学所做的贡献。上面谈的这些，只是一个粗略的轮廓，很难尽其万一，且不免有误，不过略述一个《红楼梦》爱好者的眷念之情而已。我想，后世涉猎红学的人，当不至忘记沈老在从事文化事业和文学工作之余，对促进红学的发展所作的劳绩吧！

写于 1981 年 4 月，载当年出版的《红楼梦学刊》

周汝昌先生的学术贡献

——在新版《红楼梦新证》发布会上的讲话

我住得很远，但是我觉得今天这个会，我需要来参加。当然首先是对刚刚故去不久的周先生表示我的缅怀和敬意，真诚的敬意。我跟周先生平时接触不多，大概在座的几位了解，我和所有研究红学的老辈接触都不多。

周先生的红学成绩，我想可以从几方面来讲。一是在红学史上，周先生是一个里程碑式的人物。为什么这么讲呢？因为真正讲红学史，当然也有的认为从最早的书一问世，乾隆年间出来抄本，脂砚斋加批注，红学也开始了。但实际上的近代红学，还是应该从王国维先生、胡适之先生、蔡元培先生的著论开始，中国现代学术的红学一科是从他们开始的。说起来非常有意思，它一开始就成为中国现代学术史的一个单独的门类，成为红学一科。而且从中国现代学术史的开端来讲，它居然是非常早的，因为王国维发表《红楼梦评论》是在1904年，大家知道，王先生的方法是用西方的哲学和美学的理念，来重新解读这部古典大著述。

因此，现代红学的开端，首先要追溯到王国维王静安先生，1904年他发表《红楼梦评论》，为现代红学开一新局。然后是1917年，这个年份我忘记了，在车上请教中华书局的一位何先生，他帮我查到，蔡先生的《石头记索隐》问世在 1917 年。三年之后，1921 年，胡适之先生的《红楼梦考证》发表。都是举足轻重的大学者，跻身红学，各立一说，观点不同，却彼此尊重，他们的著作开启了红学研究的三个流派的起点。

我称王国维先生是小说批评派，蔡元培先生是索隐派，胡适之先生是考证派，他们是为红学三派建立新典范的人物。过去讲这三派的时候，很容易有所轻重，现在随着学术研究的进展，大家对这三派比较能够公正地看待了。他们都了不起，考证和小说批评不用说，索隐也同样了不起。特别是现在，当大家越研究越深入的时候，觉得索隐派所揭示的这部书的内容，很可能有相当的历史真实性。最近我读到北京大学一位教技术物理的老师写的一部研究《红楼梦》的著作，我不认识作者，她给我寄来一本，书名叫《吊明之亡，揭清之失》，主要探讨《红楼梦》的作者问题，含着激情写的一本著作，语言非常顺畅，也不是没有相当道理啊。这是一位很有专业成就的女教授，叫钟云霄。还有土默热的研究，尽管不能为众多红学专家所认可，其合理成分也不是完全没有。

对于红学的各种流变，后来很多曲折的历史，我不讲了，主要想说周汝昌先生在现代红学的历史上，是一个里程碑式的人物。为什么这么讲？因为 1948 年，他在《天津日报》发表了曹雪芹卒年的重新商兑以后，他自己在这个学科上的起点就建立起来了，而且得到胡适之先生的重视，采纳了他的"癸未说"，当然，胡先生后来有变化。曹的卒年，现在学术界有各种各样的意见，我不去说它。重要的是作为周先生红学研究的起点，从 1948 年开始，他就完全以自己的特见、新见、创见站立在红学研究的舞台上。紧接着，没有几年的时间，他的《红楼梦新证》就完成了，出版是在 1953 年。他得用多大的精力、毅力、创新的能力、百折不挠的精神，写出这部《红楼梦新证》。

《红楼梦新证》的出版是一个标志，如果说周先生从一开始就站在新的里程碑的起点上，那么，《红楼梦新证》的出版，则确立了他的红学研究的里程碑式的地位。这部书是真正的里程碑式的著作，所有关于曹雪芹及其家世的材料，几乎被他搜罗殆尽。许多世不经见的稀有文献他都找到了。我们不大容易简单称一个学者的一部书就是经典，因为我在很多年前，梳理过二十世纪的中国学术史，选出那么多人，有四五十家，重新编纂出版，我称他们的著作为经典。但我今天可以讲，周汝昌先生的《红楼梦新证》在中国现代学术史上，它是一部经典，它是红学这一学科的经典。不仅如此，在红学三派当中，《红楼梦新证》又是考证派红学的集大成的著作。他建起了一座大厦，如果说胡适之先生的《红楼梦考证》开辟了一些思路，提出了一些问题，那么，周汝昌先生则是把有关《红楼梦》作者的相关材料和问题，构建成一座完整的大厦，这个大厦像迷宫一样吸引人。红学成为二十世纪的显学，和周汝昌先生的贡献是分不开的。所以我强调周先生是考证派红学的集大成者，他在《红楼梦》研究的历史上，在现代学术史的红学一科中，他是个里程碑式的人物。

但是他的贡献不止于此，他对红学研究的贡献，还在于他是红学的相关分支学科的开辟者。正由于周先生的研究，才产生了曹学。一开始，其他的研究者是以批评的眼光来看的，说周先生不是研究《红楼梦》，而是研究曹雪芹，研究他的家世，这是曹学。后来我们这些人仔细一想，曹学有什么不好？那样丰富的和整个清史连在一起的学问，难道不值得尽我们的毕生之力吗？所以周先生是曹学一科的开辟者,而且几个相关的专学、脂学、芹学、版本学,这些名称是不是周先生最早提出来的?而且他有一个特殊的看法,当时我们不一定很理解,他说什么叫红学?只有对曹学、脂学、探佚学、版本学这些分支学科有独到的研究,才最有助于红学学科的树义。它们不同于小说评论的红学。这个话,只有学问做到相当程度的人才能体会到其中的学问内涵。周汝昌先生的特论,是使红学和中国现代学术史合一的一种独特见解,《红楼梦》研究成为真学问,周先生与有功焉。红学研究的吸引力,无法不包括对背景、作者身世等相关问题的研究和探索,有无穷无尽的魅力,因为它有很多谜。依我个人的看法,周先生在当代红学史上的地位,鲜有人能与之比肩。

我比较熟悉的一些人物,刚才讲到王、蔡、胡,那是早期的大师了,他们都有开风气的贡献,但其学问主体并不在红学,红学不过是他们的鳞爪余事而已。像王国维,是中国现代学术的开山,主要成绩在古文字、古史和宋元戏曲的研究。蔡元培是教育家、伦理学家。胡适的方面更广了。俞平伯是继胡适之后非常重要的红学研究者,同时是作家、词学家。但红学在五十年代以后,有三位了不起的人物,鼎足而三,这就是周汝昌先生、吴恩裕先生和吴世昌先生。这三位学问相埒,研究红学各有侧重,吴世昌侧重版本,吴恩裕侧重曹雪芹本人,周汝昌先生侧重家世。而学问根底,吴世昌先生所专精是词学,吴恩裕先生所专精是西方政治学。周汝昌先生呢,他用自己全部的中国文化和中国学问的素养来研究红学一科。就他们的《红楼梦》研究来讲,这三位我都比较熟悉,但是我觉得总成绩,周先生还是高于另外两位。周先生是典型的传统的文史学人,他的诗词是一流的,书法也自成一家。

我还感觉到,但没有做具体研究取证,这就是近一二十年,可能在座的更了解,我不是太关注,我已经完全离开了这一科,相关的著作我也很少读,包括周先生的文章看得也很少,但有时在电视上看到他,有时看见他的新书问世,我感觉他这一时期的研究,又向前跨越了,是不是到了一个新的高点,各位比我了解,我想大家一定有话说。是不是可以说周先生近年的研究形成了《红楼梦新证》之后的全方位展开的一个新高点,这个高点调动起来他所有的学问,源源不断,喷流不止。

周先生学问的可贵在哪里?在于很多红楼梦研究者腹笥甚空,肚子里的货不多,当然这部书读得很熟,慢慢研究也能形成自己的见解,甚或自成一家,这个我们也不轻看。但周先生的学问根底,关于中国学问的文史根底,关于基本的考证功夫,关于对古代作品的赏析能力,他是一流的。他把他全部这方面的功夫和能力都用来集中研究红学一科了。因此他继《红楼梦新证》之后,又创造了《红楼梦》研究的新高点。可惜周先生已经故去了,如果他在世的话,他一定还有许多话要说,他还有许多新思想。他对一门专学的研究可以说已经进入广漠无涯的地步。他的研究是真学问,如同钱锺书先生讲的,真正的学问,那是二三素心人、荒江野老悉心培养商量之事,没有那么多节外生枝的事故。周先生的研究就是独处一室,也可能有些年轻的朋友,如梁归智等等。因此对周先生毕生研治红学的成就,我们不可低估,而是应该实事求是地给予很高的评价。

尽管周先生临终前有些嘱咐,不开这个会,不这样不那样,但是我觉得我们的学术界有一点有负于他。他是《红楼梦》研究的泰斗，是二十世纪学术流程里的一位称得上大师的人物，我们要好好地纪念他才是。当然，任何研究学问的人，他的立说是不是全靠得住，不一定。王国维先生去世了，陈寅恪先生给王国维先生写的纪念碑铭就讲，王国维先生的学说，或有时而可商。王国维的学术也有可商量之处，谁的学术能没有可商可议之处呢。周先生的《红楼梦》研究，不见得每一点都是对的，但是我们细心体会他那种做学问的功夫，那种沉醉于学问的态度，叫我们感到钦佩。因为人文学科的真理性探讨，本来不像社会科学那么明显，有的是看其中的学问味道，不必因为哪一个观点或者不同的人事，就低估了周先生的学问，低估了他对整体红学的贡献。

原载 2013 年 1 月 14 日《人民政协报》

张舜徽和《自学成才论》

一代国学大师张舜徽先生突然于1992年11月27日不幸逝世，简直不能相信这是真的。

两周前，我还曾收到张先生寄来的《又次草堂文稿》四章，附函恢宏畅朗："《中国文化》刊物，得贤者主持，蜚声遐迩，为海内外所重视，殊不易易。拙作长篇文字，既多刊布于专书，因辟《又次草堂文稿》一目以录短文。浅见偶有所悟，辄为记之。陆续付刊，不占篇幅，亦聊以补白耳。近撰《自学成才论》二篇，所以为失学青年劝也；又述《救学弊》《救文格》二论，所以箴砭俗病也。区区之心，固自有在，兹录上求教。"本来这一期《中国文化》已编讫定稿，特在"古典新义"专栏补入张先生此篇，没有想到竟成绝笔。

张舜徽先生1911年7月生于湖南省沅江县，没有进过学校，完全靠刻苦自学，成为淹贯博通、著作等身的一代通儒。遗稿《自学成才论》上篇写道："自隋唐以至清末，行科举之制达一千三百余年之久，而事实昭示于世：科举可以选拔人才，而人才不一定出于科举。以高才异能，不屑就范，而所遗者犹多也。清末废科举，兴学校，迄于今将百年矣。而事实昭示于世：学校可以培育人才，而人才不一定出于学校。以出类拔萃之士，不必皆肄业于学校，而奋起自学以成其才者济济也。"又说："自来豪杰之士，固未有为当时制度所困者，此其所以可贵也。"更标举孟子"待文王而后兴者，凡民也；若夫豪杰之士，虽无文王犹兴"之义，提出"虽无学校犹兴"才是廓然开朗、有志有为的"伟丈夫"。下篇叙列王艮、汪绂、汪中等自学成才的大家，并申而论之曰："自来魁奇之士，鲜不为造物所厄。值其尚未得志之时，身处逆境，不为之动，且能顺应而忍受之。志不挫则气不馁，志与气足以御困而致亨，此大人之事也。盖天之于人，凡所以屈抑而挫折之者，将有所成，非有所忌也。其或感奋以兴，或忧伤以死，则视所禀之坚脆，能受此屈抑挫折与否耳。"

所陈义固是先生一生为学经历之总结，体会深切，气势磅礴，字有万钧。"虽无文王犹兴""自来豪杰之士，固未有为当时制度所困""自来魁奇之士，鲜不为造物所厄"，屈抑和挫折预示着"将有所成"，这是何等的大判断、大气象，文字虽至简，却称得上一代通儒的毕生之作。

《自学成才论》上下篇和《救学弊后论》《救文格后论》一组四篇文章，寄出之日为1992年11月9日，著论大约也在此一时间，距先生之逝不到三周，把归结生平经验的最后文字交给《中国文化》发表，在我们不啻文化托命视之，因述前后经过以自励，并以新辟之"学术史论衡"专栏追念张舜徽先生。

原载《中国文化》1993年第8期

季羡林先生的精神履痕

正在湖南参加两岸论坛,7月11日上午的开幕式上,坐在我旁边的张颐武教授给我看一条刚收到的信息。看后不禁一阵惊惋,良久闭目无语。季先生走了,我知道是真的,可还是感到突然而震撼。不可思议的是,下午又有朋友告诉我,任继愈先生也在同一天离开了这个世界。任先生离去的时间在早上4时30分,季先生离去的时间是上午8时50分。任先生比季先生早走了四小时又二十分钟。是上天设谜,还是造化弄玄?在这燠热的7月,当此大师稀有的时代,两位名副其实的人文学领域的宿学大师,竟不期而然地同年同月同日而逝。

季先生生于1911年8月6日,享年九十八岁,任先生生于1916年4月15日,终年九十三岁。他们都出生在圣人之乡山东。我和任先生平时接触得比较少,但他对中国哲学史特别是佛道二教的造诣,让我肃然而起敬心。他思维敏捷,文笔简洁,不苟不苟,言必有中。请益多而又对我为学做人有重要影响的是季先生。2000年8月,当季先生华诞之际,我写过一篇《季羡林先生九十寿序》,试图从晚清以来我国学术思想流变的角度,探寻临清之学的范围和贡献。近来人们颇有些谈"大师"而色变了。其实大师当然是有的。我可以肯定地说,任、季两先生在各自领域,都堪称大师而当之无愧。至于是不是一定要称作国学大师,依我的看法,季先生的学问远远超出了国学的范围。

季先生所专精的学问域区,主要在四个方面:一是印度学和中亚古文字学,这可以他撰写的《印度古代语言》和《吐火罗文研究》为代表;二是梵典翻译之学,以其所译述的《罗摩衍那》《五卷书》等梵文经典及《吐火罗文弥勒会见记译释》为代表;三是佛学义理和传播之学,以他的两论《浮屠与佛》、三释大乘经典《妙法莲华经》和《玄奘与"大唐西域记"》为代表;四是中西交通史的研究,以晚年所著的《糖史》为代表。一个学人如果能在上述任何一个领域学有所成,已属难能可贵。而季先生在所有这些领域,都做出了独特的学术贡献。这是一些相对冷僻的学术域区,应该属于东方学的范围。因此我们称季先生为二十世纪世界东方学的重镇、印度古学研究的巨擘、梵典翻译的大师、中西交通史的大家,不大会有人提出反对的理由。

季羡林先生同时还是一位从事散文写作的文学大家。真正的大学者都是有性情有关怀之人,单一的学问方式并不能完全满足他们的生命需要。就像王国维、陈寅恪、钱锺书、马一浮既是大学者又是大诗人一样,季羡林先生在致力于艰深的专门研究的同时,从未间断他所喜欢的散文写作。那是一些极有性情的文字。很多人知道季先生,并不是因为他通梵文,治佛典,对新疆古代民族语言中语尾 -am>u 的现象有独到的研究,大半是由于读了他的随意而发的散文随笔和文化批评。他一生散文作品近二百万言,同样是临清之学的组成部分。散文之于先生,是学问的别体,而不是学问的余事。

中国传统资源的现代价值,中国文化对人类未来可能有的贡献,是季先生最后二十年最为关心的问题。他写了大量文章，从史实和学理两个方面阐述自己的观点。他仔细研读汤因比和李约瑟的著作，甚至不经意地做了一次预言家。他说"三十年河东，三十年河西""21 世纪将是东方文化的世纪，中国文化的世纪"。这个世纪头十年还没有走完，季老的预言能否成为现实，我们尚不得而知。但其情可悯，其意可嘉，其心至善。对此我在《季羡林先生九十寿序》中写道："然先生并不以钩索沉隐于绝学之域自划，犹沛沛然尽有不能放释之入世情怀。故心系家国，每做出位之神思；感时忧世，常鸣旁通之秘响。睹西方势强、国性不立，反对文化霸权，遂倡河西河东之说；因文化劫难、人性泯灭，为回挽人心世道，至有牛棚之记。"

季先生从北大朗润园自宅移住 301 医院之后，每年我都前去探望。遗憾的是，从此他无法再参加我们的"新年嘉会"和"金秋有约"了。2001 年 1 月 6 日的"嘉会"，季先生抽得的签语是"看到你知道什么是美丽"。在座的龚育之、汤一介、乐黛云、李泽厚、王蒙、严家炎、沈昌文、董秀玉诸友，都说这个签只有季先生当得。后来的雅聚，季先生虽不能参加，仍然愿意听我和内子讲述聚会的一些情形。最近一次看望季先生，是 2009 年 3 月 16 日，我带去了比利时的巧克力和德国的奶酪。蔡德贵先生说，先生近来有点喜欢这类食物。除了视力不济，一切都是好的。面色红润，思维清晰。听说有新鲜的德国奶酪，他笑了。

这次他出人意料地谈到了生和死的问题。他说东西方对长寿的态度不同，西方人对长生不老没有感觉，"寿"这个字外文几乎表示不出来。东方，特别是中国，却相信"山中方七日，世上已千年"。古代皇帝没有一个不想长生不老的。"人生不满百，常怀千岁忧。"随口吟诵古诗，一句不漏，一字不错。还夹杂着英文和梵文。范曾教授调入我们中国文化研究所时，季先生写来的贺语，是"善来"两个字，旁边就注有梵文。他还谈到了自己正在思考的另外一个问题，就是中国传统的"士"和"侠"的问题。他说"士"的问题值得研究。中国古代的"士"，不仅讲学问，而且讲骨气。中国古代的"士"有文士和武士的区别，武士需要有"侠"的精神。他感叹现代的"士"和"侠"不容易看到了。不过也不是根本没有，他说自己最欣赏的一个有"侠"的精神的人，是和人吵过架的彭德怀。还有梁漱溟有"士"的骨气，不过，季先生说此人也跟人吵过架。他还要继续论述下去，护理人员不同意了。我们当即告辞，先生似意犹未尽。

不料，这竟是我和亲爱的季先生的最后一面。

季先生留给我们晚生后学的精神财富是无比丰富的。留下的空缺同样无比巨大。看不出还有谁能填补他的位置。记得季先生多次说，在生死这个问题上，他想得很开，但也绝不愿和他的那些老友比赛。在这个问题上他甘居落后。这不，九十八岁的季先生走了，九十三岁的任先生也走了。但任先生走在了季先生的前面。

今天下午从长沙飞回北京的航班上，成一副挽联："大哉上庠贤夫子岂云已经西去，浑似乡舍朴老翁知是原本善来。"季先生的百岁人生，福泽遍及学林学府，而人格朴厚得如同一位与大地合一的乡间老人，自是善来。他的精神履痕也必将永留人世间，无以遮蔽地沾溉后学。谁说季老已经驾鹤西行？不，他还在北大，还在中华文化的层林翠柏之中。

2009年7月13日晚9时30分初稿，次日上午9时30分改毕

原载2009年7月27日《学习时报》

难以忘怀的李亦园先生

李亦园先生在台北逝世，我感到很突然。他患心脏病多年，但近年大体平稳。2016年春天赴台出席两岸文化论坛，我还在3月23日的下午，专诚去南港家中看望了他。他看上去还好，主要是思维障碍严重，能记住的往事寥寥无几。反复说当年在泉州，由于家境不好，不得不到台湾大学读书。当下的事，甚至我们上次见面的情形，已经很难进入他的记忆库存。耳朵重听，经夫人刘时莼先生附耳大声重复，仿佛略知所谓。"中研院"近代史所的张寿安教授先我来到亦园先生家里，约好一起见面。有时是经过寿安再次重复喊话，他似乎听懂了一两句。后来我拿出内子陈祖芬的一本新书《我的小小世界》，其中一幅照片是雅美人的一只特殊的船的模型，好多年前李先生送给我们的，他认出是内子喜欢的那种船，微笑着点了点头。

说起这个雅美人船的模型，还真能见证我们和李先生的交谊。那是1995年11月下旬，应"中研院"的邀请前往访学，时任史语所所长的王汎森先生督理安排此事。主要项目是在史语所和文哲所各作一次演讲。当时恰值张光直先生担任"中研院"副院长，李先生说："梦溪是张先生和我共同邀请的客人。"我和张光直先生另有因缘,早在九十年代初,他来国内时,就见过面。1992年9月赴哈佛大学出席"文化中国:诠释与传播"研讨会,又多次与光直先生晤面交谈,还去了他在哈佛人类学系的办公室。嗣后因他与国内合作的一个项目,又两次来过北京,每次都承他枉顾寒宅,亲切得如同自家兄长。尽管帕金森病当时已经在残忍地折磨着他,他仍然乐观幽默如初。只是走路时,第一步跨出去甚为艰难,至有稍一不慎便会摔倒的情况。

一次请他在离我家比较近的凯宾斯基饭店吃自助午餐,台湾的一个女研究生陪扶着他,我也在一旁照拂。张先生想自己看看菜品,结果走几步便一下子摔倒了。他摔倒的刹那,我欲挽拉而力气不够,一下也站不住伏倒在他身体上面。我的身体和他的身体交叉成一个十字形,但下意识地怕碰到他,只两手和双脚着地,作拱形的桥状。此刻正值内子取菜回来的当口,她一惊,也仰面摔倒在地。她人摔倒了,手里的餐盘却稳托而没有撒出。在服务人员帮助下,我们互相搀扶着慢慢起来。餐厅女服务生过来照料,她说刚才你们摔倒的姿势,别提有多好看了。张先生没听清服务生的话,我告诉他:"她说我们摔得好看。""好看?那我们再摔!"张先生以轻松的幽默为惊险的一幕作结。

李亦园先生看到我们和张先生原来就熟悉,高兴得更开心了。他也知道了我和余英时先生,和香港中文大学的金耀基先生,是忘年好友。他于是说:"你们的好朋友,也都是我的好朋友。"其实和他们几位,也都是不知缘由,一见如故,如同宿契。我和李亦园先生初识于1993年3月,在香港召开的"文化中国:理念与实际"国际学术研讨会上,但未能多作交谈。次年,1994年秋天,在杭州召开的"文化中国:20世纪的回顾和21世纪的展望"国际研讨会，我们有了充分交谈的时间。他看到我主编的《中国文化》杂志，颇为赞许，探讨了他担任理事长的"蒋经国基金会"是否有可能作为资助方的问题。此事后来没有继续下去，因为大陆的管理方不同意在出版物上标出"蒋经国"的字样。但我与李先生的友情从此结下，后来在北京和台北多次见面，通信也有多通。1996年12月18日和25日，《中华读书报》以四个整版的篇幅刊载我的《中国现代学术要略》，曾寄样报请李先生指正，李先生写来了回信，鼓励有加，称为思想学术领域的重要创获。

李先生是海内外影响深远的民族学和人类学大家，他的《人类的图像》等著作就是这次亲手送给我的。我们还从李先生那里知道了我国考古学界的一条"潜规则"。受邀到他家里做客，居室俭朴不用说，印象最深的是没有任何一件收藏品。京城文化界好友往来，如果是第一次探访，往往会出示一两件珍藏的善本图籍或其他"宝贝"。但李先生说，考古学界有一条大家都遵守的规则，即从事考古的从业人员不收藏。后来我向李零先生求证此事，他说确有其事，北大的老辈如宿白先生、苏秉琦先生都是如此。而且李零告诉我，上世纪八十年代这方面比较混乱，中国社科院副院长夏鼐曾专门对此规则做过强调，还有原"中研院"院长李济先生也是此规则的坚定守护者。我作为长期从事文史研究的一名学人，此事让我对中国考古学领域的专家油然生出深深的敬意。

我在史语所演讲之后，当晚李亦园先生在101宴请，张光直先生、王汎森先生一起往赴，大家谈讲甚乐。我和内子印象最深的，是李先生的点菜本领，他能够让每个人都感到丰富可口，而数量不多不少，恰到好处。他是"中研院"民族学研究所的第二任所长，身为"中研院"院士，仍把民族所作为自己的学术家园。他陪同我和内子到民族所的博物馆、图书馆参观，在他的办公室小坐。博物馆的很多藏品都是他亲手搜集来的。大厅展示橱柜里的一个特殊的木船，吸引住了我们的目光。内子尤其被吸引，驻足看个不停，夸赞是一件绝美的艺术品。亦园先生详细介绍了生活在台湾东南部的雅美人，说他们是爱美的族群，衣装头饰非常漂亮，人口不多，族群特色保存完好。又说这次来不及了，下次时间充裕，可以带我们到东南部去看看。

没有想到的是，在我们离开"中研院"的头一天，李先生送来了一件礼物——我们为之叹赏的那只雅美人大船的复制品，按比例缩小到可以双手擎起的一只小船，形制色彩和原物一模一样，做工精良，美不胜收，如同那只大船生出的一个宁馨儿。内子高兴得如获至宝，内心充满了温馨和感激。2016年春天看望李先生，一看到内子《我的小小世界》书里那只雅美人小船，他就微笑着恢复了记忆。

孰料仅过去一年时间，亦园先生就撒手尘寰，离我们而去了。时间是2017年4月18日晚7时。获知消息后，我打电话给李夫人刘时莼先生，她讲了前后经过，并说长男李子宁过些时会到北京看我。8月13日下午5时30分，子宁在社科院民族学研究所曾少聪先生的陪同下，来到了我家。带来李先生生前嘱托交付的两件礼物：一方袖珍砚台和一枚精巧的图章。我感到了李先生情谊的深厚和情感的挚重。子宁沉默寡言，几乎没说什么话，但身负其父重托和交付之后的心情我能品度出来。当时我正患腰疾，晚上他们还有另外的约会，不到一个小时就握别了。

2016年12月，我的《切问而近思——刘梦溪学术访谈录》经由香港三联书店出版发行时，序言里曾写过一段话："本书所收之与余英时、与史华慈、与金耀基、与杜维明、与傅高义、与狄百瑞、与陈方正诸先生的访谈，无异于躬逢思想的飨会，真是非经过者不知也。史华慈的深邃沉醉，余英时的真切洞明，金耀基的博雅激越，杜维明的理性低徊，傅高义的亲切阔朗，狄百瑞的陈议独断，陈方正的科学思维，都无法淡化地留在我的心里。本来还有两位于我也是亦师亦友的学问大家——张光直先生和李亦园先生，也曾有过访谈的设想，不料阴差阳错失却机缘。"后记的结尾处又重复写道："本来还有两位于我也是亦师亦友的学问大家——张光直先生和李亦园先生，也该留下和他们访谈的记录。其实还有许倬云先生，我们在南京曾谈得彼此下泪。可惜这些都完全无此可能。"特别是李亦园先生，我们本该有机会完成一次访谈对话的，因为2000年7月"中研院"举办的国际汉学研讨会，李先生也邀请我和内子参加了，如果当时找下午或晚上的一两个时间，不是完全没有可能。可是如今，只剩下一缕无法排遣的遗憾留在了我的心里。

我对李亦园先生始终有一种包含着歉意的难以忘怀。

原载 2020 年 11 月 2 日《人民政协报》

萧萐父先生西行感怀

题　记

2008年9月20日至22日，余讲学于武汉市图书馆、华中科技大学和武汉大学，冯天瑜兄告知萧萐父先生已于数日前仙逝，百感交集，成七古为悼。萐父先生籍四川井研，父尊萧参号隐隋，尝私淑井研廖季平氏，以教育家终其一生。新儒学之大贤唐君毅之钟情哲学，即受隐隋之影响，尝称参老白发飘然，望如神仙中人。萐父先生眷侣卢文筠，生物化学教授，善画梅，两人之结缡，即以时在乐山主持复性书院之马一浮先生款题之万梅图为媒，故其最初赠文筠诗有"孤山诗梦鹤飞来，湖上寒梅万树开"句。2005年，久病之文筠先萐父而去。翌年，辑录两人诗书画之《缀玉集》印行，六十载伉俪情深，萐父先生序往事，感世变，有不忍笔之于书者。

我与萐父先生相识于八十年代末，而1992年秋适逢康桥"文化中国"之会，会后访学，数日同处一室，谈古论今，不无针芥之合。一日夜阑，刚入睡，即被萐父先生豪语惊醒。原来他在梦中詈叱一小人之不德，威言历历，块垒难平，经轻轻唤醒乃止。

从此益敬重先生。前此一年，尝赴德出席汤若望国际学术研讨会，在科隆圣玛利亚大教堂与一国乐四人组合相遇，两男两女，分别演奏琵琶、古筝、二胡和民歌独唱。演奏之乐曲为《阳关三叠》及《春江花月夜》，异乡古韵，惹人情思。后成《古韵乡情》一文，刊于当年七月号之香港《明报月刊》。恰好萐父先生在汉堡也有此经历，感悟相同，曾诗记其事。遂相约互换诗文以赏。回国不久，收到萐父先生手书之《汉堡小型音乐会听四君演唱》诗作，并附题识曰："事隔一年，适与梦溪兄同赴哈佛一会，得知他去夏访德在科隆，亦曾与此小乐团相遇，且有《古韵乡情》一文纪怀，如约寄示。心弦共振如此，因即寄拙诗，博一粲耳。"接我文后之复示又云："康桥行，得接床，魇不惊，幸如之何。《古韵乡情》高文竟与拙诗同声相应，如此凑泊，岂非胜缘。盖枫叶芦花，冰弦玉轸，诗心艺境，有同感耳。"并附访德杂诗和康桥行吟多首，其中汉堡一首为："汉堡欣闻古乐声，思乡吟继琵琶行。西风落叶长安冷，激越筝弦诉不平。"再寄兹遇之慨。

1999年至2000年，当世纪转换之际，余大病经年，闭门养疴，不闻世事，师友信函，亦愧不能及时作复。待收到萐父先生寄赠之《吹沙集》《吹沙续集》，及《松萱遗墨》和《缀玉集》诸书，拟细详后撰一读后感为报。然时光荏苒，文未及成，而先生已逝矣。时在东湖，因成此诗暨此后记，并以一联为悼。挽联曰："诗情脉脉，文章岂入时人眼；哲思滔滔，义理犹寻旧启蒙。"实为诗中之语也。

余少时即喜吾国诗词，壮岁不改，但止于背诵消遣而已。于韵律规制，不曾深所用功。研治文史课题，援句赏析，无时无之，下厨操刀则未也。友朋中范曾先生最精于此道，我们中国文化研究所的周瑾博士亦明诗律。初稿尝请周瑾斟改，10月5日由京往桂之航班上，亦经范曾先生校字正韵。自度措意尚不恶，加之古风较自由，故不揣塞陋，献诸报端，然犹不敢以律称也。好在林黛玉说过："词句究竟还是末事，第一立意要紧。若意趣真了，连词句不用修饰，自是好的。"又说："若是果有了奇句，连平仄虚实不对都使得的。"题记亦承武汉大学郭齐勇教授是正。是耶非耶，有待通学明律之君子教正焉。

　　学有家承诗作骨，
　　心缘凤契梅为盟。
　　蕙题筠画传诸友，
　　眷侣仙姿遍珞城。
　　文章岂入时人眼，
　　义理犹寻旧启蒙。
　　两卷吹沙明体用，
　　一身狷气隐儒宗。
　　北美夜阑惊魇梦，
　　西欧弦语感乡情。
　　平生不肯适三楚，
　　今我来兮君已行。
　　师友风仪接踵杳，
　　商量旧学几人聆。
　　东湖怅惘集虚地，
　　宿鸟声声不忍听。

注一 萧萐父先生眷侣卢文筠教授，以画梅闻名遐迩，每逢圣诞新春佳节，远近友朋有幸收到筠画萐题的贺片，无不喜而珍之。"诗梦梅魂洁，神交处士多"暨"天心何处，问梅花讯"等，为萐题贺卡之常见诗句。

注二 盖萧萐父先生平生为学，颇重义理，坚执明中叶开始的早期思想启蒙是吾国学术流变的一大特色，而明清之际的顾（炎武）、黄（宗羲）、王（夫之）三大思想家，亦为此一思潮的集大成者。此是与"五四"新启蒙比照为说，故前面加一"旧"字，非有轩轾，韵体遣字之修饰耳。

注三 拙编《中国文化》之学术顾问，近一二年已有周策纵、龚育之、王元化遽归道山，而创刊二十年来，金克木、姜亮夫、胡道静、张光直、张舜徽、缪钺、程千帆、潘重规、周一良诸耆宿已先期离开我们。其中张舜徽、缪钺、程千帆三先生，与本人书信过往尤频。今次讲学东湖，每场都禁不住向张舜徽先生深致礼敬。拙著《论国学》尝谓二十世纪之国学大师，章太炎之后，独钱宾四、张舜徽最堪此称谓。

注四 武汉大学、华中师范大学、华中科技大学、湖北大学、湖北艺术学院等三楚学府，均绕东湖据山而立。武大据珞珈山，故有"眷侣仙姿遍珞城"句，现代大学之规制自是一城，中外莫不然。集虚者，道也，意谓东湖因学府林立而成悟道问学之集中之地。

2008年9月20日初稿于武汉东湖
2008年9月29日增补题记于京城
2008年10月由桂返京后再改定稿

王小波的记忆

昨晚贪夜，快一点了，还没有睡下。打开凤凰卫视，《大家书斋》节目正在进行。嘉宾是李银河，话题围绕王小波和她的爱恋故事。没想到时间流逝得如此之快，转瞬间王小波离开我们都十五六年了。当年我曾经也是王小波的热心读者，他的《我的精神家园》和《沉默的大多数》，很让我兴奋了一番。不仅热心读，还和一些友人多次谈起这个不寻常的年轻人。记得一次会议间隙和李慎之先生交谈，他的称美赞许比我尚且过之，不禁相与大乐。

王小波打开了社会与人生、文学与文化的另一种思维方式和尽脱枷锁羁绊的思想。鲜活的文字和跃动的生命背后，是作者至诚至朴的内心世界，以及他特有的敛起锋芒的幽默。作为文字作者的诚实，可以说罕有其匹。特别目睹当下不明所以的流风，无法不怀念斯人的才思流品。九十年代中期，我正想设法联系请他莅鄙中国文化研究所做一次演讲座谈，孰料他竟以四十五岁的英年遽尔而逝。这未免太意外也太可惜了。

后来得知，他的父尊竟然是我的老师王方名先生。王先生是逻辑学家，六十年代初给我们上形式逻辑课，令我大为着迷。"天下文章数三江，三江文章数钱塘。钱塘文章家兄好，我给家兄改文章",就是王先生课堂上给出的有趣例证。"三段论式"的大前提、小前提、结论,一丝不爽。王先生体态偏重,一次课后请教问题,他怕久站,索性到我的宿舍给我讲解,至今记得当时的情形。《新建设》等杂志也常有王先生的文章刊出,益增我们的景仰。他是我大学难忘的一位老师。

王小波的成就和学品,也许和家庭尊长的不言之教不无关系吧。

2012年5月18日清晨写就,首载本人博客

芦荻老师

2015年5月3日的上海《东方早报》，刊有孟繁之先生的文章《芦荻谈往》，其中一段写到本人："与芦老师差不多半年未见，1月27日在三联书店参加作者聚谈会，碰到刘梦溪先生时，我们还一起聊到她。刘先生告诉我他念大学时，芦老师给他们班讲授古典文学课，有一年秋冬，因为天冷，他上课时浑身发抖，被芦老师看到，下节课前，亲赠一件她丈夫的旧毛衣给他，令他感念至今，难以忘怀，一直很想能和老太太再联系上，看能否为她做点什么。"

此段记述大体不误，唯细节需稍作纠补。芦荻老师为我们上课，讲的是中国文学史的汉魏六朝段，时间在1961年第二学期。我当时嗜书如命，不免闹出许多笑话。因在隆福寺中国书店看到一部极喜欢的书，而又囊中羞涩，便把一件崭新的棉服卖掉，高兴地买了此书。如是的结果，当天气已经冷了以后，还穿着一件单薄的外衣，里面只有一件不厚的米白色卫生衣。因此在课堂上就露出了寒冷的面孔。其实并未发抖，只是外人察言观色能看出一些端倪。大约芦荻老师属于看出端倪的一位，便在第二次上课前，从手包里拿出一件毛衣给我。是出于自尊还是什么，我当时竟没有接受这份暖意。不，暖意接受了，毛衣没有接受。另还有新闻系一位家住南京的女同学，年龄长于我，她当时正和我们中国文学班的辅导员谈恋爱，因此对我极为友好关切，有时还一起交换读书心得。一次，她也从包里拿出一件衣服，黑紫色地的小袄，带细碎的小花，说"如不嫌弃，你套在里面"。我也没有接受。但她们的暖意让我感念于心，不必搜索回忆，仍历历在怀，至今无法忘却。

芦荻老师当年讲汉魏六朝文学史，讲曹氏父子和建安文学，"对酒当歌，人生几何，譬如朝露，去日苦多""何以解忧，唯有杜康"，诵念曹操《短歌行》的时候，她的声音充满感慨。而竹林七贤的怪哉异行，正在树下打铁的嵇康硬是不理睬前来窥伺的访客钟会，以及当此访客抽身欲别时，嵇康质询的"何所闻而来，何所见而去"，而钟会则答以"闻所闻而来，见所见而去"，我们听的人也感到了充满玄机的紧张，很容易一下子掉到魏晋名士的陷阱里去。因为同时在听研究班的课，遇有时间冲突，芦老师的课我会缺席。而且与听课相比，我更愿意自己阅读原著。毕业后没有再见到芦荻老师。她七十年代进中南海侍读的故事，仅口耳相传地听说，详情并不得而知。

去年年底，有人在我博客上留言，建议关心一下芦荻老师。我因此打电话给有关方面询问情况。得到的信息是，她家里养了很多动物，包括许多飞来飞去的鸟，她身体不好，经常去医院，最近思维有些不清等。按所示电话拨打，两次都无人接听。没想到今年的 2 月 3 日，芦荻老师竟去世了。但她五十多年前毛衣送暖的往事，我一直记得。

原载 2015 年 5 月 16 日《文汇报》

第四章　忆旧游

季先生教我感受学问

我看到的季羡林先生始终没有变过。现在是这样,三十五年前也是这样。

我不是北大毕业,但有幸在三十五年前已经在听季先生的课了。那是 1961 年,季先生给人大文学研究班上专题课,讲印度的两大史诗《罗摩衍那》和《摩诃婆罗多》。当时我还是本科生,听研究班课,是经过系主任特许的。季先生讲课的内容,不觉得有太多的特别之处,主要是亲切平易,便于接受,不像萧涤非先生,讲到动情处,会用拳头敲打桌子。季先生留给我最深刻的一个印象是他的穿着打扮:剪得很短的已经白了的头发,一身旧的但洗得很干净的蓝布制服,和一双圆口的黑布鞋。朱光潜先生、宗白华先生也是这样的打扮,如果远远地看,有时还不好分辨呢。穿得笔挺而有派的,是吴组缃先生和侯仁之先生。

后来我想,也许越是精通外国学问的越愿意使自己的装束中国化,而研究自己固有学术的学人则常常具有世界意识。不管我的痴想对不对,二十世纪八十年代以后再见到季先生的时候,他的穿着确实还是和六十年代一模一样。大学我念的是中国文学,毕业后用力较勤的是中国历史和中国哲学。对外国的东西心有所好,却不能进入，因此季先生的关于印度古代语言与文学的著作，可以说我是茫无所知。他送我的《中印文化关系史论文集》，也没有好好地看过。但我喜欢读季先生的散文，《夹竹桃》《春满燕园》《西双版纳礼赞》等名篇，六十年代初在报刊上发表，就兴奋地阅读过。1986年北京大学出版社印行季先生的散文合集，有了通读的机会。

  季先生的散文，一如他的为人他的讲课，朴实无华，隽永平易。如略加分别，早期的风格显得低郁惆怅，更接近于诗，五十年代之后，调子渐趋明朗。总的看，他写的是复调的散文，有时甚至有繁丽的特点，只有诗情浓郁的作家才写得出这样的作品。尤令我诧异的是他的体物之细和对生活的特殊敏感，往昔的回忆、异域的风景、人情的翻覆、节候的变换，都可以漫不经意地在笔下化作优美的文学意象。写于二十世纪三四十年代的《因梦集》，写在印度见闻的《天竺心影》，作者的角色不期而然地发生了转换，已由超离的学者一变而成为极富人生关切的抒情诗人。

  当然他感受最深切因而写得最多的是校园生活，他热切希望春天能够在校园永驻。二十世纪六十年代初一个暮春的晚上，他走过燕园，看到教职员宿舍里流溢出来的灯光，于是"心里一愣，我的眼睛仿佛有了佛经上叫作天眼通的那种神力，透过墙壁，看了进去。我看到一位年老的教师在那里伏案苦读。他仿佛正在写文章，想把几十年的研究心得写下来，丰富我们文化知识的宝库。他又仿佛是在备课，想把第二天要讲的东西整理得更深刻、更生动，让青年学生获得更多的滋养。他也可能是在看青年教师的论文，想给他们提些意见，共同切磋琢磨。他时而低头沉思，时而抬头微笑。对他来说，这时候，除了他自己和眼前的工作以外，宇宙万物似乎都不存在。他完完全全陶醉于自己的工作中了"。而第二天早晨，他再次走过校园，看到了更为动人的情景：

> 这时候，晨光初露，晓风未起，浓绿的松柏，淡绿的杨柳，大叶的杨树，小叶的槐树，成行并列，相映成趣。未名湖绿水满盈，不见一条皱纹，宛如一面明镜。还看不到多少人走路，但从绿草湖畔，丁香丛中，杨柳树下，土山高处，却传来一阵阵朗诵外语的声音。倾耳细听，俄语、英语、梵语、阿拉伯语等等，依稀可辨。在很多地方，我只是闻声而不见人。但是仅仅从声音里也可以听出那种如饥如渴迫切吸收知识、学习技巧的炽热心情。这一群男女大孩子仿佛想把知识像清晨的空气和芬芳的花香那样一口气吸了进去。

在季先生的眼里心里，如果教师可以心无旁骛地备课、研究、写作，学生能够专心致志地读书、学习，而不必受学术以外因素的干扰，就已经称得上是校园里的春天了。

他情不自禁地写道："年老的一代是那样，年轻的一代是这样。还能有比这更动人的情景吗？我心里陡然充满了说不出的喜悦。"所以他这篇散文的题目叫《春满燕园》，写于1962年5月11日。然而燕园的春天是短暂的。"雨横风狂三月暮，门掩黄昏，无计留春住。"没过多久，前所未有的寒冬突然来临，而且是那样漫长而黯淡，直到十多年后的1979年，季先生才有可能和有兴致再来写《春归燕园》，他说："我在这里终于又听到了琅琅的书声。"

校园里男女大孩子们渴求知识的青春律动，永远是季先生学问生命的不竭的源泉。随着祖国迈开改革开放的步伐，季先生迎来了自己学术创造的高峰期。继长篇译著《罗摩衍那》竣事出版之后,《印度古代语言论集》《中印文化关系史论文集》《原始佛教的语言问题》《罗摩衍那初探》等论文集和专著,以及近十万言的《校注〈大唐西域记〉前言》和吐火罗文不同文本《弥勒会见记剧本》的系列研究,都出版或发表于这一时期。正在撰写的《糖史》,则是关于中外文化交流史个案研究的一部力作。而中华文化的特质、整合规律及对人类未来可有的贡献,更是季先生近年集中思考的大课题。他有感于钱宾四先生最后一篇文章阐述的证道观,多次著文论述中国古代的"天人合一"思想,全身心地期盼本民族的文化在即将到来的二十一世纪能够成为强势文化。为此,他除了自己著述,竭尽全力支持、护持有志于此道的中青年学人,在这方面我个人有深切的感受。

我主编的《中国文化》杂志是1988年开始筹办的,老辈学者中第一个给予全力支持的就是季先生。他高兴地出任学术顾问,并提供新作《新博本吐火罗文A(焉耆文)〈弥勒会见记剧本〉第十五和十六张译释》给创刊号发表。待到翌年秋天《中国文化》正式创刊出版,季先生喜不自禁,说这是从天上掉下来的一本刊物。接着,第二期、第四期、第九期,都有季先生的文章。在一些学术活动的场合,他也常常提到《中国文化》。有一次可能是学界的朋友误传,说《中国文化》由于资金困难,面临关张的窘境。季先生非常焦急,专门派一名弟子向我问讯,得知尚能维持,才放下心来。

不知底里的人,很不容易理解已是耄耋之龄的季先生,何以还要参加那么多社会性的学术活动。其实,他是想以自己的影响力并通过言传身教来激励后学、推扬学术。他觉得我们大家都耽搁得太多了。我个人平时很少去打扰季先生,但《中国文化》杂志和我们中国文化研究所召开的有关专业学术会议,季先生总是有请必到。1994年夏天，中印文学国际学术研讨会在我所举行，一整天的会议，季先生自始至终端坐在会场，倾听发言，参加讨论。季老如此，会议便开得格外认真，国内学人、印度文学院的客人都非常满意。

季先生是陈寅恪的学生，其治学方法深得陈学肌理。我本人因近年一直在做陈寅恪研究的题目，因此多了一重向季先生请益的机会。记得一次在季先生书房，他捧来上面有陈寅恪批语的《高僧传》让我看。他说"翻翻，感受一下"，这句话，对我的启示甚大。王国维、陈寅恪的学术方法，一向以重原典实物著称，季先生也是这样，他启示于我的，是通过原典实物感受做学问的方法。的确，自从看了《高僧传》的批语之后，我对陈寅恪的治学方法和学术精神的理解，更具象化也更立体化了。尽管对义宁之学的具体看法，在理解上我与季先生有不尽相同之处，季先生比较强调陈氏祖孙三代的爱国主义，我则更看重陈学的"独立之精神，自由之思想"。

前两年，季先生结识了一位泰国的石头收藏专家，"奇石馆主"周镇荣先生。他称这位周先生为"石癫"，并写出文字记盛。后来他知道我也有"木""石"之好，便欲安排与周先生会面。因当时正在准备一次国际会议的论文，也由于自知己之所好不过是略寄自然之趣，不足以见告于大方之家，遂未果。但季先生写来一信，说："一个人'癫'石或者'癫'木，并不容易。那些癫名癫利的人，至死也难以理解。这个境界他们永远达不到的。我微有癫意，只是忙于其他事务，至今也还没有成什么气候。"

这就是季先生，我所尊敬的教我感受学问的季先生。

原载1996年10月2日《光明日报》

学术所寄之人

——在《汤一介文集》座谈会上的发言

我与之往来比较多的师友,很多都在北大。而在这些师友中,汤一介先生和乐黛云先生,又自不同。我和他们相识、订交,快四十年了。他们对我而言,亦师亦友,经常能从他们那里受到教益。而且有情感的牵挂,做梦也会梦到他们。

看到汤先生十卷本文集出版,我感到一种喜悦。就为学的类分说,他属于哲学,主要是中国哲学。但他学问的底色,是儒家思想。他的学问特点,是对儒释道三家的思想都有专门的研究,做到了会通三教。文集中的《在儒学中寻找智慧》《佛教和中国文化》《早期道教史》,是他研究"三学"的代表作。他的名著《郭象与魏晋玄学》,则是归结儒道两家思想的著作。近年他致力于《儒藏》的编纂并非偶然,不妨可以看作他在学术上的"归宗"之作。不过他为学不专主一家,他走的是二十世纪学者的通儒的路径。

他为学为人是统一的。他是君子,是仁者。前些年我们有一个"金秋有约"的聚会,我和内子发起。季羡林先生在的时候,每次都参加,汤、乐两先生是必到的嘉宾,还有李泽厚、龚育之、王蒙、严家炎、邵燕祥等,于光远也参加过。一次抽签,汤先生抽到的是"仁者寿",再恰切不过。不久前看望汤先生,他说如今回到了《论语》，最喜欢孔子讲的"仁者安仁"。汤先生是我们认识的当代学人中最具儒者气象的学者。

　　他的学问的成功，得力于两个条件：一个是先天的，即他的家学传统。包括他的祖父的立身行己，堪称德范。他的尊人汤用彤老先生，是公认的研究佛教史学的大师。我们看钱宾四先生的《师友杂忆》，钱对很多学人都不无微词，唯对汤用彤先生称颂备至。汤一介先生的家学，使他比一般学者"得天独厚"。二是后天的，即他的了不起的夫人乐黛云教授对他的扶持与协助。他们是患难夫妻。当他们刚坠入爱河的时候，乐先生由于"当代英雄"事件，在五十年代被施行了"加冕礼"，但汤先生的始终不渝的爱情助她度过了人生的困境。后来汤先生也遇到过挫折，然而我还是看到他们相濡以沫，在落日余晖中，漫步于颐和园的昆明湖畔。

　　苦难会增加学问的深度，会使一个学者更具人文与社会的关怀。

　　汤一介先生的学问立足本土，但从不忘记与域外学术思想进行沟通，对其加以吸收。他是国际型的学者。在这方面，乐黛云先生扮演了桥梁的角色。乐先生精通英文，长期致力于比较文学和比较文化的研究，大力传播跨文化沟通的理念。他们既夫唱妇随，又妇唱夫随。

　　近三十年来汤一介先生和乐黛云先生的学术研究和学术活动，为学术界赢得了声誉，为国家赢得了荣誉。王国维曾说："天而未厌中国也，必不亡其学术。天不欲亡中国之学术，则于学术所寄之人，必因而笃之。"汤一介先生自然称得上是"学术所寄之人"。让我们深深地祝福他们。

原载 2014 年 8 月 19 日《中国文化报》

我与钱锺书先生的文字缘

我和钱锺书先生没有见过面。但上世纪八十年代末和九十年代初，因为创办《中国文化》杂志，也由于当时想着手对钱先生的学术思想做一些研究，跟他有不少通信。他是我非常尊敬的前辈学者。不仅是欣赏，而且是特别尊敬和心仪的人。我研究晚清民国以来的现代学术思想史，钱先生是我重点关注的学术案例。

八十年代中期，我开始做这方面的题目。决定对王国维、陈寅恪、钱锺书这三位真正大师级的人物，做个案分疏和综合比较研究。这是我从文学研究转入思想学术史研究的一个契机。方法是从细读他们的著作开始。最先读的，是钱锺书。可以毫不夸张地说，钱先生的每一本书、每一篇文章、每一行文字，我都读了三遍以上。内子陈祖芬写过一篇文章，叫《不敢见钱锺书先生》，其中写到，在八十年代，如果你在北京的街头巷尾，看到一个人，或者在公共汽车上，或者在路上，在树下，在墙边，在任何地方，都拿着书看，这个人看的一定是《管锥编》或者《谈艺录》。她这样写是写实，不是文学描写。我的确读钱先生读得很熟，熟到他成为和我日夜相伴的人。不仅他的书一本一本被我画乱了，读钱的笔记也积下好多册。

通信起因于1988年11月中旬，我和内子出差无锡，趁便访问了无锡新街巷钱先生的故宅。回京从一位小友处得知，钱先生已经获悉有人去他老宅拍照。这样一来，我们就不好秘而不宣了。于是我在当年的12月1日，给钱先生写了一信，具道首尾缘由，并附呈在钱宅拍的照片四张，请求宽谅我们的冒昧。

12月7日，钱先生写来了回信。为保持原真，兹将钱先生回示抄录如次——

梦溪同志：

　　来信使我惊愧交集。我是老病之人，知道你大病初愈，很有"相怜岂必病相同"（拙句）的情味。承寄照片，看了全不认得，也许房子变得太厉害了，更可能是我自己变得非复故我了。我对旧事不感兴趣，也懒去追忆，因为记忆是最善于捣鬼撒谎的，而忘怀不失为一种心理保健。来信说对拙著反复阅览，我就请你翻看《管锥编》497～8页论"华子病忘"的一节。我于1935年出国后，只回家两次，一次半天，一次一天一晚。吴女士不识何人。静汝侄女六年前曾来京相访。我不值得你费心研究，真诚地劝你放宽视野，抬高视线，另选目标。我自己有个偏见，考订作者的传记往往是躲避研究作品本身的防空洞。吴忠匡君的文章记事尚不失实，抄出的诗多不是我称心之作——也许当时没有给他抄存，也许他的诗识和我的不同。是否值得英译，我不便表示意见。中外一些刊物和学会邀请我挂名"顾问""理事"甚至"名誉主席"之类，我一概敬谢（得罪了不少同志）。虽然"政策是区别对待"，但是"法律面前人人平等"，未便破例，务请原谅。祖芬女士的文章，我

们钦佩已久。你有这样一位"文章知己,患难亲人",可喜可贺。杨绛的小书承你青眼,她也感愧得很。草此后谢,即叩双安

　　　　　　　钱锺书敬上,杨绛同候,十二月七日

凡我信中涉及的事项,钱先生一一作答,无一遗漏。因为我当时正在做的题目是《中国三大批评家:王国维、陈寅恪、钱锺书》,后来此书没有写成,原因倒不全是钱先生的忠告,而是读完钱之后读陈,竟陷进去未能出来,变成专门研究义宁之学了。由于我信中提及,有撰一钱、杨简谱之想,故钱先生回以"考订作者的传记往往是躲避研究作品本身的防空洞"的妙语。

　　吴忠匡是钱先生尊人钱基博的学生,抗战时期曾一起赴湖南蓝田师范,以此知钱先生事甚详,所为文后来在《中国文化》创刊号上刊载。《中国文化》创刊时,原拟同时出版英文版,所以涉及钱诗的英译问题。我信中还婉转陈词,询问可否请他破例俯允做《中国文化》之学术顾问,他的回答让人忍俊不禁:"虽然'政策是区别对待',但是'法律面前人人平等',未便破例,务请原谅。"

　　钱先生在信的开头说:"我是老病之人,知道你大病初愈,很有'相怜岂必病相同'(拙句)的情味。"当时我的确生过一场不小的病,迁延经年,至1988年夏天,始逐渐康复。只是不知道钱先生何以知之。他顺手拈来"相怜岂必病相同"句,让我感动得不知何似。也许只有钱先生信中使用的"惊愧交集"四字,庶几近之。而在来示结尾处又写道:"祖芬女士的文章,我们钦佩已久。你有这样一位'文章知己,患难亲人',可喜可贺。"不仅当

时，即三十年过后的今天，仍让我感动得热泪涌动。特别"文章知己，患难亲人"一语，愚夫妇惊喜感愧，始终铭刻在心，难以忘怀。

钱先生此信我们收到没有几日，又收到他另寄的一页法书，用的是荣宝斋宣纸印笺，上写《还家》诗一首：

出郭青山解送迎，劫余弥怯近乡情。
故人不见多新冢，长物原无只短檠。
重觅钓游嗟世换，惯经乱离觉家轻。
十年湖海浮沉久，又卧荒斋听柝声。

（原注：寇乱前报更旧俗未改。）

诗后题识为："余一九四六年回乡一宿故家，尔后未至无锡。梦溪祖芬贤伉俪寄示旧宅照片，因忆此诗，录呈雅教。"最后是钱先生的钤章。读钱先生的信，是一种享受，每一封都要抖几个包袱，至少也要抖一个。真的是妙趣横生，无人可及。

1998年钱先生病逝时，我正在哈佛访学。内子的《不敢见钱锺书先生》一文，即写于北美，其中记叙我们与钱先生书信往还的一些细事，有兴趣的读者不妨参看。当我们与钱先生通信那段时间，经常是又怕打扰他，又盼望接到他的信。一天早上，内子跟我说："钱先生希望我们去看他，我有感觉。"我是相信祖芬的直觉的，如同她也特别相信我的直觉。当天晚上就接到了钱先生的信。可是直到后来，我们还是没有去看望钱锺书先生。一次，好友汪荣祖先生来北京，他约我一起去拜望钱先生。说了很多理由，觉得我应该去看钱先生，而且是跟他一起去，不必心存疑虑。

结果还是没有去。缘由何在呢？也许，就是内子文章的标题标示的："不敢见钱锺书先生。"

虽然我未曾见钱先生一面，但他对我精神世界的影响可不小。八十年代中期至九十年代初，也许是以钱著为日课的缘故，梦里经常出现钱锺书先生，有时还有杨绛先生。真而且真，如同亲历。说起来，我的梦还真有点讲究。七十年代，经常梦见的人是周恩来总理。八十年代是钱先生。九十年代，时而会梦见余英时先生。二十一世纪头十年，梦中人经常是季羡林先生。

梦到季先生或余英时先生，第二天我会打一个电话给他们。但梦见钱、杨两先生，始终没敢惊动他们。

2016 年 8 月 17 日写讫

访学记情
——和余英时先生的"谈讲之乐"

一 记略

大约是四十年前的1977年或1978年,我第一次读到余英时先生发表在香港《明报月刊》上的《近代红学的发展和红学革命——一个学术史的分析》,如同山涧听泉,夏日饮冰,所发生的共振共鸣,无以言喻。从此大好余著,各方收罗,凡能找到的绝少遗漏。他是历史学者和思想史学者,既研究《红楼梦》,也研究陈寅恪,在治学范围上,我与他不无重合点,因此读其书想见其为人久矣。

不意十年后的1992年,我们竟有了晤面的机缘。我应邀赴哈佛大学出席"文化中国:诠释与传播"国际学术研讨会,时间在9月3日至5日。我是9月2日到剑桥的,会后又继续访学一周。英时先生因另一会议,刚好也由新泽西来到哈佛。第一次见面,我们就忘了时间,从晚上十时一直谈到第二天清晨五点。然后应英时先生之邀,去普林斯顿大学访问讲学。我们一起从波士顿乘火车前往,到达后,头两天和最后一天住在英时先生家里,几乎又谈了三天三夜。古人所谓"谈讲之乐",充分领略到了。我写的长篇访谈对话《为了文化与社会的重建》,就是当时我们快意谈讲的简要记录。普大东亚系的演讲,我讲的是红学,以《红楼梦:从胡适之到王蒙》为题,英时先生主持,很多名家都参加了。

其间经英时先生推介,赴耶鲁大学访学三天,耶大东亚系主任孙康宜教授安排接待并主持演讲,又结识了一位新朋友。由于我不懂英文,英时先生为我的耶鲁之行做了"万无一失"的安排。先是余夫人开车送至纽约,在哥伦比亚大学门前咖啡厅小坐,约好三天后回来,我在此处与她会面。然后买好车票送我至车站候车。余先生写有一封英文信,让我上车后交列车员。当我将此手谕交给高大魁伟的黑人列车员时,他悉心阅读了好一会儿,然后微笑着频频点头,并发出似乎是中文"你好"的声音。车到耶鲁所在城市纽黑文(New Haven),列车员提前站在我面前了。其实New Haven这个词,英时先生反复教我念了好多遍,播音刚报站名,我就知晓了。

返回纽约,搭的是浦安迪教授的车,他送我至哥大门前的咖啡厅,余夫人陈淑平已等在那里。回到余宅,英时先生高兴得像个孩子。当我离开普大时,他以隽雅的书法写了三首送行诗,其中一首是录其旧作:"卧隐林岩梦久寒,出山溪水自湍湍。如今况是烟波尽,不许人间弄钓竿。"不知是有心还是无意,我的名字嵌入在一二两句诗中。诗后款题为:"梦溪道兄远道过访,论学评文,三年来未有此乐。今将别去,因书旧诗并略易一二字,以壮其行。"这让我想起缪钺先生赠诗的题识:"梦溪先生枉顾寒舍,得接清言,论事衡文,与鄙见有针芥之合。"

虽然事已过去二十年,英时先生照拂我的情谊,我始终无法忘怀。那么,此后的日子里,有时会梦见余先生,也就不足为怪了。

英时这个名字，对我的为学是一种提醒、一种激励。

上面这些文字是四年前的 2016 年所写，《七十述学》的相关篇章与此约略相同。现在是 2020 年 3 月下旬，蜗居家中，每日与书册为伍，重订旧文，续写新篇。不料在翻检旧稿时，发现了从哈佛到普林斯顿，再到耶鲁，直至最后离开普大的日记。时间连贯，记事至详，包括与英时夫妇相处的细微处，也有感受性的记载。既可补我写的《访谈对话录》之遗，又可再现英时夫妇待我之厚。除了童幼时期的亲长之爱，内子祖芬的至爱深情，梦溪平生所遇，似尚少有可与访学普大期间英时夫妇的悉心照拂相比并者也。

二　日记
（1992 年 9 月 12 日至 19 日）

9 月 12 日

阎云翔开车送我到 The Inn at Harvard，已是下午 1：50 了。云翔是北大中文系毕业，在哈佛念人类学博士学位。车在楼前停下，余英时先生就走了出来。于是上车前往火车站。

我们乘 3：10 的火车去普林斯顿。一路上畅谈一切。六个小时的路程，不知不觉就到了。

中间过纽约，英时先生让我看看车外的夜景。一路上，进站、出站、上车、下车，英时先生细致入微地照料我。我带了几只箱包，他总是帮我拖最大的一个。这叫我十分过意不去，真不该带这么多东西。

到英时先生家里，已是晚上 10 点了。余太太正在等我们。洗漱一下，就吃便餐。余太太的红豆粥，着实精彩——好多年没吃这么好的豆粥了。余太太喜欢说话，但人甚娴静。

饭后，英时在小书房为我搭床。从沙发上抽出床板，铺上床垫，成为一个双人的席梦思。我过去帮忙，英时已铺好了。

到英时书房，又谈了起来。第一次在 Harvard Inn 见面是 9 月 9 日，我们一直谈到早上 5 时半。他为我另开一房间，我只睡约一个小时，便轻轻离开酒店，回到 Lee Street（我的住处）。和英时第二次畅谈，是从波士顿到普林斯顿的列车上。然后是在余宅。有谈不完的话。主要围绕文化、学术、中国社会、历史经验、未来前景。大有"究天人之际，通古今之变"的意味。

谈话中间，他让我看一篇即将在第 10 期《明报月刊》刊载的、评论郭沫若史学研究的文章，是传真稿。我看了一过，觉得文中有些话过于直露，特别小标题比较刺激，如说郭研究学术"怀有个人目的""往上爬"等等。我说不妨蕴藉一些。英时接受了我的意见，提出小标题亦可不要。第一次见面，就对他的文章提出意见，而他当即接受。人生缘谊，也属难能了。

我们一直谈到夜里 2 时多。我有些疲倦，但英时谈兴还浓。如不是我提议请他早些休息，可能又要到 4、5 点钟。

9 月 13 日

整天在英时家。又畅谈了一天。他送给我很多他的著作，都一本一本地签上名。我筹划的"经典"丛书计划及选目请他看，他提了很精辟的意见。一开始他觉得选得较随便，后来觉得还好。他建议活着的一律不选。新儒家最多选唐君毅，牟、徐都不必了。

英时先生对新儒家颇有看法。

我是想跟他做一次学术访谈对话,在《中国文化》刊载,所以每次谈话都边谈边记。

谈话中,也插入一些现实的话题——他解释何以对流落在外的一些人做了一些事情。他说并不是喜欢他们,主要是出于同情。

我们的看法时有交错。对他批评郭,我心有不忍。我告诉他,我认识郭的女儿。

他表示理解——他说我忠厚。他说如是他也会这样。

学者对现实有关切,我们无不同。关切现实可以使文章有力量。但我认为学者的关怀在长远,不必尽求有用。所以我近年一直在探讨学术独立的问题。包括传统的"经世致用"的再审视。英时先生深以为然。

他告诉我,他有许多个世界。现实的关注,只是一部分。

中午,他们夫妇带我到外面草地散步,看到有好几丛长得很高的翠竹。淑平先生为我和英时照了相。

在长时间的交谈中,我感到大受教益,英时说互有启发。

他也了解了我。他说我是"诸葛一生唯谨慎"之人。

晚9时多,英时开车送我到普大一个招待所。这是一所非常高级的私人别墅,周围有非常广阔的花园草地。房主人原是一对老夫妇,生前决定他们离世后将私人别墅捐给普大。但先生去世后,老夫人又活了很长时间。从余宅出发之前,英时先开车去学校一个地方取钥匙。回来后我们才走。到别墅后,英时把一只小行李包拿上二楼,安排我住进一间好大的卧室。如何开门,如何开电视,如何用餐,每一点都向我交代清楚,然后英时才离去。

9月14日

昨晚睡了一个好觉。是到美以来睡得最好的一次。15日下午有我的演讲,上午在房间准备讲稿。

中午,余先生委派他的一学生——罗志田来陪我吃午饭。罗是四川人,人甚朴厚,说话一言不虚。午饭后,志田带我在普大校园转了转。这是一所非常有传统的学校,校园不大,历史悠久,只有美国上层的子弟才能来普大学习。

晚上英时先生请饭局。作陪者有四个人。王汎森,非常杰出的一个青年学人,台湾"中研院"来的,出过两本著作,毕业后仍回"中研院"。他做的题目是傅斯年。我问他可否将其中一部分译成中文,给《中国文化》发表,他高兴地说好。

另一位是周质平教授,负责普大美国学生的中文教学,暑假常带学生来中国,在中国语境中学汉语。他是台湾来的,研究胡适。

另两位是大陆来的学生,其中一位是陆扬,钱文忠的同学。

大家谈得很高兴。饭后,我去英时家打电话给祖言弟。又和英时谈起来。他说评郭的文章,吸收了我的意见。

谈得很欢悦,一个快乐的晚上。我们有早已相识之感。不是相识恨晚,而是早已相知。

谈到12点,英时开车送我回住所。

9月15日

上午继续准备演讲,写了12页的演讲提纲。

中午罗志田来,陪我到外面用餐。早晨别墅是带早餐的,牛奶、面包、麦片、饮料、咖啡,颇丰盛。只有一个东欧来的学者和我一起用餐。很大的长餐桌，能坐十多个人。互不相扰。志田谈了他内心的想法。他说小雪过后准备回国。而且愿意到我们研究所工作。只要能帮他解决住房，就可以来。

下午3：30，到英时先生办公室。英时正在等我们。参观了他的图书。里外间满满的。外间有一写字桌，是爱因斯坦用过的。恰好我的挎包上有爱因斯坦的一个公式，于是我双手放挎包上，与英时在写字桌前拍了一张照。

下午4：00，到演讲场所，用茶点，听讲人陆续来到。

和王汎森谈了谈傅斯年。

下午4：30，演讲开始。英时先生主持，对我做了介绍。

我讲的题目是"百年红学：从胡适之到王蒙"。回顾清末民初以来百年来红学的历史、学派、人物和未来展望。

最后我引清末徐兆玮的《游戏报馆杂咏》诗："说部荒唐遣睡魔，黄车掌录恣搜罗。不谈新学谈红学，谁似蜗庐考索多。"诗后有小注："都人士喜谈《石头记》，谓之红学。新政风行，谈红学者改谈经济；康梁事败，谈经济者又改谈红学。戊戌报章述之，以为笑噱。"

听讲者无不会心——几次笑声满场。一小间教室，前后坐得满满的，有二三十人。

讲完回答问题。英时先生启发式地回应，他说七十年代后很多关于曹雪芹的所谓发现，大都不可靠。周质平、孔捷生、苏炜都有问题提出，我一一作答。还有一位提问道："照刘先生所说，红学的命运似乎和国运有关。那么，如果举国上下都来谈红学，是不是并非好兆头？"我没有正面回应这个问题，只表示："任何一门学问，太热了都不好。"

讨论有半个多小时，至5：50结束。大家热烈鼓掌。我站起一回头，看到了作家刘宾雁。他过来和我握手，说想看看我，并问祖芬好。我的演讲，也许会给他些许宽慰吧。

晚上又是英时请饭。开车到很远的一家山东馆子。一起用餐的有唐海清夫妇，台湾来的，二十多年了。还有罗志田，和文学所来的一个访问学者，来两年了。

饭后，英时先生开车送我回住所。

9月16日

去耶鲁。耶鲁东亚系主任孙康宜是英时夫妇的好友。为我访学耶鲁大学，他们策划得极为周密。主要是怕我一个人从普林斯顿去耶鲁，不懂英文，半路走丢了。

与英时从哈佛到普大的路上，火车过耶鲁，英时先生就叫我听列车员报站的发音——"纽黑文"。"纽黑文"New Haven是城市名，耶鲁大学的所在地，在纽约北两个小时的车程。

早8：30，陈淑平先生到住地接我。为走路方便，她特地穿上球鞋。很快就到了车站。9：47的火车，结果提早了一个小时。买好了票，我们坐在候车室的长椅上聊天。几天接触，英时夫妇已把我当作老朋友了。陈先生说："难得知音，你是君子。"人与人之间的相契，像谜一样。这次和英时见面，如见故人，仿佛相识不是一年、二年，而是一二十年了。我没有想到，英时是一位极热诚、坦直而又单纯的人。内心深处，他是一个天真的孩子。他和我太像了。

火车晚点5分钟。9：50进站。我上了车，陈先生还站在外面看着我。她已经把一张写好的便笺交给了列车员。英时先生写的，密密麻麻，八九行，要求列车服务人员关照我，特别到纽黑文时，能够及时提醒我下车。另一张同样的便笺让我带着，如果那张不落实，临时还可以用这张。陈先生还向列车员交代，到纽约如果列车员换人，一定交代给另一个列车员。同时，英时还复印了一张列车表，用红笔标出普大这站和到站纽黑文，以及中间几点几分到哪站，让我带着。

孙康宜教授那边准备得同样周详。为我到耶鲁，她和英时夫妇不知通了多少次电话。我到普大的第二天，孙先生就传来一份周详细密的日程表：16日至18日，三天时间，每一个小时做什么，谁来陪，和谁说话，谁陪吃饭，谁接站送站，清清楚楚。

距纽黑文还有半个小时，一个黑人列车员就站在我面前，告诉我下一站就是 New Haven，即纽黑文。

列车停在纽黑文站。我一出车门，孙教授和另一位指定陪我的研究生已站在面前。

孙先生极为干练。来接的还有另一位著名诗人郑愁予。三个人送我到耶鲁大学最近的一家饭店，我的房间是16层22号。房间阔大，两面玻璃窗，纽黑文全景尽收眼底。

从车站到饭店的路上，诗人郑愁予边走边向我介绍街旁的建筑。

午餐是在饭店的咖啡厅吃的。孙先生、郑愁予、小严一块用餐。小严叫严志雄，台湾来的研究生。

接着就是下午3：00的演讲座谈。孙先生主持，听讲者不到十人。郑愁予、小严外，另有几个学比较文学的研究生，还有图书馆馆长龚先生等。孙先生是东亚系的掌门，运筹能力强。不知从哪里找来好几种我以前出的书，还有近年有我文章的《明报月刊》。我很不好意思，这些旧日的东西早已忘诸脑后了。《中国文化》第三期我写的关于《柳如是别传》的长篇文章，孙先生画满了阅读记号，她说她太喜欢这篇文章了。

我还是讲《百年红学》这个题目。人不多，讨论得倒很热烈。孙先生晚上打来电话，说听众都不愿意走了，最后已过一个半小时。

演讲后，严志雄带我参观校园。耶鲁校园很大，比普林斯顿大有十倍，建筑古朴而有特色。其中一栋楼，是专门为纪念第一次世界大战期间阵亡的耶鲁学生的。楼前有一纪念碑，上面写着："为了纪念他们忠于耶鲁的传统，为自由而牺牲者。"

9月17日

早8时，严志雄来，陪我到18楼用早餐。然后一起去一家银行，把演讲报酬的支票换成现钞。

上午10时，到研究院三楼孙康宜办公室。我将《中国文化》第三至五期送给她，她送给我她的《陈子龙与柳如是的诗词情缘》。

然后一起到四楼，听一位日本学者的演讲。讲北岛的诗，快讲完了，人也不多。这名日本学者的太太是中国人，叫陈薇，曾在《文艺报》工作过，1986年去日本，两个人结了婚。

他讲北岛诗，涉及与中国传统诗歌的关系。孙教授叫我发言。我只好讲一点看法，讨论一下活跃起来。

中午东亚系请吃饭，在耶鲁一个"古老"的餐厅。孙先生说：如果不来这里，就不算到耶鲁。墙上密密地挂着耶鲁一二百年前毕业生的照片，有和哈佛比赛的足球队的照片。都是黑白的，满墙都是。为的是展现这所大学的传统。

餐桌也是当日的旧观,上面坑坑洼洼,刻有各种不规则的字母——真正是"古老"耶鲁的再现。这间餐厅不许照相。

一起用餐的有孙教授、郑愁予先生、陈薇和她先生,还有两位美国教授。

下午1:30,台湾来的一位叫刘裘的研究生,陪我参观图书馆和耶鲁校园。在图书馆整待了两个小时,看了大半中文藏书。内容真是丰富,羡慕何极。图书馆馆长龚先生陪着我。没想到龚先生竟是汪荣祖的同学。他说弗吉尼亚大学没多少中文书,汪荣祖如果在这里该有多好。但他来不了——龚先生说"也在运气"。

我看到一本《散原精舍诗手稿本》,请本家刘同学代为复印。本来计划看图书馆后,再看校园,已经没有时间了。

只看了一个维多利亚时代的俱乐部。加入者的条件,须对那个时代的艺术、文学比较熟悉。刘裘加入了。她有钥匙,可以自己打开进入。她带我看了看。古朴、幽雅——可以在这里交谈,随意用茶点,和哈佛教授俱乐部相似。

约好下午4:00在孙教授办公室会面。刘裘说:刘教授在图书馆不想出来了。

接着和康宜到街上一家咖啡店小坐。她谈起她的身世、经历。

然后一起去康宜家。刚到,她约的一位张先生也来了。张是从北京来的,已来六七年,在耶鲁教汉语。

我们参观了康宜的藏书。她的书,以明末、清初的著作最集中。她先生是工程师,在纽约工作。

然后去一家餐馆,康宜请吃中餐。

餐后有抽签——我抽的英文小纸条,上面写的是:"你懂得怎样交一个好朋友的秘密。"

孙康宜说,这个太准了。这次自到美以来,每次中餐,我抽的签都准。好像冥冥中在指示着、启悟着我的一言一动。

9月18日

早8时,严志雄来,一起到18楼吃早餐。饭后回房间取手提行李,11点到孙康宜办公室。社科院的赵世如先生也去纽约。11点30,孙康宜请我们到一家意大利餐馆用餐。浦安迪来了,我有些认不出了。我们1986年在哈尔滨国际红学会上见过面。他瘦了,黑了,学问大进益了。

午餐后,浦安迪送我去纽约,赵先生同车。

在耶鲁,康宜待我为上宾,推心置腹与我交谈,也是人生的缘分。

从纽黑文到纽约,浦安迪开得车速很快。赵先生重听,我尽量与浦安迪说话。他问我周汝昌的情况如何。他正在完成《红楼梦批语偏全》一书,我建议他在中国也能出中文版。

下午2:30从纽黑文出发,4:00到纽约。事先约好在哥伦比亚大学门前一家咖啡馆与陈淑平先生会面。她是乘火车到纽约的,下午2时就来到这里,等了两个小时。我感到非常不安。浦安迪的车刚停在咖啡馆前,淑平先生就看到了,举手向我招呼。

我们一起小坐了一会儿,然后乘地铁去普林斯顿。淑平认识的两个青年人送我们到地铁入口。乘到七十几街出来,改乘去普林斯顿的火车。在地铁里,淑平先生说:你看,什么样的人都有,不少是有头有脸的。人们早就传说纽约的地铁可怕。其实也是安全的。特别上下班时,人们都乘地铁。纽约不好开车、停车,人们都是把自己的车停在一个地方,然后换乘地铁。淑平先生调侃。我也说没有看到蒙面大侠。

到普林斯顿站,已是下午6时了。淑平先生开车与我一起回家。在车站她给英时打了电话。在哥大门外的咖啡馆,我到了之后,她打电话给孙康宜,告知我已到达,完成与浦安迪的交接。回到家又打电话给孙,告知已经顺利到家。

我们回到家里,英时像孩子一样高兴地迎接我归来。祝贺我在耶鲁的成功——他早得到孙康宜的快报了。他给我写了三幅字——两张条幅,一幅诗版。每一幅都是我喜欢的内容,都很对我的境况。其中一幅是他离开耶鲁到普林斯顿执教时写的一首七律,我在孙康宜办公室看到,手录在本子上。一定是康宜向他说起,他知我喜欢,写了下来。

另一幅是一首七绝:"卧隐林岩梦久寒,出山溪水自湍湍。如今况是烟波尽,不许人间弄钓竿。"不知是有心还是无意,我名字的梦溪二字,都嵌入在一二两句中。诗后款题为:"梦溪道兄远道过访,论学评文,三年来未有此乐。今将别去,因书旧诗并略易一二字,以壮其行。"这让我想起一年前缪钺先生赠诗的题识:"梦溪先生枉顾寒舍,得接清言,论事衡文,与鄙见有针芥之合。"心意相照,有如此相同者。

诗版写的是杨万里的《桂源铺》诗:"万山不许一溪奔,拦得溪声日夜喧。到得前头山脚尽,堂堂溪水过前村。"真吾情境之写真也。

我在耶鲁三天,英时、淑平夫妇显然对我有所评议——所以淑平说出:友直、友谅。我们初相识,英时夫妇待我如此热情,我还直陈自己的看法，而对英时先生的学问世界和人生世界，我抱持的是"了解之同情"的态度，实出自彼此信任也。

晚饭是淑平先生早准备好的——烙的薄饼，四五样精致小菜，卷饼吃。此是以亲切的家礼待我，在英时夫妇也是少见的。

饭后又论学——我们畅谈文化、学术、历史、经验、未来。最终得一圆解：文化的问题在社会，社会的问题在民间。

当晚又住宿在英时家。加上刚来的头两天，共住宿三个晚上。这在国外是很少见的待客隆仪。

9月19日

下午祖言弟从宾汉顿大学开车来接我。上午仍是与英时先生叙谈的时间。他想起一首诗，七八两句是：

> 平生愧负名师教，
> 欲著新书绢未裁。

我一看此两句的句意，正合于我与英时的关系。此次与英时先生订交，是我友亦吾师也。陈寅恪《王观堂先生挽词》有句："风义生平师友间。"亦可作为我与英时先生之写照也。

早晨起来得比较晚，睡得极安稳。醒得并不晚，只是未即起而已。我听到淑平先生很早起来烧水、做早点。后来英时也下楼了，两个人用最低的声音说话，后来连最低的声音也没有了。为的是不吵醒我，让我多休息一会儿。

我想再见一见王汎森，英时立即打电话请他过来。

与王商量"经典"丛书傅斯年卷，可否由他来编选——他当即同意。英时提出，傅可与顾颉刚合卷——简直妙极。这样，便决定傅、顾卷由王汎森来编校了。我给他一份编例和汪荣祖的萧公权卷范作，约定明年5月交稿。

中午英时夫妇请王汎森和我一起用餐。

下午1时40分，祖言弟开车来到余宅。

英时先生开车在前面引路，送我们到普大校园。普大一位教授等着与祖言会面。接上头后，英时才离去——走很远，车子到了一个十字路口，英时先生还伸出手来和我招呼。

三　后记

英时先生的学术地位不待我言，早在上世纪八十年代初，钱锺书先生就许之为"海外独步"。进入二十一世纪以来，他凌云健笔，纷陈胜义，著述不辍，而尤以2003年出版的《朱熹的历史世界》独占文化史学一科的鳌头。而十年之后，又以八十有四的高龄，出版《论天人之际——中国古代思想起源试探》(台北联经出版事业股份有限公司，2014年3月初版)，研议轴心时代中国思想的突破，许多论述都是高屋建瓴，发前人所未发。其作为学说体系的整全和学术创发价值，为人文学界多年来所未曾有者。前些年，余先生荣获克鲁格终身成就奖，后来又获得华文大奖"唐奖"，在英时先生可谓实至名归，顺理成章之事。

他只在1978年回大陆一次。但即便一次，也还是诱发了他的深切的中国情怀。他写道：

一九七八年十月我第一次回到中国大陆，离开出国的时间已整整二十九年了。从东京飞北京那几个小时，心情真是有说不出的激动。那正是我的"中国的情怀"全幅流露的时刻。（《文化评论与中国情怀》，台北允晨文化实业股份有限公司，1980，页376）

他并且引录周亮工《因树屋书影》卷二记载的一则佛经故事："昔有鹦鹉飞集陀山，乃山中大火，鹦鹉遥见，入水濡羽，飞而洒之，天神言：'尔虽有志意，何足云也？'对曰：'常侨居是山，不忍见耳！'天神嘉感，即为灭火。"英时先生显然也有"常侨居是山，不忍见耳"的感慨，故中国情怀"不但未曾稍减，似乎反而与日俱增"。他说："正因为如此，我才不能忘情于故国，而往往以世外闲人，与人话国事，说些于己无益又极讨人嫌的废话。"这与我们国内学人有时说的"不说白不说，说了也白说，白说也要说"，不是词达一理、心发一声吗？所以说者，为我有心，心既不死，其说焉止。

2006年12月15日，他在接受美国国会图书馆"克鲁格人文与社会科学终身成就奖"的演说中，通篇讲的是一生追索中国历史文化的心路历程，而且不忘宣示对中国文化的认同。

我见到的英时先生，其为中国文化托命的心志始终未变，内心世界极为单纯，惜时人不知耳。

2017年，我的三卷本《学术与传统》出版，尝寄请英时先生指教，电话交谈时，他说："看得出，你是多情之人。"则前述"你是诸葛一生唯谨慎之人"，和后来的"你是多情之人"，大约便是他对我的一种印象吧。

又"现代学术经典"丛书中的傅斯年卷,因王汎森先生回"中研院"后事繁,改由欧阳哲生先生编校,亦附此为记。

2020年岁在庚子清明后二日增补重写于东塾
原载香港《明报月刊》2020年7月号

京港两地书

——我与金耀基先生的学缘和友缘

我和金耀基先生第一次晤面，是在1993年元旦。因参加香港法住文化书院举行的学术年会，意外得此机缘。我们约好在文华酒店一楼咖啡厅见面，交谈近一个小时。当时他已经是中文大学的副校长，但身上脸上无一处看得出与这个职衔相关。不过是一位健谈风趣、潇洒通达的名教授而已。随后是当年的11月17日至25日，马来亚大学召开国际汉学研讨会，我和金先生都应邀出席，有了更多的交谈机会。特别是游览马六甲海峡，陡然产生的沧海桑田、天涯归客的历史幽思，使我们的精神潜识界不期而然地重合在一起。吉隆坡会后，我应香港大学中文系的邀请，主持1993年度至1994年度的查良镛学术讲座，又有机会与金先生一起畅叙。说起来，颇有点像林黛玉讽刺宝姑娘所说的：和贾宝玉的见面过于频密，没有间错开，变成了见过了还不断见面。

正是如此，仅过了一年多之后，也就是1995年的11月，我和内子应台湾"中央大学"和"中央研究院"的邀请访台，交流匝月。回程过港，承陈方正先生安排，在中文大学中国文化研究所访学一周。除了一次学术演讲，大项目就是和金耀基先生的访谈对话，这是事先和金先生约定好了的。一共两次，一次在1995年

12月3日的下午，一次在12月4日的下午，每次两个小时。另有一次晚餐也做了长谈，刘述先教授和童元方女士亦在座。中心题旨是围绕中国现代文明秩序的建构问题，我把它看作1992年与余英时先生访谈的继续，切入问题的方式亦不无前后相续、连带映发之处。

回到北京以后，很快就是圣诞、元旦和春节。2月过后，才开始整理写作与金先生的访谈对话。但访谈的现场速记稿，无论如何找不到了。几乎翻找有一个多礼拜，还是无影无踪。我书房堆垛之乱，在京城是有名的，有时越想保存好的东西，越不易找到。想起金先生几年来厚待我们夫妇的情谊，不仅焦急，而且感到些许惶恐。那时我不会使用录音机，包括和余英时先生的对话，都是一边谈一边作简要记录，嗣后如同写文章一样写成文稿。我的速记只有我自己能看懂，谈话时的思想、观点、逻辑，很少会有遗漏。速记稿没有了，几乎无从写起。内子拿来她的简单记录，由于方法与我不同，仍无法理出条贯的思路。不得已，只好硬着头皮，迫使自己重回对话的现场，边追忆边一点一点地写了起来。大约用了三四天的时间，总算写出了这篇访谈对话的文稿。框架还可以，主要是血肉不够丰满，精要思想多有遗落。

金先生何等眼力，他一下就看出了全部问题所在。于是亲自动手，对访谈文稿做了大量增补和修改。有了他的改稿，我重新成文就便利多了。最后，这篇访谈以《为了中国现代文明秩序的建构——金耀基教授访谈录》为总题目，内分十三个小标题，分别是：一、欧洲是现代化的第一个"个案"；二、文明秩序的"旧"与"新"；三、"软心肠"和"硬心肠"；四、新儒家问题；五、中国文化的耗散与重构；六、民族文化认同和知识分子；七、家庭伦理可否成为现代文明秩序的资源；八、"家国"和"党国"；九、文化的重建与社会的重建；十、关于"挑战—回应"模式；十一、中国现代文明秩序的建立不能舍弃农村；十二、"亚洲价值"和"中国式民主"；十三、题尾：香港回归暨前景展望。该访谈对话文长一万五千言，发表在《中国文化》1996年秋季号，读者反应热烈，京中学界师友也多有称道者。

作为佐证，不妨讲一个与这篇访谈录有关的后续故事。十年后的2006年9月，《21世纪经济报道》的编者打电话给我，问我手边有没有合适的文章给他们发表。我说其实报纸应多刊载一些有思想的文章。他们说正是此意。我说有倒是有，但已经发表了。我是指2006年8月13日《文汇报》"学林"专刊，发表的我在纪念费孝通先生逝世周年座谈会上的讲话，题目是《"文化自觉"和"美美与共"》。他们说，正因为看到了，才特地约稿。当说起什么样的文章才算作有思想，我提到了与金耀基先生的对话。不料他们看了此篇访谈文章之后，立即表示可以重新刊载。我说已过去十年，他们说完全适合当前。《21世纪经济报道》有一个专栏，叫"重塑新时期的基本价值"，于是便在2006年10月2日和10月9日，用两个版的篇幅连载了这篇访谈文章。原来的题目是《为了中国现代文明秩序的建构》，毕业于北大历史系的编辑马娟小姐，改作《中国现代文明秩序的苍凉与自信》。"苍凉与自信"是她阅读文章时感觉并捕捉到的情感认知，显然比原来的题目好。因此当后来中华书局出版我的《学术访谈录》的时候，就是以《中国现代文明秩序的苍凉与自信》，作为全书的书名。

至于为什么关注经济与社会的敏锐的报纸编者，会认为一篇旧文仍具有当今的价值，读者如果细详自然有分晓。我要说的是，这得归功于金耀基先生，是他的思想的浓度和活性，把旧雨变成了新知。如果不是金先生耗费心力对文稿加以修润，不可能有大家现在看到的那样的思想深度。

金耀基先生本来一向以研究知识分子和中国的现代化著称。他早期的《从传统到现代》《中国现代化与知识分子》《中国民主之困局与发展》等著作，所关涉的都是这一方面的内容。后来香港牛津大学出版社出版的他的四卷本著作精选，包括《中国的现代转向》《中国社会与文化》《中国政治与文化》《社会学与中国研究》，更成为研究者奉为典要的必读之书。金先生的现代化研究，是建立在本国文化土壤之上的多方探讨。他当然深知就中的纠葛与张力，但他不得不强调，中国的现代化是命定的，只能从中华民族的历史出发，厘清自己在多元国际化社会环境中的位置，发展自己的潜能，为可预见的将来构建新的文明秩序。他引用墨西哥诗人帕兹（Octavio Paz）的说法，认为现代化既是"命定的"，又是"被诅咒的"。认为像中国这样的具有几千年文化传统的国家，试图抛开本国固有资源来实现现代化的诉求，是不可想象的。就文明类型而言，他说中国是"文明体国家"，有自己独立发生发展的文明建构的历史。他的这一思想，经常为我所引用。

他的另一本广为学界人士推重的著作，是《大学之理念》。此书对现代大学的发展过分侧重知识传授，而忽略健全人格培养的"止于至善"的目标，做了深切地反思，最能见出他的传统性、现代性和前瞻性合一的教育情怀。这里，需要讲述一个与此直接相关的事情。2015年春节前夕，我们通电话，讲到近来我颇为关注当代文化的价值重构问题。嗣后他寄来一篇文章，即《从大学之道说中国哲学之方向》，寄示此文的同时，附有一信，兹抄录如下。

  梦溪先生如见：

    岁末来电话，闻音而喜，虽不能畅谈，亦年尾快事也。

    兹奉上2009年之讲演《从大学之道说中国哲学之方向》。文中所论与先生近年所关怀之文化问题颇有契合处，特请指教。今年中广东人民出版社将出版我之选集，题曰《中国文明之现代转型》，届时当寄上请教。

    方正兄月前带来先生写庞朴先生一文，读后感慨无已。

    特此祝

  羊年吉祥

金耀基 2015.2.18. 除夕

当我细读金先生的《从大学之道说中国哲学之方向》这篇文章之后，感到深获我心，当即写信告知我的阅读心得。他得信后，又打电话与我继续交谈此一话题。金先生的文章虽然已先期披载于香港的学术刊物，考虑到其对百年以来的教育思想和教育实践的检讨与反思，以及对当代中国社会的价值建构的点睛和切中，经征得金先生同意，我还是决定在2015年的春季号《中国文化》杂志，重新予以刊布。我的信的原件，金先生在他的《人间有知音——金耀基师友书信集》一书中做了收录，不妨也抄录出来，供读者参酌。

  耀基先生道鉴：

    乙未除夕之手示并大著《从大学之道说中国哲学之方向》

拜悉。三复其义，获益良多。我近年之所思，在返归六经，重构中国文化之价值系统，从而厘清国学的概念，使之与文史哲之现代分科不相冲突。中国人做人暨立国之基本依据实在六经，此上世纪熊逸翁、马一浮诸贤所论定，可谓典要至理。此理经数年前惠示齿及拙《论国学》欲在知识教育之外，补充上价值教育一语，益感豁然。今次之大著则从中西大学之道转换之背景，梳理其"道"变之过程，理据物则无可迈越，行文逻辑亦严密流贯，叹服叹服！且此义之大，在今日之中国，尤显急迫，与唐、牟之时代又自不同。盖内地经不间断的反传统，加之"文革"之祸，近二十年的物欲横流，不止道亦无道，人亦不知何为其人了。"从经学到科学"之立说，我想是基于历史事实之叙述，自为的论。揆之内地，尚衍生出一科学变形之史实，即以一统之学说为唯一之科学，以至科学泛化，终致取消了科学本身。今日之价值由流失到混乱，此亦一重要原因。所引西方哲人鲁易士、普南之论，亦甚具启发。而归之为"求真"之外，须补之以善、美，诚然诚然。求真带来了科学爆炸，也带来了欲望的无所节制，及自然环境的破坏。此事久难全也。王国维上世纪初曾有哲学之"可信与可爱"的矛盾，金岳霖也有过中国哲学未来方向的游移：回到中国的古圣或亚里士多德，还是数理逻辑分析哲学？他说他很困惑。则耀基先生此文，不仅可解梦溪之惑，王、金大师之惑并为之解矣。文集乞得便寄下，先此为谢。不备，即祈

春安撰吉

梦溪拜上　三月十四日

本人正在关注并深研的问题，得到向所服膺的耀基先生的理据支持，内心的充实和欢悦可想而知。当时的激动之情和所激发的学理兴趣，不可遏止地在信中流溢出来。不仅此也，在刊发金先生《从大学之道说中国哲学之方向》这篇大著的同时，我还写了一篇引申论述的编后记。后来曾作为单篇文章发表在报刊，本书第九章有收录，有兴趣的读者可参看。

这件事，其实还和我们之间的另一故事有关。2008年年初，我将《中国现代学术要略》和《论国学》两书寄请金先生指正。他于3月8日写来一封四页纸的信函，这是金先生写给我的最长的一封信。开头一段写道："周末返中大研究室，欣见大著《论国学》《中国现代学术要略》两册，甚感。大著所论问题，所写人物皆我深感兴趣者。三日来，拜读十之七八，诚通古知今、博洽周证、厚积薄发之作，识见与气局，非时流可及。写王国维、陈寅恪，笔意高卓，最获我心。写马一浮，故事说得好，寓意深沉，但我总觉得他是有宋以来讲德性之知的通儒，殿后意义大过启后，较之王、陈承先而又开启学术新运者颇有不同。"除却谬许之言，让我感动的是，金先生以繁忙之身，竟用了三天的时间，几乎将两本书读竟。而评王、陈、马，称马作为宋以来倡德性之知的通儒，其"殿后意义大过启后，较之王、陈承先而又开启学术新运者颇有不同"，此一断判，只有慧高识卓的通儒方讲得出。

信中涉及国学的部分尤具启发意义。拙《论国学》梳理国学概念的缘起和流变至详，列举了胡适、钱穆、马一浮等各家的论述，认为国学作为一门学问只是一现代学术的概念，而不是古代的概念。古代也有"国学"的名称，但都是指国家所立学校的意思。金先生认同我的说法，故回应说："国学二字，即中国之学，确是依'他'而起，无西方之参照，即无国学之可说。"又站在他的中国现代化研究的立场，写道："中国与中国文化之含义，是有永续性而又有变动性者，此中国之所以为中国，中国文化之所以可久可大也。鄙人讲中国现代化已四十年于兹，从学术文化观点说，亦只是这个意思，即现代化后之中国文化，其内涵必不可不有西学之元素，此应是中国文化之内涵的第二次扩大化也。"金先生此义极为重要，即和老辈如梁任公一样，绝不把中国的学问与外国的学问对立起来。他因此将中国文化中的西学元素，视为中国文化的扩大化。佛教传入，他认为是中国文化的第一次扩大化，而晚清的西学进入则是中国文化的第二次扩大化。大哉，斯论！吾往矣，吾往矣。

而在此信的结尾一段，金先生又提出："尊文《论国学》中'一点设想'，建议在小学设国学一科，内容以六艺为主。读来叫我又惊恐，又欢喜，此是文化教育绝大事情，此涉及为'价值教育'（或'伦理教育'）在今日（中、西均然）垄断的'知性学'外寻求一位置，也是在今日学校（特别是大学）的课程中寻求一位置。我最欣赏尊文所说'这样将来终会有一天，所有中国人的知识结构里面，都有我们华夏民族最高端的文本经典为之奠基，使之成为中华儿女的文化识别符号'一段话。鄙意与尊见略有不同者，以为学校应不限于小学，中学、大学或更紧要。"已往我所申论的方向，应与金先生无不同，但未能像金先生这样，从百年教育的大格局的角度，提升到在为现代知识教育所垄断之背景下，为价值教育谋求合法的位置。得金先生此教，我之后写的众多有关当代文化的建设与价值重构的论著，都把金先生斯论作为重要理据。而涉及国学课的设置，也力主不止小学，中学和大学一二年级并在其中。然则耀基先生于我是在在可考的亦友亦师,其谁曰不然?

我和金先生的通信很多,常常寄一本新出的《中国文化》,他就会来信致谢。如果寄书,他更是读之评之,并就书中的议题与我讨论。2012年,我寄拙著《中国文化的狂者精神》给他,不久就接到来示。原信不长,兹抄录出来与读者一起分享。

梦溪先生:

　　自退休以来,看书以兴趣为主,每得一书,鲜少读毕,读大著则兴趣满满,读竟为快。尊著《中国文化的狂者精神》无疑是袁宏道、章学诚后论狂之又一篇大文字,若言析理之精,判事之平允,实有超越前贤者。读完大文,固然余味无穷,惟亦有言犹未尽之憾。论"狂之两忌",虽非大著题旨所在,却是写"狂的思想小史"不可或无的重笔,而愚以为此篇太过精简,实还有太多可说之处也。再者既为写史,最贵者在乎史识,愚对大文中"治史者如果以为士风可以决定王朝体系的兴亡,则与将江山的兴废归罪于美色惑主的道学者言一样荒唐无稽"一段话,最是认同赞赏。

　　谢谢赠书　匆颂
研安

金耀基
2012.7.25

这已经是在金先生荣休之后,他很少有兴趣再去读完友朋的赠书,可是对我的著作却另眼相看,硬是读完了全书,并对最后一章《狂之两忌》写得过简，感到遗憾。但对拙著论魏晋士风一段所说的，"治史者如果以为士风可以决定王朝体系的兴亡，则与将江山的兴废归罪于美色惑主的道学者言一样荒唐无稽"，表示认同和赞赏，认为是史识之所在。

金先生的著作，除了早期的几种，都承他有赠书。特地安置在一个意大利书橱中，和余英时先生的赠书并列存放。他送我的随笔集《剑桥语丝》和《海德堡语丝》，也为我所乐赏。社会学家的美文，离不开理趣，即使写人文胜迹和自然景观，也是"有我之境"。这就如同他的人格与思想，总给人以赏心悦目的感觉。他风度潇洒，谈吐优雅。我们每次见面快谈，都能生出审美的欢悦。后来已经记不清楚到底见过多少次面。总之只要到香港，我们就会见面，见面就快意地大谈特谈。如果与内子一起，他不会忘记请我们吃自助餐（buffet），他知道祖芬是自助西餐的爱好者。

我们谈什么呢？学术动态固然不无涉及，但主要是纵论天下大事。中日关系，中美关系，欧洲难民，中东格局，气候变暖，台湾选举，香港走向，以及各国领袖人物的资质，都在我们的一谈为快中。所以然者，是彼此发现对方是可以快谈的谈伴。如果遇到世界上发生了特别值得关注的问题，而我们又不在一地，只好电话交谈了。这种情况，往往是我打电话给他，开门见山，直奔主题。如果碰巧都到了某一城市，我们也不会放过见面的机会。2002年5月23日，我在南京参加我的一名博士生答辩，住在西康宾馆，恰值耀基先生莅东南大学演讲，当晚10时通电话，他还是来我的住地畅谈一番。还有一次，是香港对话之后的1995年12月底，我致信请他担任我们中国文化研究所的学术评议委员及《中国文化》学术顾问，他回了一封短简：

梦溪先生有道：

九五年十二月二十九日手教谨悉，谢谢。承邀为贵所学术评议委员，及《世界汉学》与《中国文化》学术编委，不只"敢不从命"，而且欣然同意。

年前先生与祖芬女士来港短聚，快何如之。长谈有乐趣，只是苦了记录人。罪过罪过。照片二帧收悉，再谢，匆颂
春节吉祥

耀基敬上　一九九六元月四日
元祯同候

此可见金先生对笔者的信任，以及我们的第一次长谈，已有乐趣存焉。我们前此一年在马六甲海峡的特殊感触，他也念念于心。当时曾寄照片给我，附函写的是："马六甲古堡'读壁'一张，甚有味道，'远眺'一张不见海峡，而海峡如涌眼前。"又云"来春如到港，当谋良叙也"。马六甲海峡的经历，于我可谓出人意料。站在山丘之上的纪念碑前，回头望海，竟莫名所以地掉下泪来。此犹我第一次去海南的三亚，朋友开车刚转过山坡，天涯海角在望的一刹那，我也有泪涌出。后来想，可能是历史的沧桑感和即将去国离乡的忧思所致吧。

近七八年，我因患有腰疾，行走不便，外出时间减少，香港很少再去。但 2013 年 8 月 25 日至 28 日，在香港召开的中华国学论坛，由于友情难却，我去参加了，与内子同行，受到主办方的热情接待。离港前一天的晚上，打电话向金先生致以问候，告以会议议程紧凑未克前去探望，不料金先生说他现在就过来。虽然我们住的沙田凯悦酒店，离中大不算太远，但已是晚上 10 点，金先

生前来让我和内子深感不安。他带来一幅装裱好的书法送我，展开观赏，是东坡的七律："东风未肯入东门，走马还寻去岁村。人似秋鸿来有信，事如春梦了无痕。江城白酒三杯酽，野老苍颜一笑温。已约年年为此会，故人不用赋招魂。"字体娟秀，古典今情，至今铭感。2014年和2015年，我们又多次通过电话。一次他谈起许倬云先生的近况，动大手术后，仍有口述新著问世，不禁让人叹美。他收到我的三联版《陈寅恪的学说》后，也曾打来电话，称有"独特深度"云。有时电话是内子接的，喊我来听，笑称是金先生的热线。

我们的热线，2018年以后，中断了一段时间。内子染恙，我们在台湾治疗前后有半年多。中间也回来，但很快又再去。不料一次竟有了新巧遇。2018年12月22日，金先生的"书法及文献收藏展"在荣宝斋举行，我们刚好在北京，即使带病之身，也一定前往。不仅见到了金先生，也和金夫人陶元祯见了面。他们觉得祖芬的状况还好。展览的规模很大，嘉宾众多。分"文心墨韵""学术语丝""人间有知音"三部分。开幕式金先生致辞，几次提到本人。会上送给嘉宾的两本书：一是《金耀基书法作品集》，一是《人间有知音——金耀基师友书信集》。《知音》收有我两封信的原件，并以很大篇幅的文字，记述我们之间多年来的学缘和友谊。金先生是这样写的：

> 我曾将《再思大学之道》书中之《从大学之道说中国哲学之方向》一文寄给刘梦溪先生，供他主编的《中国文化》选用，这里刊出的信（图134）是刘先生对该文读后的回应，显然他是十分高看并是同声相应的共鸣者。

刘梦溪先生是北京艺术研究院，中国文化研究所所长，是名重当代的文化学者，我久有耳闻。一九九五年十二月初，我第一次与刘梦溪先生在香港见面，那一次见面实际上是我们连续两天，每天三四小时的访谈（正确说是对话）。刘夫人，儿童文学名家陈祖芬也在座，帮做记录。这个访谈成为一篇一万五千字的《中国现代文明秩序的苍凉与自信》的长文。通过这次对话，我们成为无话不可谈的学问之友。其后，他与夫人来港，我们一定会有聚会，而我亦成为《中国文化》的顾问了。近二十年来，他在北京，我在香港，我们淡交如水，但交往从未间断。刘先生有新著时，常厚我寄下，我拜读后多喜与他电话讨论，甚是乐事，有时亦借书信寄意，这里刊出一信（图135）是他以信答信。刘先生极善书（信），每书（信）必有高论。读他的信多有享受，难得的是他的钢笔字写出了书法的趣味。

刘梦溪先生近年出书既多且精，赠我的有《中国文化的狂者精神》《陈宝箴和湖南新政》《论国学》《陈寅恪的学说》《马一浮与国学》，一本本都是厚积厚发的深思之作，去岁又收到他上、中、下三卷本巨制《学术与传统》，真有惊艳之感。刘梦溪先生晚年有"文化托命"之思，返归六经，最服膺马一浮之说。他的学术志趣与我的现代化论述似北辙南辕，了不相干，但我们对中国现代文明除构建"知识之学"外，必须有"价值之学"的树立，则所见正多交集，我们之交实有缘而亦相知也。梦溪先生以为然乎？

金先生的记述，不仅可作为我这篇文章的参证，更主要是可以作为印证。所谓一个问题的两面，即同为记述彼此的学缘和友谊，我是这样写，他是那样写，两厢对照，格外有趣。时间、细节，彼此的记忆容或有歧，但感受和结论则若合符契。因为我有日记和纪事年表，涉及时、地、人，我记述得应更准确。他说自1995年之后，我们"成为无话不可谈的学问之友"，诚然诚然，我也是这样写的。他说我有"文化托命"之思，所以服膺马一浮，返归六经。更是人间难得的知音之言。虽然，他的现代化论述，无法离开科学在百年思想文化史上的优先地位，此点与我的观察微不相同；但在当代价值建构题义方面的交会，用金先生的话说，又使我们成为"同声相应的共鸣者"。没想到金先生那样看重我的信函的书写，而且谬许我的钢笔字"写出了书法的趣味"。其实我毛笔字小时候有点根底，几十年不写，就不会写了。此次观赏耀基先生的书法展，启示我今后确应该多写写毛笔字。

金先生是浙江天台人，大学和研究生就读于台湾大学和政治大学，在美国匹兹堡大学获哲学博士学位。长期执教香港中文大学，为社会学系讲座教授，1994年当选台湾"中研院"院士。亦曾任新亚书院院长和香港中文大学校长。有一次我当面问他，以他的才学、胸怀和治事能力，想没想过在合适的高位上一展怀抱。他说他不是没有这个机会，甚至也有老辈提议过，但他不想走那条路，他愿意与政治保持一定距离，做一个独立的学者。

2020年岁在庚子三月初七写毕于东塾
原载2020年9月16日《中华读书报》

和叶嘉莹先生的相遇相熟

我认识叶嘉莹先生，完全是巧合。虽然很早就读过她的《王国维及其文学批评》。虽然我熟悉缪钺先生，缪先生和叶先生合作的《灵谿词说》，我也很早就留意。

那是1993年，马来亚大学召开的国际汉学研讨会，于11月18日至20日在吉隆坡举行。我提交的论文为《陈寅恪的家学渊源和诗学传统》，按主办方安排，我和叶嘉莹先生同一场发表论文。没想到的是，会后应《星洲日报》邀请，担任"花踪讲座"主讲嘉宾，又是我和叶先生共同主讲。我先讲的，题目为"当代中国：文化传统的流失与重建"。叶先生仍然讲她的词学研究。还不止于此。第二天乘飞机赴槟城为华族人士演讲，又是我们两位同台。这次是叶先生演讲在先，我在后。

我们是当天下午到的槟城。宾馆小息后，叶先生约我到街上走走。随意走进一家商场，琳琅满目的大都是衣饰等物。我一眼看到一款女式套裙，花色款式似乎特别适合叶先生。我指给她看，她走上前摸了摸质感，没说话就走开了。待要离开商场时，叶先生叫售货员取下这款套装，当即买下。这件事，在我在叶先生都留在了记忆中。2017年10月，因到天津演讲，与内子去南开迦陵学社看望了叶先生。我们谈了不知多少话题，无意中提起两人在槟城逛商场一事，她仍然记得当时购套装的故事。不过那次槟城之行，我闹了大笑话。当天晚上，热情的槟城首长陪我们参观晚上的街景。走到一处小咖啡店，他招呼我们在当街的方桌旁落座。店主人立刻端上三杯咖啡。很古朴的陶杯，比通常的大茶杯还要大些。首长是一口一口地喝个不停。叶先生没喝，她说晚上喝咖啡怕影响睡眠。我在家是经常喝咖啡的，从不影响睡眠，所以便喝了大半杯。

但回到宾馆洗漱完毕，准备休息，麻烦来了。无论如何不能入睡。不仅不能入睡，更主要是眼睛合不上。就这样睁着眼睛躺了五六个小时，直到早晨起床、用早点，仍无睡意。而且眼球是硬的，继续合不拢。不久，就来车接我们去演讲现场了。叶先生先讲，我在一旁坐着。坐着坐着，瞌睡虫来了。这下可好，想睁眼睛又睁不开了。昨天夜里是想合眼合不上，今天是想睁眼睁不开。叶先生讲的什么，我一句也没听清。轮到我讲，我几乎不知从何说起。好在我讲的是《红楼梦》，熟悉的旧营生，主持人一说题目，我就大体可以进入《梦》中。观众反应似乎还不错，很有一些会心者。但讲的时候迷迷糊糊是肯定的。真的是闹了一次大笑话。我讲的时候，叶先生不在场，她当天就返回温哥华了。第二天我还有芙蓉华族中学一场讲座，那就讲得有自我回归的精神头了。后来回想，槟城讲座无异于梦中说《梦》，而南洋咖啡的厉害，也平生第一次领教了，经验是，从此再不敢喝第二次。

马来西亚之行后，我和叶先生就熟悉了。她约我和内子去过她北京的旧宅，地点在民族文化宫对面，一座很大的院落，是她的祖产，她说她童幼时期就住在这个宅院。本来说房子要退还给她的，后来知道没有施行。她也来过我们家，她说我的书房是国内学者中比较特殊的。再就是我主编的《中国文化》，发过许多篇叶先生关于词学方面的文章。第一次是1995年春季号，刊载了她的《浙西词派创始人朱彝尊之词与词论及其影响》，文长两万八千字，是一篇专业的词学研究专论，我非常喜欢。第二次是1996年春季号，刊有她为《台静农先生诗稿》所写的序言。当年秋季号又有《〈台静农先生诗稿〉序言》的"后记"刊载。但此后有很长时间与叶先生联系变少了。这时她已经归根南开大学，以南开作为她学术与生活的稳定居所。

2015年3月15日，我应北京横山书院的邀请，担任主讲嘉宾。演讲的题目是"文化典范——中国现代学人的精神与信仰"。上午9时开讲，8时半到达现场。工作人员引我到休息室，没想到叶嘉莹先生先已等候在那里。我们已经多年不见了，真是乐何如之。演讲开始之后，叶先生一直坐在第一排听讲，这让我很不安。讲完归座，叶先生看我拄着双拐，站起来关照，两人互相扶持的情形，被摄入镜头，我一直保存至今。她的助理张静这次也认识了，留下了联系电话，后来又加了微信。这样才有叶先生的一篇极为特殊的文章在《中国文化》上刊载。文章的题目是《要见天孙织锦成——我来南开任教的前后因缘》，发表于2016年出版的《中国文化》秋季号。

这篇文章是叶嘉莹先生在南开大学的一篇演讲。她对何以使用这个题目，有如下的解说：

"要见天孙织锦成"，本来只是我的一句诗。"天孙"，就是传说中的织女，织女之所以叫织女，是因为她能够把天上的云霞织成美丽的云锦。我曾经把自己比作一条吐丝的蚕,说是"柔蚕老去丝难尽"——我从小热爱中国古典诗词,到现在已经教了七十年古典诗词,虽然今年已经九十二岁了,却从来没有停止过教书。我自己就像一条吐丝的蚕,我希望我的学生和所有像我一样热爱古典诗词的年轻人能够把我所吐的丝织成美丽的云锦。因此,我用了我诗中的句子"要见天孙织锦成"来作我今天讲演的题目。

我收到的是张静发给我的这次演讲的整理稿。谁整理的我不知道,但明显的是叶先生现场演讲的最准确的记录。而且我相信,她这次演讲应该是在事先没有详细备稿的情况下,抚今追昔,感叹身世,畅想未来。风格是以自创的诗词作为连接的脉络,交错而下,如行云流水。题目是关于她归根南开的"前后因缘",但主要讲的是"前",即她的身世遭逢和传奇般的人生经历。

她从小讲起,从身世讲起。讲自己,也讲父亲、母亲和她的丧亲之痛。她 1924 年出生在北京,然后读小学、中学、大学。她大学念的是辅仁大学,遇到了终生难忘的好老师顾随先生。她说她没有谈过恋爱。但她结婚了,还生了两个女儿。足迹则北方、南方、东方、西方。具体说,是从北京到台湾的彰化,再到台北。然后是温哥华、波士顿、温哥华。最后回国,先北京,后天津。到台湾的时候,她才二十五岁。她先生以"匪谍"罪被捕入狱,她也背上了"匪谍"嫌疑的罪名。这一切都过去了,她很快成为中学、大学里讲授诗词的人气教授。但荣誉和成就似乎与她无关,她宁愿日夜守着李白、杜甫、苏东坡、欧阳修、李易安、辛弃疾伴岁加年。中国古典诗词是她天生的伴侣。无法想象她能够过没有诗和词的生活。为文学而生这类古今时髦的套话不妨暂置一边，叶先生确实做到了即使为生计奔波，也绝对不染尘杂。

六十年代，诗人痖弦一次在电影院看见一个女子，他说斯人站在那里好像空谷幽兰。后来证实，这个人就是叶嘉莹教授。定居北美的时候，她觉得似乎可以进入安逸度岁之境，不料又经历了长女的意外之逝。总之，这不是一篇寻常的学术演讲，而是自述人生与学问经历的剖肝沥血之作，是空谷幽兰的"前后因缘"录，是九十有二的一位诗学老人的真情自述。所幸她一生都在巧手心裁编织的美丽的云锦，不仅光被海峡两岸，如今更铺满华夏圣土。她有过不幸的经历，但从不悲观。她转了半个地球大的一个圈，又回到了原点，回到了她的诗学的本体，回到了她钟爱的诗的故乡。

我有幸在 2017 年的秋天，又与叶先生见了面。10 月 27 日抵天津，29 日有一场演讲。经事先约好，于 28 日上午 9 时半，与内子一起前往她在南开的住所。别提她有多高兴，整个人都焕发起来，与我们谈得畅意而快乐。完全不像一位九十四岁的老人，神态风姿看上去最多不过七十几岁。我们叙旧谈往，互赠新著。槟城之行购买套装的典故，她依然记得。我谈到《要见天孙织锦成》和她的女性词人研究。她说不知我是否留意到，她有过"弱德之美"的说法，我想这是她词学研究的一项重要创获。不知不觉一个小时过去了，我们起身告辞，叶先生送到门口，互相道别。

事后发现，2017 年 10 月 28 日这天，刚好是农历丁酉年的重阳节。

2020 年 3 月 9 日写毕于京城之东塾
原载 2020 年 9 月 14 日《中国文化报》

戴逸的"心史"

我此次来常熟,是奉戴先生之命而来。前些时,戴先生让他的公子戴玮打电话,告知在常熟老家建立了戴逸学术馆,10月28日举行开馆典礼,希望我届时能够前去。尽管当时身体欠佳,还有一些特殊的状况不适合离京外出,我还是表示,只要有可能一定前往。没想到还真的来了,终于未辜负师尊之命。

我跟戴先生其实颇有一些有趣的学谊和渊源,只是学术界很少有人知道其中的底里。同在一校,他是历史系的名师,我念的是中文系,交集何来?当时是六十年代初,三年困难尚未过去。经过1957年的反右派、1958年的"大跃进"、1959年的"反右倾"、1960年的反修教学检查,许多知识人士受到了冲击。鉴于当时的情况,国家提出调整、巩固、充实、提高的方针,强调给受到连续政治运动牵连的教师和专家以公平待遇,甚至要求向他们行"脱帽礼"。这有当时的周总理和陈毅副总理的讲话可凭。刘少奇主席一次会见科技工作者,更是鼓励有加,说:"你们干吧,我们给你们做后盾。"于是,那些科研骨干、专业能人、学术才俊,立时释放出无穷的知识能量。

我的本师是冯其庸先生,他当时经常有文章发表在《人民日报》《光明日报》或《戏剧报》上。戴逸先生的文章集中见诸《光明日报》，以谈历史人物和历史事件为主，只要看到我就会读，而且读得饶有兴味。还有王方名先生，就是后来大家熟知的王小波的尊人，当时是教我们逻辑学的老师。他的关于逻辑学的大块文章，在学术界影响很大。这也就是季羡林先生写《春归燕园》的历史时刻。看来学术的春天不仅在燕园回归，在人大，在其他高校，也是春意浓浓浓几许了。

我就读的语言文学系和新闻系、历史档案系，在人大的城内校区，地点在铁狮子胡同 1 号，一色近代的西式木结构建筑，古色古香又带有一点现代的文化意味。原为段祺瑞执政府，孙中山 1924 年逝世，就在该校区的钟楼。一次我跟冯其庸先生往钟楼前面的大门口漫步，冯先生指着前面一位在传达室取信的老师说：他就是戴逸。当戴先生回过头来和冯先生说话时，我看到他有一张俊朗的面庞，下颏秀而美，柔和善良的眼睛透过重叠的双眼皮闪烁出智慧的光芒。后来史学界讨论清官问题，星宇的《论清官》为人们交口称赞。冯先生告诉我，星宇就是戴逸。当时，戴先生这篇文章和宁可的《论历史主义》，引起我极大的学术兴趣，领略到学术文章也可以写得如此有文采。由于好几重的机缘，宁可后来也成为我的忘年好友。

再后来就是八十年代了。我开始创办中国文化研究所和《中国文化》杂志，和戴先生的联系更多了起来。我们中国文化研究所和《中国文化》杂志的学术活动，只要题旨和他的领域有关，时间又允许，我打电话相约，他总是欣然到场。一次，我请他为《中国文化》写文章，他以田家英收藏的清人书法为案例，写了一篇《清代书法浅论》的文章，刊于 1997 年 12 月出版的《中国文化》15期、16期合刊。恰好我为《中国现代学术经典》写的六万言的总序,以《中国现代学术要略》为题,以四个整版的篇幅刊载于头一年的《中华读书报》,戴先生看到后写来一封热情的信函,鼓励有加。为存本真,现将戴先生原信抄录在这里。

梦溪先生大鉴:

来函及报纸收到。大作《中国现代学术要略》早已拜读,宏言谠论,十分钦佩。我家订阅《中华读书报》,故能及时诵习。大作洋洋洒洒,风发泉涌。其中,关于学术是人类理性认知的系统化和独创精神,关于清代学术的成就,关于新史料的发现,关于学术的独立性等等,均为不刊之论。阁下大力阐发,理益明确,有功学界,非浅鲜也。社科出版社总编王俊义电话中盛赞阁下文章,嘱我一阅。前日北师大瞿林东见访,携来《中华读书报》两张,称先生才思精敏,多有新见。王、瞿均为研究思想史专家,可见阁下文章已有口皆碑,腾誉于学界。

拙作《清代书法浅论》蒙允在贵刊登载,至为感谢。如能配以清人墨迹,当然更好。大约可从王铎、傅山、张照、朱彝尊、郑燮、刘墉、翁方纲、邓石如、包世臣、何绍基、翁同龢、赵之谦、康有为之手迹中选取六七张即可。我处有《小莽苍苍斋藏清代学者法书选》,收录手迹二百余幅,印刷精美,图版清晰,但不知翻拍后能否清楚。如需用,可来人看一下,亦可携去翻拍。此图册系田家英生前之藏。田收藏清人书法达二千幅。我应田家英之婿陈烈之托,为此图册之续集作序,拙

文即由序言改写。其图版续集正在编纂中，出版可能在一年之后。专此即颂

撰安

戴逸 97.1.18.

1997年出版的那期《中国文化》因故拖期，戴先生的文章1996年年底就给我了，直到一年之后才刊出，真是抱歉之至。所以戴先生1997年1月写的这封信，对文章事有所略及。

当时恰好李泽厚从美国回来，认为我的文章提出了许多重要问题，建议找几个学界朋友议一议。于是1997年春节过后的2月16日，我邀请戴逸、庞朴、汤一介、李泽厚、李慎之、余敦康、王俊义等到我家中，作了一次专题恳谈。戴先生第一个发言，尽管给我的信中说了很多鼓励的话，在讨论的时候他一丝不苟。他说："梦溪的文章是不可多得的精彩之作。当时没有读完，王俊义打电话来，很称赞。瞿林东到我家，带了报纸。我看了三遍，第二遍较详细。写得很有功力，议论风生，包含面相当广博，提出很多重大的问题，得益匪浅。"但随即提出："一篇文章，提出很多问题，对近百年学术做了疏理，其中包括的问题非常多，可以讨论、商榷的地方也非常多。有的提法准确否？是否有矛盾？是否还可以发挥？"然后围绕什么是学术、学术的独立性和功利性、近现代学术特点是什么、学术发展的环境和条件等四个问题做了系统的发言。哪些问题讲得好，哪些问题该提却没有提，哪些问题是无法回避的，哪些问题还值得商榷等，求真求是，逐一道来，毫不含混，体现了一个真正学者的学问态度。

戴先生发言时，大家不断有插话，我也有回应，氛围非常热

烈。后来《要略》参加评奖，戴先生的推荐函写得至为恳切，另一推荐人是李学勤，《要略》获奖与他们两人的推荐有直接关系。2008年，是我们《中国文化》创刊二十周年，为了纪念，举行了一次京城师友雅集，时间在那一年的11月30日，故称作戊子岁尾雅集。杨振宁、何兆武、冯其庸、戴逸、汤一介、乐黛云、李泽厚、李学勤、余敦康、严家炎、陈平原等许多名宿都来了，各有精彩的发言。戴先生的发言尤其令人警醒，他说："梦溪同志坚持办这个刊物，能支撑二十年，确实不容易。我非常喜欢这个刊物。这个刊物有特殊的学术品格，在我们今天这个社会里边，比较少，可以说凤毛麟角。"又说："搞文化，搞学术，远离市场，远离官场，是我最欣赏的态度。"

我和戴先生的另一交集，是2011年2月17日我们同一批被聘为中央文史研究馆馆员。同批受聘的还有我的另一好友汤一介先生。那年戴先生八十五岁，汤先生八十四岁，我七十岁。我和他们两位学界名宿一起受聘为文史馆馆员，在我个人可谓与有荣焉。当年的9月7日，中央文史研究馆举行成立六十周年座谈会，碰巧的是，我和戴先生、汤先生分别作为馆员代表发了言。戴先生讲了清朝历史地位的评价问题，汤先生讲的是中国文化和世界文化如何交流对话的问题，我讲了中国传统文化价值理念的现代意义问题。我们发言后，出席座谈会的温家宝总理在讲经济与文化协调发展的主旨议题时，对我们的发言有所回应。京城学术界的名家可谓多矣，但受聘为文史馆员的为数还不是很多，谁知竟有这等巧合之事，以至于我和两位最熟悉的与我有情感牵连的师友同时加入，无论如何是一桩不容易想象的事体。只能说我和汤一介先生，和戴逸先生，是有一定渊源的学术有缘之人。

我想这也是戴逸学术馆在常熟建立,戴先生为何特别希望我前去的原因。我知道一位学界老人的嘱托具有何种分量,意识到我是无法不应命的。尽管当时我患有严重的过敏症,家中还有更为特殊的意外情况,最后我还是去了。戴玮电话中还说,戴先生还曾提及我的字写得如何如何,我知道是戴先生希望我写几句什么话。我会写字,但平时很少写,甚至半年一年也不动一次笔。书法这物事,不经常写,慢慢就不会写了。由于是戴先生的至诚雅意,会写不会写都无法推辞。最后写了一副联语:"依山楼堂庋心史,学术奥窔通古今。"戴先生的学术馆在常熟图书馆的"衣山楼",显然典取鲍照的《咏史诗》"振衣千仞岗,濯足万里流"。但此楼在虞山脚下,亦可以作"依山"。然而更重要的,是此依山之楼台藏有戴逸先生的"心史"。当然,戴先生不是郑所南,他无须将自己的著作藏于井中,但毕生以清史研究为学术托命之基,无论历多少艰难曲折也从不动摇,其一心撰修清史的情与志不是同样可以看作戴先生的"心史"吗?

但于学问而言,上联的含义还只是登上楼堂稍窥楼主的"心史"含藏,唯进得下联的"学术奥窔",才称得上不仅登堂而且入室了。但入室不是关起门来拒绝与外界沟通,而是同时还要做到居一室而能观天下和通古今。我想,戴先生的学问就从不以清史为畛域,而是博通百家,而后自成一家之言。这从他在《中国文化》二十年雅集讲的话里,就可以看出来。他是史学学者,同时也是思想文化学者。

实际上,我所了解的戴先生,从不以学术的门派自划,即使清史研究也是不废百家言,乐于倾听各种学术观点的争鸣竞放。特别对青年才俊,总是奖掖提携不遗余力。他几次向我讲起清史所的杨念群如何如何。还讲过黄爱平，充满了称赞和嘉许之意。我个人和杨念群、黄爱平相比，年龄上差不多已经是上一代学人了，但在戴先生面前，还不过是个晚生后学。可是戴先生多年以来对我的爱护鼓励，并且不以我的常常坚执自己独得的学术见解为不然，可知他的容人之量和学术胸怀的阔大。

其实修清史这件事，我深知其中的难度，单是文体就不好把握。白话书写，不知会膨胀出多少篇幅。浅近文言，参与者大都是年轻学人，恐不具备文言写作的功底。更不消说明清易代、晚清与民国交错，人物与事件的叙论取向更是困难重重。此事体大，我虽爱戴先生，亦无法尽为戴先生辩也。

2020年1月8日写于京城之东塾

读《漫述庄禅》致李泽厚

泽厚兄：

久违了。你在哪里？我找不到你。你进入庄禅的境界了，自然无法找到你。庄子曰："形形之不形乎？"

我无法描述读了《漫述庄禅》的喜悦心境。屋中的尘物，桌子，书橱，笔筒，茶杯，台灯，窗帘……一下子都蒙上一层光辉，仿佛与往日、异时大不一样。我来回踱着步，身心一阵轻松，后来竟笑了起来。我想，大约这就是"个体感性经验的某种神秘飞跃"罢。当然我自知还没有获得佛性，距离成佛作祖还无限遥远，只是产生了一种审美愉快；而这愉快，是从大作中感受和领悟来的。确如你所说："经此一'悟'之后，原来的对象世界就似乎大不一样了。"因此，我不仅在思辨上，而且在道理上同意你对庄玄禅的论述，在实感上、在审美上也被你的论述征服了。

我由此想到，陶渊明所谓"好读书，不求甚解，每有会意，便欣然忘食"指的也是这样一种境界。他追求的是直觉领悟，而不是一章、一句、一词、一字的具体含义。这有他的"此中有真意，欲辨已忘言"诗句可证。你在文章中提到了陶诗"采菊东篱下"，并说具有禅味的诗比许多禅诗更接近于禅，可谓至论。

你对禅宗大讲特讲的"悟",解释得如此精妙:"并非理智认识,又不是不认识,而只是一种不可言说的领悟、感受。"又说:"'悟道'既不是知识或认识,而是个体对人生谜、生死关的参悟,当然就不是通过普遍的律则和共同的规范所能传授,而只有靠个体去亲身体验才能获得。"因此,语言、概念、思辨便没有用武之地了,"不立文字"说于是得到了最确切的说明。有的文章涉及这个问题,大都强调不可言传的神秘感,而没有从把握对象的独特方式上去考虑,不是悟道之论。"在感情自身中获得超越,既超越又不离感性。"——你描摹得太准确了,迦叶有知,也会再次拈花微笑的。而且你还进一步从哲学上揭穿了禅宗顿悟的秘密:"乃是对时间的某种神秘的领悟,即所谓'永恒在瞬刻'或'瞬刻即可永恒'这一直觉感受。"我知道,这是你对禅宗哲学的一个哲学发现,理论意义很重大。

赵朴老不满意范老对佛教的批判,原因之一是他认为范老太看轻了佛教哲学,只有批判,缺少感悟。前些时见到朴老,谈起佛教哲学,他还表述了这个观点。如看到你的文章,他会认作知音的,我准备复印一份送朴老一阅。

"既已超时空、因果,也就超越一切有无分别,于是也就获得了从一切世事中解放出来的自由感。"绝妙的论述!你不仅把禅宗,把整个哲学都现代化了。我读《漫述庄禅》之后,"就获得了从一切世事中解放出来的自由感",真的得到了,绝非虚言。"某种精神的愉快和欢乐"我在读大作时也得到了,我竟然一个人高兴得笑起来。昨天和再复曾谈起我这种感受。大约两个月前,再复向我诉说,他已经发现了、找到了心目中的上帝。他说他心里有个上帝。我当时没有理解,以为是他写散文诗产生的一种特定心境。不料你在文章中对此做出了回答:"禅宗宣扬的神秘感受……接近于悦神类的审美经验……不仅主客观浑然一致,超功利,无思虑;而且似乎有某种对整个世界的规律性与自身的目的性相合一的感受。"你说一些人把这种感受说成了自由想象,从而相信上帝。真是不幸而言中!再复产生的就是这样一种感受。不过,这种感受的层次可能大有分别。主客浑然,情景交融,我佛同体,天人合一,物我两忘,同时实现,可能是这种感受的最高境界,常人恐达不到,最多在某一方面实现(如情景交融)就是难得的享受了。禅宗的悟,应该是高层次的,而且在时间上也应该持续得比较久远。所谓一去不复返是也。如果一会儿悟,一会儿又返,说明还没有得佛性。也许大多数僧众都是悟——返——悟——返,循环往复,矛盾终生?你的文章里没有谈及悟持续的时间问题,是一缺陷。

你在文章结尾集中谈了庄禅的直观思维方式,提出:"中国思维更着重于在特殊、具体的直观领悟中去把握真理。"又说:"禅的激烈机锋在打断钻牛角的逻辑束缚,否定认识和知识的固定化等方面,更有启发、震醒作用,它使人们在某种似乎是逻辑悖论或从一般知识或科学看来是荒谬和不可能的地方,注意有某种重要的真实性和可能性。而所有这些,又与中国从孔学开始重视心理整体(如情感原则),而不把思维仅当作推理机器的基本精神,是一脉相通的,即不只是依靠逻辑而是依靠整个心灵的各种功能去认识、发现、把握世界,其中特别重视个体性的独特体验与领悟(这与每个个体的先天素质、后天经验各不相同有关系)。我以为这在今日的思维科学中有重要的借鉴意义。因为这种非分析非归纳的创造直观或形象思维正是人不同于机器,是人之所以能作真正科学发现的重要心理方式。"太对了，也太重要了！这正是人文科学和自然科学、科学与文学、理论和经验、理智与情感等许多边缘处不解之谜的根源，古往今来的那许多科学家、文学家、艺术家进行创造性思维的动人故事，从此都可以有科学的谜底了。虽然这还需要深入地、系统地研究（可以建立和发展一门或几门新的边缘科学），但你已经把问题揭破了，整篇《漫述庄禅》即可以看作是对此一问题的启悟性回答。你发现了中国思维的特点，这可不是小事情。这是大贡献呀！

"总之，无论庄禅，都在即使厌弃否定现实世界而追求虚无寂灭之中，也依然透出了对人生、生命、自然、感性的情趣和肯定，并表现出直观领悟高于推理思维的特征，也许，这就是中国传统不同于西方（无论是希伯来的割裂灵肉、希腊的对立感性与理性）的重要之处？也许，在剔除了其中的糟粕之后，这就是中华民族将以它富有生命力的健康精神和聪明敏锐的优秀头脑对世界文化做出自己贡献时，也应该珍惜的一份传统遗产？"你用的是设问句式，并希望读者认真想一想再加可否，说明你很审慎。唯其如此，更看出你对自己的结论是充满信心的，而且你意识到了这一哲学发现的重要意义。我等不得"想想，再想想"了，我现在就向你表示祝贺！

现在各学科领域都在追寻和探索我们本民族的特点，国家总的发展口号也是建设有中国特色的社会主义。到底什么是中国特色？我们民族的特异之处何在？很少有人讲得清楚。你发现了中国思维的特征是直观领悟高于推理思维，这就为建立具有中国特点的思维科学准备了条件，进而还可以在与西方思维方式相比较中，为探讨整个人类的思维规律做出贡献。还有，人文科学领域争论不休的批判继承问题,到底从古代思想文化遗产中继承什么?继承孔子的"仁者爱人"?孟子的"舍生取义"?似乎不容易直接搬过来、立刻生效,因为每个人都有自己的出发点,即便做出"爱人"或"舍生"的举动,也不是从孔、孟那里吸收的养料;相反,这样做的人倒不一定要做"仁者",或者目的就是"取义"。毋宁说,他们是不自觉的。如果出于自觉的道德目的,行为本身反而不那么道德了。那么向传统继承什么?继承杜甫的"细雨鱼儿出,微风燕子斜"?继承这写景诗中的灵动?或者继承李商隐的"春蚕到死丝方尽,蜡炬成灰泪始干"?但前者写微风细雨、后者写情爱相思已到至境,后人无法在这两个具体景、情上继承什么了?读了你的文章,我悟到:你总结的中国思维的特征和规律,倒是我们今天必须继承下来的,实际上每个人都在事实上继承了,整个文化结构中就包含着这个方面。真正继承下来的东西,是悄悄地、默默地继承的,即使理论家论证不该继承,政治家反对继承,也无济于事。理论的作用是有限的,而经验启悟是无限的。就拿《漫述庄禅》来说,你论述的是庄玄禅的同、通、异、别,从中总结思维规律,对象本身是界限分明的,你并没有想通过一篇文章解决一切哲学问题。但由于你不光是运用逻辑思辨,更多的是描摹,确切地说是以悟解悟,因此我从中得到的东西几乎具有无限性,远远超过了庄禅本身。所以,我认为你这篇文章的价值、意义,真是不可估量——它将为思想史的研究、传统美学的研究,开一新生面,引入目的性和规律性合一的科学途径。

你在肯定直观领悟高于推理思维是一份值得珍惜的传统遗产时,强调须剔除其中的糟粕后才能达到目的。这是全面不偏的看法。不过作为思维特征而言，无所谓精华和糟粕，只有长短之分。直观领悟高于推理思维，这正是中国思维的特征，就长处而言，它产生了聪颖敏锐的灵动头脑，有利于造就艺术产品；就短处而言，使得思辨不发达，很多学科缺少系统的理论创造。甚至人情大于王法、凡事不细密验证、以意为之等弊端也和这种思维方式有关。但集中体现中国思维特征的庄禅就有精华和糟粕之分了，你在文章中对此论述甚详尽，我完全赞同。"庄玄禅正是在这个意义上可以陶冶、培育和丰富人的精神世界和心灵境界。它可以教人们忘怀得失，摆脱利害，超越种种庸俗无聊的现实计较和生活束缚，或高举远蹈，或怡然自适，与活泼流动盎然生意的大自然打成一片，从中获得生活的力量和生命的意趣。它可以替代宗教来作为心灵创伤、生活苦难的某种慰安和抚慰。这也就是历代士大夫知识分子在巨大失败或不幸之后并不真正毁灭自己或走进宗教，而更多的是保全生命、坚持节操、隐逸遁世，而以山水自娱、洁身自好的道理。"这讲的全部是实情。庄禅确在这方面有它的长处，有它的积极面，而且在传统文化层面里影响是很大的，造就了中国知识分子特有的面貌。

与此同时，也因此带来很大的消极性。我们中国人，尤其知识分子，太善于自我解脱了。当主观改变不了客观时，就离开客观，在主观上自行解脱，而不容易化作历史行动。中国封建社会的改朝换代，本来就是封建社会自身的一种调解；每个有知识的人又都那样善于自我调解，结果封建政权可以得到"解脱"，个人也可以得到"解脱"，遂使历史变动迟缓了。当然也变，但万变不离其宗，实际上是变的不变，就如同不变中的变一样。反映到文学艺术上，则缺少真正的悲剧，多的是悲喜剧。顺便说一句，中国知识分子里面,被迫害死的多,自杀的则很少,这到底是优点还是缺点?幸还是不幸?我觉得自杀不失为使人类警醒的一种动力。说到底,中国知识分子太爱惜自己了,太容易解脱了,追其原因,盖由于有庄禅给他们提供藏身之地。还有,在许多人那里,是非感淡漠,面对横道和邪恶,不置一词;马路上出一件什么事,大家立即拥上去围观,但看客一般是没有表情的,除非觉得好玩儿。"中国哲学的趋向和顶峰不是宗教,而是美学。"诚然如此。对人生采取审美态度是好的,但游戏人生则不好。我说得离开本题了。总之,庄禅的消极性也不容低估。从这个侧面来说,你的哲学发现也是非常重要的,可以由此理解并解决中国传统文化心理方面的许多难题。

庄禅之外的论述古代思想史的其他几篇大作,我还未来得及拜读,想在最近都找来一一学习。再复看过墨子和孔子的两篇,他说都极好,我们两个谈你谈得异常兴奋,几乎要进入庄禅的境界了。什么时候我们能够一聚?写个便函给我,然后我约上再复一起去看你。

没想到一下子写了这许多,可见没有顿悟,甚至连"至言无言"的古训都违背了——凡夫俗子,不可与之谈禅矣!
祝好!

弟梦溪
一九八五年一月六日敬上

附语:我与李泽厚是多年的好友,却忘记了二十六年前曾给他写过很长的一封信。前年他回国说及此事,我说是吗?今年他拿来了原物,说很多信函未及保留,唯此封完好无缺。我一看,果然是我当年的字迹，只是没想到有那么长，十五页之多，四千多字。当时泽厚正一篇一篇地写《中国古代思想史论》，因为是在《美的历程》和《中国近代思想史论》引起的学术地震之后，大家不免趋之若鹜。所以信中有和刘再复相与讨论的话语。泽厚六十年代的一篇残稿，同意在本期《中国文化》刊载，我这封信正好可以作陪。其实信的内容，主要是当年读《漫述庄禅》所产生的一次审美体验，情感价值远胜于学理价值。重新检视，理则文义疏误可笑自不待言。好在情真、境真、意真，二十六年前的这封信，庶几可以一真遮百丑。故不易一字，原文照刊，敬请博雅君子哂正可也。

2011年9月27日清晨七时整附此说明。

原载《中国文化》2011年秋季号

"提前进入死的状态"

——读《道家哲学与现代生死观》致叶秀山

秀山先生撰席：

大著《道家哲学与现代生死观》已拜收，当即诵读，一气终篇，真真好文章，不可多得也。解老诸家，解而能通者盖寡，而大著释《老》书五十章之"出生入死"，已达通释圆解之境。牵引海德格尔"提前进入死的状态"，使"出生入死""功遂身退"得正解。妙在人可以"退出"这个"世界"，这就是人会死，会死就可以不死（不像动物那样终结），甚至是新的"开始"或一个"出发点"……您解析得令我迷狂。

老之"功遂身退"合于"天道"（您说是天道），是为"以老解老"，昭示出老之高明（高于西哲吗？）。"天道"是不可违的，但只知"进入"这个"世界"而不知"退出"这个"世界"的人，和"天道"处于违和的状态，因此备受惩罚。然而"退出"谈何容易。故需要"修养""觉悟"，需要秀山先生著文解老。"这种觉悟，乃是退出来的，不是前行走出来的"，"人生在世，进也难，退也难，是进退两难，故出生入死乃是一种危机四伏、进退两难的状态"。这些地方，解老已臻妙境，无人可添加另外的东西。

道家并不是"游戏人间"，"道家也有一种忧患意识"，您的解老，把哲学历史化了，很少有人"进入"这个学理的深度。四十章"反者道之动，弱者道之用"亦因此得正解："弱者"受制于"道"，将"丢失"一切，反者（强者）不为生、名、利所缚，则无可"丢失"，可以"死而不亡"，这些地方已达致中国解释学家所向往的"圆解"。"纯粹主体性"概念的引入，您从历史又回到了哲学，步入道家的最高境界，自由出、入、进、退的境界。这时，"重生""全身"又获正解。

文章第十节招来笛卡尔，您敢于说他的"我思故我在"的"思想魅力"，您好大胆量！但我想，这胆量来自《老》书，来自您解老的"理趣"：您也要用"老"解"笛"了。"我被思，则我被存在"，这个"我"是不自由的，但"功遂身退"，"提前进入死的状态"，"我"便获得了自由，"任他人评论"了。"提前进入死的状态"的"我"，应该也看作自由的，虽然和"我思"的自由不同。俗语"笑骂由人笑骂，好官我自为之"，也许是一种假死（提前进入假死状态），但假死也有其"自由"的一面。"我思"是个人的、自我的，"我被思"表现为历史性、社会性。您的解老呈现出一种历史哲学状态。"思前想后"的民族，深奥的哲学课题，庄严的"生死"大限，您一句俗语的引入，即化为日用常行之理。又以"庄周梦蝶"解喻，以庄解老，天衣无缝。

很久没读到这样的好文章了。您一定还有新著，希望也在《中国文化》上刊载。此篇补入第十四期（已制作，抽出他文），十二月可出刊，届时即寄样刊及薄酬。真真好文章，真该谢谢您。不备，

虔候秋安。

刘梦溪上，一九九六年九月二十二日

思想的力量

——读朱维铮《走出中世纪》（增订本）和
《走出中世纪二集》

没想到朱维铮先生也去参加了杭州的马一浮研讨会。我们对马持论固异，见面交谈却能生出快意。我喜欢他的直言无隐的风格。其实我们吵过架，但很快重归于好。我因此说维铮是"学之诤友而士之君子"。会后去沪，与维铮同行，候车闲话，得聆他非常时期的非常经历，益增了解。复旦演讲后的餐叙，维铮夫妇在座，《走出中世纪》（增订本）和《走出中世纪二集》两书，就是此时所赠。最近才断续读完。读维铮的书，如对作者本人，音容意气充溢字里行间。他气盛文畅，有时竟是"使气以命诗"。但理据充足，合于《诗》"大雅"的"天生烝民，有物有则"。名物考史，诗文证史，非其所长，也非其所好。他相信在历史的陈述中可以发现历史的实相。

置于两书卷首前后接而相续的六万多字的长文《走出中世纪——从晚明至晚清的历史断想》，就是这种历史陈述的典要之作，最能见出维铮治史的卓识与功力。读时我心志清明，眼睛极累，却又不愿罢手，只好一气了之。即使对明清史事尚不算陌生的笔者，也无法不被他的理据情采所折服。理缘于据，即历史事实本身；采缘于情，即作者的爱憎态度。他对明清的二祖（明太祖、明成祖）三帝（康熙、雍正、乾隆）尤多恶感。被新旧史家一说再说而为不知情者所景慕的"康乾盛世"，维铮不以为然，这与鄙见不无针芥之合。增订本《戮心的盛世》《满清盛世的"小报告"》和关于年羹尧、汪景祺、和珅诸案的文字，则是对此一问题具体而微的论述。如果说于康熙他还心存顾惜，对雍乾及其所效法的"二祖"，则发覆掘隐不遗余力。他认为"体制性腐败""权力腐败"是大清帝国的"国病"兼"死穴"。他说雍乾及"二祖"是恐怖政治的制造者，而"政治冷淡症正是恐怖政治的女儿"。致使清中叶惠（栋）、戴（震）等诸汉学巨擘，不得不扮演"锢天下聪明智慧尽出于无用一途"的历史角色。虽然他引用的是魏源的话，但他本人的态度朗若晴空。

维铮自然不会否定清代汉学的群体学术成就，这有他的《梁启超和清学史》和《清学史：学者与思想家》（《走出中世纪二集》）及其他关涉清代学术的论著可证。况且他的学术驻点原未尝离开过章（太炎）、梁（启超）、胡（适）等现代诸学术硕彦，他们对清学的态度，维铮岂能完全知而不认。只不过他试图将思想和学术做一区分，似乎认为清中叶纵有名副其实的学者，却鲜有真正的思想家。也许写《孟子字义疏证》提出"人死于法犹有怜之者，死于理其谁怜之"的戴东原是一个特例，但也止于《孟子字义疏证》一书而已（戴《与某书》亦曾直言"后儒以理杀人"）。因此，他对盛行于明清两代的程朱理学，不稍加宽宥地痛而辟之。甚至连程朱祖述宗奉的孔孟，也不肯通融缓颊。他对儒家殊少敬意与好感。《史》《汉》两家对公孙弘"习文法吏事，而又缘饰以儒术，上大说之"的书写，他一再引为学术知己。而钱穆《中国近三百年学术史》自序的"求以合之当世"一语，他胪列众多今典予以驳正。不消说当九十年代看到徐中舒的《论甲骨文中所见的儒》一文,他是何等的惊喜。因为这一考古实证可以把孔子从儒的祖师的地位上拉下来,维铮当然乐观其盛。而且此公案直接牵涉康有为、章太炎、胡适、郭沫若几位名可惊座的大人物,即使是他们九泉之下的欣喜或窘态,维铮自必也乐于静观冥想。

然而维铮对儒家的这种态度,在我看来,有未能将汉以后渗入家国社会结构的意识形态儒学,和作为先秦思想家的孔子和孟子区分开来的嫌疑;也有未能将宋代的哲学家程朱和明清权力者装饰过的程朱理学区分开来的嫌疑。王国维、陈寅恪都指宋代为中国思想文化的最高峰(措辞不同而文意则一),陈寅恪更视宋代新儒学的产生与传衍,为我国思想史上"一大事因缘"。这些维铮必早已熟知。孔孟所建之儒家道统,是否如韩愈所惊呼的孟轲之后已不得其传?宋儒在重建儒家道统方面的建树,宜有哪些可圈可点?似还有绝大的探讨空间。我很高兴在《走出中世纪二集》里读到《百年来的韩愈》一文,这是一篇不可多得的绝妙好文。只有朱维铮教授有这样的本领,以一个历史人物为中心,串联起晚清以还那么多的人物与故事,曾国藩、严复、张之洞、谭嗣同、毛泽东、蒋介石、陈寅恪、俞平伯、冯友兰、刘大杰,都一一坐定位置,成为他用可信史料编排的舞台剧中的一个角色。他议论风生,举重若轻,剥蕉至心,是非分明。但他的冷峻的语言风格,容易让读者以为他只有了解,没有同情。清儒"实事求是,无征不信"的信条,他奉为圭臬,但钱晓徵告白于海内的"实事求是,护惜古人之苦心",亦即前贤往圣著笔立说的不得不如是的苦心孤诣,我们的维铮似尚缺乏"了解之同情"。

章学诚有言曰:"高明者多独断之学,沉潜者尚考索之功。"我读维铮书看到的作者，宜乎"独断之学"胜于"考索之功"。因此他是一位名副其实的"高明者"。他看重思想的力量。他的学问是活学问，不是死学问。但如果有人以为他的学问根底不够坚实，那就难免犯下不知人也不知学的错误。他的学问根底来自五十年如一日的文本典籍的阅读。他习惯夜里读写，上午睡眠。上帝虽未垂顾于他，却为他拨出比常人多得多的时间。疯狂阅读加上惊人的记忆力加上超强的理性分疏能力，成为朱维铮学问过程的主体精神结构。包括《中国近代学术名著》在内的他编的那些文史典籍，我们切忌以俗眼揣度，在他可是自己吞食原典资料的天赐良机。牵涉学术的理和事，他从不"尸位素餐"。如同钱锺书说"善述"不亚于"善创"，好的编选整理，与文献研究庶几近之，远非夸张篇幅的浮词空论所能比并。课堂上下，大会小会，维铮可以随时挑出时贤后生关乎古典今典以及时地人事的瑕疵舛误，就缘于他的记忆和阅读。

至于文情词采，我是这次才发现的。当他的笔触行至清季的甲午之战，因日人长期预谋蓄势，一旦开衅，陆战清军节节溃败，要不要决战海上？翁同龢和李鸿章两个冤家争论激烈，而且都想得到握有实权的慈禧太后的支持。作者于是写道："岂知这时太上女皇突然'病'了，连皇帝也拒见。她的行为，似乎可解读为听任皇帝自主决策。于是翁师傅也胆大了，亲赴天津逼迫李鸿章出战。既然慈禧心态莫测，那么，面对今上对之言听计从的帝师的压力，李鸿章能不孤注一掷吗？果不其然，黄海一战，北洋舰队惨败。也许这正合满汉权贵之意。他们早将当年怀疑曾国藩的阴沉目光，移向实力最强的淮军首领李鸿章，认定他有'不臣之心'，'挟外洋以自重'，所以不肯与'倭贼'决战。待北洋水师全军覆没，他们反而弹冠相庆，以为李鸿章的赌本输光了。"结果"光绪帝和他的重臣因主战而忍诟，李鸿章和他的淮系因丧师而失权，恭亲王等满洲权贵从此退缩自保。至于'公车上书'凸显的举国同仇敌忾，在太后更是觑若无物，她不是早就宣称，谁要扫了她'六旬万寿'之兴，她就绝不饶恕吗？""倒霉的是李鸿章。他在甲午海战败后，便被皇帝下诏拔去三眼花翎，在当时外国人眼里，已如公鸡失去了尾巴。"这些诙奇跌宕而又语势流贯的文字，读得我们几乎要撇开历史故实，束手驻足来专赏史家的词采文章。

现在好像又有豪杰之士欲尾随为"则天武后"翻案的昔日时髦，也在替"狡诈的老太婆"慈禧说项了，包括称赞她的"美丽"。在这个问题上，即使不曾欣赏"郁郁乎文哉"的朱氏之论，我也一定"从朱"。"狡诈的老太婆"是已故史学家翦伯赞给慈禧下的考语，见于他的《义和团运动》一文（新版翦著《历史问题论丛》合编本作"狡猾"，不知是后改还是原文本如此而维铮笔误）。维铮引来，甚获我心。也是这次才知道，维铮对《三国演义》《儒林外史》和《红楼梦》，还有如许的兴趣。苏州姑娘林妹妹的家政名言，也为他屡引而无倦意。关于耶教来华及西来学术和中外接触史的研究，也成为他关心垂顾的领域，也是这次所见识。我想他一定到徐家汇看过那些珍藏的相关史料。但清代汉学和西学的关系，窃以为至今还是假设多于求证的未竟课题。"盛清"的国力虽不弱，但近代科技远逊于西方，甚至不是"先进"和"落后"的问题，而是"有"和"无"的问题。中国近代科技的不发达，那是要走到历史的深层，借助文化与信仰的大背景来做诠释。新世纪曙光的不能应运而来，如果仅仅归之于"体制腐败"的"国病"，似尚嫌过于笼统。

总之，维铮先生的学问结构，史学是其地基，经学是其屋棚四壁，近代人物是屋中暂住的过客，思想是其柱石。说开来，他所治之学主要还是思想史。他也是以此自负自居的。他的不可一世的书生意气，一则由于不为人所理解的思想的苦痛，二则由于"高明者"的知性傲慢，三则是性情的直率与天真，最后也许还要加上长期走不出"中世纪"的"闲愁胡恨"。

他优越地驱遣着入于他研究领域的历史人物与事件，他既不想充当历史人物的"辩护士"，也不想做历史事件的"事后诸葛亮"，但他不免相信自己对历史的清理（他偏爱马克思的这句话），没有为后来者留下多少空地。然则即使是"高明者"的"独断"，也有失手的时候。《走出中世纪二集》中《关于马一浮的"国学"》那篇，就是显例。

想不到一向谨严的维铮竟这样立论："他（指马一浮）对今天最重要的是什么？如果一定要做价值判断，那么在我看来，如今此等老宿已近于无。"就是说已经没有价值。"是这样吗？"这里我套用一句几次出现在此两书中维铮诘问他者的俏皮话。而且说马先生"在政治上总随改朝换代而转向""越发坚持其'用世'为归宿的所谓儒学教旨""可谓'与时俱进'"，如果不是厚诬前贤，我以为也是言重了。马对释氏义学和禅学的洞幽达恉（许慎称《说文》有"究洞圣人之微恉"之意）并不弱于儒学。在蠲戏老人心目中，佛学和儒学具有同等重要的地位。对宋儒的吸纳二氏而又在言辞中隐其来路的做法，马一浮不予认同。马的学术思想其实是儒佛并重，以佛解儒，儒佛会通。只以儒之一脉来匡马的思想，未免失却半壁江山。至于指抗战时期马先生在四川乐山创办复性书院，是想充当"帝师"，恐怕也是缺少足够理据支持的过当之词。我虽爱重维铮，但此篇文章的立论则期期以为不然。其实维铮完全可以不写这篇文章。当然文章纠正时人的一些舛误，自然是好的，抑又未可全然抹杀也。

另外，《百年来的韩愈》词密理周，洵为不可多得之作，已如前述。但第六节析论陈寅恪的《论韩愈》，认为陈所列举的韩之"排斥佛老，匡救政俗之弊害"，也许可以解释为对五十年代初"三反"和"抗美"的"赞同"，以及陈文论韩之"改进文体，广收宣传之效用"，是对毛的《反对党八股》的"赞同"等等，恐怕亦难逃附会的嫌疑。是又我爱维铮，亦不敢悉为维铮辩也。

2008年12月26日写于京东寓所
原载2009年2月11日《中华读书报》

看《范曾》寄遐思

我们应该感谢中央新闻纪录电影制片厂拍摄的影片《范曾》,在当前夸张浮躁的文化背景下,居然有这样一部追求艺术与文化真谛的凝重的片子问世,不仅是空谷足音,而且给人以好像是从天上掉下来的感觉。

1988年,我创办了《中国文化》杂志,由于一些原因,直到1989年9月才出刊。我不愿跟随当时的"文化热",主张学术研究不妨"冷"一点。第一期出来后,开了很大的一个会议,赵朴初、冯至、季(羡林)老都出席了。季老当时说,这杂志是从天上掉下来的。我看了《范曾》这部纪录片,也感到是从天上掉下来的。有一个与思想和学术相伴的词,叫作"创获",这部片子就是一个创获。这部片子带给我们的文化信息、精神力量令人震撼。

范曾先生身上体现的中国文化精神的因子超乎寻常的丰富,这不是随便一个人所能够具有的。我们的前辈中有很多这样的人,在二十世纪的大师当中,如蔡元培、梁启超、章太炎、胡适之、王国维、陈寅恪、赵元任等,我们可以列出一长串的名字,可是那一代人已经故去了。在当代,很少再有这样的人,所谓"昔不至今",这是僧肇《物不迁论》里的话。如果说今天有这样一个人，正值盛年，在他身上体现了丰富的中国文化因子，谁能够举出几位这样的人呢？包括大学的一些教授，现在很有名的老师，写了很多书的师长，恐怕都不会这样讲。这样一些话放在他们身上不见得合适。

但是，我可以讲，在范曾身上，中国文化的因子，文化的精神力量，体现得相当充分。这需要各种条件，家学的条件，天赋的条件，知识累积的条件，自己从事的志业也是一个条件。我常讲他的家学，明清以来十三代诗学传家，这里不多讲了。他所从事的志业，具体说就是艺术、诗学与审美，这个领域和中国文化是高度合一的。我举另外一个例子，李泽厚，他是北大哲学系毕业的，他的毕业论文写的是康有为，出现美学论争之后，他进入美学的讨论，自创一派，美的社会学派。从此一生不离开美学和思想史这两个领域。他为什么会成功？恰好在中国传统文化的背景下，思想史和美学是合一的。最优美的思想是美的，最优秀的人格也是美的。人格精神与人格魅力的审美性，在中国古代是一个说不完的课题。

你看先秦诸子的风格，你看魏晋士人的风度，你看李白、杜甫的精神，你看苏东坡的气度。宋的濂、洛、关、闽诸大儒，包括他们之间的辩难，都让我们感到很美。鹅湖之会，陆九渊写诗讥讽朱熹："易简功夫终久大，支离事业竟浮沉。"朱熹答诗说："却愁说到无言处，不信人间有古今。"一个嘲之以"繁"，一个讽之以"简"。打笔仗，也打得有趣，有美感。这就是人物的美和人格的美。王阳明倡导"致良知""知行合一"，也是如此。更不用说孔子的蔼然真切的圣者风度、庄子的奇思妙想、孟子的激越态度。"予岂好辩哉？予不得已也。"孟子确实好辩而且善辩。但与孔子比，在义理方面，孟子往深里走了，在心与理的问题上，在心性的问题上，孟子比孔子有更深的认识。我们看到了古人的思辨之美。

你看孟子何等执拗，见到梁惠王，说你为什么喜欢讲"利"而不讲"仁义"呢？你应该接受我的意见，如果不接受我的意见，那你这"王"有什么意思呢？历代圣贤、豪杰、英雄，都有他们自己的风范，都有其特殊的人格精神，这个风范和人格精神是可以审美的。我讲李泽厚学术上的成功，他的美学研究和思想史研究的结合，是由于中国历史文化里面，美学和思想史本来就是合一的，主体的学问建构与对象的特性两者完全吻合，这是他成功的原因之一。他后来写《美学四讲》，写《华夏美学》，正是美学和思想史的学术综合。

范曾的成功，是由于他承继的文化传统，他本身就是中国传统文化的载体。他的诗、赋、联都写得妙绝。请读一读他早年的《莽神州赋》和新近的《炎黄赋》，真称得上意采飞扬，至情至文。他的画主要画中国人物，这一点不可等闲视之。因为在中国文化传统里面，一直有品鉴人物的传统。西方也有很多往圣先哲，但西方不会有如同中国的魏晋时期，大家高高兴兴、热烈非凡地品评人物，形成一种时代风尚，并且有《世说新语》这样的专门记录人物风采的书，以及更为专门的刘劭的《人物志》。中国的学问传统，以四部之学为代表，而四部之中，乙部最发达，也就是史学最发达。任何一部史书，都有"人物传"，其实是最精彩的部分。也就是说，在中国文化传统中，有一个品评人物，承继并再现人物精神世界的传统。范先生不期然而然地承继了这一传统，他通过画笔对历史上属于文化典范的人物作新的诠释，使他能够与传统对话，与古人交谈，自然也就接触到了中国文化的庭院深深之处。

并不是每个教中国史或者教古典文学的教师身上都会有很多中国传统文化的因子，甚至他们还有可能很缺乏。与个体生命结合在一起的文化是精神层面的东西，而不是简单的知识。知识不能代表文化精神。如果说，知识系统也能够传达中国文化的一些精神层面，那么可以肯定地说，知识系统所传达的东西远不如艺术本身所传达的更为丰富。我们看看范先生的画，他捕捉到的人物，都是哲人、圣贤、英雄、豪杰以及高僧大德。他笔下的人物谱系相当丰富，而不拘于儒家一派。中国传统文化本身是多元的，就学术思想来说，有儒家，也有道家和佛家。

好多年前，当我还不熟悉范先生的时候，我去过他的家乡，在南通广教寺看了他画的十八高僧。我开始以为画的是十八罗汉，如果是十八罗汉，就不足为奇了，因为古往今来画十八罗汉的人很多。他画的是从鸠摩罗什、慧远、安世高、玄奘到弘一法师。当看到范先生画的弘一法师，我流泪了。我当时正在研究马一浮，必然涉及李叔同。弘一法师是在现代想重建律宗的大师。律宗在唐宋以后几乎失传，因为这一宗派戒律太严格，出家人受不了。佛教到晚清成了末法。弘一法师想重建律宗，是伟大的抱负。看看他出家以后生活的清苦，持戒的严格，就知道律宗传承的不易。范曾画的人物都是历史上最具有中国文化典范意义的人物。

今天上午，我应邀去中央编译局作了一场演讲，谈国学的回思与展望。中央编译局的韦建桦局长和俞可平副局长也来了，他们都是做学问的人，韦先生毕业于北大西语系，精通德语文学，俞先生是当代有影响的思想家。在演讲后的餐叙上，韦先生问了两个问题。第一个是，范曾为什么画人物，不画山水？我的回答就是我刚才讲过的。第二个是，范先生的诗为什么写得好，不止旧体诗，他的散文诗也写得好。我说《庄子显灵记》就是诗。他们做经典著作翻译的人，也非常关注范先生。

孟子有一句话："待文王而后兴者，凡民也。若夫豪杰之士，虽无文王犹兴。"这句话的意思是说，如果等待有周文王这样的人物创造了一个和谐兴旺的治世的局面，一个人才能有所作为，才有发挥的余地，那只不过是平常一般的人。真正了不起的人物并不需要等待治世的环境，即使没有文王，照样有所作为。孟子把后者，即"虽无文王犹兴"的人物叫作"豪杰之士"。"豪杰"是孟子发明的一个词。范曾先生调到中国文化研究所的时候，我向研究所的同仁介绍，说他不仅仅是一个画家，不仅仅是一个书法家，不仅是一个诗人，而且是一位学者，一位当代的大儒。

我的这些话，不是谁都能够同意的。南开大学的陈洪教授就不同意。他说二十多年前就和梦溪相识，但梦溪说范曾是大儒，实不能同意。孟子说，"充实之谓美"。又说，"充实而有光辉之谓大"。"充实"和"光辉"这两条判语，范曾均当得。可见认识一个人，是太难了。按照西方解释学的说法，历史是不能复原的，人也是不能完全认识的。《文心雕龙》的作者刘勰也说："知音其难哉。"所以，一些出色的人物，了不起的人物，完全不期待当时的人能够了解他。陈寅恪晚年在诗中说，"后世相知或有缘"。这些年有一点"陈寅恪热"，但是有谁对陈寅恪的东西有真正深层的了解？可是"陈寅恪热"已经出现了。我本人研究陈寅恪二十年，知与不知，也只能俟之来者。最近《学术月刊》有我一篇文章，题目是《陈寅恪学术思想的精神义谛》，我讲了九个方面的问题，最后一个是"陈寅恪的哀伤与记忆"。按照心理学的看法，一个人的哀伤与他的记忆有关。是什么原因使得陈寅恪一生都苦痛哀伤呢？是因为他有那么多的不寻常的记忆。《21世纪经济报道》想用两个版的篇幅选刊我这篇文字，可能他们觉得我对陈寅恪还算有一点"知"。我不敢说我对陈寅恪已经有了真了解，但我敢说，好多好多人，包括写过陈的文章的人其实并不真了解陈。

那么，对范曾先生，有谁有真了解？称誉他的人很多，真正了解他的人其实很少。绝对不是说，说好话就是了解一个人。中国古代品评人物，有一个关键词，叫"拟人必与其伦"。说好话也要说得合拍对题，比喻恰切，才有价值。如果好话说得不得体，古人的批评也很严厉，叫"拟于不伦"。看完影片《范曾》，我曾说这个片子应该给青少年看。同时我说，评价范曾需要再加两句话，第一句是，他还是虽九死其犹未悔的意志坚强的艺术家。他对中国文化挚爱的程度，不大有很多人可以赶得上。不说已经故去的老辈人，在活着的当代文化人中，对中国文化爱得如此深沉，像范先生这样的，也不容易看到。第二句是，范曾还是一位不待文王而兴的豪杰之士。没有一个成功者的道路是平坦的。钱锺书先生的夫人杨绛先生，在1962年的《文学评论》上发表过一篇文章，是谈《红楼梦》的艺术经验的。你绝对想不到，她居然用了一个奇特的题目，叫作"艺术是克服困难"。只有杨绛这样的有中西学问的人才会想到这样一个题目。大家看到了范先生的成就，也看到他所经历的困难，包括环境的困难，人的生理极限的困难，误解的咬噬，病痛的折磨，生之为人的各种苦痛，他都经历过。"艺术是克服困难"，范先生是克服了多少困难才达到今天的成就。

晚清至民国百年以来，是中国文化传统的流失与重建的时期，直到现在，我们还在这个过程当中。我们中国文化的传统已经流失殆尽了。香港中文大学校长金耀基先生九十年代初跟我有一个对话，在那次对话中，他有一句名言，说对中国文化，二十年代不想看，八十年代看不见。二十年代大家批判传统，一窝蜂地不讲自己文化一点好话，老老少少都不讲好话，包括我喜欢的熊十力先生，也说过"家庭是万恶之源"的话。如果家庭是万恶之源，中国文化当然没有什么好说的了。你看，连后来成为新儒家代表人物的熊十力都这样讲，其他人就可想而知了。所以，对于中国文化，二十年代不想看，好像只有西方文化才好，到了八十年代，中国文化就看不见了。中国是最有传统的国家，历史悠久，可是，看看当今的每个中国人，在中国人的身上，还有多少中国文化传统的影子呢？

今天上午，中央编译局的韦建桦先生说，他看我的《传统的误读》一书，有一点感动，书中收录的是八十年代末九十年代初我写的一些东西。他念了我书中的一段话："中国文化历史悠久，却不容易凝结为传统，有传统却不容易承继。"他问，这是什么原因导致的？我说，你很厉害，你抓到问题的要害了，我当时对这个问题没有展开来讲。中国当然有传统，有五千年的文明，但是中国文化不容易凝结为传统，为什么？因为传统的凝聚，必须有信仰的因素参与其间。而在中国文化的背景下，宗教与信仰，是一个待深究的问题。中国人在信仰的问题上多少打了一点折扣。从孔子开始，"祭神如神在"，那么不祭神呢，神在不在？孔子没说。可是，从宗教观念来看，对于信仰的对象不能假设。如果你认识一个基督教或者天主教的朋友，你跟他讲，假如上帝存在，他肯定马上会说，上帝本来就存在，你怎么能假设？

信仰的对象是不能假设的。可是孔子假设了，"祭神如神在"。在中国文化的背景下，宗教与信仰问题有它的特点，不是"缺点"一词概括得了的。由于这样一个状况，造成了文化思想流派的宽容，所以没有宗教战争，不像中东那样有原教旨主义的不可调和的宗教冲突。但是隐含的问题也很大，如果在信仰的问题上打折扣，一个人的人格精神就不容易庄严。宋儒看到了这个缺陷，当然也不能简单叫缺陷，而是一种实有。因此宋儒提倡一种东西，从周敦颐、二程，到朱熹，总之濂、洛、关、闽等宋代诸大儒，他们有一个共同的理念，非常明确，叫"主敬"。宋儒的这个理念，是想让中国人的人格精神庄严起来。我觉得他们是看出了中国文化里面存在的信仰问题的。当然，他们自己没有这样说。宋儒吸收了佛教特别是禅宗的思想，也吸收了道教和道家的思想，但是他们又想和"二氏"划开界限，所以他们辟佛。

"主敬"在宋儒那里是最重要的主张，最重要的观念，直接影响到了明清。由于把"敬"的概念提升到很高的位置，写文章要"临文以敬"，对长辈要"敬"，对有学问的人要"敬"，对上苍要"敬"，对未知要"敬"。天下事，有不可知者，有不期然而然者。要承认有不可知者。我上午在编译局的讲演中说，我今天是在以马克思主义研究为主的中央研究单位作讲演，我作为学者，不能不讲一句话，以前有一句话讲得过分了，这句话是"彻底的唯物主义者是无所畏惧的"，听众笑了。我说，这是不可以的，恰好要有所畏惧，要有所敬畏。我们百年以来文化传统的流失，其实以五十年代以后情况更为严重。五十年代以后，要跟传统彻底决裂，提倡彻底的唯物主义者是无所畏惧的，要打倒一切权威，直到发生了"文革"灾难。这个流失太严重了，所以造成了中国现在的社会不懂得"敬"为何物。我们去大街上听听大众说话的语调，听听中小学教师说话的语调，听听有知识的人包括大学教授说话的语调，到底有多少文化的气息。

在这样的文化背景下，居然有一个人走来了。带着中国文化的韵律和气息，范曾走来了，他身上拥有的一些东西，就是我们想重建的东西。在一般人的眼中，他不免恃才傲物，不可一世。但高才的人总会有高才之人的特点。大家可能不知道，范先生对社会与文化的礼仪极端珍视，这从他对杨振宁先生、陈省身先生、季羡林先生的尊敬就可以看出来。我跟他相交虽晚，但范先生了解我为人为学的特点。他参加各种聚会，从来没有迟到过。我们研究所每年有一次新年嘉会，在他没有调入我们研究所的时候，我们就邀请他了，每次聚会，我到的时候他已经在那里等我了。今年，我请范先生在文化所作一次学术演讲，题目是"吾家诗学与文化信仰——从楹联谈起"。演讲安排在10点开始，我是主持人，应该早点到，恰好不堵车，9点就到所里了。可是当我到的时候，范先生已经在院子里了。当今的人，很少有人能做到范先生这样。在迟到不迟到这个问题上，是没有理由的。我有时也有过迟到，会以为路太堵是一个理由，其实这是不对的。假如你去应试，参加"科举"，你能迟到吗？假如一个重大的商业谈判，你能因为北京堵车就可以迟到吗？不迟到是很小的事情，但不是很多人能做得到。

我从纪录片《范曾》中还看到一个东西，就是他的追求是不间断的，他没有停下过脚步。许多人，一旦有了相当成就之后，最容易停止脚步。成功了，一切都有了，就不愿意继续往前走了。但是范先生没有停止脚步，他的艺术还在精进。我注意到他的最新的高度减笔的人物，他的那些仿八大山人的作品，那是一个全新的境界。他对艺术，对文学，对诗学，对传统文化的研究，还在不断往前走。可是别忘了，他已经是七十岁的人了。范先生的到来，使我不仅有了学问知音，还使我看到了自己缺少的东西。我性情中有一点玄、老、庄的东西，放任无为的东西比较多，范先生放任的东西比较少，进取的东西比较多。这个片子不可等闲看。陈寅恪晚年给夫人唐晓莹写了一首诗，其中有一句："然脂功状可封侯。"意思是说，你对我做学问所给予的帮助，你为我挑灯燃脂的功劳，可以封侯了。在当前这样的真文化消退、虚假包装的经营文化盛行的背景下，这部纪录片有特殊意义。你看范先生的照片，他小时候就有正气，这不是我虚美夸赞。正气来自他南通家学的熏陶，他父亲、母亲的影响。

上次范先生在文化所的演讲中，讲了一个故事，震撼了我。他很小的时候，父亲带着他在巷子里走，突然父亲不走了，看那边走来一个年长的人，父亲站在一边，不说话，对那位长者鞠了一躬。父亲说，这是范曾曾祖父范伯子的学生徐昂，学品均好。他父亲无声地让路，表达的是对祖父所欣赏的人的一种礼敬。不是像现在的人，一见面走上去，"啊啊，你好你好"，拉住手不放。至礼如同至痛，是无言的。范先生讲的这个例子，就是中国文化的一种表现，就是中国文化所讲究的那个"礼"。这个"礼"，包括彼此的声音和距离，在声音的大小和距离的远近中体现礼节的"度"，也就是所谓分寸。

范先生讲的故事让我想起另外一个故事。1927年6月2日，刚好八十年前，王国维在昆明湖鱼藻轩投水自杀。遗体打捞上来后，清华国学院的师生列队默哀，人人都很悲痛。正在这时，走来一个人，在远远的地方开始跪下，向王国维的遗体行三跪九叩大礼。这个人是谁？陈寅恪。当他这样做的时候，所有国学院的师生放声大哭起来。你看，对王先生的告别礼，如果没有陈先生的举动，大家都痛而无声，也是庄重的。但陈先生不说话，行一个三跪九叩大礼，这个行为太突兀了，太具有震撼力了，让在场的人一下子失去控制，各个痛哭失声。这个故事，是我八十年代末去杭州拜望当年的国学研究院学生、敦煌学家姜亮夫先生，他亲口告诉我的。

范先生仍处在学术、艺事的盛年，他的学问累积，他在艺术与文化上的创获，对中国文化的传承所作的贡献，不可轻看。我因看新闻纪录片《范曾》而冥想遐思，说了上面一大番话，不仅是为了我和范先生的友情，而是为了当前的文化建设，为了现在的青少年，也想向执教上庠的师长们商量请益。

本文系根据2007年7月13日下午作者在纪录片《范曾》座谈会上的发言整理而成，原载《文艺研究》2007年第10期

第五章 思佳客

"说真话的时候已经到来"

——张申府其人其事

1993年10月23日至25日,中国文化书院召开纪念三位中国现代学人100周年诞辰国际学术研讨会。这三位学人是梁漱溟、汤用彤、张申府。出生于1893年的中国现代学人不止这三位,顾颉刚、洪煨莲、范文澜、郭绍虞也都是今年适逢100周年华诞。书院选择这三位开纪念会,我猜想根源于被纪念者直接或间接与书院的关系:梁漱溟晚年曾担任书院名誉院长,汤用彤是中国文化书院院长兼创办人汤一介的尊人,张申府是书院现名誉院长张岱年的长兄。

这三位以梁漱溟的知名度最高,现代大儒,己身境遇虽有顺逆,声望未减,人们都记得的。汤用彤已经有所不同,用钱穆先生的话说,汤先生的特点是"读其书不易知其人,交其人亦绝难知其学"。但更加不同的是张申府,不用说普通民众,年轻一代学人中对其人其事有较多了解的也屈指寥寥。

我个人几年前买过一本《张申府学术论文集》,山东齐鲁书社出版,收文二十篇,第一篇就是与胡适辩难文化与文明问题,思想明快,行文简括,风格洒脱,引起了我的阅读兴趣。但也仅此而已,并未做进一步的研究。这次在会上,听了张岱年先生不无感慨地介绍乃兄的鲜为人知的生平业绩，才诱使我对这位有大阅历而为人为学迥异时流的传奇式人物的历史命运产生特殊关注。

早期的张申府，是一位共产主义思想的积极拥护者，曾参与组建中国共产党的活动。北京的共产主义小组，是他与李大钊一起创建。周恩来和朱德都是经他介绍入党的。之后，张申府参与筹建黄埔军校，担任蒋介石的英文、德文翻译。周恩来出任黄埔军校政治部主任，张申府是鼎力相荐者。但后来张申府与蒋介石闹翻。1925年，中共在上海召开"四大"，在讨论党纲时因意见不同与人发生争执，一气之下宣布退党，虽经李大钊、赵世炎百般挽留，仍不回转，决定采取"在党外来帮助党工作"的立场。从此退居学府，任教清华大学，以著述、翻译、教学为务。

"九一八"事变，国难当头，他奋起疾呼，呼吁抗日，并发起"北平救国联合会"，随后又成为"一二·九"运动的主要领导人之一，他因此曾被捕入狱。"中国民主同盟"的组建工作他也有参加。但到了1948年10月，国共两党的军事大决战已见分晓，这时他在《观察》杂志上以《呼吁和平》为题撰写文章，要求双方停战。这一立场，遭到公开批判，并被民盟组织开除盟籍。

所以，1949年新政权成立以后，他销声匿迹，成了没有任何发言权的人。供职于北京图书馆。谁知1957年旧账重提，给他戴上了一顶"右派"的帽子，处境沦落到更加不堪。据说五十年代周总理曾派人看望过他，但没有人能说得确实。

张申府生命的青春期一直热心政治，激情所自，出于对自己祖国和种族的纯真爱恋。但他智慧之优长所在是哲学。

他很早就毕业于北京大学数学系，但真正感兴趣的却是数理逻辑和西方哲学，尤其罗素哲学令他狂喜无状。他在《新青年》上著文称赞罗素是"现代世界至极伟大的数理哲学家,是于近世在科学思想的发展上开一新时期的一种最高妙的新学"。

1927年,他把奥地利哲学家维特根斯坦的《逻辑哲学论》翻译成中文,书名取《名理论》,一个过了多少年之后他还很欣赏的书名。这是一本在三四十年代有影响的书。维氏哲学后世比当世走红,张申府不失为有孤明先发之见。他所致力的学术目标,是冀图把解析哲学与辩证唯物论结合起来,使之成为最理想的世界哲学。他还用一个极富哲学意味的概念涵盖自己哲学的中心点,称为"具体相对论"。

他给自己书斋起名为"名女人许罗斋"。"名"指名学,即逻辑一门。"女"指《列女传》,他个人对此书有偏好。"人"是三国时期刘劭写的《人物志》,一本他平生最推崇的书。"许"是编写《说文解字》的许慎。"罗"自然是罗素,他最喜欢的西方哲学家。

他还说自己一生有"三大爱好":书、女人、名声。

然而这样一副极具想象力的坚强的思维头脑,当五十五岁之盛年却停止了思维活动,不是自然规律使然,是环境不容许他思维,这未免太令他痛苦也过分残酷了。

《张申府学术论文集》以年代为序,只收到1947年,以后无文。

他自己叙录《解放以来发表的文字》,除1953年一篇检讨《自白》,另外只有两篇短文。

无怪后来他说,这篇《呼吁和平》是"毁灭了一生政治生命的东西"。

但他的自然生命到1986年才结束,享年九十有三。晚年的张申府,生活是凄惨的,他女儿写的《先父晚年生活琐记》,有些段落令人不忍卒读。

张申府晚年的一件幸事，是一位来自异域的女作家在半年时间里对他采访十八次，使他有了用自己的方式回顾自己丰富阅历的机会。

经历是痛苦的，回忆却可以得到心理的补偿，特别当是非经久而论定之后。

这位女作家是美国威斯里安大学的舒衡哲教授。她根据访谈写了一本书，耶鲁大学1992年出版，书名是《说真话的时候已经到来——与张申府对话》。

张申府早年在《新青年》杂志发表的一篇文章里，有一段今天读来犹感警醒的话："想从根本上打破以虚伪为一种特性的现世界，吾以为很有组织一个'实话党'的必要。这种党要从心理上，从形成这种心理的人间关系上，毁掉不说实话的因缘。"

舒衡哲女士在采访中发现，处于生命晚期的张申府在倾谈中经常回到他早年的这一充满激情的思想。

吾生也晚，张申府先生被迫停止思维活动的时候，我尚在童蒙之中。到了渴求知识的年龄，他的言论已不复流行。仅仅由于近年涉猎中国现代学术史，才注意到张申府其人其事。

我感到惊诧悚栗的是，一个社会需要结成怎样的文化张力，才能做到使这样一位在二十世纪前半期叱咤风云的知识界精英，将近四十年的时间突然消失得如此悄无声息。

言论需要言论者付出的代价应该如此沉重吗？

写于1993年11月

悲剧天才张荫麟

张荫麟是个悲剧天才，他去世的时候只有三十七岁。如果说陈梦家的古文字研究与古史写作，浸透着诗人的激情与诗笔，张荫麟则是视感情、生命、神采和直观的认知，是历史写作的必要条件。他太喜欢完美了。他要把每一篇、每一行、每一个词语都写得安稳。他的代表作《中国史纲》，虽是一部未完成的通史，却可以让他在名家辈出的二十世纪史学领域独树一帜。他用艺术家的眼光来审视历史，不假注释，却做到了无一字无来历，无一事无出处。史学和艺术的结合是张荫麟史学的特点。

贺麟是比他高三个年级的清华同学，贺在高等科，张荫麟在中等科。但青年时期贺麟就对这位同学钦服有加。古文、古诗、白话，贺认为张都比自己写得好。而张的"忘形迹无拘束"，指斥人非，毫不客气，贺麟体会尤深。一次讨论问题，由于意见不合，张荫麟怒拍桌子，恰好拍在一个钉子上，造成手破流血。贺麟曾担心他们的友谊因此会受到损害。但1926年贺麟准备留美，张荫麟写了一首极诚恳深永的五古为之送行：

  人生散与聚，有若风前絮。

三载共晨昧，此乐胡能再。
世途各奔迈，远别何足悔。
志合神相依，岂必聆謦欬。
折柳歌阳关，古人徒吁慨。
而我犹随俗，赠言不厌剀。
毋为姁姁态，坚毅恒其德。
君质是沉潜，立身期刚克。
温良益咸重，可与履圣域。
为学贵自辟，莫依门户侧。
审问思辨行，四者虑缺一。
愧缀陈腐语，不足壮行色。

诗写得渊雅高古，仿佛出自古人手笔。当时张荫麟才二十岁。他十七岁考入清华，1929年去斯坦福大学深造，研究哲学，虽然他的志业始终在史学。1933年回国，任教清华，担任哲学和历史两系的课程。直到抗战开始后高校南迁，又在西南联大任教。

梁任公曾因受到他的批评而称赞他的天才。熊十力也因他史、哲"兼治而赅备"而赞誉之。他的学问文章还得到了国民政府高层的注意，蒋介石也想一睹其风采，曾在重庆约见过他。据说他对国民党的宣传工作提了一些意见。大约是两不相契的缘故，不久他又回到大学的教学岗位。

他是广东东莞人，很早就恋着做家庭教师时教过的一位伦小姐（名慧珠），苦苦追求而无结果。单恋的痛苦，已经对身体有一定的摧残。他留美回来，事情始有所好转。但伦小姐体弱多病，直到1935年才结婚。婚后两人不经常在一起，清华南迁时女方回住广东母亲家里。不料这时,独居昆明的张荫麟,与一位十年来一直倾慕他的年轻女学生,发生了刻骨铭心的爱情。他情不能禁地把恋爱经过向好友贺麟做了倾诉。贺麟说:"我知道他是一个富于感情的人,我也知道他们两人间已有十年以上的友谊,他们之发生爱情是毫不足怪、异常自然的事。同时,凡是了解近代浪漫精神的人,都知道求爱与求真,殉情与殉道有同等的价值。"(贺麟《我所认识的荫麟》,《张荫麟先生文集》,台湾大学出版社1984年初版,页43)因此他从心里给予"了解之同情"。

可是这个当口儿,张荫麟却写信叫暂住广州的妻子携儿女来到了昆明,同来的还有伦女的母亲和姨侄女。突然膨胀的家庭于是变成了一座待燃的火药桶,夫妻间开始了有声和无声的家庭战争。冯友兰的太太住在楼上,常下来劝解。不久伦女怒而携家人重返广东。令张荫麟迷狂的恋爱对象随后也飘然离去,并事实上从此断绝往来。遭受双重打击的荫麟,觉得无颜见江东父老,乃毅然决然地放弃西南联大的教职,应聘到了地点在遵义的浙江大学。这是1940年农历七月底发生的事情。第二年10月24日,他就在偏远的遵义遽然而逝了,人间岁月只存留三十七个春秋。

听到噩耗的人无不为之惋惜。熊十力、陈寅恪、钱锺书、朱自清、吴晗等学界名宿,都写了诗文悼念。陈寅恪的诗,题作《挽张荫麟二首》。

其一

流辈论才未或先,著书曾用牍三千。

共谈学术惊河汉,与叙交情忘岁年。

自序汪中疑太激,丛编劳格定能传。

孤舟南海风涛夜，回忆当时倍惘然。

其二
大贾便便腹满腴，可怜腰细是吾徒。
九儒列等真邻丐，五斗支粮更殒躯。
世变早知原尔尔，国危安用较区区。
闻君绝笔犹关此，怀古伤今并一吁。

（陈著《诗集》，三联版，页34—35）

陈和张的学术见解有很大差别，故第一首有"共谈学术惊河汉"句，但寅恪先生赞赏其才华，认为"流辈"很少有超过他的。第二首主要是对张荫麟逝世之前不幸遭际的惋叹。

钱锺书先生的挽诗以《伤张荫麟》为题，首句云："清晨起读报，失声惊子死。"诗中又有句："夙昔矜气隆，齐名心勿喜"，"忽焉今闻耗，增我哀时涕。气类惜惺惺，量才抑末矣。子学综以博，出入玄与史"。盖张、钱在清华，以才高齐名，惺惺相惜，传为佳话。

钱锺书先生的挽诗，对张荫麟的才学充满了惋叹和赞许。诗的最后结句为："乍死名乃讹，荫蔓订鱼豕。"原来1942年10月26日的上海《申报》，在报道张荫麟逝世的消息时，把张荫麟写成了"张蔓麟"，故钱诗因以及之。明年，即2011年，就是这位天才的史学家、百不一遇的悲剧天才逝世七十周年了，谨以此稿聊表对我所倾慕的前贤的怀思。我给历届研究生开书目，张荫麟的《中国史纲》，永远是第一位的必读书。

2010年12月24日

学问天才陈梦家

有谁能像陈梦家那样，不论以什么样的机缘触及任何领域，都能结出第一流的学术果实。他是新月派诗人，二十岁就出版《梦家诗集》；大学本科学的是法律，但更喜欢古文字和古史研究，闻一多、容庚是他的老师。1944年赴美，在芝加哥大学教授古文字学，但经过三年的穷搜苦索，最后编成一巨册英文稿《美国收藏中国青铜器全集》。回国后还拟增补欧洲和加拿大的部分，以出版规模更大的《中国铜器综录》。

他先后任教于燕京大学、西南联大和清华大学，1952年院系调整调科学院考古研究所。《尚书通论》《西周铜器断代》《殷墟卜辞综述》是他的代表作。70万字的《殷墟卜辞综述》，如同一气呵成，写得清通而优美，即使对甲骨文少有所知的门外汉也会读得津津有味。考古所平素与陈梦家先生稔熟的徐苹芳先生告诉我，陈是个绝顶的学问天才，他主张几个课题轮流做，不赞成死抠住一个课题不放。

但1957年那个"不平常的春天"，他和许多最有才华的知识分子一样，被强行施以"加冕礼"。可是当他以戴罪之身下放到甘肃协助地方博物馆工作的时候，接触到大量出土汉简，于是又开始了简牍学的研究。《武威汉简》一书，就是经他一手整理而成。后来自己又撰写了30多万字的《汉简缀述》。但"十年浩劫"的灾难过程，他没有全部走完。1966年9月3日，他用自己的手结束了自己宝贵的生命，年仅五十五岁。此前的几天，他的出身名门的妻子（燕京大学神学院院长赵紫宸的女儿）——翻译过艾略特的《荒原》、研究英美文学的专家、北京大学英语系赵萝蕤教授，被"剃发易服"关在家中。而他自己，自裁的当天，受批判时有人用秽物浇淋到了他的头上、身上。他留下的遗言是："士可杀，不可辱。"

徐苹芳先生说，陈梦家走后，赵萝蕤先生长时间精神不稳定。他们没有子女。待到这位欧美文学教授事隔多少年之后，再次重游旧地、访问芝加哥美术博物馆时，她竟看到了她的已故亲人与凯莱合编的《白金汉所藏中国铜器图录》，她禁不住泪如雨下。我看过一篇赵写陈的回忆文章，其中说："他身体好，不知疲倦，每天能工作差不多10小时到12小时。他肩上曾长过一个脂肪瘤，有几个拔掉了龋齿留下的空隙没有填补上。但是他终于把瘤子割除了，牙也修配好。在这两件事办完后，我笑对他说，现在你是个完人了。"文章还说："我睡觉去了，他才开始工作。有时醒过来，午夜已过，还能从门缝里看到一条蛋黄色的灯光，还能听到滴答、滴答——他搁笔的声音。不知什么时候房间才完全黑了。"

可是写文章的人再也无法看到"蛋黄色的灯光"后面的那个"完人"的身影了。连写文章的人也在1998年离开了我们。而且他们的居所，北京美术馆后身儿弓弦胡同2号，那是不折不扣的名人故居，也被推土机铲平了。

好在《陈梦家著作集》，中华书局已经出版。除了《殷墟卜辞综述》等专学大著述,《梦家诗集》《梦甲室存文》是很好读的。《梦家诗集》的第一首诗是《一朵野花》,《梦甲室存文》的第一篇文章的题目叫《不开花的春天》。《诗集》前有他二十岁的一张照片,1932年赠给赵萝蕤的,英俊、潇洒、蕴藉得像一个害羞的王子。他的英姿像他的诗一样美,他的风度像他的学问一样好。

2010 年 12 月 16 日

傅斯年的胆识

钱穆分近世史学为传统派、革新派和科学派。也有的区别为史观派、史建派、考证派、方法派等等。还有的以疑古、释古、考古作为史学流派的三分。但所有各种流脉，其实都有自己的史学观念和史学方法，也都离不开史料和考证，其目标都是为了追寻历史的真相，重建历史的结构，对事件与人物活动给以历史的解释。但回观百年史学，有一位极为特殊的人物，我们无法忘记。这就是史料学派的代表傅斯年。虽然广而言之，傅也可以范围在释古一派之内，但在史学观念上确有自己的特色。况且讲中国现代史学如果不讲到傅斯年，不仅不公正，而且是严重的缺失。因为在二十世纪的历史学研究领域，他是一位有力量的带领者和推动者。

傅斯年字孟真，山东聊城人，1896年出生，十七岁考入北京大学预科，后转为国文门。他是"五四"新思潮的学生领袖，他当时办的刊物就叫《新潮》。陈独秀、胡适之都很赏识他的才干，李大钊的思想对他也很有影响。1919年5月4日那天的爱国大游行，他担任总指挥，扛着大旗走在队伍的最前面。但火烧赵家楼的意外行为发生后，他退而回到学校。当年年底考取官费留学，赴英国伦敦大学研究院学习。1923年转赴德国柏林大学文学院，比较语言学和历史学成为他倾心钻研的新的学科领域。赵元任、陈寅恪、俞大维、罗家伦、毛子水、金岳霖、徐志摩等青年才俊，是他在德国期间经常往还的朋友。1926年回国，应中山大学之聘，担任文学院院长兼文史两系之系主任。1928年就任国家最高学术机构中央研究院历史语言研究所所长。陈寅恪、赵元任、李济，分别是史语所第一、二、三组的组长。他的"拔尖"政策使他有办法聚集全国最优秀的学人。他的最有影响力的文章，是就任史语所所长后撰写的《历史语言研究所工作之旨趣》，这篇《旨趣》，实际上是一篇关于历史语言学的现代宣言。

他在这篇《旨趣》中提出："近代的历史学只是史料学""凡一种学问能扩张它研究的材料便进步，不能的便退步"。又说："我们反对疏通，我们只是要把材料整理好，则事实自然显明了。一分材料出一分货，十分材料出十分货，没有材料便不出货。"他经常被引用的名言是："上穷碧落下黄泉，动手动脚找东西。"

他说了这么多容易断章取义、容易被误解的话，但真正的学术大家、史学重镇，都知道他的苦心孤诣，很少发生误解。不仅不误解，反而承认他的权威地位，感激他对现代史学建设所做的贡献。其实他是受德国兰克史学的影响，有感于西方汉学家的独特建树，目睹中国历史语言学的衰歇，提出的振兴救弊的主张。他说：

> 西洋人作学问不是去读书，是动手动脚到处寻找新材料，随时扩大旧范围，所以这学问才有四方的发展，向上的增高。中国文字学之进步，正因为《说文》之研究消灭了汗简，阮、吴诸人金文之研究识破了《说文》。近年孙诒让、王国维等之

殷文研究更能继续金文之研究。材料愈扩充，学问愈进步，利用了档案，然后可以订史，利用了别国的记载，然后可以考四裔史事。在中国史学的盛时，材料用得还是广的，地方上求材料，刻文上抄材料，档库中出材料，传说中辨材料。到了现在，不特不能去扩张材料，去学曹操设"发冢校尉"，求出一部古史于地下遗物，就是"自然"送给我们的出土的物事，以及敦煌石藏、内阁档案，还由他毁坏了好多，剩下的流传海外，京师图书馆所存摩尼经典等等良籍，还复任其搁置，一面则谈整理国故者人多如鲫，这样焉能进步？（傅斯年：《历史语言研究所工作之旨趣》，欧阳哲生编《傅斯年文集》第三卷第7页，中华书局，初版。）

可知他是痛乎言之、有感而发。他还说："在中国的语言学和历史学当年之有光荣的历史，正因为能开拓的用材料，后来之衰歇，正因为题目固定了，材料不大扩充了，工具不添新的了。不过，在中国境内语言学和历史学的材料是最多的，欧洲人求之尚难得，我们却坐看他毁坏亡失。我们着实不满这个状态，着实不服气就是物质的原料以外，即便学问的原料，也被欧洲人搬了去乃至偷了去。我们很想借几个不陈的工具，处治些新获见的材料，所以才有这历史语言研究所之设置。"何以要把史料的作用强调到如此的地步，他讲得再清楚不过，不需要我们再添加什么了。他的目的，是想让世界东方学的宝座回归到它的原主。回归的途径，则是从历史语言学的研究入手，承继乾嘉的传统，结合本土资源，扩大学问域区，建构自己的学问系统。

而且他不赞成"整理国故"的做法，对当时流行的"国学"的概念，也给予质疑。他写道：

> 我们反对"国故"一个观念。如果我们所去研究的材料多半是在中国的，这并不是由于我们专要研究"国"的东西，乃是因为在中国的材料到我们的手中方便些，因为我们前前后后对于这些材料或已经有了些研究，以后堆积上研究去方便些，好比在中国的地质或地理研究所所致力的，总多是些中国地质地理问题，在中国的生物研究所所致力的，总多是些中国生物问题，在中国的气象研究所所致力的，总是些中国各地气象观察。世界中无论哪一种历史学或哪一种语言学，要想做科学的研究，只得用同一的方法，所以这学问断不以国别成逻辑的分别，不过是因地域的方便成分工。国故本来即是国粹，不过说来客气一点儿，而所谓国学院也恐怕是一个改良的存古学堂。原来"国学""中国学"等等名词，说来都甚不详，西洋人造了支那学"新诺逻辑"一个名词，本是和埃及脱逻辑亚西里亚逻辑同等看的，难道我们自己也要如此看吗？果然中国还有将来，为什么算学、天文、物理、化学等等不都成了国学，为什么国学之下都仅仅是些言语、历史、民俗等等题目？且这名词还不通达，取所谓国学的大题目在语言学或历史学的范围中的而论，因为求这些题目的解决与推进，如我们上文所叙的，扩充材料，扩充工具，势必至于弄到不国了，或不故了，或且不国不故了。这层并不是名词的争执，实在是精神的差异的表显。
>
> （同上，第8页至第16页）

傅斯年显然认为，"国学"的概念未免狭隘，只要成为"学"，就是世界所共有的，不应以国别为限。而且他认为学问的方法都是一样的。这一主张在二三十年代为很多人所接受。清华国学研究院的创办，从理念到课程设置，更多的是带有世界东方学的特点，而与北大国学门有所不同。站在今天的背景下，也不能完全忽略傅的此说。此说至少可以避免由于"国学热"，而把中国学术和世界学术对立起来。

傅斯年一生的壮举，办《新潮》、火烧赵家楼、创建史语所，固也。但他还有炮轰宋子文、攻倒孔祥熙两项壮举。1938年抗战开始后，傅斯年对国民党高层的腐败非常愤慨，他直接上书给蒋，历数当时任行政院长职务的孔祥熙的诸种贪赃劣迹。蒋不理睬，他便再次上书，态度更坚决。国民参政会也成了他抨击孔的舞台，使社会同愤，舆论哗然。蒋不得已设宴请傅，问傅对他是否信任，回答信任。蒋说："你既然信任我，那么就应该信任我所任用的人。"傅说："委员长我是信任的，至于说因为信任你也就应该信任你所任用的人，那么，砍掉我的脑袋我也不能这样说。"这成了傅斯年"史学便是史料学"之外的又一名言。孔祥熙后来终于被罢去了一切职务。

傅与蒋在维护特定的政治利益上自无不同，所以1945年"一·二一"昆明惨案发生后，傅直接受蒋之命处理学潮而未负所托。蒋对傅的能力胆识是欣赏的。但傅本质上是一名书生。抗战胜利后蒋邀请他出任国府委员，他坚辞不就。北大校长一职，他也不愿担任，为等胡适返国，只同意暂代。对胡适面临国府委员兼考试院长的要职犹豫不决，他大动肝火，写信给胡适说："借重先生，全为大粪上插一朵花。"劝胡一定不要动摇。并说蒋"只了解压力，不懂任何其他"。

另外，毛泽东对傅也很欣赏。1945年7月，傅等文化界参政员到延安考察，毛泽东如对故人，整整和傅畅谈一个晚上。临别毛应傅之所请写一条幅相赠，附书："遵嘱写了数字，不像样子，聊作纪念。今日间陈涉吴广之说，未免过谦，故述唐人语以广之。"条幅写的是章碣的一首咏史诗："竹帛烟销帝业虚，关河空锁祖龙居。坑灰未冷山东乱，刘项原来不读书。"两人谈话时，毛称赞傅在"五四"时期的功绩，傅说我们不过是陈涉、吴广，你们才是刘邦、项羽。刘、项显指国共两党的领导人。毛所书诗句"古典""今典"均极对景，回答了傅的谦逊，也称赞了傅的以学问自立。

1950年12月20日，傅斯年因突发脑溢血死于演讲台上，终年五十四岁，当时他担任台湾大学校长的职务。他以耿直狷介著称，他以脾气暴躁著称，他以疾恶如仇著称，他以雄才独断著称。史语所的人私下里称他为"傅老虎"，但都服他尊敬他。他对学问充满了眷爱，对有真才实学的学者充满了温情。他与陈寅恪的特殊关系就是一显例。对曾经帮助过影响过自己的人，他不忘旧。1932年陈独秀被捕，他为之辩诬，说陈是"中国革命史上光焰万丈的大彗星"。1927年李大钊就义，报纸上发表消息有谓李在北平"就刑"。傅斯年反驳说，不是"就刑"，是"被害"。难怪陈寅恪对他那样服膺感佩，写诗称："天下英雄独使君。"（陈寅恪《诗集》，三联版，页18）

我们了解了傅斯年，可以深层地了解陈寅恪的史学，可以了解那特殊的史语所，可以了解中国现代史学所谓"史料学派"的怀抱与旨归。

原载2003年8月7日《文汇报》

学术独行侠何炳棣

何炳棣先生的学术成就和学术地位,二十世纪九十年代以前,国内人文学术界除了少许老辈,大都对他知之甚少。名声鹊起是由于他退休之后,转而破门进入中国思想史领域,尤其1991年12月在香港《二十一世纪》发表《"克己复礼"真诠》,随后又在该刊1992年6月号发表《原礼》,与杜维明商讨新儒家的治学方法,其功底之厚和文字之锐利,无法不引起此界人士的注意。况且杜维明也有回应,刘述先也站出来辩难。变成好热闹的一次学术论争。

刚好1992年9月,我到哈佛出席"文化中国:诠释与传播"国际学术研讨会,会议发起人就是杜维明。会后我与杜先生做过一次学术对话,还特别谈到了何先生的批评。我问他是否会进一步做出回应,大家很关注。还提到有人认为这场论争是史学和哲学的冲突,问他如何看待。杜先生不同意是史学和哲学的观念和方法的问题。他说:"何炳棣先生诚然是历史学家,余先生也是历史学家,但他们的共同语言很少,反而是我与余先生的共同语言多。"他颇不满意何先生对新儒家的排距感,他说:"站在哲学的立场,追求'真诠'是危险的。"国内人文学界的中青年一代或两代,此前对何先生是比较陌生的,经过这次论辩我想大家再也不会忘记他。

尽管如此,我个人与何炳棣先生发生交集,还是事前绝对无法想到的。

起因是我的好友汪荣祖教授的一个电话和一封信。1993年9月初,荣祖突然打来一电话,问《中国文化》发不发关于《红楼梦》的文章。我未假思索即回答说:"不发。"他很诧异,回问道:"你研究红学有年,为何反而不发这方面的文章?"我说正因为如此,才知道现在没有人能写出像样的文字。盖当时我对国内红学界的"党同异,妒道真"的风气深致不满,故对荣祖出以此言,如今想来真是失礼之甚也。好在由于研究陈寅恪的缘故,我与荣祖一见如故。我主持的"现代学术经典"丛书的"萧公权卷",就是请荣祖担任编校。他做得非常认真,且以他编辑的联经版《萧公权全集》相赠,使我得以对这位当年吴宓相见恨晚的清华英杰,有较为深层的了解。荣祖执教于美国弗吉尼亚大学历史系,电话是他在台湾打来的。不久又收到他的手书,向我介绍何炳棣其人,以及他为何特别希望何的文章能够在《中国文化》刊载。为回到当时的历史现场,现不妨将荣祖兄此函的全文抄录如次。

梦溪兄:

弟已自台北归来。近知何炳棣先生于红楼梦研究有新发现,弟即想到争取在《中国文化》上发表。何先生与杨联陞先生清华同学(贵刊曾介绍杨氏),但学术成就尤在杨氏之上。今虽已自芝加哥大学史学讲座退休,但精力旺盛,正积极从事著述(据闻何氏今后将多写中文)。为争取该文,弟意贵刊应特别礼遇,如以显著篇幅(第一篇)登载,并加编者介绍等。谨此奉闻,望即见复为感。

　　顺问

俪祉不尽

　　　　　　　　　弟荣祖手拜,一九九三年九月六日

　　荣祖的信写得极恳切,完全是为了《中国文化》能够首载第一流学者的佳撰以光篇幅,才向我极力推荐。还有他是我们特聘的刊物的学术顾问,不排除也有尽一份责的成分在焉。我除了满心感谢,还有什么理由将何先生文章拒于本刊之外呢。实际上电话中已请荣祖转致何先生,研红大稿欢迎赐下。大约两周之后,就收到了何先生的文章,赫然在目的题目是《从爱的起源和性质初测〈红楼梦〉在世界文学史上应有的地位》,当即通读一过,深为其材料翔实和运笔之雄健所打动,虽连同注释文长约三万字,仍有一气呵成之感。风格、调式与《二十一世纪》所刊之何的两文如出一辙。当即决定安排在最近一期刊载,并遵荣祖兄所嘱,特地在文前加了编者按语:

　　本刊自创刊以来,只在第五期刊载过一篇已故历史学家顾颉刚先生在本世纪二十年代为俞平伯《红楼梦辨》所写序言的初稿。此稿比后来的定稿多出四千多字讲国故的部分,正是本刊所取义处,因此编置在"文献辑存"专栏。此后再没有刊载与《红楼梦》有关的文字。这次何炳棣教授的文章,经由本刊学术顾问汪荣祖先生所推荐,确为有创意之作,特在"文史新篇"专栏刊出,以飨读者。

荣祖兄希望安排在显著篇幅刊载，也做到了。"文史新篇"栏目是我们《中国文化》的开卷栏目，只有最重要的文字才置于此栏。何炳棣先生的论红文即独立于此期的"文史新篇"专栏。但就此期的整体布局而言，何文不是第一篇，前面有我和余英时先生的长篇访谈，那是关涉"十年浩劫"后中国文化与社会如何重建的非常重要的课题。

余先生和何炳棣的学术芥蒂，当时我并不知情。1992年应邀访问普林斯顿大学和余先生的长谈，未涉及此一方面的话题。倒是张光直先生在哈佛与我见面时，提及《二十一世纪》的争论，他说何是惹不起的人物，谁被他盯上都麻烦。我那次去哈佛出席"文化中国"的会议，是张先生和杜维明先生共同推荐的。在感情上我和张、杜更近一些。后来何的《读史阅世六十年》出版，我才了解到，原来何与张有那么多复杂的故事，不只由于对中国古代文明与文化的起源的不同观察，而引起了学术思想的不能两立，其中还掺杂有对各自著作的评议所产生的一些曲折。《六十年》留给我的印象，是何先生的坚韧的毅力和为人的坦白无欺。这也是一个真正学者的可钦敬的态度。

我感到对不住何先生的是，刊载他红学文章的那一期《中国文化》未能按时出刊，让他等得颇焦急。《中国文化》创刊后，由北京三联书店、香港中华书局和台湾风云时代出版社共同出版，制作由香港方面承担。每期清样出来，都是我们的编辑专程到深圳校对，往返邮寄徒增许多麻烦。为改变这种状况，我们决定从1994年秋季号开始，改由《中国文化》杂志社出版，以此排版、制作、选纸、印刷、发行等一系列程序，都需要我们自己来安排。我也不得不跑印厂和排印人员逐项会商。为减少麻烦，却增添了另外的麻烦，天下事莫不如此。自己出版同时也还有另外的隐衷，不便于在这里具道其详。结果等到这本总第十期《中国文化》出来，已经是 1994 年的年底了。

没想到何炳棣先生这中间飘然来到了北京。

先是 1993 年 11 月 22 日的信向我预告："我将于十二月一日以前抵达北京，完全由于私事。在京将停留大约三周，抵达后即通电话联络。"接着 12 月 5 日的信告知："棣已于十二月一夜抵达北京（私事）。知大驾去港，大约今日（五日）返京。见此信乞电话联络：金鱼胡同王府饭店 764 室，512-8899 764 室。"当时我的日程确实很满，1993 年 11 月 17 日至 25 日，应邀赴马来西亚参加马来亚大学召开的国际汉学研讨会，会后担任星洲日报"花踪讲座"主讲人，并赴槟城和芙蓉两地华族社区作学术报告。11 月 26 日至 12 月 2 日，应香港大学中文系邀请，主持 1993 年度至 1994 年度的查良镛学术讲座。返程经深圳，又有《商报》主笔的访谈。何先生打电话到我家，照料家务的友人告知，我们 12 月 5 日返回北京。6 日跟何先生通的电话，约定 8 日上午 10 时半在我家晤面。当时我住团结湖，所秘书接他过来，刚好在约定的时间到达。

不能说是一见如故，但有荣祖的好媒介，又读了他的论红雄文，倒也无任何生疏感。个子很高，身材挺拔，面孔有棱有角，正是我想象中的何先生。但我们谈了些什么话题，竟不能完全记得。中午用餐，有几个菜何先生颇为赞赏。内子是上海人，家传的红烧肉、丝瓜毛豆、法式罗宋汤和盐焗鸡，凡品尝过的朋友无不认可。十天之后，何先生寄来一信，开头即说"旬前长谈至欢，恨相见晚"，信尾问候内子，谓"午餐至今不忘"。信中对我以"梦溪老弟"称，落款署"愚兄炳棣"，口吻极为亲切。对啦，其论红文的校样是此次面交给他的，故信中对几处舛误有所是正。信中还写道："棣数十年未读当代中国文学，词汇及语、句法不免生硬有误，千乞以主编地位，加以匡正或润色为要（至诚，绝非客气）。"此次跟何先生接触谈叙，感会到这位学术上不无雄霸之气的大学者，同时有一颗柔软的心和为人为学的谦逊之诚。他1917年生，长我二十三岁，来的时候竟不忘带上见面礼。一方桶丹麦饼干，其桶之魁伟硕大，此前未见过。我和内子都很喜欢，后来私语每笑称，礼物的体积也是很重要的。也曾到专卖进口食品的店里寻觅过，至今都不曾遇到。

何先生回到美国之后，又于12月28日写来一信，兹抄录原函——

梦溪教授足下：

十二月八日长谈餐叙，至今犹有余欢，深幸国内能获一位博雅识卓之新知己也。

拙稿最后一段中"聚乐部"，"聚"应作"俱"，乞代改正。其他疏误之处，亦请自动代我纠正，最感。

今日汪荣祖夫妇来此度年节，涉及拙文在贵刊出现后，拟转载台北《联合报》。不日汪将专函与足下商洽具体办法。

校对时最好由港方承印公司航邮（万勿挂号）径寄舍间为妥。

余不一一，敬颂

俪祺并贺

新年一切佳胜

炳棣 一九九三·十二月二十八

信中充满了拳拳之殷，亦看出对自己论著的不断严谨审视，其实文字之误编辑部早已校改过来，只是出版日期后移，深感愧对何先生。不久，又接到他写于1994年1月28日的信函，全文如下——

梦溪教授足下：

兹寄上夏志清先生三页长函对拙文的反应，备你参考。我不拟对拙文作修正，我认为《红》所论爱之起源仍确是真起源。《旧约》确未明言爱的起源是由于寂寞，Milton才明白写出的。曹比弥只晚一百年，而原作性更高。石头在"人化"之前即已力求打破寂寞，实无"近代"或"第二"亚当之可言。至于弗氏心理分析，美Time周刊去年11月29日确有长文对弗不利，但所攻对象是当代心理治疗往往硬要"病人"再四再三去追忆幼年时是否受过性虐待，以致本不严重的精神病人会变成真正的精神分裂症的患者了。这是近年临床不当，长文对弗氏理论全未批判或否定。所以我也不准备在文后加论此点了。

①不过，拙文P37"全文小结"自下上数第三行，请划去"早臻高度成熟"六个字，就可以了。

②"后记"P40所引王国维文最后，请加一句"可谓悲剧中之悲剧也"。这是王氏的原文。

③再：若可能，评介拙文的短（？）文中，是否可明白请女性读者们多作反应，因弗氏理论确相当忽略了女性，而《红》又是集传统中国女性之大成之作。

手头邮票只剩一张，剪去无用的白纸就不过重了。一笑。

余不一一，敬颂

撰祺　夫人好！

炳棣 1/28/94

还是亲切有味如前函，跟他的文章如出两辙。所附夏志清先生函，对何发表在《二十一世纪》上的《"克己复礼"真诠》一文表示"兴奋异常"，对该论红文诠释"意淫"的概念，则称："大文'意淫'这一节，引了六例，细加评析，无懈可击，读来令人心服，的确是大贡献。"唯对爱起源于"寂寞"问题，夏说《旧约》所载亚当和夏娃的故事，已有此义，并非开始于弥尔顿的《失乐园》。故何先生给我的信里特别说明："《旧约》确未明言爱的起源是由于寂寞，Milton 才明白写出的。"并强调"曹比弥只晚一百年，而原作性更高"。恰好《红楼梦》第五回《红楼梦引子》有云："开辟鸿蒙，谁为情种？都只为风月情浓。趁着这奈何天、伤怀日、寂寞时，试遣愚衷。因此上，演出这怀金悼玉的《红楼梦》。"其中的"奈何天、伤怀日、寂寞时，试遣愚衷"，可以认为是爱起源于寂寞的明证。

当作为史学家的何先生捉到了这条被历来红学家忽略的吞舟大鱼，其兴奋之情可以想见，而所论述更是精彩纷呈，诸君可径读原文，恕我在此不能备述。他是从《旧约》亚当和夏娃的故事谈起，然后解剖柏拉图的《酒谈会》，再到弥尔顿的《失乐园》，最后进入曹雪芹的世界。毫无疑问，此题旨的提出及其论证，是何先生研究《红楼梦》和爱的起源的一大发明。以此何先生对该文非常重视，《读史阅世六十年》第二十章《先秦思想攻坚》之第三节，将此文置于《"克己复礼"真诠》和《原礼》之后，作为他先秦思想与制度系列论文的第三篇。

已经是 1994 年的 6 月了，刊物仍未出版，但何先生再次来到了北京。

我决定请他到我们中国文化研究所作一次学术演讲。时间在 6 月 10 日上午，题目是我提出来的，建议他讲"中国传统思想中具有永恒意义的东西及在今天的意义"。演讲开始前，我对何先生作了简短介绍，包括主要著作和荣衔。京城的许多学界友人，庞朴、余敦康、方立天、孙长江、牟钟鉴、陈来、王守常、汪晖、刘东、董秀玉、沈昌文等，及本所全体学人共三十余人出席并参加讨论。由于大家想听何先生多讲，讨论得不是很热烈。同时也由于在座的人文学者对何先生在经济史、人口史和土地史领域的卓越贡献，基本不甚知情。即使听说了费正清的振聋发聩之语："中国要是有五六个何炳棣，西方就没有人敢对中国史胡说八道了！"也不一定产生专业的亲切感。学问之事，真是甚难言也。而学问有大小，胸襟有阔狭，又岂是片言所能道哉！

1994 年 7 月，何先生去台北出席了"中研院"院士会议，他把此次作为和"中研院"关系的调适。本来他应该以评议人的身份发表言说，结果没有涉及演讲者的论题，而是讲了自己的一个议题，所讲的内容与在我们研究所讲的大体相同。当年的 10 月 2 日，应该是他回到美国之后，再次写来一信，提到在北京和台北的演讲情况。兹抄录信的全文——

梦溪教授足下：

六月上旬一别，倏已近四阅月。本年春季号已有具体问世日期否？是否已代订抽印本 200 份？插图申明是否已照办？

在京时承苦心安排近卅人座谈，至感至感。本年十月号

《Scientific American》全期皆讲宇宙及生命起源及演化，至关重要，治哲学者不能不读。几乎三千年深层的现世 Americanism 主义精神，正是现代科技最理想的"接棒点"。按亨廷顿说今后世界文化冲突，中国之"理性""现世"传统正是对当今西方及伊斯兰所谓"基要"（Fundamentalism）主义之理想良药，值得深思、发挥。更见我六月初言之不谬！惜"安排"富有"深义"，陈来教授"引"我长谈，以致什之七八讲话者都是我，而我原意是要聆听各位专家名士的高论的。行之前夕电谈中足下似有感觉"不过瘾"之意，"难道有永恒价值的东西就是这么一点儿？！"（之类，非原词）更承示此番谈话亦将有小型报道。

如果真有，请尽先把文稿寄示，我准备加详答复。事实上，七月四日，台北"中研院"院士会议开幕下午，三大讲，三小讲（我的是小评讲，盖 1992 已专讲 90 分钟矣）之中，唯拙讲刊载于《联合报》，内容简要，与在京所谈略同。

我拟先写我对中国传统正统思想中不合及适合现代化需要者加以较详的评价，可能要作三四篇文章才能讨论完毕。不知何种刊物最为适当。

五月底六月初两度有机会与任继愈先生畅谈，而且意见大体相同，最堪告慰。

见信后乞示一二为盼。敬颂

文祺

祖芬请代候　若有电传，似可给我打电话，但不要在我方夜十时后。尊处有无电传，如有乞示号码。

炳棣　一九九四
十月二日

每次捧读何先生的手泽，都无法不被他的热情和坦荡所打动。不久汪荣祖先生也有信寄示："何先生于兄印象极佳，时与弟言及，渠正埋首写作，将有十篇重要文章问世，涉及天与命，以及儒法等主题，老而弥笃，令人起敬。"后来由《六十年》得知，他在院士会评议的演讲人刚好是余英时先生。何论红文解"意淫"也提到了余先生，认为其《红楼梦的两个世界》以纯洁与肮脏区分大观园里和大观园外，为正确理解"意淫"设置了障碍。他也提到有人称余的《两个世界》是红学研究的新典范，这是指本人。而刊载何文的这期《中国文化》，除前面提到的访谈余先生和余的考论章学诚文史校雠，还有柳存仁、庞朴、汤一介、杜维明、乐黛云、孙康宜等众多大家的文字，都赶到一起了。何先生信中嘱我所办之事，凡能做到的也都照办未误。主要是出刊时间拖得太长了，在何先生是望也殷殷，在我们是出也迟迟，此事至今想来仍深感愧对何先生。

何先生给我的信不止这些，后来他到北京我们也见过面。1995年11月我和内子应邀访学台湾，开始在"中央大学"，后半在"中研院"，当时正是李远哲掌院时期，张光直是副院长。我在史语所演讲，以陈寅恪和陈寅恪研究为讲题，张先生不仅出席，讨论时还提出，史学家如果感情投入太多是否会影响历史研究的客观性的问题。何先生《读史阅世六十年》谈到的张先生试图做一项改革，想把语言学部分从史语所分出去，此事我是局外知情者。因为和张先生有多年互相信任的友情，我还当面讲过此事不可行。我的理由是，当年傅斯年确立的历史语言研究所的宗旨，实际上具有历史语言学学科的意义。后来一次我们在学术活动中心用餐，张先生玩笑说，你的想法看来会取胜。人的交往很有意思，我和光直先生接触，可以无所不谈，跟何炳棣先生不能完全做到。我欣赏何先生，但终于未能建立起亲近的友情关系。所以1998年至1999年在哈佛访学期间，后来又到哥大访学，中间也去过西部，应该有时间与何先生联系问候，但竟没有付诸行动，时间紧迫等等恐不是合适的理由。

何先生2012年6月7日病逝于加州，享年九十五岁。著作受同行所重，荣衔为同道所称，无论在英语为主的北美中国学领域，还是海峡两岸暨香港的华文学术界，无人敢小觑他的学术创获和学术成就。且不论早期的关于明清人口、社会结构等方面的英文著作，已给他带来被称为"经典"的荣誉；嗣后出版的《中国会馆史论》《黄土与中国农业的起源》《明清以降人口及其相关问题》《中国历代土地数字考实》《明清社会史论》等中文著作，所做的建立在数据分析基础上的考证与研究，很多已被学术界视为难以攻破的定论。晚年关于思想史领域的《思想制度史论》虽有争议，但亦无法否定其自成一家的学术价值。包括《从爱的起源和性质初测〈红楼梦〉在世界文学史上应有的地位》等共十余篇排炮式的专题论文，只要坐下来细详，就知道绝非等闲之作所可比并。我写下与何先生交集的点滴过节，至少能见出他学问与性情的一些侧面。他是有雄霸之气的学者，也是喜怒不假掩饰的性情中人。他的为学具有坚韧不拔的精神毅力，他很少做第二流的题目。但他对问题连带对人的步步紧逼与捉住不放，也容易让人敬而远之或望而远之。

我熟识的很多人文学术大家，没有谁否认他的高才傥论和学术成就，但谈到友情交谊则宁可置诸一边。文中披载的何先生的几封手书，有学问、有性情、有趣味，值得珍视。何先生在《六十年》的卷后语中说，他一生"孤军作战"，可谓所言不虚。他留给我的印象，也是一个忽而天忽而地的学术独行者，或者魔幻一点可以称他为学术独行侠。有机缘与何先生相识是我的荣幸，这要感谢好友汪荣祖先生。

2020 年 2 月 18 日竣稿于东塾
原载 2020 年 10 月 3 日《上海书评》

陈寅恪的学说为何有力量

在座的很多都是陈寅恪先生以及义宁之学的"有缘"人，也有的是我个人的朋友。汪荣祖教授，是我多年的朋友。我还再次看到了陈寅恪先生的三位女公子。流求和美延，我见过。小彭是第一次见。刚才你讲曾经写信给我，非常抱歉，我大概没有收到信。你看到我在凤凰卫视讲《大师与传统》，里面很大程度讲陈寅恪先生。要是我看到你的信有多好。我还非常高兴，有点儿激动，昨天看到了陈先生的隔代人，看到他的几位孙辈：流求的两位女儿，美延的一位女儿。昨天，她们站在那里跟我说话的时候，我流了泪，我想这是陈先生的隔代人啊，都长这么大了，一个一个亭亭玉立、风度不凡。流求的一个女儿，长得跟唐先生非常相像，我还能从美延的女儿身上看到陈寅恪先生的一些相貌特点。

自从我差不多三十多年前开始读陈寅恪先生的著作，直到现在，我读陈著没有停止过。陈先生的书是我的案边书，无日不翻，无时不念。开始读的时候，没有想写文章。我在公共汽车上也读他的书。我读得非常仔细，像《柳如是别传》，是逐字逐句细读的。当我熟悉了他的著作、他的人格精神之后，陈先生就始终伴随着我，陈先生的精神和学问影响了我整个身心，他再也不会离开我。

大家了解，我们做人文学术研究的人，无论文学、史学还是哲学，常常有一种无力感——这些学问有用吗？人文学术有什么用呢？我们常常感到人文学术是没有什么力量的，内心常常充满了无奈。但念了陈寅恪先生的书，对他的学问有一定了解之后，我觉得，史学、诗学等人文学术是有力量的。

陈寅恪先生的学问之所以有力量，一个是因为他是大学问家，不是小学问家。能成其大，见得大体，所以有力量。就像明末清初三大思想家顾炎武、黄宗羲、王夫之一样，王国维说他们的学问是能成其大者。另一个是因为陈先生是思想家。简单以史学家目之，未免把他的学问看小了。他更不是一个简单的材料考据者。当然，他在文、史二学方面做了大量考证，但是他在甄别考证这些材料的过程中常常放出思想的光辉。

大家了解他研究隋唐历史的两部书——《隋唐制度渊源略论稿》和《唐代政治史述论稿》，你注意他的材料的使用，一遍一遍地引证新、旧唐书。如果不懂学问的人或者不耐烦的人，很容易略开他的大面积的引证。可是，只要略开他的这些引证，你就不能懂得陈先生的学问。他的每一条引证都不是无谓而引，材料举证本身就是思想的发现。然后你看他引证之后的三言两语，他可以使这些材料放出光辉。因此可以讲，他的关于唐代的两部著作既是史学的著作，也是文化史的著作，同时也是思想史的著作。《元白诗笺证稿》是对以元、白诗文为中心的考证，但是他实际上是研究唐代的思想文化史，研究中晚唐知识分子的心路历程，以及在社会变迁过程中知识分子的心理、个性。陈寅恪先生的学问之所以有力量，首要的是因为他是一位思想家。

陈寅恪先生的学问之所以有力量，还由于他的学问里面有一种顶天立地、独立不倚的精神。他的学行经历，体现了一般知识人士所不具备的节操和气节。这就是他晚年在给蒋秉南先生赠序中所讲的"贬斥势利，尊崇气节"，以及绝不"侮食自矜，曲学阿世"。所谓"独立之精神，自由之思想"，盖亦指此义。还有他在给杨树达先生的序言里讲的，"始终未尝一借时会毫末之助，自致于立言不朽之域"。为学从来不"借时会毫末之助""贬斥势利，尊崇气节"，这是陈学最富光彩的精神层面。

他的学问之所以有力量，也还由于他的著作里面蕴含有深沉的家国之情。我很喜欢他1965年写的《乙巳冬日读清史后妃传有感于珍妃事为赋一律》那首诗，其中有两句写的是："家国旧情迷纸上，兴亡遗恨照灯前。"这两句诗是陈先生整个诗歌创作的主题曲，也是打开他著作宝库的一把钥匙。因为他的精神力量跟他的家国之情紧密联系在一起。他在很多诗里都有类似的情结。"死生家国休回首，泪与湘江一样流。""儿郎涑水空文藻，家国沅湘总泪流。""衰泪已因家国尽，人亡学废更如何。"他的眼泪都哭干了。之所以哭干了，是由于深沉的家国之情。这是他一生精神脉络之出处。

他的学问之所以有力量，还由于优美的家风门风使然。"优美之门风"这句话，是陈先生有关汉以后的学术发展的一个思想学说。刚才提到的陈先生的《隋唐制度渊源略论稿》和《唐代政治史述论稿》两部著作，其实此两部著作非常强调地域和家世信仰的熏习作用。陈寅恪先生对中国学术思想史有一重要假设，即认为汉以后学校制度废弛，学术中心逐渐由官学转移到家族。但"家族复限于地域"，所以他提出："魏、晋、南北朝之学术、宗教皆与家族、地域两点不可分离。"（三联版《隋唐制度渊源略论稿》，页20）而家族所起的作用在于："士族之特点既在其门风之优美，不同于凡庶，而优美之门风实基于学业之因袭。"因此可以说，魏晋南北朝以后，如果没有家学传统，就没有学术思想的建立。

当然很遗憾，晚清到民国这百多年，二十世纪五十年代以后不必讲，最大的问题就是家庭与家族的解体。家庭与家族解体，就谈不上学术的传承了。文化传承有三个渠道，一个是家族，一个是学校，还有一个是宗教系统。中国文化的传承，家族的传承非常重要。所以说，现今的文化重建是比较困难的，这跟家族的解体有极大的关系。但是我们庆幸，义宁之学有陈先生这样了不起的思想家和学者，他们家族的文脉完全承继了下来，并有新的发展。义宁之学不是陈寅恪先生一代之学，从陈伟琳先生读阳明书而发为感叹开始，到陈宝箴到陈三立，再到陈三立之后大家常讲的一些杰出人物，包括庐山植物园的创建者陈封怀先生，都是这样。

我最近刚出版一本书，叫《陈宝箴和湖南新政》。从1895年到1898年，陈宝箴在陈三立的襄助之下推动湖南的变革维新。三年之功，改革走在全国的最前列。但是到1898年戊戌之年的八月初六，慈禧太后发动政变，维新变法的浪潮被打下去了，"六君子"被杀，康、梁被通缉，陈宝箴和陈三立受到"革职，永不叙用"的处分。当时跟随陈宝箴、陈三立父子参与改革的诸多人物，梁启超、谭嗣同不必说，包括黄遵宪、熊希龄、皮锡瑞，也多受到了处分。这是一个时代的悲剧，也是陈氏家族的悲剧。陈寅恪先生的一生，他的内心常常充满苦痛，他的苦痛不是个人的苦痛，而是家国兴亡的苦痛。按照心理学的分析，任何苦痛都跟他的记忆有关，而陈寅恪先生内心的苦痛，据我的研究，跟他的家族在戊戌之年的悲剧有深切的关系。所以他在诗里常常把湘江、湖南跟他的苦痛连在一起。所谓"家国沉湘总泪流""泪与湘江一样流"，就是指此。

为什么？仅仅是由于祖父和父亲受到了处分吗？不是的。他这个苦痛，是因为对家国有更大的关切。因为在陈先生看来，陈宝箴和陈三立在戊戌变法时期的变革主张，属于"渐变"，他们是稳健的改革派。如果按他们的主张行事，推荐张之洞到朝廷主持变法，由于慈禧太后喜欢张之洞，就不会使慈禧太后和光绪皇帝之间的矛盾，发展到完全对立冲突的地步。如果1898年的变法得以善终的话，后来的中国就不会有那么多的变乱。这就是陈先生的苦痛之处。1898年年底，受处分的陈氏父子由湖南回到江西，住在南昌的磨子巷，后来陈宝箴在西山建崝庐，陈氏父子在灯下想到湖南变革的遭遇，孤灯对坐长嘘，这种情境下的心理情绪绝对不是个人的处境问题，而是对整个国家前途的忧思。

陈先生学说的力量，还有一点，陈先生对古人——我们可以引申为除己身之外的他人的学说——持有一种"了解之同情"的态度。这一思想是在他给冯友兰《中国哲学史》写审查报告时讲的，反映了陈先生内心世界的恕道。"恕"是孔子思想，就是"己所不欲，勿施于人"。后生轻薄古人，陈先生不持这种态度。这个非常之难啊！对历史上的一些人物，陈先生总是有一种"了解之同情"。所以你看三卷本的《柳如是别传》，很多人很奇怪，包括一些老辈，很纳闷陈先生为什么写《柳如是别传》。我认为这是陈先生一生当中最大的著述，绝对不是简单的为一位女子立传，而是"借传修史"，撰写一部明清文化痛史。

很多朋友遗憾陈先生没有写出一部通史来，其实那不重要。他的《柳如是别传》的学术价值，远远超过一部所谓通史的价值。这部书对明清时期众多历史人物那种恰当的评价，那种深切的"了解之同情"，令我们读后非常感动。女主人公后来嫁给晚明的文坛领袖，有"当代李杜"之称的钱谦益。他是江苏常熟人。1644年清兵入关以后，明朝垮台，南京建立了弘光政权，是为南明。钱谦益在南明小朝廷入阁，当了礼部尚书。柳如是跟钱谦益一道从常熟来到南京。但1645年清兵南下，打到南京城下，扬州守不住了，史可法自尽，南明朝廷垮台。而率先投降的是两位文化名人，诗文名气特别大的是钱谦益，另一位是大书法家王铎。但是，柳如是并没有投降，后来钱谦益"循例北迁"，柳如是没有跟去，独自留在南京，后来又回到常熟。陈先生讲她是一个奇女子，是一个民族英雄，这样讲看来不为过。钱谦益在北京也没有恋栈，很快就告老而归，回到常熟。后来，他跟柳如是至死都在从事反清复明的活动。虽然他投降了清朝，但是他后期的作为有所弥补。所以陈先生对钱谦益这种两重性的人格、前后的表现做了很多具体分析，指出降清固然是其一生污点，但后来的悔过，其情可悯，应给予"了解之同情"。陈先生对于古人、对于古人的学说，持有"了解之同情"的态度，陈先生的这一学说，看来今天没有传承下来。

我很高兴，近年有一些年轻的学者在研究义宁之学方面取得很好的成绩。像我熟悉的年轻的朋友张求会先生、胡迎建先生、刘经富先生、刘克敌先生，他们近年的研究很有成绩。还有一位广东的胡文辉先生，特殊留意现代学人的文献掌故，文笔洒脱耐读，他注释陈寅恪的诗作，对陈诗的出典，一一稽查清楚。还有山东大学的李开军先生，对陈三立诗文的整理很见功底，他正在写陈三立的年谱，有七八十万字。但我觉得，对陈先生学问的梳理，对史料的收集整理，固然是研究陈学必不可少的功夫，而如何体认陈学的精神脉理，如何将陈学的精神变成自己身心的一部分，尤为治陈学者所不应忽视。

本文系作者在 2013 年陈寅恪研究国际学术研讨会开幕式上的讲话，原载 2014 年 3 月 10 日《中华读书报》

明清易代与士人之出处大节

张中行先生笔舌恣肆，不拘常格，自是当世文章作手。但我深感抱愧，此前很少从头到尾完整地读过张先生的文章。这次拿到1995年第12期《读书》，也是随便翻翻，看到一页上有柳如是、钱牧斋字样，引起了阅读兴趣。读罢全文，感到不无可商可议之处。但久矣夫不作讨论文字了，因为不知从什么时候起，我对真理越辩越明的古训产生了怀疑。后来看到《文汇报》笔会专刊上黄裳先生的文章，连类触发，不禁手痒，写几点读后感想，向张中行先生请教。

张先生提到对农民起义的评价问题，他不赞成"凡是农民起义都是好的"那种已往的教条。这没有什么不对。说张献忠"几乎把四川人杀光了"，虽有所夸张，也不是毫无历史真实的影像。但接下去他说："说句不怕高论家耻笑的话，如果我不幸生于其时，就宁可做朱氏或爱新觉罗氏的顺民，而不愿往四川分享农民起义的光荣，因为我无大志而舍不得小命。"这个假设就有问题了。

首先历史不能假设。不仅历史事件的过程研究者不能假设，单独个人的历史经历，自己追悔固可，却不能重新走过。因此张先生设想如果他生在明末如何如何，倒真的是绝无法兑现也无法复按的"高论"。其次是假设如果能够成立，结果也不一定只有张先生设定的一种可能。现成的就有另外一种，即张先生非常不幸地偶然地情非所愿地遭遇了起义军（当时京畿地区常有起义军的密探），他被俘获了，而且并没有像杀四川人一样杀掉他，而是赏慕他的文笔辞章，要用其所长，请他做一名幕僚或随军文书什么的。如果当时的历史规定情境是这样，张先生何以自处？逃跑？继续"做朱氏或爱新觉罗氏的顺民"？自然是一种选择，但身陷军中，恐不易实现。余下的只有两条路：自杀或者做"起义军"的文字工具（不只是顺民）。从张先生声称自己"无大志而舍不得小命"，以及对陈子龙的不满来看，他肯定不会选择前者。可是后者，就有一个张先生不甚喜欢的知识分子的出处和立身的大节问题了。

当然可以争辩说，还有另外一条路，就是不管情愿不情愿，先假装接受下来，争取时间，再谋他途。许多历史人物都曾这么想过，也这么做过，可是践履起来，常常事与愿违。权力者常常不给你"徐图之"的时间，而是逼迫你立刻做出决定，结果还是需要面对或降或死的更明快的抉择。当然也可以设想投降之后，用自己素所坚持的"人文主义"思想去教育、感化、改造他们，不让他们杀那么多人；历史经验昭示，很少有这么做获得成功的先例。退一步说，即使接受了你的建议，推翻朱明政权的宗旨仍不会改变，那么，你是帮助他攻打明朝，还是站在朱明一边反对他的既定目标？总不可以既帮助起义军打明朝又帮着明朝不让起义军去打吧？于是很不幸的张先生又面临一个知识分子的何去何从的抉择问题——而这抉择，便可见出、反映出、考验出一个被称作有知识的人的操守、品行、气节、道德。

张先生说："人文主义要的是实实在在的福利，常常不管本性可疑的光彩不光彩。"这说法可能有问题。什么是人文主义？无非指一种思想态度，按照这种态度，人和人的价值被强调，人对自然的优越性得以凸显。但人的价值、人的优越性，离不开对真善美的追求，包括人格尊严、荣誉感，也就是生之为人时不时会遇到的"光彩不光彩"的问题，都应该是人文主义的构成内容。人与动物的区别之一，是人有耻感，因此寡廉鲜耻是一种恶德。中国传统文化里面，"耻"这个概念居于非常特殊的地位，孔子说："行己有耻。"孟子说："人不可以无耻。"特别是官员和知识阶层，耻感更其重要。所以顾宁人有"士大夫之无耻，是为国耻"之说。不过"行己有耻"这四个字，对一个文明人来说，要求并不算高，主要由于受现实利欲（包括张先生说的"实实在在的福利"）的诱惑，难免有时忘掉了生之为人的耻感，即变得不知耻。所以教化、文明，为一个健康的社会所必需。文明，总是人文主义所需要的吧？张先生视为利器（他说"干脆抽出匕首"）的"评定事的是非"的"人文主义"标尺，不是就包含"趋向文明"的内容吗？如果有一种"人文主义"，其内涵与人的"光彩不光彩"也就是人的尊严、耻感互不搭界，甚至相排斥，只"要的是实实在在的福利"，这种人文主义的"本性"，我看倒真正是"可疑的"。

　　至于说到对明清鼎革之际士人出处的问题如何评价，张先生的人文主义标尺，就更其矛盾而不敷所用了。钱牧斋的遭后世诟病，是由于他没有"以身殉""完蛋于煤山"的崇祯皇帝吗？史载明思宗朱由检自缢于万岁山之寿皇亭，是在崇祯十七年甲申，即公元1644年3月，正当李自成率部攻入北京的时候。而钱牧斋的降清，在乙酉即1645年5月，此时与清廷对峙的是南明政权，只要当朝的弘光皇帝不晏驾，就不存在对君的"身殉"不"身殉"问题。

如果有殉，是殉国、殉难。但另一个问题却分明地存在着，这就是当清军屠罢扬州之后又兵临南明首府南京，皇帝出逃，大臣撤离，此情此景，身为内阁大臣，又是有影响的文坛领袖的钱谦益，该如何处置己身的选择问题。众所周知，他是投降了，而且是迎门纳款，堂而皇之地投降的。投降后被逼令剃发，据说他表现得也比其他降臣驯顺。

那么，不妨用张中行先生制定的"评定事的是非（或对错、好坏）"的标尺衡量一番，钱氏之降清"能不能使所有有关（包括受间接影响）的人获得幸福，趋向文明"，恐怕衍生不出这样的预设作用。相反，异族以武力相侵，立即迎降，总不能看作很"文明"、很道德的行为吧？陈寅恪先生撰写《柳如是别传》，对河东君赞颂有加，对钱谦益在一定程度上有所回护，但仍指出："牧斋之降清，乃其一生污点。"《小腆纪年附考》所说的"谦益谬附东林，以为名高，既以患得患失之心，为倒行逆施之举，势利熏心，廉耻道丧，盖自汉唐以来，文人之晚节莫盖，无如谦益之甚者"等等，这些"痛诋之言"，寅恪先生也认为"固是事实"。可是张中行先生却向我们问道："钱牧斋，除了没随着崇祯皇帝死之外，你还能举出他什么劣迹？"

钱牧斋本人如果得知张先生这样评价他，也要汗颜难安的。因为钱牧斋降清之后内心甚为悔愧，所以晚年与河东君一起参与了秘密复明活动。陈寅老的《柳如是别传》对此考订甚详，兹不多赘。但不妨拈出一例，即钱牧斋的《西湖杂咏》序里有如下一段话："想湖山之繁华，数都会之佳丽。旧梦依然，新吾安在。况复彼都人士，痛绝黍禾。今此下民，甘忘桑葚，侮食相矜，左言若性。何以谓之，嘻其甚矣。"其中"侮食相矜，左言若性"句，典出王元长《三月三日曲水诗序》(见《文选》卷四十六《序下》),陈寅恪先生说:"牧斋用此典以骂当日降清之老汉奸辈,虽己身亦未免在其中,然尚肯明白言之,是天良犹存,殊可哀矣。"可见钱牧斋对自己的降清充满着悔恨交加的复杂心情,并没有悄悄地引以为荣耀。然而张中行先生说,"走钱牧斋的路也未可厚非",公开提倡异族以强力威迫,我们不妨投降。立论虽有"新意",或说"深意",当然是"高论",却未免厚诬古人也强加今人了。

中国传统文化中的纲常名教部分,许多已不适合于今天,这是事实,比如"忠君",自然不应再去提倡。张先生文章对忠君观念痛乎言之,鞭挞留痕,也不为过。但张先生说,几千年来的知识分子都在这个问题上"受骗"(或自骗),动机如果不考虑,"结果就成为,为历代的专制魔王做了帮凶"。这话可有些言之过重之嫌。

谈历史,不能离开历史环境。彼时彼地和此时此地、古人和今人,不能混为一谈。周秦以降、1912年以前,中国一直是帝制社会,既是帝制,就有皇帝,就有皇帝和臣民,因此就需要建立一套协调君臣关系的伦理。"忠"这种协调君臣关系的伦理约定就是这样产生的。如果我们不愿接受"凡是否定现存秩序的言动就是好的、肯定现存秩序的言动就是坏的"这种破坏性的直线二分史观,就不必对传统社会的忠君观念格外深恶痛绝。在有些时候,忠君和爱国还有点儿难解难分,虽大家如屈、杜,也不免为之困扰。就说忠君不好,对历史人物也须平等待之。忠于朱明、崇祯皇帝这一边,张先生愤然而又愤然,认为那是替专制魔王做帮凶。投降到与朱明对峙的那一边,就认为"未可厚非",虽然那边也有皇帝,也杀人,也需要尽忠。这样双重标准评价历史人物,总有点不公平、不够"人文主义"吧。何况复按史乘，也并不如张先生所讲，知识分子全都"受骗"（或自骗）。明清之际，已有不少思想家对君权泛滥提出严厉批评，其中和顾亭林一样留恋明朝而不满清朝的黄宗羲，就不客气地说过："为天下之大害者，君而已矣。"唐甄更进一步："自秦以来，凡为帝王者皆贼也。"这可是面对"今上"说的，设身处地地想想，不能不佩服生活在三百年前的这些大知识分子的勇气。

张先生对顾炎武偷祭十三陵颇致不满，责怪这位精通历史的大学者竟忘记了从朱元璋、朱棣到正德、天启、崇祯这些故明皇帝，曾经做过不少祸国殃民的坏事。他说："不忘而一笔勾销，就是因为心中有忠君思想盘踞着，以至于认为，既然坐上宝座，就无论什么都是正义。"在顾炎武面前谈正义，可要小心。因为同时期很少有另外的人能够像亭林先生那样，既洞明历史真谛，又深明民族大义。皇帝的不成器和胡作非为，他当然知道而且不会忘记，否则他就不必写《天下郡国利病书》了。只不过在他心目中，除了皇帝，还有故国在，这两者相连而并不相同。如何对待故国旧君，是传统社会检验知识人士立身德性的一包小小的试剂。"有亡国，有亡天下，亡国与亡天下奚辨？曰：易姓改号，谓之亡国；仁义充塞，而至于率兽食人，人将相食，谓之亡天下。"这段著名的话，就出自亭林先生之手。何等明白、警醒！所谓亡天下，就是亡一国之文化。清代的强行剃发易服，不就是要亡华夏的固有文化吗？顾亭林的家乡江苏昆山县，乙酉六月陷入清兵之手，他的嗣母王氏绝食十余天不屈而死，遗书爱子："无为异国臣子，无负世世国恩。"难道这种在强暴面前表现出来的民族气节（绝不是殉君），就一定和张先生的"人文主义"标尺相冲突？

我倒以为，明清易代，生灵涂炭，文化失其种姓，社会失其轨则，因此抗争之持久而有韧性、殉国者之多、场面之壮烈，为华夏民族有史以来所罕见，这正是一个文明古国长期文化累积和人文化成的结果。今天的读书人何必操一把以"实实在在的福利"相昭示的"人文主义"的标尺，来把几千年累积下来的含蕴民族正气的历史文明的花果统统连根拔掉？"呜呼！建州入关，明之忠臣烈士，杀身殉国者多矣。甚至北里名媛，南曲才娃，亦有心悬海外之云（指延平王），目断月中之树（指永历帝），预闻复楚亡秦之事者。然终无救于明室之覆灭，岂天意之难回，抑人谋之不臧耶？"（《柳如是别传》下册，三联版，页1143）姑以陈寅老《柳如是别传》中这段与评价钱牧斋有关的话作为我这篇文章的结语。

原载1996年2月6日《文汇报》

第六章　思远人

"西方皇帝"费正清

——在哈佛大学与傅高义教授的对话

1999年2月2日下午5时至7时、2月18日下午5时30分至7时30分,我以哈佛访问学人和《中国文化》与《世界汉学》主编的身份,与哈佛大学费正清东亚研究中心主任兼亚洲研究中心主任傅高义(Ezra F.Vogal)教授作了两次访谈对话。话题围绕"哈佛的中国学与美国的中国学"以及"您怎样看现在的中国"和"中美关系的检讨与展望"三个方面的内容。傅是美国研究中国问题和日本问题的资深学者,主要著作有《重整旗鼓——重建美国的实例分析》《日本的中产阶级》《日本第一》《先行一步:改革中的广东》《与中国相处:二十一世纪的美中关系》等。访谈时内子陈祖芬在座,地点在傅高义教授寓所。此是第一次访谈,其中关于哈佛中国学泰斗费正清的部分尤其好看。

刘梦溪:尽管我们不赞成世纪末和"人类的末日"有什么关联,但处此世纪转换之际,还是容易引发我们许多联想。比如中美关系,在即将过去的二十世纪是怎样一种情况,有哪些问题值得检讨,下一个世纪会怎样发展?不仅中国人,美国人实际上也很关心。当然这些问题未免太大,那么,我们不妨从小一些的问题着手。您可否谈谈美国的中国学?或者再小一点,谈谈哈佛的中国学。哈佛的中国问题研究，在美国学术界居于怎样的位置？与美国其他大学的中国研究有哪些相同之处和不同之处？哈佛的好多个机构都涉及中国学问题，例如费正清东亚研究中心、亚洲中心、东亚语言与文明系、燕京学社，以及历史系，等等。这些单位怎样分工？怎样互动？您作为费正清东亚研究中心主任兼新成立的亚洲中心主任，应该是这个问题最具权威性的发言人，所以希望听到您的高见。当然，我也很想知道您的中国学的理念是什么。我说的学科理念，按中国的学术传统，应包括学问的宗旨、追寻的目标等等。

傅高义：研究中国，当然欧洲开始得早，他们从学习语言文字入手，注意历史文化。美国是在"二战"之后，学习中国语言文字的人多了起来，后来比欧洲多得多。但二十世纪五十年代，美中关系出现了断裂。那时和中国关系密切的人，会受到迫害，还有的丢了工作，有的受心理压迫。当时的中国研究发展不大，研究者的方法停留在战前时期。费正清是1929年哈佛毕业，然后在英国牛津大学进修，1932年到北京学习中文，一度担任清华大学的讲师。1936年开始在哈佛任教。打仗时，他有时在重庆，有时在华盛顿。战后1946年，又回到哈佛。美国的中国学，和费正清是分不开的。他不仅自己做研究，而且做组织上的推动，努力把中国学变成美国大学比较强的一部分，开拓了政治的、经济的和历史、比较文化学各个研究的领域，培养了很多人。哈佛东亚研究中心成立于1956年，费正清担任主任。但二十世纪五十年代初的麦卡锡时期，他也遇到过麻烦。

二十世纪五十年代末、六十年代初，情况逐渐有了变化，人们开始意识到中国是大国，不能无视。一些年轻人、大学毕业生很想了解中国，他们有的在大学先学两年语言、历史之后，继续读博士学位，学科包括社会学、政治学、人类学等等。也不光是哈佛，哥伦比亚大学、华盛顿大学、康奈尔大学、斯坦福大学等学府，都设立了亚洲和中国研究的课程，而且彼此有所互动与协调。

刘梦溪：你是说美国的中国学，二十世纪五十年代和六十年代之交是一个分水岭，可那个时候中美之间还不能正常交流，这种情况下中国研究都包括哪些方面的内容呢？资料来源如何？您的研究是什么时候开始的？

傅高义：美国的中国学，主要侧重现代中国的研究，这是与传统汉学的不同之处。我 1958 年在哈佛拿到博士学位，然后到耶鲁，从耶鲁回来，就在哈佛任教了。我收集材料做研究是在 1963 年，当时没法去内地，觉得最好是在香港。那时香港有个服务中心，资料比较丰富，很多关于中国的报刊我是在那里看到的。还有从内地出来的一些人，包括做生意的人，听他们谈话都可以得到相关资料。哈佛大学大多数教授，只认识学术界的人，和商人接触很少，但在香港，有接触商人、政治人物的机会。当时东欧的人可以去北京，西欧就难一些。在香港能见到世界各国的各方面的朋友。

刘梦溪：就是现在香港中文大学的服务中心吗？

傅高义：是的，1990 年左右搬到了中文大学。美国研究中国问题的学人,二十世纪七十年代以后可以到中国去了。开始人数比较少,主要是一些代表团、友好人士,前去参观,不过很多地方不开放,局限很大。再往后,两国关系改善,可以到中国学习了。我的第一本关于中国的书《共产主义下的广州:一个省会的规划与政治(1949—1968)》,就是那个时候写出来的,向西方读者介绍从二十世纪五十年代到"文革"时期的广东的情况。1980年,我在中山大学工作了三个月,1987年又有三个月,1988年一个月。因为马萨诸塞州和广东有非常密切的关系,而马州州长是我的朋友,于是就去了。在那里认识了许多朋友,如梁灵光省长、副省长张高丽(现在到深圳了)等。他们需要国外投资,我的第一本书他们觉得还有一些用处。我写书,是客观的写法,不能光写好处。1987年广东请我去,给我很多帮助,我可以在全省跑来跑去,看到一个南方省份率先改革的实例。这样就有条件写《先行一步:改革中的广东》这本书了,这是我研究中国的第二本书。

刘梦溪: 在美国研究中国问题的学者中,您研究中国的改革,可能也是"先行一步"了。而哈佛的中国研究,据我所知,由于费正清的推动,比美国其他学府开始以及成规模的时间都要早一些,那么,是否可以请您谈谈哈佛中国学的特点?

傅高义: 哈佛中国研究的特点,一是比较早,这与费正清有关,特别是二十世纪五十年代,哈佛比别的学校先行了一步;二是图书资料条件相对要好一些,和其他大学相比,关于中国的资料这里可能是最多的。哈佛燕京第一任图书馆馆长裘开明先生,是一位非常善于搜罗资料的人,他二十世纪二十年代和三十年代,经常在中国跑来跑去，由于有基金会的支持，购买了大量的中国图书；三是哈佛集中的人才比较多，许多研究中国学的学者，都有在哈佛研究或教学的经历；四是二十世纪五十年代后期和六十年代以后，一直得天独厚地有可靠经费的资助。当然现在东部和西部的不少大学，中国研究都有很大的进展，某一方面，有的学校比我们可能要强一些，只是总体上，哈佛的中国学应该是最有实力最有传统的。

刘梦溪：看来哈佛的中国学堪称美国中国学的龙头老大应该不成问题。因此费正清作为美国中国学的开辟者的地位也是没有疑义的。但我知道，在费正清生前身后，人们对他的评价颇为纷纭，还有的称他为"学术企业家"。您在东亚中心工作的时间很长，和费正清的接触比较多，而且是他的继任人，一定了解他治学以及为人的特点，可否请您谈谈这方面的问题？

傅高义：对费正清始终是有争议的，这是他经历的一部分，但同时大家一致肯定他在美国的中国学领域所做的贡献。他的特点，不在于他本人学问有多么好，主要是他的组织、管理的能力，对校长、对基金会的说服能力。他规定的制度很严格，只有写了好文章，才能拿到博士学位；有了博士学位，可以留一两年，再写一本书。他非常重视写书，认为一个有名的人，应该有一本特别好的书。如果说中国文化与历史是一所房子，一本一本的书就是砖头；中国学的结构，是由一本一本的书组成的。他做东亚中心主任时，办公室的书柜里放着九十多本中心研究人员写的书，我的是第四十一本。现在更多了，已经有二百多本。这些书的题目，很多是他设计的。他主张写的书，不是研究中国学的人也能看懂，因此不一定都是太专门的书，希望全美国、全世界的人都能有关于中国的知识。

刘梦溪：我听说费正清先生是一位很独断的人，是这样吗？

傅高义：应该说你听到的没有错，其实还有"西方皇帝"的说法。他在东亚中心不是完全民主的做法，工作上主要是听他的决定。当然有委员会，但许多事他做在了前头，然后由委员会通过。比如研究是否给一个人奖学金，他说已经和这个人说了，大家就不好不同意了。

刘梦溪：一个有眼光的学术领袖的独断，可以提高效率。傅斯年就是这样的人，当时史语所有人称他为"老虎"。

傅高义：这样可以便利吸引更多的学生。研究的问题，费正清主张以历史为主，门类则应该是全面的，经济学、法学、政治学、社会学、人类学，都要求有合适的人担当。二十世纪六十年代，社会科学的各个学科都有一名教授，这样就可以招生了，所以培养了大量的学生。后来密西根大学、伯克利大学的中国学教授，基本上都是我们的学生，有的比我们还好。华盛顿大学、哥伦比亚大学也都有学生，但最多的是我们这里。再后来，二十世纪七八十年代以后，能够招收学中国学的学生的学校越来越多了，有的学校，如密西根大学对中国政治的研究，比哈佛还好。

刘梦溪： 费正清逝世以后，再没有人试图对美国的中国学做某种设计性的整合了，似乎呈现出分散无序的状态，这样，对学术研究的利弊得失有什么影响？

傅高义： 这种分散的情况有好处，也有坏处。有的比较小的大学，也买了许多关于中国学的图书，只有十几个人看，很不划算。本来不同的学校的研究题目，可以互相区别开来，但现在的课题容易雷同。

刘梦溪： 哈佛的与中国学有关的各机构之间是不是有分工？新成立的亚洲研究中心担当什么任务？与东亚中心如何区别、互动？

傅高义： 东亚研究，本来包括韩国、日本。现在日本研究有专门的中心，韩国研究成了独立的研究，东亚中心就不包括韩国和日本了，而主要是中国研究，而且以近现代即二十世纪的中国研究为主。如果有人在东亚中心开会，内容是关于古代的，我不反对，但还是以现当代为主。至于成立亚洲研究中心，是鉴于亚洲的变化很大，美国和亚洲的全面关系，超过日本。有这样一个机构便于协调，可以推动对亚洲各国的比较研究。

刘梦溪： 您致力于中国问题研究，除了学术兴趣之外，还有什么特别的关切吗？

傅高义： 我个人是从社会学系毕业的，我的老师告诉我：一个社会学的教授应该把握全面社会的最重要的特点、最重要的改变应该抓住。特别是"二战"之后,最重要的、最基本的东西在哪里呢？中国目前处于一个过渡时期,应尽量多地培养人才。中国有关方面多次说,希望哈佛帮助培养中国的年轻人。基于哈佛大学和中国的关系,我觉得我有责任。今年秋天,可能会有一部分美国大学校长去中国,北京大学的陈佳洱校长做主人,中国的教育部同意这个交流。我希望能够成功,如果今年不行,明年一定会达成。哈佛的许多部门和中国有联系,有中国的学生。学习完成有的想留下,我没法反对,但我愿意他们回去。我研究中国,也研究日本。明治维新时的日本,很开放,派人出去,二三十年以后,情况大为不同。中国现在是开放的,1979年以后知识界很活跃。我们和中央党校、国家行政学院也有合作。过去,二十世纪五十年代和六十年代,各用各的材料,现在应该交换材料,互通信息。

刘梦溪：谢谢您谈得这样具体,而且占去这么多时间。期待下次,谢谢！

原载《刘梦溪学术访谈录》,中华书局,2007年,第132—138页

狄百瑞的风格

我在哈佛的研究计划结束之后，又应邀到哥伦比亚大学访学一周。我感到高兴的是，居然有机会与堪称费正清第二的美国中国学泰斗级人物狄百瑞教授（William Theodore de Bary）做了访谈。这要感谢哥大东亚系主任王德威教授，以及商伟教授。他们把一切都提前安排好了。

访谈时间在1999年3月4日下午2时，地点是狄百瑞教授的办公室。他关注的主要问题是文明的对话问题，包括西方的价值理念和儒家思想的对话，中国古代的儒家传统和现代的对话。采取的方式是经典会读，九十年代初期会读《荀子》，我在哥大的时候会读《孝经》。但他追寻的学术目标则是所研究的问题必须与现代性直接相关。

他有点像中国传统的有声望的儒者，力倡以"天下"为己任。他不仅自己这样做，也要求他的学生这样做。遗憾的是我没来得及参加他主持的《孝经》会读，但他大驾光临的一场东亚儒学研讨会我却幸运地躬逢其盛。主讲人是英国一位女教授，特地从伦敦飞来纽约，下飞机就来到了会场。演讲题目是关于韩国的儒学问题。她准备的讲稿大约只讲了三分之一，坐在长形会议桌另一端的狄百瑞便打断了她，问她有一本书看过没有。我看到女教授摇头表示没有读过，于是狄百瑞开始了他的论说。他讲的时候，会场的空气变得格外凝重。足有十多分钟，他的话讲完，然后拿起文件包转身就离开了会场。

我的观感是由于不悦他才中途退席，但坐在我旁边的王海龙先生说，这就是他的风格。幸亏主持人宣布研讨会继续进行，并对狄先生离开的理由做了适当的解释，满面红晕而又不知所措的女演讲人才逐渐摆脱尴尬。

这让我想起有"老虎"之称的傅斯年。当年傅斯年主政"中央研究院"历史语言研究所时，由于大气磅礴，风格独断，人们称他为"傅老虎"。但"老虎"归"老虎"，史语所的那些学问不可一世的大专家，一个个矜服如仪，无有二词。陈寅恪与傅的交谊尤厚，1927年就赞许他："天下英雄独使君。"晚年得知傅在台湾突然病逝的消息，也有诗记其事："不生不死最堪伤，犹说扶余海外王。"还是把傅斯年和"王者"联系起来。无独有偶，1999年哈佛大学费正清东亚研究中心主任傅高义教授，在接受我访谈对话的时候，我们谈起费正清，他说费氏一向有"西方皇帝"的说法。我从狄百瑞身上似乎看到了"老虎"傅斯年或者"西方皇帝"费正清的某些影子。

但当我和狄百瑞教授在他的办公室访谈时，我看到的是他对儒家思想的深层思考，以及对他所关注的问题的沉醉和不容置辩。他生于1919年，当时他已经八十高龄，但思想和锋芒证明他仍然很年轻。他曾担任哥伦比亚大学东方研究委员会主席、东亚语言及区域中心主任、大学教务会执委会主席和哥大副校长等要职，但繁忙的行政似乎并没有对他所钟爱的学术事业构成影响，一生著述宏富，书生本色未改。

正如金耀基先生所评价的："狄百瑞先生之本色是书生，学术是他最根本的趣旨，故无论教育行政如何繁重，他在学术研究上数十年如一日，从未间断，是以著述不辍，质量皆富。"狄氏的著作译成中文的目前还不是很多，特别是访谈中他向我提到的近著《亚洲价值与人权：一个儒家社群主义视角》，另外，还有《儒教的困境》和《等待天亮》两本他自己颇看重的著作，至今还没有和中文读者见面。

只要看看《等待天亮》一书他具列的献给中国学者的名字，就明白他对中国儒学的当代建构寄予怎样的厚望。这些名字是：梁方仲、胡适、冯友兰、钱穆、唐君毅和陈荣捷。1994年，当他为何兆武先生翻译的他的《东亚文明——五个阶段的对话》的中文本撰写序言时，再次具列了这些名字。

那么，《经典会读与文明对话》这篇访谈录，就权作他和中国学人接触的一次短暂的记录吧。

原载 2007 年 6 月 20 日《中华读书报》

西方大儒史华慈

大体上还算没有延误过多时间的访谈文章,是《现代性与跨文化沟通——史华慈教授访谈录》。所谈内容极为丰厚充盈,是我在哈佛收获最大的一次访谈。2003年首次在《世界汉学》披载时,获致学界朋友的好评。当然这不是由于我,而是史华慈学术思想的冲击力所发生的作用。他毫无疑问是西方最杰出的思想家之一。林毓生先生访谈前对我讲:"你见到了史华慈,可以知道西方非常高的大儒是什么样子。"他有无穷无尽的思想,他提问题的视角是面对整个人类讲话。他最关注的是人文精神的建构,他感到最难解释的是人到底是什么的问题。无法想象,这样一颗伟大的灵魂竟会在1999年11月4日悄然仙逝。我在《现代性与跨文化沟通——史华慈教授访谈录》整理完稿之后补写的《题记》中写道:

我很遗憾我与史华慈教授的访谈对话,他没有来得及看到就离开了人世。都怪我不恰当地生病,耽搁了及时整理访谈记录稿的时间。1999年对我是不幸的一年,4月份从哈佛回来不久,就病倒了。直至第二年春夏,方日渐恢复。但更加不幸的是,我所见到的西方最单纯的思想家、最富学养的中国学学者史华慈教授，已经永远不能向人类发表他的睿智卓见了。我和他的访谈对话，第一次在1999年2月9日下午2点到4点，第二次是2月22日上午10时至12时。地点在哈佛费正清东亚研究中心他的办公室。他的办公桌对着门，大衣挂在门后的衣钩上。我和林同奇先生坐在他的对面，内子陈祖芬坐在左侧书架前。因为有事先送给他的访谈提纲，整个谈话非常顺利。他谈得愉快而兴奋，几次高举起双手，强调他的跨文化沟通的观点。讲到美国文化的现状，他略感悲观，他说自己也许是老了。这样说的时候，我注意到他眉宇间有一丝黯然。没法形容这次访谈我个人所受的启悟以及带来的学术喜悦有多大。第二次谈话结束的时候，我写了一张纸条给他，上面写："启我十年悟，应结一世缘。"当时说好访谈稿整理成文之后会寄请他过目。没想到因病未克及时竣事。而当现在终于成文准备发表，却欲送无人了。成为一次永远无法弥补的遗憾。好在此访谈稿先经林同奇先生根据录音整理并作汉译，然后我参酌现场所做笔记和内子的笔记，最后写定成文。其可靠性，史华慈先生自必认可。如果我揣想不误的话，1999年2月9日和22日我对他的这两次访谈，应该是他生平最后的两次学术对话。因为林同奇先生告诉我，我回国不久，史华慈先生就住进了医院。也许我纸条上的后一句不那样写就好了。林同奇教授为访谈所做的帮助，对访谈初稿的整理、汉译，我深深感谢并心怀感激。

上面这段文字，写于2001年1月24日，如今已经过去六年的时间，而距离我与史华慈先生那次访谈对话，至今已有八个春秋。

需要说明的是，史华慈教授的谈话，不是对我所提问题的简单回答，而是参照我的问题，放开来阐述他的思想。我甚至觉得，这是他的一次借题发挥，他显然乐于并且需要发表他积蓄已久的思想。而且，我需要再次向林同奇先生表达我的谢意。上海的史华慈研讨会，他因身体原因没能来参加，但因缘凑泊的是，林毓生先生代他宣读论文，我恰好担任这场论文发布会的评议人。宣读超过了规定时间，主席叫停，林毓生先生郑重陈词："那就是说林同奇先生没有掌握好时间。"全场莞尔而笑。

会后我打电话给同奇先生，告知他研讨会的情况，并提及我向会议提交的论文的题目是《史华慈最后发表的思想》。

原载《刘梦溪学术访谈录》序言，中华书局，2007年，第10—12页。

史华慈最后发表的思想

一 我提出的问题

为了准备与史华慈先生的访谈,我事先写好了访谈提纲,列出了八个方面的问题。

第一个问题,林毓生教授向我介绍,他说您的研究与一般的汉学家以及中国学的学者有很大的不同。能否请您谈一谈您的研究的特点?是怎样的契机使您进入中国研究的领域?《毛泽东和中国共产党的兴起》《严复研究》《中国古代的思想世界》这三本书是怎样写出来的?能反映您的中国研究的各个阶段吗?对于中国,您最关注的是什么?什么是您的中国研究的基本理念?您是否还有新的写作计划?

第二个问题,费正清教授已经作古,您能对他的贡献和历史地位有所评价吗?哈佛的中国研究有什么特点?您对当今美国的中国学有何批评?有何期望?有何建议?

第三个问题,请您扼要谈谈对中国的文化与传统的看法。您认为中国文化传统里面有通向现代的可供借鉴的资源吗?李约瑟主持的《中国科技史》您怎样评价?中国人在思想领域对人类文明的宝库的贡献,最主要的都有哪些?对晚清以来引起中国文化与社会变迁的"挑战—响应"模式,学术界已有所质疑,您现在怎样看这个问题?

第四个问题,今年是"五四"运动八十周年,请您谈谈"五四"好吗?我知道您是赞同把"五四"以来的思潮分解为激进主义、保守主义和自由主义三种思潮的,不知您现在是否仍然持此种看法?但这种区分本身已有所取舍,至少有区分者的倚轻倚重的态度。从学术史的角度看,这种区分是否代价太大?后期的严复、章太炎、王国维(包括梁启超)的思想,怎样评价才算比较公平?就一个学者的学术思想而言,保守主义这个概念怎样和他发生联系?

第五个问题,研究中国思想与文化的学者中,很多人都赞同"儒家中心说"。我对此深所置疑。我觉得"儒家中心说"不能正确解释中国的历史与传统。中国传统知识分子的思想往往不是很单一,儒家之外,佛、道思想也是重要的源泉,尤其是民间的或处于在野位置的知识分子,更是如此。不知您怎样看这个问题?

第六个问题,您怎样看中国人以及中国文化中的宗教与信仰问题?儒学和宗教的关系是近来中国学术界的热门话题。儒学是不是宗教,大家看法很分歧。您怎样看这个问题?

第七个问题,能否谈谈您对今天的中国的看法?今年是二十世纪的最后一年,您对即将过去的一百年即二十世纪的中国,和二十一世纪的中国,有何检讨和展望吗?您对中美关系有何预期?

第八个问题,对亨廷顿教授的"文明冲突论"您有何评论?

二　史华慈发表的思想

我需要说明，史华慈教授的谈话，不是对我所提问题的简单回答，而是参照我的问题，放开来阐述他的思想。我甚至觉得，这是他的一次借题发挥，他显然乐于并且需要发表他积蓄已久的思想。

他的这次最后的思想表达，内容极为丰富，涉及有关文化问题的诸多侧面。因为访谈全文以《现代性与跨文化沟通》为题，已经在我主编的《世界汉学》第 2 期刊载，此处只摘录其中一些最重要的思想，并略谈我对这些思想的看法，以就教于大家。

第一，史华慈认为，文化是一种未经决定的、不稳定的、相当松散的整体。他一再说，文化是个复杂的事物，是巨大而不稳定的范畴。他说历史是麻烦的事情，一大堆问题，纠缠不清。它和文化一样都是一种"问题性"或"问题结构"（problematiques）。问题，由于涉及人类存在的经验，所以是普世的；但是答案，由于出自人，所以总是有分歧。

所以，他并不把文化看作某种固定不变的结构模式，而是把文化比喻成一种化学上的复杂的化合物（a complex chemical compound）。有的研究者把文化比作生物学上的一元有机体（a biological organism），他说这是一种强势的文化整体观，容易低估历史变迁的意义。他赞成一种弱势的比较谦虚的文化整体观，他心目中的文化，是一种未经决定的、不稳定的、相当松散的整体。

如果我们说文化是一种结构，就必须马上强调这个结构内部各种成分之间并没有达成稳定的谐和状态，而是充满种种深刻的历时性和共时性的矛盾，而且正如一切化学化合物那样，其中各种成分都可以分离出来，可以从原有的结构中解脱出来和其他结构组合。所以文化不可能形成一个静止的完全整合的封闭的系统。他以佛教传入中国作为例证，说东汉后佛教传入中国的历史，表明中国人完全可以从印度文化中剥离出一部分，综合到自己的文化中。中国人并没有因为吸收了佛教从此就变成了印度人，我想也不会因为吸收一部分西方思想就变成西方人。

第二，他提出了"文化导向"（cultural orientations）的概念。文化人类学家往往采取一种静态的观点，认为一旦一种文化有了某种导向，这些导向就永远持续下去，不发生任何变化。但史华慈强调的是文化和历史之间的连续性，不赞成后现代主义者把文化等同于论说（discourse），再把论说等同于历史。他说，有些当代的文化民族主义者，容易把文化内部的各种价值规范之间的历史性和共时性张力减少到最低程度，同时回避作为理想的规范和现实之间的差距。为了肯定某种"民族认同"，他们不惜把过去描绘成一片光明，从而牺牲了文化的丰富性和复杂性。不论是西方的胜利者还是非西方的受害者，双方都有这种倾向。

第三，史华慈在谈到现代性问题时，他提出，历史没有终结，现代性没有结束。他说，"现代性"这个词，正像"文化"这个词一样，它的内部一直有很多张力。

前几年，柏林墙垮塌后不久，有人比如福山，就说这是"历史的终结"（the End of History）。现在他也修订了自己的观点。现代性内部既然有种种张力，就一定会发展。因此，如果我们谈起"五四"运动，就得关联西方现代性的发展和变化来谈。我认为"五四"发生的时期，即1919年这一年是非常重要的。如果我们看西方现代性的发展，那么十九世纪和二十世纪很不一样。十九世纪可以说属于英美式的，可以说是科学和民主的某种结合，是自由主义的天下。但到了二十世纪，出现了危机，集中表现在第一次世界大战，战后产生了对自由主义的强烈反弹。"五四"运动发生的时机，就恰恰遇上了西方历史和它的现代性发展中的转折点。因此我们需要考虑和面对的，不仅是西方文化和中国文化，而且是历史走到了某一时刻。我们并不是仅仅面对两个相互对抗的抽象的文化，还得面对具体的历史。

在讲"五四"时，他使用了历史时刻这个概念。

第四，我向他请教现代性的核心指标是什么？研究现代性需不需要和各自的文化传统联系起来？就文化的历时性和共时性的关系而言，是不是可以有不同的现代性？他说这是大家一直争论不休的问题。

他说许多人认为，现代性是科学革命或者经济技术的合理化；有人强调社会伦理方面的变化，认为是个人从人类的或超自然的权威中解放出来；有的则认为现代性的核心是推进人类的平等，以及还有的认为是民族主义的兴起并占据主导地位，等等。其实，即便在个人主义内部也是五花八门，从康德的道德自决到十九世纪的浪漫主义，到古典经济学的经济个人主义。现代性中自由和平等的关系始终是没有解决的难题。至于经济、技术和社会伦理之间的关系应该如何，从卢梭和法国一些启蒙哲学家的讨论开始，到现在还是争吵不休。韦伯把合理化作为现代性的中心，当然很有说服力。

不过，史华慈先生说，他想从哲学的视角来看韦伯的"合理化"所产生的种种结果，这样可以得出一个结论，就是现代性的核心是一种"浮士德冲力"（Faustian Spirit），一种不惜一切代价追求知识的无限欲望,它影响现代文化的每个方面。所以我们谈现代性的文化,和谈传统文化一样,文化内部的那些中心导向(不论它们是什么)所导致的、所产生的都是一个巨大的远没有解决的问题性。

第五,关于传统的断裂问题。他说,凡强调和过去发生质的断裂的人,多半认为基本的对立不在于西方文化和非西方文化之间,而在于传统社会和现代社会之间。他们喜欢使用的比喻是生物有机体,认为所有文化或文明都像一个正常的生物个体,必得经历某种单线型的发展。一般来说,许多认为西方的现代性具有普世性的非西方的知识分子,往往认为文化的历时性对立比共时性对立更为重要,更加本质。其实古、今、中、西,所有这些对立都不是绝对的。例如,在西方前现代文化的"问题性"中既含有种种有利于发展现代性的倾向,也含有种种不利于现代性发展的倾向。十六世纪和十七世纪的科学革命固然得力于古希腊前苏格拉底的哲学思潮,但是,正是主张这种看法的人认为,亚理士多德的理性主义对科学革命并不有利。从近十几、二十年的情况看来,和儒家有关的许多社会文化习俗对东亚经济现代化进展并非不利,但儒家思想中也有一些不利于现代化的因素。

第六,史华慈也谈到了另外一种断裂,就是"后现代"和笛卡儿式的"断裂"。他说西方出现的一件事在中国没出现过,就是所谓笛卡儿式的断裂(the Cartesian Breaks)。不是指笛卡儿个人,而是一种彻底的二元论。笛卡儿本人并没有完全这样做,因为他仍然相信上帝。根据这种二元论,一方面是整套的科学,对物质的机械论看法;另一方面就是物质的对立面,不是上帝而是人这个主体世界。主体和物质两个世界彻底被分开了。这是非常激烈的看法，在哲学史上属于激烈的二元论。可是这种二元论却充满活力。

至于怎样才能把这两方面联系起来，一直到现在仍然是没有解决的问题。西方到十八世纪、十九世纪，许多人对仅仅存在着个人主体感到失望。到康德，他谈的还是个人的主体。但许多人都认为人不只是一种个人的主体，还必须引进人的社会性。于是出现了休谟，他对主体采取怀疑的态度。后来更有人想根本取消主体这个观念，代之以社会或者语言等等。二十世纪就是以语言代替主体。他们事实上都攻击笛卡儿，转而谈文化、社会、历史。黑格尔就把历史看成自身独立发展的过程，前进的动力再也不是个人了，而成为社会的历史。

史华慈说，后现代主义也攻击主体，也攻击个人的主体。但他们所做的，马克思早已做过。马克思在《费尔巴哈论纲》中说过（从其现实性说）"人的本质不是孤立的个人而是社会关系的总和"。不过这是把某种称为"社会"的东西实体化了，社会变成了动力体系或系统的东西。笛卡儿式的断裂，带有浓厚的非宗教、无宗教的含义（profoundly non-religious and irreligious）。即使你不说是个人，而是社会历史，你说的仍然限于人的领域。人（human）的世界和非人的（non-human）世界之间的断裂依然是彻底的。而那个非人的世界，自然可以用科学来解释。

史华慈说，他不是非理性主义者，他相信科学，科学告诉我们许多关于世界的实际情况，虽然科学不可能告诉我们一切。这就是为什么所谓"后现代主义的革命"根本不是一场革命。因为它依然卡在一个老问题上，即人的世界与非人的世界的对立，你可以说人已不再是一个主体了，主体已被消解了，但你仍然是和物质世界对立的人。

第七，关于宇宙的结构和"道"。史华慈说，在西方，我们一谈起宇宙，就喜欢谈"结构"，宇宙的结构，自然的结构等等。但是中国人谈到宇宙或大自然很少用"结构"这个概念。中国人喜欢用"道"这个概念。道和结构很不一样，道似乎更加整全化、有机化，比较动态灵活，而且"万物生于有，有生于无"。那个"无"孕育、包含整个的"有"。而在古希腊，有一种思想，就是把宇宙中的一切，即中国所谓的"万物"都还原成某种元素，如水、火或空气等，或还原为原子，像德谟克里特的原子论。中国是采取的"五行"学说，"阴阳五行化生万物"，整个自然是丰满的，而且可以充满种种神灵。这不是化约主义（Reductionism），不是把一个很复杂的现象化约成一些简单的东西。希腊人采用"结构"这个词，是因为他们认为，如果你把这些小元素取出来放在一起就产生了一个新结构。可是中国，当一个新东西产生时，不谈结构，而采用"生"这个词："道生一，一生二，二生三，三生万物。"

第八，当史华慈谈中国人和西方人认识宇宙所使用的不同概念时，他是想回答我的一个问题，就是对中国古代科学以及对李约瑟博士的《中国科技史》有何看法。他说，西方十七世纪、十八世纪的科学革命基本上是回到希腊，如果你把数学逻辑和化约主义放在一起，把毕达哥拉斯的数学理论（他把数作为万物的原型）和德谟克里特的原子论结合在一起，你就可以得出某种现代科学的原型。文艺复兴的精神之一就是回到希腊，当然现代科学不是一下子就产生出来，还得经过一段时间。

他说李约瑟当然是个了不起的人，不过他们之间曾有过争论。

李强调科学应该遵循有机论，将来的科学可能更像中国人的思想，更加有机化。将来是否如此他不敢说，但在过去——他知道他这样说难免有些简单化——西方却是用数学、逻辑加化约主义来搞科学的。他不是否认中国也有不少观察，包括对自然的经验性的观察，但是——这也是他个人的看法——中国人过去没有把数学、逻辑和原子放在一起，变成一种结构。他认为李约瑟所说的中国的有机观，可能和中国对人文和社会的观察有相当密切的联系，例如，可能是出于和国家官僚体制的模拟而产生的一种构想，和生物学有机体的联系反而较少。

史华慈说，他并不崇拜科学，把自然科学的模式应用于人文学科，他不认为有正当性。他说中国诸子中，最接近西方现代科学的可能是后期墨家。墨子一派就属于反抗主控导向的思想家。当然，在西方同样也有反主控导向的思潮。例如你不能说因为西方主控导向是一神论，就没有某种与神合一的神秘主义潮流。大家知道在中世纪这种潮流的代表人物如 Johannes Eckhart，他曾给马丁·路德以很大启发。史华慈说他在这方面不是专家，只是个人的一些意见。

第九，他主张跨文化沟通。首先他认为跨文化沟通是可能的。他不赞成后现代主义的说法，以为各有各的传述系统，大家无法进行跨文化沟通。他说，不同文化背景的人完全可以聚在一起讨论比较哲学、比较宗教。即使文化在某种意义上是个整体，我们仍然可以从中提取一些课题，大家都很关切的课题，彼此展开讨论。杜维明强调文明对话，大家都在讨论宗教中超越和内在的问题。有些人类经验的领域确实具有不可化约的独特性，特别是艺术领域。例如中国的建筑、青铜器、绘画、食物、服装都很独特，但尽管独特,很难说就不可以沟通。例如,东汉以后中国不仅引进了佛教,也引进了印度的艺术,当然它们后来也中国化了。又如,山水画是东亚艺术的特色,但许多西方人很爱看山水画,不少人跑去看中国的艺术展览。你可能知道在美国有一些正统的犹太人也非常喜欢吃中国菜。有时这些最独特的东西反而引起最热烈的沟通,这真是吊诡。当然,抽象的概念也一样可交流,例如孔子关于家庭及其功能的看法是通过中国的文化导向折射出来,亚理士多德的有关看法是通过古希腊的文化导向折射出来。尽管遇上翻译的巨大困难,两者事实上是可以沟通的,因为他们讨论的是可以沟通的课题。这证明文化的许多部分是可以到处旅行的,食物和艺术只是显例。

第十,他对偏颇的全球主义持保留态度。他说他对目前这种形式的全球化现象并不乐观,因为它太不平衡,太偏颇了(lopsided)。目前,西方正在发生的一切并不妙。自从反自由主义垮台以来,令人失望的是,我们似乎又回到了十九世纪前期,那时就是把自由主义(或民主)和资本主义的市场结合起来。现在我们又回到过去,那不是什么新东西。当然,我很喜欢民主政治的观念,但我不赞成回到十九世纪。目前美国的潮流并不是什么后现代主义的兴起,后现代主义在美国实际上不太受欢迎。目前的一股潮流是回归十九世纪。特别是体制内知识分子只想回到自由市场,这是一种经济主义,推广到全球就成了一种偏颇的全球主义。

他说他在美国当时还是个青年时遇上了新政。那时有一股把资本主义当成上帝的思想。但他支持那种认为资本主义有许多缺陷的思想。他不否认自己是个新政主义者(New Dealer),现在也没有改变。发展经济毫无疑问得运用某些市场原则，但罗斯福却相信资本主义应该受到控制、调整、限制。可是现在又回头来认为一切问题都可以通过自由市场得到解决，他表示不能认同。

第十一，关于中国文化背景下的宗教与信仰问题。他说知道有一种观点，认为亚洲的宗教是内在的，西方的一神教是超越的。其实超越与内在的关系很复杂。例如犹太教或基督教都认为上帝是和现象世界分离开来的，但上帝也可以和你非常贴近。佛教和道教可能更强调内在。在犹太教（不是基督教，因基督教更复杂些）看来，一个人永远不可能和神完全成为一体，也就是说，道心与人心不能完全是合一的。可是对于犹太教也有人说，人和神可以非常之贴近，像米开朗琪罗（Michelangelo）在西斯廷教堂（Sistine Chapel）中的那张名画，上帝和亚当双方的手指就非常接近，但就是有一点点距离。可是中国在谈到圣人时，道心可以和人心合一。

他说宗教是高深的学问，大家可以友好地讨论这些深刻的问题。可是在现代世界中，宗教却和所谓群体仇恨（communal hatred）连在一起，宗教成了群体仇恨的工具。一旦宗教和政治搅在一起，和所谓"群体主义"（communalism）结合起来，很容易成为仇恨的工具。

这时我插话说，中国文化里面的宗教思想，包容性比较强，所以中国历史上很少有原教旨主义那样的教派，避免了教派之间的冲突。儒、释、道"三教合一"的现象，是真实的存在。史华慈同意我的看法，说印度和中国"无"的概念都很强，允许一定空间容纳多神的地位。佛教也给多神留下余地，不像犹太教、基督传统没有多神存在的余地。不过，中国政府一向对民间宗教存在戒心。由此我们又讨论了民间宗教问题。还谈到了"巫",以及孔子、朱熹对天,对宗教,对鬼神的态度。

史华慈说,中国的"宗教"这个词,是从日文译过来的。"宗"在日文里相当于"宗派"(sect),"教"在汉语中则带有现代"宗教"的一些含义,虽然还有别的含义。在西方,宗教和非宗教、神圣和凡俗分得很清楚,西方有人把上帝描绘成一个带胡须的老头。可是朱熹就倾向于神是不能加以描绘的。中国人更多的时候是说"天",但《诗经》中的天就有两种:人格化的和非人格化的。后来,天逐渐向一种非人格的秩序发展。不过,这问题在中国始终并没有彻底定下来。在孔子那里,一方面他说:"知我者其天乎!"这意味着人格化的天,可是另一方面他又说:"天何言哉?四时行焉,百物生焉。"似乎又意味着一个非人格化的秩序的天。

他还说,中国人把"神"(divinity)变成多数的神祇(deities),可以说是一种把人世间"非神(圣)化"(dedivinization)的倾向。希腊人也有过以某种方式削弱神的角色的企图,例如前苏格拉底的一批哲学家,他们对荷马的多神世界做出反弹。在这点上,希腊人有点像犹太人,只不过希腊哲学家是把多神世界抽象化,犹太人则从多神发展成一神,走向很不一样。这是个非常有趣但又是非常复杂的问题。

第十二,史华慈对中国和中国文化的看法。他说他不是预言家,也不信预言。不过他说,中国目前有一种提法,例如我们到底应该回归传统还是和传统决裂,这提法本身是不对的。事实上,将来会有些中国人被美国文化的某些部分所吸引。他说他自己并不欣赏美国现在的文化,毋宁说还很反对美国现在的文化。

中国人也是有人对中国文化的某些部分很喜欢，但不喜欢其他部分。文化本来就是一种很松散的东西，内部一直争吵不休。也许中国人更愿意把文化看成一个整全合一的东西，以为更具有吸引力。他说：也许你们知道最近美国一位人类学家华生（James L. Watson）写了一本讲麦当劳（McDonald）快餐店在东亚的书 *Golten Arches East*，他应该算是属于相信文化整全观的学者，可是他发现当麦当劳快餐店进入中国后，有些地方就带上了中国的味道。他说在美国的麦当劳，店员对顾客总是兴高采烈，笑脸相迎，但在中国，店员对顾客就比较冷漠。但其他许多方面还是保留美国的一套，例如厕所较好，青年人都喜欢在那里聚会。当然，这个例子不一定典型。中国人好像倾向于把文化看成一个整全的东西。这种文化观和民族主义结合，就会有负面的影响。

第十三，对民族主义问题，他提出了崭新的观点。他说，民族主义和现代性同样复杂。他说他和有些西方学者不同，他认为现代性应该包括民族主义在内。但是和现代性一样，民族主义也和过去有密切联系。希伯来的《圣经》中有许多氏族，中国春秋战国时代的不少邦国也都有各自的文化、语言、地域。他们或多或少带有现代民族国家的某些特点，但它们都没有发展成现代民族主义那样把民族国家（nation-state）看成一种"终极性群体"（terminal community），一种可以给广大群众提供几乎是准宗教的（quasi-religious）的意义中心。民族国家不仅是达成富强的手段，而且几乎变成一种从人类领域内涌现出来的一个"神"（deity），足以给予参与它的荣耀者带来生活的意义，带来光荣感和自豪感，带来某种和终极事物相联系的超越性的情感。

他提出，民族主义作为一种准宗教，并不必然需要有一个历史上长期存在的现成的民族作为前提。例如由殖民列强任意划分的一些非洲的领土,就可以用殖民当局遗留下来的国家机构为中心,建立一个民族主义的中心。过去的苏联虽然是一个多群族的帝国,都俨然自称为一个民族,并产生相当可观的爱国主义情感。有人认为甚至在欧洲也是国家(state)创造出民族,而不是由民族创造出国家。我们至少可以说当初世袭的领土式的国家对创造现代民族的形象起了明显的推动作用。目前世界上大片地区兴起一股民族主义思潮,它的前景如何,很难确定。有人预测,经济、科技的全球化终会夷平民族主义的山头。但是我们知道,早在十九世纪早期就有许多古典经济学家认为,民族主义是一种时代错置的现象,可是两百年过去了,民族主义至今未衰。

史华慈提出,国家(state)创造出民族,而不是由民族创造出国家,这是一种很有现代意义的观点。如果这个观点成立,那么对民族主义应该有新的界说。就是说,美国也有自己的民族主义,也要提防民族主义的膨胀。我当时向他提出了这个问题。

他说民族主义本来是一种对于本民族的特殊的情感,似乎没有必要宣称自己的民族拥有某种普世性的真理或价值。但事实上,许多民族都宣称自己是这种真理或价值的载体。例如"美国生活方式""苏联式的社会主义""法国文化的文明使命"等等。处理这类思想相当麻烦,因为其中潜伏着强烈的民族主义。尽管我们谈了很多全球化现象,可是民族主义即使在"工业化的民主国家"中也绝对没有死亡。美国一直就有所谓"美国主义"。

他说中国如果一切发展得很顺利,中国文化的许多方面会保留下来,但也渗入许多新的因素,是一种混合物,这是好的结果。坏的结果就是民族主义者对中国文化的诠释占了上风,那就不好了。

当我问他对亨廷顿教授的"文明冲突论"有何看法时，他说他和亨廷顿教授很熟悉，他总是告诉他："你太简单化了。"中国文化内容很多，内部有许多张力，而且随时间的推移会发生新变化，不是儒家一统的天下。不过，亨廷顿可以在中国很快传开，原因之一也许正是因为中国确有一批民族主义者，认为中国文化是一个单一的整体。

第十四，他提出语言对思维所起的作用，并不像人们想象的那样大。他说，二十世纪有一种观念，认为语言决定一切文化事物，几乎把语言本身看成最终极的原因。他说他的看法不一样，他认为语言的差别固然很重要，但不认为因此就不能把一种语言翻译为另一种语言，或者说中国文化是被中国语言所决定的。他认为思想可以超越不同语言的界限。即使在西方，有些国家的人说的是共同语言，但他们仍然不能对有些词的意义取得一致意见。这是因为不管西方文化或中国文化，文化内总有许多派别。如果你读了中国历代对《论语》所作的注释（从汉代到清代），你会发现中国人自己对《论语》中一些词的含义的解释，也不能取得一致。西方也一样，例如对柏拉图文本的解释就有很多不同。他说，这种情况不仅仅是语言的问题，而是思想的问题。在西方我们有nature这个词，译成中文是"自然"。但到底"自然"是nature，还是nature是"自然"，甚至在追问nature在中国是什么意思之前，nature在西方到底是什么意思，就已经是一个争论不休的难题。

史华慈说，有的学者认为语言对思维有决定作用，例如chad Hansen认为汉语中没有冠词，不适合抽象思维。还有的学者认为语言不同，跨文化沟通极端困难。他说他不能同意Hansen的看法。他说，诚然，在希腊语言中，抽象的事物与具体的事物分得很清楚，便于逻辑思考。但中国的《墨经》也在讨论逻辑，也谈必要条件和充分条件的区别，用的都是中国语言。语言中有没有冠词 a 和 the 的区别，对讨论逻辑有些影响，但并不那么大。俄文里也没有冠词，只说"书在桌子上"，并不说"这本书在这个桌子上"。但在具体语境中意思总是清楚的。也可能有定冠词比没有定冠词，谈起逻辑来要方便一些。但语言没有那么大的影响，他不是语言决定论者。

第十五，关于中国研究的文本与诠释问题。他说当他开始研究严复时，对清代历史发生了兴趣，比如考据学派，让他非常兴奋。他说他第一次发现在中国儒学内部有一个很长的历史演变过程，就像基督教也有一段很长的历史一样。于是渐渐地发现，如果想研究明朝的思想，必须了解一些宋朝的思想。最后发现，如果想了解任何关于中国的思想，都得去了解先秦的思想。中国从来就没有那种笛卡儿式的"断裂"。中国的传统像所有以文本为中心的传统一样，是一种诠释学的传统。

我问他中国的诠释学和西方的诠释学有什么区别。他说，凡是文本传统，都是诠释学的传统，《圣经》也是如此。传统不是某种静态的东西。风俗习惯，特别是没有反思的风俗习惯，是静态的。但是一旦有了一个文本，这个文本就可以得到众多的诠释，譬如汉代的儒学和唐代的儒学就不一样。西方对柏拉图、亚理士多德的诠释，也都不一样。墨子和老子也是如此。所以文化内部有很多不同的传统。文本的传统是充满活力的，因为文本可以有多种解释。现在大家都对文本的命运产生浓厚兴趣。有人说现代世界是反传统的，不过，你不妨看看美国的宪法。美国宪法不管是好是坏，一直被认为是一个神圣的档案。即使围绕克林顿这件蠢事，大家还得看看宪法是怎么说的。当然词语有时是很难诠释的。所以"问题性"这个概念非常有意义。

第十六，关于"保守主义"和"新传统主义"。我向他提出的问题里面其中有一个是，把"五四"前后的思潮区分为保守主义、自由主义和激进主义，这种"三分法"是不是存在问题。我近年研究近现代学术思想史，对"保守主义"一词，深所置疑。他说他其实也不大用保守主义，特别是谈文化时，他倾向于使用新传统主义。因为保守主义和传统主义是不一样的，例如严复，他是保守主义者，可是有一段时间他的思想大部分却是西方的思想。刘师培是一位无政府主义者，还有梁漱溟，称他们为新传统主义者，似乎更准确。

我说新传统主义这个概念很好，非常适合晚清到"五四"前后中国文化界的一种思潮。保守主义的提法过分笼统。到底是政治划分，还是文化划分或者是学术与思想的划分。他说即使在政治思想方面，也很难说谁是保守主义，例如说蒋介石是保守主义，还是章太炎是保守主义。

我说中国思想界现在有一种看法，即认为晚清以来如果不是用激进的办法，而是用渐进的办法解决中国的问题，后来的局面可能会好一些。陈寅恪的这种思想很强烈，许多诗文都有表现。

史华慈说，其实一切都和当时的时机有关。现在，当然我们都看到了东欧和苏联发生的剧变。可是我们得把历史算在内。例如中国那时是1919年，有许多人像陈独秀那样相信十月革命会很快传开来。一旦谈到两个相遇的文化的处境（content），文化双方其实都在不断变化着。谈到后现代主义，许多中国知识分子喜欢来自西方的一些新理论。但后现代主义在美国有许多人讨厌它，就是在大学里人们也认为它很糟糕，它的论敌现在很活跃，并没有销声匿迹，实际上后现代主义目前已处于守势了。

第十七，他对文化的全面商业化表示忧虑。我向他请教对美国文化有什么看法，他说这是个大问题，自己难免对西方文化有个人的偏见。但他确信西方文化的一个伟大贡献是宪政民主（Constitutional Democracy），这是个很好的理念，尽管克林顿丑闻说明这个理念还没有得到最佳表现。可是他说宪政民主并不是必然要和放任的不加调节的市场经济联结在一起。

他不同意许多美国人的看法，他们在某种意义上倒有点像马克思主义者，相信经济是基础的学说，认为一旦你有一个充分发展的经济，就必然会得到民主。他当然并不反对市场经济，但市场需要调节、控制。政府的各个阶层都不应凌驾于法律之上，最高层领导也不应例外。应该有一种法律可以管制政府的最高层。这不会给我们带来乌托邦，只是不可缺少的"游戏规则"。特别重要的是，要有规定权力转移和继承的法律。他是个新政主义者，深信在经济领域政府需要扮演重要的角色，虽然政府行为必须在法律范围之内。

林同奇先生问史华慈：听说您对当前美国的情况相当悲观。他说是的，使他感到悲观的是由于美国的商业化，一切都商业化，全面搞金钱崇拜，这很糟糕。他说有一件事马克思说对了，就是由私人全面控制财富就必然会导致对政府的控制。他说他已经是老年人，说的可能是老人的话，但文化的全面商业化无论如何是件可怕的事情。

第十八，最后的禅语。我和史华慈教授的第二次对话，也就是 1999 年 2 月 22 日上午的对话，到 12 点的时候，我们就要结束了。

他问我家乡何处，在研究什么课题。

然后他自言自语地说："我读每天的报纸时，就很悲观，可是一遇到像今天这类叙谈，我就变得乐观起来了。"还说："我是老了，可是我对美国今天的文化有很多怀疑，希望中国会保持自己的文化传统。"我说："中国的传统本来是没有断裂的，可是二十世纪这一百年，特别是后半个世纪，试图割断传统的思潮很时髦。"他说："其他地方，像印度都有很大问题。还是所谓全球化现象的问题。我不是反对全球化，但现在是各种各样扭曲的全球化。真正的全球化，我们这一代解决不了这个问题。"

然后，他说："世界上最神秘的事情之一就是人究竟是什么。"

我说，也许未来的二十一世纪，人们的头脑会更聪明一些。第一流的头脑不必说太多的话，也可以感受到人类的那种最高的智慧。

他说，不过我们还得说话，即使说些蠢话，我们还得说，甚至老子也得开口说话。

我说是的，我们已经谈了两次，还觉得有说不完的话。

2006 年 12 月发表于"史华慈与中国"国际学术研讨会

"在中国发现历史"的柯文

哈佛访谈的学者,还有费正清东亚研究中心的柯文(Paul A. Cohen)教授,和当时担任东亚语言与文明系主任的包弼德(Peter K. Bol)教授。包教授是研究唐、宋史的专家,《斯文:唐宋思想的转型》是他的代表作。访谈时间在1999年2月17日上午10时,由于时间仓促,话题没有展开。但与柯文的访谈内容非常充实。

他重新检讨"中国中心观"的著作《在中国发现历史》的中文本,1989年下半年由中华书局出版,翻译者是我熟悉的林同奇先生。后来碰巧他另一本书《历史三调》的序言,我主编的《世界汉学》创刊号很荣幸予以刊载。他提出的历史学家重构历史的三重天地,包括"经验的历史""神话化的历史"和"史家重构的历史",使我感到了学理的兴奋。可以想见,我是多么期待这次故友重逢般的访谈。林同奇先生约的时间,是1999年2月22日下午1点半钟,地点在费正清东亚研究中心三楼柯文办公室。我们一口气谈了一个半小时,意犹未尽,如果不是4点钟他有课,还要继续谈下去。

遗憾的是,我回国后生了一场大病,访谈文稿迟迟未能写出来。直到2006年12月上海召开"史华慈与中国"国际学术研讨会，事先得知柯文也来参加，这才用了足足一周的时间把《历史学家怎样重构历史——柯文教授访谈录》写好。

我和柯文在上海的会上比邻而居，一天晚餐后我将文稿交给他，请他润正内容并校改其中几处英文人名和书名。他说会后在香港大学有一个月的访问计划，到香港细读后再告诉我意见。12月18日上海会议闭幕，我19日返京，离开宾馆时，柯文先生还特地到大堂送别。

回京不久收到他12月26日发自香港的电子邮件，表示时间已过去七年，类似的访谈有过一些，更主要的是自1999年访谈以来，他在一系列重要议题上的观点有了很大的变化，因此不发表此访谈稿也许更为适宜。我自然尊重他的意见，但也有一丝小小的遗憾，主要是当这本《学术访谈录》出版时，读者已经无法看到我与柯文教授有过怎样的对话。为了能有所小补，下面把这篇访谈文章的《后记》刊布出来，以明原委和作者的心迹。

后　记

距今七年前的1999年2月22日，我在哈佛访学期间，有机会对美国史学家、哈佛大学费正清东亚研究中心的柯文（Paul A. Cohen）教授，作了一次难忘的访谈对话。帮助安排此次访谈的是杜维明教授和林同奇教授，林同奇教授并且参加了对话的全程。虽然柯文的中文讲得相当不错，但如果不是同奇先生对关键词所做的转译，恐怕会增加我们彼此交流的困难。因此除了感谢杜维明教授的安排和柯文教授慨允提供机缘之外，我特别要感谢林同奇先生对我的帮助，他不只是语言符号的转译者，同时也是对话人，所以此访谈稿里保留有多处他的言论。

此访谈文稿经我们中国文化研究所的胡振宇先生根据录音整理，再由我结合现场所做笔录最后写成。只是由于我自哈佛回国后不久，就生了一场大病，没有及时完成此项工作。这是要向柯文教授致歉的。2001年5月，在德国海德堡大学举办的"中国近代史学思想和历史写作"国际研讨会上，我与柯文有幸再次晤面，并对国耻纪念问题的解释有过小小的争论。如今重新审视访谈录音，发现当初我们就不无歧见。现在距访谈已过去七年的时间，离海德堡之会也超过了五年。柯文的《历史三调：作为事件、经历和神话的义和团》一书，业经杜继东翻译成中文由江苏人民出版社出版。柯文先生还是选择了"历史三调"这个组词，而没有用"三解"。实际上指的是理解历史的三个理念层次。一个历史学家能够对繁难的历史解释学提出如此新颖的理论，已经是很大的学术创获了。更不要说他的治史的态度，我想他是有一种沉迷感的。如果他对研究对象的解释还有哪些方面的遗漏或不够周详的话，那也是他的学术习惯所致，而不存有任何学术以外的原因。

因为柯文教授是诚实的历史学家，他只是为了历史和理论的本身，他不需要为历史额外添加什么。我期待柯文先生对这篇访谈稿的修改，如是，当以他的改稿为准。

2006年12月10日记于中国文化研究所

我只是忠实地叙述历史，却忽略了亚理士多德的经典名言："时间被现在弄成继续，也被现在弄成分离。"以及纪伯伦的告诚:"按时序和季节调整你们的举止,甚至引导你们的精神。"

我没有想到柯文对访谈稿的发表会持保留意见。当我接到他的信之后,也给他回了一信,全文如下:

尊敬的柯文教授:

您好!这两天我才有机会请本所的刘军宁先生将您的来示翻译成中文。我非常理解您的决定。看来时间可以改变一切,也会丢失一切。所以孔子说:"逝者如斯夫。"我也觉得原来的访谈已不能反映您近年来的学术进境。那么好,我就不发表这篇访谈,只把它作为我们相识并建立友情的历史记录吧。

中国学术传统讲求人品和学品的统一,以我与先生的接触,觉得先生称得上是这两者统一的学者,因而让我深感敬佩。很高兴海德堡之后我们又在上海晤面,而且对您的观点有了新的了解。我想忘记"国耻"也许更能够使一个民族的心态趋向平和,佛教所谓平常心是也。但此事说来复杂,俟读了您的新著之后我再思考。

相信我们不久还会有晤面的机会,届时就可以抛开时间的磨损,而为新的课题倾心而谈了。谢谢,谨祝

安好!

刘梦溪拜上
2007年1月10日

我意识到时间因素对理解事物可能起的作用。我引了《论语》

中孔子以逝水来比喻时间的常典,我说"看来时间可以改变一切,也会丢失一切"。虽然海德堡的研讨会上我们有过不情愿的争论,但柯文的人品和学品无法不让我敬重。他是一个沉默的思想者,一位略带羞涩的历史学家。

摘自《刘梦溪学术访谈录》序言,中华书局,2007年

与亨廷顿失之交臂

我当时拟订的访谈计划规模相当可观,想在哈佛访学期间与中国学这一块的主要教授都有所交流。连写《文明的冲突与世界秩序的重建》的亨廷顿教授,也约定了时间,并提前交给他一份详尽的访谈提纲。下面是《亨廷顿教授访谈提纲》的全文:

1. 自从您的《文明的冲突与世界秩序的重建》发表以后,中国以及亚洲的知识界很少有不知道您的名字的。您的言论因此成为大家关注的目标。我在哈佛访学期间,听说您对该文的一些论点,已有所修正,不知是否真有其事?如果有,我想知道都是在哪些方面做了修正?

2. 冷战结束之后,人们显然期待一个新的世界秩序的建立。但我以为,建立一个什么样的"新秩序",不仅发生了歧见,而且事实上遇到了困难。甚至,"世界新秩序"这个概念本身也变得模糊不清起来。请问,您是怎样看待"世界新秩序"这个概念的?或者您个人希望建立一个什么样的"世界新秩序"?可否就这个问题做一些分疏?

3. 我在我创办的一本新刊物《世界汉学》的发刊寄语中,

曾提出下面的观点："如果冷战后文明的冲突愈益凸显之说无法得到广为认同的话，那么冷战的结束，并不意味着不同文化系统之间的沟通与对话变得更容易而是增加了新的难度，应是大多数学人都可以接受的事实。"这样讲，是因为当今世界普遍存在文化误读的现象。比如，在我看来，美国并不真正了解中国。您的看法呢？

4. 您觉得现代文明建构的模式可以有多种形式吗？请谈谈不同民族的文化传统和现代文明建构的关系。"亚洲价值"这个概念您怎样看？文化上的多元并立，在一个国家是如此，就世界而言，更是如此。那么文化上的这种"根性"，与现在颇为流行的"全球经济一体化"，是否隐含着某种意想不到的冲突？

5. 我知道您的名字，是由于十年前北京三联书店翻译出版了您的《变动社会中的政治秩序》一书。据我所知，您的这本书在中国思想界也是很有影响的。至少书中阐述的发展中国家现代化容易出现无序，因而强调权威秩序的作用，不少人都感到共鸣。特别是主张"新权威主义"的一些人，更有遇到异域知音之感。您对这本书以及中国读者，有什么话要讲吗？

6. 现在已经是 1999 年 2 月底了，二十世纪只剩下不到一年的时间。当此世纪转换之际，您对即将过去的二十世纪和马上就要到来的二十一世纪，有何检讨和展望吗？当然我是指比较有形上意义的检讨和展望。还有，您预期中美关系在最近以及将来会有怎样的发展？

7. 可否透露一下您最近正在关注、正在研究的课题？您的研究是采取个人写作的方式，还是与同道者合作，共襄其事？

1999 年 2 月 25 日

经周勤女士和梁治平先生的推荐，特请哈佛法学院的於兴中先生担任翻译，"访谈提纲"的英译即出自於先生的手笔。我个人并不赞同《文明的冲突与世界秩序的重建》所表达的一些观点，我的学界朋友们也大都持批评态度。而亨廷顿教授显然了解都是哪些国家的学人对他的文章持有异议，所以他一般不会见中国以及其他亚洲国家的来访者。他之所以同意与我见面并接受访谈，我相信是杜维明先生的有效斡旋，他一定对我作了令亨廷顿发生兴趣的介绍，因此我也格外重视这次难得的机缘，我准备好要跟他畅论一番的。

不料访谈时间出了差错。亨廷顿得知的约定时间，是 1999 年 2 月 25 日下午 2 时。我得知的时间，是 2 月 26 日下午 2 时。待到我和内子 26 日陪同於兴中先生用完午餐，回到燕京学社会议室，请杜先生的秘书打电话给亨廷顿教授，确认他办公室的楼层位置。他说："不是昨天吗？我昨天下午等了好长时间。"我们几个人一起面面相觑地定格在那里。亨廷顿先生是哈佛有名的忙人，无论是时间还是礼仪，都不可能再来补做已经过去的昨天的事。"天下事有出奇不意者"，斯为一例。

就这样，也许是命运的安排，我最终和亨廷顿教授失之交臂。

摘自《刘梦溪学术访谈录》序言，中华书局，2007 年

《红楼梦与百年中国》韩文版译者后记

一

我最早接触到的有关红学史的书籍就是刘梦溪先生的《红学》一书,初次拜读时就留下了十分深刻的印象,至今都记忆犹新。用红色写成的"红学"书名占满整个黑色封面,让人产生要阅读下去的兴趣。

该书作为红学的代表性著作,可谓当之无愧。我在撰写以《红楼梦》评点为题的博士论文时,就产生了将来若时间允许一定要将该书向我国读者介绍的想法。此后利用放假的时间,断断续续地进行了翻译,直至2013年才将该书大体翻译完毕。

为了与是书作者刘梦溪先生见面,我前往了北京。因为我觉得在书籍出版之前一定要与作者见面,向刘梦溪先生请益有关红学的故事。刘梦溪先生对于自己的书被翻译介绍到他国感到十分意外,十分热情地欢迎了我这位来自韩国的客人。

在两天三夜短暂的时间里,我与刘梦溪先生每日见面,交流有关红学话题。毫无疑问,在与作者见面以后,翻译工作得以更快地展开。

诚如上文所言，我虽然最早接触的有关红学史的著作是刘梦溪先生的《红学》，但韩文译本的书名为《论证剧场：20世纪中国知识分子的红学智力冒险》。这是根据作者《红学》一书的增订本《红楼梦与百年中国》来做底本的。考虑到本中文后记中不至于使中国读者误会，书名皆使用原书书名。

　　《红楼梦与百年中国》可谓将与"红学"相关内容一网打尽。可以说这本书展示了红学史的本来面目。我们在这部书中能看到在其他书中很难看到的红学的真相。

　　较之《红学》，《红楼梦与百年中国》中增加了第一章《红楼梦与百年中国》、第二章《红学呓语》、第十章《百年红学索隐》等内容。一方面阐释了红学各流派产生的背景以及发展过程，另一方面对红学取得学术地位的足迹进行了整体概括。

　　诚如作者所指出的，由于本书旨在对索隐派、考证派、文学批评派等红学三派代表学者及其主要观点逐一进行介绍，比较各派的研究方法，揭示红学作为一门学问产生的过程。

　　因此，本书的核心内容并不在于针对与《红楼梦》研究相关的未能解决的问题提出自己的看法和主张，而在于对围绕红学的诸种问题（分为十一次争论、九个公案、四大未解之谜、三大死结等几个方面）进行整理。当时，很多读者对于《红楼梦》相关的争论的发生有着强烈的好奇心，《红楼梦与百年中国》一书对于消解这些读者的好奇心显然发挥了很大的作用。

　　本书书名为《红楼梦与百年中国》，诚如作者所言，百年这一时间有着沉重的历史感。作者在书中对《红楼梦》百年的历史分为三个时期，它各自的含义，近的可以算作从清末民初截至今天的百年岁月，远的可算作自1644年满洲建国以后截至1744年开始创作《红楼梦》这一百年,另外也意味着《红楼梦》中所描绘的贾氏家族百年的历史。

最后,从《红楼梦》研究史相关的角度来看,这一百年也意味着从红学研究的第一篇论文——王国维的《红楼梦评论》诞生的1904年至本书作者刘梦溪先生《红楼梦与百年中国》一书完成的2005年,这一百年也包含在其中。

这三个时期的百年历史中《红楼梦》的诞生与传播、红学的形成与发展过程,在中国近现代史上所占据的十分重要的意义,与中国社会的发展以及中国现代学术的发展紧密相连。

二

众所周知,今天红学已成为一个为学界广泛接受的学术名称,然而在最初红学这一概念不过是一句玩笑而已。均耀的《慈竹居零墨》中有如下记载:

> 华亭朱子美先生昌鼎,喜读小说。自言生平所见说部有八百余种,而尤以《红楼梦》最为笃嗜。精理名言,所谭极有心得。时风尚好讲经学,为欺饰世俗计。或问:"先生现治何经?"先生曰:"吾之经学,系少三曲者。"或不解所谓。先生曰:"无他,吾所专攻者,盖'红学'也。"

"經"字若去掉右边的一横三曲,则为"红"字,此种答语不能不谓之巧妙。我们从士大夫将《红楼梦》与"经学"相提并论这一点来看,也能窥见当时《红楼梦》风行的程度。李放的《八旗画录》注中亦有"光绪初,京朝士大夫尤喜读之,自相矜为红学云"的记载。

谁也未曾料到,这个来自玩笑的"红学"一词,后来竟发展成为一种学术概念并具有如此重大的意义。或许我们应该这样说,这既是一种偶然,更是一种必然。

此后,有关《红楼梦》的评点如雨后春笋,红学的世界如星火燎原,逐日扩大。最早的评点是关注八十回本抄本创作过程的脂砚斋与畸笏叟的有关评点,二人的评点具有极高的史料价值。此后形成考证派,对作家、家世、版本等问题进行考证。

后来《脂砚斋重评石头记》一书出版,收入一百二十回的《红楼梦》评点本中收录了有王希廉、张新之、姚燮三家评点,以及陈其泰、哈斯宝、王伯沆等人的评点,从多个角度对《红楼梦》的艺术性与思想性进行了探索。

我们很难想象,即使在"红学"这一名称最早出现的当时,人们就对那些大学者以红学家进行命名。然而在某个时间里,他们围绕《红楼梦》进行谈论,并以红学家自处。当时的名士中,对《红楼梦》感兴趣的文人,有袁枚、郝懿行、胡林翼、李慈铭、俞樾、陈康祺等人。

需要指出的是,如上诸人有关红学的谈论往往不过只言片语。体系完备并具有独立见解且以论文形态评论《红楼梦》的学者有王国维、蔡元培、胡适等人。就这样,本来只是受到少数几个人欢迎的小说,如今波及整个社会,受到整个社会的广泛关注,发展成为一门独立的学问,这在中国文学史或者中国学术史上都是史无前例的。

从红学史的发展脉络来看,可分为旧红学、新红学以及当代红学几个阶段。新红学登场时,旧红学这一名称中就已经包含了相对意义上的贬损的意味。

　　旧红学除了上文中所介绍的评点以外,还包括索隐、题咏等。标榜西欧实证主义的胡适的考证派,虽然在新红学中占据了代表性的地位,然而严格意义上说,新红学中首屈一指的代表人物是以西洋哲学与文艺理论对《红楼梦》进行分析的王国维的文学批评一派。

　　当代红学指的是新中国成立以后,在泛政治化的时代背景中形成的社会历史批评派,以及后来出现的改革开放以后截至今天的多元化的红学研究。

　　然而本书中并不区分旧红学、新红学以及当代红学,而是以在奠定近现代红学基础,并以各自坚实的学问夯实红学基础方面做出杰出贡献的蔡元培、胡适和王国维为代表的三大流派为中心展开论述。

　　可以说,遵循的是摆脱那些细枝末节、引领红学史发展的大方向。因此,与其说是价值判断,不如说本书致力于对各流派的追求进行简明扼要的阐释。

三

　　回顾百年红学史,不仅包括文学研究者,一些思想家、历史学者、人文科学研究者等不同领域的专家与红学发生联系,开拓了《红楼梦》研究的领域。以此为契机,红学的知名度和影响力也得以扩大。

　　如果说在红学初期,王国维、蔡元培、胡适等人为红学奠定基础方面做出了杰出贡献、成为红学研究的先驱的话，那么，到了当代，周汝昌、冯其庸、李希凡、何其芳、蒋和森、夏志清、余英时等不同领域的专家们接过早期红学家们手中的接力棒，进一步推动了红学的发展。

在这一过程中因为毛泽东主席的介入，红学研究超越学术研究的范畴，成为影响整个中国的大事件。本书中对于1954年的红学大事件以及"文化大革命"时期发生的事件仅做了较为简略的叙述，这与本书作者旨在尽可能将对红学研究的考察放在学术范围之内的立场有关。

在当时那种学术论争沦为政治问题、学术讨论演变为激烈斗争的环境下，红学讨论亦有引发社会性大混乱的可能，考虑到这一点，我们就应该对作者采取的这种立场予以理解。这种种情况的结果是提升了《红楼梦》的知名度，使红学成为一门受到广泛关注的学问。

鲁迅先生曾云：一部《红楼梦》，"经学家看见《易》，道学家看见淫，才子看见缠绵，革命家看见排满，流言家看见宫闱秘事"。在本书翻译结束的此时，那些促成多重解释的原因再次引起我们的关注。

首先，第一个原因是《红楼梦》作为文学作品本身具有的杰出的艺术性与思想性。《红楼梦》被誉为中国古典小说的终结者，规模庞大，具有独特的叙事结构以及细致的描写。

另外，作品颠覆了此前已有的思想，提出了新的思想，塑造了一系列崭新的人物群像。从这些层面来看，《红楼梦》可谓超越了其他所有的小说。诚如"假作真时真亦假，无为有处有还无"一联中所揭示出来的，通过虚实与梦幻结构，作品中处处隐藏的那些隐喻与象征，使读者对于作者的真实意图充满好奇，也使作品被从多种角度进行揭示成为可能。

不仅如此，其作为贵族家庭一员的身份，从荣华富贵到一朝没落的悲剧性人生命运更是加深了其形象的悲剧性色彩。曹雪芹留下的是未完稿，因此引发了版本研究上的问题，直接旁观创作过程或者直接参与过的脂砚斋与畸笏叟等人对作品的评点以及续书问题，也使《红楼梦》不凡的诞生过程引起广泛关注。

如果说这所有的一切都是引发读者的好奇心的因素的话，那么，对此我们应该如何接受、如何解释等，就是值得另外研究的问题了。

小说批评派的红学研究将作品视为一个有机的整体，以小说文本为基础开展研究，旨在把握作品的艺术真实，而索隐派红学与考证派红学则以把握作者的意图为宗旨，集中在对作品进行了细致的划分，对作家的生平、家世在作品中如何体现，以及时代背景对作品造成的影响等问题进行研究，因此在搜寻历史真相方面着力颇多。

如果说小说批评派红学重视被形象化的作品的话，那么，索隐派与考证派则可以说更多的是重视作品被创作出来以前的原型。从这一角度对考证派与索隐派以新旧的观念进行区分上存在异议。严格来讲，考证派与索隐派都是旨在探求作品的"本事"，很难找出二者之间有什么明显的区别。

将《红楼梦》视为真实存在过的某个历史人物的故事的索隐派，与将《红楼梦》视作作者曹雪芹本人的故事的考证派，二者不过是在聚焦的本事的对象上存在差异而已，从宽泛的意义上来看，二者都可视作一种索隐的行为。

这种试图从小说文本中寻找出某些细节，并将这些细节与历史的细节进行关联并进行鉴赏与解释的做法，我们可以从传统时代中国人的小说观念与学术思想中找到其根源。

在考察传统时代小说的发展过程时，不能不提及小说与史传传统的密切关系。在欧洲，神话与传说被视为小说的起源，最初就是以独立的形态发展而来；与之不同的是，在中国，神话与传说很早就被历史化，小说从一开始就不是以独立的形态发展而来，而是作为对历史进行补充说明的补充手段，人们对小说的功能持"补史之缺"的观念。

可以说，小说就是在这种土壤上诞生并生长发展起来的。换言之，历史的角度对于中国叙事文学的创作与鉴赏产生了重要的影响，这是我们不可否认的事实。在小说鉴赏时不仅存在对小说按照实录与纪事的观点进行，甚至小说的叙事结构也受到影响，唐代的传奇小说可以说就是其中的代表性的例子。如此重视历史的传统，直至今日仍不衰。

另外，这也与重视微言大义的传统学术有密切关系。自汉代以来，文人们并不直接表述自己的思想，而是很多情况下通过"意在言外"的方式、采取一种寄托的方法，因此在对作品进行鉴赏与解读的过程中，很多情况下很难摆脱这种认识的范畴。

《周易·系辞下》中的"夫《易》，彰往而察来，而微显阐幽。"（《周易·系辞·下》第六章）这一观念成为中国性思维的根基，探寻小说中的微言大义成为研究的重要领域。早期对中国学术以考据之学、义理之学、辞章之学进行分类时，虽然不同的时代侧重点不一样，但是相互借鉴、互相影响的同时，同时也支配着两千多年间中国人的意识世界，这并非夸大之词。这其中的考据与义理可谓代表中国传统学术的两座大山。

索隐派与考证派的对立可以说意味着从注重微言大义的义理之学向追求考证的乾嘉学派的回归，从这一点上来看，二者的对立亦可谓另一种形式的今古文之争。这也意味着，标榜实证主义的考证派也陷入了一成不变的历史考证的沼泽之中。

实际上，脂砚斋评语中所谓"不写之写""隐语微辞""春秋字法"等评语皆被索隐派与考证派用作重要的根据。考虑到此种情况，因对《红楼梦》以文艺学的方式进行接近并对之进行解释而最受关注的王国维在当时为何只能遭受冷落，就是很好理解的事情了。

好在进入七十年代以后，研究又回归文本，相关的研究也为数不少，对《红楼梦》的真谛进行探索的小说批评派红学家们的论文与著作越来越多，引起了学者们的共鸣，成为进一步接近小说真实的契机。

关于红学史的书籍已经有很多种了，不同的红学史研究者，其研究视角也会略有差异。红学很显然是一种中国式的文化现象。过度地固守传统的研究角度虽然较为狭隘，但如果仅以欧洲的那种角度来裁断红学史的话，也很难得出正确的结论。

基于这一点，刘梦溪先生这部著作以文学史的直接材料为基础，对红学史的整体面貌进行了概括。作者通过对以往红学史的比较与考察，不偏不倚地展开论述，采取中立的叙述立场，对于各派的主要观点及其局限进行了客观的叙述。对于有些作者认为需要跳过去的部分，并非简单地跳了过去，而是做了相应的价值判断。

比如，对于余英时先生《近代红学的发展及红学革命》一文中的矛盾之处，作为学者的他表现出敏锐的识见；再如俞平伯先生早年受到主张"《红楼梦》是曹雪芹自传"的考证派的影响,因此遭到过度的逼迫。刘梦溪先生在其书中对这些学者的立场都予以理解并极力进行辩护。

本书的最大的优点是,对有关《红楼梦》的细小问题以至大的论争都做了一网打尽式的搜罗。

四

对《红楼梦与百年中国》一书进行翻译的过程,可以说是与《红楼梦》以及红学论争同行的一次艰难的旅程。

翻译的过程如同与红学旅程中的无数学者一道品尝其中苦乐,翻译完成以后的心情就像从一场辛酸的梦中醒来一般,如同在迷梦中徘徊。仿佛答案就在眼前,然而正要抓住时却瞬间从手中滑落,于是只好再次握紧。

虽然花费了不少精力,付出了不少努力,最后却让人感到不过是枉费精力而已。诚如很多红学家所言,在阅读《红楼梦》后所产生的那种虚无感与混乱感,在回顾红学史时依然萦绕于心。让人感觉到,不但没有一个明确的答案,反而陷入很深的混乱之中。

行文至此,俞平伯先生评价《红楼梦》的这句话浮上脑海:"至于《红楼梦》本身的疑问,使我每每发生误解,更无从说起。我尝谓这书在中国文坛上是个'梦魇',你越研究便越觉糊涂。"然而奇怪的是,人们对于《红楼梦》的喜爱却有增无减,可谓失之东隅,收之桑榆。

我在翻译刘梦溪先生这部著作时,一方面对于红学史的整体情况有了一个概括性的了解,另一方面对那些红学史的参与学者之间的不为人知的细节也颇有感触。

既有表面上来看学术见解不同的学者之间似乎是一种敌对的关系，然而又互相尊重且不忘学者本色的蔡元培与胡适等学者，亦有长期反目与对立的周汝昌与冯其庸等学者，亦有遭受过度批评而心怀苦楚的俞平伯等学者。

然而这些学者都将《红楼梦》视作前所未有的、与众不同的小说杰作，从作品内外探求作品本意皆不遗余力。或许学术世界里如果缺少这种对立与冲突的话，学术也很难获得真正意义上的发展吧。这些学者有关红学论争的风采让我对于学者的姿态与风度有了重新审视的机会。

刘梦溪先生是我认识的中国学者中一位情感极为细腻的学者。刘先生为人和蔼可亲，谈吐温润，内在的气度与威严亦让人望尘莫及。截至目前，刘先生已经出版了不少有关中国思想的学术著作，作为国学大师，声名卓著，然而却依然埋头著述，并通过演讲等形式与大众交流。

2013年我访问了北京，去年我在北京再次拜会了刘先生，当时还有刘先生的夫人——著名作家陈祖芬女士。陈女士称，刘先生若专注于写作时可以做到一天下来几乎不喝一杯水。

这让我感觉到，刘先生不但为人和蔼可亲，同时作为学者，对于自己要做的事情的专注度亦非同一般。这种顽强的精神也许是今天刘梦溪先生能成为国学大师的一个重要原因吧。

2018年，刘先生出版了对自己的学术人生进行整体回顾的《七十述学》，该书在后辈学人中产生了强烈反响。

自幼就喜欢读书的乡村少年刘梦溪经历了曲折的现代史，直至最后成长为一名学者，这其中支撑刘先生的精神支柱是陈寅恪与钱锺书二位先生的著作。特别是钱锺书先生的《管锥编》与《谈艺录》二书，刘先生经常随身携带，反复阅读，达到韦编三绝的程度。

这里值得注意的是，刘先生当时读书的目的并非获得知识与从事研究，而是抱着单纯的喜爱的心态，为书的内容所吸引，从阅读的过程中受益匪浅。钱锺书先生的著作对刘梦溪先生的学术方向的确立产生了重要影响。

实际上，我们回顾刘梦溪先生的学术轨迹可以发现，被誉为二十世纪中国学术界巨匠的陈寅恪与钱锺书两位先生的思想与治学精神已经融入进了刘梦溪先生的生活与学术世界之中。

最后我想说的是，2013年我见到刘梦溪先生之后，真正在市面影响大的不是《红楼梦与百年中国》一书，而是刘先生送给我的《中国文化的狂者精神》一书。

虽然这本书部头不大，但是在我看来是一本很有价值的书。当时书坛子出版社的企划委员卢承贤先生也注意到了这本书，并将这本书的翻译工作委托给我。

2015年，该书以《狂者的诞生——中国狂人文化史》之名得以出版。然而过了好几年以后，《红楼梦与百年中国》一书才放射出它的光芒，这时我感觉到这本书问世的时代到来了。

《红楼梦与百年中国》对于百年间红学史的庞大内容按照不同的流派进行了整理，对于围绕红学的那些大大小小的争论一网打尽，可以说这本书是一部能让人有如临红学论争现场的阅读感受的一部书。

另外，本书收录了作者刘梦溪先生为此书韩文译本专门写作的《序言》，我想对于读者而言，通过作者详细且亲切地说明，能更轻松地走进《红楼梦》、走进红学的世界。在出版并不景气的情况下，书坛子出版社的姜圣民社长为这本人文学术著作的出版助力颇多，在此深致谢忱！

希望《红楼梦与百年中国》一书能成为帮助韩国读者阅读《红楼梦》、了解红学史的整体面貌方面有用的参考资料。

作者简介

韩惠京，现为韩国加图立大学中国语言文化学系教授，韩国红楼梦研究会副会长，曾任韩国中国小说学会会长、韩国加图立大学学报社主编、Canada UBC Asian studies 访问学者。

此后记本为《红楼梦与百年中国》一书的韩文译本所附后记，中文由肖大平翻译。经作者授权刊发，转载请注明出处。

第七章　长相思

王国维的诸种矛盾和最后归宿

我所说的最后归宿，是指1927年的6月2日，王国维在颐和园的鱼藻轩投水自杀，死的时候才五十一岁，正值他的学术盛年。中国最了不起的学者，现代学术的开山，清华国学研究院的导师，逊帝溥仪的老师，全世界闻名的大学问家，突然自溺而亡。这个事件当时震惊了全国，也可以说震动了世界。近百年以来，对于王国维的死因，远不能说已经研究清楚，至今仍是学术界一个大家饶有兴趣探讨的学术之谜。

我这里并非专门研究王国维的死因，不想在这个问题上试图得出一个最后的结论。只是想说明，王国维始终是一个矛盾交织的人物，他的精神世界和人生际遇充满了矛盾。下面，我把他一生的矛盾概括为十个问题层面，逐一加以探讨，敬请关心静安其人其事其学的朋友不吝指正。

一 个人和家庭的矛盾

王家的先世最早是河南人，在宋代的时候官做得很大，曾经封过郡王。后来赐第浙江海宁盐官镇，便成为海宁人。但宋以后他的家世逐渐萧条,变成一个很普通的农商人家。到他父亲的时候,家境已经很不好了。他的父亲叫王乃誉,有点文化修养,做生意之余,喜欢篆刻书画。还曾到江苏溧阳县给一个县官做过幕僚。他喜欢游历,走过很多地方,收藏有不少金石书画。王国维出生那一年,王乃誉已经三十岁了。浙江海宁盐官镇是王国维出生的地方。这块土地人才辈出,明代史学家谈迁是海宁人,武侠小说家金庸也是海宁人。王国维对自己的家乡很自豪,写诗说:"我本江南人,能说江南美。"

但王国维四岁的时候,母亲就去世了,由祖姑母抚养他。从小失去母爱的孩子,其心理情境可以想见。有记载说,王国维从小就性格忧郁,经常郁郁寡欢。不久父亲续娶,而继母又是一个比较严厉的人,王国维的处境更加孤苦。他十几岁的时候,有时跟一些少年朋友聚会,到吃中饭时一定离去,不敢在外面耽搁,怕继母不高兴。这种家庭环境对一个孩子、一个少年儿童,影响是很大的,可以影响到他的一生。所以我说这是一重矛盾,即个人和家庭的矛盾。

二 拓展学问新天地和经济不资的矛盾

晚清的风气,特别1895年中日甲午战争中国战败以后,中国掀起了变革现状的热潮,所有富家子弟,只要有条件的都想出去留学。王国维家境贫寒,没有这个条件。他因此自己非常焦急,父亲也替他着急,但没有办法,只好"居恒怏怏"。十七岁的时候,他也曾应过乡试,但不终场而归。二十二岁结婚,夫人是海宁同乡春富庵镇莫家的女儿,莫家是商人家庭。他的婚姻,依我看未必幸福。想提升学问，没有机会。想出国留学，却得不到经济支持。这是影响王国维人生经历的一个很大的矛盾。

三　精神和肉体的矛盾

王国维小的时候，身体很羸弱，精神非常忧郁，这跟继母有很大关系，也和父亲的不理解有关系。父亲王乃誉对他的要求是严格的，日记里对儿子的成长做了很好的设计，但不理解儿子的心理和学问志向。而王国维的思想非常敏感，从小就是一个智力超常发达的人。一个很瘦弱的身体，你看王国维的照片，就可以看出来，智慧却超常。所以他在《静安文集》的第二篇序言里讲："体素羸弱，性复忧郁，人生之问题，日往复于吾前。"已经说得再明白不过，这就是他年轻时候性格的特点，这个特点延续到他的一生。这就是我所说的一个人的精神和肉体的矛盾。

四　追求学术独立和经济上不得不依附于他人的矛盾

这也是伴随他一生的矛盾。王国维一生中有一个大的际遇，也是伴随他一生的问题，甚至他的最后归宿都与之不无关联，这就是他和罗振玉恩怨的一生。王国维自己家里贫穷，不能到国外游学；应试，屡考不中；当过塾师，但很快就辞职了。直到二十二岁的时候，才有一个机会，到上海《时务报》做一份临时工作。《时务报》是汪康年所办，主笔是梁启超，章太炎也在《时务报》工作过。这是当时维新人士的一份报纸，在全国有很大影响。不过，王国维参加《时务报》工作的时候，梁启超已经到了湖南，应陈宝箴、陈三立父子之约，主讲时务学堂。

王国维在《时务报》只是一名书记员，做一些抄抄写写的秘书之类的工作。他海宁的一位同乡在《时务报》工作，因为家里有变故，回海宁处理家事，让他临时代理。一个大学者的料子做如此简单的工作，未免屈才。但他很勤奋，做了一段时间之后，恰好当时上海有一个专门学习日文的东文学社，是罗振玉办的，他就利用业余时间去那里学习日文。在那里认识了罗振玉。认识的机缘，是罗振玉看到王国维给一个同学写的扇面，上面有咏史诗一首："西域纵横尽百城，张陈远略逊甘英。千秋壮观君知否？黑海东头望大秦。"王国维的《咏史诗》共20首，罗振玉看到的是第12首，写汉代盛时和西域的关系，气象很大。罗振玉看后大为赞赏，非常欣赏作者的才华。尽管王国维因为经济困难和其他诸事所累，学得并不是太好，罗振玉仍给予经济上的支持，使其无后顾之忧。后来又把王国维送到日本去学习，从日本回来后，罗振玉凡是要创办什么事业，都邀请王国维一起参与。罗、王的友谊与特殊关系，就这样结成了。再后来他们还结成了儿女亲家，罗振玉的女儿嫁给了王国维的儿子。王国维一生始终都没有钱，罗振玉不断给予资助。得到别人金钱的资助，究竟是好事还是坏事？一次我在北大讲这个题目，一个学生提问题时说：他觉得是好事，并说如果他遇到这种情况，一定非常高兴，只是可惜自己没有遇到。这当然是一种看法。但王国维不这样看，他一方面心存感激，另一方面感到是一种压力。因为王国维是追求学术独立的学者。这不能不是一个绝大的矛盾，即追求学术独立和经济上不得不依附于他人的矛盾。

五 "知力"与"情感"的矛盾

王国维是一个非常特别的人,他的理性的能力特别发达,情感也非常深挚。所以他擅长写诗,还能写很好的词,同时在理论上、在学术上有那么多的贡献。一个人的知力、理性思维不发达,不可能有那么多的学术成就,既研究西方哲人的著作,又考证殷周古史。而没有深挚的情感,他也不能写出那么多优美的诗词。本来这两者应该是统一的,但从另一个侧面看,它们也是一对矛盾。他自己说:"余之性质,欲为哲学家则感情苦多,而知力苦寡;欲为诗人,则又苦感情寡而理性多。"那么,到底是从事诗歌创作,还是研究哲学?还是在二者之间?他感到了矛盾。当然从我们后人的眼光看,也许觉得正是因为他感情多,知力也多,所以才成就了一代大学人、大诗人。但在王国维自己,却觉得是一个矛盾,矛盾得彷徨而无法摆脱。

六 学问上的可信和可爱的矛盾

这个怎么讲呢?因为他喜欢哲学,喜欢康德,喜欢叔本华,喜欢他们的哲学。但他在研究多了以后,发现一个问题,就是哲学学说大都可爱者,不一定可信,可信者不一定可爱。这是什么意思呢?哲学上其实有两种理论范型,一种是纯粹形而上的理论系统,或者如美学上的纯美学,这样的理论是非常可爱的,为王国维所苦嗜。但这种纯理论、纯美学,太悠远、太玄虚,不一定可信;而另一种范型,如哲学上的实证论,美学的经验论等,则是可信的,可是王国维又感到不够可爱。于是构成了学者体验学术的心理矛盾。这种情况，在常人是不可能有的，但一个深邃敏锐的哲人、思想家，会产生这种内心体验和学理选择上的矛盾。

七　新学与旧学的矛盾

王国维一开始是完全接受新学的，学习日文、英文、德文，研究西方哲学，研究西方美学，翻译西方哲学家、美学家的著作。他做了大量把西方的思想介绍到中国的学术工作。但是后来，在1912年移居日本以后，他的学问的路向发生了很大的变化。大家知道，1911年辛亥革命成功，皇帝没有了，而罗振玉是不赞成辛亥革命后的新政局的，他比较赞成在原来的体制下维新变法，不赞同革命。所以辛亥革命发生的当年冬月，罗振玉就带着家属和王国维一起，移居到日本去了。他们住在日本京都郊外的一个地方，后来罗振玉自己还修建了新居，把所藏图书搬到新居里，取名为"大云书库"。罗藏书多，收藏富，特别甲骨文、古器物的拓片和敦煌文书的收藏，相当丰富，据称有50万卷。他们在那里住了几乎近十年的时间。王国维1916年先期回国，住在上海，但有时候还要去日本，往返于中日之间。

就是在日本这六七年左右的时间里，王国维的学术路向发生了极大的变化。罗的丰富的收藏，成了王国维学问资料的源泉。他在"大云书库"读了大量的书，进入中国古代的学问中去了。罗振玉也跟他讲，说现在的世界异说纷呈，文化传统已经快没有了，做不了什么事情，只有返回到中国的古代经典，才是出路。在时代大变迁的时期，知识分子如果不想趋新，只好在学问上往深里走,很容易进入中国古典的学问当中去,这在个人也是一种精神寄托的方式。我想王国维内心就是这样,所以,他听了罗振玉的话,学问上发生了大的变化。他后来成为非常了不起的大学者,跟这六七年的钻研有极大关系。他早期介绍西方哲学美学思想的那些文章,都收在《静安文集》和《静安文集续编》两本书中。有一个说法,说王国维去日本时,带去了一百多册《静安文集》,听了罗振玉的话后,全部烧掉了。研究王国维的人,有的认为他不大可能烧书,认为是罗振玉造的谣,其实是误会王国维也误会罗振玉了。

　　据我看来,烧掉《静安文集》是完全可能的。一个人的学问总是在不断变化。到日本之前,王国维的学问已经发生了一次变化,由研究西方美学哲学,变为研究中国的戏曲文学,写了有名的《宋元戏曲史》。我个人是念文学出身,但后来喜欢思想学术和历史文化,长期抛离了文学。我就有这样的体会:觉得过去写的文学方面的书和文章一无可取,有时甚至从内心里产生一种厌恶,烧虽然没有烧,但早已放到谁也看不见的去处了。这不是对文学的偏见,也包括随着年龄学问的增长,喜欢探求历史的本真,而不再喜欢文学的"浅斟低酌",觉得不能满足自己的寄托。当然年龄再大些,学问体验再深一步,又觉得文学可以补充历史的空缺了。总之,我相信王国维到了京都以后烧过书,这个事应该是真实的。所以不妨看作他的学问道路上,发生的新学和旧学的矛盾。前期是新学,后期又归于旧学,主要是古史、古器物的研究。这个学术思想前后变迁的矛盾是很大的,这是王国维的又一重矛盾。

八　学术和政治的矛盾

本来他是一个纯学者，不参与政治的。但他有过一段特殊的经历，是这段经历把他与现实政治搅到了一起。辛亥革命以后，他对新的世局采取了不合作的态度，虽是一种政治选择，但对他个人没有太大影响。主要是后来他又当了溥仪的老师，就进到敏感的政治旋涡里面去了。

辛亥革命后，1912年清帝逊位，但民国签了条约，采取优待清室的条件，仍准许溥仪住在紫禁城内，相关的礼仪也不变。用今天的话说，叫待遇不变。溥仪在紫禁城里照样过着皇帝的生活。我们看溥仪的《我的前半生》，就会知道他在紫禁城里生活得很好。可以骑自行车，觉得紫禁城的大门槛不方便，就把皇宫里的门槛锯断了。为了好玩儿，就打一个电话给胡适之博士，胡适也称他为"皇上"。这样的悠闲时间不短，一直持续到1924年，冯玉祥突然把他赶出宫。

王国维当溥仪的老师，是1923年4月（农历三月）下的"诏旨"。年初（农历十二月）皇帝大婚，然后就"遴选海内硕学入值南书房"。王国维做事很认真，事情虽然不多，他愿意尽到自己的职责。1924年1月溥仪发谕旨，赐王国维在紫禁城骑马，王国维受宠若惊，认为是"异遇"。因此当溥仪被赶出宫时，王国维极为痛苦，对当时的政治状况充满不满。而且在宫中遇到诸多的人事纠葛，以至于和罗振玉也有了矛盾。

此时，王国维所心爱的学术和现实政治便产生了矛盾。虽然他是一个纯学者，但还是跟政治有了无法摆脱的关系。这就构成了他思想世界的另一重矛盾——学术和政治的矛盾。他后来自杀，与这一重矛盾有直接的关系。

九 道德准则和社会变迁的矛盾

这一点很重要,任何一个人都不可避免。当社会发生变迁的时候,你跟社会的变化是采取相一致的态度,顺势而行,还是拒绝新的东西,想守住以往的道德规范,这是一个蜕变的过程。

有人比较顺利,社会往前走,他跟着往前走。但是也有一些人,他不愿意立即改变自己的准则,想看一看新东西是不是真好,或者压根儿就认为所谓的新东西其实并不好,也许并不是新东西,而是旧东西的新装扮。这一点,陈寅恪在《元白诗笺证稿》里,讲到元稹的时候,有专门论述。他说当社会变迁的时候,总是有两种不同的人,一种是趋时的幸运儿,一种是不合时宜的痛苦者。他的原话是这样说的:"值此道德标准社会风习纷乱变易之时,此转移升降之士大夫阶级之人,有贤不肖拙巧之分别,而其贤者拙者,常感受苦痛,终于消灭而后已。其不肖者巧者,则多享受欢乐,往往富贵荣显,身泰名遂。"

王国维显然是那种"贤者拙者"。这一重矛盾在王国维身上非常突出,所以当溥仪被赶出宫以后,他非常痛苦,痛苦得当时就想自杀。这在中国传统道德里面,叫不忘"故国旧君",是文化知识人士在特殊境遇下的一种节操。

十 个体生命的矛盾

也就是生与死的矛盾。这在一般人身上不突出。一个普通人,年纪大了,最后生病了,死了。死了就死了。虽然每个人都难免留恋人生,但生老病死,自然规律,人所难免。但王国维采取了一个行动，在五十一岁的盛年，在他的学问的成熟期，居然自己来结束自己的生命。这是很了不起的哲人之举。我说"了不起"，大家不要误会，以为我认为所有的自杀都是好的。过去在传统社会，有的弱女子，受不了公婆的气，投井自杀了，这类例子不少。但这是一种被迫的一念之差的情感发泄，不是理性的自觉选择。但对于一个有理性的人、一个大的知识分子、一个思想家、一个大的学者，他在生命的最后，能采取一种自觉的方式来结束自己的生命，这是一般人所做不到的。这是一个哲学的问题，很复杂，讲起来需要很多笔墨。我把王国维最后的自我选择，称作一个人的个体生命的矛盾。

人们常形容一个人的死，说他走得很从容。其实，王国维才真正是走得很从容呢。在1927年6月2日，早8点，王国维从自己家中出来，到国学研究院教授室写好遗嘱，藏在衣袋里。然后到研究院办公室，与一位事务员谈了好一会儿话，并向事务员借了五块钱。步行到校门外，雇了一辆人力车去颐和园。10时到11时之间，购票入园。走到排云殿西侧的鱼藻轩，跳水而死。这个过程，可以知道他是自觉地理性选择。1924年溥仪被冯玉祥逼宫，罗振玉、柯劭忞与王国维有同死之约，结果没有实行。陈寅恪《挽王静安先生》诗"越甲未应公独耻"句，就指的是这件事。到1927年，他终于死了。所以他的遗书里说"义无再辱"。

对于王国维的死因，说法很多，可以说至今仍是二十世纪的一个学术之谜。但是我觉得，对于王国维之死给予最正确解释的是陈寅恪。在王国维死后，陈寅恪写了非常著名的一首长诗，叫《王观堂先生挽词》，回顾了王国维一生的际遇和学术成就，当然也写到他和王引为"气类"的特殊关系。在这个挽词的前面，有一个不长但是也不算短的序。我认为《王观堂先生挽词》的这篇序，是陈寅恪的一个文化宣言。他在序里讲，当一种文化衰落的时候，为这种文化所化之人，会感到非常痛苦。当这种痛苦达到无法解脱的时候，他只有以一死来解脱自己的苦痛。他认为这就是王国维的死因，是殉我国固有文化，不是殉清。陈寅恪在这篇序言里讲了一个非常重要的观点，就是认为中国传统文化的精神系统，它的文化理想，在《白虎通义》的"三纲六纪"一节，有系统的表述。"三纲"就是君臣、父子、夫妇。"六纪"包括诸父、兄弟、族人、诸舅、师长、朋友。王国维觉得"三纲六纪"这一传统文化的精神价值，在晚清不能继续了，崩溃了，他完全失望了，所以去自杀了。

我有一篇专门探讨这个问题的文章，提出了一个新的看法。所谓纲纪之说本来是抽象理想，为什么这些会跟王国维的死有关系？陈寅恪在《王观堂先生挽词序》里举了两个例证，说就君臣这一纲而言，君为李煜，也期之以刘秀；就朋友一纪而言，友为郦寄，还要待之以鲍叔。李煜是皇帝，南唐的李后主，亡国之君。但是李煜的词写得很好，李煜和李清照的词是缠绵委婉的一类词，是婉约派最有代表性的人物。但是这个皇帝很软弱，能文不能武，整天哭泣而已。刘秀是光武帝，他使汉朝得到了中兴。按传统纲纪之说，皇帝虽然无能，也要尽臣子之礼，希望皇帝能使自己的国家重新振作，得到中兴。所以皇帝即使是李煜，也应该期待他成为光武中兴的刘秀，这是一个臣子应该尽到的礼数。而朋友是郦寄——郦寄在历史上是出卖朋友的人，是一个"卖交者"，但作为朋友，仍然应该用鲍叔的态度来待他。历史上的管仲和鲍叔的友情，是做朋友的楷模。《王观堂先生挽词序》讲到"三纲六纪"，讲了这两个例子,我认为大有文章。陈寅恪谈历史,讲学问,有"古典"和"今典"之说。讲这两个例证,他不可能是虚设的。他讲的君,我以为不是别人,应该指溥仪。而且《王观堂先生挽词序》里面可以找到这句话的证据,就是"君期云汉中兴主"那一句。不是指溥仪指谁?但溥仪不是刘秀,他没法使清朝中兴,王国维很失望,但这是没有办法的事情。还有朋友的例子,他讲的是谁呢?我认为讲的是罗振玉。

王、罗一生交谊,但后来有了矛盾。在王国维死的前半年,1926年9月,王国维的长子王潜明在上海去世了,年仅二十七岁;儿媳罗曼华是罗振玉的女儿,也才二十四岁。这当然是个悲剧。葬礼之后,罗女回到了天津罗家。这个媳妇跟王国维的太太关系不是太好,与夫君的感情也未必佳。王潜明留下两千四百二十三块钱,王国维把这笔钱寄给了罗家。结果罗振玉把钱退了回来。王国维很不高兴,说这钱是给儿媳的,怎么退回来呢?并说这是蔑视别人的人格,而蔑视别人的人格就是蔑视自己的人格。罗振玉可能也说了些什么,两个人的矛盾于是表面化了。

当然远因很多,一生恩恩怨怨。所以,也有人说王国维的死是罗振玉逼债逼死的。所谓"逼债",和这两千四百二十三块钱没有关系,而是指另外的事情。王国维在宫里的时候,溥仪经常会拿出一些宫中的古董书画,请身边的人帮助变卖。是不是也让王国维做过这类事情,没有直接证据。如果有此事,王国维一定转请罗振玉来处理。那么有无可能,罗振玉变卖之后,钱没有及时交回王国维,因此王向罗提出此事。如果罗振玉表现出不悦,甚至再说一句:我这一生资助了你多少钱?你还催我此事!但王国维觉得是受皇帝之托,事关君臣一纪,他就会大不以为然了。而就朋友一纪而言，按"六纪"之说，朋友之间是可以通财货的。朋友之间发生财货的计较，足以彻底破坏友情。王国维在君臣一纪上，不能收回卖书画的钱，感到是负于君，在朋友一纪上，感到受到了屈辱，他的文化精神理想最后破灭了。这有点像推理小说，但确实有这个可能。

王国维既然没有在溥仪被赶出宫的时候去死，却在三年后，他成为清华国学院导师的时候去死，应该已经与溥仪无关。倒是他和罗振玉的矛盾最终爆发，朋友一纪的理想彻底破灭，可能成为一个直接的导火索。但根本原因，应该从王国维一生的诸种矛盾中去寻找。他是一位哲人，他最后的结局，是一生当中诸种矛盾的总爆发，早已种下了宿因。所以陈寅恪先生的解释，说王国维最后殉了中国文化的理想，而不是殉了清朝，是明通正解。本来么，要殉清朝，1911年或者1912年就殉了，1924年冯玉祥逼宫也有适当的机会，为什么要等到溥仪被赶出宫二年之后？我个人还是赞同陈寅恪对王国维死因的解读。

原载《"中国传统文化与 21 世纪"国际学术研讨会论文集》

（中华书局，2003 年）

陈寅恪的"家国旧情"与"兴亡遗恨"

1980年上海古籍出版社出版的《陈寅恪文集》之第一种《寒柳堂集》附有《寅恪先生诗存》(以下简称《诗存》),收诗197首,是为残编。受寅恪先生委托负责整理文集的蒋天枢先生在识语中说:"寅恪先生逝世前,唐晓莹师母曾手写先生诗集三册,1967年后因故遗失。现就本人手边所有丛残旧稿,按时间先后,录存若干篇,借见先生诗之梗概云尔。"[1]

关心陈寅恪先生学行志业的人,一直为不能窥见陈诗的全豹而深感遗憾。1993年清华大学出版社出版的《陈寅恪诗集》(以下简称《诗集》),系寅恪先生的两位女公子流求和美延所编定,共收诗329首[2],比《诗存》多出132首,虽仍然不一定是陈诗的全部,主要的部分应该都包括在内了。因此,搜集得比较齐全,是这本诗集的第一个特点;其次,是编排顺序大体上按照寅恪先生夫妇生前编定的诗稿目录,除其中13首不能确定写作时间,其

---

[1] 陈寅恪《寒柳堂集》所附之《寅恪先生诗存》,上海古籍出版社,1980年,第3页。
[2] 陈美延、陈流求编《陈寅恪诗集》,清华大学出版社,1993年初版。此《诗集》包括寅老所撰之联语,笔者统计时未包括在内。又同一首诗前后歧出者,以一首计算。依此《诗集》共收诗为329首。

余316首都有具体署年；三是《诗集》后面附有唐晓莹先生的诗作64首，为我们从另一个侧面了解陈氏夫妇精神世界的全部，提供了极可宝贵的资料。至于流求、美延两姊妹十几年来为搜集遗失的诗稿所做的努力，则是千难百折，委曲动人，"编后记"中所叙只不过是波涛中的一抹微沫，实更有文字难以言传者。1961年，寅恪先生《赠吴雨僧》四首之三所说的"孙盛阳秋存异本，辽东江左费搜寻"[1]，可为搜集过程之连类比照。

陈寅恪先生的诗篇和他的学术著作一样，同是他生命的一部分，展读之下有一股深渊磅礴之气和沉郁独立的精神，充溢于字里行间。《诗集》中最早的一首写于1910年，结束在1966年，时间跨度为半个多世纪，牵及百年中国众多的时事、人物、事件、掌故，释证起来，殆非易事。但《诗集》中有几组再三吟咏、反复出现、贯穿终始的题旨，这就是兴亡之感、家国之思、身世之叹和乱离之悲。下面，让我们依照寅恪先生倡导的"在史中求史识"[2]的方法，具列与此四重主题有直接关联的诗句，以为验证。诗句后面的数字，即为清华版《诗集》的页码，为节省篇幅，不以全称注出。

甲、"兴亡"
兴亡今古郁孤怀，一放悲歌仰天吼。3
西山亦有兴亡恨，写入新篇更见投。5

---

[1] 陈寅恪《赠吴雨僧》第三首："围城玉貌还家恨，桴鼓金山报国心。孙盛阳秋存异本，辽东江左费搜寻。"《陈寅恪诗集》，清华大学出版社，1993年，第114页。
[2] 俞大维《怀念陈寅恪先生》，台北传记文学出版社出版的"传记文学丛书"之四十五，第3页。

犹有宣南温梦寐，不堪灞上共兴亡。15
欲著辨亡还搁笔，众生颠倒向谁陈。19
辨亡欲论何人会，此恨绵绵死未休。22
玉颜自古关兴废，金钿何曾足重轻。34
歌舞又移三峡地，兴亡谁酹六朝觞。40
别有宣和遗老恨，辽金兴灭意难平。44
兴亡总入连宵梦，衰废难胜饯岁觥。53
兴亡自古寻常事，如此兴亡得几回。58
审音知政关兴废，此是师涓枕上声。60
同入兴亡烦恼梦，霜红一枕已沧桑。65
古今多少兴亡恨，都付扶余短梦中。77
红杏青松画已陈，兴亡遗恨尚如新。85
白头听曲东华史，唱到兴亡便掩巾。86
兴亡江左自伤情，远志终惭小草名。87
如花眷属惭双鬓，似水兴亡送六朝。92
好影育长终脉脉，兴亡遗恨向谁谈。100
兴亡遗事又重陈，北里南朝恨未申。110
病余皮骨宁多日，看饱兴亡又一时。132
家国旧情迷纸上，兴亡遗恨照灯前。141

乙 "家国"
一代儒宗宜上寿，七年家国付长吟。33
故国华胥犹记梦，旧时王谢早无家。48
儿郎涑水空文藻，家国沅湘总泪流。69
频年家国损朱颜，镜里愁心锁叠山。77

衰泪已因家国尽，人亡学废更如何。97
死生家国休回首，泪与湘江一样流。104
狂愚残废病如丝，家国艰辛费护持。129
家国旧情迷纸上，兴亡遗恨照灯前。141

丙、"身世"
万里乾坤孤注尽，百年身世短炊醒。25
万里乾坤空莽荡，百年身世任蹉跎。30
山河已入宜春槛，身世真同失水船。63
身世盲翁鼓，文章浪子书。98
文章岂入龚开录，身世翻同范蠡船。116
山河来去移春槛，身世存亡下濑船。120
石火乾坤重换劫，剑炊身世更伤神。121—122
年来身世两茫茫，衣狗浮云变白苍。129

丁、"乱离"
莫写浣花秦妇障，广明离乱更年年。19
群心已惯经离乱，孤注方看博死休。21
残剩河山行旅倦，乱离骨肉病愁多。26
人心已渐忘离乱，天意真难见太平。33
风骚薄命呼真宰，离乱余年望太平。33
女痴妻病自堪怜，况更流离历岁年。39
临老三回值乱离，蔡威泪尽血犹垂。55
道穷文武欲何求，残废流离更自羞。61
七载流离目愈昏，当时微愿了无存。69

《诗集》中寅恪先生诗作部分只有130页,共329首诗,"兴亡""家国""身世""乱离"四组词语凡四十六见,重复率如此之高,超乎想象。而且这些词语大都居于诗眼位置,反复咏叹,一往情深,实具有接通题旨的意义。就中缘由、委曲安在?兹可以断言:这四组词语背后,一定有寅恪先生内心深处幽忧牢结不得摆脱的什么"情结",以至昼思夜想,萦回不散,吟咏之间总要自觉不自觉地流露于笔端。

那么,埋藏在寅恪先生心底的"情结"究竟是什么呢?

"乱离"之悲比较容易理解。寅恪先生以1890年农历五月十七日出生于湖南长沙,正值近代中国大故迭起,社会发生剧烈变动时期。特别是中岁以后,1937年卢沟桥事变,日人占领北京,北大、清华等高等院校南迁,寅恪先生挈妻携女,下天津、奔青岛、至济南、转郑州、经长沙、绕桂林、过梧州、抵香港,一路上颠沛流离,饱尝了逃难的苦痛。唐晓莹先生写有《避寇拾零》一文[1],记此次逃难的前后经过甚详。不久,太平洋战争爆发,寅恪先生又从香港往内地逃。好不容易盼到1945年抗战胜利,以为可以安立讲堂了,谁知国共两党内战又起,结果1948年12月再一次离京南逃。所以寅恪先生才有"临老三回值乱离"的感叹。包括1950年6月发表于《岭南学报》上的《秦妇吟校笺旧稿补正》,虽是严格的学术考证之作,通过避难秦妇由长安逃往洛阳一路所闻所见,对自己的乱离之思亦有所寄托。寅恪先生并且援引《北梦琐言》"李氏女条",认为该条所记的唐末"李将军女"因避乱

---

[1] 唐晓莹《避寇拾零》,陈流求、陈小彭、陈美延著《也同欢乐也同愁》之附录,生活·读书·新知三联书店,2010年,第287—295页。

而失身,是"当日避难妇女普遍遭遇,匪独限于李氏女一人也"[1]。因此完全可以说,寅恪先生在诗中发抒的乱离之悲,也不专属于先生一人,而是当时特定时代的共同感叹。

至于"身世""家国""兴亡"这三组题旨语词所包含的内容,释证起来则需要稍多一些的笔墨。笔者因近年涉猎中国近现代学术史,颇读寅恪先生之书,因而对先生的身世微有所知。现在一提起陈寅恪的名字,国内外学术界几乎无人不晓。可是他的祖父陈宝箴和父尊陈三立,在晚清及近代中国实享有更高的知名度。陈宝箴字右铭,籍江西义宁州(民国以后改为修水),为咸丰元年辛亥恩科举人,六年后,即1856年,会试不第,留京师三年,得交四方才俊之士。当时恰值英法联军火烧圆明园,右铭先生遥见火光,在酒楼搥案痛哭,四座为之震惊[2]。其吏能、治才、识见、心胸,为曾国藩、沈葆桢、席宝田等名公巨卿所推重,曾国藩尝许其为"海内奇士"[3]。但陈宝箴负气节,秉直道,仕途并不顺畅。直到1890年,当他六十岁的时候,经湖南巡抚王文韶力荐,清廷授右铭以湖北按察使之职,不久又署理布政使。这一年,也就是寅恪先生出生那一年。甲午战败后的1895年,陈宝箴被任命为湖南巡抚,开始主持领导湖南新政,走在全国改革潮流的最前面。

而陈三立,是清末有名的"四公子"之一,另三位是湖北巡抚谭继洵之子谭嗣同、广东水师提督吴长庆之子吴保初、福建巡抚丁日昌之子丁惠康。"四公子"中,陈三立以生性淡泊、识见过

---

[1] 陈寅恪《韦庄秦妇吟校笺》,《寒柳堂集》,上海古籍出版社,1980年,第124页。
[2] 陈三立《湖南巡抚先府君行状》,《散原精舍文集》卷五,《散原精舍诗文集》下册,上海古籍出版社,2003年,第846页。
[3] 同上书,第846页。

人和诗学成就为世人瞩目。他于光绪八年即1882年考中举人,又于光绪十二年即1886年会试中式,此时他三十六岁。但未经殿试,还不能算作正式进士。至1889年(己丑)才正式成为进士,受命在吏部行走。《一士类稿》记载一则陈三立初到吏部所遭遇的故事:

> 时有吏部书吏某冠服来贺,散原误以为缙绅一流,以宾礼接见,书吏亦昂然自居于敌体。继知其为部胥,乃大怒,厉声挥之出。书吏惭沮而去,犹以"不得庶常,何必怪我"为言,盖强颜自饰之词。散原岂以未入翰林而迁怒乎?[1]

陈三立字伯严,散原是他的号。《一士类稿》的作者徐一士写道:"部吏弄权,势成积重,吏部尤甚。兹竟贸然与本部司员抗礼,实大悖体制。散原折其僭妄,弗予假借,亦颇见风骨。"[2] 不知是不是与这次误会有关系,不久陈三立便引去,长期侍亲任所,从此再未接受任何官职。

1895年值中国甲午战败,士论汹涌,中国社会到处一片变革之风。有识之士都意识到,不变革,中国便没有出路。就中尤以陈宝箴、陈三立父子最能身体力行。张之洞以提倡新学闻名于世,当时督理湖广,湖北新政亦甚见成效,但最见实绩的还是湖南新政。为了董吏治、辟利源、开民智、变士习,湖南先有矿务局、官钱局、铸洋圆局之设,后有湘报馆、算学堂、武备学堂、南学会、保卫局和课吏馆的开办。特别是设在长沙的时务学堂、聘请

---

[1] 徐一士《谈陈三立》,《一士类稿》,见《近代稗海》第2册,四川人民出版社,1985年,第141页。

[2] 同上。

梁启超为主讲，各方面人才奔竞而至，实际上成了培养改革派人才的一所学校。但义宁父子是稳健的改革者，主张渐变，反对过激行动，尤其与康有为的思想异其趣，而与郭嵩焘相契善。他们希望稳健多识的张之洞出面主持全国的改革。所以然者，由于明了能否把改革推向全国，关键在握有实权的西太后的态度，没有慈禧的首肯，什么改革也办不成。应该说，这是义宁父子的深识。

但这边筹划未定，那边康有为已经说动光绪皇帝上演颁定国是诏的大戏，立即将慈禧与光绪母子的政争引向激化，遂有戊戌政变发生。于是通缉康、梁，杀谭嗣同、杨锐、刘光第、林旭四章京和康广仁、杨深秀，史称"戊戌六君子"。刚刚起步的改革，竟以流血惨剧告终。而陈宝箴、陈三立父子，也因推行改革获罪，被革职，永不叙用。陈宝箴的罪名是"滥保匪人"，因"六君子"中，谭嗣同来自湖南，而刘光第、杨锐都是陈宝箴所保荐。陈三立的罪名是"招引奸邪"，盖由于聘请梁启超主讲时务学堂，系散原的主张。以是，义宁父子实难辞其"咎"了。不过，我真佩服慈禧的情报，她对散原所起的为改革网罗人才的作用何以掌握得如此清楚？也有的说，先时已决定赐死义宁父子，后经荣禄等保奏，方改为永不叙用。不管是哪种情况，革职后迁居江西南昌的陈氏父子，实际上处于被圈禁的状态，应无问题。而且在戊戌政变一年多以后，即1900年的6月26日，右铭先生突然逝去，享年七十整。而死因，如今有充分的材料证明，极有可能是被慈禧派专员赴南昌西山赐死。[1]当时陈三立四十八岁，寅恪十一岁，寅

---

[1] 参阅拙著《陈宝箴和湖南新政》第九章《陈宝箴之死的谜团及求解》，故宫出版社，2012年，第246—322页。

恪长兄陈衡恪二十四岁。

1898至1900年这三年，对陈寅恪的家族来说，是非常不幸的年份。1898年新正，散原先生的母亲过世。10月，陈宝箴、陈三立父子免归南昌。这之前散原的一个堂姊竟然昼夜痛哭而死。隔年即为宝箴逝。宝箴逝前一个月，陈师曾的妻子、年仅二十五岁的范孝嫦（清末名诗人范肯堂之女）亦逝。而在由湖南扶母柩赴南昌的前后过程中，散原两次卧病，第二次险些病死。可见戊戌惨剧给义宁陈氏一家带来的打击是何等沉重，真不啻浩天之劫。国家政局在戊戌政变后更是不可收拾。1900年有义和团之变和八国联军攻入北京，慈禧、光绪因此仓促出逃。陈氏一家的"家国"陷入巨变奇劫之中。吴宗慈的《陈三立传略》于此写道："先生既罢官，侍父归南昌，筑室西山下以居，益切忧时爱国之心，往往深夜孤灯，父子相对唏嘘，不能自已。越一年，先生移家江宁，右铭中承暂留西山崝庐，旋以微疾逝。先生于此，家国之痛益深矣！"[1]

我们不妨看看陈三立为纪念尊人所撰写的《崝庐记》，几乎是泣血陈词：

> 呜呼！孰意天重罚其孤，不使吾父得少延旦暮之乐，葬母仅岁余，又继葬吾父于是邪。而崝庐者，盖遂永永为不肖子烦冤茹憾、呼天泣血之所矣。尝登楼迹吾父坐卧凭眺处，耸而向者，山邪？演迤而逝者，陂邪？畴邪？缭而幻者，烟云邪？草

---

[1] 吴宗慈《陈三立传略》，参见李开军校点之《散原精舍诗文集》下册"附录"，上海古籍出版社，2003年，第1196页。

树之深以蔚邪？牛之眠者斗者邪？犬之吠、鸡之鸣、鹊鹧群雉之噪而啄、呴而飞邪？惨然满目，凄然满听，长号而下。已而沉冥以思，今天下祸变既大矣，烈矣，海国兵犹据京师，两宫久蒙尘，九州岛四万万之人民皆危惙，莫必其命，益恸彼，转幸吾父之无所睹闻于兹世者也。其在《诗》曰：谁生厉阶，至今为梗。又曰：莫肯念乱，谁无父母。曰：凡今之人，胡憯莫惩。然则不肖子即欲朝歌暮哭，憔悴枯槁，褐衣老死于兹庐，以与吾父母魂魄相依，其可得哉？其可得哉？庐后楹阶下植二稚桂，今差与檐齐。二鹤死其一，吾父埋之庐前寻丈许，亲题碣曰"鹤冢"。旁为长沙人陈玉田冢，陈盖从营吾母墓工有劳，病终崝庐云。[1]

既奠祭尊人，又忧伤国事，"家国"之情融合为一，令人恸心裂肺，不忍卒读。特别是他们父子的改革宏图中途夭折，更使散原有攀天无梯、斫地无声之感。他在《湖南巡抚先府君行状》中写道：

盖府君虽勇于任事，义不反顾，不择毁誉祸福，然观理审而虑患深，务在救过持平，安生人之情，以消弭天下之患气。尝称曰："非常之原，黎民惧焉。造端图大，自任怨始。要以止至善为归，自然之势也。"论者谓府君之于湖南，使得稍假岁月，势完志通，事立效著，徐当自定。时即有老学拘生、怨家仇人，且无所置喙，而今为何世邪？俯仰之间，君父家国，

---

[1] 陈三立《崝庐记》，《散原精舍诗文集》下册，上海古籍出版社，2003年，第859页。

无可复问。此尤不孝所攀天斫地、椎心醼血者也。[1]

散原的"家国"之情、"家国"之痛如此深挚，岂能不感染正值少年时期的陈寅恪先生？如果当时的改革能够按照陈宝箴、陈三立父子的主张，缓进渐变，不发生康有为等人的过激行动，清季的历史就是另外一番景象了。

后来陈三立为陈夔龙（前直隶总督，号庸庵尚书）的奏议写序，进一步申明他的渐变主张，写道："窃维国家兴废存亡之数，有其渐焉，非一朝夕之故也。有其几焉，谨而持之，审慎而操纵之，犹可转危而为安，销祸萌而维国是也。"[2]也就是本着"守国使不乱之旨"。这个思想来源于郭嵩焘。陈三立说："往者三立从湘阴郭筠仙侍郎游，侍郎以为中国佮行新政，尚非其人，非其时。辄引青城道人所称'为国致太平与养生求不死，皆非常人所能。且当守国使不乱，以待奇才之出，卫生使不夭，以须异人之至'，郑重低徊以寄其意。侍郎，世所目为通中外之略者也，其所守如此。"[3]可是历史没有按照郭嵩焘、陈宝箴、陈三立的预设发展，相反走了一条从激进到激进的路，致使百年中国，内忧外患，变乱无穷。

当然历史是已发生之事实，站在后来者的角度，只能总结历史经验，却无法让时光倒流，希望重走一遍。但事变的当事人不同，痛定思痛，愈觉自己主张正确可行，甚至有所怨尤，是可以理解

---

[1] 陈三立：《湖南巡抚先府君行状》，《散原精舍诗文集》下册，上海古籍出版社，2003年，第856页。
[2] 陈三立：《庸庵尚书奏议序》，同上书，第885页。
[3] 同上。

的。何况渐变的主张常常两面受敌：旧势力固然视其为代表新派，激进者则目为保守，不屑与之为伍。散原老人的处境正是如此。戊戌政变后，有轻薄者写了一副对联：

徐氏父子，陈氏父子，陈陈相因；
礼部侍郎，兵部侍郎，徐徐云尔。[1]

"徐氏父子"指礼部侍郎徐致靖和他的在湖南任学政的公子徐研甫，都因参与变法遭遣。"陈氏父子"自然指的是陈宝箴和陈三立。"兵部侍郎"云云，是由于清廷规定，巡抚例加兵部侍郎衔。另外还有一副对联，系王闿运《湘绮楼日记》所载，实专攻陈三立，曰："不自陨灭，祸延显考。"[2] 意谓陈宝箴的遭遣，是陈三立遗祸的结果。事实当然不是如此，若说推动湖南新政，陈宝箴的态度比陈三立还要坚决。只不过由此可见守旧势力对持渐变主张的义宁父子嫉恨之深。而激进变革者如谭嗣同，当湖南新政行进中已流露出对陈三立的不满。[3]

戊戌以后之近代中国历史虽然没有按散原预想的路线走，却一再证明他的渐变主张不失为保存国脉的至理名言。欧阳竟无大师

---

[1] 徐一士《谈陈三立》，《近代稗海》第2册，四川人民出版社，1985年，第142页。
[2] 王闿运《湘绮楼日记》光绪二十八年六月十一日记载："公卿会集，严介溪不至，客问东楼：'相国何迟？'谢曰：'昨伤风，不能来也。'王元美举《琵琶记》曲文云：'爹居相位，怎说出这伤风的语言。'以此陷其父死罪。忍俊不禁，唯口兴戎，不虚也。陈右铭革职，或为联云：'不自陨灭，祸延显考。'一若明以来四百年俗套讣文，专为此用，亦绝世佳文也。"见点校本《湘绮楼日记》第四卷，岳麓书社，1997年，第2476页。
[3] 参阅拙著《陈宝箴和湖南新政》第八章《戊戌政变和湖南新政的失败》，故宫出版社，2012年，第215页。

的《散原居士事略》，对1922年梁启超与散原的一次会面有所记载，行文甚蕴藉有趣。这是戊戌之后两位"湘事同志"的第一次会面，时间已过去了二十年，因而不免"唏嘘长叹""触往事而凄怆伤怀"。这时的梁任公，与散原的思想已经相当靠近了。但彼此之间的话语似乎不多，只互相称赞了一番蔡松坡。任公说："蔡松坡以整个人格相呈，今不复得矣。"散原说："蔡松坡考时务学堂，年十四，文不通，已斥，予以稚幼取之。以任公教力，一日千里，半年大成，今不可复得矣。"欧阳建议任公"放下野心，法门龙象"。散原说："不能。"任公则默然。[1]事隔二十年，散原仍洞察深微，知人见底，识见、境界终高人一等。以散原的心胸，绝不是"封建遗老"四个字所能概括的。

事实上，1904年西太后下诏赦免戊戌获罪人员未久，便有疆吏荐请起用陈三立，但三立坚辞不就，宁愿"韬晦不复出，但以文章自娱，以气节自砥砺，其幽忧郁愤，与激昂磊落慷慨之情，无所发泄，则悉寄之于诗"[2]。民国以后，他很快就剪去辫子，"与当世英杰有为之士亦常相往还"，未尝以遗老自居。他赞许蔡松坡，主要由于松坡反对袁世凯复辟帝制，豪侠肝胆，义动九州。今存《散原精舍诗》里，明确透露出反对袁世凯称帝的诗就有多首，如《上赏》《使者》《双鱼》《玉玺》《旧题》《史家》六绝句[3]，即是为嘲讽袁氏称帝的闹剧而作。紧接着写于民国五年（1916）

---

[1] 欧阳渐《散原居士事略》，《欧阳竟无先生内外学》乙函 "竟无诗文"，民国二十二年（1933）五月刊本。

[2] 吴宗慈《陈三立传略》，《散原精舍诗文集》下册 "附录"，上海古籍出版社，2003年，第1196页。

[3] 陈三立《散原精舍诗文集》上册，上海古籍出版社，2003年，第504—505页。

年初的《丙辰元旦阴雨逢日食》，至有"蚀日愁云里，儿童莫仰天"[1]之句，其反对袁氏倒行逆施的态度甚明。而《雨夜写怀》的结句则为"只对不臣木，青青牖下松"[2]，直是以窗前的青松自譬，无论如何坚决不买袁氏的账了。[3]写到这里，不妨稍及一当时的时事掌故，即戊戌后讽刺散原"不自陨灭，祸延显考"的王闿运，虽当时已逾八十高龄，却扮演了支持"洪宪"的"耆硕"的角色。

盖散原的"家国"之情，终其一生未尝稍减。1931年日人占领东北，次年发动沪战，寓居岵岭的散原日夕不宁，一天晚上在梦中突然狂呼杀日本人，[4]全家惊醒。1937年卢沟桥事变，北京再次遭劫，散原忧愤益甚，终致病，拒不服药而死。而当他生病的时候，听到有人说中国打不过日本，散原立即予以驳斥："中国人岂狗彘不若，将终帖然任人屠割耶？"[5]再不与此种人交接一言。欧阳竟无大师对散原的评价是："改革发源于湘，散原实主之。散原发愤不食死，倭虏实致之。得志则改革致太平，不得志则抑郁发愤，而一寄于诗，乃至丧命。彻终彻始，纯洁之质，古之性情肝胆中人。发于政，不得以政治称；寓于诗，而亦不可以诗人概也。"[6]这是我所见到的对散原老人的最准确无误的评价。可惜当时后世不理解散原的人多多。这就是陈寅恪先生何以一而再、再而三地提到自

---

[1] 陈三立《丙辰元旦阴雨逢日食》，《散原精舍诗文集》上册，上海古籍出版社，2003年，第506页。
[2] 陈三立《雨夜写怀》，同上书，第507页。
[3] 高阳撰《清末四公子》于此节考订甚详，可参见是书第56至68页，台北南京出版公司，1980年。
[4] 吴宗慈《陈三立传略》，《散原精舍诗文集》下册"附录"，上海古籍出版社，2003年，第1197页。
[5] 同上。
[6] 欧阳渐《散原居士事略》，《欧阳竟无先生内外学》乙函"竟无诗文"，民国二十二年（1933）五月刊本。

己的"身世",并要辨别清楚百年中国的"兴亡遗恨"的原因。

职是之故,陈寅恪所说的"身世",主要指义宁陈氏一家在近代中国的遭逢际遇,这里面隐忍着他们祖孙三代极为深挚的"家国"之情。所以寅恪的诗中,在提到"家国"的时候,常常与湖南联系起来,如"家国沅湘总泪流""死生家国休回首,泪与湘江一样流"等等。散原的诗,也每每"家国"并提,如"百忧千哀在家国,激荡骚雅思荒淫"[1]"旋出涕泪说家国,倔强世间欲何待"[2]"合眼风涛移枕上,抚膺家国逼灯前"[3]"满眼人才投浊流,家国算馀谈舌掉"[4]"羁孤念家国,悲恼互奔凑"[5]"茫茫家国梦痕存,片念已教干浪瀚"[6]"时危家国复安在,莫立斜阳留画图"[7]"发为文章裨家国,祇供穷海拾断梦"[8]"家国忽忽同传舍,不烦残梦续南柯"[9]"家国只余伤逝泪,乌号记堕小臣前"[10]"收拾家国一团蒲,非忏非悟佛灯映"[11]"十年家国伤心史,留证巫阳下视时"[12]"泪边家国谁能问,杯底乾坤且自多"[13]等等。甚至在文章中,如《代李知县

---

[1] 陈三立《上元夜次申招坐小艇泛秦淮观游》,《散原精舍诗文集》上册,上海古籍出版社,2003年,第5页。
[2] 陈三立《与纯常相见之明日遂偕寻莫愁湖至则楼馆荡没巨浸中仅存败屋数椽而已怅然有作》,同上书,第32页。
[3] 陈三立《晓抵九江作》,同上书,第41页。
[4] 陈三立《黄小鲁观察游西湖归过访携虎跑泉相饷赋此报谢》,同上书,第47页。
[5] 陈三立《鸡笼山舟上寄谢熊六文叔惠南丰橘》,同上书,第86页。
[6] 陈三立《九日惠中番馆五层楼登高》,同上书,第420页。
[7] 陈三立《絜漪园为海观尚书故居过游感赋》,同上书,第440页。
[8] 陈三立《乙卯花朝逸社第二集蒿庵中丞邀酒楼用杜句分韵得纵字》,同上书,第449页。
[9] 陈三立《过籋园旧居》,同上书,第466页。
[10] 陈三立《题赵芝山同年亡室紫琼夫人梅花小影》,同上书,第503页。
[11] 陈三立《虞山纪胜三篇康更生王病山胡琴初陈仁先黄同武同游》,同上书,第567页。
[12] 陈三立《病山成亡姬兰娶小傅题其后》,同上书,第595页。
[13] 陈三立《送梁节庵还焦山》,《散原精舍诗文集补编》(潘益民、李开军辑注),江西人民出版社,2007年,第70—71页。

湘乡乐舞局记》一文，因讲到歌咏舞蹈的功能，也说"其作用有洁治其身心，以备家国无穷之用"[1]。正如王逸塘氏所说："散原集中，凡涉崝庐诸作，皆真挚沉痛，字字如迸血泪，苍茫家国之感，悉寓于诗，洵宇宙之至文也。"[2] 由兹可见散原老人的"家国之情"，与其子寅恪相比，不仅未惶稍让，尚且有所过之。

实则义宁父子的"家国"之思如出一辙。如果说戊戌事败之时，寅恪尚处稚龄，刚八九岁，对祖父与父亲的主张不会有深的理解，后来长大成人，四海问学，历经故国的种种变局，己身经验逼使他不能不向陈宝箴、陈三立的思想认同。1945年夏天，他在《读吴其昌撰梁启超传书后》一文的结尾部分，说出了积郁多年、"喋不得发"的思想。他写道：

> 自戊戌政变后十余年，而中国始开国会，其纷乱妄谬，为天下指笑，新会所尝目睹，亦助当政者发令而解散之矣。自新会殁，又十余年，中日战起。九县三精，飙回雾塞，而所谓民主政治之论，复甚嚣尘上。余少喜临川新法之新，而老同涑水迂叟之迂。盖验以人心之厚薄，民生之荣悴，则知五十年来，如车轮之逆转，似有合于所谓退化论之说者。是以论学论治，迥异时流，而迫于时势，喋不得发。因读此传，略书数语，付稚女美延藏之。美延当知乃翁此时悲往事，思来者，甚忧伤苦痛，不仅如陆务观所云，以元祐党家话贞元朝士之感已也。[3]

---

[1] 陈三立《代李知县湘乡乐舞局记》，《散原精舍诗文集补编》，同上书，第70—71页。
[2] 王逸塘《今传是楼诗话》，《散原精舍诗文集》下册附录中，上海古籍出版社，2003年，第1228页。
[3] 陈寅恪《读吴其昌撰梁启超传书后》，《寒柳堂集》，上海古籍出版社，1980，第149—150页。

南宋大诗人陆游的祖父陆佃,是北宋改革家王安石的门人,少年时期曾跟随王安石学经学,但在变革问题上与临川的意见不尽相同,后来名列反王安石的元祐党人碑。王安石死后,他又率诸生前往哭祭,而不怕当朝宰相司马光的打击。这种情况,和陈宝箴、陈三立在戊戌变法中的处境颇相类。所以寅恪经常以陆游自比。1927年撰《王观堂先生挽词并序》,已有"元祐党家惭陆子"[1]的句子。1958年写康有为《百岁生日献词》,又哀叹:"元祐党家犹有种,平泉树石已无根。"[2] 1945年寅恪先生卧病英伦医院,听读熊式一的英文小说《天桥》,因书中涉及戊戌年间李提摩太传教士上书一事,所以回忆起1902年随长兄陈师曾赴日本留学,在上海遇到李提摩太,李曾用中文说过"君等世家子弟,能东游甚善"的话。依此该诗中有句:"故国华胥犹记梦,旧时王谢早无家。"盖虽为"世家子弟",寅恪先生却很谦逊,在此诗的题序中说明不过是偶涉旧事,"非敢以乌衣故事自况也"。[3]

话虽如此,寅恪先生对自己的家族世系,以及这个家族世系在近百年以来的中国的传奇式的遭逢际遇,始终系念于怀。他担心后人由于不了解历史真相,可能会误解自己的先祖和先君,特别是他们在晚清维新变法潮流中所扮演的角色的性质,因此趁阅读吴其昌氏《梁启超传》之便,特补叙陈宝箴、陈三立在戊戌变法中的真实思想走向。寅恪先生写道:"当时之言变法者,盖有不同之二源,未可混一论之也。咸丰之世,先祖亦应进士举,居京师。亲见圆明

---

[1] 陈寅恪《王观堂先生挽词并序》,陈寅恪《诗集》,生活·读书·新知三联书店,2001年,第17页。
[2] 陈寅恪《南海世丈百岁生日献词》,同上书,第130页。按陆游《闲游》诗有句"五世业儒书有种"(《剑南诗稿》卷六十八),寅恪先生诗句疑本此。
[3] 陈寅恪《诗集》,生活·读书·新知三联书店,2001年,第55页。

园干宵之火,痛哭南归。其后治军治民,益知中国旧法之不可不变。后交湘阴郭筠仙侍郎嵩焘,极相倾服,许为孤忠宏识。先君亦从郭公论文论学,而郭公者,亦颂美西法,当时士大夫目为汉奸国贼,群欲得杀之而甘心者也。至南海康先生治今文公羊之学,附会孔子改制以言变法。其与历验世务欲借镜西国以变神州旧法者,本自不同。故先祖先君见义乌朱鼎甫先生一新《无邪堂答问》驳斥南海公羊春秋之说,深以为然。据是可知余家之主变法,其思想源流之所在矣。"[1]他把严格区分戊戌变法中两种不同的思想源流,划清陈宝箴、陈三立与康有为的界限,当作一件隆仪无比的大事,郑重付交稚女美延收藏,显然有传之后世之意。这就是寅恪先生的"百年身世",这就是寅恪先生的"家国旧情"。目睹戊戌以来变生不测的畸形世局,他已经不相信在他有生之年,还会有机缘打开近百年中国的历史真相。他感到这是一盘永远下不完的棋,而且是无法覆盘的棋。"百年谁覆烂柯棋"[2]"伤心难覆烂柯棋"[3]"一局棋枰还未定,百年世事欲如何"[4],《诗集》中不乏这类感叹。1923年6月29日,寅恪先生正在德国柏林大学求学,母亲余淑人病逝于南京,一个月后长兄师曾又病逝,年只四十八岁。1925年,应清华国学研究院之聘(因母兄之丧请假一年,1926年7月始到校),与王国维、

---

[1] 陈寅恪《读吴其昌撰梁启超传书后》,《寒柳堂集》,三联书店,2001年,第167页。
[2] 陈寅恪《戏赋反落花诗—首次听水斋落花诗原韵》:"岭南不见落英时,四序皆春转更悲。初意绿荫多子早,岂期朱熟荐英迟。东皇西母羞相会,碧海青天悔可知。遥望长安花雾隔,百年谁覆烂柯棋。"《诗集》,生活·读书·新知三联书店,2001年,第155页。
[3] 陈寅恪《十年诗用听水斋韵》:"天回地动此何时,不独悲今昔亦悲。与我倾谈一夕后,恨君相见十年迟。旧闻柳氏谁能次,密记冬郎世未知。海水已枯桑已死,伤心难覆烂柯棋。"同上书,第43页。
[4] 陈寅恪《甲辰五月十七日七十五岁初度感赋》:"吾生七十愧蹉跎,况复今朝五岁过。一局棋枰还未定,百年世事欲如何。炎方春尽花犹艳,瘴海云腾雨更多。越鸟南枝无限感,唾壶敲碎独悲歌。"同上书,第154页。

梁启超、赵元任并列为四大导师,在他个人应是很荣耀的事情,但他并无欢娱,写于 1927 年春天的《春日独游玉泉静明园》,仍然牢愁百结:"回首平生终负气,此身未死已销魂。人间不会孤游意,归去含凄自闭门。"[1]诗成不久,王国维就投昆明湖自杀了。隔年即 1929 年,梁启超病死,国学研究院难以为继,只好关门。寅恪先生的《春日独游》诗"归去含凄自闭门"句,不料竟成谶语。又过一年,"九一八"事变发生。尽管 1937 年之前的清华园生活,在寅老是相对平静的,是他读书治学的佳期,和唐晓莹先生结缡就在此期,但未久卢沟桥事变,前面提到的抗战时期的乱离人生就开始了。好不容易盼到抗战胜利,寅恪先生的眼睛又失明了。[2]《乙酉八月十一日晨起闻日本乞降喜赋》,是寅恪多年以来少有的流露出喜悦之情的一首诗,但结尾两句"念往忧来无限感,喜心题句又成悲"[3],本来是"喜赋",却又转成悲歌。

尽管如此,1945 年抗战胜利毕竟使寅恪先生的精神情绪为之一畅。这是他生平写诗最多的一年,共 33 首。[4]别人"大脯三日"[5],他卧病不能出去共庆,但已经有兴趣"自编平话"与小

---

[1] 陈寅恪《春日独游玉泉静明园》,《诗集》,生活·读书·新知三联书店,2001 年,第 11 页。
[2] 陈寅恪先生右眼失明的时间很早,左目失明是在 1944 年年底,时在四川成都,任教燕京大学。《雨僧日记》1944 年 12 月 12 日载:"访寅恪于广益学舍宅,始知寅恪左目今晨又不明。"生活·读书·新知三联书店版《雨僧日记》第九册,1999 年,第 374 页。同年 12 月 18 日遵医嘱手术,但效果不佳,实际上已失明。
[3] 陈寅恪《乙酉八月十一日晨起闻日本乞降喜赋》,《诗集》,生活·读书·新知三联书店,2001 年,第 49 页。
[4] 《陈寅恪诗集》所收诗,起自 1910 年,至 1937 年共有诗 27 首,平均每年一首不到,最多的年份也只有 4 首。1938 年至 1949 年共 85 首,其中 1945 年 33 首,1949 年 10 首,余者每年最多不超过 7 首。1950 年至 1966 年共 204 首,其中 1964 年最多,为 23 首。都没有打破 1945 年 33 首的最高纪录。
[5] 陈寅恪《连日庆贺胜利,以病目不能出,女婴美延亦病,相对成一绝》有句:"大脯三日乐无穷,独卧文盲老病翁。"《诗集》,生活·读书·新知三联书店,2001 年,第 50 页。

女儿相戏了。对日本人在东北导演的让溥仪当皇帝的闹剧,寅恪先生予以辛辣的嘲讽:"漫夸溯漠作神京,八宝楼台一夕倾。延祚岂能同大石,附庸真是类梁明。收场傀儡牵丝戏,贻祸文殊建国名。别有宣和遗老恨,辽金兴灭意难平。"[1]首句下面有注:"海藏楼诗有句云,'欲回溯漠作神京'。""海藏楼诗"的作者是郑孝胥,因此这首诗嘲讽的主要对象,是策划溥仪投降日本,后来任伪满洲国总理大臣的郑孝胥,并揭破郑的野心在于希图借助外力,反对民国,恢复清朝。这是寅恪《诗集》中非常值得注意的一首诗。诗中直称郑孝胥为"遗老"。"辽金"自是暗指清朝。"兴灭"云云,当然说的是由后金发展而来的清朝的兴起与覆亡。在寅恪先生看来,海藏楼主人的作为不过是扮演日本人牵线的一个傀儡,他的"欲回溯漠作神京"的旧梦,像"八宝楼台"一样,"一夕"之间就倾倒了。

寅恪先生在这首诗里对郑孝胥企图恢复清朝的"遗老"旧梦,明显地持否定态度。这一点很重要,因为这涉及寅恪《诗集》里那些反复咏叹的"兴亡"之感,到底该如何解释的问题。如果不是有直接批评郑孝胥这首诗,人们很容易心存疑问:已经进入民国,寅恪先生却不断地哀叹"兴亡",莫非是留恋前朝,甚而希图恢复旧仪?何况他还有祖父和父亲那样的家庭背景,更容易令人加深质疑的理由。可是读了写于1945年的《漫夸》诗,我看疑问可以取消了。

然则寅恪先生的"兴亡"之感究竟缘何而发?

首先,在寅恪先生笔下,"兴亡"二字不仅是历史和政治的概

---

[1] 陈寅恪《漫夸》,《诗集》,生活·读书·新知三联书店,2001年,第49页。

念,主要是文化的概念。1927年王国维自沉,寅恪先生的《挽王静安先生》诗,有"文化神州丧一身"句,自是从文化的角度哀挽无疑。而《王观堂先生挽词》的序文更强调中国文化具有"抽象理想之通性"[1]。特别是后来写的《清华大学王观堂先生纪念碑铭》,明确提出:"先生以一死见其独立自由之意志,非所论于一人之恩怨,一姓之兴亡。"[2]严驳所谓"殉清说"。王国维尚且如此,寅恪先生的兴亡之感当然不是为一朝一姓所发。不仅如此,对党派私见,寅恪先生也素所深恶,以此《诗集》中有"惟有义山超党见"[3]的句子。说来这也是义宁陈氏的家风。当年散原在回忆陈宝箴的治略时曾说过:"府君独知时变所当为而已,不复较孰为新旧,尤无所谓新党旧党之见。"[4]此其一。

其二,我们不要忘记寅恪先生是历史学家,他的敏锐而深沉的兴亡感,恰恰是他的史学天才的表现。因为历史就是过程,发生发展的过程,兴衰寂灭的过程。不只政权的更迭和社会制度的变迁,连人事、物态都有自己的兴衰史。看不到兴亡,不懂兴亡,不辨兴亡,不具有历史学家的资格。

其三,寅恪先生叹兴亡、辨兴亡,是为了总结历史的经验教训,即"审音知政关兴废"[5],而不是充当一家一姓的历史辩护人的角色。

---

[1] 陈寅恪《王观堂先生挽词并序》,《诗集》,生活·读书·新知三联书店,2001年,第12页。
[2] 陈寅恪《清华大学王观堂先生纪念碑铭》,《金明馆丛稿二编》,生活·读书·新知三联书店,2001年,第246页。
[3] 陈寅恪《题小忽雷传奇旧刊本》,《诗集》,生活·读书·新知三联书店,2001年,第155页。
[4] 陈三立《湖南巡抚先府君行状》,《散原精舍诗文集》下册,上海古籍出版社,2003年,第855页。
[5] 陈寅恪《歌舞》:"歌舞从来庆太平,而今战鼓尚争鸣。审音知政关兴废,此是师涓枕上声。"《诗集》,生活·读书·新知三联书店,2001年,第69页。

散原老人涉"兴亡"的诗句亦不在少数，兹作为案例特摘录几组如次："我阅兴亡话耆旧，竟侪稷契歌唐虞"[1]"倚栏眺茫茫，兴亡到胸臆"[2]"兴亡阅石马，舜跖亦何有"[3]"此物配人豪，应痛兴亡速"[4]"兴亡不关人，狂痴欲成德"[5]"死生兴亡无可语，唤人空落乳鸦声"[6]"俯阅几兴亡，有碑忍卒读"[7]"兴亡细事耳，人气延天命"[8]"变乱散唐宫，历历兴亡史"[9]"了却兴亡骆驰坐，好依双树养风烟"[10]"此才颇系兴亡史，魂气留痕泣送春"[11]"头白重来问兴废，江声绕尽九回肠"[12]"树底茶瓯阅兴废，寄生枝又鹊巢成"[13]。散原这些诗句，可为其子的历史兴亡感作注。因此，清朝的覆亡固然引发了寅恪先生的兴亡之感，明亡清兴他也曾感慨万端，以至在晚年双目失明的情况下，以十年艰辛卓绝的努力，写出了专门探讨明亡清兴历史教训的巨著《柳如是别传》。这样也就可以理解，为什么1948年至1949年国民党政权的垮台，也引起了寅恪先生的兴亡感。写于1948年2月的《丁亥除夕作》有句："兴亡总入连

---

[1] 陈三立《黄忠端泼墨图题应余与九》，《散原精舍诗文集》上册，上海古籍出版社，2003年，第343页。
[2] 陈三立《除夕》，同上书，第395页。
[3] 陈三立《雨霁游孝陵》，同上书，第403页。
[4] 陈三立《蓝石如同年所藏史忠正负笈砚》，同上书，第414页。
[5] 陈三立《五月二十九日子申酒集胡园分韵得德字》，同上书，第473页。
[6] 陈三立《出太平门视次申墓归途望孝陵》，同上书，第538页。
[7] 陈三立《上巳后二日携家至钟山天保城下观农会造林场憩茅亭赋纪十六韵》，同上书，第562页。
[8] 陈三立《王编修泽寰偕族人笃余明经自庐陵游江南携示文信国画像及手札墨迹谨题其后》，同上书，第601页。
[9] 陈三立《题刘聚卿枕雷图》，同上书，第625页。
[10] 陈三立《为狄平子题药地大师乔木孤亭图》，同上书，第679页。
[11] 陈三立《拔可寄示晚翠轩遗墨展诵黯然缀一绝归之》，同上书，第717页。
[12] 陈三立《过黄州因忆癸巳岁与杨叔乔屠敬山汪穰卿社耆同游》，同上书，第162页。
[13] 陈三立《携家游孝陵》，同上书，第541页。

宵梦，衰废难胜饯岁觥。"[1]1949年的《青鸟》诗则说："兴亡自古寻常事，如此兴亡得几回。"[2] 如果不了解寅恪先生笔下的"兴亡"一词是一个文化—历史的概念，很容易把诗中的感叹误会为一种政治态度。但《诗集》中紧接《青鸟》一诗，是写于1949年夏天的《哀金圆》，诗中对国民党政权垮台的原因作了富有说服力的阐述："党家专政二十载，大厦一旦梁栋摧。乱源虽多主因一，民怨所致非兵灾。"[3]力申天下兴亡，系乎民意旨归。似乎并不认为这个政权的败亡是值得诧异之事，只不过觉得如此"亡"法儿（几百万大军如覆巢之卵）颇为少见，所以才有"如此兴亡得几回"之叹。

中国历史的特点，是王朝更迭频繁，而且每次王朝更迭都伴以社会动乱，经济遭受破坏，人民流离失所，统治集团的权力攘夺成为社会与文化的劫难。知识分子、文化人首当其冲，寅恪先生于此感受尤深。1950年5月，他在写给吴宓的信里说："吾辈之困苦，精神肉体两方面有加无已，自不待言矣。"[4]光是抗战时期书籍的损失，在寅恪先生个人已属浩劫。晚年当他回忆起这段往事时，曾写道：

> 抗日战争开始时清华大学迁往长沙。我携家也迁往长沙。当时曾将应用书籍包好托人寄往长沙。当时交通不便，我到长沙书尚未到。不久我又随校迁云南，书籍慢慢寄到长沙堆在亲

---

[1] 陈寅恪《丁亥除夕作》，《诗集》，生活·读书·新知三联书店，2001年，第61页。
[2] 陈寅恪《青鸟》，同上书，第67页。
[3] 陈寅恪《哀金圆》，《诗集》，生活·读书·新知三联书店，2001年，第68页。
[4] 陈寅恪《致吴宓》，《书信集》，生活·读书·新知三联书店，2001年，第268页。

戚家中。后来亲戚也逃难去了，长沙大火时，亲戚的房子和我很多书一起烧光。书的册数，比现在广州的书还多。未寄出的书存在北京朋友家中。来岭大时，我自己先来，将书籍寄存北京寡嫂及亲戚家中。后某亲戚家所存之书被人偷光。不得已将所余书籍暂运上海托蒋天枢代管。卖书的钱陆续寄来贴补家用。[1]

对于以学术为托命根基的知识分子来说，书籍不啻自己生命的一部分。王国维1927年自沉前留下的只有百十六字的遗嘱，特标出："书籍可托陈、吴二先生处理。"吴是吴宓，陈即寅恪先生，这是王国维最信任的两位国学研究院同事。可以想见书籍的损失对寅恪先生的精神打击有多么沉重。《诗集》中一咏三叹的"劫灰遗恨话当时"，[2]"劫终残帙幸余灰"[3]"灰烬文章暗自伤"[4]"劫灰满眼堪愁绝，坐守寒灰更可哀"[5]，就中一定包含有丢失书籍的精神创痛。他向吴宓说的知识分子经历的精神与肉体的双重困苦，在他个人，精神苦痛是最主要的亦最不堪忍受。

职是之故，寅恪先生诗作中流露出来的"兴亡"之感，实具有非常丰富的精神历史的内容。而他使用的"家国"概念，亦超越了单一的政治内涵。传统社会的一家一姓的王朝体系既不能与家

---

[1] 转引自蒋天枢：《陈寅恪先生编年事辑》（增订本），上海古籍出版社，1997年，第116页。
[2] 陈寅恪：《己丑夏日》，《诗集》，生活·读书·新知三联书店，2001年，第66页。
[3] 陈寅恪：《丁亥春日阅花随人圣庵笔记深赏其游旸台山看杏花诗因题一律》，同上书，第59页。
[4] 陈寅恪：《己丑除夕题吴辛旨诗》，同上书，第71页。
[5] 陈寅恪：《香港壬午元旦对盆花感赋》，同上书，第32页。

国画等号,那么政权的更迭也并不意味着国家的灭亡。说到这里,不妨用"以陈解陈"的方法,提供一条旁证。《柳如是别传》第五章释证钱牧斋《西湖杂咏》诗,因诗序中有"今此下民,甘忘桑椹。侮食相矜,左言若性"之语,寅恪先生考证出,牧斋此处是用《文选》王元长《三月三日曲水诗序》之典,目的是"用此典以骂当日降清之老汉奸辈,虽己身亦不免在其中,然尚肯明白言之,是天良犹存,殊可哀矣"[1]。这里表现出寅恪先生对历史人物一贯所持的"了解之同情"的态度。而《四库全书总目提要》,却借《愚庵小集》作者朱鹤龄赞扬元裕之对于元朝,既"足践其土,口茹其毛",就不"反噬",以之为例证,指摘钱牧斋降清以后仍"訕辞诋语,曾不少避,若欲掩其失身之事"。[2]对此,寅恪先生写道:

> 牧斋之降清,乃其一生污点。但亦由其素性怯懦,迫于事势所使然。若谓其必须始终心悦诚服,则甚不近情理。夫牧斋所践之土,乃禹贡九州相承之土,所茹之毛,非女真八部所种之毛。馆臣阿媚世祖之言,抑何可笑。回忆五六十年前,清廷公文,往往有"食毛践土,具有天良"之语。今读提要,又不胜桑海之感也。[3]

寅恪先生对四库"馆臣"的反驳非常有力量。意思是说,中国这块土地是自古以来就有的,并非清朝统治者所专有;所种之稼穑,

---

[1] 陈寅恪:《柳如是别传》下册,生活·读书·新知三联书店,2001年,第1044—1045页。
[2] 同上书,第1045页。
[3] 同上。

亦为全体人民所共享，而不应为清廷所独据。即使对清朝统治者有所微辞，甚或"讪辞诋语"，也不牵及故国的"毛"和"土"的问题，因此与"天良"无涉。这一条旁证，足可帮助我们理解寅恪先生关于"家国"和国家概念的深层内涵。

以此我们可以说，陈寅恪先生写于1965年的《乙巳冬日读清史后妃传有感于珍妃事为赋一律》："昔日曾传班氏贤，如今沧海已桑田。伤心太液波翻句，回首甘陵党锢年。家国旧情迷纸上，兴亡遗恨照灯前。开元鹤发凋零尽，谁补西京外戚篇。"[1]诗中以"家国旧情"和"兴亡遗恨"对举，完全可以视作《陈寅恪诗集》的主题曲。而"伤心太液波翻句"下有小注写道："玉溪生诗悼文宗杨贤妃云：'金舆不城返倾色，下苑犹翻太液波。'云起轩词'闻说太液波翻'即用李句。"此注大可究诘。按历史上的太液池有三个：一是汉太液池，汉武帝建于建章宫北面；二是唐太液池，位置在长安大明宫内；三是清太液池，原来叫西华潭，也就是现在北京的北海和中南海。不管是哪一个太液池，都是用来喻指宫廷无疑。因此诗中"太液波翻"四个字的确切所指，则是宫廷的政治争斗。首句"甘陵党锢年"，指东汉的党锢之祸。李商隐（玉溪生）的诗，则说的是唐文宗时期以牛李党争为背景的"甘露之变"。云起轩即珍妃的老师文廷式，晚清清流的主要代表人物之一，戊戌政变前就被慈禧赶出了宫。引证古典的目的，是为"今典"铺设背景。此诗作者寅恪先生的潜在题旨，无非是说1898年慈禧发动的戊戌政变，至今虽然已过去了一个多甲子，但想起当时那场株连不断的"党祸"，仍然感到"伤心"，因为自己家族的

---

[1] 陈寅恪《诗集》，生活·读书·新知三联书店，2001年，第172页。

命运与之紧密相关，而百年中国的兴衰际遇亦由此而植下根蒂。所以这首七律的颔联"家国旧情迷纸上，兴亡遗恨照灯前"，就不仅是该诗的题眼，同时也可以视作陈寅恪全部诗作的主题曲了。

然而"谁补西京外戚篇"？"斯人已逝，国宝云亡"。寅恪先生是不能来"补"写这段历史了。但他给我们留下了众多的藏有妙语深识的学术著作，特别是撰写了专门抉发明清兴亡史事的巨著《柳如是别传》，寅恪先生和我们都可以无憾了。何况写作此诗的 1965 年，陈寅恪先生的《寒柳堂记梦未定稿》业已竣稿，其中特别设有"戊戌政变与先祖先君之关系"的专章，还有写于 1945 年的《读吴其昌撰梁启超传书后》，如果我们说关于那场"党锢之祸"已经由大史学家陈寅恪先生"补写"了，也许治义宁之学的诸君子不致存更多的异议。

1993 年 6 月写就初稿
2014 年 1 月增补定稿

蔡元培与中国哲学的现代化

中国传统哲学的高峰,一表现为先秦子学,再表现为宋明理学。此外佛教哲学在魏晋至隋唐有较大的发展,此不具论。总之,宋明以后,独立之哲学日趋衰微,哲学思想往往消融到实际人生态度和社会伦理中去,真个是"道混成而难分"了。而清儒重考据、倡言"由宋返汉"的结果,尤使形上之风趋于淡薄。

影响之下,清中叶直至晚清以还,包括龚自珍、魏源、严复、康有为、梁启超、章太炎诸人,虽然不无自己的哲学思想,却不是以哲学的专精而名家的。正如蔡元培所说:"最近五十年,虽然渐渐输入欧洲的哲学,但是还没有独创的哲学。"[1] 蔡元培还说:"凡一时期的哲学,常是前一时期的反动,或是再前一时期的复活,或是前几个时期的综合,所以哲学史是哲学界重要的工具。这五十年中,没有人翻译过一部西洋哲学史,也没有人用新的眼光来著一部中国哲学史,这就是这时期中哲学还没有发展的证候。"[2] 因此,胡适的《中国哲学史大纲》,他给予相当的肯定,称其为"第

---

[1] 蔡元培《五十年来中国之哲学》,《蔡元培全集》(高平叔编)第4卷,中华书局,1984年,第351页。
[2] 同上书,第381页。

一部新的哲学史"[1]。但胡适的《大纲》是对中国传统哲学思想的叙论，还不是作者自己哲学思想的系统化。

蔡元培本人是重视哲学的，早在1901年，他就写了《哲学总论》，提出哲学是"原理之学""心性之学"和"统合之学"，且将宇宙区分为"物界与心界"，并以理学、哲学、神学之三分括尽世间之学问。[2]这是中国学人第一次用可以与世界对话的语言来陈述现代哲学观，时间比王国维最初的哲学美学论文还要早些，其对现代学术的奠基而言，实非常重要。1910年，他出版的《中国伦理学史》，是伦理学著作，也是哲学著作。1915年，他编写的《哲学大纲》，虽系根据德国哲学家历希脱尔的《哲学导言》译述而成，其中亦不无他自创的思想。[3]另外，他还翻译了德人科培尔的《哲学要领》和日人井上圆了所著之《妖怪学讲义录》以及《柏格森玄学导言》等西方和日本的哲学著作。1923年，他撰写了总结性的《五十年来中国之哲学》一文，1924年，又写了《简易哲学纲要》。至于作为哲学的分支的美学，更是他的终生所好，《康德美学述》《美学的进化》《美学讲稿》《美学的趋向》《美育》等，都是他有名的论著。

如果说胡适的《中国哲学史大纲》是"第一部新的哲学史"，那么，蔡元培早期的哲学论著，应该称得上中国现代哲学的先

---

[1] 蔡元培《五十年来中国之哲学》，《蔡元培全集》（高平叔编）第4卷，中华书局，1984年，第381页。
[2] 蔡元培《哲学总论》，《蔡元培全集》第1卷，浙江教育出版社，1997年，第354—363页。
[3] 蔡元培在1919年8月所写之《传略》中写道："其时编《哲学大纲》一册，多采取德国哲学家之言，惟于宗教思想一节，谓真正之宗教，不过信仰心。所信仰之对象，随哲学之进化而改变，亦即因各人哲学观念之程度而不同。是谓信仰自由。凡现在有意识有信条之宗教，将来必被淘汰。"见《蔡元培全集》第3卷，浙江教育出版社，1997年，第669—670页。

导。这得力于他1907年至1911年在德国的留学生涯。除刚到德国的第一年先在柏林学习德文，第二年开始，便正式到莱比锡大学哲学系就读。他选修的课程包括：冯德的"新哲学史——从康德至当代""新哲学之历史及早期之心理学概论"，以及布拉恩（Brahn）的"叔本华的哲学"、比希特（Bichter）的"哲学基本原理"等。[1]特别是哲学家冯德的课，蔡先生每学期必选。他说：

> 冯德是一位最博学的学者，德国大学本只有神学、医学、法学、哲学四科（近年始有增设经济学等科的），而冯德先得医学博士学位，又修哲学及法学，均得博士，所余为神学，是他所不屑要的了。他出身医学，所以对于生理的心理学有极大的贡献。所著《生理的心理学》一书，为实验心理学名著。世界第一个心理学实验室，即彼在来比锡大学所创设的。又著《民族心理学》《论理学》《伦理学》《民族文化迁流史》《哲学入门》（此书叙哲学史较详），没有一本不是元元本本，分析到最简单的分子，而后循进化的轨道，叙述到最复杂的境界，真所谓博而且精，开后人无数法门的了。[2]

由此可见蔡先生对冯德的敬仰之情以及冯德哲学对他产生的影响。冯德在讲哲学史时颇涉及康德美学思想，而且"最注重于美的超越性与普遍性"，这给蔡先生以极大的启示，促使他"就康德原书详细研读，益见美学关系的重要"。他说："德国学者所著美学的

---

[1] 高平叔《蔡元培年谱长编》上册，人民教育出版社，1996年，第343—353页。
[2] 蔡元培《自写年谱》，《蔡元培全集》第17卷，浙江教育出版社，1998年，第453页。

书甚多,而我所最喜读的,为栗丕斯(T.Lipps)的《造形美术的根本义》(Grnndlage der Bildende Kunst),因为他所说明的感人主义,是我所认为美学上较合于我意之一说,而他的文笔简明流利,引起我屡读不厌的兴趣。"[1]莱比锡大学的学术氛围和德国哲学的思辨精神,对蔡先生的影响是终生的;甚至他的教育思想,也受到冯德一派的哲学家和教育学家摩曼的影响,因为摩氏把心理实验的方法应用于教育学和美学,"所著《实验教育学讲义》,是在瑞士大学的讲稿",另还有《实验美学》和《现代美学》两书。蔡先生受其影响,已开始一项美学的实验,后因回国未能全部完成。[2]

蔡元培是伟大的。中国只有一个蔡元培,叫你永远不能忘。

他1868年生于浙江绍兴府山阴县,十七岁进学,成为秀才,二十岁中举人,二十六岁考中进士,授翰林院庶吉士。受旧式教育,却有新的思想。对康、梁变法,他是同情的,但亦不满于康的妄动。他的思想其实更倾向于革命。他是仕途、学问、人格均成功的人。新旧人物对他只有敬仰,而无异词。民国以后,次第担任教育总长、北京大学校长、中央研究院院长。他对中国现代教育体制和教育思想的建立所做之贡献,前无先路,后无来者。他对教育的贡献,首先在于学术。他对中国现代学术所做之贡献,不亚于教育。北京大学聚集了多少第一流的人才,不都是蔡先生之力吗?没有这些人才,何来学术?他说:"大学者,研究高深学问者也。"[3]针对社会上有人指责北京大学腐败,说入北大求学者都

---

[1] 蔡元培《自写年谱》,《蔡元培全集》第17卷,浙江教育出版社,1998年,第457页。
[2] 同上书,第458页。
[3] 蔡元培《就任北京大学校长之演说》,《蔡元培全集》第3卷,浙江教育出版社,1998年,第8页。

是为了做官发财，蔡先生说："弭谤莫如自修，人讥我腐败，而我不腐败，问心无愧，于我何损？果欲达其做官发财之目的，则北京不少专门学校……又何必来此大学？所以诸君须抱定宗旨，为求学而来。"[1]这是1917年他任北大校长就职演说中的话。这样的话，现在没有人再说得出来。

然而事修而谤至，蔡先生把北京大学办得那样生动活泼、学思泱泱，办得那样好，能不遭到攻讦吗？攻讦得最见学问的是林琴南发表在《公言报》上的《致蔡鹤卿太史书》。蔡的答书除对林所攻讦的"铲伦常""废古书"两点予以辩明之外，并庄严申明他办大学的两项主张：

一、对于学说，仿世界各大学通例，循"思想自由"原则，取兼容并包主义，与公所提出之"圆通广大"四字，颇不相背也。无论为何种学派，苟其言之成理，持之有故，尚不达自然淘汰之运命者，虽彼此相反，而悉听其自由发展。此义已于《月刊》之发刊词言之，抄奉一览。

二、对于教员，以学诣为主。在校讲授，以无背于第一种之主张为界限。其在校外之言动，悉听自由，本校从不过问，亦不能代负责任。例如复辟主义，民国所排斥也，本校教员中，有拖长辫而持复辟论者，以其所授为英国文学，与政治无涉，则听之。筹安会之发起人，清议所指为罪人者也，本校教员中有其人，以其所授为古代文学，与政治无涉，则听之。嫖、赌、娶妾等事，本校进德会所戒也，教员中间有喜作侧艳

---

[1] 蔡元培《就任北京大学校长之演说》，《蔡元培全集》第3卷，浙江教育出版社，1998年，第8页。

之诗词，以纳妾、狎妓为韵事，以赌为消遣者，苟其功课不荒，并不诱学生而与之堕落，则姑听之。夫人才至为难得，若求全责备，则学校殆难成立。且公私之间，自有天然界限。譬如公曾译有《茶花女》《迦茵小传》《红礁画桨录》等小说，而亦曾在各学校讲授古文及伦理学，使有人诋公为此等小说体裁讲文学，以狎妓、奸通、争有妇之夫讲伦理者，宁值一笑欤？然则革新一派，即偶有过激之论，苟于校课无涉，亦何必强以其责任归之于学校耶？[1]

这样的话，现在更没有人讲得出而且大半也不敢讲了。

1919年5月4日，傅斯年为领袖的北大学生（也有他校学生）京城大游行，烧了赵家楼，作为北大校长的蔡元培视为"失职"而必须辞职。但他迟至5月8日才提出辞呈，原因无他，盖作为北大校长的他，深知当局逮捕学生是错误举动，如果他不能把被捕学生营救出来，同样是失职。故5月8日学生获保释后，他立即提交辞呈。而当大总统不接受他的辞呈，指令他"认真擘理，挽济艰难"，他来个自我放逐，登一则启事，自行离职去天津了。

他说："我倦矣！'杀君马者道旁儿。''民亦劳止，汔可小休。'我欲小休矣。北京大学校长之职，已正式辞去；其他向有关系之各学校，各集会，自五月九日起，一切脱离关系。"[2] 辞得痛快，走

---

[1] 蔡元培《致公言报函并答林琴南函》，《蔡元培全集》第3卷，浙江教育出版社，1998年，第576页。
[2] 蔡元培《辞北大校长职出京启事》，《蔡元培全集》第3卷，浙江教育出版社，1998年，第625页。

得潇洒。此种出言行事，百年以来可有第二人？因探讨蔡对中国哲学的现代化所做之贡献，而连类其人其学其言其事其行，文不能尽意，到此停住罢。

原载 2003 年 7 月 2 日《中华读书报》

马一浮的佛禅境界和"方外诸友"

马一浮学术思想的特点,是儒佛兼治、儒佛并重、儒佛会通。

论者或云,马先生和梁漱溟、熊十力一样,也经历一个由佛返儒的学问历程。马先生固然是伟大的儒者,其对"六艺"之学和儒家论理所做的贡献,可以视他为宋明以后之第一人。但他同时又是不可有二的现代佛学学者。他长期浸润涵咏释氏载籍,精通梵夹道藏,深谙禅悟之理。即使是1937年至1945年的民族危难时期,他在江西泰和、广西宜山和四川乐山,主要讲论"六艺"之学,也从未忘情于他所心爱的佛氏之义学和禅学。

一

他讲论"六艺"的基本方法,是以佛释儒。翻开《泰和宜山会语》和《复姓书院讲演录》以及和友朋的通信,这方面的例证触处皆是。他甚至认为,如果不引入佛学义理,关于"六艺"的问题是否能说得清楚,也大可怀疑。他的可成为典要的名言是:"读儒书,须是从义学翻过身来,庶不至笼统颟顸。"[1]他的这种立场也

---

[1]《马一浮先生语录类编》,《马一浮集》第3册,浙江古籍出版社、浙江教育出版社,1996年,第1055页。

曾引起过一些学者的不满,与他相交多年的友人叶左文,就曾提出疑义,说他的《泰和宜山会语》"庞杂""入于禅""入于鄙诈慢易而有邪心",批评得相当严厉。

但马先生面对责难毫不退却,写给叶的信平静、委婉而意态坚定。他说:"浮诚不自量,妄为后生称说。既蒙深斥,便当立时辍讲,以求寡过。然既贸然而来,忽又吼吼求去,亦无以自解于友朋。言之不臧,往者已不及救;动而有悔,来者犹或可追。今后益将辨之微隐之中,致慎于独知之地。冀可以答忠告之盛怀,消坊民之远虑,不敢自文自遂以终为君子之弃也。世固未有言妄而心不邪者。据浮今日见处,吾子所斥为邪妄,浮实未足以知之。"针对叶左文的"入于鄙诈慢易"和"有邪心"的妄测诬评,马一浮反驳道:"盖浮所持以为正理者,自吾子视之则邪也;浮所见以为实理者,自吾子视之则妄也。夫人苟非甚不肖,必不肯自安于邪妄。平生所学在体认天理,消其妄心,乃不知其竟堕于邪妄也。若夫致乐以治心,致礼以治身,亦固尝用力焉而未能有进,不自知其不免于鄙诈慢易之入有如是也。"[1]指出叶的批评与自己的学理学心南辕北辙,不生干系,只不过彼此对于正邪、是非所持的标准不同耳。

至于"庞杂""入于禅"之讥,马先生则坦然写道:"谓吾今日所言有不期而入于禅者,浮自承之","其引用佛书旁及俗学,诚不免庞杂。然兼听并观,欲以见道体之大,非为夸也。罕譬曲喻,欲以解流俗之蔽,非为戏也"。又说:"兄不喜佛氏,乃并其所用中土名言而亦恶之,此似稍过矣。浮今以'六艺'判群籍,实受义学

---

[1] 马一浮《致叶左文》第十函(1938年),《马一浮集》第2册,浙江古籍出版社、浙江教育出版社,1996年,第438—439页。

影响，同于彼之判教，先儒之所未言。"又说："判教实是义学家长处，世儒治经实不及其缜密。"直接肯定佛学思理之细密和逻辑之圆融，不用说此亦是后世知者所共见。而另一答叶氏函则自道："浮实从义学、禅学中转身来，归而求之六经，此不须掩讳。"[1]

叶左文是陈介石的弟子，浙江开化人，生于1886年，比马一浮小三岁，清末尝为广东盐使，治考据之学，早年在杭州时尝与马一浮一起读《论语》，彼此相与甚得。后任职北京图书馆，以所校《宋史》名家。但两人的学术观点多有歧异，尤其对佛学的看法大相径庭。当1918年两人通信时，已涉及对佛氏的不同理解。马一浮当时在信中写道：

> 旧于释氏书不废涉览，以为此亦穷理之事。程子所谓大乱真者，庶由此可求而得之。及寻绎稍广，乃知先儒所辟，或有似乎一往之谈，盖实有考之未晰者。彼其论心性之要，微妙玄通，校之濂洛诸师，所持未始有异。所不同者，化仪之迹耳。庄、列之书，特其近似者，未可比而齐之。要其本原，则《易》与礼乐之流裔也。此义堙郁，欲粗为敷陈，非一时可尽。又虑非尊兄今日所乐闻，故不敢以进。尊兄壹志三《礼》，恪守程朱。虽终身不窥释氏书，何所欠缺。若浮者亦既读之而略闻其义，虽以尊兄好我之深，吾平日信尊兄之笃诚，恨未能仰徇来悒，一朝而屏之。且其可得而扃闭者，卷帙而已。其义之流衍于性道，冥符于"六艺"者，日接于心，又恶得而寘诸。不敢自欺以欺吾兄，避其名而居其实，自陷于不诚

---

[1] 马一浮《致叶左文》第十函、十一函（1938年），《马一浮集》第2册，第439、442、445页。

之域,故坦然直酬,以俟异日之得间而毕其说。[1]

此可见马一浮先生对佛学之执拗,已到了弃之不可、舍之不能的地步。宋儒对佛氏的态度,他也不敢苟同。二程所谓二氏可以"乱真"的说法,他认为不过是"一往之谈"。他说那不是"乱真",而是"所持未始有异",其本原与《易》和礼乐是相通的。他并且想在学理上对此做出系统阐释。他说的"俟异日之得间而毕其说",就是欲会通儒佛的意思,他的这一愿望,二十年后在《泰和宜山会语》和《复姓书院讲录》中得到了实现。

盖佛氏之义学和禅学,在马先生已"日接于心""流衍于性道",故终马一浮先生之一生,可以说"痴心"不改。

二

不仅此也,日常生活中的马一浮,也是经常浸润、徜徉于佛禅义海之中。

他的友人中很多都与佛、禅或有信仰或有学术之因缘。谢无量是他从青年到晚年未曾间断的最好的朋友,谢是诗人、文学史家,对佛学亦有深湛的研究,曾著有《佛学大纲》一书。谢无量的胞弟谢希安,1889年生,复旦大学毕业,后任教于四川高等学堂。由于宿因,"志乐方外",遂于任教四川时出家,先在成都大慈寺剃发,后在贵州高峰山万华寺受戒,法名万慧。复又云游缅甸、印度等国,成为享誉南亚的高僧。马一浮写给谢无量的信中,

---

[1] 马一浮《致叶左文》第三函(1918年),《马一浮集》第2册,第429—430页。

总是对万慧眷念无已，几次写诗寄意感怀。[1]直到五十年代以后，他还与万慧法师有书信联系。

1959年万慧在仰光示寂，马先生为之撰写塔铭和后记[2]，赞扬其在异域游玄栖禅、传播佛法的功德，并以一首七律为悼："林卧观空临九垓，法云深护碧崔嵬。行藏语默无差别，幻翳星灯泯去来。梵业早知辞后有，劳民何日靖三灾。孤峰遥礼安禅处，百鸟衔花绕塔回。"诗题为："万慧法师行化印缅垂四十年，末后卓庵于仰光之宝井峰，兹闻示灭，信众为就山建塔，远徵题咏，寄此以志悲仰。"[3]同时给谢无量也寄去一诗，写道："隐几冥然识气先，阅人成世悟无迁。雕龙炙𫐓方盈耳，枯木寒岩自送年。尚及黄冠迎野祭，可能雪夜忆湖船。迩来一事堪惆怅，度岭玄沙竟不还。"诗后注："闻令弟法师已示寂，安住涅槃，脱躧尘秽。虽世情所戚，而法性无迁，料哀乐不能入也。"[4]虽为万慧的四十载不还乡感到惆怅，却对法师的示寂给予佛家的礼赞。

他的另外两位来往甚多的友人，一是彭逊之，一是李叔同，这两人继万慧之后，也都出家了。马一浮1918年农历正月初四在写

---

[1] 1940年马一浮掌复性书院于四川乐山，曾有《寄怀万慧法师仰光》七律一首："不隔灵光莫系风，梦中流转尚飘蓬。寄书金色拈花侣，可忆西湖卖酱翁。无舌人来应解语，吹毛剑在任挥空。六牙白象何时见，欲问瞿昙那一通。"而当得到万慧法师的书信后，马一浮欣喜若狂，立成五律作答："片羽来鸡足，高轩忆桂林。干戈成间阻，衰病益愁吟。喜得支公讯，如闻海上琴。嘉君方外趣，识我故园心。"然此诗言犹未尽，旋即又作《奉酬万慧法师》二首，其一云："寄简来西极，谈玄忆九旬。每看春水皱，不觉白头新。土伯人为食，瞿昙露是身。醍醐知已得，龙性可能驯。"其二为："道从随流妙，禅因得旨忘。三衣传已渺，五贼见能昌。贞观仍天地，空华几汉唐。聊凭南过雁，遥礼白豪光。"此书所引马诗分别见《马一浮集》第3册，第93、111、112页。
[2] 马一浮《万慧法师塔铭并后记》，《马一浮集》第2册，第265—266页。
[3] 《马一浮集》第3册，第633—634页。
[4] 马一浮《简蒿庵》，《马一浮集》第2册，第634页。

给谢无量的信里说:"彭逊之忽思绍佛种,遂将薙染,李居士叔同亦同修净业,不谓慧师之后,复有斯人。各求其志,在彼法可谓无有增减。他日吾子若来,或视此二僧于大慈山中,亦一段因缘。"[1]给李叔同的信里也说:"故人彭君逊之,眈玩羲《易》有年,今初发心修习禅观,已为请于法轮长老。蒙假闲寮,将以明日移入。他日得与仁者并成法侣,亦一段因缘耳。"[2]彭逊之出家修行的僧舍,还是马一浮为之向法轮长老请来的,此可见对彭、李二人的出家,马先生采取的是全然理解和同情的态度。

李的出家,实际上与马先生的影响有直接关系。当然李是现代中国发轫时期的极不寻常的文化俊杰,他的诗、书、画、戏剧的成就已载入二十世纪的艺术史册,当时后世鲜有异词。他的出家是由于他的慧根,是自觉的理性选择。马与李1902年在上海南洋公学相识,后来李于民国初年执教杭州第一师范,同处一城一地,来往开始频繁起来。当1918年李叔同落发出家时,马先生异乎寻常地平静,盖因知其性分使然,不可阻挡,也不必阻挡。今存马致李的五封信函,大都涉及寄佛书给李之事,佛书包括《起信论笔削记》《三藏法数》《天亲菩萨发菩提心论》《净土论》《清凉疏抄》等[3],马一浮对弘一法师(李叔同法号)的影响熏习,此可作为证明。而李叔同1917年3月在写给赴日本留学的弟子刘质平的信里,更明白晓示:"自去腊受马一浮大士之熏陶,渐有所悟。世味平淡,职务多荒。"[4]后来,当1924年弘一大师撰写《四分律比

---

[1] 马一浮《致谢无量》第九函(1918年),《马一浮集》第2册,第357页。
[2] 马一浮《致李叔同》第二函,《马一浮集》第2册,第498页。
[3] 马一浮《致李叔同》,《马一浮集》第2册,第497—499页。
[4] 李叔同《致刘质平》第六函(1917年3月),《弘一大师全集》第8册,福建人民出版社,1992年,第94页。

丘戒相表记自叙》时,再次提起马一浮对他确立佛学信仰的影响:

> 余于戊午七月,出家落发。其年九月受比丘戒。马一浮居士贻以灵峰《毗尼事仪集要》,并宝华《传戒正范》,披玩周环,悲欣交集,因发学戒之愿焉。[1]

《毗尼事仪集要》和《传戒正范》都是律学宝典,前者为明末高僧智旭(灵峰是其居所)所述,后者的作者是清初宝华山龙藏寺僧人见月。佛教初入中国,戒、定、慧三学,独戒学长期未获重视。公元二世纪中叶,印度僧人昙柯迦罗在洛阳看到的景象仍然是:"虽有佛法,而道风讹替,亦有众僧未禀归戒,正以剪落殊俗耳。"[2]于是出所译《僧祇戒心》,供僧众遵行。但直到唐朝以前,虽翻译之戒律著作和本土自订之僧制律议日多,仍不能表示律宗的最后建立;只有经过唐代高僧道宣的"集大成"之创举,特别是南山"三大部"的诞生,我国佛教的律宗即南山宗方正式形成。[3]但宋明以后,南山宗的地位逐渐式微,清初宝华山诸大德的重建努力,不过

---

[1]《四分律比丘戒相表记自叙》,《弘一大师全集》第 7 册,福建人民出版社 1992 年,第 419 页。
[2] 释慧皎撰《高僧传》卷一,汤用彤校注,中华书局,1992 年,第 13 页。
[3] 佛学研究界通判道宣为中国律宗的真正创主,其所著"三大部"包括:《四分律删繁补阙行事钞》《四分律含注戒本疏》和《四分律删补随机羯磨疏》等。道宣俗姓钱氏,生于隋开皇十六年(596),卒于唐高宗乾封二年(667),《宋高僧传》说他是丹徒人(江苏镇江),也可能是长城人(浙江长兴)。十六岁出家,尝学律于智首律师,后居终南山白泉寺及崇义、丰德两寺。《四分律行事钞》《四分律羯磨》等著作,就是在崇义寺写就。故道宣创建的律宗,又称南山宗。参见《宋高僧传》卷第十四《唐京兆西明寺道宣传》,中华书局,1987 年,第 327—330 页。又汤用彤著《隋唐佛教史稿》第四章第五节"戒律",介绍道宣事迹甚详,亦可参看,见《汤用彤全集》第 2 卷,河北人民出版社,2000 年,第 182—187 页。

是微弱余光之再现而已。马一浮有鉴于此，特推荐灵峰、宝华的著作给李叔同，希望他出家后不随流俗，能够担负起明律振颓的崇高使命。弘一法师果然妙解神会，"披玩周环"，即有"悲欣交集"之感，终于走上发愤学戒、穷研律学的道路。可见不仅李的出家直接受到马一浮的影响，他的佛学信仰的建立，也是马先生宛转启悟的结果。

1942年弘一法师圆寂，马一浮写有哀诗两首，其诗曰：

> 高行头陀重，遗风艺苑思。
> 自知心是佛，常以戒为师。
> 三界犹星翳，全身总律仪。
> 只今无缝塔，可有不萌枝。

> 春到花枝满，天心月正圆。
> 一灵原不异，千圣更何传。
> 交淡心如水，身空火是莲。
> 要知末后句，应悟未生前。[1]

马一浮和弘一法师的交谊是真正的君子之交，"交淡心如水"句概括无遗。李叔同出家后皈依律宗，故诗中以"常以戒为师""全身总律仪"重叠昭示之。李、马都是有佛性之异人，因此"自知心是佛"既指李，也是马先生自道。"一灵原不异"之"一灵"，显

---

[1] 马一浮《哀弘一法师》，《马一浮集》中只载前面一首，见《马一浮集》第3册，第166页。第二首兹据《弘一大师全集》之附录补齐，见是书第10册"附录卷"，福建人民出版社，1992年，第233页。

然指人的心性,"千圣"所传,无非在此,儒佛岂有二哉?

弘一法师圆寂的次年,印西等浙江弟子欲为大师在山中建塔,请铭于马一浮先生。此时马先生正在四川乐山担任复性书院主讲,因请铭之书写纸张未及时寄到,迟迟未能下笔。但当他看到一本《弘一法师生西纪念册》,其中"乃无一佳文,深为弘一惋叹"[1],于是触发之下,奋笔疾书,文不加点,一挥而就。这就是写于1943年11月18日的《弘一律主衣钵塔记并铭》,其词曰:

> 弘一音公示灭于泉州之明年,其学人印西自北天目以书抵予,言浙中沙门仰师高行,将奉其衣钵,营塔于山中,属予为之记。予惟在昔如来灭度,敕诸弟子以戒为师,故三藏结集,律与经论同重,犹此土之有礼宗矣。自唐以来,讲肆禅林,门庭并盛,独南山宣律师以弘律著。迨及灵芝,其传寖微。晚近诸方受具,虽粗存仪轨而莫窥律文,不究事相者有之。音公生当末法,中岁出家,不为利养,誓以明律,振此颓风。发愤手写《四分律戒相表记》,校正南山"三大部",并为时所称。讲论尤力,诸方推之,号曰律主。至其秉心介洁,制行精严,俨然直追古德,可谓法界之干城、人天之师范者也。荼毗后,既分藏舍利于泉州承天、开元二寺,造塔之缘,盖犹有待。浙西固师行化之地,四众归敬,欲奉衣钵,同申供养,其孰曰非宜。夫佛种从缘,虽聚沙缚苇,苟以一念恭敬殷重之心出之,在实教中举因该果,即许已成佛道。斯塔所在,十方缁素有来瞻礼者,当念自性清净,是名为戒。能于日用四威仪中,守护

---

[1] 马一浮《弘一律主衣钵塔记并铭》之"附文成示学人",《马一浮集》第2册,第259页。

根门,不犯轻垢,遮诸染法,具足一切戒波罗密,即不异与师相见,必为师所摄受,亦为诸佛之所护念。视诸造塔功德殊胜,不可称量,岂独纪念云乎哉。系以铭曰:佛三学,戒为首。净意根,及身口。作用是,迷乃否。去邪执,入正受。少持律,法衰久。唯音公,叹希有。敬其衣,念无垢。孰为铭,马蠲叟。[1]

短短四百零一字的塔记,把弘一法师皈宗律学的学理渊源、信仰怀抱和功德建树概括无遗。试想"法界之干城、人天之师范"的十字考语,是何等分量。而三言十六句的塔铭,如同顺口溜般朗朗上口,但义学之内涵却无比渊深。马先生毫不掩饰地说,他这篇塔铭并记"其言质实,可以示后"[2]。

马一浮另外还有一首《题弘一法师本行记》七律:"僧宝空留窣堵砖,一时调御感人天。拈华故示悲欣集,入草难求肯诺全。竹苇摧风知土脆,芭蕉泫露识身坚。南山灵骨应犹在,只是金襕已化烟。"第四句后有注云:"师出家不领众,临灭手书'悲欣交集'四字示学人。"诗末亦有注:"师持律为诸方所推,远绍宣律师,为中兴南山宗尊宿,人谓末法希有。"[3]对弘一法师的佛行给予高度评价。

三

彭逊之的情况与弘一法师不同。

---

[1] 马一浮《弘一律主衣钵塔记并铭》,《马一浮集》第2册,第258—259页。
[2] 马一浮《弘一律主衣钵塔记并铭》之"附文成示学人",《马一浮集》第2册,第259页。
[3] 马一浮《题弘一法师本行记》,《马一浮集》第3册,第170页。

彭治《易》，有《易注》书稿，得马先生赏识，曾出资请抄工为之誊写。后彭在马先生影响下，倾心向佛，自以为于禅定有所得，遂出家为僧。但马先生并不赞成他这样做，因为在交往中看出他心存间杂，强生知见，未免求证过速。彭出家后，痴迷"中夜起坐"一法，以为此法是"成佛秘要"。马告诫他，如果视此为不二法门，很容易堕入谤法之过。他在给彭的一封信中谆谆启导："经言文殊忽起佛见法见，便贬向二铁围山。今仁者我法二执如此坚固，纵饶智慧如文殊，犹恐不免遭谴，慎之慎之。一入魔宫，动经尘劫。不可背先佛之诫言，信时师之误说。此非小失也。奉劝仁者亟须读诵大乘，深明义解，虚心参学，亲近善友。务使二执俱尽，方可顿悟无生，速成佛道。若如来书之言，正《楞严》所谓，譬如蒸沙，终不成饭，甚为仁者惧之。"[1]如此恳切通明之正念警语，只有对佛学义理并"修观行"有深湛研究如马先生者，方讲得出来，可惜彭氏陷溺法、我二执深不可拔，终无法回转。

马一浮给彭的另一信涉及佛教的"修观行"问题。佛教的深邃义涵，说来自然浩博无涯。但对信徒的个体生命而言，主要是通过修行寻求解脱之道。这是一个相当曲折、艰难而痛苦的自我体验与反省的过程。首先要对自己的言行动念做每时每刻的省察观照，然后再对与自己有关联的周边世相做细致入微的省察观照，于是发现自己和别人都是很可怜的，悲悯之心油然而生。如此反复体验省察的结果，就有可能获得"正念"，也就是具备了能够认识自我同时也能认识自我所处世间的能力。这一持续修行实践的

---

[1] 马一浮《致彭俞》第十四函，《马一浮集》第2册，第484页。

过程,佛教叫作"修观"。而"禅定"则是"修观"达致的一种境界。"禅定"本身还有诸多层阶,例如初禅、二禅、三禅、四禅等等。四禅之外还有更高一层的无色定禅。彭逊之给马一浮的信里,妄称自己通过"中夜起坐"一法,"已悟入空",却担心"嗔习难断",所以想求速证,以使"外绝轻毁,内断余嗔"。说法本身已陷入矛盾,说明他连初禅的境界亦未能修得,所以马一浮写道:

> 窃恐此语正是生灭根本。菩萨修一切观行,皆以菩提心为本因,不求世间恭敬。伏断烦恼,全在自心,不依缘境。妄心若歇,岂复更有敬慢诸境。须知诸境界相,全由自心妄现计我。我所执取而有当,体本空真。如性中本无人我等法,亦无凡圣之相,孰能为智愚,孰能施敬慢邪。取境即是取心,除心不待除境。妄心顿歇,真性自显。如是观行,决定相应。若带惑而修,恐招魔业,切更审谛,不可放过。从上古德修习观行者,莫不先资于教,深明义相,严净毗尼,勤行忏悔。凡此皆以助发观行,令速得相应。[1]

并且告诉他"观"和"教"是一致的:"譬如仁者向时治《易》,观象、玩辞决不偏废。今欲习观,加持密咒而废教典,可乎?夫教、观一也。蕅益云:观非教不正,教非观不传;有教无观则罔,有观无教则殆。经、咒亦一也。经是显说之咒,咒是密印之经。拟之于《易》,咒是卦爻,经则彖象文言也。"[2]马先生对彭因"修

---

[1] 马一浮《致彭俞》第十五函,《马一浮集》第2册,第485页。
[2] 同上。

观行"而陷入的妄执,给予循循善诱的理据说明。彼尝治《易》,便以《易》为譬;彼修"观",则以"观""教"之理说之。所引明清之际四大高僧之一的蕅益之语,自是随手拈来。从中可见出马先生佛学造诣之深,不仅精于佛禅义理,对观修经验和宗论诸家亦有深切的了解体悟。

马一浮为了帮助他的这位友人步入修行的正途,并且烦托李叔同(李当时尚未出家)带去佛书数种,包括《天亲菩萨发菩提心论》一册、《删定止观》一册、《教观纲宗》一册,及《楞严忏法》和《大悲心咒行法》各一册,希望他不以其繁为苦,尽量认真阅读详味[1],把经、教和观行的修炼结合起来。因为"教"可以"明义相",免得"带惑而修"。

但彭逊之到底不具备弘一法师那样的慧根,观修未果,又因其弟子和寺中长老发生龃龉而愤然不平。马先生又规劝他守持佛门静修之道,宁可"修慈忍辱",万不可"鬪诤瞋恚",并进而悉心阐发静修之人所以必须如此的佛理因由:

> 今贤徒之事,或是先业所招,或令魔得其便。正宜从缘省发,痛划人我,悬崖撒手,万事冰消,即转烦恼成解脱道;安可推波助澜,驱使堕坑落堑,增其结业邪。是非不系人口而在自心,果其内省不疚,则诬罔之来,有如把火烧天无所施作,奚必皇皇求谅道路。况法道果隆,自有龙天拥护。今众缘未附,强之何益。[2]

---

[1] 马一浮《致彭俞》第十五函,《马一浮集》第2册,第486页。
[2] 马一浮《致彭俞》第十七函,同上书,第487页。

读了这些文字，我们可以知道马一浮先生于佛道禅修，有着怎样的澄明切心的高超修养，难怪如弘一法师这样的绝才大德，也无法不屈服于他的影响。他把佛家观修之正道讲得深切肺腑，把佛门的内省哲学讲得情理昭然。但彭逊之似乎听之藐藐。尽管他不停于著述（不久又有《天命说》新著寄奉马先生），但他所言所修之道，马先生无论如何不能认可。

何况彭氏对于自己的所谓"道"，还有强人接受的意味。因此马先生在信中写道："公所谓道，虽非浮之所及知，然以朋友之爱言之，可谓至笃矣。浮不慎抱疾，一卧两月，始能出户，公惜其幻质之早衰，闵其朝闻之不逮，此诚是也。然以其不好公之道为罪，则不亦过乎。人之契理各有所会，续凫截鹤，未可强齐。公之谆谆屡以为言者，岂不以实见有生死可出、佛道可成乎？乃若浮则无得无证，不见有生死可出、佛道可成，与公今日见处正别。若今执吝幻色而修如公所示法门，此皆风力所转，终成败坏。公即作佛，浮亦甘处大阐提。"[1]对彭的执迷于"生死可出、佛道可成"为"实见"，马先生则表示，自己于此"无得无证"，不便按彭的"中夜起坐"法去修行。实际上，马先生认为彭之所修是"外道"，不是佛禅的正宗。

后来彭逊之终因不适应空门而"返其初服"，马先生欣然支持，说："末法缁流，难与为伍，实非贤者栖泊之地。"又说："虽在昔持论未能符合，爱重之心不以是而改也。"[2]彭于1946年无疾而终，享年七十一岁，马先生甚哀痛，有诗记之。诗前小序追叙与彭的交往经过："故人溧阳彭逊之俞，才敏有奇气。壮岁治

---

[1] 马一浮《致彭俞》第十八函，《马一浮集》第2册，第487页。
[2] 马一浮《致彭俞》第十九函，同上书，第488页。

《易》,于象数独具解悟。四十后出家为僧,号'安仁大士',不屑屑于教义,自谓有得于禅定,而颇取神仙家言,以是佛者或外之。晚岁反儒服,治《春秋》《周礼》,著书不辍。年七十一无疾而终。先一日,预知时至,沐浴更衣,语人曰:'吾明日行矣!'次日果泊然坐化,莫测其所诣也。余与君交旧,虽持论不同,甚重其专且勤又笃。老居困,不易其所好。今验于君之逝,盖其平日之所存,非可苟而致者。因为诗以哀之,时丙戌八月几望也。"哀诗为:"零落先秋近月圆,炉香才尽赋游仙。身如聚沫终归海,国是栖苴莫记年。凡圣同居良不碍,形神俱往若为传。多君临化无余事,撒手从心返自然。"[1]不管彭氏的观行修道之路如何曲折反复,最终的归结乃是有预知的"泊然坐化",亦属常人所不及的难能可贵者也。

马一浮与彭逊之的交往,不仅见出他佛学造诣之深,而且见出他宅心之厚。如果不是马先生,换另外一个人,与彭的交谊早告终结了。但马先生看重彭对学问的"专且勤又笃",始终给予耐心的启导和帮助,包括对彭的家人也多有关切(常以润笔之资周济彭之妻儿)。尽管彭"不屑屑于教义",痴迷不一定可靠的"中夜起坐",出家多年后又还俗,犯了"出尔反尔"之忌,马先生仍不弃之,且对其预知大行之期给予肯定,认为是平日精修累积的结果,不是随便可以达致的,因此事愈增加了他对这位老友的敬重。

四

佛教人物中与马一浮来往最多的,是慧明、楚泉、肇安三位

---

[1] 马一浮《哀彭逊之》,《马一浮集》第3册,第419—420页。

法师，马先生称他们为"方外三友"。二十世纪初，浙江、福建的佛教，极"末法之盛"，而杭州尤为高僧大德乐居之所。马一浮的"方外三友"，都是杭州的高僧，慧明法师居灵隐寺，楚泉法师居高旻寺，肇安法师居香积寺。马先生和他们往来唱和，不拘形迹，1942年所作《忆方外三友》诗颇记其事。

《忆方外三友》是一首绝句，写道："慧明叹我祖师相，楚泉哂我文字禅。独有肇安旁不肯，贺予佛祖一时捐。"诗后有记曰："灵隐慧明禅师初见予曰：'好一个祖师相。'予曰：'祖师岂有相邪？'高旻楚泉禅师谓予可学禅，从文字入，百滞能路。予答曰：'除却文字请师道。'皆相与大笑而罢。香积肇安禅师与予交最稔，一日见过，相揖曰：'昨见公诗，开口便道"贴颅言句比生冤"。且喜公己事已明，特来相贺。'予谢曰：'此间不容着他闲佛祖，敢劳相贺。公幸遇我，若是古人便呼苍天，苍天！'肇亦大笑。今三子者俱迁化已久，予尚游人间，求方外之隽如三子者，不复遇矣。壬午八月病中书。"[1] 马先生诗集中多有与此"三友"唱和之作，单是与肇安法师就有三十二题六十一首，其中关于落叶诗的赠答多至九首。如《落叶再和》之四：

大地本来无寸土，现前何法可当情？
寒岩古木忘缘住，万水千山任意行。
雁来雁去非有迹，花开花落总无生。

---

[1] 马一浮《忆方外三友》，《马一浮集》第3册，第832页。肇安引录的马一浮"贴颅言句比生冤"句，为马诗《答肇安禅师》之首句，全诗为："贴颅言句比生冤，稽首门前倒刹竿。夜雨一棚调俊鹘，深山果熟伺寒猿。残羹每夺饥人食，香饭重炊别甑餐。多谢巴陵三转语，冻脓无力愧相看。"载《马一浮集》第3册，第32页，可参看。

>　　藤萝一觉安然足，谁见浮云点太清。[1]

马先生与方外友人赠答的诗大都类此，不仅诗味足，禅味亦足。"大地本来无寸土，现前何法可当情"和"雁来雁去非有迹，花开花落总无生"等诗句，确可验证楚泉禅师的预断，马先生确可以从文字入于禅道。

马一浮和肇安法师的交往，有许多有趣的故事。早在1906年，马先生就曾与谢无量一起，在虎跑寺听肇安讲《法华经》，是为相识之始。十年后，"机语相契"，始相唱和。于是马先生集了一副联语："大唐国里都无舌，三十年来不少盐。"准备送给肇安，但置于箧中一年多，竟未得面奉的机缘。可巧一日两人相遇于西湖，便邀肇安至马先生家中，"共语移日"，方以旧日所书楹帖相送。第二天肇安登门赠诗致谢，马先生又次韵作答，一口气写了四首五古，其第一首有句云："幻化互相酬，不杂空与色。"[2] 两人纯是在佛禅境界中的交往与唱和。有时为探讨学理的某一义谛，他们禁不住要用禅宗的话头，互相启悟。一次，肇安向马先生请教"一阴一阳之谓道"的意旨，马先生以"颂"的方式作答：

>　　一阴一阳，明暗双双。冰河发焰，六月飞霜。

肇安也回一颂，写道：

---

[1] 马一浮《落叶再和》之四，《马一浮集》第3册，第44页。
[2] 马一浮《次韵答肇安法师》四首之一及诗前小序，《马一浮集》第3册，第792—793页。

>　　一阴一阳，八字分张。天无二日，民无二王。

马先生又答以二颂，一为：

>　　一阴一阳，无有乖张。天地合德，日月同光。

另一为：

>　　天际一双孤雁，池边独立鸳鸯。打瓦钻龟莫管，扯旗夺鼓何妨。[1]

机锋相契，诗禅合一，妙不可言。还有一次肇安宴集诸友，座中所举话头无人能会，嗣后马先生戏呈四绝句给肇公，其一曰："刹那销尽见无生，相对空筵两眼明。莫向人前谈果色，云门只合许三平。"其二是："行茶度饼尽酬机，撒果签瓜亦应时。竟日街头看傀儡，何人索唤买油糍。"其三为："花开紫陌聚游人，换水添香个个亲。细柳黄莺输巧舌，空持王膳转饥轮。"其四是："乾坤吞却甚山河，谁道离乡食面多。争奈驴年难梦见，新罗国外有新罗。"[2]在禅机上，两人能够做到彼此完全契合。马先生在致肇安的一封信里说："叠蒙惠诗，往复数四，极法喜游戏之致。师自忍俊不禁，仆亦如虫御木。"又说："虽复诗人习气，亦是和尚家风。"[3]

---

[1] 马一浮《肇师徵云"一阴一阳之谓道"意旨如何，颂以答之》《同前答肇师举颂》《再颂"一阴一阳之谓道"答肇师》，《马一浮集》第3册，第801页。
[2] 马一浮《肇公招预禠集，座中话，无人领会，戏呈四绝，即以为谢》，同上书，第55页。
[3] 马一浮《肇师将如余杭住茶亭庵，以此赠其行》所附之《与肇师书》，同上书，第794页。

楚泉法师的佛慧修养也深为马先生所赞许。主讲复性书院期间，一次，马先生讲述他与楚泉以及月霞法师交往的经过，感慨颇深。他说：

民初识月霞法师。月霞初受哈同供养，办华严大学于哈同花园，僧徒从之者百数十人。既而逻迦陵生日，欲使僧众拜寿。月霞以沙门不礼王者，拂袖而去之杭州，生徒悉从焉。因假海潮寺为校址，聘教授，程演生、陈樱宁皆与焉。其后应袁氏召，入都弘法，不果而还，养疴于清涟寺，未几圆寂。封龛时，吾往吊，因识楚泉法师，听其说法脱口而出，自饶理致。诵偈有云："水流常在海，月落不离天。"自后颇与往还，时相谈论。是时吾看教而疑禅，尚未知棒喝下事。一日，楚泉为吾言：居士所言无不是者，但说天台教是智者的，说华严教是贤首、清凉的，说慈恩教是玄奘、窥基的，说孔孟是孔孟的，说程、朱、陆、王是程、朱、陆、王的，都不是居士自己的。其言切中余当时病痛，闻而爽然，至今未尝忘之。因取《五灯会元》重看，始渐留意宗门。楚泉为吾言：居士看他书尽多，不妨权且搁置，姑看此书，须是向上一着转过身来，大事便了。又云：棒喝乃是无量慈悲。当时看《五灯会元》有不解处，问之不答。更问，则曰：此须自悟，方为亲切。他人口中讨来，终是见闻边事耳。吾尝致彼小简，略云：昨闻说法，第一义天萨般若海一时显现。楚泉答云：心生法生，心灭法灭。心既不起，何法可宣？既无言宣，耳从何闻？义天若海，何从显现？居士自答。其引而不发每如此。楚泉而后，又有肇安，见地端的。吾常觉儒门寥落，不及佛氏有人。以前所见，求如此二人者，殊不可得。[1]

马一浮与楚泉、肇安不是一般的交往，而是法理禅心互有默契，彼此启悟，受益良多。关于在楚泉法师面前承教一事，马先生曾有诗记之，曰："面壁亲承教外传，离言有说在忘筌。草庵久契无生谛，内院初明不共禅。入海算沙因智碍，分河饮水只情偏。一从杜口毗耶后，五味俱同昨梦蠲。"[2]此诗反映出，在佛禅境界的修养方面，马先生与诸高僧大德之间，已看不出有多少分别，如果强生分别，我敢说，马先生的佛禅境界似更高一等。

另外还有一次，是当报国寺重建之后，楚泉法师欲请马先生撰写碑文，马先生没有应允，而是写了一首七古《赠楚泉禅师》，饶有意味。诗中写道："相逢一语平生快，天下老僧俱捉败。客来不辞鼠粪拈，开铺更要羊头卖。成都市上识君平，高祖殿前瞋樊哙。卸却项上千斤枷，斩断脚跟五色带。昔年平地擁鱼虾，此日毛端见尘界。早知水墨尽为龙，不假驴驼病已瘥。愧我久如虫御木，于师独许针投芥。即今酬对是谁某，诸有言辞皆分外。置标建刹事既周，本自无成安有坏。但凭鸟迹问行云，莫使他年上碑在。"[3]非常潇洒诙谐的一首诗，如不是相交至深而在学理上又有默契的老友，是不会这样随意书写的。"相逢一语平生快，天下老僧俱捉败"两句，最能见出马先生对楚泉法师的揄扬，以及和这位高僧交往给马先生带来的喜悦。

---

[1]《语录类编》"师友篇"，《马一浮集》第3册，第1089页。
[2] 马一浮《赠楚泉禅师》，同上书，第32页。
[3] 同上书，第15页。

五

马一浮一生不绝于吟咏,诗歌创作的成就之高和数量之多,置诸二十世纪中国现代学人的行列,他的名字应排列在最前面。而且他的诗作,很多都是佛禅义理之诗,这一点我们从他与诸方外友人的赠答诗中,已约略窥见。当然远不止笔者上面引录的这些诗作,这类诗篇在马先生整个诗歌创作中,实占有相当大的比重。下面以年次为序略举数例。

1920年
落花常念佛,念佛即花开。
莫向花边觅,俱从佛处来。
落花时不异,花佛理全该。
寄语看花客,门门有善才。

1943年
见性不言见,闻道不言闻。
若可从人得,岂惜持赠君。
澄潭印秋月,青山生白云。
只为勤方便,转以滋泯棼。
不如吃茶去,休问麻三斤。

1945年
舜若本无身,玄珠并是尘。

不逢穿耳客,每笑刻舟人。
弹指成千劫,经天尚两轮。
虚空消陨后,遍界若为春。

1957年
一真法界,事事无碍。
金翅飞空,牯牛逐队。
蚊虻过前,日月相代。
当生不生,成即是坏。
何将何迎,非内非外。
优哉游哉,无乎不在。[1]

以上所引只不过是抽样举证,实不能尽其万一。但我们可以看出在马一浮先生的精神世界里,诗与禅结合得何等紧密,即使不涉及与方外友人的往还,也经常营造出美妙的佛禅境界。可以说,马先生的精神世界离不开他的诗,他的诗离不开诗之禅。

然而又不仅此也。马先生在日常生活中,也经常以沙门自比自喻,称自己"穷年栖隐迹,壁观近沙门"[2],"将此身心奉尘刹,是则名为报佛恩"[3]。他与佛门和禅道的关系,如庄生梦蝶,不分彼此,两存两忘。而所以能够如此的缘由,则根源于他的天性。

当他四岁在家初发蒙的时候,跟随一位叫何虚舟的先生读唐诗,一次,先生问他最爱诗中何句,他脱口而出:"茅屋访孤

---

[1] 分别见《马一浮集》第3册,第791、238、391—392、598页。
[2] 马一浮《江村遣病》十二首之一,同上书,第109页。
[3] 《语录类编》,同上书,第1056页。

僧。"这位先生非常惊异,于是向马一浮的父亲讲及此事,说:"您的孩子莫非要当和尚不成?"四十年代马先生已届耳顺之龄,回忆起幼年的这段往事,仍不免感慨万千。他说:"当时甫四龄,岂知此诗意味,然竟以此对者,过去生中习气为之也。"[1] 佛教唯识之学喜讲"种子"与"熏习",认为一个人今生的习气,能够在前生中找到"种因"。马先生看来似不疑此说。他并以《大智度论》中佛弟子过河戏弄河神的故事为例,说明"习气廓落之难"[2]。此可见,马一浮先生的佛缘是宿因使之,与生俱来。所以他说:"今年已耆艾,虽不为僧,然实自同方外。"[3] 马先生的生命形态,确可以看作一未出家的"僧人",一位未曾受戒的禅师。"虽不为僧,然实自同方外"这句话,足以概括马一浮的一生。

1960年,马先生所作《自题旧稿》诗也写道:"秋虫春鸟不相知,触境逢缘在一时。方外区中俱昨梦,波流电谢有如斯。"诗后自注:"余八岁时,先姊教之学诗。一日,指庭前菊命咏,限麻字韵。应声曰:'本是仙人种,移来高士家。晨餐如可洁,岂必羡胡麻。'先姊喜曰:'儿出语似有宿根。然童幼已见山泽之志,必游于方外,非用世之资也。'今年垂八十,不违先姊记莂之言,庶可

---

[1]《语录类编·诗学篇》,《马一浮集》第3册,第1010页。
[2] 关于《大智度论》所记佛弟子过河的故事,马先生引录道:"《大智度论》中有佛弟子毕稜伽婆磋为阿罗汉,尝欲过河,呼河神为'小婢'。河神诉之佛前,佛嘱赔礼,即曰:'小婢,我今忏谢汝。'河神不悦,以为戏侮。佛云:'是其心中,我慢确已净尽。但彼过去五百生为婆罗门,尚有余习未尽耳。'河神不服,因喻之云:'如以香水储瓶中,倾泻出之,涓滴无余,不可谓非净尽。但以鼻嗅之,则香气犹在,此即余习之谓也。"见《马一浮集》第3册,第1010页。
[3]《语录类编·诗学篇》,《马一浮集》第3册,第1010页。

没齿无憾。"[1]此又证明马一浮的方外之思,早在幼年即已深植于心田,他母亲当时就已明白点出,马先生自己也以终生不违为幸。

特别是他的许多影像题词,禅佛味道十足。其二十余岁时自题像云:"是我相,非我相。佛者心,狂者状。"又题:"烦恼相,怨贼身。究竟灭,何尝生。此是浮,若分明。无机体,有形神。人生观,宗教心。骨肉为石魂为星,挂之宝镜光英英。"[2]使用的完全是佛教语言,而且明白坦承,自己的人生观是"佛者心"和"宗教心"。而六十四岁时的摄影自题,共十一则,分别为:

> 影现有千身,目前无一法。若问本来人,看取无缝塔。

> 其容寂然,其气熏然。而犹为人,知我其天。

> 此亦非吾,吾亦非彼。太极之先,於穆而已。

> 山泽之癯,尘劳之侣。孰与周旋,载骦寒暑。

> 槁木当前,神巫却走。与子相见,不出户牖。

> 无名可名,无相而相。烂坏虚空,何处安放。

---

[1] 马一浮《自题旧稿》,《马一浮集》第3册,第639页。按此处马一浮所述之限韵菊花诗,与《示弥甥慰长、镜涵》(《马一浮集》第2册,第178—179页)信中所述,词句互有异同。信中所述诗为:"我爱陶元亮,东篱采菊花。枝枝傲霜雪,瓣瓣生云霞。本是仙人种,移来高士家。晨餐秋更洁,不必羡胡麻。"而《自题旧稿》之所述,省略了前四句,且结句作"晨餐如可洁,岂必羡胡麻",盖系诗题附注,故有所省略也。

[2] 马一浮《自题影》,《马一浮集》第2册,第268页。

雁过长空，影沉寒水。孰往孰来，何忧何喜。

无色无心，非生非灭。常寂光中，本无一物。

无我无人，亦隐亦见。何以名之，星翳灯幻。

无位真人，面门出入。离相离名，追之弗及。

四大五阴，毕竟空相。所谓伊人，白云青嶂。[1]

1952年自题影为：

忧来无方，老至不知。空诸所有，乃见天机。[2]

1961年题七十九岁时摄影十一首之五和六：

般若无知，涅槃无名。实相无相，当生不生。
气聚则生，缘离则灭。形溃返原，如水中月。[3]

1959年梦中题影：

非相无相，示有人我。示此相者，如飞鸟影，如水中月。

---

[1] 马一浮《题六十四岁时影影》，《马一浮集》第2册，第269—270页。
[2] 马一浮《一九五二年自题影》，同上书，第270页。
[3] 马一浮《题七十九岁时摄影》，同上书，第271页。

毕竟空寂,无有实义。

题后有自叙:

己亥大寒夕,梦自题影相如是,醒时不遗一字。平时梦中作文字,未有如此之晰者,未知是何祥也。旦起映雪记之。蠲戏老人。[1]

1961年农历二月自题影像:

土木尔形骸,尚澡雪尔精神猗。形与神其俱敝,殆将返其真猗。辛丑春二月,蠲戏老人自题。[2]

又1961年夏五月自题影像二首:

入于寥天一,见吾衡气几。因我始有尔,无相谁名予。渠今谓是我,我今乃非渠。或有忘形者,无劳睹影疑。辛丑夏五月,蠲戏老人自题,时年七十有九。

槁木今犹在,流波去弗还。百年容易过,万事莫如闲。宴坐唯观树,冥行不见山。金丹空有诀,无意驻衰颜。辛丑夏五月,蠲戏老人自题。[3]

另还有自题近影:

---

[1] 马一浮《一九五九年梦中题影》,《马一浮集》第2册,第272页。
[2] 马一浮《一九六一年自题影像》(春二月),同上书,第272页。
[3] 马一浮《一九六一年自题影像》(夏五月),同上书,第272—273页。

> 其神凝，其容寂。尔为谁，吾不识。[1]

等等。这些对自我影像的题词固然是哲人的睿智之思，但更是马先生佛禅思想的真情流露和集中流露。

六

最后，我特别要提到的是1967年马一浮先生逝世前夕所写的《拟告别诸亲友》，实际上这是他的遗嘱，全文为：

> 乘化吾安适？虚空任所之。
> 形神随聚散，视听总希夷。
> 沤灭全归海，花开正满枝。
> 临崖挥手罢，落日下崦嵫。[2]

如果把这首诗译解为语体文，意思应该是：我愿意顺从自然，因此无所谓归宿。反正宇宙只是个虚空，哪里都无不可。人的生死，不过是形神的聚散而已。但不论是聚是散，我都视而不见听而不闻了。如同破了的气泡，最后总要流归到大海里去，你看满枝的鲜花，似乎都在为我送行。落日已经下山，正好是悬崖撒手的时候。

这篇辞世的告白，空灵顺化，穷神知化，无减无增，非始非终。但必须承认，这也是马先生佛禅境界的最后表达。"乘

---

[1] 马一浮《自题近影》，《马一浮集》第2册，第273页。
[2] 《拟告别诸亲友》，《马一浮集》第3册，第758页。

化""虚空""聚散""沤灭""花开""落日""临崖挥手"这些语词,无一不深含佛氏义学禅学之理蕴。并非巧合的是,弘一法师的《辞世二偈》里,也有"华枝春满"的句子,见于第二偈:"问余何适?廓尔亡言。华枝春满,天心月圆。"[1]而马一浮悼弘一法师的哀诗里,如前所引,也有"春到花枝满"句,此可见马一浮与弘一律主,可谓心同理同,词同义同。

马一浮是1967年6月2日辞世的,卒年八十五岁。而当1965年他八十三岁之时,已经写过一首《预拟告别诸亲友》,全诗也是八句:"吾生非吾有,正命止于斯。梦奠焉能拟,拈花或可师。优游真卒岁,谈笑亦平时。遍界如相见,无劳别后思。"[2]同样禅味十足。

"花开正满枝"也好,"华枝春满"也好,"拈花微笑"也好,都是指佛教信仰者的生命摆脱诸执束缚之后,所获得的大自在,大欢喜,也即涅槃之境。涅槃之境的精神形态标志,是寂静和极乐。马一浮在《法数钩玄》一书"释常乐我净四德"时写道:"安稳寂灭之谓乐。离生死逼迫之苦,证涅槃寂灭之乐,故名乐。"又说:"经云诸行无常,是生灭法,生灭灭已,寂灭为乐。"[3]赵朴初先生《遗嘱》中也有"花开花落,水流不断"句。易地移时,同此一理,即在佛家看来,人之生死,犹如"花开花落"一样,"死"的同时,也就是"生"。

换言之,如果说是"无生,无死,无来,无去"(龙树菩萨语)亦无不可。小乘佛教把涅槃视作个体生命对烦恼的解脱,所谓"五蕴皆空",大乘佛教主张"诸法无我",通过涅槃看到了

---

[1]《辞世二偈》,《弘一大师全集》第8册,福建人民出版社,1992年,第31页。
[2]《预拟告别诸亲友》,《马一浮集》第3册,第745页。
[3] 马一浮《法数钩玄》卷一,《马一浮集》第1册,第883页。

"实相"的大光明。《维摩诘经》写道:"譬如高原陆地,不生莲花,卑湿淤泥,乃生此花。"在生死中得到涅槃,犹如在淤泥中培植莲花。马一浮是大乘的信奉者,他面对死亡,体验到了生命的欢乐、光明和尊严。"沤"虽然"灭"了,但水还在向大海的方向奔流不息。再看看满池淤泥里的莲花,不是开得越来越灿烂吗?"花开正满枝"句,实亦含有普度众生的义谛。

钱锺书的学问方式

学术殿堂的引桥

我和钱锺书先生没有见过面。但上世纪九十年代初,因为创办《中国文化》杂志,也由于当时想着手对钱先生的学术思想做一些研究,跟他有不少通信。我从未把这些信拿出来,觉得不好意思。他是我非常尊敬的前辈学者,不仅是欣赏,而且是特别尊敬和心仪的人。我研究晚清民国以来的现代学术思想史,钱先生是我关注的重点学术案例。

八十年代中期,我开始做这方面的题目,决定对王国维、陈寅恪、钱锺书这三位真正大师级的人物,做个案分疏和综合比较研究。于是开始读他们的书。最先读的,是钱锺书。可以毫不夸张地说,他的每一本书、每一个字,我都读过三遍以上。内子陈祖芬写过一篇文章,叫《不敢见钱锺书先生》,其中写道,在八十年代,如果你在北京的街头巷尾,看到一个人,或者在公共汽车上,或者在路上,在树下,在墙边,在任何地方,都拿着书看,这个人看的一定是《管锥编》或者《谈艺录》。她这样写是写实,不是文学描写。我的确读钱先生读得很熟,熟到他成为和我日夜相伴的人。不仅他的书一本一本被我画乱了，读钱的笔记也积下好多册。

读完钱锺书之后，就读王国维。王的东西多，必须选读。先是早期的《静安文集》和《静安文集续编》，然后是《人间词话》《宋元戏曲史》《古史新证》等。王国维后，开始读陈寅恪。非常"不幸"，我读陈寅恪以后，扎进去就没有出来。结果不是三个人一起写了，变成对陈寅恪做单独的个案研究。我现在写的关于陈寅恪的文字，大概有五十多万言，公开发表的文章，出版的著作，只是其中一部分。但是对我如此熟悉的钱锺书，却一直没有写文章发表。我的一些朋友也知道我研究钱锺书，一次，厦门大学召开关于钱先生的研讨会，李泽厚得知，说应该去，你是研究钱锺书的。我问他何以知之，他说当然知道。但何以知之的理由他没有讲。

近三十年我所做的研究，很大一块是围绕二十世纪现代学者的学术思想。我的体会是，这些大师巨子是我们晚学后进进入学术殿堂的比较便捷的引桥。通过他们，可以通往古代，走向中国传统学术，也可以通过他们连接西方，走向中西学术思想的会通。更重要的，他们为我们树立了学术典范。我曾经用"空前绝后"一语，形容他们学问结构的特点。"空前"，是指这些现代学者，在西学的修养方面，是汉儒、宋儒、清儒比不了的，因为当时不可能有这个条件。汉儒、宋儒不必说，乾嘉学者也不能跟二十世纪现代学者在这方面相比肩。虽然早期的传教士跟明末清初的一些学人有一些关联，但我们看不到乾嘉大师们的西学修养有哪些具体而明显的呈现。二十世纪的学者不同，他们常常十几岁就留学国外。陈寅恪十三岁留学日本，然后是美国、欧洲，前后有十六七年的时间在国外。连马一浮也有在美国、日本的经历，也是很年轻的时候就去的，尽管停留的时间前后不是很长，毕竟扩大了学问的视野。

另一方面，二十世纪现代学人的国学根基，又是后生晚辈不能望其项背的。他们四五岁开始发蒙，到七八岁，十几岁，不用说"五经四书"，"十三经"、《诸子集成》、"前四史"，差不多都读过了。他们有这样的学问积累的过程，所以在学术的知识结构方面，既是空前的，又是绝后的。"绝后"不是说后来者的聪明智慧一定少于他们，而是没有当时那些个具体条件，包括对学人为学非常重要的家学和师承。国学需要童子功，年龄大了补课，实际上为时已晚。因此后来者要赶上他们，难之又难。就研究我国固有学术而言，二十世纪学者也开了先路。经由他们可以更自觉地进入原典。比如研究马一浮，就需要了解宋代的学术源流，因为马先生的学术思想是直承宋学而来，我们不得不跟着他进入宋儒的世界。可是宋儒的话题，是跟孔子、孟子、荀子等先秦诸子的思想连接在一起的，"六经"是他们反复阐释的原初经典。宋代濂、洛、关、闽四大家，即周敦颐，程颢、程颐，张载，朱熹诸大儒，一生学问，主要是以重新阐释孔、孟和"六经"的原典为能事。而马一浮的学理发明，也主要在"六艺论"。所以研究马一浮，跟着他返宋的同时，还须返回到先秦，返回到孔子和"六经"。

二十世纪现代学者的学术，是不是也有瑕疵？肯定会有。陈寅恪就讲过，王国维的学说也可能有错误，他自己的学说也会有错误，自然可以商量。同样，钱锺书的学术，也一定有可商之处。但是他们的学术精神，为学的态度，纯洁的资质，堪称后学的典范，应无问题。我们今天的学术风气所缺乏的，恰好是二十世纪大师们的那种精神、那种风范、那种态度。

请勿误读钱锺书

　　现在关注二十世纪现代学术的人多起来了。但研究得远不够深入。有一些方面的研究，刚刚开始，就刮起这个"热"那个"热"的风。学术研究最怕刮风。一刮风，"热"得快，凉得也快。然后骂声随之而来。钱锺书先生不幸也遭此命运。我看到一篇文章，题目是《钱锺书是卡夫卡的绝食艺人》。这篇文章写得倒是很俏皮，但认为钱先生的学问，不过是一个杂耍艺人用以谋生惑众的绝活，除了博得看客的几声叫好，没有任何实用价值。他说《谈艺录》和《管锥编》，本质上应归属于诸如绕口令、回文诗、字谜等文字和语言游戏一类，是一种自娱性的、习惯性的、享受性的东西。这位作者甚至还声称，《谈艺录》和《管锥编》是自私的、势利的，是抬高门槛为难人的，是以显摆为目的，等等。

　　我无论如何不能认同这篇文章对钱锺书先生的评价。如果不是牵引卡夫卡蓄意做一番拟于不伦的文字游戏，我认为他至少是没有读懂钱锺书。读懂钱，并不容易。陈寅恪先生的书、马一浮先生的书，也不容易读。读懂读不懂，不完全是文字障碍，文字没有那么多障碍。马一浮的著作不多，无非《泰和会语》《宜山会语》《复性书院讲录》《尔雅台答问》等。但读懂马先生，我认为是非常难的事情。难就难在，阅读者是否能够进入马先生的学问世界和精神世界。陈寅恪给冯友兰的《中国哲学史》写审查报告，提出一个极为重要的思想，就是对古人的著作，对古人的立说，要具有"了解之同情"的态度，因而能够体会古人立说的"不得不如是"的苦心孤诣。钱锺书先生的著作，为什么采用现在我们看到的这种呈现方式？为什么用文言而不是白话？他是文学家，小说《围城》和散文《写在人生边上》等，可以证明他的白话同样令人绝倒。

这涉及如何理解钱先生的学问态度和学问方式的问题。他对学问有一个宿见，就是认为大抵真正的学问，不过是荒江野老，二三素心人，商量培养之事，而不是闭目塞听地"做"出来，或是吵吵嚷嚷地"讲"出来的学问。他说一旦成为朝市的"显学"，很快就会变成俗学。这些话，深入体会，才能知道一点学问的滋味。以虚妄浮躁的心态，试图了解稳定的学问，不可能对学问得出正解。钱先生的学问方式，毫无疑问是活跃的、多姿的、千变万化的，但他的学问精神是恒定而守持不变的存在。他认为古与今、中和西，不是截然不搭界的两造，而是可以连接一气，互相打通的世界。他说："古典诚然是过去的东西，但是我们的兴趣和研究是现代的，不但承认过去东西的存在，并且认识到过去东西的现实意义。"[1]

他对"专学"的看法也很特别。他说因研究一种书而名学的情况不是很多。一个是选学，即《文选》学，一个是许学，即研究许慎的《说文解字》的学问，可以称为专学。《红楼梦》研究成为红学，是为特例，但他认为此学可以成立。其余的研究，包括千家注杜（杜甫）、百家注韩（韩愈），都不能以"杜学"或者"韩学"称。可见他对学问内涵的限定，何等严格。这是大学问家的态度。现在到处使用专学的称谓，把学问泛化，结果取消了学问本身。钱先生还特别指出"师传"的弊端，认为弟子多，对其师

---

[1] 钱锺书《古典文学研究在现代中国》，转引自郑朝宗《海夫文存》，厦门大学出版社，1994年，第8页。

尊崇的结果,反而把师也扭曲变形了。这就是《谈艺录》反复讲的"尊之适足以卑之"。钱先生的好友郑朝宗先生说,钱先生是"但开风气不为师",可谓真知钱先生之言。钱先生从不以师自居,不聚徒讲学,也没有弟子。

钱锺书的学问构成

钱锺书先生的学问结构,都由哪些部分构成,他的学问脉分如何辨识,学术界没有一致的看法。我长期读钱,三复其义,认为他的学问构成,约略可分为四目:第一是经典阐释学;第二是学术思想史;第三是中国诗学;第四是文体修辞学。

前面提到的说钱先生是卡夫卡的绝食的文章,不承认钱先生著作里面有解释学的内容,未免令人感到意外。《谈艺录》也好,巨著《管锥编》也好,独不缺少解释学的内容。只不过钱先生对解释学有独辟胜解。《左传正义》三,隐公元年,解一"待"字,令人绝倒。郑庄公由于"寤生",惊吓了他的生母武姜,因而母子失和。庄公即位之后,武姜便与庄公的胞弟共叔段结为联盟,封地逾制,一人独大。郑大夫祭仲建议及早除掉,免生滋蔓。庄公说:"多行不义必自毙,子姑待之。"这是大家都知道的进入中学课本的《左传》名段"郑伯克段于鄢"。

我们且看钱锺书先生如何解释此一"待"字。

他先是征引《左传·闵公元年》,齐国的仲孙湫提出:"不除庆父,鲁难未已。"齐桓公回答说:"难不已,将自毙,君其待之。"又引定公六年,公叔文子谏卫侯:"天将多阳虎之罪以毙之,君姑待之,若何?"再引《韩非子·说林下》,有与悍者邻,欲卖宅避之。人曰:"是其贯将满矣,子姑待之。"钱先生具引之后申论说:"'待'之时义大矣哉。'待'者,待恶贯之满盈、时机之成熟也。"然后又引《汉书·五行志》董仲舒之对策:"鲁定公、哀公时,季氏之恶已熟";《孟子·告子上》以荑麦喻人性:"至于日至之时,皆熟矣。"这就如同郑庄公待到共叔段谋反在即,并得知其起事的具体日期,于是下定决心,说:"可矣!"也就是可作为的时机真正成熟了。

钱先生接着又引《史记·韩信卢绾列传》:"太史公曰:'於戏悲夫,夫计之生熟成败,于人也深矣!'"以及《北齐书·陆法和传》里的陆氏发为议论:"凡人取果,宜待熟时,不撩自落,檀越但待候景熟。"意犹未尽,更引西典助发,一是文艺复兴时期意大利政论家的"待熟"之说,二是培根论"待"时提出的"机缘有生熟",三是孟德斯鸠论修改法律,提出"筹备之功须数百载,待诸事成熟,则变革于一旦",四是一名李伐洛者,认为"人事亦有时季,若物候然"[1]。中西古典万箭齐发,齐来会战,"待"之一词被包围得水泄不通,只好俯首就擒。

其实,所谓"待之",就是为人举事,要讲究条件和时机。而时机须由条件来酝酿。舍此二端,急于从事,揠苗助长,冒行躁进,或灰心气沮,知难而返,坐失良机,都是不明不智的表现,亦即尚不懂钱先生反复阐释的这个"大矣哉"的"待"字。

钱先生又引清儒之言写道:"乾嘉'朴学'教人,必知字之诂,而后识句之意,识句之意,而后通全篇之义,进而窥全书之指。虽然,是特一边耳,亦只初桄耳。复须解全篇之义乃至全书

---

[1] 钱锺书《管锥编》,生活·读书·新知三联书店,2007年,第276—277页。

之指('志'),庶得以定某句之意('词'),解全句之意,庶得以定某字之诂('文');或并须晓会作者立言之宗尚、当时流行之文风,以及修词异宜之著述体裁,方概知全篇或全书之指归。积小以明大,而又举大以贯小;推末以至本,而又探本以穷末:交互往复,庶几乎义解圆足而免于偏枯。"[1]这也就是乾嘉学者何以重视小学的原因。小学是进入经学的阶梯,故"读书必先识字"是清儒的常谈。小学包括文字学、训诂学、音韵学,即读书进学,首在认识字,知读音,明义训。然后再由小学进入经学。经学的旨归在义理,就进到中国传统学问最高的形上之境了。钱先生把这一过程概括为"积小以明大,而又举大以贯小;推末以至本,而又探本以穷末"。此亦即西哲所说的"循环阐释"。钱先生告诉我们,阐释的方式或有中西的不同,但阐释学,中西宜有共理。钱氏阐释学,明显带有经典阐释的特点,既吸收了西方的理论范式,又直承中国传统传注义疏的阐释传统。

他学问构成的第二脉分,是学术思想史的内容。绝不光是文学,他的学问早已超越单一的文学一科。特别《管锥编》一书,处理的主要是学术史的问题。他选出来作为研究案例的那些典范著作,《周易》《毛诗》《左传》《史记》《老子》《列子》《焦氏易林》《楚辞》《太平广记》《全上古三代秦汉三国六朝文》,涵盖了传统四部之学的最精要的内容。他丝毫没有轻视作为我国固有学术统领地位的经史之学,而是将其置于先位来加以研究。《诗经》《易经》均可分称为"六经"之首,《左传》是《春秋》三传中最重要的一传。而《焦氏易林》的列入,则是钱先生的所好,喜其

---

[1] 钱锺书《管锥编》,第281页。

文辞古雅，诗意馥馥。钱先生虽出身中西文学，其经史之学的根底岂可限量哉。只不过他解"经"的方法不仅与清儒不同，与昔日的时流亦迥然有别而已。他的"经解"，集部之学并为入室阶梯。

　　钱先生学问构成的第三脉分的内容，是中国诗学，这是他学问结构中最重要的部分。他喜欢诗，长于写诗，有诗眼，也有诗心。他的精神意象在诗里边存活并得到再生。他的笔触一旦进入中国诗学，他自由得如同水里面的鱼，欢悦而快乐，似乎有无穷无尽对诗学的独得之秘，顷刻化作语言文辞的泉水，重叠交会，喷涌而出。《谈艺录》就是一部关于中国诗学的大著述。还有可与专著相埒的诗论《中国诗与中国画》以及《诗可以怨》。《通感》其实也是一篇诗学的会通之作。《宋诗选注》虽受到彼时精神环境的限制，未能畅意发抒，被他称为"模糊的铜镜"，但经钱先生手泽润色，自有他人所不及的佳风景。他诗学的义理情愫所钟，是为宋诗，自己为诗也是宋诗的风致。但《谈艺录》论诗，唐宋之别，不以历史时段，而以"体格性分"。对清末同光体诸人，是非得失均看得清爽，不掩善，也不护短。钱之诗论，通贯古今，兼采中西，旁征博引，胜解如云。我未见有另外的诗评家能和钱先生对中国诗学的贡献相比伦。老辈如陈石遗，终因缺少西学根底，不能不让钱一箭之地。杨绛先生也说："他酷爱诗。我国的旧体诗之外，西洋德、意、英、法原文诗他熟读的真不少，诗的意境是他深有体会的。"[1]

　　他学问构成的第四脉分，是文体修辞学。钱先生无疑是修辞高手，甚或圣手。他的言语文辞的讲究，见于他所有各体著作。丰

------

[1]《管锥编》三联版杨序，写于1997年。

赡、睿智、幽默的特点充溢字里行间。不妨一读他的散文《人兽鬼》《写在人生边上》，以及长篇小说《围城》，他的独特的修辞风格，踵武前贤而不袭前贤，迥异时流而无法模仿，开篇即知此为"钱氏体"。《谈艺录》等涉及文评诗话的学理文章写作，《管锥编》所展示的经典诠释系统，都是自家体貌，古今中外的要言妙道齐来登场，共同搬演中国诗学和中国学术的传奇大戏。

钱锺书先生的学问呈现方式，体现了古今文体的兼美。如果是白话，他使用的是典雅的白话，不是通俗的白话。文字里带有诙谐的隐喻，和繁富扬厉的比类观照。"典雅的白话"，是我的概括语，自认比较确切。如果是文言，他使用的是典雅的文言。至于在什么情况下使用文言，我的理解是，《谈艺录》《管锥编》有大量原典引用，所引原典都是文言，如果述论者以白话来阐释文言，繁简失序，两不相融，必令文体不相统一。这在常人不成为问题，在钱先生则情非所愿。现在史学界正在组织人写清史，我的老师戴逸先生主持该项目。原来的《清史稿》自然多有舛误，但当时撰写《清史稿》的那些作者，可都是一时之选，譬如赵尔巽等，学问文章相当入流。现在写清史，如果用浅近的白话，只能无限地扩大篇幅，史著的味道，"二十四史"的味道，就没有了。

钱先生撰写《谈艺录》和《管锥编》，以他对文体修辞之道的精熟老到，自然懂得，如果用白话通释文言典藏，无异于在茶水里兑上白开水。他深知不同的研究对象，不同的域区类属，宜乎以不同的文体来加以呈现。而中国的文评诗话，他认为向无定体。《谈艺录》的方式，应归于中国的文评诗话之属，文体上叫"诗文评"。钱先生说过，"文评诗品，本无定体"。陆机的《文赋》是赋体，杜甫的《戏为六绝句》是诗体，郑板桥的《述诗》、潘德舆的

《读太白集》《读子美集》,是词体。钱先生说,"或以赋,或以诗,或以词,皆有月旦藻鉴之用,小说亦未尝不可"[1]。小说也可以用来评文论诗,古典小说如《红楼梦》《儒林外史》《镜花缘》,事例多有,而《围城》发抒此道,尤见文体修辞家的法眼机杼。

钱氏修辞典则:"说破乏味"

钱锺书先生认为,"遮言为深,表言为浅"[2]。他的修辞典则是:"说破乏味。"其实就是含蓄为美。所谓行文典雅,语言使用的诀窍,是为不露,是为含蓄。有人说,钱先生的著作不见义理,光引那么多故书,意欲何为。其实钱著充满了意蕴理趣,到处都是创发的观点和独出的见解,思想的烛光照亮著论全体。如果钱著没有思理意蕴,他就不会拥有那么多读者了。只不过他不喜欢空疏著论,而是善用遮言和隐喻,将理趣意蕴寓于古今典例故事的征引叙述之中。也就是不把问题全都"说破",点到为止,引而不发,留给读者以三隅反的空间,是为钱氏修辞学的特点。所以他特别提醒:"善运不亚善创,初无须词尽己出也。"[3] 钱先生的名言是:"不道破以见巧思。"[4] 并且引吴文溥《南野堂笔记》里的诗句作为例证:"怕闻桥名郎信断,愁看山影妾身孤。"把西湖的断桥和孤山巧妙地织入诗的语句中,以自然风景映衬人的心情意绪。怕听到"断桥"的桥名,是担心爱恋的对象音书断绝;愁看"孤

---

[1] 钱锺书《管锥编》,第1002页。
[2] 同上书,第840页,引《宗镜录》。
[3] 同上书,第371页。
[4] 同上书,第2364页。

山",是因为看到孤山的山影,会联想到己身的孤单。钱先生本人的文学写作,何尝不是如此。重峦叠嶂,溪流百转,山穷水复,柳暗花明,文心诗笔,吊诡有术,趣味无穷。《管锥编》第二册《焦氏易林》"大有"引晋李颙的《雷赋》云:"审其体势,观其曲折,轻如伐鼓,轰若走辙。"钱先生认为,斯雷鼓之喻,还未能尽"声势之殊相",只有《易林》以声声相续为声声相"逐","活泼连绵,音态不特如轮之转,抑如后浪之趁前浪,兼轮之滚滚与浪之滚滚,钟嵘所谓'几乎一字千金',可以移品"。这段话,"移品"钱氏的文体修辞,虽不中亦不远矣。钱先生又引杜句"青山意不尽,滚滚上牛头",状其"峰峦衔接,弥望无已,如浪花相追逐",以及岑参诗句"连山若波涛,奔凑似朝东",是又将此意境推至无穷。自然也可以"移品"钱锺书先生。以是之故,唯懂得了钱氏的学问方式和修辞典则,才能懂得他学问本身;反之亦复如是,懂得他的学问内涵和理蕴,才能知晓他的不与人同的学问呈现方式和修辞法则。

　　学者的立身行事,也为钱锺书先生所关注。他有一个信守不移的观念,就是学者最忌出位之思。学问做到一定程度,会明白一个浅显的道理:对自己不了解的问题不应该也不必发言。这其实是学者的自知之明和理性自觉。知不知道对哪些问题自己不具备发言条件,考验一个学人学问的知性程度。《谈艺录》初版于1948年,到八十年代才第一次重印。三十多年的时光,他不是没有机会再行出版此书。1965年,北京和上海的出版社都曾向他提出申请,他一律予以婉拒。1982年重印此书,他道出个中原委:"壮悔兹甚，藏拙为幸。"[1]他深谙避世避俗之道。"隐身适成引目之具，自障偏有自彰之效，相反相成，同体歧用"[2]的哲理，为他所深谙。杨绛先生也写过《隐身衣》。但钱锺书不是隐者，他不同于马一浮。马先生是真正的隐士，长期在西湖，住陋巷，不入讲舍。钱先生也不入讲舍，但他有许多青年朋友，对文坛世相的了解出乎很多人的想象。我跟钱先生并无接触，但一次他在信中，称我和内子是"文章知己，患难亲人"。不晓得他是如何知道的不入正传的"野史掌故"，我们夫妇因此非常感念他。钱先生不是隐者，只是"默存"而已。

向钱锺书要什么

探讨钱锺书先生的学问方式，还必须讲几句不能不说的话。就是你想向钱先生要什么？六十年代初，有一本流行的书，是苏联的作家柯切托夫写的，叫《你到底要什么》，一本反思苏俄正统的书。但是它的书名我很感兴趣。对钱先生，也有个到底要什么的问题。本文开始提到的那篇说钱先生是杂耍艺人的文章，他要的是钱先生自己不想要更不想做的东西。

钱先生不是革命家，不是政治家，也不是游旋于政学两界的人。你向他要革命，他没有；要政治，他不喜欢谈；要亦学亦政，他反对这种骑墙式的人生状态。他是非常单纯的学者。不应该向他要这些反其道而行之的东西。你要他出头？参与街头政治？他

---

[1] 钱锺书《谈艺录》引言，中华书局，1984年。
[2] 钱锺书《管锥编》，第10页。

不愿意那样做。换句话说,他不是梁任公,他不是冯友兰。冯友兰先生的学问当然很好,三十年代的《中国哲学史》,上、下两大册,陈寅恪先生评价很高。抗战时期的"贞元六书",构建自己的哲学体系,也是开创性的建树。冯友兰的学术成就,没人能够否定。但冯先生一生于学问之外,有不能忘情于政治的一面,所以容易遭受各种訾议。但我不赞成否定这位杰出的大哲学史家,到现在我给学生开书目,他的《中国哲学简史》,还是必读书。

但钱先生不是冯友兰,他没有投身政治活动的激进的经历。他和熊十力也不一样。熊十力是新儒家的领军。我们讲熊十力、马一浮、梁漱溟,是新儒家的"三圣"。但熊十力早年投身国民革命,参加过起义,行伍出身,学问资历不高,但他的学问成就是一流的。钱先生没有参加过革命,甚至学生运动他也不是很赞成。要知道,他的尊人钱基博老先生,也不赞成学生搞运动。钱穆钱宾四先生,也不赞成年轻学生参政,他们认为学生主要是读好书,积累知识学问以备将来有用于家国,或至少有益于世道人心。陈寅恪先生就是这样的主张。但他不涉身政治,不等于不懂政治,他的信念和信仰非常牢固。如果对政治有看法,也是通过学问的途径来表达,不轻易做出位之思。

钱锺书先生之所以养成宁静的不旁骛的治学心态,固然由于对学问本身的如同宿契般的兴趣,还由于他很早就获得了终生不渝的爱情。爱情是一剂良好的安定剂。躁动不安的青年时期,让他得到了安宁。八十年代中期,我参加厦门大学的一个研讨会,当时有幸拜望郑朝宗先生。我去拜访他,是由于正在研究钱锺书。我向郑先生提出一个问题:"以钱先生的睿智和锋芒无法掩藏的性格,1957年的风雨环境他何以能够平安度过?"郑朝宗先生用很大的声音说:"那是由于他有杨绛先生。他有了杨绛,觉得什么都有了,何须外求?"我认为郑先生讲的是知钱知人生知爱情之言。

古典意味的学术自由主义

关于钱先生的学术成就,除了众多的具体学科门类的学术创获之外,在学术观念上的一大贡献,是打破了中外学问的神秘。他告诉大家,中国的学问没有那么神秘,不像传说那样遥不可及。有人说钱先生的著作不免有卖弄学问之嫌,我以为是看错了。其实他是把被人神秘化的学问,打破了锦囊,揭开了谜底。他似乎在说,人们奉若神明的那些学问,并没有什么了不起,东西就那么多,难点也可以数出来。我相信他内心有这个东西。另外一点,他虽然不缺少整体把握的能力,但他绝不想构建框架完整的体系。这一点恰好是中国学问的方式。中国的先哲,从不以构建体系为能事。只有少数例外,一个是《文心雕龙》,不能不承认这是一部具有完整的理论体系的著作。这和其作者刘勰受到佛理的影响有关。还有宋代朱熹的哲学,是有一个理学的理论体系的。除此之外,即使古代圣贤,也很难说建立了完整的理论体系。

但不构建体系,不等于乏于辩证思维。《管锥编》开篇"论易之三名",引皇侃《论语义疏》的自序:"一云'伦'者次也,言此书事义相生,首末相次也;二云'伦'者理也,言此书之中蕴含万理也;三云'伦'者纶也,言此书经纶今古也;四云'伦'者轮也,言此书义旨周备,圆转无穷,如车之轮也。"钱先生于此写道:"胥征不仅一字能涵多意,抑且数意可以同时并用,'合诸科'于'一言'。"具道吾国语文的特点。然后又说:"黑格尔尝鄙薄吾国语文，以为不宜思辨，又自夸德语能冥契道妙，举'奥伏赫变'（Aufheben）为例，以相反两意融会于一字（外文省略。——笔者），拉丁文中亦无意蕴深富尔许者（省略同前）。其不知汉语，不必责也；无知而掉以轻心，发为高论，又老师巨子之常态惯技，无足怪也；然而遂使东西海之名理同者如南北海之马牛风，则不得不为承学之士惜之。"[1]嗣后遍举中西典例进而阐说，于是又言："语出双关，文蕴两意，乃诙谐之惯事，固词章所优为，义理亦有之。"[2]此论虽为畅述中国语文的思辨功能，也可以理解为钱先生对自己著述体例的理蕴自道。

　　钱先生还告诉我们，中国的东西不是独得之秘，正如西方有"奥伏赫变"，中国也有相应的理趣。我们中国有的，域外之文化渊深之国度，并不是没有。人类的奇思妙想的智慧结晶，中国人、外国人常常不约而同。所以学术思想上才有"轴心时代"的提出，亦即全世界最早出现第一流思想家的时代，都是在公元前八世纪到前五世纪左右，佛祖释迦牟尼、中国的孔子和老子，古希腊的苏格拉底、柏拉图、亚理士多德，都产生于此一时间段。钱先生的名言是："东海西海，心理攸同；南学北学，道术未裂。"[3]他的著作里充满了"貌异心同"这样的话。比较文化学所追寻的，归根结底是尚同。人类的相同点远远多于不同之处。持续在哪里讲不同，互相标异，就要打架了。追求同，可以使人类走向和解。主张尚同，能把学问做大。标异的学问，是小家气的学问。钱先生没有观念预设，因此没有预设的观念和方法的框框，秉持的是

---

[1]　钱锺书《管锥编》，第4页。
[2]　同上书，第7页。
[3]　钱锺书《谈艺录》序。

一种带有古典意味的学术自由主义。这是我研究钱先生提出的一个概念，叫"带有古典意味的学术自由主义"。他是学术自由主义，他的思想极端自由，文体极端自由，表达极端自由。但他是典雅的古典自由主义，或云具有古典意味的学术自由主义。

陈寅恪先生相信可以重构历史的真相，但是钱锺书先生认为，写自己个人的历史，都难以复原历史的本真，因此他不相信任何一种回忆录。陈寅恪认为历史真相可以重构，不是徒托空言，而是有他的学术实践。他的《柳如是别传》，就把钱（牧斋）、柳（如是）和柳（如是）、陈（子龙）的交错复杂的关系，复原重构得如同回到历史的现场。陈的考证，做到了他自己提出的需要有艺术家欣赏古代绘画雕刻之眼光和精神。钱先生当然也具备这样的眼光和精神，他本人就是充满想象力的艺术家，但是他与陈寅恪先生的看法有异。有人说钱先生对家国世事人生关怀不够。这里举一个例子，即他在阐释《左传》的时候，引用《左传》昭公十年，"可以无学，无学不害"，这是在说什么呢？另外他引《老子》六十五章："古之善为道者，非以明民，将以愚之，民之难治，以其智多。"又引《论语》"民可使由之，不可使知之"，郑玄注所引《春秋繁露》"民，瞑也"。更引宋晁说之《嵩山文集》卷十三《儒言》里的话："秦焚诗书，坑学士，欲愚其民，自谓其术善矣。盖后世又有善焉者。其于诗书则自为一说，以授学者，观其向背而宠辱之，因以尊其所能而增其气焰，因其党与而世其名位，使才者颟而拙，智者固而愚矣。"[1]钱先生说，此晁之论，是为反对王安石的"新学"而发。这些考论阐证究系何义，世不乏

---

[1] 钱锺书《管锥编》，第386—387页。

善读钱书者，自当通解真切，无待我言。

钱锺书与陈寅恪的异同

吴宓三十年代初在清华园，一次谈起学问人才，说年龄大一些的要数陈寅恪，年轻的首推钱锺书。陈、钱都是有识人慧眼的吴雨僧所欣赏的人物。陈生于1890年，钱生于1910年，相差二十岁。陈、钱并非齐名，但常为人所并提。并提是缘于学，而忘记岁年。

陈、钱为学的共同特点，一是，都精通多种文字。过去研究者说陈寅恪懂二十几种文字，后来汪荣祖先生分析，认为大概有十六七种。陈掌握外域文字的独异处，是通晓一些稀有文字，如蒙古文、藏文、巴利文、西夏文、突厥文等。他研习蒙古文和藏文，是为了读佛经。不了解蒙古文、藏文，对佛经的原典不能有真切的了解。后来他在清华任教的时候，仍然每礼拜进城向钢和泰学习梵文。钱先生也懂多种文字，包括英、法、德、意、西班牙等国文字，还有梵文。他的懂，是通晓无碍，使用熟练，可写可说。杨绛先生整理的《钱锺书手稿集》，三大厚册，两千五百多页，经由商务印书馆于2003年出版。里面的读书笔记，很多都是各种文字交互使用。二是，他们都具有惊人的记忆力，读书广博，中西典籍，过目不忘。此两点可以证明，陈、钱都是学问天才。三是，他们都出身于名门，得益于家学传统。陈的祖父陈宝箴、父尊陈三立，是晚清学殖深厚的名宦，吏能和诗文为当时胜流所称道。钱的尊人钱基博子泉先生，是风清学厚的国学大师。强为区分，则陈寅老的出身，不独名门亦为高门。

不同之处是，陈的学问直承乾嘉，钱则受外域学术的影响比较深在。我们在陈寅恪的著作中，很少看到西方学术观念和方法的直接使用。可是又不能不承认，陈的西学训练非常之好。他在德国学习研究的时间最长，很多人说他受到德国史学家兰克的影响。我有一次在德国，特别就这个问题向几位研究德国史学的教授请教，他们说没有看到具体证据。只是相信陈的史学考证，可能是受了当时欧洲实证主义史学思潮的影响，特别是兰克史学。钱锺书先生不同，他的著作熔中外于一炉，大量直接引用各种西方典籍。他是把中外学问一体看待的，用不同的文字阐释不同问题的相同理念。如果不把钱的学问方式，称作比较文学或比较文化学研究，用他自己喜欢的说法，应该是求得中外学问的打通。

陈寅恪先生跟钱锺书先生为学的不同，主要在科业门类的专攻方面。陈的专业根基在史学，钱的专业根基在文学和诗学。但他们都是通儒，在打通文史、贯通中西这点上，是相同的。陈的方法是用诗文来证史，文史兼考，交互贯通。钱的方法是打通文史，中西会通。只有在极特殊的情况下，需要细读深思，才可能发现，陈的著作中不是没有西学的痕迹。譬如他给冯友兰的《中国哲学史》写的审查报告，中间使用了"结构"一词。这个概念百分之百是西方的。陈先生不慎露出了一点西学的马脚。陈先生还有几篇涉及比较语言学的文章，使用了西方的学理概念。他对比较语言学情有独钟，尤其在与刘文典论国文试题的信里，谈得集中。傅斯年当年在中研院建立历史语言研究所，跟陈有一定关系，他们都受到德国比较语言学的影响。现在台湾"中研院"的历史语言研究所，名称一直没有改变。张光直先生担任"中研院"副院长的时候，曾经考虑，索性将历史语言研究所一分为三，语言的归语言,历史的归历史,考古的归考古。当时我恰好在那里访学,他请我在史语所讲陈寅恪。我特别讲道,顺便提个建议,史语所的名称似乎不应该改。张先生当时在场。后来他私下跟我说,你的想法可能"获胜",因为史语所很多老人都不同意改。

陈寅恪先生的著作里,西学的影响不轻易流露。钱先生的著作则熔中西理论典例于一炉,处处引用,一再引用,引得不亦乐乎。我们作为晚生后学,读他们的书,感到是一种难得的享受。我读钱先生书,四个字:忍俊不禁。学理,是严肃的;学问方式,是调皮的、幽默的。读得一个人老想窃笑。读陈的书,也有叫我窃笑的时候,他考证到佳绝处,直接走出来与古人调侃对话。

陈的《柳如是别传》,把柳如是和陈子龙的爱情,钱谦益和柳如是的婚姻爱情,写得极其细致入微,当事人的爱情心理都写出来了。钱柳半野堂初晤后,互有赠诗,且钱牧斋已为柳修筑新屋。此时,曾"追陪"柳如是不离不舍的嘉定诗老程孟阳来到钱府,钱柳当时之关系他无所知闻,显然处境相当尴尬。强颜和诗钱柳,诗题作《半野堂喜值柳如是,用牧翁韵奉赠》。寅恪先生考证,诗题的"喜"字系钱牧斋所加。然后发为论议写道:"虽在牧斋为喜,恐在松圆(程号松圆。——笔者注)转为悲矣。"[1] 又此前《别传》亦曾考证,程氏尝往吊追逐柳如是最力的谢象三的已过时的母丧,目的是希望得到谢的周济。明末的一些"山人",寅老说,都难免有此种德性。行笔至此,寅恪先生下断语曰:"益信松圆谋身之拙,河东君害人之深也。"[2] 史家的职司,文学的能事;文学

---

[1] 陈寅恪《柳如是别传》,生活·读书·新知三联书店,2001年,第529页。
[2] 同上书,第233页。

的职司，史家的能事，陈、钱两大师悉皆具备。

钱陈辨华夷

不妨举几宗中国史上的典型学案，以见陈、钱诠解的异同。陈寅恪学术思想的一项重要内容，是关于种族与文化的学说。这是他学术思想里面的一个核心义旨。他认为文化高于种族。所谓胡化和华化的问题，是文化的问题，不是种族的问题。他的《隋唐制度渊源略论稿》和《唐代政治史述论稿》两书，以很多考证来辨明此义。晚年写《柳如是别传》，又特别标明，当年他引用圣人"有教无类"之义，来阐释文化与种族的关系。"类"即种族，"教"是文化。"有教无类"，即文化高于种族之意。[1] 这是他贯彻一生的学术理念。

这个理念的重要性在于，它至今不过时，今天仍然有现实的和现代的意义。如果我们了解陈寅恪的这一学说，就会知道前些年哈佛大学亨廷顿教授的"文明冲突论"不过是一隅之词。亨廷顿说，冷战后的世界，文明的冲突占主要地位，西方文化跟伊斯兰的冲突，跟儒教文明的冲突，将成为左右世界格局的动因。他只看到了文化的冲突，没有看到文化的融合和人类文化追求的尚同。他不了解大史学家陈寅恪的著作，自然不懂得文化高于种族的道理。

但我这里传递一个学术信息，钱锺书先生也如是说。他说华夷之辨在历史上没有确指，其断限在于礼教，而不单指种族。例证是汉人自称华，称鲜卑是胡虏；可是魏的鲜卑也自称华，而说

---

[1] 参阅拙著《陈寅恪的学说》，生活·读书·新知三联书店，2014年，第82—109页。

柔然是夷虏。后来南宋人称金是夷狄，金称蒙古是夷狄，金自己也是夷狄。钱先生的引证，很多是陈先生引用过的。但我相信钱先生一定是自己看到的材料，而不是使用陈的材料。他们是不约而冥合，读书广博，取证雷同。《北齐书》的《杜弼传》，记载高祖对杜弼说，"江东复有一吴儿老翁萧衍者，专事衣冠礼乐，中原士大夫望之以为正朔所在"。钱先生说，这是"口有憾，而心实慕之"。[1] 这是钱先生的解释。同样这个例子，陈寅恪先生的称引不止一次，此为陈的说史常谈。

钱先生引《全唐文》卷六八六皇甫湜的《东晋元魏正闰论》一文，其中谓："所以为中国者，礼义也；所谓夷狄者，无礼义也。岂系于地哉？杞用夷礼，杞即夷矣；子居九夷，夷不陋矣。"[2] 显然具有更直接的说服力。然后钱先生又引《全唐文》卷七六七陈黯的《华心》一文："以地言之，则有华夷也。以教言，亦有华夷乎？夫华夷者，辨在乎心，辨心在察其趣向。有生于中州而行戾乎礼义，是形华而心夷也；生于夷域而行合乎礼义，是形夷而心华也。"[3] 钱后来对此节作增订，又引元稹《新题乐府·缚戎人》："自古此冤应未有，汉心汉语吐蕃身。"钱先生说这是汉人"没落蕃中"者。不是由于地域，而是由于文化。钱并标出英文为注，写道："华夷非族类（ethnos）之殊，而亦礼教（ethos）之辨。"[4]

陈、钱在华夷之辨问题上，机杼相同，理路相同，结论相同。但我发现，钱先生的引证，增加了许多文学方面的资料。陈先生

---

[1] 钱锺书《管锥编》，第 2310 页。
[2] 同上书，第 2311 页。
[3] 同上。
[4] 同上。

在华夷之辨问题上，在种族与文化的引证中，虽也引证元稹和白居易的诗作，但主要是新旧《唐书》和其他史籍的材料，这是由于他们为学的专业类分各有专攻也。

陈钱的文体论

陈、钱的学问里面，都包含有文体论的内容。他们对文体的重视是惊人的，此点大大异于其他人文学者。但陈、钱文体论的侧重点虽有不同，都是文体革新派则一。他们都主张文无定体，不拘一格，力倡文体革新。钱先生在《谈艺录》里对韩愈的"以文为诗"，给予肯定，并引申为说："文章之革故鼎新，道无他，曰以不文为文，以文为诗而已。"[1]升华了文章学和诗学的理论容度。陈先生论韩柳与古文运动，对韩愈的"以文为诗"更是大加称赏。他说："退之之古文乃用先秦、两汉之文体，改作唐代当时民间流行之小说，欲借之一扫腐化僵化不适用于人生之骈体文，做此尝试而能成功者，故名虽复古，实则通今，在当时为最便宣传，甚合实际之文体也。"[2]对韩愈的评价比钱还高。

陈的《论韩愈》写于五十年代初，发表于《历史研究》，钱肯定会看到此文。有意思的是，钱先生也一直有写一篇专论韩愈的文章的打算[3]，可惜未及动笔而斯人已逝，真是遗憾之至。否则陈、钱两大家共论"文起八代之衰"的文雄韩愈，各出以巨文，该是何等好看。

---

[1] 钱锺书《谈艺录》，中华书局，1984年，第29—30页。
[2] 陈寅恪《论韩愈》，《金明馆丛稿二编》，生活·读书·新知三联书店，2001年，第329—330页。
[3] 杨绛《钱锺书手稿集》序，商务印书馆，2003年，卷首。

对野史小说可否考史的问题，陈、钱的看法约略相同。陈在此一方面持论甚坚，其《顺宗实录与续玄怪录》一文，可为力证。他说："通论吾国史料，大抵私家纂述易流于诬妄，而官修之书，其病又在多所讳饰，考史事之本末者，苟能于官书及私著等量齐观，详辨而慎取之，则庶几得其真相，而无诬讳之失矣。"[1]陈著显示，以野史小说来补充正史的不足，是陈先生的史家之能事。钱先生涉及此一问题，他引用司马光《传家集》卷六三《答范梦得》的说法："实录正史未必皆可据，野史小说未必皆无凭。"盖其撰《资治通鉴》，即曾采及野史小说。钱先生因此写道："夫稗史小说，野语街谈，即未可凭以考信人事，亦每足据以觇人情而征人心，又光未申之义也。"[2]此可见钱、陈虽都重视野史小说的作用，陈用来直接考史，钱则认为考信人事未必可据，但可以见出当时的人情和人心。

关于不同作者的著作和作品，有时会出现相似甚或相同的见解和论述，对此一问题如何看待，钱、陈有不约而同的胜解。艺苑文坛，著作之林，不同的作者居身不同地域，彼此互不通问，但写出来的文章或著作，义旨和结论竟然相似或相同。这种现象如何寻解？是否可径以抄袭目之？陈寅恪先生在《论再生缘》一书中，专门讨论了这个问题。他本人和陈垣先生都曾撰文考证杨贵妃入道的时间，而结论不谋而合，他以此例来说明发生此种现象的原因。他写道："抗日战争之际，陈垣先生留居京师，主讲辅仁大学。寅恪则旅寄昆明，任教西南联合大学。各撰论文，考杨妃

---

[1] 陈寅恪《金明馆丛稿二编》，第81页。
[2] 钱锺书《管锥编》，第443页。

入道年月。是时烽火连天，互不通问，然其结论则不谋而合，实以同用一材料，应有同一之结论，吾两人俱无抄袭之嫌疑也。"[1] 钱先生对此一问题也有类似看法。他在考论《太平广记》一书时，对多种典籍都曾使用以鼍鼋为津梁的典故，是不是存在彼此抄袭仿效的问题，给出了他的论断："造境既同，因势生情，遂复肖似，未必有意踵事相师。"[2] 钱、陈对此一现象，得出了异地易时而同的结论，足可成为学界佳话，而不必怀疑他们是有意"踵事相师"。

附 语

陈、钱比论粗毕，兹有一事，向读者交代。即钱、陈论学的文字风格是截然不同的。陈1969年离世，显然无缘一睹钱的《管锥编》。《谈艺录》1948年印行于上海，据说陈看过，有好评。陈如何评价钱锺书先生，我们无缘得知。但陈的著作，钱肯定是读过的。如前所说，钱应该读过陈的《论韩愈》。还有《柳如是别传》，钱先生肯定也读过。不过钱对《别传》的著作体式和文辞，似颇不以为然。钱先生在与汪荣祖先生晤面或通信中，流露过这方面的看法。

我对此有一旁证。八十年代末、九十年代初，我和钱先生有通信，他总是有信必复，致使我不敢接写第二封，怕劳烦他再写回函。只有一次，我寄1990年第三期《中国文化》给他，他没有

---

[1] 陈寅恪《论再生缘》，《寒柳堂集》，生活·读书·新知三联书店，2001年，第87页。
[2] 钱锺书《管锥编》，第999页。

回示。因此期刊有我写的《陈寅恪撰写〈柳如是别传〉的学术精神和文化意蕴及文体意义》，文长两万余字，是为第一次系统阐释《别传》的文章。照说钱先生当时会目验此文，并有便笺给我。结果几周过去，声息全无。我意识到，钱先生可能不赞同我的论说。后来汪荣祖兄告以钱对《别传》的态度，始证实我当时的感觉不误。

然我对《柳如是别传》的评价，至今没有变化。反而越研究越知其旨趣不同寻常。就以诗文证史的方法使用和创获而言，此著可谓陈寅恪先生的学术制高点。而就陈先生说诗治史的学术历程来说，《别传》不啻为陈著的最高峰。但这丝毫不影响我对陈、钱这两座现代学术的高峰，经长期研究而秉持的情感价值和学理价值的认同与坚守。

时在甲午腊月二十（西历 2015 年 2 月 8 日）
晚九时写讫于东塾

原载 2015 年 4 月 29 日、5 月 27 日《中华读书报》

张舜徽百年诞辰述感

今年，2011年，是张舜徽先生诞生一百周年。他1911年8月5日生于湖南省沅江县，没有进过学校，完全靠刻苦自学，成为淹贯博通、著作等身的一代通儒。我曾说章太炎先生是天字第一号的国学大师。章的弟子黄侃，也是当时后世向无异词的国学大师。章黄之后，如果还有国学大师的话，钱宾四先生和张舜徽先生最当之无愧。

一代通儒

钱和张为学的特点，都是学兼四部，而根基则在史学。但同为史学，钱张亦有不同，钱为文化史学，张则是文献史学。古人论学，标举才学识三目，又以义理、考据、辞章分解之。义理可知识见深浅，考据可明积学厚薄，辞章可观才性高下。学者为学，三者能得其二，士林即可称雅，兼具则难矣。盖天生烝民，鲜得其全，偏一者多，博通者寡。三者之中，识最难，亦更可贵。无识则学不能成其大，才亦无所指归。张先生的识见是第一流的，每为一学，均有创辟胜解，这有他的《周秦道论发微》可证。

道为先秦各家泛用之名词，但取义各有界说。儒门论道，一以贯之，忠恕而已，性与天道，孔子罕言。韩非论道，则云明法制，去私恩，而以儒家之圣言为"劝饭之说"（《韩非子·八说》）。管夷吾论道，无外无内，无根无茎，万物之要。老聃论道，强名曰大，道法自然。庄生论道，无为无形，可生天地。先秦诸家之道说，异同异是，释解缤纷。而《荀子·解蔽》"人心之危，道心之微"一语，尤为历来研究心性之学者所乐道。《尚书·大禹谟》"人心惟危，道心惟微，惟精惟一，允执厥中"十六字，虽出自"伪古文"，亦堪称中国思想的语词精要，至有被称作"十六字真传"者。

然张舜徽先生别出机杼，曰："余尝博考群书，穷日夜之力以思之，恍然始悟先秦诸子之所谓'道'，皆所以阐明'主术'；而'危微精一'之义，实为临民驭下之方，初无涉于心性。"（《道论通说》）经过博考群书、日夜思之，而认为先秦诸家之道论，乃帝王驭民之术，亦即统治术，这是张先生对于先秦思想文化史的一项极大判断。此判可否为的论？思想史学者必不然。但在张先生，足可成一家之言。因为它的立说，是建立在精密比勘抽绎诸家文本基础之上的，以诸子解诸子，旁征博引，巨细靡遗。即如道和一的关系，老云"抱一"，庄云"通一"，韩非云"用一"，管子云"执一"，《吕览》云"得一"。此何为言说？张先生写道："皆指君道而言，犹云执道、抱道、通道、用道、得道也。'道'之所以别名曰'一'者，《韩非·扬权篇》曰：'道不同于万物，德不同于阴阳，衡不同于轻重，绳不同于出入，和不同于燥湿，君不同于群臣，凡此六者，道之出也，道无双，故曰一。'韩非此解，盖为周秦时尽人而知之常识，故诸子立言，率好以'一'代'道'之名，无嫌也。"（同前）不能不承认纂解有据，而绝非腹笥空空之贸论也。

张舜徽先生的独断之识，见于他所有著述，凡所涉猎的领域与问题，均有融会贯通之解。以本人阅读张著之印象，他似乎没有留下材料之义理空白。他的学主要表现为对中国固有典籍烂熟于胸，随手牵引，无不贯通。如果以考索之功例之，则张氏之学，重在典籍之文本的考据比勘。义宁之学的诗文证史，古典今情，宜非其所长。但二百万言的《说文解字约注》，又纯是清儒《说文段注》一系的详博考据功夫。《约注》一书，可见舜徽先生积学之厚。至于文法辞章，置诸二十世纪人文大师之列，他也是可圈可点的佼佼者。他文气丰沛，引古释古，顺流而下，自成气象。为文笔力之厚，语词得位适节，断判出乎自然，五十年代后之文史学人，鲜有出其右者。这既得力于他的学养深厚，也和年轻时熟读汉唐大家之文有关。他尝着意诵读贾谊《过秦论》《陈政事疏》等长篇有力之文，以培养文气。虽然，张先生长于为文，却不善诗词韵语，或未得文体之全，但亦因此使张学无纤毫文人之气，实现了《史通》作者刘知几说的"耻以文士得名，期以述者自命"的"宏愿"。

学兼四部

古人为学所谓通，或明天人，或通古今，或淹通文史，或学兼四部。诸科域博会全通，则未有也。张先生于通人和专家之分别，规判甚严。他说以汉事为例，则司马迁、班固、刘向、扬雄、许慎、郑玄之俦，为通人之学；而那些专精一经一家之说的"博士们，固是专家之学也。对清代乾嘉学者，他也有明确分野，指戴震、钱大昕、汪中、章学诚、阮元诸家为通人之学；而惠栋、张惠言、陈奂之、胡培翚、陈立、刘文淇，以治《易》《毛诗》《仪礼》《公羊传》《左氏传》等专学名家，则为专家之学。即以张先生界定之标准，我也敢于说，他是真正的通儒，所为学直是通人之学。

张先生为学之通，首在四部兼通。他受清儒影响，从小学入手，即从文字、声韵、训诂开始，此即清儒所谓"读书必先识字"。再经由小学而进入经学。先生所治经，以郑学为圭臬，可知其起点之高。汉代经学发达，有五经博士之设。然家法成习，碎义逃难，终致经学为经说所蔽。逮汉末大儒郑康成出，打破今古文之壁垒，遍注群经，遂为"六艺之学"立一新范。故张先生之《郑学丛著》一书，未可轻看。此书正是他由小学而经学的显例。书中《郑学叙录》《郑氏校雠学发微》《郑氏经注释例》三章，尤为后学启发门径。但张先生虽治经，却不宗经，以经为史、经子并提，是他为学的习惯。要之，许（慎）郑（玄）二学，实为先生为学之宗基，故能得其大，积其厚，博洽而涯岸可寻。张之洞《书目答问》谓"由小学入经学者，其经学可信；由经学入史学者，其史学可信"，已由张先生为学次第得到证明。至于子学，《周秦道论发微》为其代表，前已略及。明清思想学术，亦为先生所爱重，则《顾亭林学记》《清代扬州学记》两书，是总其成者。集部则《清代文集别录》（上下册）、《清人笔记条辨》，识趣高远，宜为典要。

当然，张先生学问大厦的纹理结构还是乙部之学，也可以说以文献史学为其显色。斯部之学，其所著《汉书艺文志通释》《史学三书评议》《广校雠略》《中国文献学》《中国古代史籍举要》《中国古代史籍校读法》等,均堪称导夫先路之作。所以然者,因先生一直自悬一独修通史之计划,终因年事,未克如愿。晚年则有创体变例之《中华人民通史》的撰写。一人之力,字逾百万,艰苦卓绝,自不待言。仅第六部分"人物编",政治人物二十一人、军事十一人、英杰十二人、哲学十九人、教育十五人、医学十五人、科学十八人、工艺技术十人、文字学七人、文学十六人、史学十二人、文献学八人、地理学八人、宗教四人、书法十二人、绘画十二人。各领域人物共得二百人,逐一介绍,直是大史家功力,其嘉惠读者也大矣。而史标"人民",复以"广大人民"为阅读对象,用心不谓不良苦。但以舜徽先生之史识史才,倘不如此预设界域,也许是书之修撰,其学术价值更未可限量。

沾溉后学

张舜徽先生一生为学,无论环境顺逆,条件优劣,从未中辍。每天都早起用功,又读又抄。抄是为了加深记忆。小学的根底,得其家传,是自幼打下的。十五六岁,已读完《说文段注》。中岁以后益增自觉,竟以十年之功,将三千二百五十九卷的"二十四史"通读一过。晚年,学益勤。至二十世纪八十年代,先生已年逾七旬,仍勤奋为学,孜孜不倦——

天热,就在桌旁放一盆冷水,把湿毛巾垫在胳膊下;汗流入眼睛,就用毛巾擦一下再写。天冷,手冻僵了,就在暖水袋上焐一下,继续写下去。雨天房子漏水,就用面盆接住;水从室外灌进屋里,就整天穿上胶鞋写作。每晨四点起床,晚上睡

得很晚。就是这样，经过十年苦干，整理出了一大批研究成果。（张君和编《张舜徽学术论著选》，页635）

意志、勇气和毅力，是张先生为学成功的秘诀。他认为"才赋于天，学成于己"。识则一半在天，一半在己。勤奋努力与否，至为关键。为将己身之经验传递给后学，1992年初冬，当其八十一岁之时，还撰写《自学成才论》上下篇，交拙编《中国文化》刊载，此距他不幸逝世，仅两周时间。

《自学成才论》之上篇写道："自隋唐以至清末，行科举之制达一千三百余年之久，而事实昭示于世：科举可以选拔人才，而人才不一定出于科举。以高才异能，不屑就范，而所遗者犹多也。清末废科举，兴学校，迄于今将百年矣。而事实昭示于世：学校可以培育人才，而人才不一定出于学校。以出类拔萃之士，不必皆肄业于学校，而奋起自学以成其才者济济也。"又说："自来豪杰之士，固未有为当时制度所困者，此其所以可贵也。"更标举孟子"待文王而后兴者，凡民也；若夫豪杰之士，虽无文王犹兴"之义，提出"虽无学校犹兴"才是廓然开朗、有志有为的"伟丈夫"。

张舜徽先生本人，就是"虽无文王犹兴"的豪杰之士，也是廓然开朗、有志有为的"伟丈夫"。《自学成才论》下篇，叙列王艮、汪绂、汪中等孤贫志坚的学术大家，开篇即云："自来魁奇之士，鲜不为造物所厄。值其尚未得志之时，身处逆境，不为之动，且能顺应而忍受之。志不挫则气不馁，志与气足以御困而致亨，此大人之事也。盖天之于人，凡所以屈抑而挫折之者，将有所成，非有所忌也。其或感奋以兴，或忧伤以死，则视所禀之坚脆，能受此屈抑挫折与否耳。"所陈义固是先生一生为学经历之总结，深切著明，气势磅礴，字有万钧。"自来豪杰之士，固未有为当时制度所困""自来魁奇之士，鲜不为造物所厄"，屈抑和挫折预示着"将有所成"。试想，这些论断，是何等气魄，何等气象！真非经过者不知也。

张舜徽先生为学的这种大气象和真精神，垂范示典，最能沾溉后学。所谓学问之大，无非公心公器也。学者有公心，方能蓄大德；视学术为公器，才能生出大智慧。我与先生南北睽隔，未获就学于门墙之内。然我生何幸，当先生晚年董理平生著述之际，得与书信往还，受教请益，非复一端。八十年代末，《中国文化》杂志筹办之始，即经由先生弟子傅道彬先生联系，函请担任学术顾问一职，蒙俯允并惠赐大稿《中华人民通史》序，刊于《中国文化》创刊之第一期。九十年代初，拙编"中国现代学术经典"丛书启动，尝以初选诸家之列目呈请教正，先生很快作复，其中一节写道：

> 细览来示所拟六十余人名单，搜罗已广，极见精思。鄙意近世对中国文化贡献较大者，尚有二人不可遗。一为张元济，一为罗振玉。张之学行俱高，早为儒林所推重，实清末民初，大开风气之重要人物，解放前一直为中央研究院院士。其著述多种，商务印书馆陆续整理出版。罗于古文字、古器物之学，探究广博，其传布、搜集、刊印文献资料之功特伟，而著述亦伟博精深，为王国维所钦服。王之成就，实赖罗之启迪、资助以玉成之，故名单中有王则必有罗，名次宜在王前。罗虽晚节为人所嗤，要不可以人废言也（六十余人中，节行可议者尚多）。聊贡愚忱，以供参考。闻月底即可与出版社签下合同，

则选目必须早定。此时合同未立，暂不向外宣扬。如已订好合同，则望以细则见示。愚夫千虑，或可效一得之微也。京中多士如云，不无高识卓见之学者，先生就近咨访，收获必丰，亦有异闻益我乎？盼详以见告为祷。

张先生对罗振玉和张元济的推重，自是有见。我接受他的意见，罗后来列入了，但张未能复先生命。张先生此信写于1991年5月23日。至翌年1月16日，仍有手教询问丛书之进展情形。而当我告知近况之后，张先生喜慰非常，又重申宜包括张元济的理据。现将张先生这封写于1992年4月13日的来示抄录如下，以资纪念，并飨读者。

梦溪先生大鉴：

  得三月二十五日惠书，借悉"中国现代学术经典"丛书之编纂，布置就绪，安排得体，以贤者雄心毅力为之，必可早望出书，甚幸事也！承嘱补苴遗漏，经熟思之后，则张菊生先生（元济）为百年内中国文化界之重要人物，而其一生学问博大，识见通达，贡献于文化事业之功绩，尤为中外所推崇。其遗书近由商务整理出版甚多，可否收入，请加斟酌。往年胡适亟尊重之，故中央研究院开会，必特请其莅临也。承示《中国文化》第五期即可出书，此刊得贤者主持，为中外所瞩目，影响于学术界者至深且远，我虽年迈，犹愿竭绵薄以贡余热也。兹录呈近作二篇，请收入第六期，同时发表。好在文字不多，占篇幅不多，并请指正！专复，即叩近安。

  张舜徽上　四月十三日

此可见张舜徽先生对"经典"丛书的悉心关切。可惜他未及看到丛书出版,就于1992年11月27日遽归道山,终年八十一岁。他其实还在学术的盛期。他走得太早了。张先生写给我的最后一封信,落款时间为1992年11月9日,距离他逝世仅十八天。

原载《光明日报》2011年6月20日"国学版"

陈从周的淡泊人生

陈从周先生是中国近代以来有一无二的园林艺术大师，他在二十世纪学术思想的谱系中，以深厚的学养和丰富的艺术造诣，在鲜有人问津的学科领域独树一帜。只要话题涉及中国的园林艺术与园林建筑，人们就会不由自主地想到陈从周。他是与我国的园林共同着生命的人。虽不能简单地说，他是因园林而生，却可以肯定地说，他确然是因园林而死。如果不是1992年由于上海徐汇区那座世界闻名的清代藏书楼的去留而晕倒会场，他的乐观的生命至少还可以往后延续十年以上。但如今藏书楼保存下来了，可敬可爱的陈从周先生却提前在2000年的早春离开了这个世界。

这样一位名可惊座的园林艺术大师，不管哪位学人以此为课题作自己的研究对象，都是一种求之不得的幸运和幸福。但福报从不会随便降临到一个人的身上。因为一切诸法，都是缘会而生。宋凡圣教授并非为了一个既定的题目刻意去研究陈从周，而是无意中因缘凑泊地结识了这位渊雅通博的大家。作者从相遇初识到问学感悟，前后经过了十年的时间，最后在陈从周先生逝世的前一年，才决定从事此一课题的研究。但是，应该选择怎样的视角和阐释途径，如何进行此项研究呢？如今呈现在我们面前的这部连同附录近乎二十万言的文稿，初审之下，不免略显芜杂和轻重失衡。除第一章"陈从周的本色人生"相当于全书的导论或序篇，接下来的第二章至第八章，全都围绕《说园》一部著作。然后第九章论述陈的园林美学思想，第十章谈陈的造园理论。第十一章谈的则是园林与昆曲，第十二章谈陈的诗词，第十三章谈陈诗的故乡情怀，第十四章谈陈的绘画，第十五章谈陈画的欣赏，第十六章谈陈的书法，第十七章又来谈陈书的审美特征。还有最后的第十八章，是作者回忆自己和陈从周先生交往的经过。

就本成果的篇章结构而言，如果认为多少有些芜杂和重叠，我想是有充分理由的。问题在于，作者选择这样一种写法，我相信是不得已而如此的。题目既然叫作《陈从周研究》，顾名思义，便不能不主要是介绍与诠释陈从周其人及其学术思想。而陈的园林艺术的理念和美学思想，自己讲得再清楚不过，特别是《说园》这部著作是集其大成者。因此，作者以《说园》作为全书的论述中心，自是顺理成章之事。方法则是"以陈解陈"，即用陈从周自己的论述，来介绍和阐释陈从周的园林理念和园林思想。在这方面，作者的尝试是成功的。第九、第十两章关于造园美学的申论，是对陈氏园林艺术学的总而括之和提而炼之，并且补入了实践的内容，让我们看到了陈氏学说的实践精神和批判精神。诗书画及昆曲等别种艺事，既是陈学的"旁通"部分，又是其进入园林艺术的必要前提。课题作者通过第十一章至第十七章的系列讨论，昭示出园林作为一门综合艺术，它是中国传统文化的繁花集锦，不具备多方面的艺文修养和人文学养，不可能站在这个领域的最前面。陈从周先生之所以成为世无异词的世界级的园林艺术大师，其所必具的诸种理由和诸种条件，课题作者都一一做了回答。

作者写出了一个充满生命活力的陈从周和陈从周的充满活力的园林艺术。不妨一看陈氏关于风景区建筑的下述警语:"我认为风景区建筑,宜隐不宜显,宜散不宜聚,宜低不宜高,宜麓不宜顶,须变化多,朴素中有情趣,要随意安排,巧于因借,存民居之风格,则小院曲户,粉墙花影,自多情趣,游者生活其间,可以独处,可以留客,城市山林,两得其宜。"这段文简、语近、言切的文字,既是艺术美学的通则,又是行为美学的示范。当1999年课题作者最后一次到病房看望这位园林大师的时候:"我走到床头看先生眼睛还闭着,就轻轻地喊了一声'先生',他的眼皮似乎动了动,眼泪从眼角上流了下来,我心一酸,眼泪也夺眶而出了。"读到这里,我的眼睛也不免有些湿润了。

艺术与人文学科的研究著作,没有也不必有固定的写作体式。只要能够做到材料翔实,立论有理,言之有据,如何表达均无不可。此课题成果的特点,是学理阐释和艺术与人生的感悟兼而有之,作者满带着景仰和敬仰的感情来重现园林大师陈从周的艺术与人生,语言安宁含情,使学术著作有了可读性。所附之"陈从周年谱"初稿亦下了很大功夫,增加了本成果的学术价值。因此,我认为该成果已达到了国家规划课题所要求的各项指标,是有物有则的严谨之作,是具有人文关怀的传薪之作,也是一个具体学科的创新之作。

唯结构上似可考虑将第一章"陈从周的本色人生"标名作为全书的"绪论"或"导论",而将最后一章"我的回忆"作为全书的"后序"或"后记"。另外分论诗词、绘画、书法的六章是否可以合并为三章,这只是对最后成书的一点修改建议,作者如不同意,径可不予采纳可耳。

新文化背景下的文言与白话

"百年"概念在中国文化中的想象意涵

西方人研究思想文化，注重"历史时刻"，历史就是人的活动，特殊的人物，特殊的事件，在特定的历史时期出现和发生，会引起诸多联想和反思，会在当时后世留下记忆。中国人看问题，对时间、地点、人物有特殊的关注，对年份数字尤其敏感。大家可能会想到最早的经典文本《易经》，里面充满了数字的迷阵。卦有八，演而为六十四，爻有三百八十四，阳爻代之以九，阴爻代之以六，布列起来变化无穷。《易经》的系辞还说，天数二十五，地数三十，五十是大衍之数等等。数和象是互为关联的，《易经》所含蕴的既是义理之学，又是象数之学。

生活中或者文学作品中也常有这类似乎藏有玄机的数字出现。《阿Q正传》里说，"二十年又是一条好汉"。《红楼梦》里元春的判词有"二十年来辨是非"的句子。俗语说，三十年一转，又有"三十年河东，三十年河西"的说法。那么百年，就是三转了，也就是由东到西、再由西到东，又转回来了。杜甫《秋兴八首》的第四首，很有名的两句诗是："闻道长安似弈棋，百年世事不胜悲。"《秋兴八首》写于公元766年,作者在夔州时所作,上距贞观之治过去一百余年,衣食丰足、社会安定、天下友人争向长安一游的"开元全盛日"（杜甫《忆昔》）看不到了,因为经过了安史之乱,唐朝的气象已由盛转衰,所以诗人发为感叹,说"百年世事不胜悲"。

历史学家陈寅恪对百年中国的反思和审视,更自不同。因为他的祖父陈宝箴是1895年到1898年的湖南巡抚,在他父亲陈三立的襄助下推行湖南新政,全国的改革精英一下子聚集在湖南,梁启超、黄遵宪、谭嗣同、熊希龄、皮锡瑞、唐才常,都在那里。当时湖南的改革走在全国最前面,气象日新,成绩斐然,带动了戊戌之年由光绪皇帝发大愿施行的变法维新。但1898年农历八月初六,慈禧太后发动政变,囚禁光绪,杀谭嗣同等六君子,通缉康有为、梁启超,严厉惩处变法维新人士,陈寅恪的祖父和父亲被革职永不叙用,随后又在1900年将陈宝箴密旨赐死。因此陈寅恪的百年记忆充满了哀伤。当1958年康有为百年诞辰之时,陈寅恪写了一首诗,其中写道："此日欣能献一尊,百年世事不须论。"他认为戊戌维新以来的历史,基本上是一步行来错,转眼百年身。所谓对和错,主要指变法采取激进的办法还是渐进的办法。他的潜台词是,如果当年的变法按他祖父和父亲的策略,采取渐进的方式,后来的情况会有所不同。

《红楼梦》的作者曹雪芹和扬州有关系。曹雪芹的曾祖父曹玺和祖父曹寅,曾接连任江宁织造,有时兼任两淮巡盐御史,而盐官的御史衙门就设在扬州。所以曹雪芹的朋友写诗,有"扬州旧梦久已觉"的句子。《红楼梦》里写秦可卿托梦给王熙凤,也说"我们家赫赫扬扬,已将百载",预示这个家族将要发生什么事情。

"五四"运动的远因和近因

发生在1919年的"五四"运动,至今刚好一百年了。"五四"运动的发生有"远因"和"近因"。近因是1918年第一次世界大战结束,中国虽未参战,但为牵制日本,由开始的宣布中立,到1917年明确站在了协约国一方,结果却受到巨大损失。主要是日本图谋山东半岛,北洋政府被迫签订了丧权辱国的"二十一条",国内群情愤激,北大学生游行,开始了"五四"运动。远因则是近代以来的社会变迁和文化觉醒。甚至可以追溯到嘉庆、道光以来的清朝走下坡路,对西方东来的势力因应失措。早期觉醒人士提出了"自改革"的要求,这个从龚自珍和魏源就开始了。但"自改革"的诉求虽好,权力阶层最不愿意看到的就是因改革而失去既得的利益。有改革的需求,却制定不出改革的措施。于是有1840年的鸦片战争,和1860年的英法联军火烧圆明园。眼睛里只有中国而不知有世界的清统治者,这才意识到自己落后了,决定设立总理各国事务衙门,专门处理"夷务",职能相当于外交部。同时开始了以张之洞为代表的持续三十多年的洋务运动,成果是办起了一些现代的工厂,可以生产洋枪洋炮,并建立了一支规模可观的北洋舰队。可是又发生了1894年的中日甲午战争,中国惨败,辛苦建立的北洋舰队全军覆没。次年签订的《马关条约》损失惨重,巨额赔款不说,宝岛台湾也割让给了日本人。泱泱大国被东邻的"蕞尔小国"打败,一时舆论哗然,全国愤然。1895年到1898年的三年改革运动,最后发展到1898年即戊戌之年的百日维新，就是作为对甲午惨败的民意回应汹涌而起。

可是中国人所受到的伤害并未到此为止。1900年由山东而河北的义和团运动，清廷开始是要剿而灭之，后来决定加以利用，将其作为对付洋人的工具，为自己的虚弱壮胆。这样一来，反而把事情闹大了，导致十一国外军打到京城，慈禧携光绪西逃，从山西而陕西。一年后才返回，签订了代价空前的《辛丑条约》。当时的中国日子已经过不下去了，不进行改革再没有出路，所以有立宪的拟议。滑稽的是把这样的大事叫作"准备立宪"。这里必须提到，1898年严复翻译的《天演论》出版，对中国思想界的冲击，如同思想的飓风。"物竞天择，优胜劣败。"知识人士仿佛一下子找到了中国病痛的根源。终于，在1905年，清廷宣布废止延续一千多年的科举考试制度，代之以新式学堂的建立。

与此同时，孙中山领导的革命也逐渐酝酿成熟，于是有1911年辛亥首义的成功。辛亥革命后，蔡元培出任教育总长，他提倡新式教育，反对读经。但他的好友、被蔡先生请来担任教育部秘书长的马一浮认为经不可废。由于主张不同，马一浮离开教育部，回到杭州，在陋巷里读书做学问。然而辛亥革命之后，政治越变越奇，不久有袁世凯称帝，张勋复辟，称帝不成，军阀混战。"五四"运动就是在这样的远因和近因交错的情况下发生的。走到前面的是青年学生，后面则是历经变乱开始觉醒的开明官吏、知识人士和广大群众。不过，大的历史事件的发生，总离不开站在潮头的扮演领袖角色的历史人物。

1917年年底，蔡元培就任北京大学校长，再次邀请他的学问渊博的浙江同乡马一浮担任文科学长，但马先生没有受邀，而是以"礼有来学，未闻往教"婉拒了。于是，蔡先生改请《新青年》

主编陈独秀担任文科学长，又聘请留洋回来的胡适之担任北大教授。陈、胡这两位新文化领军人物执教北大，立刻使北大成为新文化的摇篮。而且陈独秀又将《新青年》杂志由上海迁到了北京，有威望的现代大学和有影响的媒体配合，新文化运动便有声有色地展开了。

蔡元培的方针是思想自由，兼容并包，新派人物固然占据了北大讲台，旧派人物也可以自立门户。学生领袖、"五四"游行走在最前面的傅斯年办起了《新潮》，固守旧学问的刘师培等照样办《国故》，彼此争论，两军对垒，打得非常热闹。当时一个影响很大的事件是，1917年1月，胡适在《新青年》二卷五号发表《文学改良刍议》，提出"言文合一"，白话文学应成为"中国文学之正宗"；随后，陈独秀在同年二月的《新青年》二卷六号上发表《文学革命论》，加以呼应，提出文学革命的三大主义：一是推倒雕琢阿谀的贵族文学，建设平易抒情的国民文学；二是推倒陈腐铺张的古典文学，建设新鲜立诚的写实文学；三是推倒艰涩的山林文学，建设通俗的社会文学。胡、陈的文章被认为是"五四"文学革命的纲领。给予有力支援的是文字训诂学家钱玄同，他在《新青年》二卷六号发表回应胡适的《通信》，斥责骈俪对仗的文体为"桐城谬种"和"选学妖孽"。不久，钱玄同成为《新青年》的编辑，并和刘半农演双簧，搜辑各种反对文学革命的观点，化名王敬轩发表于《新青年》，然后由刘半农写万言长文《答王敬轩》，造成富有戏剧效果的文化辩难。而到1918年5月，《新青年》就改为用白话写作的刊物了。胡适的白话诗词，刘半农、李大钊、陈独秀的白话诗相继发表于《新青年》；特别是鲁迅《狂人日记》的发表，将白话文的声势引向高潮。

白话不可逆，文言不可废

那么，当"五四"新文化运动百年之后，今天我们应该如何看待和反思当时的白话文运动呢？白话文运动对不对？文言文要不要全部废止？我的看法，"五四"白话文运动是有其历史渊源的，当时站在这个潮流最前面的人，绝非等闲之辈。无法否认，"五四"那个时候，没有上过学的中国人是很多的，有阅读能力的在总人口中应该是一小部分。至于读懂文言的文本，对大多数人而言是不现实的事情。在这种历史背景下，提倡白话书写有助于文化知识的普及。何况在中国历史文化的流变过程中，很早就有白话书写的前例了。就文学创作而言，宋元话本已经比较容易阅读，而明代的白话小说更成为一种流行，有名的"三言二拍"，就是大家熟悉的冯梦龙的《喻世明言》《警世通言》《醒世恒言》，和凌濛初的《初刻拍案惊奇》《二刻拍案惊奇》，都是白话小说。大部头的文人创作长篇小说，明朝的《金瓶梅》和清代的《红楼梦》，更是白话文学的典范之作。其实宋儒的语录基本上很接近白话，清末发现的一些敦煌卷子，有一些也是用白话书写。而"五四"之前的戊戌维新前后，一些报刊文章明显向白话靠拢。特别是梁启超的"新民体"，介于文白之间，但感情充沛，可视为文言向白话的过渡时期的写作方式。那么"五四"白话文运动的发生，就不应该看作部分知识人的偶然情绪冲动了。但当时的潮流所向，导致要废止文言，就是文化偏颇而不一定可取了。

中国几千年的文本典籍，基本上是文言为载体，中华文化的思想含藏保存在各式文言的文本之中。无论是最早的六艺经典，还是先秦诸子，抑或两汉雄文，魏晋玄言，唐宋古文，以及诗骚、歌赋、乐府、唐诗、宋词、元曲，包括清末的同光体诗，文言写作功德彪炳，岂能随意抹掉？事实上，当时提倡白话的文化骁将，都有极好的文言根底，旧学积累更是丰厚。鲁迅就是一个典型，他诚然是提倡白话的急先锋，但他的文言文写得极合准的，早期的《科学史教篇》《文化偏至论》《摩罗诗力说》都是文言写就。《中国小说史略》基本上也是文言。他的白话可以说是典雅的白话，譬如《野草》《朝花夕拾》，和那些冷峻而又充满血热的学者杂文。所以典雅，就是由于有文言的成分在发用，许多近乎死了的文言在鲁迅的白话写作中获得了新生命。至于诗歌创作，鲁迅的旧体诗是有名的，他的好友、小说家郁达夫，也长于旧体诗的写作。更不要说那一时期的学者教授了。章太炎、康有为、梁启超、王国维、陈寅恪、萧公权、马一浮，哪一位不是传统诗词的行家里手，王国维认为他的词可以和宋人比个高下。

所以"五四"新文化运动有一个悖论，就是那些站在潮流前头提倡新文化的人士，几乎都是为传统文化所化之人。鲁迅说他是从旧垒中来，知道里面的底细，就是这个意思。譬如钱玄同，不仅主张白话，还提出过废除汉字，可谓反传统的最激进者。这里涉及新文化运动的另一桩公案，就是所谓汉字的拉丁化问题。不止钱玄同，谭嗣同、蔡元培、陈独秀、鲁迅、傅斯年、瞿秋白、吴玉章等，都有过类似主张。其实当民国初年，就有关于"国音统一"的动议，章太炎对拼音字母的编列就贡献过心智，现代语言学的翘楚赵元任更是不遗余力。而到三十年代，便有《中国拉丁化字母方案》，和蔡元培、鲁迅、郭沫若、茅盾等六百多人签署的《我们对于推行新文字的意见》的刊布。他们的良苦用心是，汉字必须改革，不改革中国就没有希望。1949年之后推行的力度更大，以至1958年汉语拼音文字方案正式公布，国家语文委员会办起了《汉语拼音报》。当时我还在高中读书，看到《汉语拼音报》，我和我的老师都知道自己变成文盲了。今天反思"五四"以来的百年文化变迁，很容易惊异当时名满天下的新文化潮流的弄潮儿，何以走到如此偏颇的地步。汉字是中国文化的基本载体，汉字没有了，我们的固有文化何处安存？我们几千年的文化传统如何承传？在这些问题上，不能不说"五四"先贤因操之过急而违背了历史不能割断的文化规约。

但他们的用心是好的，他们想尽快改变现状，摆脱近代以来国力积贫积弱和被动挨打的局面。经济实力、军事实力、生活方式的落后固然，但所有这些落后的背后，是文化的落后。所以他们向中国固有文化开刀了，而且方便地找到了汉字这个"替罪"的羔羊。他们勇猛地不顾一切地冲向传统的网罗。鲁迅说："我们目下的当务之急是：一要生存，二要温饱，三要发展。苟有阻碍这前途者，无论是古是今，是人是鬼，是《三坟》《五典》，百宋千元，天球河图，金人玉佛，祖传丸散，秘制膏丹，全都踏倒他。"（鲁迅《华盖集·忽然想到》）"五四"新文化运动的决心和气势的确为已往所无，当时有人以"五四"狂飙称之，可谓若合符契。可他们又是一批有成就的旧学修养深厚的学者和文学家，他们的"反传统"是理性地检讨传统的各个方面，目的是找病因，救治病痛。为此，他们已经到了饥不择食、无所不用其极的地步了。连陈独秀都说这种"用石条压驼背的医法"（《本志罪难之答辩书》，载《新青年》六卷一号）并不可取。

所以，当钱玄同等"五四"先驱遭到社会诟病的时候，蔡元培站出来说话了，这就是1919年3月18日刊载在《公言报》上的有名的《答林琴南书》。针对林纾提出的"非读破万卷，不能为古文，亦并不能为白话"之说，蔡先生回答道："北京大学教员中，善作白话文者，为胡适之、钱玄同、周启孟诸君。公何以证知为非博极群书，非能作古文，而仅以白话文藏拙者？胡君家世汉学，其旧作古文，虽不多见，然即其所作《中国哲学史大纲》言之，其了解古书之眼光，不让清代乾嘉学者。钱君历作之文字学讲义、学术文通论，皆大雅之文言。周君所译之《域外小说》，则文笔之古奥，非浅学者所能解。然则公何宽于《水浒传》《红楼梦》之作者，而苛于同时之胡、钱、周诸君耶？"其为新文化领军人物和前驱人物胡适、钱玄同、周作人所做之辩护，可谓爱屋及乌，曲尽其情。

如今是非经久而论定，重新回思新文化运动的历史环境和发展过程，我们是否也会对当时那些文化前辈采取了解之同情的态度，在不讳言其思想不无偏颇的同时，也理所当然地感到其心可嘉、其情可悯呢？平心而论，当时的新派人物，思想有新也有旧，而旧派人物的思想有旧也有新。就个人德品修为而言，包括蔡元培、胡适之、钱玄同在内的许多贤者，无论衡之以新道德标准还是衡之以旧道德标准，几乎鲜有瑕疵，他们不愧为时代的文化典范。

当"五四"百年之际，我们反思新文化背景下的文言与白话问题，可以用两句话来概括：一是白话不可逆，二是文言不可废。在这个问题上不能走极端。前些时看到几位研究古典的人倡议文言写作，其实，那个倡议用的文言就有很多不通的地方。文本书写的主流必然还是白话的时代，白话照样能写出好文章，写出好的语体诗。新诗的成就不应低估，出了许多第一流的诗人。写古体诗当然可以，问题在于是否修炼到可以写好的地步。当代写古体诗的，真正写好的屈指可数。近年，我提出在小学、中学、大学一二年级开设国学课,其中就包括中学开始适当增加文言文的写作练习,冀图将来的文化人和知识人,或深或浅多少都能写一点文言,以备不时之需。文言有一种特殊的文本庄严,最能体现"临文以敬"的古训。

  正如马一浮先生所说,立言为文,不仅在说理,还要达礼。达礼就需要临文以敬。早在抗战时期,马先生就对国家复兴后的文体问题,抱有极大的期待,提出:"飞书走檄用枚皋,高文典册用相如,中土如有复兴之日,必不安于鄙倍。但将来制诰之文,必须原本经术,方可润色鸿业,此尤须深于诗书始得。"(马一浮《示王子游》,《马一浮集》第一册,第667页)"鄙倍"一语,是曾子的话,他将"出辞气,斯远鄙倍"(《论语·泰伯》)视为君子的一项可贵之道。意即发为言说,应该顺理成章,而忌讳有鄙恶倍戾之言入于辞章。特别是一些特殊的礼仪场合,关乎贺祝、赞颂、碑铭、哀吊、祭奠等文事,以及国家的重要文告,适当使用文言可以让文本典雅蕴藉而又肃穆庄重,其效果远非通常的白话所能比并,则文言又岂可全废哉!

原载 2019 年 8 月 7 日《中华读书报》

我们该怎样向大师致敬

——《解放周末》对话刘梦溪

一日痛失季羡林、任继愈两位学术泰斗,让我们的文化天空更添寂寥。

近来,追怀与省思汹涌不绝。更有来自网民的"中国从此再无大师"的感叹,叩击社会的文化情怀。

究竟,大师于我们的意义何在?我们该怎样向大师致敬?而"从此无大师"的背后,又隐含着这个时代关于精神、道德和人文情怀的怎样一种贫瘠与苍凉?为此,《解放周末》独家专访了中国文化研究所所长刘梦溪教授。

我们称他们为大师,不仅是专业成就独树一帜,而且因为他们有大智慧。

《解放周末》:这段时间以来,人们沉浸在一种追思与感喟中,追思两位同日辞世的大师季羡林、任继愈,感喟大师不再的时代苍凉。作为一名文化研究者,您最初知道二老故去的消息时,刹那之间是何感受?

刘梦溪:那天上午,我正在湖南参加两岸论坛,坐在我身边的张颐武教授给我看一条刚收到的短信,是季先生逝世的消息。当时我十分惊愕。今年3月我还带着季老喜爱的比利时巧克力和德国鲜奶酪去探望过他,没想到竟成诀别。我很长时间说不出话来。到了下午,又有朋友告诉我,任继愈先生也过世了,比季先生早走了4个多小时。虽然两位先生都是望百之年,但当时心里仍然有难以言传的感受。

《解放周末》:尤其在一个大师紧缺的时代。

刘梦溪:是的,大师很少,所以备感惋惜。而对他们最好的追思,我以为还是设法传承两位先生的学术精神和他们的德范。

《解放周末》:近年来,您对中国近现代知识分子群体做过不少观察与思考,研究的个案不乏大师级学者。在您看来,要有怎样的学识、精神、品格才堪称"大师"?

刘梦溪:大师是一个比较模糊的概念,比喻性的概念,是对那些在某些领域做出令人景仰的杰出贡献的专业人士的一种赞美语词。英国哲学家卡莱尔在总结人类历史上不同时代的大师之后,得出一段结论性的话:他们是人类的领袖,是传奇式的人物,是芸芸众生踵武前贤、竭力仿效的典范和楷模,他们是有益的伙伴,是自身有生命的光源,他们令人敬仰,挨近他们便是幸福和快乐。

相比之下,我们一些被称作大师的人物,内涵似乎略显单调而平面。原因是一个时期"大师"的帽子满天飞,成了一顶任意摘戴的高帽。而如今,人们又谈"大师"色变,"大师"几乎成了并不荣耀的称号。在艺术和技艺领域，把一些独到的绝活绝艺称为大师之作，是有理由的。人文学术领域荣此称号，要求则比较严格。流行与时尚，与学术大师无缘。但季、任两位先生在各自领域的建树都当之无愧堪称大师。

《解放周末》：他们的无愧之处，正是后人应当深深记忆并传承的。

刘梦溪：学术功底深厚是必然的。任先生是科班出身，家学甚好，为人为学极为严谨，一丝不苟。他立言正，言必中，德行谨饬。他的《老子新译》是一部很重要的著作。由他主编、把关同时也参与写作的许多大的课题，如哲学史、佛教史、道教史等，影响深远，功德无量。任先生做的绝不是"挂名主编"。季先生我更熟悉一些，他的风范与任先生不同。他非常朴实、本分、本色，可他学问达致的深度为侪辈远远不及，且横跨诸多学术领域。比如吐火罗文，中国再没有第二个人，全世界也没有几人能懂，已是绝学。季先生勤奋惊人，在住进北京301医院以前，他几十年如一日，每天都去图书馆看书、查资料。他手里没有不可用的资料，平凡与不平凡的经历和经验，都能够成为写作的素材。所以他能写出《牛棚杂忆》。

《解放周末》：学问之外，两位先生的治学态度更令人钦佩，这也是他们的学术力量之所在吧。

刘梦溪：学术大家的魅力是多方面的，为学的坚韧性、思想的正当性、胸怀的包容性和人格的高尚性,往往并存于一身。我们称他们为大师,不仅是专业成就独树一帜,而且因为他们有大胸怀、大智慧。有大智慧的人,德范必定也可圈可点。

《解放周末》:学问的深处,是做人的高度。

刘梦溪:是的,中国本来有做学问和做人相统一的传统。

《解放周末》:正如人们对季先生的一个评价:最艰难时也不丢掉良知。

刘梦溪:他从不忘师恩。人家批判陈寅恪,他一直保持沉默。他的许多文化随笔,问题意识很强,有批判精神。他最后几十年,与社会的公正和学术的良知始终保持心理和思想的联系。

学术和心术有关,做学问不要骗自己,不要骗读者,做到这一步,是有德,否则就是缺德。

《解放周末》:您曾断言,中国在近一二十年里人文学术出不了大师级人物。汉学家让-吕克·多梅纳克曾发问,是什么让中国与自身脱离。而我们想问的是,是什么让我们这个时代与大师脱离?

刘梦溪:大师级人物是大时代的产物,需要长期的文化积累。文化积累加上时代思潮的刺激,是大师产生的适宜土壤。二十世纪前半期，历史转型，思潮激荡，古今中西重新开始对话，一批学富五车、心系家国的学术精英群体活跃在中华大地。严复、蔡元培、章太炎、梁启超、王国维、陈寅恪、马一浮、熊十力、钱穆、张舜徽、钱锺书等，可以列出一长串名字。季、任两位先生已经是晚一些的风流余绪了。

《解放周末》：是因为土壤变了质？

刘梦溪：的确，学术土壤发生了很大的变化。陈寅恪先生一生追求"独立之精神、自由之思想"，他曾经说过，学说有无错误，这是可以商量的，个人之间的观点交锋，不必芥蒂，但独立精神和自由意志是必须争的。然而，如今"独立之精神、自由之思想"这一"五四"新文化运动的精髓已非常淡化了，要重建这种文化精神不是一时能够做到的。

《解放周末》：例如学术上的"犬儒主义"，不敢把自己的真思想讲出来，唯恐得罪什么人。

刘梦溪：学术研究，如果不把真正的问题讲出来，看别人的脸色行事，是做不成学问、搞不好研究的。只有保持学术独立，学者人格才会立起来。关键是学术要远离"商场"和"官场"。

《解放周末》：真正的大师都是以自己独特的思想立身。

刘梦溪：学术的诚信基础也在于此。季先生讲过，学术和心术有关，做学问不要骗自己，不要骗读者。做到这一步，是有德，否则就是缺德。

《解放周末》：现在学术也在追逐眼球与喧闹，出现了学术娱乐化、学者明星化的现象，学术腐败也屡见不鲜，而甘坐冷板凳的学者却越来越稀缺。

刘梦溪：现象后面是市场化对学术的浸染。经济应该市场化，社会却不能市场化，学术尤其不能市场化。"把大学推向市场"是再愚蠢不过的主张。学者市场化则是学者人格的异化。事实上，学术是不允许有特权的，做学问的人一定要遵守学术纪律，这是治学的通则。

学术归根结底是靠材料讲话，靠真理吃饭。学术本身应该成为学术的目的。王国维、陈寅恪大声疾呼的就是这一点。当年，陈寅恪给北大历史系学生的赠诗："天赋愚儒自圣狂，读书不肯为人忙。"说的也是这层意思。人文学术不能过分强调实用。强调实用就难免功利化，从而忽略了为学术而学术的真理性和神圣性。季先生说，"学问不问有用无用，只问精不精"，大哉斯言！

更主要是文化信仰不能动摇

《解放周末》：学术失范可以说是近年来社会功利化的一种表现，那么，缺少出色的学术成果，很少有大著述，和传统文化的断层，和国学根底，是不是也有一定关联呢？

刘梦溪：这是至关重要的问题。我多次讲过，二十世纪的大师级人物得天独厚地具备两方面的根底，一是传统文化和国学的根底，一是西学的根底。国学根底，我们后来者不容易赶上了。西学根底，宋儒和清儒不具备这个条件。所以我说那是乾嘉之后中国学术的又一个高峰期。当然，有高潮就有低潮，学术流变的路漫长而崎岖。

《解放周末》：传统的丢失，会带来心灵的迷失。

刘梦溪：会产生文化失重。当时的学人，由于传统文化和国学根底深厚，无论走遍几洲几洋，文化的根性都不改变，文化的自信力永不丧失。你看王国维、陈寅恪，穿着服饰绝不跟着时代潮流走。辜鸿铭就不用说了。当然更主要是思想信念和文化信仰不动摇。"天而未厌中国也，必不亡其学术，天不欲亡中国之学术，则与学术所寄之人，必因而笃之。"王国维的话，是何等信仰，何等力量。

《解放周末》：是否和学术体制也有一定关系？

刘梦溪：有的。现在大学、专业研究机构为了追求学术指标的"量化"，忙得不可开交。一年不知要填写多少数据表格。也许这对自然科学是必不可少的举措，但人文学术这样做，我颇表怀疑。数量其实并不是学术价值的基础指标。黄侃去世之前没有留下多少著作，但没有人怀疑他是章太炎之后无可争议的国学大师。

《解放周末》：对啦,您对国学大师的界定似乎比较严格,季羡林先生也未见您以国学大师相称。

刘梦溪：国学的概念炒得太滥,什么都成国学了。什么都成国学,就没有了国学。我比较倾向马一浮的国学是"六艺之学"的定义。这个定义的好处是直接可以和教育结合起来。不过,即使认为国学是中国固有学术,其根基主要还是经学和小学。季先生的学问属于二十世纪世界东方学这一块,是大师,但不一定称作"国学大师"。他几年前已经公开辞去,何必再强加给他。

还有全面的国家课题制,也不利于学术的发展。特别大的项目,集体制、国家制在所难免。但基本的学术方式,还应该以学者个人著述为主。个人著述能产生思想,产生有深度的著作,而且有学术个性。集体著述,往往是各种思想的妥协。

不能用商业目的来衡量一切,世俗化和商业化是学术的大敌。"国学"的商业化势必极大地损害"国学"。

《解放周末》：您到底怎样看目前的传统文化热和"国学热"?这些"热"的出现有合理的原因吗?

刘梦溪：长期的文化断层,长时间提倡和传统彻底决裂,使自己的文化传统大面积流失。金耀基先生讲的,中国文化的命运是"二十年代不想看,八十年代看不见",我认为是对文化传承状况的真实描述。改革开放以来,随着经济的腾飞,文化传统的重建受到一定程度的重视。这样的背景之下,传统文化热、国学热的出现，有其合理性。这是一种复苏与回归，就像人们开始崇敬学术泰斗、渴望国学大师，在大师离去时，全社会都寄予哀思。这种对文化的温情与亲近很可珍贵，可以看作一次新的文化意识的觉醒。

《解放周末》：有人说现在的"国学热"是虚热，您的看法呢？

刘梦溪：有虚也有实。"实"，是说很多地方做了不少实事。"虚"，是炒得太过厉害。对一种学问来说，无论"虚热"还是"实热"，都未必是好事。当年的"鲁迅热""红学热"如何？大家都看到了。说开来，学术研究不需要动员群众，真正的学问，不需要也不可能热，如同钱锺书先生所说，"朝市之显学，必成俗学"。在种种"热"的背后，难免泥沙俱下，鱼目混珠，真假莫辨。

《解放周末》：比如说？

刘梦溪：真古董没了，假古董出来了。学术书籍装帧设计越来越好看了，内容却单薄了。很多题目很好，完成得却马虎了。一个问题热起来，不管有没有研究，大家一窝蜂似的拥在一起，比赛着对自己不懂的问题发表言论。如此下去，学术必然在一阵一阵的"热"中走向浮躁。甚至哪一个问题是谁最先发现的，谁最早提出了什么问题，最后连提出问题的人自己也装在闷葫芦里了。

《解放周末》：文化赝品纷纷登场，对真正的学术，对传承文化记忆的载体是一种伤害。

刘梦溪：当然，我们不能用商业目的来衡量一切，世俗化和商业化是学术的大敌。"国学"如果走向商业化，势必极大地伤害"国学"。当然这些年的学术进展也是很明显的。古籍整理的成绩最大，许多有价值的典籍都重新出版了。一批有实力的青年学者活跃于学术舞台。只不过风气所至，"君子爱财，取之有道"的古训，即使严谨的学者也无以辞避。而"取之无道"者，是不是也并非绝无仅有的孤立存在？我不知矣，我不知矣。

《解放周末》：对大师心存礼敬也许是矫正学术风气的一种途径。

刘梦溪：所谓大师，其实是一种文化典范。许多历史文化的遗存物，比如一樽青铜器，一组编钟，一座古建筑，一个古村落，或者一种礼仪形式，它们本身就是历史遗留下来的具体文化典范，里面藏有本民族文化传统的一系列密码。现代人和这些文化典范之间建立某种对话与沟通的机制，是文化信息和文化精神传递的必要途径。学术大师作为一个时期的文化典范，身上也藏有普通人不具备的文化密码。

《解放周末》：这也就是为什么无论在哪个国家，中小学生都会时常被带去博物馆、美术馆，去瞻仰、参观，实际上就是要与文化典范建立起接触、对话的桥梁。

刘梦溪：成年人也不例外。文化典范对文化的传承与濡化有直接作用。人们在享受现代化带来的种种便利时，应该身上有文化，胸怀虔敬心，而不是一味地以经济指标来换算一切。

《解放周末》：文化遗存有一部分是文化的物化载体，保护物质的东西再难也是容易，更难的是文化精神的传承。

刘梦溪：对。因为物化的东西可触可看，而文化精神，则是看不见，摸不着的，需要靠文化所寄之人，特别是大师级的学者来薪火相传。深邃的学术思想是文化的最高形态，杰出的大学者是学术的"所寄之人"，是国家的荣誉，是"邦家之光"。所以，一个文明的国度，一个重视文化的国家，必然重视学术，尊礼大儒。

当下恶搞泛滥，学术讨论夹杂辱骂与炫吓。纯洁与庄严，成了一个不被人接受的陌生名词。长远改变之道，应从教育入手。

《解放周末》：可我们正面临，能够代表"邦家之光"的学术大家越来越少了，可以带领我们与历史上那些文化典范进行交流的人，越来越难于寻觅了。

刘梦溪：这确实是我们面临的最为迫切的问题。症结主要在教育上。历来文化传承主要有三个渠道——家族、学校和宗教。晚清民国以来传统的家族解体了，这一传承渠道基本上行不通了。而宗教传承在中国一直居于非主流位置。这样，只剩下学校一个渠道了。但传统的书院向现代教育体制转变，遗漏了传道的内容。

现代学校从事的主要是知识教育，教师只教书，不再育人。然而，道之不传，何以为教？这会极大地影响人文学者的境界。在中国传统教育理念中，传道是最重要的一环。韩愈说："师者，所以传道、授业、解惑也。"传道放在第一位。

《解放周末》：所谓道，其实蕴含了许多中国传统文化的基本价值。道的不传，也许意味着价值观的模糊与偏失。

刘梦溪：说得很对。古人讲读书明理，明理也就是明道。现在读书不明理的人，所在多多。理在哪里？人的本身就具有，只不过尚处在初昧状态，需要天下之大道、天地之至理来接引。马一浮认为，"六艺之道"就是中国文化最高的义理。所以金耀基先生看到我主张中小学教育中应设有国学的课程，以"六艺"为主要内容，而以《论语》和《孟子》开其端，他说这是在现代知识教育体系中，补充了价值教育的内容。

《解放周末》：教育的缺失，必然引发文化的缺失。该如何改变呢？

刘梦溪：反过来也成立，文化的缺失，也导致教育的缺失。文本经典的阅读，我以为是比较有效的一个途径。阅读可以变化气质，从而转移社会风气。还有中学和大学应该设立"修身"方面的课程。政治化的教材代替不了学子生命个体的修为。《中庸》里说："修道之谓教""修身则道立"。《中庸》还说："好学近乎知，力行近乎仁，知耻近乎勇。知斯三者，则知所以修身。"等于给我们揭明了修身的直接目标和具体途径。好学、力行、知耻，应该成为我国国民的公德和共德。

《解放周末》： 文化传统的重建是一个漫长的过程，同样，涵养一位大师也需要健康、文明的社会大环境。尽管，大师辈出的年代已经远去，但是我们依然应该向大师致敬，用温情与敬意对待我们的文化传统。

刘梦溪： 在中国传统文化中，我最重视的一个理念是"敬"。孔、孟都讲敬，宋儒更大讲特讲，提出了"主敬"的概念。"敬"不只是对他者而言，主要是一种内心的庄严。敬和诚相连接，无诚则不敬，不敬也就没有诚。按《说文》，诚和信互训。孝的内涵主要是敬。礼仪的内核也是敬。无敬不成礼。所以孔子说："为礼不敬，临丧不哀，吾何以观之哉？"我认为，"敬"是一个带有终极关怀意味的范畴。

《解放周末》： 可惜的是，当下有多少失礼失敬的事情存在。

刘梦溪： 是的，像季先生这样少有的德高望重之人，在人生的尽头居然也会被一些细琐的芜杂所纷扰，这在一个文化生态健康的社会里是不应该发生的。又比如当下恶搞泛滥，学术讨论夹杂辱骂与炫吓，一旦有一个学术或其他领域的先进出现，都伴随着无止无休的无谓纠缠。纯洁与庄严，已经成为不被人接受的陌生的语词。

《解放周末》：这样的失礼不敬很可怕，它会丧失文化的最基本的庄严感。

刘梦溪：六十多年前，郁达夫在《怀鲁迅》这篇短文中说过："没有伟大的人物出现的民族，是世界上最可怜的生物之群；有了伟大人物而不知拥护、爱戴、崇仰的国家，是没有希望的奴隶之邦。"一个失去礼敬和敬畏的国家，是没有希望的国家。我想，我们对大师最好的纪念，是需要念懂孔子的话："执事敬""修己以敬""行笃敬"。学会了"敬"，我们的文化传统的重建工作就找到了连接古今的精神桥梁。

原载 2009 年 8 月 7 日《解放日报》之"解放周末"，记者吕林荫采写，高慎盈、黄玮、尹欣总策划，文字经作者校核定稿

《中国现代学术要略》恳谈会在自宅举行
自左至右：梁治平、雷颐、李慎之、戴逸、汤一介、李泽厚

李泽厚与庞朴在恳谈会上对谈

刘梦溪、陈祖芬邀集京城友人举办金秋有约

顺序为：严家炎、卢晓蓉、董秀玉、乐黛云、刘梦溪、王蒙、崔瑞芳、汤一介、沈昌文、马文君、李泽厚、孙小礼、龚育之

祖芬为金秋有约的好友分礼物

王蒙在金秋有约时兴高采烈，中为季羡林先生

李泽厚、马文君夫妇乐开了花,因为他们抓到了最喜欢的礼物

《中国文化》上海座谈会1991年9月11日在东湖宾馆举行,王元化在发言,左为章培恒、右为余秋雨、赵昌平

上海座谈会全景

沪上文史学者：谭其骧、顾廷龙、蔡尚思、苏渊雷、冯契、贾植芳、王元化、钱伯城、王运熙、章培恒、朱维铮、汤志钧、唐振常、黄裳、邓云乡、余秋雨、孙逊、赵昌平、王小盾等出席

中国文化研究所的一次所聚（2011年5月9日）

中国文化研究所暨《中国文化》杂志成立二十周年戊子岁尾雅集会场

刘梦溪陪同何兆武(左一)、张岱年(左二)、钟敬文(左三)在戊子岁尾雅集上

作者夫妇与白先勇在京相聚,左为台北"中研院"文哲所研究员华玮

《世界文学》创刊座谈会于1998年5月30日端午节举行,钟敬文、季羡林、张岱年、庞朴、何兆武、龚育之等学者在座谈会上

《世界文学》创刊座谈会全体合景

在哈佛大学与史华慈教授访谈对话,谈到高兴时他举起了双手

与哈佛大学费正清东亚中心主任傅高义教授在北京会面

中国艺术研究院艺术与人文高等研究院成立于2017年，此为第一次圆桌会议情形
正面自左至右为刘梦溪、王石、章新胜、林祥雄、王学典、余世存，背影自左至右为梁治平、陈越光、陈嘉映、任剑涛

红楼首聚：作者陪同茅盾走入会场

第八章　寻芳草

"竹柏春深护讲筵"

——白鹿洞书院访学记

一

我国现代教育体制，在文化传承方面有一项重大的遗漏，就是没有保留传统的书院教育体系。传统的书院不仅传授知识，而且"传道"，甚至"传道"是更主要的。现代的大学却基本变成了知识的生产和消费的工厂，教师只教书，不再育人。辩者或曰西方即如是，不是也很好吗？殊不知西方并非不传道，只是另有途径罢了。西方的教会就是他们专门传道的场所，宗教和教育分别扮演不同的角色。

唐代韩愈作《原道》，发"道断"之叹。他说自亚圣孟子之后，"道"已滞而不传。然则所滞者何"道"？既不是佛之"道"，也不是老之道、庄之道。老庄之道，在于个体生命的涵化，无须也不能够通过社会来承传。儒家思想所规范的不只是生命个体的人，更主要的是"推己及人"，"道"之相传也必须借助家庭与社会的网络。所以韩愈说："吾所谓道也，非向所谓老与佛之道也。尧以是传之舜，舜以是传之禹，禹以是传之汤，汤以是传之文武周公，文武周公传之孔子，孔子传之孟轲，轲之死，不得其传焉。"

韩愈排击的目标是佛老二氏，而所"原"之"道"，则是孔孟先儒的仁义道德之道，也就是修齐治平之道、内圣外王之道，或率性之谓道。但韩愈如果生在宋代，他的这一担心就是多余的了。宋代周敦颐、张载、程颢、程颐和朱熹、陆九渊诸大儒出，以赓续先儒之道为己任，又斟酌吸纳佛、道二氏之学说，成为不同于先秦两汉儒学的"新儒学"，而以朱熹为集大成者。

二

宋儒最常见的活动方式是聚徒讲学，而讲学需要场所，书院由是兴焉。

实际上，唐代已有类似书院的组织，只不过不叫书院，以藏书和文人士子的研修为主，颇似佛教的禅林。白鹿洞书院最初就是唐贞元间李渤的隐居读书处，因养一白鹿而得名。李自己也就成了"白鹿先生"。李渤字澹之，河南洛阳人，唐穆宗时召为考功员外郎，历任虔州、江州刺史等职，性率直，为权臣所忌。公元826年江州刺史任上，为白鹿洞修建亭榭房舍，补植花草树木，使知道此洞风光的人日益增多。至南唐始立学馆，称作"庐山国学"，洞主为国子监九经李善道，专事藏书讲学，生徒多至百人之众。但不久五代时期的变乱来临，"庐山国学"无以为继。

北宋初始有振刷，太宗赵光义于太平兴国二年（977），诏令将国子监刻印的《诗》《书》《易》和"三礼"（《周礼》《仪礼》《礼记》）、"三传"（《左传》《公羊传》《穀梁传》）、"九经"颁赐给书院，使白鹿洞成为宋初四大书院（余为登封嵩阳、长沙岳麓、商丘应天）之首。但未及兴旺，便于宋仁宗皇祐六年（1054）毁于兵火之灾，而且书院之名当时尚未完全固定，有时仍叫白鹿洞学馆或学堂。

真正建成遐迩闻名的书院是在南宋，主要是朱熹的功劳至伟。

三

南宋淳熙六年，即公元1179年，朱熹屡辞不获而知南康军事。白鹿洞就在南康军治下的星子县界。朱熹三月三十日到任，十月十五日下元节来到白鹿洞故址，"见其山川环合，草木修润"，但昔日"闲燕讲学之区"，如今已是"荒凉废坏，无复栋宇"。而同是此地此山的佛、道二氏的祠宫，虽经损坏，但很快就能修缮，独儒馆"莽为荆榛"。他对此颇感不平。于是先给本军即南康军郡，再给尚书省和尚书礼部，又给尚书本人，统统打了"乞修白鹿洞书院"的报告。苦口婆心，陈词剀切，内容亦不免重复。在给尚书的报告（札子）里，还提出由自己充任洞主的请求。结果所有这些"上峰高管"，根本未理会朱熹的苦心，甚至"朝野喧传，相与讥笑，以为怪事"，成为世人的笑柄。

可知办书院之难，不独今日，不独抗战时期的马一浮先生，千年前的宋朝，即便是名可惊座的大儒朱熹亦复如是。

所幸朱熹打报告的时候，已着手草创，至次年三月粗毕其功，房舍建有二十余楹，招得生徒十有余人，三月十八日释菜开讲，朱子登堂，宣讲《中庸首章或问》。所赋诗则云："重营旧馆喜初成，要共群贤听鹿鸣。三爵何妨奠萍藻，一编讵敢议明诚。深源定自闲中得，妙用原从乐处生。莫问无穷庵外事，此心聊与此山盟。"并为书院订立学规，书之屋楣。特别征集图书一项，朱熹费尽了心力，连结识未久的陆游，也成为求书的对象。为使书院立于合法的地位，还上书孝宗皇帝乞赐敕额及"九经"注疏，但石沉大海。淳熙八年，朱熹已离开南康，改任浙东提举，趁方允奏事的机会再申前请："今乃废而不举，使其有屋庐而无敕额，有生徒而无赐书，流俗所轻，废坏无日，此臣所以大惧而不能安也。"这一次，孝宗皇帝经过"委屈访问"之后才勉强准奏。

因为当时朝廷里诋毁二程之学的声浪甚嚣尘上，秘书郎赵彦中曾直接攻讦洛学为"饰怪惊愚，外假诚敬之名，内济虚伪之实"。可以想见，朱子的处境何等艰难。而当其知南康军之时，已经因多次"极论时事"而冒犯天威，若不是巧于周旋的廷臣赵雄婉为回护，孝宗就要下令惩处他了。赵雄的理由颇平淡："熹狂生，词穷理短，罪之适成其名。若天涵地育，置而不问可也。"亦即像朱子这样的大儒，越加害于他，他的名气会越大，莫如"置而不问"。细想此法实在是上上策。但前提是还须懂得"天涵地育"四字的深刻义涵。此种时候，朱熹还念念不忘他的白鹿洞书院，上面能不拖着不予理会吗？

不过，朱熹还是为白鹿洞书院的终于建成而高兴。

更让他高兴的是，淳熙八年春二月，他所尊敬的学问诤友陆九渊来了，乃请升白鹿洞书院讲席。子静（陆九渊字子静）于是以"君子喻于义，小人喻于利"为题，讲得举座动容，以至于有流涕而泣者。时在二月十日，天尚微冷，朱子已经因出汗而挥扇了。讲后朱熹致辞说："熹当与诸生共守之，以无忘陆先生之训。"他们五年前在铅山曾有鹅湖之会，就理学和心学的取向问题展开辩论。朱陆有异同，但彼此无心结。鹅湖之会反而增加了他们的友谊。不幸的是，陆九渊的兄长陆九龄（字子寿）忽于淳熙七年九月二十九日病逝。陆九渊到南康，就为的是向朱熹请其兄的墓志铭。

后来朱子请子静把所讲内容笔之于书，作为文献保存在书院，以励后学。南宋宁宗嘉定十年（1217），已经是史家所谓"更化"之后，朱熹的儿子朱在以大理寺正的身份知南康军，"扬休命，成先志"，使白鹿洞书院达到全盛期。朱熹的门人黄榦在《南康军新修白鹿书院记》中写道："榦顷从先生游，及观书院之始，后三十有八年，复睹书院之成。既悲往哲之不复见，又喜贤侯之善继其志。"这显然是说，白鹿洞书院因朱子而始建基，而由其子最后完成，时距朱子之逝已十有七年矣。

四

元明清三代白鹿洞书院的命运，更是在屡兴屡废和时放时禁的文化颠簸中度过的。

元代虽然是非汉族政权，但政治控制相对较为松散，所以白鹿洞书院在元代曾有所发展。元初一度遭遇不慎之火，旋即重建，但元末又毁于兵灾。明朝定都南京的前两年，即元至正二十六年（1366），文学家王祎来到白鹿洞，看到的景象是"树生瓦砾间"，只余"濯缨""枕流"两石桥耳。此时距"书院毁已十五年"。又过了七十二年，已经是明朝的正统三年（1438），一位叫翟溥福的广东东莞人被任命为南康军的郡守，对"前贤讲学之所，乃废弛若是"深表惋叹，于是带头捐出俸禄，动员同僚，多方集资，加以重修。二十七年后的明成化元年（1465），江西提学李龄会同南康知府何睿，再次补修重建。此后弘治十年（1497）、十四年

(1501)又有两次修缮增扩。

明代的白鹿洞书院不仅恢复了南宋的旧观,而且建筑规模和相关设施均超过已往而臻于完善,学员人数也一度达到五百人之多。特别是正德、嘉靖年间,即公元1506年至1566年,是白鹿洞书院少有的持续一甲子的兴盛期。王阳明来过,在书院流连忘返,"徘徊久之"。王的弟子王畿来过。与王学分庭自立的湛学创主湛若水也带领弟子来过。而尤以李梦阳对书院的贡献为大,留下的诗文墨迹也最多。如今门楣上的"白鹿洞书院"五个刻石大字,就出自李的手笔。

但到了万历年间,大学士张居正出于党同伐异的需要,提出废除书院的主张,白鹿洞书院遭受重创。历来兴建书院的举措,莫过于购置田亩,以农林来养文教。张居正以"充边需"为名,责令各地书院悉卖其院田,等于釜底抽薪,切断资金来源。幸好此项政策持续得不算太久,至万历十年(1582)张逝去之后,院田得以陆续赎回。明天启二年(1622),南康府推官李应升主持洞事,书院又兴旺起来。但不久阉臣魏忠贤也有废毁书院之举。这时已经到了明亡的前夕。

清代虽未采取废除书院的措施,但控制言路远超已往。顺治九年(1652),明令"军民一切利病,不许生员上书陈言,如有一言建白,以违制论,黜革治罪"。同时下令:"不许别创书院,群聚结党,及号召地方游食之徒空谈废业。"康雍乾时期文字狱变本加厉,房舍建筑虽不无增补修缮,甚至还有赐书题额的鼓励措施,但书院的生气早已荡然。乾隆时不独山长,讲席和生员也须经过官府审核,有的甚至设督院,课程增添大量官课的内容,民学实际上办成了官学。嘉、道以后,白鹿洞书院日渐衰落,直至清末光绪二十七年（1901）明令废止，改书院为学堂。

辛亥过后，书院遗址又遭遇火灾，抗战时期复经日人百般蹂躏，参天古树惨遭砍伐，已经是再次由废而毁了。

五

回顾白鹿洞书院千余年的历史，诚如明朝的大学士李贤所说："此书院倾废之日多而兴起之日少。"五十年代风气所及，主流思想视传统为敝屣，人心趋之若鹜，大学院系尚且经过脱胎换骨的调整，况久废之书院乎。故我们今天看到的白鹿洞书院的一些建筑，大都是改革开放之初重新修缮或重建，形制规模较宋明固然不相属，功用亦不过为庐山景区增一旅游景点耳。

不过，现在的庐山管理部门聚集了一批以护持文化薪火为己任的有心人，他们自去年起，决意赓续书院的洙泗之风，延聘硕学，重开讲筵，欲使千年古洞再闻弦歌。但本人成为启动此盛举的第一个主讲人，却万万不曾想到。

说来都缘于庐山管理局第一担纲郑翔先生的文化理想。长期在庐山植物园工作的经历使他对天人合一有独特的感悟。阅尽沧桑的参天古树和陈封怀、胡先骕、秦仁昌三位植物园创始人的墓地，成为他每天趁着夕阳坐对忘年的格物对象。他隐约感到了宇宙的浩渺，自然的神秘，前贤的伟大，个体的微渺。当这种感悟和二十世纪的大史学家陈寅恪联系在一起的时候，他与一个多年致力于陈学研究的人产生了共鸣。他突发奇想，欲因人设事，请这位从来未尝谋面的人做庐山的文化顾问。

2007年的春天，包括管理局副局长在内的他的三位副手来到北京，登门致意敦请。我以和庐山渊源不深、资辈也浅等缘由，婉拒了他们的雅意。第二次又来，我又辞谢。最后郑翔先生带领他的班子成员一起来了，这是我们第一次晤面，主要谈陈寅恪和陈氏家族，不禁相见而喜。当要告辞的时候，副局长王迎春先生拿出一帧预先写好的聘我做文化顾问的正式聘书。我向郑翔先生陈说为什么不必如此的道理，他表示理解，但希望方便的时候能够去庐山，因此便有了2008年春天访学白鹿洞书院的庐山之行。

六

郑翔先生为此做了精心的安排。4月27日上午11时抵南昌，王迎春先生陪同驱车赴庐山景区。白鹿洞书院地处庐山五老峰南麓，四面山环树绕，景色清幽秀蔚，蜿蜒驶入，即有一组亭阁庭院式建筑掩映在参天古木之中。郑先生等管理局领导和书院院长已在等候，见我尚无倦意，遂先行观览书院建筑和历史遗存。目今主要建筑由礼圣殿、先贤书院、白鹿书院、紫阳书院和延宾馆五个院落组成。礼圣殿居书院建筑群的中心位置，前有棂星门，中间为礼圣门，最后面是始建于南宋尔后一再毁建交织的礼圣殿，现在殿里有孔子行教图和颜子、曾子、子思、孟子"四圣"的模刻。

先贤书院在礼圣殿西侧，两进院落，朱子祠和报功祠是院内主要建筑。礼圣殿东面的第一个院落，从前到后依次为门廊、御书阁、明伦堂和思贤台，如今统称此院落为白鹿书院。礼圣殿东面的第二个院落则是紫阳书院，标志性建筑为文会堂。最东边的院落是延宾馆，内分三级，第二级有一朱子铜雕坐像，香港孔教学院所赠。第三级上是可留宿宾客的春风楼，当晚我即住宿于此楼。

延宾馆前面有两层小洋房一栋，系辛亥前一年在书院原址建的林业学堂，现归九江学院使用。先贤书院左右两廊的碑刻为西碑廊，紫阳书院的碑刻为东碑廊，藏明清迄于民国的碑刻甚丰。紫阳书院文会堂前有周子敦颐的塑像，尤栩栩如生。在周朱像前，我良久驻足，思默悟空。

参观完书院的房舍胜迹，已是夕阳西下，我和郑翔先生简单回答了记者的几个问题，便到独对亭晚餐。独对亭在书院左前方的山下，与书院隔溪相望。溪名贯道溪，上有石桥曰枕流桥，因桥下有巨石，溪水从石上散漫流淌，故得名。当年朱子所书"枕流"二字，以手电照射，清晰可睹。席间，大家问起我初来白鹿洞的感受，我说已得"喜敬"二字。参观过程，我的内心纯是喜闻乐见的欢愉，而对前贤往圣，特别是朱子，则满载礼敬之怀。此刻之心情与郑翔先生悟对大自然和三老墓的宁静自得，应属情同此理，貌异心同。

第二天清晨，郑、王等又前来一起进早点，问可曾睡好。我说一夜无梦，欢愉不减。我斋名虽云无梦，平时睡眠却常有梦相伴，习以为常，不以为扰。但昨宿文化庐山，酣睡朱子故地，居然无梦，岂不异哉，岂不异哉。昔钱锺书先生有句云"夜来无梦过邯郸"，寓妄心褪净之意。今我无梦，则是人已置身梦中，梦与非梦，实不知耳。

演讲安排在第二天，即4月28日上午9时，地点在礼圣殿前面的院庭，人很多，除庐山管理局的公职人员，省社科院、九江学院等单位的人也来了，礼圣门内外坐满了听讲者。郑翔先生致开场辞，说明"庐山白鹿洞书院讲座"第一讲请今天这位讲者的因由。讲题是"国学与传统文化"，我主要对这两个概念做了学理分疏,并追溯其历史渊源流变以及在当下的意义。我讲到了中国文化的多元性和儒家因不是宗教所具有的包容。对先儒和宋儒何以视"敬"为社会人伦甚至生之为人的基本价值,我做了重点阐释。

我提出,"敬"既是道德伦理,又是中国人和中国社会普遍持久的人文指标,可以看作中国文化话语里面的具有永恒价值的道德理性。如果说在宗教与信仰层面,儒家思想尚留有一定空缺的话,那么"主敬"思想应是一种恰如其分的补充。"敬"虽然不是信仰本身,但它是中国文化背景下通向信仰的直接桥梁。讲后互动热烈,对"敬"可以使中国人的文化性格庄严起来的命题大家最感兴趣。其实我讲"敬",心里一直想着朱子,因为宋儒都"主敬"。

七

我本来提议由杜维明先生或者汤一介先生担任"庐山白鹿洞书院讲座"开坛的主讲嘉宾,辞不获请的结果,使我占了接受传统书院文化熏染的先机。但不敢称讲学,循名责实应该是访学才是,所以本文由古及今,先述书院历史。白鹿洞书院独得历史人文和山川灵秀佳气之胜,置身其地,道自存焉。

千年古洞,历尽兴废沧桑,益觉其文化蕴蓄深厚。单是东西两廊的碑刻墨迹和各处门庭廊柱的诸多联语,即可引领你通往参玄悟道之境。礼圣殿孔子像两侧的联语是:"庐山上释家几处,道家几处,二氏逃归,斯受之,庙貌赫临;书院中你讲一场,我讲一场,众言淆乱,折诸圣,宗门大启。"原为明朝的都御史周相所书,现在是河南大学石如灿的手笔。这是极有意思的一副对联。

明伦堂外廊柱的对联则云:"鹿豕与游,物我相忘之地;泉峰交映,仁智独得之天。"更可令参谒者脑际胸中无几多剩义。

更让我感叹的是,棂星门里泮斋的江西历代进士题名录显示,全国科举考试,历代进士的数量,江苏第一,浙江第二,江西第三。而状元最多的省份,则是江苏第一,江西第二,浙江第三。这是我从前不曾留意的。江浙多进士自然知晓,江西如是,前所未知,此可见历代江西人文之盛。

八

白鹿洞书院访学是我此行庐山的中心题旨,但不是经历的全部。4月28日下午到庐山植物园拜扫陈寅恪墓,4月29日往修水拜谒竹塅陈氏老屋,所感受的"忆往事,思来者"的精神沉淀,亦非身临其境所不能知也。明人吴国伦《重游白鹿洞》诗有句云:"烟霞自昔封丹洞,竹柏春深护讲筵。山意欲留曾住客,地灵应了再来缘。"此行我深深感到,今天担负起"护讲筵"使命的,已经不光是作为自然景观的节候与竹柏树木的山川之胜了,而是有斯人也,斯有斯事。然则文化之传承与兴衰,天耶?抑或人耶?

附白:承白鹿洞书院高峰院长惠赐平面图览,使本文所叙五院方位不致有误,谨深致谢忱。

原载 2009 年 8 月 9 日《文汇报》

"桃花得气美人中"

——虞山访柳如是墓

早就盼望到常熟访柳如是墓,终于有了合适的机缘。

南京师范大学文艺学博士点和博士后流动站,有我指导的学生,因外出访学及不恰当地生病,已一年多未履行职责了。今年春节后,沉疴渐起,转治为养,南师大文学院院长何永康教授邀为南行,给学生讲课,并商学科建设。4月9日抵南京,课业之余,安排了丰富的访古冶游活动。永康院长指示有关人士:刘老师大病初愈,一切安排以有利健康为前提。

江南四月天,正是好时光。抵宁的第二天,就去了扬州。虽然以前不止一次来过这隋朝的短命皇帝特殊喜爱的地方,包括六一居士的平山堂、史可法纪念馆,个园的竹趣、红桥和桥下之水,还有西园饭店的狮子头、富春茶社的五丁包子、马路边刚烤出来的椭圆形的黄桥烧饼,都曾领略过和品尝过,但这次对扬州人引以为骄傲的瘦西湖,也许是正值"烟花三月",而且在夕阳将落的晚晴光照的一刻,又有性情相投的游伴,却有了往昔不曾感受的新发现。那岸边初发乍垂的嫩黄渐绿的柳树的枝条,夹杂着红、粉、白三色相间的桃花,水中摇曳多姿恍若海市的倒影,以及它们联合变幻出来的清幽、淡远、宁静,真可以说是此景只应天上有了。因天色将晚，到后来整个湖面只剩下我们一条游船。行至一转弯处，只见夕阳晚照，透过花树，拱桥亭榭齐映水中，潜影天光，如临仙府。船上的人不觉忘形，大声欢叫："哎呀呀！乖乖！"忽然想到摄像留影，不料两架相机都被前面的景致吃饱。只好自我安慰，如此人间奇景，终生都不会忘记，何须人工机械地加以保留。

4月17日到上海以后，我向王元化先生谈起在扬州的感受，元化引为同调，叮嘱我到杭州见到唐玲女士（我们的共同友人），一定告诉她，切不可以为天下只有西湖好。原来这几年元化也迷上了瘦西湖，每逢春三月都到扬州小住。而当我遵嘱向唐玲转达元化的告语时，地点是刘庄国宾馆，房间的客厅延至西湖水面，窗外波光潋滟，绿柳拂烟，小舟独横，杂以动听的鸟语。这样"不恰当"的地理环境，我知道，说服唐玲可能是相当困难了。

西湖好，好在不避风雨，不择四季，不分日夜，只要游西湖，就有宜人处。而且雨西湖、雾西湖，比风和日丽的西湖还好看。难得的不是西湖的千种风姿，而是她的润物无声、沁人心脾的万般温柔。不过在杭州，我更钟情的是云栖竹径，每次来杭，都少不了光顾这里。如果来杭州而不到云栖，其失落怅惘懊悔，绝不是与所爱之人失之交臂能够比拟。

这次开始两周，我们的住地西湖花园在九溪十八涧和云栖之间，接待我们的屠露霞女士善解人意，使我每天都有机会去云栖漫步。5月9日，搬离西湖花园的头天下午，蒙蒙细雨中，还做了云栖告别游。我无法搜索清楚我眷恋云栖的理由。高标玉立、互比劲节而又不挤不妒的茂密竹林，还是遮蔽天日的千年香樟古树？当然，当然。不过也许更是那意想无边、深不见底、只能感知、无法言传，但闻溪水响、不知水来处的深幽奇静。云栖景氛，脱却说解传注的"清幽"二字，似可指代。如果让我模仿白居易，也来填一首《忆江南》，开头两句我会改为："杭州忆，最忆是云栖。"

"上有天堂，下有苏杭。"历史上的苏州，特别是晚明至清中叶，一定是异常繁盛的吧，否则《红楼梦》的作者不会称当时的姑苏即现在的苏州，"最是红尘中一二等富贵风流之地"。直到清末民国时期，苏州的物华天宝，文采风流，仍闻名遐迩。苏州的特点，倒不一定完全锁定那些园林，而是有一股可闻可嗅只有苏州才有的江南城市的特殊味道。我个人并不特别钟情苏州，原因是它有一点太过于小巧，整个城市的建构如同一个盆景。世人称奇的园林建筑，我也嫌它的构意过于费心智。设计者们的巧思，比如特别讲究的回、曲、隔、断、藏、露、明、暗一类审美变化，如果明白了底数，便不觉得有多少神秘了。站在无锡的鼋头渚看太湖，总感到参不透其中的奥妙。同样，杭州的西湖、云栖，你能够参得透吗？因此我过去的经验是，苏州园林不可不看，却不必多看。但寒山寺、西园寺、虎丘，我可是百看不厌，也许这些地方可以发思古之幽情，激发文学幻想，还藏有信仰的神秘。总之是那里有我辈似的凡庸永远也不得明白的万有引力，身不能至，梦中也会出现。

此次南行，也曾在苏州逗留。内子喜欢苏州，她六岁时随母亲来过一次，此后再没来过。她到苏州，第一想看的是苏州乐园，一个类似迪士尼那样的新建的主要适合儿童特点的综合游乐场所。我到这种地方，最多是随喜，只好傻坐在一旁，看她与同行的友人兴高采烈地玩各种项目。美国洛杉矶的迪士尼乐园我去过，还盲目地坐过一次过山车。体会是除了恐怖之外，什么也没看见，因为一坐上去就没敢睁开眼睛。经验是今生今世再不要坐这种东西，假如真的没有来生的话。网师园、留园等几处园林，这次都逐一看了一下。祖芬看得很仔细，我仍然提不起精神。名扬海内外的东山雕花大楼，她感叹雕工之细，我自然无异见，可还是觉得不如在新东山宾馆后面的山上看太湖，或躺在草坪上看天。

呵，不好了。写到这里自知露出了马脚，原来我的审美本性更偏向于自然，不喜欢人工雕琢。李贺诗句"笔补造化天无工"，能达致"天无"境界的人工制品，我应该是喜欢的，可这要求是不是又太高了？我们的共同观感，是苏州这座城市的变化大得惊人。上海这几年发展很快，可是看上去，苏州的速度不让于上海。苏州开发区的规模好大呀，据说苏、锡、常金三角，苏州居其首。即便是城里观前街经过改造的一段步行街，我觉得比北京王府井的步行街和上海南京路的步行街，都要好一些。当然也有没变的，得月楼和松鹤楼的苏式美食，还像从前一样好吃。

上海给我的印象，最突出的是高架桥，带来了交通的便捷，提升了城市的现代气象。出租车司机说，如果高架上再架一层，上中下三层都通车，就世界第一了。南京路、淮海路反觉平平。祖芬是上海人，生于斯，长于斯，使她不满意的是，襄阳公园附近的从前经常买面包的哈尔滨食品店，怎么找也找不到了。衡山路拆除了私家花园的围墙，换上了与路面沟通照应的欧式护栏，景观为之一变。加上马路两旁欧式酒吧、咖啡厅及中式茶馆鳞次栉比，夜幕降临，灯饰如梦如幻，置诸世界大都会之林，也算得上一条水准不低的带有古典趣味的酒吧街了。上海人的聪明，赶这类国际时髦，不啻小菜一碟。

浦东开发以来我们没有去过，这次也一睹风采。我们很喜欢世纪大道起始处的名为"日晷"的巨型雕塑，作为代表二十一世纪的象征物，应该是创意极佳的造型艺术作品。4月19日与几位上海文化界朋友在希尔顿饭店小聚，自助餐的配餐种类、餐厅氛围、服务质量，均够得上国际水准。席家花园的本帮菜也很可口。回观十几年前的上海，我们一些文化界的朋友，居室之拥挤，自奉之简朴，要在北京人之上。现在，走进现代生活的步伐，上海远在北京的前头了。只是与北京、南京、扬州、苏州、杭州等城市相比，总感到上海还缺少了一点什么。不，也许是多了一点什么。到底是什么呢？一座城市如同一个人，一旦性格形成，就不容易改变。

南京到上海的路上，苏州是第二站，前面的一站是常熟，离京之前就向戴逸先生请教过有关常熟的各种知识。戴先生是常熟人，经他一介绍，更感到非去不可了。我主要想去看柳如是的墓。这位姓杨名爱又名柳隐别号河东君的奇女子、俏佳人、诗人、画家、书法家，退休宰相周道登家中之幼婢，被迫一叶扁舟放浪江湖的江南名妓，抗清死节的云间派诗魁、几社首脑人物陈子龙的情人，有降清污点的晚明文坛领袖钱谦益的如夫人，深明"天下兴亡，匹妇有责"大义的爱国者，明清鼎革之际恪守民族气节的巾帼女杰；她的闪耀着"独立之精神，自由之思想"光辉的充满传奇色彩的一生事迹，被埋没了三百余年，经大史学家陈寅恪先生的钩沉索隐，穷河探源，才彰显于世。《柳如是别传》实际上是"借传修史"的大著述，其学术价值绝非寻常通史之作所能比拟。

有"当代李杜"之称的钱谦益牧斋，世居常熟，明万历三十八年（1610）进士，官至礼部右侍郎，后因东林党祸，四十七岁之年被革职。南明弘光政权建立，起复为礼部尚书。不久清兵南下，围困南京，牧斋降清，北上任职礼部管秘书院事，旋又托病南归，终老于常熟老家。柳如是与牧斋结缡，在崇祯十三年（1640）之冬，当时柳二十三、钱五十九岁。五年之后，即有南明"一年天子小朝廷"的速立速废，柳约钱死节，钱未践行。柳只身留南京，后返回常熟。钱牧斋在北京也只延宕了半年。因此，直到康熙三年（1664）钱八十三、柳四十七岁，两人先后同死，他们的岁月大体上都在常熟老家度过。那么，白茆港、绛云楼、我闻室、红豆山庄，这些与钱柳因缘有关系的遗迹，还能够看到吗？

绛云楼钱柳生前即毁于火，当然无缘得见，那么其他呢？接待陪同我们参观的常熟师专中文科主任张浩逊先生告诉我们，基本上都不存在了。但我并不失望。我知道柳如是的墓还在，虞山还在。

我们是4月15日中午到的常熟，一路上我情不自禁地给同行友人讲起河东君的故事。张先生招待午餐，我也是一面请教一面谈及钱柳因缘诗所涉及的时间、地点、人物。钱柳的墓都在常熟西门外约五公里处的虞山脚下，驱车前往，转瞬即达。牧斋的墓踞东，罗城内三起封土，左面的是牧斋、中为其父钱世扬、右为子上安及孙锦城。原建于嘉庆年间，有墓道、拜台、石坊等，后被毁。钱泳题写的"东涧老人之墓"石碑尚存，立于封土的后面。另一碑镌"钱牧斋先生墓"，不知何人所题。柳墓踞西，和钱墓一样，四周围以层层翠柏，且有罗城，封土比钱墓还要高一些。封土和罗城的泥石都很新，应是近期填砌。我们来到墓地的时候，工人还在修建罗城入口外面的甬道，维护甚为精心。看得出今人的尊崇，柳大大超过了钱。1957年，钱柳之墓被列为省级文物保护单位，1982年调整为县级，并由常熟县人民政府立石公布。不知后来的降级系出于何种考虑。寅恪先生的《柳如是别传》出版于1980年，也许江苏有关方面没有看到？我想，按现在的政策，对钱柳民族大节方面的表现区以别之，至少河东君的级别不应降下来，无论如何应恢复到省级，如果升为中央一级尚存有某种（比如出身、职业之类）顾虑的话。

站在虞山顶上看柳如是墓，背山面水，丛绿一束，四周是望不到边际的金黄的油菜花。史事沧桑，地老天荒，思及前贤，不觉感慨万分。天色将晚，先送张浩逊先生下山谢别，然后又返回山巅，流连观赏。已渐渐看不到另外的游人，品茶山寺时，连同司机只剩下我们这组五人团队。茶是只供做贡品用的明前剑门绿，第一次冲水，色鹅黄而清雅，第二泡色淡绿而香醇。三杯下肚，人已微醉矣。此时夕阳照晚，花满栀子枝，只觉肺爽气清，心悦神宁，跨步出山门，几忘处身之所。虞山临尚湖，远眺落日，波光铺彩，水天一色。尽管每个人都知道当晚要到苏州，就是不忍离开。

天黑下来了，不得不下山上路。可是一看我愀然不乐的样子，大家便知道我的虞山情事未了，于是不约而同地围拥着重新登临，在藏海寺前面的拂水岩上各踞一地，饱享山风树影。不一会儿，已圆未圆的皓月升起，山岚、树木、寺院的轮廓清晰起来。清辉满眼，寂然无声，连平时说话嗓门最大的南师大《语文之友》主编胡永生先生，也没有一丝声音发出。研究唐代文学的高永年副教授，更是凝然静虑，胸怀真宰。我病后一直四肢少力，提步维艰，前几天在南京还不敢多走路。此刻忽然感到身心一阵爽朗欢悦，腿脚顿时轻捷起来，便原地跳跃。大家见状，也都兴奋地跳跃。司机老裴说，他活了四五十岁，身体从来没像今天这样轻松过。我就着月光一个人沿山脊小路向西北方向走去，遇平台或石阶，伫立小停。中有一石桥，不宽，两侧山坳朦胧，我无所觉察地走了过去。回头见永生尾随而来，我们已走出百余米。回到藏海寺，已是晚上 9 点，再不能不离开了。

虞山给了我异样的感觉。我想起牧斋诗句："近日西陵夸柳隐，桃花得气美人中。"寅老释证钱柳因缘诗也曾留句："柳絮有情余自媚，桃花无气欲何成。"虞山拂水岩下面应是钱牧斋的拂水山庄的故址。拂水山庄附近有桃花涧，据传每到春三月，漫山遍野都是盛开的桃花。我们到常熟的那天是农历三月十一，花期刚过，花气尚存。寅恪先生倡言，对古人之志事，须有"了解之同情"，信斯言也。然而三百年前的钱柳因缘聚合，是耶？非耶？寅恪先生论曰："因缘之离合，年命之修短，错综变化，匪可前料。属得属失，甚不易言。河东君之才学智侠既已卓越于当时，自可流传于后世，至于修短离合，其得失之间，盖亦末而无足论矣。"以此，为柳墓争级别似也可不必了。

原载 2000 年 7 月 1 日《文汇读书周报》

"书生留得一分狂"

——波士顿郊外的女作家

女作家的名字叫木令耆。她看上去一点儿也不狂,满身的幽雅淡如。我是说她家书房的一幅字,武汉大学世界史专家吴于廑先生写的,是一首浣溪沙词:

丹枫何处不爱霜,谁家庭院菊初黄,登高放眼看秋光。
每于几微见世界,偶从木石觅文章,书生留得一分狂。

第一、二句枫霜、菊黄,都指的秋天,故第三句明点"秋光"二字。木令耆长期主持的一本刊物叫《秋水》,因此词的上阕似指书赠对象的事业成就和视野胸襟;下阕则是说作家的职业特点:以小见大、草木皆可成文。"木石"连用,寓《红楼梦》"木石姻缘"之意,大约是说秋水主人的作品,总不离一个情字吧。尾句是对自己、对整个知识分子群体、当然也是对书赠对象的一种期许——不算太高的期许,只希望保留一分可爱的狂气。

我和木令耆相识,是1992年的秋天。哈佛开"文化中国:诠释与传播"国际学术研讨会,我应邀前往。临行前王蒙说有几张照片顺便带给她,于是,会后的一天下午我们见了面。她开车到我的住地来接，然后进一家餐馆，边吃龙虾边交谈。没有陌生感，如同旧相识。后来她来北京，到过我家里，对我的书房有兴趣。这样一个云淡风轻的人，居然不以我的书房之乱为意，也算识有别才了。

1998年再次到哈佛，做访问学者，时间充裕，与木令耆有了更多的见面机会。

一次是邀我去波士顿美术博物馆看特展，还是她开车来接。尽管天空飘着雪花，波士顿人的雅兴丝毫未减，不仅博物馆前的停车广场早已没有了空位，对面的停车楼里也是车满为患，至于特展的票更是早已售罄。而时间差不多已经到了中午，只好退而求其次，以口福代替眼福。二楼的餐厅有各式品种的主菜和开胃菜，1992年童元方陪我享用过，至今还记得鳕鱼和布丁的美味绝伦。没想到波士顿人吃饭的热情也如同看特展一样高涨，二楼已经没有了座位，排队等号也停止了。幸好一楼的咖啡厅还在营业，但仍需排队，足足等了一刻多钟，轮到了我们，木令耆叫了一个汉堡沙拉，我叫的鸡肉沙拉，以为谈话之助。

当时正是克林顿因莱温斯基丑闻而狼狈不堪的时候，美国的电视、报纸争抢头条，每天都有惊人的报道。甚至，一位长相很不起眼的女士声称，其千金是克林顿的私生女，几天之后就要到白宫去寻夫认父，而且连孩子的照片也堂而皇之地登在报上，并说可以随时接受DNA检查。决心整治克林顿的议员们如获至宝，表示一定把这个意外收获查个水落石出。克林顿则说并无此事。我到美国不久就赶上这场花样百出的猫捉老鼠的游戏，雾里看花，不很明底里。木令耆是一个有平民思想的作家，虽然不大看得上克林顿，却寄许多同情给他，说这一事件有右翼的种族以及宗教的背景，一任发展下去，会走上孤立排外的道路。她说她为美国感到担忧。

她有时也来中国，提到国内的城市，她说她喜欢南京、扬州，我说我也是。还有杭州，我特别喜欢，她亦如此。她还喜欢洛阳，但我没去过，我说如果去了，我想会喜欢的。我们都不大喜欢广州，理由不一定充足，印象而已。她生在上海，因此对上海有摆不脱的怀恋。我说上海的特点是都市味浓，天生的与国际接轨。北京居然她没提，我也没提。因为常年住在北京，它的不尽如人意处甚为了然，可是在国外或者外省住了一些时间以后重回北京，还是觉得北京好。流行的段子说，在上海人面前，其他地方的人都是乡下人，在深圳人面前，其他地方的人都是穷人，在北京人面前，其他地方的人都是下级。这是讽刺北京的官多、权位观念重，但北京的真正好处是适合做学问，在这点上没有哪个城市能够和北京相比。

两个星期之后，即1998年12月21日，木令耆带着上次预定好的入场券，再次接我去美术博物馆看莫奈的画展。中间我去了旧金山，访问斯坦福大学和伯克利加州大学，与两校东亚系的教授们交流中国学的有关问题。回来的第三天，我们就如愿以偿地观看了这位法国印象派大师的诸多杰作。莫奈的活动年代主要在二十世纪初，第一次世界大战前后是他的创作旺盛期，绘画对象以睡莲为主，兼及意大利风景。最突出的特色是画水，把波、光、影的神奇变幻表现无遗。他个人精神宇宙的风起云涌，变成了水色天光的变奏。波士顿美术博物馆是西方绘画艺术的宝库，藏品之丰富，与世界上任何艺术馆相比都不会失去一流的地位。1992年童元方陪同我参观的时候，已经粗粗领略过。

元方是台湾大学中文系的高才生，当时正在哈佛东亚系撰写关于李笠翁的博士论文。她的艺术感悟力极强，对西方绘画的历史渊源和流派稔熟于心，遇到这样的好向导，不必担心在艺术之旅中茫然迷路。木令耆的鉴赏眼光也足令我叹服,每遇到交融着莫奈精神宇宙的作品,她会驻足久立,流连观赏。童元方也是木令耆的好友,看完特展到一楼咖啡厅小憩,我们还不时谈起她——她哈佛毕业后在香港中文大学翻译系执教。1996年年初,我与内子自台湾"中研院"返回北京,在香港中文大学短期访学,一次在学校车站的排队处仿佛听到有人叫我的名字,回头一看,原来是木令耆,而站在她旁边的不是别人竟是童元方,人生的离合聚散有如此巧合者。

木令耆的家住在距波士顿市区三十公里外的一条公路的旁边,大约是西北方向,屋前屋后是很密的树林,树很高大,有常绿树,也有白桦。屋后的树木连着一片大湖,面积几十亩,湖四周点缀着稀疏的白色小屋。她在此安家已经有三十多年了,自建房,先买下了地。居室简朴,但格局精致通透,幽静绝尘。我说这所房子只适合一个人居住,谁是这里的女主人,第一步应该把先生先赶跑才是。木令耆说她的目标没有如此远大,只是在先生外出的时候感到特别高兴而已。客厅的壁上挂着木令耆尊人的书法,散淡、疏落、闲适。自署驭万,一个开阔不拘的名字。母名继孟,擅画梅,也挂出一幅,风格谨饬,一如其名。这一字一画,可知女作家韵致风度的来历出处。

女作家的工作室在楼上,只一小间,兼卧室。窗外是湖面,大树遮掩,甚高致。屋顶有一天窗,星月直入,可照幽思。吴于廑先生的那首浣溪沙词就挂于此室之内。上款署"竹林幻叟",我以为是木令耆的号,谁知是作者信手而书。我说这可是个了不得的称谓,特别用于女性,可谓千古独得,非知者断写不出。吴先生的中国学问的根底和超越精神由此可见一斑。木令耆为我的解读感到欣悦,说如果我见到吴先生,一定谈得来。可惜我生也晚,当代大儒世界史专家吴于廑先生竟无缘一见，但能够在新英格兰的一所湖边小屋欣赏到他的手泽，发皇心曲，体悟他的文学幻想，已是很幸运了。

造访木令耆的家，是她精心安排的。原就约好等内子陈祖芬来了以后一同前往。祖芬在加拿大，大雪困住了她，未能按期来哈佛。两周前终于从多伦多过来，很快就有这次开心的波士顿郊外之旅。木令耆先陪我们到美术博物馆看美国一位女画家的特展，然后来到她郊外的这所清幽的住处。祖芬的感触是，作家用来写作的房间的确不需要很大。我们从她家出来，木令耆又开车带我们到不远的一个小镇，在一家"九九"餐馆用餐。三个人早已饥肠辘辘，木令耆给我要了一份牛排，祖芬要的去骨鸡沙拉，她自己要的土豆皮，都是这家餐馆的特色菜。本来想在另一家更有名的餐馆用餐的，那是华盛顿住过的一家客店，仍保持原来的面貌，由于是休息日，人多，没排上队，只楼上楼下看了看。这家餐厅名字中的"九九"，是美国最初开发西部的九十九个人的意思，所以颇具西部牛仔的粗犷风格。牛排的味道很美，两位女士也称赞她们的菜香甜可口。

北美独立战争的发祥地列克星敦（Lexington）就在附近，我们吃饱喝足之后驱车来到这打响独立战争第一枪的地方。1775年4月19日，英国殖民者派兵到列克星敦和康科德（Concord）收缴武器，不料当地民兵事先已得到银匠里维尔送来的信息，便拿起反抗的武器，在北桥与英军发生冲突，揭开了北美独立战争的序幕。北桥仍然完好如初，当年指挥民兵作战的约翰·帕克上尉的塑像威严地挺立在桥头。但路旁还有一处特殊的纪念地，就是一名英国士兵牺牲的地方，一个小小的水泥墓碑，插着一面小小的英国国旗。纪念反殖民主义的独立战争，也为牺牲的殖民者士兵难过，我们三位参观者不能不为之动容。

这时我才恍然，今天木令耆带我们夫妇离开波士顿北行，不只是看她的湖边寓所，更主要是瞻仰旧北桥这里有过耀眼光辉的历史遗存。美国文豪、《红字》的作者霍桑住过的老曼斯宅，也在距北桥不远的地方。爱默生也在这里住过。爱默生的祖父就是在这所房子目睹了北桥战役。我们来到这所名宅面前，天色已将晚，在房前拍了一张照，就匆匆离去了。

这是我在波士顿收获最丰盈的一天。

回康桥的路上，车外云淡风轻，夕霞晚照，非常好看。我不停地吟诵吴于廑先生的词，尤其对"书生留得一分狂"句深深感会于心，并模仿吴诗的韵脚胡乱杜撰出一些句子，诸如"竹林幻叟有天窗""有天窗处有斜阳""我把圣地作大荒"等等。这后一句，其实有"今典"存焉。我们中午在"九九"餐厅喝了太多的饮品，包括冰水、咖啡，但坐在车上毫无感觉，不知水流何处。可到了北桥凭吊之际，我突然感到不妙，但附近绝无公用厕所。两位女士也为我着急，不约而同地建议我不妨使用初民的方法。犹豫再三，不得已只好走到约翰·帕克上尉塑像后面的草木深处行事一番。所以当我高声朗诵"我把圣地作大荒"的时候，祖芬和木令耆在车里笑了个人仰马翻。我赶紧劝止，说无论如何开车的人不能笑，我们三人的安全系在你一人身上。

当然也怕有违吴于廑先生积毕生经验的教诲，超过书生之狂的规定限度，不是一分而是僭越达到二分或三分乃至三分以上就不好了。

原载 2002 年 3 月 13 日《中华读书报》

杜甫草堂背杜诗的喜乐与感伤

已经记不得上一次或上上次往瞻杜甫草堂的时间了。总之是很久没有去浣花溪畔的杜甫草堂了。这次，出席在大邑举办的一个论坛，主旨演讲过后的第二天，便应四川大学儒学院的邀请，来到成都。商定的日程是，第二天作一次学术演讲，题目是"国学和六经的价值论理"，以之作为恢复重建的复性书院的一次讲堂课程。复性书院系大儒马一浮先生于1939年创建，地址在乐山乌尤寺，用佛教山林的方式开课授徒，课程内容主要围绕六经和义理之学。四川大学的舒大刚教授以接续儒统为己任，去年决定承继蠲戏老人的遗泽，恢复斯院。因有约言，希望当书院正式成立之时，由我略志复性书院的始末并阐释马先生的国学精神。今次顺路践约，在大刚先生在我自己，均不无两全其美之雅。

川大复性书院的演讲安排在5月30日晚上，当天的上午是为空当，不假思索便出行到了杜甫草堂。川大方面事先已与之联系，故甫一下车，草堂研究部的两位朋友便迎了上来。从东侧门进入，经由草堂碑亭，自后而前，寻诗赏联，目不暇接。花径更干净了，竹木花草更繁荫蕤茂了。偶有新一两处增添的房舍院庭，似还疏落而不显拥塞。虽不是休息日，游人仍络绎如流。管理处选派的讲解员叫杨惠兰，一位不乏古典气质的高挑女生，一路伴我徐行。我问她能背多少杜诗，回说一百首左右。"花近高楼伤客心，万方多难此登临。"我刚念两句，她说这是《登楼》，于是一起往下背，句句同调同时。"花径不曾缘客扫，蓬门今始为君开。"也能与我一起背下去。可惜蓬门开启，诗人却无法迎候在堂了。

杜甫草堂始建于唐乾元三年（760）的春天，为避兵灾，诗人在此住有三四年的时间。他显然喜爱这处清幽简约的住所，诗思也因之江涌河泄，三年时间，创作各体诗歌二百四十余首。有名的《狂夫》诗，即写于此时："万里桥西一草堂，百花潭水即沧浪。风含翠篠娟娟静，雨裹红蕖冉冉香。厚禄故人书断绝，恒饥稚子色凄凉。欲填沟壑唯疏放，自笑狂夫老更狂。"生活艰窘，以至于幼子面带菜色，但诗人的心境是安适而豪迈的。熟悉草堂诗来历的解说员惠兰，若有所悟地向我谈起，杜甫在此地写的诗，遣词造句都非常细腻，并以《江村》中的"老妻画纸为棋局，稚子敲针作钓钩"为例。一句话触碰到我的心感深处，她不晓得我对这首诗有多痴迷。十六年前，当我卧病医所的时候，内子每天两次往还奔波于医院与家中，感发所致，每默诵此诗的颔联："自去自来梁上燕，相亲相近水中鸥。"刚好《江村》的结句是："多病所须唯药物，微躯此外更何求。"也很合于我当时的心境。

我们走到诗史堂的时候，回过头来正对着柴门。杜甫写柴门的诗句，可是多到不知凡几。"田舍清江曲，柴门古道旁。草深迷市井，地僻懒衣裳。"这是草堂落成不久写的《田舍》一诗，主人撒野，至于裸背脱衣的情景，也不稍加掩饰了。当然他给出的理由是"地僻"，即并非闹市当街的公开行为。《江涨》亦有句："江涨柴门外，儿童报急流。"江水涨了，有孩童报信给诗人，提醒他注意安全。但三月的桃花汛，却带来了平时不经见的美好景致："三月桃花浪，江流复旧痕。朝来没沙尾，碧色动柴门。"碧绿的江水摇晃着柴门，有惊无险，留取一片诗意的温柔。这可比秋风怒号，席卷屋顶的茅草要好多了。正当我陷入遥想漫忆的空茫之际，惠兰指给我看面前的"柴门"二字，她说是潘天寿的书法，很受知书者关注。我自然不敢以知书自诩，但举目看去，果然笔意丰满骨立，楷法而有篆隶意味。大家手笔，的确不同寻常。

诗史堂有郭沫若的题联，外廊柱一副是长联："诗有千秋，南来寻丞相祠堂，一样大名垂宇宙；桥通万里，东去问襄阳耆旧，几人相忆在江楼。"将老杜和武侯一起纳入了，而且蜀相为主，诗圣次焉。里面的一副为："世上疮痍诗中圣哲，民间疾苦笔底波澜。"凸显的是世情和民隐，应该说是不错的。不过，以研究"五四"运动史和红学名家的周策纵先生颇不以为然。记得是1980年夏秋间，刚主持完首届国际红楼梦研讨会的周先生，自美返国，先到他的湖南老家益阳，然后由湘入川，去了他梦寐以求的杜甫草堂。周先生能诗，新旧体诗均出手不凡。去国多年，仍不忘曾蛰居此地的杜陵野叟。返美前在北京与友人晤面，不止一次讲起这次的草堂之行，而且每讲必及郭诗。草堂的执事者请他留题，他说除非撤去郭的诗联，否则绝不着墨。盖由于郭老晚年的《李白与杜甫》一书，抑杜扬李，超越常格，引起了雅好杜诗的策纵先生的不满。我向陪同的三位年轻人讲了这段掌故，年龄与年代的错位与悬隔，他们早已不再有兴趣储存这类记忆。

由于《李白与杜甫》的缘故，我不自觉地说起了李、杜的特殊情谊。李白长杜甫十一岁，两人的诗风不同，诗学成就则难分伯仲。要以诗仙和诗圣分称，宜乎各得其所。但他们同为唐诗的高峰,吾国文学之璀璨星座,当时后世鲜有异词。所谓"李杜文章在,光焰万丈长"是也。论彼此的交谊,则杜对李深挚笃厚,念兹在兹。李对杜未免大而化之。你看杜甫的《梦李白》二首,其一有句:"故人入我梦,明我长相忆。"仿佛是知道我在深深地思念,所以才来到我的梦中。其二:"三夜频梦君,情亲见君意。"接连三个晚上都梦到李白,试想这是何等的思念和怎样的"情亲"。另一首诗还说"怜君如弟兄",以至于同盖一条被子。惠兰接过去背诵道:"醉眠秋共被,携手日同行。"我说是呵,李杜的友情真可以说是可传之万世而不磨。你看杜甫的评价:"白也诗无敌,飘然思不群。"大诗人杜甫认为,若论诗道,李白是没有对手的。评价固然很高,但极为恰切。第二句则是形容李白的诗风和人格,可谓诗也飘然,人也飘然。但接下去,你听:"清新庾开府,俊逸鲍参军。"是说李白的诗,既有庾信的清新,又有鲍照的俊逸。说到这里,不知为何,我竟掉下泪来,嗓音也变得哽咽。嗣后回想,我是被这种友朋间的深知慧解所感发了。

盖无论古人还是今人,友朋之间能够做到人相知心相印,是很少的,也是极难的,因此也就格外可贵。管鲍之交,那是上古士人知交的范例。"俞伯牙摔琴谢知音",就是经过渲染的小说家之言了。倒是"知音其难",是普遍认可的千古之叹。刘勰《文心雕龙》的"知音篇"慨而言之曰:"音实难知,知实难逢,逢其知音,千载其一乎。"人的知音,千年或有一遇,应非夸诞之词。陶渊明有感于管鲍之交,写道:"知人未易,相知实难。淡美初交,利乖岁寒。"我常引用并惊异于"淡美初交"一语的择词造意之美,而愈益显出因利益冲突而分途的利交之悲。章学诚说:"人之所以异于木石者,情也。情之所以可贵者,相悦以解也。"(《文史通义·知难》）彼此相悦，是情之相倾的前提。见而不生悦，情也就不会倾向对方。"悦"者何指？是为审美的欢喜也。故两情相悦者，必有见到你心就生欢喜的感受。而不相见，则产生想念和忧思。所谓爱能产生力量，即由于两个人变成了一个人，或一个人变成了两个人。不过，彼此之情如果只停留在"相悦"的层阶，则此情可能生变而不易持久。要持久，必须由相悦而进入相互理解的阶段。故"相悦以解"是友情抑或爱情的最高层阶，达到此阶，至贵至难，今人不易得，古人也难全。此盖李杜之交之难能可贵，宜乎本人身处杜甫草堂，因背其诗而心生感伤也。

　　说话间，我们已经由诗史堂来到大榭，再往前，就是草堂的正门了。谁知骤起一阵温煦之风，吹落片片黄叶，撒在地上、阶石上和我们大家的头上身上。一下子，不独我们几个，在场的所有游人都欢悦起来。万不曾想到，今次丙申端阳前夕的草堂之游，竟以众乐作为收束。真该感谢一路陪伴我观瞻的"草堂三友"，他们是研究部的彭燕、张宏和解说员惠兰。如果不是惠兰一路与我配合默契地选句背诗，那些个感会诗兴的喜乐和关于相悦以解的感伤就无从生成了。

原载 2016 年 7 月 30 日《文汇报》"笔会"

白先勇和青春版《牡丹亭》

2004年4月26日至5月2日，应邀赴台湾参加"中研院"文哲所和台大共同召开的"汤显祖与牡丹亭国际学术研讨会"，于第一天的会议上发表论文《〈牡丹亭〉与〈红楼梦〉——他们怎样写情》。此次与会，盖缘于许倬云先生的特邀。此前的一年，我们相遇于南京，同住一个酒店。他约我一起进一次早餐，结果我们畅谈了近两个小时。他讲了自己的经历和学术追求。最后我们竟一起哭了起来。后来当"中研院"文哲所的华玮教授与我联系参会一事，这才依稀记得许先生曾有此约。但我说没研究过《牡丹亭》，恐怕来不及准备论文了。睿智的华玮立即提醒："你不是研究《红楼梦》吗？何妨写写两者的关系。"因此我与会论文的题目，实得之于华玮教授的启发，不能不在此再次表示感谢。

许先生出席了我的论文报告会，蒙他许可，并于中午请我到外面一家餐馆用餐，作陪者是《汉声》的老总黄永松先生。研讨会期间，在台北大剧院观看了白先勇改编的青春版全本昆剧《牡丹亭》，连演三个晚上。一次中间休息，在过廊巧遇马英九。他在我面前停了下来，和我对视一会儿，然后伸手相握。我说我从大陆来，他说欢迎。满身满脸的君子相，令我感慨颇深。当时他是台北市的市长。后来当选之后，我竟有几次梦到他。一次是在我家中，他站在窗前一个人吃冰激凌，用极小极短的一只小勺，吃得好吃力。我于是取我平常用的一只法国的不锈钢汤勺给他。接着梦就醒了。2009年两岸长沙论坛，我报告论文的开场，讲了梦马的故事。他的第一个任期的后半和第二个任期，再没有梦见过他。而且不再关注这个有君子相的人了。不过后来一次在台北访学，和要好的友人讲起这个故事。不料友人大赞妙哉，说马的为政，就是在你家用小勺吃冰激凌的方式，太神了。

台北的"牡丹亭"会，我有幸认识了白先勇，不久他来北京，在三联讲《牡丹亭》，他邀请我与他一起讲论。说来也真不可思议，当2016年8月9日上午11时，我正在修改润色《七十述学》的时候，刚好核对到关于白先勇和青春版《牡丹亭》一段，正在这时，白先勇的助理郑幸燕突然打来电话，问白先勇寄给我的书收到没有。原来是他写的一本研究《红楼梦》的书，台北时报出版公司寄来的，寄到了研究所。因刚从外地回来，我说还未收到。我说我也正有《红楼梦》的书送他。天下事竟有如此奇巧者，岂不怪哉，岂不怪哉。青春版《牡丹亭》在台北首演获得极大的成功，看过者大都给予肯定。《牡丹亭》的文本我自然是熟悉的，以前看的是徐朔方先生的注释本，很见学术功力。贾宝玉称美的"余香满口"，我也不无体会。京昆两剧种的《游园惊梦》也在剧场看过。但全本《牡丹亭》则从未寓目。此次可以说经历了一次充实而优美的昆曲审美体验。后来青春版来北京大学演出，白先勇先生又邀请前往观赏。所不同的是，字幕的繁简体变化，居然不无审美感受的差异。

台湾的演出，繁体字幕，对剧情和人物心理的理解，似乎更容易产生多层次的审美体验，而简体字幕，则显得单调一些。不排除另外的人并无此种感受，但在我这种审美差异清晰得不能再清晰。白先勇把青春版《牡丹亭》进校园视作他的一个文化理想，让我们高兴的是，他的这个理想经过不懈的努力已经获得极大的成功。一向以兰花为比的高雅的昆曲艺术，高等院校的学子也能如饥如渴地接受了。经典传统文化在当代的传播，白先勇先生与有功焉。

二十世纪九十年代初，季羡林先生说过，文化一定要拿过来，外国最好的东西我们要拿过来，要拿来主义，但是也要把我们最精彩的东西送出去。过去一百年来我们一直是"拿过来"，"送出去"却遇到很大麻烦。把什么东西送出去，送出去人家是不是会喜欢，都是问题。青春版《牡丹亭》送出去了，不仅在国内的演出获得成功，在美国的演出也获得成功，相信不久在欧洲的演出也一定会获得成功。

自晚清到民国以来的百多年，我们的文化传统大面积流失，这一点在讲中国文化时没法回避。百年来也有不少有心人讨论过文化价值重建的问题，从梁漱溟的《东西文化及其哲学》开始，到1935年何炳松等十位教授联名发表《中国本位的文化建设宣言》，以及1958年张君劢、唐君毅、牟宗三、徐复观四位新儒家大师联名发表《为中国文化敬告世界人士宣言——我们对中国学术研究及中国文化与世界文化前途之共同认识》等。大家都想为中国文化的重振做一些切实的事情，但如同二十世纪九十年代初期，金耀基先生对我说的：中国文化是二十年代不想看，八十年代看不见。古代的文化典范如何走入现代生活，是一个亟须解决的问题。这一问题在传统社会不存在，因为那时有一个基本的机制，科举取士的制度与社会基本机制，使一些典范跟生活结合起来，变成一种规范、一种模式、一种秩序，不能回避，无法回避。比如明清时期，不读"四书"就不能考科举。二十世纪一些大师级的人物，他们也没有这方面的问题，因为这些人从四五岁开始发蒙，到十几岁就不只是读"四书""五经"，连"前四史"、《诸子集成》、"十三经"都读了。

  但这样的传统在二十世纪五十年代以后已基本不存在。我们今天怎样重建和衔接这个传统？怎样使自己的文化典范走入现代生活？是一个非常大的问题。基于此，于丹一开始在电视台讲《论语》的时候，我就持非常肯定的态度。她帮助一般公众建立了与古代经典的连接，现在《论语》已经不再是陌生的儒家经典，而是可以和现代人促膝谈心的文化友人了。最美妙的艺术，最高深的学理，总会具有人类共享的当代普世价值，最重要的文化典范应该属于整个人类。我并不简单同意"越是民族的越是世界的"这一说法。古典的东西还得借助现代的手段，经过有效地诠释，才能为现代人所接受。《牡丹亭》如没有字幕，没有英文翻译，理解上要困难很多。道德理性具有绝对价值。金庸先生说，对美各人有各人的看法，但是真正的美，人们总会达成某种共识。

  白先勇先生对青春版《牡丹亭》的推动还有一个作用，就是使典范跟当代建立起联系，而且跟国外观众，跟不同的文化系统建立起联系，搭起一座艺术的桥。昆曲艺术一开始即是和学人结合在一起的，很多大学者都和昆剧艺术有不解之缘。俞平伯、赵景深等老辈，不仅能赏，自己也会唱。陈寅恪因票拿到迟了，未能看到俞振飞和言慧珠的演出，而大发脾气的故事，大家都晓得的。这个历史经验非常重要。现在昆曲的推动又跟学人结合在一起，我所熟悉的香港城市大学的郑培凯先生,"中研院"文哲所的华玮教授等,都参与了青春版《牡丹亭》文学脚本的创编工作。我认为昆曲和学者的结合是昆曲艺术在当代发展的必不可少的途径。

本文最初为 2007 年 10 月 11 日在香港大学举办的"汤显祖与《牡丹亭》国际学术研讨会"上的发言,2020 年 1 月 8 日重新改写竣稿

茅威涛和《藏书之家》

去年在旧金山参加中美文化对话，一次晚宴，与茅威涛同席，得以晤识。她说今年有国家大剧院的演出，届时请我往观。没有想到竟是关于天一阁藏书楼的戏，可谓深获我心。我国历来有私家藏书的传统，明代尤盛。天一阁始建于明嘉靖年间，创楼阁主范钦，趁为官之便，广收图籍，归诸阁藏。范钦死后，其子范大冲继乃父之志，"代不分书，书不出阁"，蔚为大观。但中经明清易代，范氏一家保藏典籍的精神，用惊天地泣鬼神不足以形容。

越剧《藏书之家》就是以此为背景，以李卓吾《藏书》和《焚书》的合璧为收藏理想，展现天一阁传人范容以书为性命的文化精神。人物和故事虽为文学虚拟，但环境氛围、精神脉理不失历史本真，自是那一时代所可以而能够发生之人生纠结之悲剧。富商千金花如笺的到来，使藏书与婚姻和爱情，发生了错综变乱不知谁可的戏剧性。花如笺是范容兄长范迁所订之才女，婚期到，兄未归，姨娘侍书遂有以弟代兄迎娶之议。谁知此千金是歆慕天一阁已久的超级书迷，自己找上门来，不顾阁规，非要登楼披览藏书不可。

正在这时，藏有李贽《焚书》的孙知府，以十万两待价而沽。

范容目睹至宝，惊喜万状，可囊中羞涩，无法如愿。花如笺愿出资，条件是上楼看书。如此两难三曲，搅扰得范容身心俱碎。恰兄长范迁在扬州抗清殉国，花如笺在范家的合法身份发生动摇。周折万难中范容和嫂嫂如笺萌生了爱情。谁知孙知府又来添乱，声称只要如笺嫁到孙家，《焚书》即可归阁成合。那么，要人还是要书？人合还是书合？范容愁肠百结，痛苦万分。

矛盾痛苦中饰演范容的茅威涛的唱段有多精彩，不在现场观听绝难想象。这位"百花公主"的超绝演艺，这次算是领略了。去年旧金山的一曲清唱，只看到了她脱俗的书卷气，这次则声情并茂，神采飞扬，一人可控全场。其他角色也不寻常，饰演花如笺的陈辉玲，饰演侍书夫人的洪瑛，饰演孙知府的董柯娣，唱做俱见功底风姿。场次转承，配之以"天一生水，地六成之"的吟唱，我辈爱书喜韵之人不免如醉如痴矣。

难得的是剧情紧凑，章法简洁，不黏不滞，如流水行云。韵白词法亦不脱晚明的文化环境，大体做到了贴切人物，典雅有文。唯当爱书和爱人痛心裂肺不得开交之际，花如笺突然舍身去嫁孙知府，虽说是为了《焚》《藏》二书在天一阁的合璧，观众终有不近常情之憾。盖视图籍为生命，体现一种精神的绝对价值，而纯洁的爱情，则为永恒价值。在两种永恒面前去取，势必陷入自我偏执。

其实现成的两全之法，莫过于当清兵临宁之时，孙知府抗而不敌，以身殉国。就义前留下遗书，以《焚书》敬献天一阁，既表对如笺的爱慕之情，又成全范容爱书合璧之愿。试想，如此结局，解一套而成三美，范容、如笺、孙府座，均无伤无损无愧无疚地标立于当时之史册和今日之舞台，岂不乐哉，何其快哉！

《藏书之家》戏是好戏,演员是好演员,唱腔是好唱腔,只可惜演出场次太少。京城两露头角,便打道回府了。

今世何世兮,鲜有书香。
今时何时兮,浮华相尚。
大学攀比兮,竞数富商。
论婚嫁娶兮,先问住房。
全民阅读兮,老鼠巡航。

斯时斯世,此情此境,《藏书之家》的启示意义,自不待言。我愿意有更多的人看到茅威涛和她的团队的演出。因为书的聚散,往往折射文化传承与社会变迁,书的命运就是文化的命运。

原载 2011 年 9 月 21 日《中华读书报》
暨 11 月 15 日《中国文化报》

王朔作为一种文化现象

你可以不喜欢他,你可以不接受他,你可以不承认他,你可以拒绝他批评他闭起眼睛居高临下贬损他,但是,只要你打开时下不知从哪里长出来的令人目不暇接的五花八门的小报,到处可以看到他的名字,一个文学的圈里圈外无人不晓的名字——王朔。书摊摆的畅销书中,中国当代作家除了王朔还能见到几个? 1993年1月25日《北京日报》的一篇讲新闻向小说挑战的文章,说"一般老百姓说不出当代小说家除王朔之外还有谁"。

倒回二十年,中国有过全国只有八台戏和一个作家的奇观。好像有一个作家也就够了,因为那年月发不出不同的声音,不需要写出不同的作品。百姓忧心忡忡地焦虑自己的生计、自己的肚皮,谁有闲心关心有没有文学呢?今天打开电视最常听到的一句话是:"现在生活提高了。"因为生活提高才更想提高生活。原先大家都彼此一样每月拿几十元的工资,每月吃三十斤的粮食定量,并不知道还有别的活法。如今小报、电视的热点新闻是经济生活,是谁如何成了富翁,或富了以后如何更富。大家都在寻找:寻找更好的工作,寻找挣更高的薪金,寻找更快的发展,寻找发挥自己最大潜能的机会。寻找如同中了魔、中了邪,开了头就停不下来。出租车开了几年攒足了钱自己买了车做生意了。在三星级饭店当餐饮部经理，当上两年又跳槽到另外的大饭店当副总经理了。当今的中国社会，到处是惊险的跳跃。这应了王朔的一篇小说名——"玩的就是心跳"。

当人们还不能理清楚自己的心态因此也未必能准确明晰地表达这种心态的时候，王朔喷云吐雾般地抛出一串串半懂不懂半生不熟的语言，很快地成了人们的流行语。语言是文化的符号，也是文化的象征，一定时期的流行语反映一定时期人们的思维方式和生活方式。王朔的独到之处，是在传统的文学语言里面掺进了非文学语言的成分，而又把非文学语言变成了他的文学语言。他用语言的魔方创造了一种新文体，当然从纯文学的角度看是一种不洁净的文体，然而任何文学上的语言创新、文体变革，都是以人们暂时不习惯的变体代替已经习以为常的正体。如同法国结构主义批评家罗兰·巴尔特所说："语言结构是一种行为场所，是一种可能性的确定和期待。它不是一种社会承诺性的场所，而只是一种无选择余地的反射，是人类的而非作家的共同性质。它存在于文学礼俗之外，它是按其本性而非按照选择而成为社会性对象的。"（见其所著《符号学原理》一书）

王朔的语言是王朔的生活经历的总和，同时也是社会离轨失范之后一代人生活情绪的折射，所以王朔的作品特别受到低次元文化层的欢迎。当有人炒股票炒疯了的时候，一心想发财不要命的时候，或者毫不顾忌舆论爱你所爱的时候，以及当你总感到不被人理解、受尽了欺骗却不想再受欺骗，因而又孤独又敢作敢为而又无可奈何的时候，"顽主""过把瘾就死""爱你没商量"这些标志一个脱节时代的精神情绪的语汇，怎能不引起强烈而广泛的共鸣呢？

王朔今年三十四岁，史无前例的内乱时期恰值他的少年，没有机会受到规范的教育。后来他参了军，在北海舰队服役，复员后在一家医药公司供职。不久又辞职成为一名个体户。所有这些选择，都不过是生活中的一个个驿站，他的真正才能在文学。他的经历是普通的，但对生活的感受和认知是特别的。他的语言，他的生活态度，他的文学方式，对传统思维定式构成巨大的冲击力，是一种无形的消解力量。青年们把他当作文学偶像，戏谑地称他为"京门侃爷"。他自己也一本正经地说："叫我侃爷，这是捧我。"电视连续剧《渴望》《编辑部的故事》《爱你没商量》，就是他和他的朋友"侃"出来的，在一定意义上是集体创作。

最能见出他文学底蕴的是每一个字都属于他的小说。他常常以调侃的笔调、漫不经心的态度、嬉笑怒骂不无轻松的方式，揭示社会运行秩序后面的非秩序性，让人们看到生活中正常里面的反常和反常里面的正常。

他的文学创作，与其说是为了再现生活，不如说是为了证伪。他的语言的生命力量，可以让僵尸跳起舞来。他的作品的文化效应，是对以往僵化传统的解构，包括对文学传统的解构。《顽主》的续篇《一点正经没有》，写安佳的丈夫穷极无聊想当作家，但写什么呢？

"写什么我不知道。"安佳捋捋头发，在我旁边坐下，看着我，"就写你最熟悉的吧。"

"我熟悉的就是三个饱两个倒吊膀子搓麻将。"

"那不是挺好的吗？当反面教材。"

"可社会责任感呢？哪里去了？我是作家了，我得比别人高，教别人好，人民都看着我呢。"

"依着你，教点人民什么好呢？怎么过日子？这不用教吧？"

"得教！告诉人民光自个日子过好了不算本事，让政府的日子好过了，那才是好样儿的。比如吧，政府揭不开锅了，你一天三顿赞助一顿行不行？街上有坏人，政府的警察管不过来，你舍身取义成不成？得跟人民讲清楚，现在当务之急，是让政府把日子过下去。你想呵，二亿多文盲，五千多万残疾人……容易么？大家伸把手……"

"不会让人民得出政府有累赘感吧？"

"哟，这我倒没想到。"

"瞧瞧，我不提醒你，你又要犯错误了。"

"就是就是。"

"想帮政府分忧，用心是好的，但帮忙也要策略，谁没有点自尊心？说出去也是个响当当的共和国，不能拿人家当叫花子打发，咱人民脸上也无光呵。还是多从自豪骄傲什么的入手。"

"你是说写古代？"

"我看可以，写古代人民的改革创业，劳动爱情。"

我扬起脸怔了一会儿，抽了口烟："现在这国家是哪年成立的来着？"

他写到的一切事物都成了他嘲讽揶揄的对象，连文学也不放过。他对安佳说："一不留神搞成了文学那才后悔莫及。"

有人说王朔的语言、王朔的写作方式、王朔的文学态度，未免太随便，其实这正是王朔。他使文学和文学写作获得一种解放，因此不妨也可以看作人的生存方式的解放。只有脱了节的时代才能产生王朔其作其人其风。他的作品中没有任何一点矫情和虚伪。这里用得着马克思的一句话："难道探讨的方式不应当随着对象改变吗？当对象欢笑的时候探讨难道应当严肃吗？当对象悲痛的时候探讨难道应当谦逊吗？"(《评普鲁士最近的书报检查令》)我们经历的荒诞太多了，只有荒诞的文学意象才能呼应这种荒诞。不仅读者，生活本身也需要王朔。

　　与王朔有过接触的人，都对他有好感，说他胖胖的，满脸孩子气。这从他的照片上也可以看出来。但读者喜欢他的作品可不是为了王朔，更主要的是出于自己的原因。他们愿意从电视中从文字中获得短暂的轻松幽默或是快节奏强刺激，进行自我心理调适。与二十年前相比，如今有了新的层次上的民生问题——为了生活得更好。百姓关注王朔，不是关注文学，而是关注自己。那么多的"自己"需要从王朔那儿听到他们朦胧中意识到但还说不清楚的语言，需要从王朔那儿呼应到他们已经感觉到但还发不出的声音，需要从王朔那儿获得新的欢笑，然后在交际场合与相熟或不相熟的人，总能找到一个共同知晓共同感兴趣的话题。一旦"侃"起王朔，冷落的宴席会热闹起来，矜持寡言的宾客会不顾形迹地雀跃乐道起来。

　　不妨想想，如果中国内地没有了这个王朔，人们的生活会怎样？这个提法也许不能为人所接受。难道我们离了王朔就不行吗？可是，如果二十世纪八十年代的最后一两年，文坛艺坛没有了王朔，没有《千万别把我当人》，没有《渴望》，老百姓天黑了夜寒了还有什么盼头？寂寞的人生该添加多少寂寞？而当文学贬值的时候，如果没有散淡谐趣的《编辑部的故事》，居民楼、四合院里就没有那么多笑声。没有《爱你没商量》，人群中就没有那么多便于随时沟通的谈资。骂也好，捧也好，江南江北大报小报无处不见对《爱》剧的说三道四，终究说明有那么多人关心《爱》剧。真正不值一提的作品，是无人议论的。而且，围绕《爱》剧的议论，形成了真正的文学批评的氛围，无意之中净化了前些时用硬武器攻打《坚硬的稀粥》所造成的大面积污染。

《爱你没商量》的观众效应，对王朔来说是一次新的挑战。直观的印象应该是作家绝不能轻看他的阅读对象。作家在自己的作品中游戏可以，但他不能游戏观众。《爱》剧的败笔之处，不在于调侃太多、结构不紧凑等等，主要是在这部作品中王朔不像王朔了。王朔和他的作品受到重视，甚至这么多年被炒得身价百倍，无非是大家需要他，因为王朔属于一个正在酝酿还未成形的新生代。可是《爱》剧的基本情节，却是陈旧而又陈旧的，当今中国社会万花筒般的经济生活在剧中得不到任何反映。

不过人总有失手的时候，不管怎样骂王朔，大家在失望之后又在热切地等待着王朔的"下一个"。他的下一个电视连续剧、下一部小说，连同他的经济头脑、广告意识、"议价说"、年收入、演员启用方略和组织方式，全都是抢手小报的兴奋点。他的另一部大型室内剧《海马歌舞厅》，邀请莫言、刘恒、苏童等共同编剧，也是名角荟萃，听说已接近后期制作，上演后还会有怎样的观众效应，大家在翘首以待。同时最近小报上又载，王朔即将开始系列长篇小说的创作，由五部组成，书名叫《残酷青春》，将动用他从来没有动用过的素材。

这就是王朔。就是这样的王朔。

当人们心烦意乱陷入大苦闷时，他和你调侃聊天，给你以置之死地而后生的微茫希望。在人们口欲张而嗫嚅的时候，使一缕愤懑得到了宣泄。当文坛没有声音的时候，他发出了声音。他一个人造了一个新文坛。王朔现象的出现，说明陈旧僵化凝滞的意识形态已经无所用其技了。从此以后，不能超越的人也懂得了超越，没有理由不去寻找属于自我的精神活动的空间。至少，可以王顾左右而言他，在街头巷尾班上家里议论身边的顽主如何玩的就是心跳了。

如果说得到公众共鸣的王朔现象划出了一个文化新生带，那么，积尘积垢的僵硬的"左"的意识形态的防线，即使没有全面崩溃，也如一个喃喃自语、晚景凄凉的老朽，已经风烛残年、来日无多了。

原载香港《明报月刊》1993年第6期

第九章　学士吟

सीतेर पाताल

文化自觉与"美美与共"

——费孝通晚年的思考

我是一个不喜欢参加会议的人，但今天是一个例外，当我接到这个会议的通知时，有一种想参加的冲动。因为费老对中国而言，是一个特殊的人。我说他特殊，是因为他是一个思想家。而当今的中国，是一个缺乏思想的时代。当今的中国，有学者，有专家，有教授，但缺少思想家。即便是某个领域的专家，也不一定都有思想。市场上充斥着大量的著作，但称得上有思想的著作很少。我虽然不能说现在是无声的中国，但我敢说，是缺少思想的中国。因此，今天纪念费老，虽然与会者限于课题组成员，我依然有一种激情，愿意说出我的看法，作为费老仙逝周年的纪念，也是与诸位的一次学术交流。

就学术而言，思想是无比珍贵的。可以说，思想是学术的灵魂。我并不完全赞同主要靠国家课题的集体方式来推展学术。在文化部一个有关课题的会上，我的学长谭霈生先生提出，个人的著述才能出思想，大量的群体著述反而不容易出思想。我认为他提出的是非常有价值的观点。因为集体著述往往是思想的妥协，而不是思想的创生。而且，如果产生了思想，产生的是谁的思想？当然，我并不反对一些重大课题由国家立项、动员群体来完成,因为有些课题个人是没有力量完成的。比如多卷本的通史和断代史著作,比如艺术方面的大典和通典,比如我们的西北人文资源基础数据库等等,个人无论如何完成不了,只能通过国家课题的方式,聚集各方专家集思广益来完成。但我敢说,在学术史上,真正有思想的著述应该是个人著述。

费老是社会学家、人类学家,也是政治活动家,但在我看来,比这一切更重要的是,他是一位思想家,一个独立的思想者,一个不断进行思考的思想者。他从未停止过他的思想。他的人类学研究是有思想的,包括他与马林诺夫斯基的师承和学术渊源,以及早年的《江村经济》《乡土中国》和后来的《小城镇,大问题》等,每一部著作,都是思想家的著作。即使是1957年他不幸的遭遇,也没有禁锢住他的思想。

我这里着重想说的是,在他的晚年,他还提出了许多对当今中国极有价值的思想。其实,这些思想大家也是知道的,但我愿意用我的方式对他的两个令人震撼但又未引起人们充分注意的思想,做一些诠释。有的文章谈到过他的这两个思想,但对于它们在当今中国和当今世界的意义,它的学术价值,还没有得到应有的阐扬。

第一是费老提出的文化自觉的思想。

这个思想是他在晚年提出来的,是他的独创。按费老的解释,文化自觉是指生活在一定文化中的人对其文化有"自知之明",即明白它的来历,它的形成过程,所具的特色和发展趋向,以加强对文化转型的自主能力,取得决定适应新环境、新时代的文化选择的自主地位。就世界范围而言,文化自觉还包括要理解多种多样的文化,增强在多元文化的世界里确立自己位置的能力,然后经过自主的适应,和其他文化一起,建立一个有共同认可的基本秩序，从而形成联手发展的共处守则。

　　文化自觉对个人而言，就是要具有自我反思自我批判的能力。晚年的费老是不断进行学术反思的。他主持的几次人类学高层研讨班，都以学术反思作为题目。文化自觉这个概念，也是在学术反思中不期而然地提出来的。他说："到最后一刻，我想总结一下，问一句：我们大家在搞什么？ 心头冒出四个字'文化自觉'。"费老认为，文化自觉这四个字，正好表达了思想界对经济全球化的反应，它试图回答人们的一种心理需求：要求知道我们为什么这样生活？这样生活有什么意义？ 这样生活会为我们带来什么结果？也就是人类发展到现在已开始要知道我们的文化是哪里来的？ 怎样形成的？它的实质是什么？ 它将把人类带到哪里去？这些问题，就是文化自觉的基本义涵。文化自觉是费孝通先生独自提出来的全新的概念。这个思想对当今中国而言，对每个中国人而言，特别是对知识分子而言，其价值格外深远。

　　我之所以这样说，是因为我们长期以来处于文化不自觉的状态。四十年前的这个时候，我们开始了历史上不曾见过的动乱时期。对这样的时期，不同的人可以做出不同的解释。但我们至少可以说，那是文化不自觉的时期。今天，那样的时期已成为过去，我们进入了一个新的时代。但我们是否已经进入了文化自觉的时期呢？我看还不敢这样说。起码在文化自省和文化反思方面，我们距离文化自觉有好大一段距离，如果不是南其辕北其辙的话。

　　近年来，中国开始重视传统资源，重视口头和非物质遗产的保护。这个行为本身的文化自觉的内在义涵远远抵不上话语的浮面价值。当然，不可否认的是，这个行为本身的过程可以启迪人们朦胧的文化自觉，使人民群体觉得，文化遗产是重要的，不能轻易去毁坏它，至少有时候还可以带来荣誉和商业利益。其实，对文化遗产的保护和传承，是传承人类精神的血脉，是民族的薪火相递，只有到了这个层次，才称得上是文化自觉。而文化血脉的传承，首先是一种理性认知，不仅仅是一种情感的延续。换句话说，文化自觉近乎一种信仰。所以，费老的文化自觉思想在当今有非常重要的意义，学术文化界应该推展这个概念，阐扬这个思想。这是一个真正的思想，是一个当代思想家的重要思想。

费老提出的第二个重要思想，是"美美与共"的思想。

简单说，就是费老提出的四句话："各美其美，美人之美，美美与共，天下大同。"我愿意称它为"四句教"。顾廷龙先生给中国文化研究所题写的宋代大思想家张载的四句话："为天地立心，为生民立命，为往圣继绝学，为万世开太平。"就是中国思想史上有名的"横渠四句教"，展现的是宋儒的最高精神境界。"为天地立心"是指学问、人格应该追求的天地境界，也就是与天地万物为一体。"为生民立命"，这是一种民本为源为根的思想。"为往圣继绝学"是指学问的传承。最后是一个普世性的关怀，要"为万世开太平"。费老的四句话也可以说是切合今天的"四句教"。"各美其美"，指每个人、每个民族、每个国家、每个文化系统都有自己的美点。这个美不只是审美意义上的美，同时也是人性、民族文化、文明的优长点，是真、善、美的价值综合。

第二句话"美人之美"，更其重要。一个人、一个民族、一种文化系统，看到自己的美点，对自己的文化感到自豪，是自然的，也是比较容易的；能够看到并且能够欣赏他人之美，则比较困难，因此就更加难得。只美自己之美，看不到他人之美，这是狭隘的文化偏见。他这句话要表达的意思是，各种不同的文化，不同的文明，都自有其优长之处，不可以轻易论长短分优劣。各美其美，固然；同时也要美人之美。当然要做到这一点，不是很容易。人们的思维惯性，习惯于用己之长去量人之短，国家、民族、文化、文明，都是如此。即使是一个单独的学人，也容易犯以己之长量人之短的毛病，只知自己美，看不到他人之美。因此，费老提示我们，在各美其美的同时，还要美人之美。

第三句，"美美与共"。我之美，你之美，他之美，大家融合在一起，众美交融，而不是互相冲突。最后一句，"天下大同"。学术界有朋友提出，最好不用"天下大同"，因为哪里会有天下大同呢，所以建议他用"和而不同"代替"天下大同"。费老当然没有当面表示反对，作为晚年的费老，他不会轻易反驳别人的意见。但在我看来，还是用"天下大同"好。"天下大同"是一种期待，是思想往深远处的投射。"和而不同"是对"众美"相处状态的概括，是期望在一个大的框架内，大家彼此能够和平相处，这固然好；但是这个思想作为四句教，还应该往前延伸，不应静止。"天下大同"作为人类的理想，尽管遥遥无期，但它是人类文明融合演化的最高点，这与横渠四句教的"为万世开太平"，有相似而不必相同的信仰期许。

费老的"美美与共"的思想，是在全球化的背景下提出来的，特别是在哈佛大学亨廷顿教授在美国《外交》杂志上发表"文明冲突论"之后提出来的，这个思想有格外突出的价值。在某种意义上，这也是对"文明冲突论"的一个回应。我们这个世界很不幸，我个人不太赞同亨廷顿先生的这个观点（我在哈佛大学访学期间，本来有机会对亨廷顿教授做一次访谈，一切访谈的准备都做好了，但因为杜维明先生的秘书把时间弄错了，错过了这次访谈），但从中国传统思想的视角看，他的观点包含有很大的时段"预见性"，似乎有一种文化的"悟"。当苏联东欧解体、两个阵营的对立消失以后，他出人意表地提出了文明冲突论，这是很厉害的观点。中东的状况证实了他的思想，至少现在基督教文明和伊斯兰文明之间的冲突是显而易见的。不过，当美国出兵攻打伊拉克的时候，他发表了一个声明，说美国外交史上所犯的错误从来没有像打伊拉克这么大。

亨廷顿先生也谈到了儒教文明与西方文明可能的冲突。这些思想隐藏在美国外交政策的基底下。这种看法显然是对中国文化的极大误会。在中国文化的背景下，各种信仰是可以和平相处的，甚至在某种程度上还可以互相融合，所以中国历史上从来没有宗教战争。比如佛教从印度传来，与中国文化磨合的时间固然很长，但最后融合得很好。当佛教转化为禅宗时，其宗教的信仰成分减少到了接近于无。禅宗是中国知识分子的思想调节剂，是智辩，是语言的机锋。比如禅宗史上一些著名的话头，例如问"如何是佛心"？回答是："镇州萝卜重三斤。"这有什么信仰呢？但禅是一种很高的思想。佛教其实很适合中国人的心性，在中国民众中，佛教思想已经生根。中国历史上，佛教与基督教、天主教曾经有过一段相冲突的历史，但从未发展到势不两立的地步。利玛窦等之所以能够在中国立足，就是由于他能够使天主教儒化，与中国文化融合得比较好。道教是一种自然宗教，更容易与佛教、与儒教、与西方的宗教相融合。至少中国历史上的当权者，在大多数情况下采取了比较妥善的处理方法，不把它们对立起来，不致演变为大的冲突。所以，用亨廷顿先生的"文明冲突论"思想来解释中国文化，是解释不通的。中国文化重视的是融合，而不是对立和冲突。

在这样的背景下,费老提出"美美与共"的思想,实际上是主张不同的文化与文明,应该互相吸收对方的长处,大家和平相处,"美美与共",形成一种文化的融合,甚至对未来的"天下大同"给予一定的期许。学人之心,思想家之心,实在可感可佩。一个人在晚年能够提出这样的思想,是令人震撼的。我们的学术界、人文学界、大学、研究机构,应该阐释并推衍这些思想,可惜做得远远不够,这正是我今天有愿望也有激情来说这番话的原因。

今年,恰逢香港《明报月刊》四十周年纪念,我也是《明报月刊》的编委,编辑部向我约稿,我写了一篇文章,题目叫《呓语》。在这篇短文中,我说了这样的话,"经济学家装满了自己的钱袋,已经不懂经济;政治家昧于天道,尤其不懂政治"。我所说的政治家,不单指中国,也包括全世界的政治家。美国的政治家把战争当作一种游戏。美国的战争游戏很好看、很刺激,在电视上播放,任何一个小孩都会喜欢。并不需要拉姆斯菲尔德或者沃尔福威茨,美国的战争模式是一个懂事的孩子都可以设计出来的,我们在座的如果掌握美国的战争机器,也能够设计出一套战争方案,如何把伊朗打下来。为了对付伊朗,美国提出了要动用原子武器。

作为一个有良知的人,我们没有想到二十一世纪会是现在这个样子。对这个问题,我有些悲观。人类文明的精粹不应该用在战争上。再强大的兵力,再先进的武器,能够征服人的良知吗?能最后征服人的信仰吗?战争可以推翻一个政权,但能够粉碎一个民族的信仰吗?伊斯兰文明的信仰是人的个体的信仰,不仅仅是群体的信仰,武力征服能够消灭个人的信仰吗?所以我说现在的政治家昧于天道，尤其不懂政治。

中国太缺少思想家了，连认真的思想者也很少，所以很少看到有人讲出真正有思想的话。大家看到，北京的城市建设有诸多可议之处，包括城市的主体色调都不是没有问题。几年前，一家有影响的报纸提出，北京的建筑颜色应该以灰色为主，这是一种误导。北京本来空气不好，灰蒙蒙的，又加上整体的灰色建筑，怎么会好看呢。其实北京应该以哑光的红色调为主。美国波士顿的气候与北京差不多，那里的建筑多以红砖的色调为主。冬天很长很冷，红色使人感到温暖。这只是一例，还有许许多多的问题，都需要有人说话。清宫戏在电视台泛滥，有人批评过吗？有真正学者思想家的批评吗？电影方面，难得一见的有思想的电影导演是张艺谋，但被媒体批得一塌糊涂。张艺谋的《英雄》，几乎有与费老相似的思想。费老是从学者的角度，主张"各美其美，美人之美，美美与共，天下大同"，张艺谋是用电影的手法告诉大家，在群雄林立、尚武逞强的时代，敢于放弃的人才是真英雄。《十面埋伏》说的是在独立和自由面前，面临着"十面埋伏"，不论是飞刀门也好，还是捕快的组织也好，都是对个体生命自由的极大束缚。要获得生命的自由，获得真正的爱情，能够像风一样飘到自己喜欢的地方去，就要冲破如同"十面埋伏"的重重束缚。这实际上是在主张思想和个性的自由，如同主题曲所唱："北国有佳人，绝世而独立。"我对张艺谋电影主题的阐释挖掘，他本人也未必全清楚。他电影的主题非常重要，是很前沿的思想，但中国的传媒除了一片攻伐外，没见到佳评。

提出有价值的思想是难能可贵的。前几天，我在网上看到李泽厚的一个谈话，他是我的朋友。他提出，道德的基本精神具有绝对性。这就是一个思想。我们所受的教育，几乎半个世纪以来讲的都是道德相对论，如说有无产阶级道德和资产阶级道德，有封建时代的道德和今天的道德，今天的道德不能从过去的道德中继承发展而来，今天需要重建我们自己的道德等等。可是道德精神也是具有绝对性的。李泽厚以孟子的话为例，说"富贵不能淫，威武不能屈，贫贱不能移，此之谓大丈夫"，所表现出来的不屈服于富贵，不屈服于武力，不屈服于贫穷的道德精神，就具有人性的普遍价值，这种价值是一种人的坚强不屈的精神，它具有绝对性和普世性。民族气节也是如此。我们今天有些过于赞美清朝了，对清朝的历史地位我不做评价，可是那些在明清鼎革之际不肯降清的民族英雄，他们的精神气节，永远值得我们纪念。史学界有人忘记了这一点，甚至认为降清才是好的，他们就不懂得作为道德精神的民族气节的绝对性。

我对一点一滴的思想都格外珍视。中国文化研究所每周有一次例会，不是开会，但我们相见无杂言，不讲废话，常常讲些最能入于道的事情。今年春节后我们第一次例会，在会后餐叙时我问摩罗：人活着有什么意义？他说，其实也没有什么意义，生出来就很被动，也没有征求我们的意见。他是我们研究所的一个思想家，这是很有思想的话。中国需要有知识的人讲出有价值的见解，使我们的国家变得更好。可能有些有思想的人不愿意管闲事，不愿意多说话，那么他就缺少费老提倡的"文化自觉"的精神。

费老的文化自觉的思想是太重要了，他的"美美与共"的四句教也是了不起的思想。费老并不认识我，但他是老辈学者中我非常佩服的思想家。有学问的人很多，有思想的人却未免太少。绝对不可以认为，写出一本书就是一个思想家，其实写出一本书也不见得是学者。学者必须是通儒。能够写出一部专业领域的专著，也不见得是一个学者，只能算是专家。专家不一定是学者，学者必须是通儒。通儒的标准就是一个有系统思想并能打通学问边界的人，费老是通儒。

原载 2006 年 8 月 13 日《文汇报》

大学之道和"止于至善"

——金耀基的《从大学之道说中国哲学之方向》

> 大学之道，在明明德，在新民，在止于至善。
>
> ——《礼记·大学》

2013年8月下旬，因赴香港出席中华国学论坛，得以再次与金耀基先生晤面。金先生是海内外声名卓著的文化社会学家，我和他相识于九十年代初，至今已有二十多年。每次过港，我们都会晤面，体验难得的谈讲之乐。这次的会他未遑出席，但看到了我和杜维明、傅佩荣几个人的主题演讲。我主要讲"六经"的价值伦理具有永恒性，完全可以成为当代社会价值重构的直接资源。他对此一话题颇感兴趣，但亦强调，经学为科学所取代是百年以来现代教育的事实经历。

今年春节后的一次电话中，他再次提起这个话题，并说有一篇文章可以寄我一看。他说的是《从大学之道说中国哲学之方向》这篇文章。我看后感到甚获我心，当即写一信告知心得。他得信后又打电话与我谈此话题。金先生的文章虽然已先期披载于香港的学术刊物，考虑到其对百年以来的教育思想和教育实践的检讨与反思，以及对当代中国社会的价值建构的点睛和切中，经征得金先生同意，今年 5 月出版的《中国文化》杂志，特重新予以刊布，以飨对此方面的话题投以关注的内地读者。

自 1905 年清廷废科举、兴学校以来，不同于传统教育方式的新型教育体制，在我国迄今已有一百一十年的历史。新旧交替，历史转型，波诡云谲，异说异是。然大历史格局里面的文化与社会的递嬗，实有事与势的不得不然者。金耀基先生把此一转变在教育方面的呈现，概括为由经学到科学。揆诸二十世纪的教育实况，我们无法不信服金先生的观察。二十世纪的主流哲学思潮，主要是分析哲学和实证哲学，所追寻的是理性的客观知识，金先生将其目的与任务概括为"求真"。

此正如老辈中已故的哲学重镇金岳霖先生所说："现代研究工作的基本信条之一，就是要研究者超脱他的研究对象。要做到这一点，只有培养他对于客观真理的感情，使这种感情盖过他可能发生的其他有关研究的感情。人显然不能摆脱自己的感情，连科学家也难办到，但是他如果经过训练，学会让自己对于客观真理的感情盖过研究中的其他感情，那就已经获得科学研究所需要的那种超脱法了。这样做，哲学家或多或少超脱了自己的哲学。他推理、论证，但并不传道。"（《金岳霖全集》第六卷，人民出版社，2013 年，页 387）在此点上"二金"同归，他们丝毫不否认这种哲学的论理意义，但绝不满意这种哲学的不近人情的冰冷的精神气质。

金岳霖不禁怀恋起中国哲学家，说他们都是不同程度的苏格拉底式人物，在他们那里，伦理、政治、反思和认识集于哲学家一身，知识和美德呈现为不可分的一体。金耀基则顺理成章地联想到他所熟悉的唐君毅、牟宗三等新儒家领军人物，特别是他们所期待的关于科学之外的一种满怀恻怛之仁与悲悯之心的学问,这就是最高的善论,也可以称作"立人极"之学。

那么,行进已逾百年的现代教育呢?如果说中国传统教育的旨趣是《礼记·大学》所做的概括——"大学之道,在明明德,在新民,在止于至善。"金耀基先生说,今天的大学之道,则可以表述为:"大学之道,在明明'理'(科学之理),在新'知'(创立新知识),在止于至'真'(科学之真理)。"由科学统领的知识教育毫无疑问是现代教育的核心,其成功和成就,没有谁能够予以否认。但单纯的知识教育的局限,以及因成功形成的傲慢与独断,随着时间的推移,也变得有目共睹。事实上,哈耶克、哈贝马斯等学者,对将科学等同于知识的"科学主义"已经有所批评了。而在2006年,曾担任过哈佛大学人文与科学院院长的鲁易士,也尖锐地提出,哈佛大学失去了甚至是自愿放弃了铸造学生灵魂的道德权威的责任。金先生文章中这方面的丰富引证与论述,不由得让人服膺,同时又让人警醒。他的结论是:"今日否定科学之贡献者可谓非愚即妄。但大学教育之目的,在求真之外,必不能不求善。古代的求'善'的大学之道,必须与今日求'真'的大学之道结合为一,不可偏废,否则大学很难培育出德智兼修的学生。"

这让我想起老金先生岳霖前辈类似的话:"知识本身是否具有直接的影响,这是值得怀疑的。如果它曾经有,那么对于大多数人来说,它现在已经不再有了。在大多数人那里,知识是像牙刷一类的用具,只要不用,就被挂起来了。知识是否是某种意义的美德?古希腊人认为是,我们无须断言它在今天已经不是了。知识是中性的,影响不了我们爱好的口味。它的分寸感太强,使我们不能靠它来解决它的恰当范围以外的问题;它太外在,不能支持我们以信仰来行动；它太软弱，不能为我们提供帮助。它不是情感和欲望的主宰者或伙伴，相反，它成了它们的奴隶。"（《金岳霖全集》第六卷，页398）而当话题涉及教育目的时，老金先生更为直截了当："教育的主要目的是培养个性，消除野性，使人变得坚定；是在冲突的人生需求之间建立平衡，养成某种节操以便自我控制其他方面；是修养本性从而使受到滋养的本性变得有教养和有文化的内涵。价值观念必须自觉地接受。这里的意思不是说教育应该灌输价值或观念，但是教育肯定应当对价值和信仰加以分辨，应当鼓励青年人清醒地意识到自己的选择，使他们能够明确地说出自己的价值观念是什么，并确信自己无愧于天地。"（同上，页403—404）

金老先生岳霖前辈还格外钟情于"优雅"这个概念，他认为只有把"平等"和"优雅"结合起来，才可能成为真正的人。他写道，无论你选择的是什么职业，"温和而庄重的仪表、严肃认真的工作态度和发自内心的愉悦，都是他作为人所应当具有的，这些比其他一切都重要"（同上，页405）。论者有的或谓，如今的第一流的高等学府已经成为造就"精致个人主义"的温床，则老金先生之论，不知可否使那些"精致"的人精，在哪怕是期待中的优雅秩序面前生出些许愧疚，以恢复文明的本然，以避免让高贵蒙羞。

金耀基先生的文章，道出了他的古典想往。他认为亚理士多德视伦理学为关乎人如何活及人的快乐的知识，是无比正确的。他说："如果我们想对我们自己或者对科学有一种清醒与人性的观点，那么，一种承认知识之领域是大于'科学'之领域的知识观，就成为一种文化上的必需了。"他主张回复到古希腊时代的"一个更扩大的知识范典"。而老金先生则说,中国哲学属于苏格拉底、柏拉图那一类。"一位杰出的儒家哲人,即便不在生前,至少在他死后,是无冕之王,或者是一位无任所大臣,因为是他陶铸了时代精神,使社会生活在不同程度上得到维系。"因此他为苏格拉底式人物的一去不复返而感到深深惋惜。(《金岳霖全集》第六卷,页385—386)而陶铸和养育这样人物的精神范典,在中国古老传统背景下唯"六经"足以当之。中华文化的基本价值理念和价值结构悉在"六经",中国人做人和立国的基本学理依据悉在"六经"。所谓国学,离开经学,实无所取义矣。

本文所引老金先生的文字,一为《中国哲学》,写于1943年,一为《哲学与生活》,写于1944年,原稿都是英文写就,翻译成中文发表是后来的事。两金同举并谈,可以加深对金耀基先生文章构意的理解,亦可知文化的历史轨迹原来如此奇妙,不仅东圣西圣,其揆一也;前贤后贤,其揆亦似非异。但昔日的话题重现于今日,已经是在观念的纠结和实践的翻覆过去差不多七十年之后了,那意蕴玄规和对经验材料的把握,自有前所不能比之于后的不同品貌和学理深度。

2015年5月3日写讫于东塾,
原载《中国文化》2015年春季号

因名见物　由物正名
——读孙机《中国古代物质文化》书后

孙机先生是我国文物考古领域的著名专家，生于1929年，1960年毕业于北京大学考古学专业，今年八十又七，值米寿之期。他长期担任国家文物鉴定委员会委员，所鉴定文物，为该界人士所服膺。他学术的兴趣及所从事的专学，主要侧重科技文明和生产与生活的名物之研究与考证，特别对农牧、膳食、饮品、医药、纺织、服饰、器具、文具、乐器、矿冶、交通、武备等名物，有深湛的研究。往往能够由物正名，因名见物，考镜源流，证发中西。前此的代表著作是《中国古舆服论丛》《汉代物质文化资料图说》和《中国圣火》。实事求是，无证不言，人朴学质，厚积薄发，著述精要，是其一生为学的特点。

《中国古代物质文化》（中华书局，2014年，下引诸页码，均出于本书）一书，是在国家博物馆系列演讲基础上成书，事前有详备文稿，嗣后经过重新修订厘定，撰写成著述文本。绝非通常所谓演讲体，而是全新的专业著述。内容可视为他已往研究创获的总汇。书分十目：一曰农业与膳食，二曰酒茶糖烟，三曰纺织与服装，四曰建筑与家具，五曰交通工具，六曰冶金，七曰玉器、漆器、瓷器，八曰文具、印刷、乐器，九曰武备，十曰科学技术。

每一目均从人类生产和生活方式的一名一物说起，解名释义，明辨源流，取证中外，探河穷源。完全做到了无一物无来历，无一例无出处。且配以手绘图例，因名见物，以物正名。考索叙论方式，则地下发掘和纸上故书互相比证，异域物典与中土文物彼此参证，此正是王静安所倡行的二重证据法也。至其笔力文风，语言逻辑，更是举重若轻，如话家常，取证丰，下笔慎，行文简。化奥名僻典于日用常行，使专业著论变成趣味讲述。真真大家之著述也。

兹以第二目之酒之一项为例。照一般理解，酒之制作须用曲。但著者根据翔实史料，确认原初的酒并不用曲，而是将麦芽和谷物同浸于水，再经过滤，而成醴酒。为此征引《吕氏春秋》高诱注、《释名·释饮食》等载籍予以证实。曲是在蒸煮谷物过程中发现的一种可产生酶的真菌，著者写道："有了曲，粮食酒遂正式问世。"（页38）经典证据是《尚书·说命》的记载："若作酒醴，尔惟曲蘖。"征引之后，接着分析制作过程因发酵产生的醛和酯的多寡，使酒呈现不同的香味。因此有淡酒，是为醴；香酒，是为鬯。并进而考证出："鬯酒又名秬鬯；秬是黑黍，鬯是香草。"根据是《说文》有解："鬯，以秬酿香草，芬芳条畅以降神也。"那么，像鬯酒这样高级的酒，应该用什么样的饮酒器呢？孙机先生的考证以此为转折而进入他的酒论之妙境。

他提到当时有一种高级酒器叫卣。证据一，甲骨刻辞有"鬯一卣""鬯三卣""鬯五卣"的字样；证据二，《尚书·文侯之命》和《诗经·江汉》都有"秬鬯一卣"的记载；证据三，《尚书·洛诰》有"秬鬯二卣"的记载。看来"卣"这种饮酒器的文字记载无可异议。但此种酒器的形状，是宋人定名，故著者说："卣究系何物，仍是一个未解之谜。"（页38）没有看到遗存实物，尽管有文献记载，仍然存疑，这就是孙机先生的学术风格。但另一种酒器"爵"，可是有实物存焉。他说河南偃师二里头就出土过夏代的铜爵。但此爵有很长的"流"（犹今之壶嘴。——笔者注）平直伸出，有的还是"管状流"。孙先生断判此物并非饮酒器，而是敬神时使用的以酒灌地的器具。根据是《说文》对爵的解释为："中有鬯酒。"又《礼记·礼器》云："宗庙之祭，贵者献以爵。"《论语·八佾》的皇侃义疏又说："使酒味渗入渊泉以降神也。"则爵非为饮酒器可以论定矣。况爵有三足，系加热用。孙先生写道："二里头出土的铜爵，有的器身瘦长，下接向外膨起的假腹，呈覆盂状，上面开有四个出烟孔。加温时，这种构造便于拢聚热量，吸引火势，使爵中的鬯酒迅速沸腾，冒出蒸气。"又说："古人认为神虽不饮食，然而喜欢嗅香味。"此点也有文献记载，《尚书·君臣》的孔传曰："芬芳香气，动于神明。"孙机先生的引证可以说是步步为营，一丝不漏。

　　本来考证析论至此，已可以结束。然而孙先生还要进一步往下追究新名新义新解。他说以香气享神叫"歆"，斯义来自《左传·襄公二十七年》的杜预注："歆，享也，使鬼神享其祭。"又引《说文》："歆，神食气也。"再引《诗·大雅·皇矣》之孔疏："鬼神食气谓之歆。"孙先生写道："升歆灌地，上下交泰，所以盛鬯酒的爵是祭祀中重要的礼器，不是饮器。"那么，《礼记·玉藻》里面说的"君子之饮酒也"，"受一爵"如何，"受二爵""受三爵"如何，系何所指称？孙先生回答说，此处所强调的是量的概念，证之以文献记载则《考工记·梓人》《仪礼·士昏礼》的郑玄注，都认为爵就是一升的意思（页40）。

爵既然不是饮酒器,那么,先秦时饮酒用什么器具呢？孙先生告诉我们,当时饮酒用的是圆口深腹的觚。后来爵也成为饮酒器了,只不过绝不是在先秦。孙先生的结论在此。职是之故,哈佛大学的 L.G. 胡博先生提出的伊朗南部沙赫达德出土的带流器,可能是中国爵的原型的说法就不能立足了。孙先生说:"由于社会习俗大不相同,古代西亚不曾有先秦之歆灌的观念,完全不具备制出这类礼器的前提。何况沙赫达德之带流器是红铜锤鍱成形,与二里头铸造的青铜爵判然有别。用途迥异,形制不侔、工艺悬殊且全无关联之万里云霄以外的一件器物,怎么能成为中国铜爵的'原型'呢!"(页40)考证而兼辩难驳论,益增服人力度。而关于觚为饮酒器,著者举出《大戴礼记·曾子事父母》:"执觞觚杯豆而不醉。"典籍凿凿,自可为据。

到了汉代,著者说"贮酒用瓮、用壶,盛酒则用桶形或盆形的尊",山西右玉出土的两件汉代铜酒尊可作为物证。此两件酒尊,一盆形,铭文中有"酒尊"两字;一桶形,自名为"温酒尊"。著者复又释证道:"'温'是'醖'的借字,指反复重酿多次的酒。它是用连续投料法重酿而成,酿造过程历时较长,淀粉的糖化和酒化较充分,酒味酽洌,为世所珍。"(页43)如此佳酿,用以盛酒的器具自宜不同寻常。所以著者以故宫所藏东汉建武二十一年(45)的一件鎏金铜醖酒尊为例,称其"底座下有三熊足,镶嵌绿松石和衬以朱色的水晶石,与鎏金的尊体相辉映,非常华丽"(页43)。这是指桶形尊。至于盆形尊,著者说唐代出现频频。证据有洛阳出土的唐乾元二年(759)的高士饮宴图螺钿镜,陕西长安南里王村的唐墓壁画,宋人摹的唐画《宫乐图》,上面都有此物的身影。

那么，汉代的饮酒器又为何物？著者说汉代已不用觚而是开始用杯了。但汉代的"杯"和现代汉语所说的杯，不是同一物。著者娓娓言之曰："汉杯源于手掬之抔。《礼记·礼运》曾云'抔饮'，郑玄注：'杯饮，手掬之也。'从手掬发展出来的杯，平面接近双手合掬所形成的椭圆形。"（页44）又说："合掬时位于左右的拇指则相当杯耳。所谓耳杯，即由杯耳得名。"（页46）汉代人饮酒，用的就是这种耳杯。这有长沙杨家岭西汉墓出土的铜耳杯为证，上面的刻铭有"张瑞君酒杯"字样。除此之外，还有卮。著者以陆德明释庄子引《字略》为证云："卮，圆酒器也。"又引《史记·高祖本纪》："未央宫成，高祖大朝诸侯群臣，置酒未央殿前。高祖奉玉卮，起为太上皇寿。"实物证据则是秦阿房宫遗址出土的云纹高足玉卮，著者认为两者应相仿佛。卮，当然不是汉代始有，但汉代饮酒在用"杯"的同时也用卮，应为历史本真。我们所佩服的，是孙机先生著论的取证详博，每一物都能确指其来历。

孙机先生对古人早期所饮酒是热酒抑或凉酒的考证，尤为精妙。敬神用冒着蒸气的热酒，前面已简要介绍。但人们通常饮用的则是凉酒。孙先生的取证是《楚辞·大招》："清馨冻饮，不啜役只。"以及王逸注："醇酎之酒，清而且香，宜于寒饮。"又湖北随州战国曾侯乙墓出土的大冰鉴中有固定的贮酒方壶，证明喝的是凉酒。不仅此也，他还不忘清末经学家皮锡瑞，引其《经学通论》的"论古宫室、衣冠、饮食不与今同"部分，其中有古酒为"新酿冷饮"的说法，一并为其证据（页43）。可谓广征博引，层层深入也。至于饮温酒始于何时，著者未予详考，但魏晋以还的例证，他一则举孙思邈的《千金方》，二则举《世说新语》，证明当时已广泛饮用"温酒"。至唐则李白、元稹、白居易的诗中，"温酒"一词已是频频。然则孙机之考证名物，不仅以实物、典籍为凭，且亦如同义宁之学之"以诗证史"了。

由于饮温酒成风气，原来的盆形尊散热快，就不合所用了。于是有了酒注。孙机说："为了保温，后来还在酒注之外套上贮热水的温碗。"另还有酒盏和类似茶盏托盘的酒台子。酒注、温碗、酒盏、酒台子，是为配合成套的酒具，名为"台盏"。这一整套设施，孙机考证出要到宋代才配置完备。他说《辽史·礼志》有"执台盏进酒"字样。元代亦复如是，他引《事林广记·拜见新礼》中有"主人持台盏，左右执壶瓶"一语为证。复又引据关汉卿的《玉镜台》，孙机先生是这样写的，《玉镜台》中，温倩英给温矫敬酒："旦奉酒科，云：'哥哥满饮一杯。'做递酒科。正末唱：'虽是副轻台盏无斤两，则他这手纤细怎擎将！'"引录的重点显然在"台盏"二字，这是著者一路考证的关键词。但引录之后，你猜我们的孙先生该如何论析作结？他轻轻地低语："但温倩英如果端上这件西湖出水的银酒台，上承银酒盏，再斟满酒，分量可就不轻了。"居然幽了温小姐一默。然而无法否认，他的考证既文不离题而又严谨得如同老吏断狱。很难想到的是，他的行文也如此简省入妙，这是许多学术著作不曾达到的境界。

孙机先生的《中国古代物质文化》一书，其所考证论析，大率类此。我特以酒论一项，冀窥一斑而见全豹。是书虽主要是文物考古和名物考证，但书中所呈现的丰富内涵，则是中国古代社会的生活史和风俗史，其学术价值绝不逊于精深的史论之著。遑论泛泛者众，就无须入于我们的眼中笔下了。

我总的看法，《中国古代物质文化》一书，实为近年学界所仅见的名物考古之大著述,是顶尖级的学术著作。它提供给读者的不只是详博的历史文化知识,还有贯穿在名物后面的规则、理念和文化精神。

2016 年 10 月 31 日写于东塾

红学研究的集成之作

——黄一农《二重奏：红学与清史的对话》

研究《红楼梦》不可避免地要跟清代的社会政治结构乃至明清递嬗的历史联系起来，只不过涉猎有深有浅耳。即就浅者言之，也需要知道是书作者曹雪芹是清代的何许人，出生于何时何地，家庭亲族的背景如何，父、祖的身份地位有什么来历，以便知道其写出《红楼梦》这部杰作并非偶然。涉猎深的，则不满足光是知道作者的经历和家庭环境的背景，而是振叶寻根、观澜索源，想追寻作者更为详尽的家族世系，试图弄清楚与作者及其家族相关的每一个人物和事件的真相。

百年来的红学研究，考证派红学事实上走的就是这条路。成果无疑是丰盈的，不仅曹雪芹的家族世系有了较为系统的了解，曹家的亲戚和朋友、亲戚的亲戚和朋友的朋友，以及他们和朝廷的关系的蛛丝马迹，都考论得细如毛发，深如掘泉。以至于有红学变成了曹学之说，引起钟情于文本的读者和研究者的微词。研究者中以已故的周汝昌先生的成绩最为突出，知者称之为考证派红学的集大成。但问题亦随之而来，迄今为止，鲜有此界学人能够共同认可的结论。有此一说，便会有彼一说与之抗衡。连大作家的祖籍是丰润还是辽阳也争论得如同路人。最后连《红楼梦》是不是曹雪芹所撰，甚至有没有曹雪芹其人，都成了疑问。这只是就作者和家族世系而言，此外还有书中书写的内容与明清史事的关系，同样为人们所关注。

《红楼梦》第五回，贾宝玉梦游太虚幻境，警幻携住宝玉的手，向众姊妹道："今日原欲往荣府去接绛珠，适从宁府所过，偶遇宁荣二公之灵，嘱吾云：'吾家自国朝定鼎以来，功名奕世，富贵传流，虽历百年，奈运终数尽，不可挽回者。'"其中的"自国朝定鼎以来"，不是明写1644年的清兵入关吗？而且"定鼎"一事直接和"宁荣二公"直接相关。第十六回，先是凤姐道："说起当年太祖皇帝仿舜巡的故事，比一部书还热闹，我偏没造化赶上。"然后赵嬷嬷说："还有如今现在江南的甄家，嗳哟哟，好势派！独他家接驾四次，若不是我们亲眼看见，告诉谁谁也不信的。"此处的对话显然是对康熙南巡的追忆，而且和"接驾四次"的曹雪芹家族相关。这些描写没法不让人将小说和清史联系起来。而曹雪芹的一些友人，如敦敏、敦诚，以及《红楼梦》的钟情者如张宜泉、永忠、裕瑞等，大都是清朝的宗室子弟，他们的诗文每与《红楼梦》相关，于是又成为红楼考史的对象。

问题是《红楼梦》涉明清史事的部分既有明笔，又有暗笔，事出多方，扑朔迷离，自然引起有考证癖的历史学者的兴趣。于是几代大史学家蜂拥而至，蔡元培、王国维、胡适之等以红学名家的文史通家不必说，中国史专家翦伯赞、明清经济史专家傅衣凌、清史专家韩大成、中外交通史专家方豪，以及"五四"运动史专家周策纵、思想史专家余英时、经济史专家赵冈，都在红学领域各树一帜。最后连以治人口土地史著称的何炳棣也走进了红学。

我讲上述红学掌故是想说明，黄一农教授《二重奏：红学与清史的对话》的选题及其书写内容，于红学研究于清史研究是完全成立的，是红学研究者并不陌生的选项。而且作者以治中国科技史和中外交通史的专长转而入于此一领域，虽令人稍感意外，细详却并非偶然。前辈学者许多都是这样做的。只是此一选项在今天具有相当风险，如果不能比前贤或红学时流提供更多的可以取信的新材料，极易受到质疑。我与一农相识多年，不是由于红学，而是 1992 年在德国"纪念汤若望 400 周年诞辰国际学术研讨会"上，我提交的论文是《汤若望在明清鼎革之际的角色意义》，不过是勉强能够发挥己长的"出位"之文，一农则是地道的从中西交通史的角度谈耶教东传及其文化冲突的著论。承他宽谅，对我为文的人文气息给予赞赏。从此我们就时不时地能够见面了。他总是带来新的信息。一次，他告诉我正在致力于向台湾小学生推广计算机。另一次，他说王征的故事其实可以写一个电影脚本。他作为科技史专家的奇思妙想常令我这个念文学出身的人自叹弗如。还有一次，就是接到他来到北京之后的电话，说已开始涉身红学了。我陪同他拜望了周汝昌先生，为不分散他们的交谈，我坐在车里等候。但没有想到他在红学的海洋里游得如此自由如此邃深，更没有想到最终成书会以《二重奏：红学和清学史的对话》这样恢宏的面貌出现在读者面前。

我为有幸成为一农兄这部新著的早期读者而感到高兴。同时毋庸讳言，我作为见证此学此科的过来人，是怀着疑惧参半的心情来阅读这部于我并不陌生的著作的。在我看来，所谓红学，处处都是陷阱。所以余英时先生早在七十年代末就说，红学是一个碰不得的题目。何况黄一农先生赫然地是从研究曹雪芹的家世开始，无法不让人产生"一部十七史，不知从何说起"的疑虑。不同以往的是，著者将此项研究置于 E 考据时代的背景之下，大量使用各种所能见及的数据库，使本课题的取资方式与甄别类分比前辈占有更大的优势。所涉及的曹家上世以及曹雪芹本人的材料，从前的红学研究者也曾涉猎过；但《二重奏》（以下以此简称此书）把相关数据铺展成一个完整的网络，遗漏或空白的部分则有所补充，又用独自发现的一些新数据建立起立说的支点。而考证曹家的上世从史有明文的曹振彦讲起，说明著者采取的是科学考据的态度。对于曹家的祖籍是丰润抑或辽阳这个争论不休的问题，作者未简单作左右袒。

但他考证出从丰润出来的张氏一族之张自德及其子张纯修，与曹雪芹的上世关系不同寻常。对曹振彦入关前和入关后的生平事迹的梳理，包括确定其所属旗籍为多尔衮旗下（与张自德同），所属之自家主子为阿济格；入关后成为"贡士"，后又担任山西一府之知州等，作者的考订理据充足，宜可采信。张纯修与曹寅、纳兰性德的相契为友，是为《二重奏》的第三章，为本书具有坚强说服力的一章。此章围绕禹之鼎所绘之《张纯德像》及诸满汉名士的题词展开探讨，并论及时任江宁织造的曹寅邀禹之鼎等绘《楝亭图》，以及通过博学鸿词建立与汉族知识分子的沟通管道，这些考论较此前的诸家论说，似更为详密而少漏。学者如周汝昌等考订《楝亭图》和《楝亭夜话图》较多，对张纯修的来历较少涉及。本书作者因掘发出纯修之父张自德的来历，并建立起曹寅与张纯修、纳兰公子之间的关系互动网络，是为近年红学考证的一项贡献。

《二重奏》第四章考论曹寅的血缘世系、第五章考论曹氏家族的姻亲，虽也都是旧话题，但由于作者思理细密，依据既有材料逐层分析，给人以不致有误的印象。关于姻亲部分，材料尤为翔实，可为的论。至曹氏本族之人物关系，历来不易推定。曹振彦有子尔玉、尔正，尔玉即曹玺；玺子为曹寅、曹荃、曹宣（周汝昌称"迷失的曹宣"），谱史之载甚明。唯寅、荃一代，寅少子，荃之子息多，中间并有复杂的不止一次的过继关系，谱牒与曹寅诗文之称谓有歧，理清殆非易事。《二重奏》作者不仅层层厘清了这些复杂关系，且对其中两大难点提出值得思考的解题方向。一是曹雪芹的生父究竟为谁。作者采取排除法，在既有材料基础上排比驳难，认为曹颙的可能性近于无。这就使得流行一时的"遗腹子"说受到严重质疑。剩下的只有芹为曹俯之子的可能性最大。然而这是旧说，自胡适《红楼梦考证》以来，大多数研究者均主此说，唯证据犹嫌不足。二是曹寅和具有遗民身份的顾景星是怎样的"甥舅"关系。作者于此题的考订如层层剥笋，情理物则具有不容提出否证的说服力。特别"面对面接触"节、"相互称谓"节，有让人回到历史人物的情境现场之感，展现出作者思理细密和重构历史真相的考证本领。但是否曹寅之母即为顾氏的"族妹"，只是剥离推论而"逼出"的看法，能否成为定论，尚存疑问。

第六、七、八三章，是为考订《红楼梦》的"本事"。盖红学"索隐"一派，历来所追寻在此。此由于《红楼梦》一书的特殊性，红学研究实无法避免索隐一途。但同为索隐，《二重奏》的研究考论，更多的是对清史和红学史诸典型案例的分析，而不是简单比附人物和事件。本书之发明处，在于对"明珠家事说"和"傅恒家事说"的肆力张皇其论，广收博采，隐微发覆，重构出一幅明、傅两家族与雪芹曹氏之间比较有说服力的《红楼梦》故事背后的政治、事件、人物互为关联的历史文化图景。当然，作者并没有对此两"家事"说作全然刻板地肯定，而是以相关史料证明《红楼梦》所写的部分内容与两家之遭际确有约略相似者，而曹雪芹亦极有可能或直接或间接听到过关于此两家传奇故事的叙说。关于"元妃省亲"的"本事"，黄一农先生提出了不同以往的新见，认为《红楼梦》书中的"元妃"极有可能根据的是乾隆皇帝刚登基时获允回家省亲的顺懿密太妃王氏的事迹经历。因为这位密妃"曾于康熙三十八年（1699）随驾南巡时顺路寻亲，并在苏州觅得断绝音讯已二十年的父母"，此与小说中所称允许省亲乃因入宫多年之嫔妃皆"抛离父母音容"的理路相合，亦与第十六回回前之脂批中所称"大观园用省亲事出题，是大关键处，方见大手笔行文之立意。借省亲事写南巡，出脱心中多少忆昔感今"的说法若合符契（第七章，页309）。

不过一农兄长途跋涉、历尽艰辛的资料举证分疏，到头来也只能是各种关于"本事"猜测中的一种而已，终逃不出索隐派红学的终极局限，即一切发覆索隐都不过是始于猜测而止于猜测，无法得出确定不易的考实结论。然而传统红学的不可磨灭的学术趣味亦在此。结论既不能证实，但亦无法证伪。《二重奏》的独异处，在于联结而成比以往任何研究者都更接近本题义旨的历史人物的真实网络。本来袁枚《随园诗话》中的涉红记事漏洞百出，一农兄已认定其不足取信，且批评了胡适《红楼梦考证》的"轻信"。但亦不妨一看他顺手理出的相关的人际连接网络：

> 涉红记事的当事人明义应与曹雪芹至少有一些间接关系。由于弘晓、永忠、明仁（明义之兄）、明义和曹雪芹等人常出现在阿济格裔孙敦诚的社交圈，且明义亲叔傅恒之女嫁淳

颖（阿济格弟多铎之裔孙，承继多尔衮支，袭睿亲王）为嫡福晋，另一叔傅文之女生裕瑞（多铎裔孙，其父修龄袭豫亲王），一位同曾祖之堂姊配弘晓（允祥之子，袭怡亲王）同母兄弘暾，弘暾死后无子，乃以弘晓之子为承继子。再者，明义最好的朋友张宾鹤（1724—1790）不仅馆于弘晓府邸十余年，也与明仁、敦诚、永忠以及明义的堂兄弟明瑞、明亮、奎林等交结。

至于曹雪芹，其高祖振彦尝任阿济格王府长史（相当于总管），其表哥福秀娶明珠（其妻为阿济格第五女）之曾孙女，福秀之连襟则包含傅恒和永堒，其中永堒与永忠、敦敏、敦诚、明仁、张宾鹤等人屡有唱和，且曾序敦诚的《四松堂集》（第八章，页334）。那么，谁又能够证明《红楼梦》作者曹雪芹与这一网络中的人物会没有一定关联呢？我们大家也许不情愿但亦无法不向《二重奏》的作者靠近哪怕是一小步罢。他的复制历史人物关系的本领着实令人惊叹。第九、十章考论曹雪芹的交游及诸友情形，张宜泉一章最见佳处，历来涉及此一题旨者均不能与斯著同年而语。

但第十章考论新发现的两本画册，一为《李谷斋墨山水、陈紫澜字合册》，另一为《种芹人曹沾画册》，一农兄未免过于相信"耳食之言"了。《李陈合册》可暂不置论，所谓《种芹人曹沾画册》依愚见与《红楼梦》作者应毫无干系。即如画册中末属"种芹人曹沾并题"的第六图，笔墨臃堆鄙俗，无论如何无法与"击石作歌声琅琅"（敦诚《佩刀质酒歌》）而又擅画石的雪芹曹子联系起来。而所题之"冷雨寒烟卧碧尘，秋田蔓底摘来新，披图空羡东门味，渴死许多烦热人"诗句，更与写有"白傅诗灵应喜甚，定教蛮素鬼排场"奇句而具有李贺遗风的雪芹诗作相差天壤。记得九十年代初在普大与余英时先生语及此话题，他说七十年代后的所谓关于曹雪芹以及《红楼梦》的"发现"，绝大多数都不可靠。至哉斯言，虽过去二十余年，我认为至今仍难以对此说提出否证。我所说的红学一科处处是陷阱，即包括此一方面的案例在内。

我读《二重奏》，认为第十一章"《红楼梦》与清初政争中的悲剧身影"，是此书最见精彩的部分。全书上下求索，似乎都为的是此一章的出现，也可以说皇皇巨论都是在为此章预埋伏线。脂评所谓"草蛇灰线，伏脉千里"，本书作者无意中借来作为学术著作的结构的针线了（针线为戏剧家处理戏剧冲突之用语）。原来与《红楼梦》作者交游互动以及读其书而发为共鸣的敦敏、敦诚、额尔赫宜、明义、永忠、淳颖、裕瑞、弘晓、张宜泉等，都有远至清初的多尔衮、多铎、阿济格案，中远的康熙诸子夺嫡案，近在方策的父执辈李煦、年羹尧、纳尔苏、傅鼐、延信诸案的背景，雪芹本人则有父辈被抄家的直接背景。所以才会有奇书《红楼梦》的问世，才会有作者身边人群的强烈反响。《二重奏》作者称为"一小撮具'受难者家属'身份的宗室"，可谓确切至极。《红楼梦》这杯佳酿，他们这"一小撮"是借他人的酒杯浇自己的块垒，还是自家有酒自家斟，唯忠于史实的考据家能知其味。文学鉴赏家则未免隔靴搔痒。

本人早年涉猎《红楼梦》有关资料，也曾对淳颖的《读石头记偶成》大感兴趣，但正如周汝昌先生所说，不免"瞠目不知所对"。下面试看此诗是如何写法。

　　满纸喁喁语不休，英雄血泪几难收。

> 痴情尽处灰同冷，幻境传来石也愁。
> 怕见春归人易老，岂知花落水仍流。
> 红颜黄土梦凄切，麦饭啼鹃认故丘。

诗的首句"满纸喁喁语不休"，诚然，《红楼梦》一书篇幅原本很长嘛。但第二句"英雄血泪几难收"，就不知说的是谁与谁了。"血泪"是有的，但"英雄"何指？难得一农教授把此诗作者的来龙去脉考论得清清楚楚，包括此章附录之"论淳颖非敦诚之连襟"，一并具有历史考论之重要价值。顺带说一句，《二重奏》诸多章次后面的附考专论，计有三十四题之多，实为学术著述的一种创体，论学治史者不可不察。原来此诗作者淳颖是多铎第五子多尔博的裔孙，乾隆四十三年多尔衮与多铎获全面平反，淳颖奉旨复袭睿亲王，故有是诗之作也就并非偶然了。此诗的五六两句："怕见春归人易老，岂知花落水仍流"，随即有了着落。"春归"不就是指的那次"平反"吗？据一农兄考证，这首诗作于乾隆五十七年，那么，也只是在当年的"英雄"获得"平反"的十四年之后，他们的后人才敢于写出如此的诗句，而且傲慢地宣称"花落水仍流"。

《二重奏》是一部严谨的红学考证著作，是资料极为丰富的清代史辨著作，也是富有阅读趣味的文史学术著作。梳理考辨的虽是此学的旧话题，却注入了新的思维方式。特别在建立材料之间的有效联系，重建历史当事人的人际关系网络方面，此书有大胜于前人之处，不失为百年红学研究的集成之作。但若问书中所得结论是否可靠，我的回答是"不一定"。只能说是在通往可靠结论的路上比前人迈出了更大的一步或是几步，已经属于至为难得。

近年继续嘈杂不衰的红学，很难看到如此充实有趣的著作了。问题是，即使是跨越前人的一步或者几步，也必须跨过一个个的陷阱。当一农说《红楼梦》"作者很可能是以其本身或自亲友们听闻之代善、阿济格、多尔衮、多铎、弘庆、明珠、傅恒等人的一些家事作为创作素材"，他算是比较顺利地跨过了"陷阱"。但说《红楼梦》第一回写的开卷之第一个女子英莲，可能"有英亲王阿济格真正堪怜之意"，我们的一农教授就不慎落到陷阱里了。

本文首载台湾《清华学报》新45卷第1期（2015年3月），第145—151页；简体文本原载2015年4月1日《中华读书报》

"忆旧还寻陶令盟"

——序龚鹏程《北溟行记》

乙酉春节前夕，鹏程兄自台北打电话来，说他客座北大期间写的旅行随笔一类文字，不止我看到的那两篇，拾掇起来有六七万字，准备出一本书，叫《北溟行记》，希望我便中写一篇序。他的雅意让我略感为难。因为平生从未给任何一位友人或同道的著作写过序，没有"人之患"什么的理由，只是懒为此道。

电话那边的鹏程意识到我的迟疑，说，要不把稿子先传过来？看了再说。于是鹏程的助理古明芳小姐很快传来了邮件，但我无论如何打不开装有文稿的附件。再传，还是打不开。后来改变格式传来简体字文本，才顺利打开了。刚阅读几篇，鹏程的电话来了，说已回到北京，不是催序，只为报告行踪。但在我，虽未答允，已分明感受到了压力，遂用足足一个晚上的时间，强迫自己通读了全稿。

我与鹏程相识已有十五六年的时光，见面不少，交谈不多。好像我们之间也不必做太多的交谈。一次与陈晓林先生三个人一起进餐，居然彼此无话。后来忆及此事，均不以为异，反而觉得有些深永的意味。鹏程既治学，又治事，学问和事功都做得有声色，是忙人，也是闻人。海峡两岸的学界，有谁不知道龚鹏程的名字？撇开担任陆委会处座的几年，他应该是台湾学者中来大陆次数最多的一位。不定什么时候，他就翩然地来了。研讨会论文他从来照交不误，但会议期间，却很少见到他的身影。他对按部就班地研讨，总有些不耐烦的样子。轮到他发表论文，也常常讲些近乎反调的即兴的话，然后就跟神行太保似的不见了。读了《北溟行记》，才知道这是他的惯技。会议没好好开，良辰美景、山川形胜、国宝异珍，却被他看了个够。

说到底他是个不喜任何拘束的人。我也是一样，参加会议遇有不知所云、言不及义的说辞，我会坐立不安，只好一次次地去洗手间暂避。但还会回来，不敢像鹏程那样果断，见势不好，溜之乎也。张艺谋导演的《十面埋伏》，媒体批评如潮，独缺正面解读。其实这是一部极具精神追寻的影片。民间帮会飞刀门也好，捕快衙门也好，都是禁锢个体生命自由的牢笼。他们各自规定的森严的律令，不过是驱动精神麻痹者跌入报复与仇杀怪圈的锁链。章子怡饰演的小妹和金城武饰演的捕头，在蓝天白云下，在令人震颤的爱情面前觉醒了，他们选择了追求个体生命的独立和自由的道路。他们愿意过像风一样的日子，共同飘到山野烂漫处。尽管对峙双方的首席或非首席执行官，最终扼杀了他们的选择，但那漫天白雪中的殷红的血迹，在诉说着独立与自由在苍茫中绽放出的绚丽的色彩。不是别的，正是自由、独立和爱情的面前，布防着重重叠叠、真真假假的"十面埋伏"，敢于和能够冲破"十面埋伏"的人，就能够完成人生的超越。

当然，达致此种人生境界并非易事，所以《十面埋伏》把李延年的诗"北国有佳人"作为影片的主题曲，或作为背景音乐或由小妹反复吟唱。"佳人"的品质是"遗世而独立"，而结句"佳人难再得"，则是全诗的点睛。试想，这是多么庄严、幽渺而富于哲学义涵的题旨。比起时下那些浅薄的搞笑以及歪曲历史的戏说，不啻有天壤之别。《英雄》亦复如此，她在各国争雄混战血流盈野的历史时刻，敢于倡言放弃，是何等气魄。孙子说："兵者，国之大事。"故不可不极审慎而明察。然今日之天下，以兵为戏，已司空见惯。连昧于兵家五事的阿扁陈也欲染指其间，不亦悖夫。国共两党争战二十余年，中有日人进犯屠戮，中华大地，血流漂杵。五十年小息，无论大陆还是台湾，都不过是小成，何敢闭目高蹈而忘其来路。儒家反认贼作父，佛家忌认贼为子。贼子贼父之不可倚，三尺童子如得母教尚且有知，当政者倘无智障，岂能不晓乎。鹏程《行记》"昧日"一篇，析此理甚详，读之与我心有戚戚焉。

俞曲园《病中呓语》预测其身后世事，多所言中，人以为神。其第五章："大邦齐晋小邦滕，各自提封各自争。郡县穷时封建起，秦皇已废又重兴。"似指此前五十年的两岸情状。而第六章的诗旨，颇似今天："几家玉帛几家戎，又是春秋战国风。太息斯时无管仲，茫茫杀气几时终。"亦可约略涵盖当今世界大势。

鹏程自是难得的人才，"遗世"和"独立"两种品格，他均当得。还是十多年前，一位长期旅美的既研究经济学又研究红学的学者，看到我主持的《中国文化》杂志编委中有鹏程的名字，他说这个人喜欢立异，别人这样说，他偏那样说。盖鹏程的性格，确有异乎侪辈、言必己出的特点。他为文简，视事易。揆诸中国思想史上的知行论，他类乎"知固易，行亦匪艰"的一派。为学则不专主一家，吾国固有学术的儒释道三教，均为其涉猎对象。不知者以为驳杂，然他于儒学能得其正，于道家能得其逸，于释氏能得其无相无住。他的学问过程是动态的，静中生动与他无缘，动中取静却给他以生命的欣悦。

他的天性本乎自然，情感乐见自然之趣，但理性认知，却倾向于识外无境。故他单纯的内心世界，不免存有矛盾，性简每为事繁所苦，知易行易的理想，又常为人事所格。昔贤为学治事，讲求"知止"，大德智亦主定慧止观并重。鹏程辞陆委之处座，卸佛光之长校，北溟游走，浪迹天涯，吃狗肉，喝压酒，莫非已臻"知止"之境？去年10月7日，我与内子邀请鹏程参加北京知识界的"金秋有约"，他拈得的诗签是："登仙非慕庄生蝶，忆旧还寻陶令盟。"也许可为之作谶。

然鹏程终归是古之文人与今之学人的同生体，就前一层面而言，他可以仰观浮云，俯鉴流水，浸润辞章，自得其乐；就后者而言，他却无法须臾忘情于政治，不能做到完全停止对社会的文化批评。他对台湾社会所持的批评态度，人所共见。客座北大访古览胜期间，大陆社会的诸般世相，也没逃过他的眼睛。百年中国文化传统流失的程度，以上世纪五十年代以后为最甚，随着经济的腾飞发展，如今正在修补与重建的过程之中。但文化是一深层义涵，传统是一稳固形态，重建如果只停留在浅层模仿，则混淆古今、不分雅郑、荒陋不伦，种种悖谬，殊难避免。故祭孔有颠倒祭品、牛尾巴猪屁股正对着孔子像的大不敬，参观世界遗产承德避暑山庄，看到街上有大红布条写着"本店新推出二嫂开苞豆腐"一类广告，推销工艺品的售货员，则一个个"背着清朝服装，见游人至，则皆唱喏"，"男人们也一句句大人万福"。而各种名堂的"学术会议""高峰论坛"，又如雨后春笋般争相竞办，不惜重金地"花钱买虚热闹"（《红楼梦》里赵嬷嬷的名言）。鹏程不禁发为感慨："暴发大户人家的气象，总是如此的。"

他敏悟地发现大陆经济发展过速带来的某种隐忧，如果遇到机会我想他会坦诚建言的，只是这样的机会我们此地"永久住民"尚且乌有，他以客座来宾的身份，恐怕不易得罢。台湾的事，他更念兹在兹地系念于怀，本书有好几篇都是关于台湾的诤言傥论。他不是逐臣，而是自我放逐，但屈、贾之忧怀，他多少是有的。幸好，他会喝酒，可以化解烦忧；他能写诗，可以稍释愁怀。

写到这里，我才有了一点作文的感觉，不妨乘着文兴到鹏程学问与文章的"老房子"里再看看。他学问的本源是诗，为学的根基是中国诗学。他自述生平，只说自己的生命"兴于诗"，其实他的学问也"兴于诗"。他虽未因"诗"以成"礼"，却能够因"诗"以成"学"。2000年9月，鹏程尝以《云起楼诗》见赠，翻读数过，惊为古人之作。他的文章，也深得古人为文的脉理韵致。中国传统文化背景下的诗文一科，他真的是窥见了堂奥，其文思之快，"日试万言"在他不成问题。至于驱遣文言到娴熟地步，今而后快成绝响了。《行记》中许多篇章，都因熟练地牵引古人诗文，而备增文笔情趣。《天寒话诗词》一篇，与吴世昌先生商榷如何解词，他步步为营，"以强凌弱"，令人忍俊不禁。但又说吴先生不懂文学，未免太过。

也许在古诗文领域，他不时会有"举世无谈者"的孤独。所以当独行燕市之际，忽然得到陈兴武先生《蜗咏三章》，顿时喜形于色。陈诗确写得不错，尤其第三首："独爱风流惜此身，行藏在我任时人。只今别访名山去，高蹈烟霞望绝尘。"诗味足，措意对景，可慰游子之心。但鹏程似更喜欢向仙乔的《海上》："一念家山百感俱，吴江枫落渺愁予。杜根涤器甘穷死，梅福成仙定子虚。大错铸成新造国，余生留读未烧书。乾坤自此多长夜，只梦桑田见海枯。"他说每诵及此诗,也经常是"百感俱"。

鹏程感兴趣的另一领域是晚清史事,我猜想他也是由诗文而喜欢同光诸老,然后由诸老之诗文再入于兴衰变幻之历史。我不知道他是否同时也受到高阳的影响,高阳的小说越写到后来越逼近历史真境,至少他和高阳应该是忘年好友,彼此切磋晚清史事的机会不会没有。《北溟行记》中谈名园、谈帝京景物诸篇,如《雄秀》《离馆春深》,以及由八达岭长城谈到《悲伤的铁路》,多得之于鹏程这方面的学养。《行记》中这类文章,如果不是对晚清的历史与人物掌故烂熟于心,断难写出。并且不只是见景生情,寻常讲些历史故实,而是借以发历史嬗变之感慨,寄寓深切的家国情怀。十七八年前鹏程初来大陆时,目睹中华文化命垂一线,他感到自己是个"文化遗民",现在面对台湾有人要"去中国化",他又感到自己成了"另一种文化遗民"。

鹏程呵,鹏程!你北溟行走得好辛苦耶。

繁体版《北溟行记》,台湾印刻出版社,2005年;
简体版,上海人民出版社,2008年

高占祥《仁义礼智信简明读本》跋

我怎么也不会想到，身在医院正与病魔做抗争的高占祥同志，能够写出这样一本书来。他的学识累积，他的勤奋，他的才具，他的文笔，我是知道的。他是文坛的多面手，几十年来他已经写了几百万字的文章和著作。如果是身体健旺的状态，何止写出这样一本书，还会有更多的文字从他的笔下流淌出来。但如今他在病中，而且是人们谈而生畏的那种坏东西在侵害着他的身体。

这本书叫《仁义礼智信简明读本》，托人转给我看的是一册打印稿。共五章，第一章曰"求仁"，第二章名"仗义"，第三章系"遵礼"，第四章为"开智"，第五章是"守信"，对仁义礼智信五常之道，分别做了疏解和论说。"五常"一词，早在《尚书·泰誓》中就有出现。武王陈述伐纣的理由，其中一项，是商王"狎侮五常，荒怠弗敬，自绝于天，结怨于民"。但兹篇誓词，只标五常之德，而未具五常之目。孔子和孟子对五常之目述论最多，往往仁礼并提，仁义连解，智勇双扣，诚信合说，但孔孟二子并未以五常作为笼括概念统而摄之。孟子论人之四端，曰"恻隐之心，仁也；羞恶之心，义也；恭敬之心，礼也；是非之心，智也。仁义礼智，非由外铄我也，我固有之也"（《孟子·告子上》），对五常之德的界定可谓精到,然仍未标目。将"五常之道"直接标而出之者,是汉代诸儒。汉武帝即位,大儒董仲舒应诏为贤良对策,提出:"仁、义、礼、知、信五常之道,王者所当修饬也。"(《汉书·董仲舒传》)而董氏之《春秋繁露》一书,则疏证、博解、详辨仁、义、礼、智、信五常之德目,连篇累牍,不遗余力。至宋代二程、朱子的著作,五常之德更成为他们不断叩问、反复探究的中心题旨。到了明清两代,五常或五伦,更是家喻户晓,妇孺皆知。

传统论域的五常之德,往往与"三纲"同提并论。所谓"三纲五常",由于长期熏习浸润,已经成为传统社会人所必遵的道德律令。连蒙学读物《三字经》,都有"三纲者,君臣义,父子亲,夫妇顺。曰仁义,礼智信,此五常,不容紊"的记载。但古代载籍中,最早系统论说三纲五常的是汉代的《白虎通义》,是书卷八之一目即以"三纲六纪"标称,其中写道:

> 三纲者何谓也?谓君臣、父子、夫妇也。六纪者,谓诸父、兄弟、族人、诸舅、师长、朋友也。故《含文嘉》曰:"君为臣纲,父为子纲,夫为妻纲。"又曰:"敬诸父兄,六纪道行,诸舅有义,族人有序,昆弟有亲,师长有尊,朋友有旧。"何谓纲纪?纲者,张也;纪者,理也。大者为纲,小者为纪,所以张理上下,整齐人道也。人皆怀五常之性,有亲爱之心,是以纲纪为化,若罗网之有纪纲而万目张也。(《白虎通疏证》下册,中华书局,1994年,页373—374)

此处称"五常之性"而以"六纪"标称,可知"三纲五常"和

"三纲六纪"实为一事的不同表述。也可以说"三纲六纪"是以人伦秩序称,"五常之性"则是以规范人伦秩序的道德为标识。故《汉书·艺文志》阐述六艺旨趣,曰"《乐》以和神,仁之表也;《诗》以正言,义之用也;《礼》以明体,明者著见,故无训也;《书》以广听,知之术也;《春秋》以断事,信之符也。五者,盖五常之道,相须而备,而《易》为之原",明言仁义礼智信为"五常之道"。

中国传统社会是一以家庭为中心的社会形态,靠血缘的关系而不是以契约的关系织成社会的联结网络。所以"三纲"中,除君臣一纲,父子、夫妇两纲均交结于家庭。这是何以三纲六纪或三纲五常在传统社会具有超强影响力的因由。每个生命的个体都在这面网罗的笼罩之中。大史学家陈寅恪说的"二千年来华夏民族所受儒家学说之影响,最深最巨者,实在制度法律公私生活之方面",落点即源于此。故陈先生在《王观堂先生挽词序》中又云:"吾中国文化之定义,具于《白虎通》三纲六纪之说,其意义为抽象理想最高之境,犹希腊柏拉图所谓 Eidos 者。"何谓"抽象理想最高之境"?盖君臣之间有义存焉、父子之间有亲存焉、夫妇之间有敬存焉,而且是双向的关系。职是之故,孟子有言:"君之视臣如手足,则臣视君如腹心;君之视臣如犬马,则臣视君如国人;君之视臣如土芥,则臣视君如寇雠。"(《孟子·离娄下》)就是说,君臣之间如果不以义作为规范之德,在君臣一纪,三纲的理想便失去了。同样,六纪所规范的诸父、兄弟、族人、诸舅、师长、朋友之间,也是双向互动的关系。但宋明以后,三纲的原本双向互动的关系,开始往君、父、夫单一方向归结,而淡化乃至遗落了臣、子、妇的一面所应有的权利。

而自晚清民国以来，由于社会从传统社会向现代社会转型，社会秩序发生了数千年未有之大变局，纲纪之说逐渐失去了托命之所。"五四"先贤反传统的矛头集中指向千年以还的纲常礼教，实与当时的社会变迁有直接关系。非径由先觉者人为也，亦历史世势所必然也。然则即使纲纪之说已不适用于今天之社会，但规范纲纪关系的德目，即仁义礼智信五常之德，是否也应如纲纪一样被弃置而不予闻问呢？事实上，百年以来对传统文化的反思和反反思，学术界取得的最低限度的思想共识，就是五常之德并没有成为过去，在今天抑或明天仍然可以继续发用。试想，仁者之怀、爱众亲仁，见义勇为、义不逃责，讲求礼仪、遵礼守约，诚信为本、言而有信，求知若渴、高德慧智，何止今天，即便明天和后天，也都是一个人、一个公民必须谨守的共德。那么好，当我们说到这里的时候，就会明白高占祥同志这部新著的价值所在了。

占祥同志的《仁义礼智信简明读本》，恰好不以"五常""六纪"的纲纪为依归，而是抛开汉儒的纲纪之说，直接回到孔子，回到孟子，回到荀子，回到先秦诸子，也就是回到最初的原典，直接对五常之德发凡起例，予以独特的系统解说。所谓独特，是指该书的逻辑结构。仁义礼智信各为一章，每章都按导读、粹语、故事、践行、三思的五个节分，分门别类，娓娓论述。例如第一章"求仁"，导读是关于仁的总论，包括解词释义和关于此德品的价值论说。粹语部分，则是精选"五经""四书"及史传和古诗文关于该德品的句例，然后分别给予意解。第一章"求仁"所选粹语计十八例，出典的时序涵盖了从先秦到明清的各种古代载籍。其余二三四各章，论义、论礼、论智、论信，均本此统一义例。所选粹语，义章为十例，礼章十五例，智章十例，信章十六例。此节分之设是为了让读者亲近古人，直接体味原典。粹语之后为关于该德品的"故事"，每章五至七则不等。此部分是以事例见证德品，相当于史学研究中的在史中求史识，让能够体现五常之德的古今典范人物现身说法。我用古今人物一语，是由于有的章次的故事，包括有今人的事例。每章的第四节分"践行"，是探讨现在的我们应该如何践行这种德品，方法是本照知行合一的古训，着眼力行，示例明理，融通古今。最后的节分"三思"，则是为阅读本章的读者预留的思考题，包括思古代、思当代、思个人三目，意在启示读者应该怎样看待以及如何践行此种德品。

  我们从此书的结构和题旨内容可以看到作者的苦心孤诣。其作意显然是要把古人的智慧，古代道德的价值论理，用今天的读者更便于接受的方法，转化为当代社会文化建设和个人修为的精神资源。虽然，由于近年的传统文化热，研究中国固有文化的文章和著作多到不知凡几，但占祥同志觉得，已有的各种出版物，高头讲章多，动辄几十万言的大部头多，能让一般的读者和公职人员感到亲切好读的读物未免太少。传统文化进入当代生活，也许这方面的读物更具有现实的迫切性。这应该是他不避年高，以病患之躯动手写作这本《仁义礼智信简明读本》的动因。我有幸比较早地看到此书的打印稿本，深为他的顽强的毅力和高贵的文化精神所打动。我认为这是一本适时的书，是一本会受到渴望接受传统文化滋润与熏习的读者由衷欢迎的书。谢谢占祥同志，我和即将读到此书的读者一起祝你早日康复，健旺如初。

2018 年 12 月 19 日于东塾

《读书》与"读书人"和"知识人"

《读书》杂志是特殊的,三十年来没有任何一个思想文化刊物能跟她的影响力相比并。她的成功,使得不喜欢读书的人,也喜欢《读书》杂志,即使不经常看《读书》杂志的人,也不能不称赞这本刊物,否则有可能被目为没有文化,不够时尚。

《读书》的独擅之处,是在于,她是读书人的家,是知识分子的朋友。各类刊物多得不可计数,但可以称作读书人的家,能够成为知识分子的朋友的,只有《读书》杂志。照说不应该是唯一,可是我想来想去,竟找不到第二个。虽然如此,《读书》杂志本身却面临着一个现实的问题,就是你们的"门庭"可能会变得"冷落",你们的"朋友"会越来越少。因为如今的社会,真正的读书人是越来越少了。中国古代,特别是明清以后,是有一个读书人阶层的,但他们读书的目标很单一,就是为了科举。读书的范围也很狭窄,一切围绕"五经四书"来旋转。这样的读书人其实已经开始"异化",《儒林外史》描写的那些人物基本上都是史笔。倒是晚清迄于民国百年以来,确实渐渐有了读书人的群体。但近年来这个群体正在分解和弱化。为了专业研究而读书的人多了,无特定目的闲适读书的人少了。鲁迅说"有病不求药,无聊才读书"。我们自然不必把读书和"无聊"必然地联系起来,但真正的读书人,我以为一定要与功利阅读相区隔。

同样,具有充实义涵的知识分子现在也越来越少了。九十年代以来,出版物剧增,人文与社会科学的从业人员,在自己的专业领域各有所成。但不能不承认,专家多了,思想者少了;学者多了,知识分子少了。知识分子的概念到底如何界定?西方有具体的界定方法,大体是除了专业成就之外,还需要对社会的公共问题发表见解。中国古代的"士",解释起来颇多歧义,但其中有的解释,和现代知识分子的内涵多少有一些吻合之处。比如孟子说:"无恒产而有恒心者,为士为能。"(《孟子·梁惠王上》)所谓"恒心",就是孟子在另一处说的"尚志"。齐国的王子有一次问"士是做什么的",孟子回答说"尚志"。又问"何谓尚志",孟子说"仁义而已"(《孟子·尽心上》)。可见所"志"者"道"也。这也就是孔子所说的"士志于道"(《论语·里仁》)。那么所谓"恒心",其实就是对"道"的不动摇的坚执。另一对"士"的解释,是司马迁记述齐国的稷下学派,说齐宣王喜欢"文学游说之士",驺衍、淳于髡等七十多人"不治而议论"。一条是"无恒产而有恒心",一条是"不治而议论",这两个条件很符合现代知识分子的职能。

但中国今天的知识人士,有"恒产"者越来越多,有"恒心"者越来越少。其实"恒产"多了,"恒心"也就难以维持了。而且现成的"官位"也常常摆在知识人士面前,不为之所动的不能说没有,但毕竟太少了。一旦有了"官位","不治而议论"便无法成立。所以,真正意义上的知识分子只能越来越少。本来《读书》是知识分子的朋友,知识分子少了,《读书》的朋友就少了,出现门庭冷落的情形，正不足怪。

然而《读书》依旧还是《读书》。不管读书人如何地减少，她仍然是读书人的家，哪怕是只有一间阁楼大小的家。知识分子的数量虽然锐减，她接纳朋友的热情却丝毫未减。这一点，三十年前如此，三十年后还是如此。她们所"尚"之"志"，始终没有改变。《读书》的这种品格十分难得。读书人少了，知识分子少了，讲学问的却日见其多。而且近一个时期大家蜂拥而上，一齐比赛着讲"国学"，不懂"国学"的人也来讲"国学"。我注意到，《读书》杂志没有赶这种时髦。国学的根基，主要是经学和小学，马一浮定义"国学"为"六艺之学"，其苦心孤诣很多人没有注意到。

余英时先生前些时有一个提法，他认为与其使用知识分子这个概念，不如使用知识人的概念。因为知识分子概念在中国语境下，含义展开得不是很充分。而知识人这个概念，可以有一定的弹性空间。所以关于"读书人"和"知识人"的话题，能否在《读书》杂志上有所讨论？还有，最基本的文本经典，包括古今中外的文本经典，《读书》杂志如能细水长流不间断地有所介绍与诠释，窃以为自是有百利而无一弊的文化长策。

根据 2009 年 6 月 6 日，在《读书》三十周年
座谈会上的发言写成，原载《读书》2012 年第 7 期

中国社会科学院文学研究所

梦溪同志：

来信使我惭愧无以交集。我是鬼怕恶之人，知道你大病初愈，很有"回相憎莫如病相怜"的情味。承寄赠序，看了会诞得，必诉房子变得头昏脑足，我自己家的床后放故我了。我对旧事不感兴趣，也懒去进忆，因为记忆美最差，非搞鬼撒谎不可，而忘怀不失为一种心理保健。来信说的拙著及后闻赏，我说话录，都省"管锥编"497-8页论"笔不病忘"节。我于1935出国后，只回家两次，一次来天一次一五一晚。吴女士不识仆人。静如嘱笔即布曾来京

钱锺书致作者函第一页

钱锺书致作者函第二页

Dear Conductor:

Mr. Liu, a professor from China, is a passenger on this Amtrack train from Princeton Junction to <u>New Haven</u>, Ct. Since he does not speak English, would you please kindly notify him when your train approaches <u>the New Haven Station</u>. Someone is meeting him in this station. It is very important that he knows where to get off.

Thank you very much

Ying-shih Yü
Professor,
Princeton University

萧萐父致作者函

廣洙教授足下：

十二月八日長談餐敘，至今猶有餘歡，深幸朗师能獲一任博雅激卓之新知己也。

柏楊最後一段中"聚斂郎"，"斂"應作"俱"，乞代改之。其他流浪之處，亦請自動代我纠正，敌感。

近日汪榮祖夫婦来此渡年節，談及拙文是否刊出現後，擬轉載台北《聯合報》。来日注將告知弟與足下商洽具體办法。

林时肺最好由港分承印公司航郵（應加掛方号）連負全開寄弟。

餘不一一，敬頌
儷祺 並頌
新年一切佳勝

何炳棣 一九八三
十二月八日

何炳棣致作者函

手头郵寄9利一張
勞吾兄再函的盛意致心里不安。博一一，順敍。
一笑。 搞祥 夫人好！ 何炳棣 1/28/94

廣洙教授足下：

临每上废志信兄是三月長函附相定的反應，備你参改。我补换时相定得，致海為《红》所論"勝之起源"及故事具真起源。《藁後》一朝末性处腹的源是由于較勞，William才以为怎相同。皆比读发腹一百年，情感既無反覆。立我固立"文化之兩鄉"已大有訳读孫罗，提早"迈代"或"第二次"宣子言。已于本月九晚上細分析，並 Time 想早 11月29日播齐長文附我剷刊，但好不起反失失党化疲禳復往設勞專搞人，我自月三主追忆较身将生起些性慶化，以及本刊服要如将神扔人每食变真其的精神之続瘾如卷邑了。適多四十晨床开花，最足以供民理论全朱批判批足笑。所以我也也無借定之後加熟些点了。

①庚欠，P.30, "全文41後"自下上數第三行故劇者"享祥高度實統","劳"个字，就多化了。

②"绯诚" P40 所引王国维文最後，請加一句"可謂悲劇中之卷劇化"。這是王的原义。

③另可能次赋这及如龙(?)文本是要明皇講巧姓读者作为复改友，便他們觀虛這都是多有隐之事理，而《红》又是集历代中國七生之人之集之族。

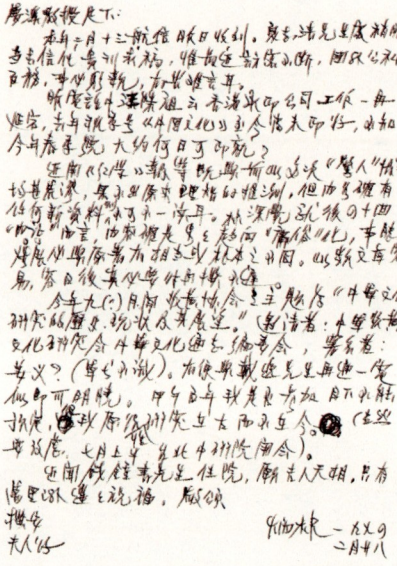

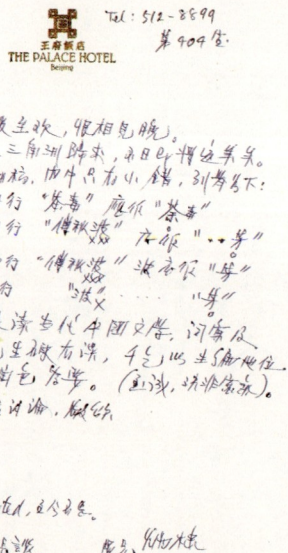

何炳棣致作者函

梦汉先生、前承寄来祖芳夫人写来的大文感激万分，重复找一只雅美族的模型据寄去，但经不知愿，最近族人送我一件他们织布的标织很加玛，赶快寄去，必谢夫人盛意。待改日再我到朗，再为外寄上。

我将于九月十七日赴贵州参加费孝通先生调查江村六十周年新讨会，会后转上海文艺出版社，但多做过了我的集子，人类的视野"待收到後寄寄上一册请我友顺祝

著祺

祖芳夫人仍此致候

　　　　　李亦园拜上

李亦园致作者函

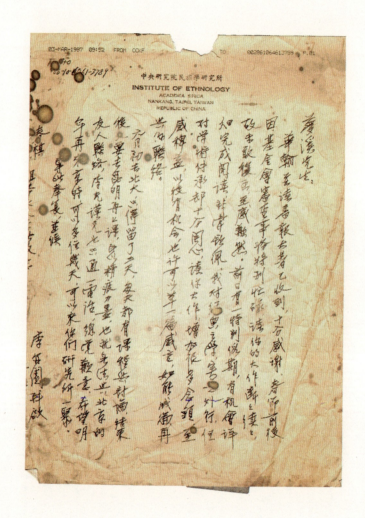

李亦园致作者函

金耀基致作者函第一、二頁

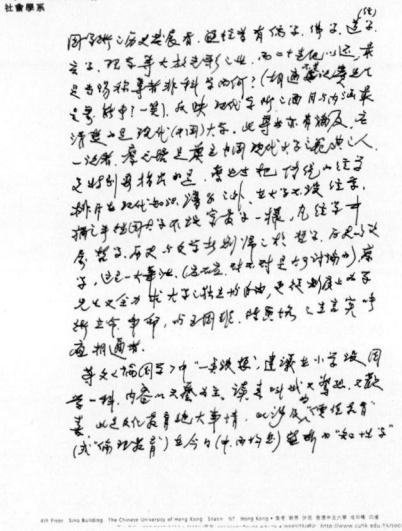

4th Floor, Sino Building, The Chinese University of Hong Kong, Shatin, NT, Hong Kong • 香港 新界 沙田 香港中文大學 逸夫樓 四樓
TEL/電話: (852)2609 6004 / 6605 • FAX/傳真號碼: (852)2603 5213 • EMAIL/電郵: sociology@cuhk.edu.hk • WEBSITE/網址: http://www.cuhk.edu.hk/soc/

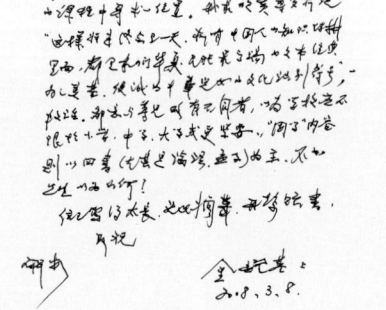

4th Floor, Sino Building, The Chinese University of Hong Kong, Shatin, NT, Hong Kong • 香港 新界 沙田 香港中文大學 逸夫樓 四樓
TEL/電話: (852)2609 6004 / 6605 • FAX/傳真號碼: (852)2603 5213 • EMAIL/電郵: sociology@cuhk.edu.hk • WEBSITE/網址: http://www.cuhk.edu.hk/soc/

金耀基致作者函第三、四页

信笺已用尽，我以这年寄了乙册以信笺，
此祝：祝你健康 戏剧艺术编辑部

黄厚兴兄：

元旦来信收到，谢之您的亲切问
候和祝贺。同志理个近年，您安康培
快。我于元月二日出差南京参加文化
中国会议，九以始返。回来见到您的
信，一时忙乱还不过来，恕迟复时
候复，甚歉。策其惠二兄重二日，让我
当面见到。今别您是多奔忙的，近年又
以高龄先大力支持，尤其矫捷。"中
国文化"我是锁喜欢的刊物，我宠以
我的奉告相闻，只缘一缘。我此次
参加，向海外学人也亮过以信价，
祝继师亚在大海上扎造层志点

王元化致作者函第一页

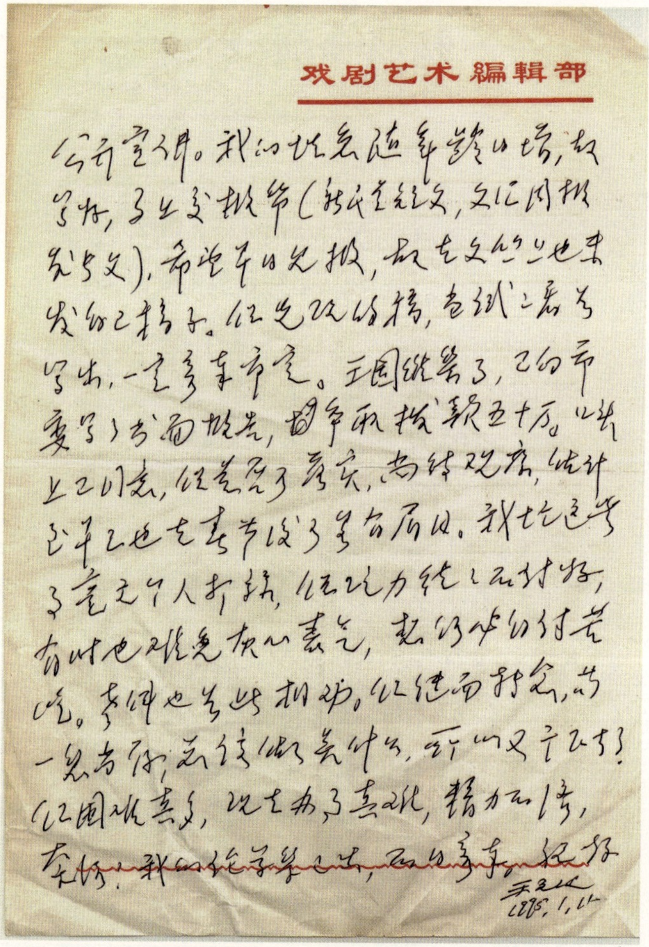

王元化致作者函第二页

复旦大学

荠溪先生：惠赐大著《中国现代西画衍变略》，窃宵读竟，甚感兴味。承不弃，枉驾记挂名规过，感激之至。后又感慨良多。十年前同会于府诸聚，时已垂垂老矣，而今去怀之先生西去已久，内列名者半数长拊第，所谓耆者矣。捃诸十年来人文学界，似多走进乱象丛生，故而李谟、莆府同会纪事，戎感时空倒置，事犹如今。受界少年新锐从中有得乎。维不才，已囿孔夫子不再梦周公之荦，然愿步依荷、倗陈寅恪痛作困而无佩先生逊志敏慧度，劉《囿典》方已。未照阎露忙，日陳上课外，即困杧脂蛩诸生论文。前承先生电会写中国文化撮稿，受宠若惊，然摆《囿典视作大业，仲夏之要不克作文求效，不仅谨谚。匆此奉复，顺须

文祉

弟 维铮上 ○八年三月一夜

朱维铮致作者函

復旦大學

夢溪先生：賜刊春季號釋領。拙文由簡體化繁體，頗煩，而貴刊的轉換據我通问，硬傷約六七處，已恩校對不易。賜酬已釋領，謹望回執。

愚體經住院八個月，尚屬穩定，故醫生囑包出院回家服藥，今已兩月。在家服食較隨意，然仍不克恢復研究。目前僅日日讀研究生論文，貌流同彼等商酌而已。曾嘗試作文，因戒煙後體弱，致字大減，徒呼奈何而已。

再度感謝惠賜表拙文，專此奉達順候

時綏

弟 維錚 上 二〇一一年旦廿九疝疴

附校文稿問一紙請參。

朱维铮致作者函

维铮先生有道：昨奉电话，不获趋候。前蒙惠临中，言及欲见晚辈，属前蒙惠临中，言及欲见晚辈尊作，曾嘱以先经眷谢之维铮楼阁好语，直率的晒，一无隐讳，诚君子之风也。维铮之为人也有始有卒矣先焉。鼻素罹此疾民，重新指出，以供学术上的有见。尊虑正新考完无暇晷，亦颜遣於晚清

作者致朱维铮函第一页

班余主要梳理句读素睾之学疏之难，仍至刻此亦此稍之百曲之难。後谕陳一君孰于沈，拟告而刊之类。释陈寅恪抱主国维诗之序言的抉择恨乏，自以为独也了一點难乱，此可之延，妈敌而感。另小书一册已就。乞備讷明

書去
 夏厘上 二〇〇二年十九日

第十章　忆岁月

我的一次学术历险

——《中国现代学术要略》后记

本书原是我为"中国现代学术经典"丛书写的总序。当时并无长篇大论之想，只不过写着写着，收不住了，竣稿的时候，连同注解差不多有六万字。因此朋友说我是在学梁任公，当年任公先生为蒋方震的《欧洲文艺复兴史》作序，就写了五万多字，"篇幅几与原书埒"，结果不得不向蒋书"宣告独立"，自成《清代学术概论》一书。如今我的序也以《中国现代学术要略》的名目成书，大约跳进黄河，我也洗不清了。

然则又确有不同。任公的序1920年10月写就，12月已由商务印书馆出版。我的这篇序完稿于1996年2月，如今已过去整整十年。中间不是没有过想出单行本的念头，友人也屡以此相催促，终因种种缘由而作罢。其实主要是需要有比较充裕的时间从头到尾重新增补改润。2002年做了一部分，后来又搁下了。此序文之所以在学界有较大影响，实与《中华读书报》1996年12月18日和25日以四个整版的篇幅连续披载有关。当时刊载时，就用了《中国现代学术要略》的题目。看到的人很多，师友以及一些相识或不相识的读者，不少都打来电话或写来了信。至今我保留的信札仍有三十余通。大都是鼓励之辞，也有的发现舛误给予订正。特别让我感动的是，戴逸、李亦园、叶秀山、虞万里、冯天瑜、林庆彰、邓小军、扬之水等学界名宿，也都有手教贻我。

虞万里先生，我闻名而未尝一面，他对我行文中把章太炎、黄侃、刘师培一律以师弟子连属的误植，精心是正以教我。原信不长，虽已附录于书后，仍抄录如下与读者共享。

刘梦溪先生：

大著《学术要略》鸟瞰二十世纪学术，提要钩玄，纲举目张，洵不可多得之杰构。加之文笔流畅，若长江黄河，一气呵成，足以镇此丛书以垂不朽。拜读一遍，意犹未尽。唯先生谓"章氏弟子有黄侃、刘师培者，秉承师风，坚执古文经的立场"云云，意申叔未尝师事太炎，唯仪征刘氏四世治《左传》，申叔又于经学极为精专，故太炎深敬之，而侃以少申叔两岁而拜之为师，不知先生以为然否。恐丛书刊出难以补救，特致函相商，聊供抉择。又《读书报》文末无注，若先生别有铅印件，乞掷下置之邮架。余点校之《马一浮集》今年可出，附告，颛此敬颂
著安

虞万里顿首 丁丑正月十二

虞万里先生校点的《马一浮集》第一册，已由浙江古籍出版社和浙江教育出版社于1996年出版，因研究需要，成为我的案头书。虞先生读书之细、功力之厚，令人赞佩，谨在此深致谢忱。

1996年年底，恰好李泽厚从海外回来，他看了文章之后，说不妨开个小会，找几位友人一起议一议这篇文章，他觉得我提出

了许多关乎思想史和学术史的大问题。我接受了他的建议，于是就在 1997 年 2 月 16 日，在我家中举行了一次特别的学术恳谈会。戴逸、李慎之、庞朴、汤一介、李泽厚、余敦康、王俊义、雷颐诸位先生，一一应邀而至。我们中国文化研究所的梁治平、何怀宏（后调北大）、任大援也参加了座谈。可惜王元化先生不在北京，否则我也会烦劳他的大驾。都是有备而来，谈得异常热烈，甚至有争论争吵。下午 3 点开始，至 6 点半意犹未尽，晚餐时继续谈。这些人物聚在一起，尽管有茶有饭，招待不谓不周，可一定不要指望他们都讲好话。好话自然也有，我作为文章作者和恳谈会召集人，更愿意听他们的攻错，看他们的机锋，当然无须隐瞒，也很愿意看他们吵架。做学问的人抬学问杠，特别有趣。大约 1994 年或者 1995 年，在杭州开会。我当时因写《学术独立与中国现代学术传统》一文，正对学术独立着迷，发言时便强调各司其业，学者不一定耗时费力去管学术以外的事情，不妨"天下兴亡，匹夫无责"。王元化听后大惊，不待我讲完就插话说："梦溪呵！你怎么可以这样讲？如果'匹夫无责'，你还办《中国文化》干吗？"朱维铮说："知识分子讲的话，当政者不听，与制定政策无关，在这个意义上，我同意刘梦溪的意见，'天下兴亡'，我们'无责'。"

我以为这次谈我的一篇文章，而且是家庭的小环境，朱维铮也不在场，不至于吵架。不料，谈着谈着语调不对了。庞朴说："你写大师，有一个基本的问题，你是仰着看的。马一浮，是神仙了，这不行。不光马一浮，所有人，你都是仰着看。要站在前人的肩膀上看，要有这个魄力，这是个大毛病。"余敦康表示反对，说："过了半个世纪，重新接受民国时期的经典，大有好处。鲁迅说，一个苍蝇,拍了一下,绕了一个圈儿,又回来了。二十世纪,从1897年算起到1997年,这一百年我们耽误了太多的时间。说仰视,没有俯视——我们受到的教育,最糟的就是只有俯视,没有仰视。你汤一介、庞朴,都是俯视。你有什么资格来俯视?"尽管都熟知敦康先生的学术脾气,还是没有想到出口会如此严厉。气氛不免紧张了一下。幸亏李慎之先生及时插话,说他既不"仰视",也不"俯视",而是"窥视",让大家都忍俊不禁。

戴逸先生给我的信里,只"报喜",不"报忧",这是从前一般信函的"规矩"。开会讨论就不同了,"忧""喜"都报,主要是"忧",这也是学者不愿逾越的"规矩"。他手里拿着准备好的提纲,郑重地讲了四个问题。"喜"我不重复,摘几段"忧"给大家看。戴先生说:"对于学术,我认为既有独立性,又有功利性,但学术的功利性,应该如何表现?应该通过求真来达到服务现实。求真是第一位的,通过追求'真'就能够对现实起作用。还有致用,这是老祖宗的传统。《资治通鉴》,不是直接致用,是通过历史的真实,司马光讲的真实。"他说:"看起来,学术与现实结合太紧,是中国学术的一个弱点。申请一个科研项目,首先看你有没有用。"对于唯物史观对中国现代学术的影响,戴先生尤其看重,他说:"唯物史观'五四'传入,影响中国八十年之久,在座的没有人没受过影响。'唯物论'起了什么作用?有多大成绩?我觉得不能避开。"他说:"没写入这个问题,是一个缺陷。避开不行,不管是什么原因。"戴先生是研究清史及近代史的学者,一向待人和气,即之也温,但讲起学术问题,他不含糊。戴逸先生发言的时候,李慎之、汤一介、李泽厚都有插话,我随时也有所说明。

不难看出,这是一次货真价实的高水准的学术研讨和学术对话，充满了理趣和智辩。其他几位的精彩之见，不能逐一胪列，有座谈会的详细记要附录于书后，大家可自行参看。只是这次修订成书，有关唯物论的内容我仍然没有写入，倒不是有意避开，而是那样写起来，要讲许许多多另外的问题。戴先生的教诲也许要等到我将来写更大的书的时候再有所补充了。没法形容我对与会师友们的感谢与感激，我说我已经很富有了。而且我知道，今后再不可能有这些人聚集在一起的学术恳谈了。因为李慎之先生已不在人世，没有他在场，大家会感到寂寞。

我与李慎之先生相识于上世纪九十年代初，一次纪念冯友兰的研讨会上，大事件刚刚过去，人们欲谈无话。李先生不同，依旧放言高论。我喜欢听他讲经过文化过滤的政坛掌故。1993年3月，我们一起出席香港中文大学召开的"文化中国：理念与实际"国际学术研讨会，回来时搭乘同一架飞机，候机室里论学论治更容易增加彼此的了解。从此就经常见到李先生了。我们中国文化研究所以及《中国文化》杂志举办的学术活动，有的也请他参加。虽然他在文化问题上所持的"全球化"主张，许多致力于传统研究的学者不一定认同，但我个人颇偏爱他观察问题的宏阔眼光和无所顾忌以及"目无余子"的直言谠论。1997年2月16日的恳谈会请他光临，他愉快地答应了。怕不好找，约好先到兆龙饭店。我准时去接，他已经在等了。我家离兆龙只五分钟的路，我们一起走的时候，他说最近腿有些不便，但还在谈近来他特别关注的问题。我的《要略》他显然看得不够仔细，所以发言时不能完全对上口径，例如以为我使用的"现代"一词是从明代开始等等。但学术敏感告诉他，他不能同意我的许多观点。会后通电话，他说他要写文章与我商讨。他认为我对什么是现代学术没有加以分疏。我同样敏感地发现，他的观点其实相当混乱，如果写文章，我不回答不好，回答则容易停留在澄清和说明的惯常的所谓论争的地平线上。距今二十多年前，我有过同时与好几位了得的人物做车轮论争的失败经验，深知真理不是愈辩愈明，恰恰相反，如果承认愈辩愈糊涂庶几接近世情物相。

李先生是我素所喜欢的人（喜欢他明言快论的君子之风），以此我雅不情愿与他发生所谓学术论争。何况本人当时天命之年已过，要做的事情正多，哪里有时间、兴趣、意气，与人争论自己已经发表过的一篇文章的是非对错。对，固然好；错，如果是经过潜心研究而未到未明之错，于学理人心也不无裨益。李先生与我商榷的文章出来的时候，已是1998年的秋天，初步印象他是下功夫写出来的，提出了可以讨论的问题。大问题是怎样看待我们自己的文化传统，这是晚清以来的百年中国一直存在、一直有争论的问题。我的《中国现代学术要略》，不妨也可以看作从学术史的角度，对这个问题所做的一个方面的探讨。所以重点讲的虽是现代学术，传统学术部分，所占比重也相当不小，第一章至第三章都是关于传统学术的内容。对此，一个问题有不同的看法不同的解读，再正常不过。例如李先生引用台湾前"中研院"院长吴大猷先生的观点，主张科学和技术是两个不同的概念，以"科技"一词概而括之，不利于科学的发展；以及认为"中国引进西学百年，迄今在技术上有相当的成就，在科学上却还没有太大的独创"等等，我完全能够认同。

但他说作为科学基石的"为求知而求知"的精神，除了"十年前《读书》杂志倡导的一次讨论"，"这十年，再也听不见同样的声音了"。这不符合事实。别人姑且不论，谨在下对此一问题，就曾多次著文申之论之。1991年我写的《"学术独立"与中国现代学术传统》一文（刊载于《中国文化》1992年秋季号，应该在李先生设定的"这十年"之内），可以说是专门探讨此一问题的文章。我在该文章中写道："在中国传统学术里，学术从来是一种手段，没有人把学术当作目的看待。所以中国古代没有学术独立的传统。其实对研究学术的学者来说，学术本身就是目的，就是学术研究学术，为研究而研究。"这就是我的主张："为研究而研究"，难道和"作为科学基石的'为求知而求知'"，不是同一个意思吗？而《中国现代学术要略》的写作，核心理念也是关乎"学术独立"四个字。开篇引严复的话："盖学之事万途，而大异存乎术鹄。"什么意思？严复是说，"学"须是以学为目的，而"术"不过是"弋声称，网利禄"的手段，如果只要手段，不要目的，学就不存在了。"翻新不如述旧"，引前人的言论，表达的不是我的意思吗？《要略》第十一章"中国现代学术的学术传统"，更明白晓示："中国现代学术发展的大关键处，还在于对学术独立这个问题采取何种立场。"又说："学术是否独立，首要的是能否把学问本身作为目的。"接着便引录梁（启超）、王（国维）、陈（寅恪）、萧（公权）、朱（光潜）、冯（友兰）诸大家的论说，以为参证。我的这些观点都明白无误地写在与李先生为之商榷的文章里，我只能相信，是由于报纸的字体太小，可能李先生没有看得清楚。

有一个问题我觉得李先生质疑的是有意趣的，就是我说"元朝的时候罗马教皇曾以七大术介绍给元世祖，包括文法、修辞、名学、音乐、算术、几何、天文。然而此七项大都关乎技艺，也就是器，属于形下的范畴，与学术思想迥然有别"。李先生说："这里的名学就是逻辑，严复称为'一切法之法，一切学之学'。连逻辑都要归于'形而下者谓之器'的范围,说实在的,天下就再没有什么学问可以称为'纯粹的学术'了。"我在《要略》中论述现代学术有重视科学方法的传统时,特别提到严复的贡献,说名学是"一切法之法,一切学之学"的严氏名言,就是我文中所引录的。但"七术"之说,是王国维所讲,由于是"意引",我没有注明话语的来源,今次修订方予补注。王国维的话见于他的《论近年之学术界》,原文为:"元时罗马教皇以希腊以来所谓七术遗世祖,然其书不传,至明末而数学与历学与基督教俱入中国,遂为国家所采用。然此等学术皆形下之学,与我国思想上无丝毫之关系也。"王国维在"七术"句下加了一个注:"文法、修辞、名学、音乐、算术、几何学、天文学。"则王国维认为包括"名学"在内的"七术"都是"形下之学",应无疑义矣。这里其实涉及静安先生对形上之学和形下之学的看法。

盖静安先生当1901年至1905年,正在不遗余力地与西方哲学和美学打交道,尤其沉迷于康德和叔本华学说,故此一时间撰写的论文,大都倡言"伟大之形而上学"和"纯粹之美学"。《静安文集》所收之《论性》《释理》《叔本华与尼采》《论近年之学术界》《论新学语之输入》《论哲学家及美术家之天职》等,均关涉这方面的内容。即如《论性》之一篇,遍举尧舜、《尚书》的"仲虺之诰"和"汤诰"、孔子、孟子、荀子、老子、庄子、淮南子等关于"性"的诸种论说,王国维都不认为已达形上学之境,而汉之董仲舒的"阴阳二元论",与形而上学庶几近之。他如唐之韩愈、李翱,宋之王安石、苏轼等亦复如是。只有周敦颐、邵康节、张横渠、程明道、程伊川、朱熹诸大儒,他们创立的新儒学,王国维才认可是形上学的学说。他说:

纵观以上之人性论，除董仲舒外，皆就性论性，而不涉于形而上学之问题。至宋代哲学兴，而各由其形而上学以建设人性论。[1]

王国维对周敦颐的《太极图说》尤为称赏，用"广漠"二字概括其哲学论说的形上特点。而对张横渠《太和篇》提出的"太虚无形，气之本体"，以及"气本之虚则湛本无形，感而生则聚而有象。有象斯有对，对必反其为，有反斯有仇，仇必和而解"，王国维认为也是"由其形而上学而演绎人性论"。特别"有象斯有对"四句，王国维说："此即海额尔（黑格尔）之辩证法。"至于朱子，主张理气二元论，形上形下区分得甚为清晰，王国维当然不能不肯定"其形而上学之见解"。

而《释理》一篇，将"理"分解为"理由"和"理性"二义，称"理由"为广义的解释，"理性"为狭义的解释。由于人的运用概念进行推理判断的能力缘于理性，所以，王国维认为"理性的作用"是人的"知力作用"的最高形式，同时也是一种普遍形式，因此可以建构形而上学的系统。宋儒便有此条件与可能。朱子答黄道夫云："天地之间，有理有气。理也者，形而上之道也，生物之本也；气也者，形而下之器也，生物之具也。是以人物之生，必秉此理，然后有性，必秉此气，然后有形。其性其形，虽不外乎一身，然其道器之间，分际甚明，不可乱也。"[2]王国维引录朱熹的这段话之后写道："朱子之所谓理，与希腊斯多噶派之所谓理，

---

[1] 王国维《论性》，《王国维遗书》第五册之《静安文集》，第7页。
[2] 朱熹《答黄道夫》，《朱熹集》第五册，四川教育出版社，1996年，第2947页。

皆预想一客观的理存于生天生地生人之前,而吾心之理,不过其一部分而已。于是理之概念自物理学上之意义出,至宋以后而遂得形而上学之意义。"[1]此可见王国维是以西哲之论述作为参照系,以严格的论理标准来使用形而上学一词的。

"易言以明之"(王国维习惯用语),静安先生所谓形上形下之分别,应该是:"所谓形而上者,超时空而潜存(Subsist)者也;所谓形而下者,在时空而存在(Esist)者也。"[2]因此他以此标准来衡量宋学,一方面承认宋之理学有形而上学的特点,另一方面指出,宋儒的目的是想巩固道德哲学的根基,而不是对形而上学有多少特殊的兴趣。同样的理由,王国维对晚清西方学术思想的输入,严译出现之前,也就是他所说的:"十年以前,西洋学术之输入,限于形而下学之方面。"[3]那么历史上所传之罗马教皇介绍给元世祖的文法、修辞、名学、音乐、算术、几何、天文这"七术",王国维认为"皆形下之学",就没有什么好奇怪的了。问题是以我们今天的观点,是不是仍可以认为名学不是形上之学?兹事体大,我为此请教了两位当今研究西哲的大家,一位是何兆武教授,另一位是叶秀山先生。他们不约而同地回答:可以认为。叶先生说,名学也就是逻辑学,它是形式科学,带有工具性,不是形而上学。何先生说,逻辑学是推理的过程,不是推理的对象,因此不是形上之学。后来他又做一补充:"形上学譬如哲学是我们的知识,逻辑是认识知识的能力。"这让我想到金岳霖先生早年讲的一段极富

---

[1] 王国维《释理》,《王国维遗书》第五册之《静安文集》,第18页。
[2] 冯友兰《中国哲学史》下册,《三松堂全集》第三卷,河南人民出版社,1989年,第316页。
[3] 王国维《论哲学家与美术家之天职》《论新学语之输入》,《王国维遗书》第五册之《静安文集》,第102页,第98页。

思辨意味的话：

> 逻辑并不发明思想，它不会从水中救出我们喜欢的小姐，也不会向我们说明我们关于世界应该形成什么样的思想。如果逻辑对我们所在的世界做出某种反应，那么它仅仅表明那种能够使我们关于世界的思想联系起来形成一个可理解的整体的方式。[1]

不过，我在《要略》中对此一问题所做的行文表述并非不存在可议之处。我认为包括名学在内的"七术"不属于形上之学，确没有理会错静安先生的意思，但我说"此七项大都关乎技艺，也就是器，属于形下的范畴，与学术思想迥然有别"，其中"也就是器"四字则容易引起误解。说他们"关乎技艺""属于形下的范畴""与学术思想迥然有别"，都无不可。但说它们是"器"，就不准确了。因为"关乎技艺""属于形下的范畴"的也可以是"学"，不一定都是"器"。所以，李慎之先生提出此点进行商榷，理由是充足的。只不过他由于不知道"七术"都是"形下之学"是王国维的说法，而使自己也出了纰漏。这也由于我未注明出处使然，因此特借此撰写后记之机缘，略述后果前因，并向李先生和读者致歉云尔。不过，以李先生的性格，即使知道是王国维的观点，他也许照样质疑。你看他文章中对同样并非形上学的几何学的赞美，他说至今还"感到一种不可抗拒的理性的力量"。

李先生文章中透露出来的宏阔的视野和"目无余子"的气魄一

---

[1] 金岳霖《序》(1927)，《金岳霖学术论文选》，中国社会科学出版社，1990年，第468页。

如其平素为人。如果不是关乎己身，我会继续毫无障碍地欣赏他的风格。然既成为当事人的角色，欣赏之余，难免要检讨比较反思彼此立论的是非曲直正误。例如，他说为了研究马一浮，"整整花了一个星期的时间"，结果"最后的印象却是：他全然是一个冬烘"。认为二十世纪的最具通儒气象的大学者马一浮不过是个"冬烘"，我还能说什么呢。又比如，李先生责怪学术经典的《鲁迅卷》竟然没有选小说《阿Q正传》或《狂人日记》，却选了专门史著作《中国小说史略》，这样的商榷，我该怎么回答呢？至于把鲁迅、陈师曾、吴宓、吴梅编入一卷，李先生认为不符合书前《编例》所说的"合卷并考虑到了入选者的学科性质和师承关系"。鲁迅，我们选的是两种文学史研究著作，吴宓选的是比较文学之作，吴梅选的是词曲学，陈衡恪选的是美术史论，大类项上都属于文学与艺术研究一科，也可以统称为艺术学。因此他们的学科性质当然是相同的，和《编例》并无矛盾。还有，我在文章的标题之下，摘引了一句阮元的话："学术盛衰，当于百年前后论升降焉。"李先生说他参不透我引用这句话的奥妙。其实，这不过是写文章的一种"常式"，引前贤之语，以作起兴。完全不必如李先生那样引申为说："阮元难道预见到了这方面的升降吗？他难道能要求中国的现代学术升而传统学术降吗？"或者进而设问："百年而后兴起的中学，阮元还能认识而认同吗？"这说得很让我有些不明白了。

阮文达所说的"百年"，和刘梦溪所说的"百年"，当然指的不是同一个时间段。我在《中国现代学术要略》开头便提出："站在学术史的角度回观二十世纪的中国，简错纷繁的百年世事也许更容易获致理性的通明。"可见我所说的"百年"，是指刚刚过去的二十世纪这一百年。李先生说他不知道阮元"在何时、何文中说这句话的",倒不妨说明系见于文达公为钱大昕《十驾斋养新录》所写的序,时间在嘉庆九年即公历 1804 年之小雪日。兹将有关原文抄录如下:

> 学术盛衰,当于百年前后论升降焉。元初学者,不能学唐宋儒者之难,惟以空言高论、易立名者为事。其流至于明初《五经大全》易极矣。中叶以后,学者渐务于难,然能者尚少。我朝开国,鸿儒硕学,接踵而出,乃远过乎千百年以前。乾隆中,学者更习而精之,可谓难矣,可谓盛矣。国初以来,诸儒或言道德,或言经术,或言史学,或言天学,或言地理,或言文字音韵,或言金石诗文,专精者固多,兼擅者尚少。惟嘉定钱辛楣先生能兼其成。[1]

我们从上述这段话里,可以看出阮元的"百年前后"的含义。元初到明初,一百年左右的时间,学术流变由不能学唐宋儒者之难,到《五经大全》易而至极,空言高论至于极点;明初到明中叶以后,也是一百多年的时间,学术风气"渐务于难",是又一变;明中叶以后至明末清初,又是"百年前后",顾、黄、王等大儒出,学术之盛,超过前代;而国初至乾隆时期,又经过了百余年,各专门学科之专精务难,前所未见,已进入学术史的专门汉学时期。质言之,阮元的意思是说,学术风气的演变更替是一个长过程,短时间内不足以窥其盛衰升降。我认为这是一代通儒的老到卓识之言,因而特于题目之下标出,作为笔者梳理清末民

---

[1] 钱大昕《十驾斋养新录》卷首之阮元序,江苏古籍出版社,2000 年,第 1 页。

初以降二十世纪百年学术的引题起兴之语。这样做于原典于学理于文例,均没有不恰当之处。极通常不过的一种文章写法,实无任何奥妙可言。

我初意原不欲和李先生在学术问题上发生争论,但看了他的商榷文章之后,有一种不期而然要做出回应的潜意识。而且动笔写下了四五千字,涉及四个方面的问题:一、学术的中西问题;二、传统学术与现代学术的界分问题;三、所谓思想与学术的关系问题;四、人文与社会科学学科的本土化与全球化问题。李先生并没有就这些问题正面立论,而是在与我讨论的过程中带出了他对这些问题的看法。由于我当时就要赴加拿大、美国访学,没有来得及全部竣稿。而当第二年也就是1999年我回国以后,李先生的处境已经让我无论如何不应该再写回答他的文章了。我对他的尊敬早已遮盖住了我们之间曾经有过的学术歧见。他是我们难得见到的身处旋涡而不染尘的知识分子官员。他的资质让人有水清鱼乐之感。很多人其实并不知晓知识分子这一概念的真正义谛。如果不准备就这一问题做形而上的学理探讨,我不妨说,大家只要看看李先生就思过半了。

我为自己终于有机会对《中国现代学术要略》做这样一次较为系统的梳理修订而感到些许安慰。纠正了包括上面提到的几处舛误,内容做了一些增补,加了几个长注。朱熹的学术思想、晚清新学的演变、甲骨文字的发现经过和胡适与科学方法的提倡等章节,增加了较多的内容。原来全稿分十二个部分,每一部分都以提要式的文字作为标题。现在提要式文字仍保留,但考虑到学术专著的惯常体例,正式立名为十二章,每章均加了新的章题。附录之文字可以见证历史,想必也都是本书读者所乐于看到者。

"文章千古事，得失寸心知。"长久到"千古"云云，没有想过，且不知也。但其中之得失苦甘，我这"寸心"未尝不微有所"知"。十五年前"中国现代学术经典"丛书的编纂，在我无疑是一次学术历险，至今仍有淡淡的"人生过后唯存悔"的意绪心情。有人说单是丛书的编纂过程就可以写一本书，诚哉斯言。我至今感念当年与我共襄斯役的诸学术同道，并深佩王亚民兄的胆识和魄力。我这里特别想提到两位业已作古的前辈师儒，一位是张舜徽先生，一位是程千帆先生。因创办《中国文化》杂志，自1988年开始，我就与两位先生有书信往还，程先生我前去拜望过，张先生则始终未能一面。1991年拟议编纂"中国现代学术经典"丛书之时，我曾函询两位先生的意见，他们都写来了信函，言之谆谆，使我深受教益。程千帆先生是黄侃的弟子，所以我请益于程先生的，是关于黄卷的编选问题。兹录程先生回示全文如下：

梦溪先生史席：

　　昨奉大函，又惠赐《中国文化》三期一册，感谢之至。义宁陈君之学术，博大渊深，其所着眼，皆在历史、社会、政治、文化之"节骨眼"问题上，乃又往往以考辨之面貌出之，故其由具体事实所抽象出来之大问题大道理反为世人所忽略，此乃学术界之所当发挥者也。尊文于此，实能践履，故所及虽仅柳氏《别传》，而于寅老用意及创体皆多有人之所不能言，三复之余，曷胜钦服。

　　承示受托编辑近现代学人著作，发潜德之幽光，启来哲之通道，实为盛事。惟先师黄君五十即返道山，其书多在草创或积累之中，皆无成稿。潘石禅兄在台为影印十四大册，多系原书批语，先生谅已见之。大陆所出，则多经其侄耀先之手，除《文心札记》、《文选评点》单行外，多已归之《论学杂著》及《群书笺识》二书中，然论文亦不多，较之他家，较难选择。然若《音略》《与友人论治小学书》《补文心隐秀篇》《汉唐玄学论》亦可示范来兹矣。弟入师门甚迟，未能窥见黄君学术之堂奥，此事似可更与石禅商之。潘君为贵刊顾问，义不容辞也（台北市敦化南路369巷63号）。

　　《文化》二期，不知有无存书，四期已否出刊，均盼见惠。非敢作得陇望蜀之妄想，实以在宁无购处，托之在京友人，又多所滋扰也。

　　近刊《宋文学史》一册，讲课之作，不足以言创获，敬呈以博一笑，大雅如先生必怜其老而失学矣。

　　专复，即颂

著安

弟程千帆
9·25

程先生信中对有关黄侃著作的诸种情形悉皆告知，唯恐有遗，并建议我与台湾的潘石禅先生联系。"石禅"即研究敦煌学及红学的大家潘重规先生，黄侃的东君，当时任教于台湾文化大学。我与潘先生通过音问，他来北京曾约我晤面，我去台北也曾随皮述民教授往敦化南路拜望。如今，程、潘两先生都已仙逝，潘在2003年4月24日，享年九十七岁，程在2000年6月3日，享年八十八岁。程先生去世时，我亦在病中，我对他充满感念与怀念。他信里表示愿意看到《中国文化》第二期和第四期，而说"非敢作得陇望蜀之妄想",惠赠《宋文学史》给我,却自谦为"讲课之作,不足以言创获",且说"必怜其老而失学矣"。这些学人书简的语言之雅趣,已不多见矣。至于对拙稿《"借传修史"——陈寅恪与〈柳如是别传〉的撰述旨趣》一文的奖掖,自然铭感,可无论也。

张舜徽先生的信是另外一番风景,我们先看原文:

梦溪先生大鉴:

得五月十五日长函,备蒙奖饰,愧勿敢当。拙著随笔,特闲暇偶尔所录,零散已甚,未足以副博雅之目也。承示近来有意选刊百年内著名学者之代表作,汇为一大丛书,规模宏大,闻之气壮。窃思当今之世,非贤者登高一呼,成此盛举,实亦无第二人敢作此想。一则限于识见;二则困于财力;三则乏交游以资共济。伏思先生识见既高,交游又广,助之者众,为之则易。无论筹资、设计,在在皆为他人所不逮。是以私计此举惟执事优为之。如能有成,实不朽之盛业,所谓弘扬中华文化者,于是乎在矣。

尊意在百年内"选择具有开辟意义、典范意义之学者",此点最关重要。如欲权衡人才之轻重,盖有专家与通人之别。专家路窄,通人路宽;专家但精一艺,通人则能开廓风气。影响于当时及后世者,自以通人为大。有此尺寸,则每人之代表作如何去取,则自有标准矣。以汉事为例,其列之《儒林传》中者,皆博士之学也,亦即当日之专家也。至于学问广博如太史公、刘向、扬雄之流,非《儒林传》所能范围,皆各自有专传。后汉许慎、郑玄治经,不主一家,汇为通学。其后许郑之学行,而昔日立于学官之今文经说全废,则专家与通人之短长区以别矣。持古量今，理无二致，先生必能独照其得失而有以别择去取于其间也。

细览来示所拟六十余人名单，搜罗已广，极见精思。鄙意近世对中国文化贡献较大者，尚有二人不可遗。一为张元济，一为罗振玉。张之学行俱高，早为儒林所推重，实清末民初，大开风气之重要人物，解放前一直为中央研究院院士。其著述多种，商务印书馆陆续整理出版。罗于古文字、古器物之学，探究广博，其传布、搜集、刊印文献资料之功特伟，而著述亦伟博精深，为王国维所钦服。王之成就，实赖罗之启迪、资助以玉成之，故名单中有王则必有罗，名次宜在王前。罗虽晚节为人所嗤，要不可以人废言也（六十余人中，节行可议者尚多）。聊贡愚忱，以供参考。闻月底即可与出版社签下合同，则选目必须早定。此时合同未立，暂不向外宣扬。如已订好合同，则望以细则见示。愚夫千虑，或可效一得之微也。京中多士如云，不无高识卓见之学者，先生就近咨访，收获必丰，亦有异闻益我乎？盼详以见告为祷。

承示《中国文化》第五期正在集稿，兹录旧作二篇，聊以补白，乞即以此付之。专以布复，即请

大安

舜徽再拜
五月二十三日

张舜徽先生在当代，是成就最为显赫的师儒。我在《要略》论钱宾四一节中曾说："国学大师之名，章太炎之后，唯钱穆当之无愧。"现在应该补充说："国学大师之名，章太炎之后"，除了钱

穆，唯张舜徽当之无愧。张学之大之专精，通四部而尤擅清代学术，我是了解的，故创办《中国文化》之初，便与张先生取得联系，得以在第一期即刊出他的文字并允任刊物之学术顾问。我们有多封通信，此处所引仅是其中之一，从信中可以看出，张先生是何等细密之人。

"经典"丛书初选拟目没有罗振玉，接受张先生意见后来列入了。张先生信中对罗持论甚坚："罗于古文字、古器物之学，探究广博，其传布、搜集、刊印文献资料之功特伟，而著述亦伟博精深，为王国维所钦服。王之成就，实赖罗之启迪、资助以玉成之，故名单中有王则必有罗，名次宜在王前。"一定是揣想到我可能对罗的晚节不以为然，所以张先生特予点明："罗虽晚节为人所嗤，要不可以人废言也（六十余人中，节行可议者尚多）。"王、罗关系自有其复杂的一面，学界向来异说异是，张舜徽先生所论应比较客观。再就是信中对专家与通人之分别，不愧为大家言说，启予者良多。"专家路窄，通人路宽；专家但精一艺，通人则能开廓风气。影响于当时及后世者，自以通人为大。有此尺寸，则每人之代表作如何去取，则自有标准矣。"这讲得何等明通。怕我不能领会，又举汉事为例，说当日的博士之学亦即专家，都列在《儒林传》里，而司马迁、刘向、扬雄等大学问家，则各有专传。盖《要略》第九章专论"通人之学和专家之学"，实亦不无张舜徽先生教示之影响也。张先生此信写于1991年5月23日，至次年1月16日，仍有手教询问丛书之进展情形。而当我告知近况之后，张先生喜慰非常，并重申宜包括张元济的理据，他在1992年4月13日的信中写道：

梦溪先生大鉴：

　　得三月二十五日惠书，借悉"中国现代学术经典"丛书之编纂，布置就绪，安排得体，以贤者雄心毅力为之，必可早望出书，甚幸事也！承嘱补苴遗漏，经熟思之后，则张菊生先生（元济）为百年内中国文化界之重要人物，而其一生学问博大，识见通达，贡献于文化事业之功绩，尤为中外所推崇。其遗书近由商务整理出版甚多，可否收入，请加斟酌，往年胡适极尊重之，故"中央研究院"开会，必特请其莅临也。承示《中国文化》第五期即可出书，此刊得贤者主持，为中外所瞩目，影响于学术界者至深且远，我虽年迈，犹愿竭绵薄以贡余热也。兹录呈近作二篇，请收入第六期，同时发表。好在文字不多，占篇幅不多，并请指正！专复，即叩
近安

张舜徽上
四月十三日

此可见张舜徽先生对"经典"丛书投入怎样的关切。可惜他未来得及看到丛书的出版，就于1992年11月27日逝世了，终年八十一岁。他其实还在学术的盛期，他走得太早了。张先生写给我的最后一封信，落款的时间为1992年11月9日，距离他逝世仅十八天。我不知道这是不是他生前写的最后一封信。不久就是他双七周年的忌日，谨在此表示我深深的悼念与追思之敬意。

张先生并关切京城之"多士"对"经典"丛书有何"异闻"，其实我还请教过周一良先生，周先生力主康有为不可少。1992年9月，我赴哈佛大学出席一国际学术会议，并应余英时先生的邀请

访问普林斯顿大学，使我有机会与英时先生畅谈学术，"忆往事，思来者"，同时也听取了他对"经典"丛书的意见。英时先生对章太炎、梁启超、罗振玉、王国维、陈寅恪、胡适的拟选篇目，提出了中肯的增补建议。还有汤一介先生、朱维铮先生、汪荣祖先生，也都有以教我。朱维铮先生的回示有三页纸之多，同意丛书的大体设计，只是提醒我对拟选的五十家尚需再酌。他说："麻烦主要不在哪些人已经入选，而在于哪些人没有入选。"并具列宋恕、张謇、汤寿潜、孙诒让、杜亚泉、辜鸿铭、黄远庸、易白沙、陈独秀、吴虞、李大钊、丁文江、孟森、梅光迪、柳诒徵、陈序经、吴稚晖、陶希圣等人的名字，认为杨文会、顾颉刚既可选，则这些人也似可以考虑。他是启发我选政之难，非欲强加也。《康有为卷》的编校之责他答允，但编委一席后来才予应承。

维铮事繁，一次因催稿彼此寡欢，三天之后得大函，云"前夜得尊电，由康有为小传事，蒙申斥"，语词措意，令我忍俊不禁。然后说编委他不当了。然后说康传最好由我来作，以"垂范后世"。但随后却寄来了他的康传的改稿，并说："虽又贻迟误之罪，然终属亡羊补牢，略胜有劳先生掷还再议之烦扰也。"待丛书出来，他收到三十卷样书，于1998年2月12日写信给我，说：

> 已得三十卷，即用半夜逐册翻阅目录和年表、要目，粗得印象，以为总体符合学术性要求，选编也各有特色，虽说见仁见智，所收未必合乎尊序所示经典品格的要求，而均有参考价值，则可断言。此乃主编之成功，当贺。

晚清人物及近代学术思想是维铮先生的学术强项，能得到他的认可，殊非易易。他还对丛书的销售方法提出意见："据有的学生说，已见全书在几家书店上架，但不拆零出售，只能望书兴叹。我不知是出版社批发规定，还是书店自作主张？但这类书的主要读者群，在文科的研究生和大学生。倘可零购，则各卷都有忍痛掏钱者。倘只能选择'全或无'，则绝大多数必选'无'也。即如拙编一卷，定价五十五元，要我自行购置，也需一思。况且诸卷所收，多半都有单行本，读者单为补己藏所缺的几种或数文，而要购置全卷，必多踌躇，而不拆零，更无疑拒绝主要读者。如此'生意经'，当为出版者所知。"我即刻将此意转告王亚民兄，后改为拆零销售盖出于维铮先生的"生意经"也。这就是丛书编纂过程我与之交往的朱维铮先生，不愧为学之诤友而士之君子。

"经典"丛书对我个人而言有存于成败得失之外者。同道切磋之谊，名师教诲之乐，即是其中之荦荦大端。文物书画鉴赏家最看重原物真迹，"过眼"一词是他们的业内行话。我敢说中国现代学者的一些最具代表性的著述，我大体都一一"过眼"了。没有"中国现代学术经典"丛书，便没有书前的总序，也就没有如今呈现在读者面前的这本《中国现代学术要略》。陈寅恪先生岂不云乎："吾侪所学关天意。"学术一如人生，无非因缘凑泊而已，预设不一定就是结果，过程比结果更为绚烂生动。

因此，当我的总序成书即将付梓之际，特别要感谢一向关心护持《要略》的师友和读者，感谢最初刊发此裹脚长文的《中华读书报》，感谢对此文存乎真赏的挚友邓小军教授。另外，由于戴逸先生和李学勤先生的热诚推荐，《中国现代学术要略》曾获得我所在系统之优秀学术成果奖，因此特向戴、李两先生致以谢意。还有很久以后的后来我才得知，季羡林先生曾请他的助理李玉洁先生为之诵读《要略》，这让我事后犹感惶愧不安。

两周前携内子去医院看望季先生，九十五岁的老人，精神依然矍铄，且思维敏捷，语带幽默。谈起佛学，他说佛陀当时是代表新兴势力的。不久前范曾先生调入我们中国文化研究所，季老尝手书"善来"二字为贺。语及此并范公苦嗜八大事，他脱口诵曰："石涛雪箇非凡胎，老缶晚年别有才。九原我欲为走狗，三家门下转轮来。"齐白石老人的诗，老缶是吴昌硕，雪箇即八大山人朱耷之号也。

2007年6月22日（农历丙戌年五月廿七）于京东寓所
（刘梦溪著《中国现代学术要略》，生活·读书·新知三联书店，
2008年初版）

敬意与温情

——《学术思想与人物》后序

我在《庄子与现代和后现代》一书的跋语中说:"我喜欢读书、写书,但常常忘记出书。写书也写得很慢,一本研究陈寅恪的书,写了十年,还没有最后完稿(也许今年可以竣事)。所以平时颇喜欢自己集的一副对联:'终年著书无一字,大患分明有此身。'一九九九年大病几死,'无一字'之书也不能'著'了,差一点进入彻底无'患'之境。"在《陈寅恪与红楼梦》的跋尾中又引散原老人的诗句:"久以病为业,今如失业人。"1999年夏自哈佛访学归来的大病,使我一年多时间不能动笔。因此本书所收文章,除《陈寅恪的文化态度》《王静安先生学行小传》和《百年红学说索隐》写于二十世纪九十年代,其余大都写于2001年至2003年,也就是二十一世纪。本人虽不敢自称是"跨世纪人物",本书诸文的写作时间,倒货真价实地跨世纪了。

尽管如此,对已经过去的二十世纪的学术大师,我仍然充满敬意和眷念。也许后来者真的不容易超过他们了。他们深湛的国学根底,他们将中西学问融汇在一起的学术训练,他们在文化撞击中不自我失重的文化节操,他们重证据、不说空话的治学态度,他们喜欢抬学问杠的执拗,他们的儒者之风,一句话,他们的学术精神和人格魅力，无时无刻不让我们仰望而乐道之。记得1997年2月16日下午，我邀请戴逸、李慎之、汤一介、李泽厚、庞朴、余敦康、王俊义等诸位师友来我家里，围绕我的《中国现代学术要略》一文做学术恳谈。大家谈得很热烈，争论的问题之一就是对前辈大师是仰视还是俯视的问题。余敦康先生的话我至今记得，他说："过了半个世纪，重新接受民国时期的经典，大有好处。鲁迅说，一只苍蝇，拍了一下，绕了一个圈儿，又回来了。二十世纪，从1897年算起到1997年，这一百年我们耽搁了太多的时间。说仰视，没有俯视——我们受到的教育，最糟的就是只有俯视，没有仰视。"李慎之先生插话说："我是窥视。"我个人打心底认同余敦康先生的意见。我们以往对前贤往圣的"厚诬"未免太多，所谓"厚今薄古"、所谓"古为今用"、所谓"批判地继承"，正面的含义自然不是没有，负面的效果则是杀伤力过强，导致今人对古人的简单化，失去对民族固有文化的敬意与温情。

我近年有较多机会与晚清及二十世纪的大师们为伍，"读其书，想见其为人"，经常被他们睿智的哲思和奇特的风采所打动。我已经摒弃了区分"优点"和"缺点"的论学与衡人的方法，我关切的是他们属于自己的特点。"进步"与"保守"的概念，我以为也不适合用来评价近现代学术人物。1898年的全国维新变法运动，主张激进和渐进的两派势力争持不下，但两方面的人物都有其可爱处。就湖南新政而言，陈宝箴、陈三立、黄遵宪主张渐进，我感到很好，引起我的尊敬。梁启超、谭嗣同激进，同样让人感到可爱。就是备受诟病的张之洞的"中学为体，西学为用"，难道就那样一无是处吗？李鸿章一向蒙受卖国的蔑称，连带他辛苦操持三十年之久的洋务运动也被轻易否定，但李合肥其人在晚清政治舞台自有其精彩。甲午战败他虽然难辞其咎,但主战的清流党们也当负误国之责。1894年至1895年的中日甲午战争的悲剧性在于:不是不当和而和,而是不当战而战。狡诈的日本人以一环接一环的圈套企图把中国拖入战争,清廷则一步紧跟一步地跌进圈套。战争模式是人家早已经设计好了的,中国一方不过是战败的执行者。

1895年四月二十七日《马关条约》签订之后,全国上下一片沸腾,纷纷责难李鸿章丧权辱国。签订割让台湾和辽东半岛、赔偿日本军费二万万两条约的人(当然是朝廷指示他签订)遭到责难,不足为怪,问题到底是什么原因导致如此惨重的败局。陈寅恪的祖父陈宝箴和父亲陈三立,在《马关条约》签订后曾致电张之洞,呼吁联合全国的督抚共同请求将李鸿章斩首。陈宝箴说:

> 勋旧大臣如李公,首当其难,极知不堪战,当投阙沥血自陈,争以死生去就,如是十可七八回圣听,今猥塞责望谤议,举中国之大,宗社之重,悬孤注,戏付一掷,大臣均休戚,所自处宁有是邪?(陈三立《湖南巡抚先府君行状》,《散原精舍诗文集》卷五,上海古籍出版社,2003年,852页)

后来黄秋岳在回忆这段往事时写道:

> 盖义宁父子,对合肥之责难,不在于不当和而和,而在于不当战而战,以合肥之地位,于国力军力知之綦审,明烛其不堪一战,而上迫于毒后仇外之淫威,下刦于书生贪功之高调,忍以国家为孤注,用塞群昏之口,不能以死生争,义宁之责,

虽今起合肥于九京，亦无以自解也。（黄濬著《花随人圣庵摭忆》，上海书店出版社，1998年，214页）

我在《百年中国：文化传统的流失与重建》一文中引述了上面两则史料，非欲为李合肥其人辩诬，而是想说明，历史之真情底里，绝非当时后世的悠悠之口以及"书生贪功之高调"所可为据也。

《百年中国》这篇文章是我的一次演讲，听讲者是国家各部委担负领导职务的人。当讲到中日甲午战争的历史教训的时候，我说："我想向各位提醒一点，在我国由传统走向现代的历史上，曾经有过三次现代化的努力：一次是清朝政府迫于列强的侵扰所做的初步现代化尝试，特别是洋务派的三十年的辛勤积累，由于1894年至1895年的中日甲午战争，被日本强行打断了；第二次是民国政府的现代化努力，由1937年日本军国主义的全面侵华战争，再一次被打断；我们现在正在进行的现代化进程，是中国共产党领导的现代化，也是中国近现代历史上的第三次现代化努力，已经取得了令世界瞩目的成果，但我们的现代化进程还没有完成。我想提出一个问题：我们这次的现代化进程，还会被打断吗？"也许有人会追问我对这个问题的看法，我不是预言家，我只能说我不是没有一点儿隐忧。

王国维和陈寅恪是我近年关注得最多的现代学术人物，撰写的有关他们的文字也相对比较多，故本书第二篇至第九篇，都是关于王、陈的内容。因为陈将有专书出版，此处所收仅限于单独发表过的一些散论。《王国维、陈寅恪与中国现代学术思想》也是一篇演讲稿，行文方式和语气带有演讲的特点，连现场答问也照原样保留了下来。我对王、陈，说起来是有些偏爱了。陈在本质上是一贵族史家,他一生未能摆脱家族的情结,但学术理念则坚持文化高于种族。王的自杀是二十世纪文化中国的大事件,也成为百年学术的不解之谜。演讲稿中对此稍事疏理,主要分析他一生的"十重矛盾"。陈评王之死曰:"先生以一死见其独立自由之意志,非所论于一人之恩怨、一姓之兴亡。""一人",指罗振玉;"一姓",指清朝(爱新觉罗氏)。《陈寅恪"王观堂先生挽词并序"新释》一文,探讨的就是这"一人""一姓"的问题。

"思想而不自由,毋宁死耳",陈的这句名言,以之评王评陈,均若合符契。或问:王、陈就没有局限吗?这要看你用什么标准和什么方法看待过去的学术人物。陈寅恪说:"对古人之学说,应具了解之同情,方可下笔。"又说:"吾人今日可依据之材料,仅为当时所遗存最小之一部,欲借此残余断片,以窥测其全部结构,必须备艺术家欣赏古代绘画雕刻之眼光及精神,然后古人立说之用意与对象,始可以真了解。"又说:"所谓真了解者,必神游冥想,与立说之古人,处于同一境界,而对于其持论所以不得不如是之苦心孤诣,表一种同情,始能批评其学说之是非得失,而无隔阂肤廓之论。"我想我们还是按陈寅恪阐释的方法来看待前人和前人的学说吧。

我偏爱的另一个人物是马一浮。马和熊十力、梁漱溟有新儒家的"三圣"之称,但为学的本我境界,马比熊、梁似更胜一筹。《熊十力和马一浮》一文,主要论熊,特别是他的《新唯识论》的来路和影响,但也兼及熊、马的生平素业和彼此之间的情谊。马是真正读懂《新唯识论》并最早给予称扬的熊的学术知音。1932年文言本《新唯识论》出版,马为之序,其中写道:

十力精察识，善名理，澄鉴冥会，语皆造微。早宗护法，搜玄唯识，已而悟其乖真，精思十年，始出境论。将以昭宣本迹，统贯天人，囊括古今，平章华梵。其为书也，证智体之非外，故示之以《明宗》；辨识幻之从缘，故析之以《唯识》；抉大法之本始，故摄之以《转变》；显神用之不测，故寄之以《功能》；征器界之无实，故彰之以《成色》；审有情之能反，故约之以《明心》。其称名则杂而不越，其属辞则曲而能达。盖确然有见于本体之流行，故一皆出自胸襟，沛然莫之能御。尔乃尽廓枝词，独标悬解，破集聚名心之说，立翕辟成变之义，足使生、肇敛手而咨嗟，奘、基挢舌而不下。拟诸往哲，其犹辅嗣之幽赞易道，龙树之弘阐中观。自吾所遇，世之谈者，未能或之先也。可谓深于知化，长于语变者矣。

短短二百余字，《新唯识论》的玄理义趣囊括无遗，且将各章名目（熊书"部甲"即"境论"，分"明宗""唯识""转变""功能""成色""明心"各章）嵌于对仗的语句之中，读之朗朗上口。而"一皆出自胸襟，沛然莫之能御"，不正是熊先生为文为学为人的风格吗？

熊、马也有分歧，1939年，由于对复性书院的宗趣理解不同，两人曾一度闹翻，熊先生怒而离开乐山（复性书院设在四川乐山的乌尤寺），使马先生备感伤痛。但马先生宁愿相信熊的"怫然遽行"不过是佛五行中的"婴儿行"，也就是闹小孩脾气。的确，熊先生接人待物一任性情，极少有遮拦。马一浮抗战时期创办复性书院，是应国民政府的邀请，不得已而后应。他的态度是无减无增、语默动静一也。当他由广西的宜山（时讲"六艺之学"于浙江大学）赴乐山途经重庆的时候，委员长蒋公曾设宴款待，待之以宾礼。熊先生当时也在重庆，熊、马等几位友人聚会，不免问起对蒋的印象，马说："此人英武过人，而器宇褊狭，乏博大气象；举止庄重，杂有矫揉；乃偏霸之才，偏安有余，中兴不足。"熊的评价则两个字："流氓。"二十世纪五十年代以后，熊仍不停著述，马晚年只写诗而不著文。两人同为政协委员，熊对国政文事颇多建言，但无一采纳；马则默而无言。

熊逝于1968年，终年八十三岁。逝前逢"文革"浩劫，屋中挂自书三条幅：中间为孔子，左王阳明，右王船山。口中不停地念诵："中国文化亡了！中国文化亡了！"马逝于1967年，逝前作《拟告别诸亲友》："乘化吾安适？虚空任所之。形神随聚散，视听总希夷。沤灭全归海，花开正满枝。临崖挥手罢，落日下崦嵫。"似有顺化自然的喜悦。马终年八十四岁。两人乐山别后绝少再晤，但彼此仍有关切。他们性格风貌有别，同为童心十足的学术大师则一。

中国历来有品鉴人物的传统，乙部之学尤重为人物立传。中国现代学术之史学一门，可谓果实累累、群星灿烂。前些年写《中国现代学术要略》对此曾约略叙及，这次《中国现代史学人物一瞥》一文，重点述论了钱穆、陈梦家、张荫麟、傅斯年等几位现代史家的生平与事迹。对陈梦家和张荫麟，我尤其寄予极大的同情。

有谁能像陈梦家那样，不论以什么样的机缘触及任何领域，都能结出第一流的学术果实。他是新月派诗人，二十岁就出版《梦家诗集》；大学本科学的是法律，但更喜欢古文字和古史研究，闻一多、容庚是他的老师。1944年赴美，在芝加哥大学教授古文字学,但经过三年的穷搜苦索,最后编成一巨册英文稿《美国收藏中国青铜器全集》。回国后还拟增补欧洲和加拿大的部分,以出版规模更大的《中国铜器综录》。他先后任教于燕京大学、西南联大和清华大学,1952年院系调整调科学院考古研究所。《尚书通论》《西周铜器断代》《殷虚卜辞综述》是他的代表作。七十万字的《殷虚卜辞综述》,如同一气呵成,写得清通而优美,即使对甲骨文少有所知的门外汉也会读得津津有味。但"十年浩劫"的灾难过程,他没有全部走完。1966年9月3日,他用自己的手结束了自己无限宝贵的生命,年仅五十五岁。此前的几天,他的出身名门的妻子——研究莎士比亚的专家、北京大学英语系赵萝蕤教授,被"剃发易服"关在家中;而自裁的当天,他受批判时有人用秽物浇他的头。他留下的遗言是:"士可杀,不可辱。"

张荫麟更是个悲剧天才,他死的时候只有三十七岁。如果说陈梦家的古史研究与古史写作,浸透着诗人的激情与诗笔,张荫麟则视感情、生命、神采予直观的认取,是历史写作的必要条件。他太喜欢完美了。他要把每一篇、每一行、每一个词语都写得安稳。他的代表作《中国上古史纲》,虽是一部未完成的通史,却可以让他在名家辈出的二十世纪史学领域独树一帜。

他的早逝,执着学问、沥血著述(写文章经常连续几个晚上不睡觉)固是因由,更主要是爱情的悲剧吞没了他。他的好友哲学家贺麟写道:"凡是了解近代浪漫精神的人,都知道求爱与求真,殉情与殉道有同等的价值。"(《我所认识的荫麟》,《张荫麟先生文集》,台湾大学出版社,1984年初版,页43)因此他从心里给予"了解之同情"。1942年10月24日,张荫麟在遵义逝世,听到噩耗的人无不为之惋惜。五十年后,他的文章、他的著作、他的艺术史家的诗情，仍然让我们新一代文史从业人员有无法绕行的地方。

最后我该说到《季羡林先生九十寿序》这篇文章了，在我主要是想表达我的一种祝福和感激。2000年2月4日我病愈出院，那一天正好是立春，又是己卯年除夕，第二天就是庚辰年的春节，开始我的本命年。4月9日南下讲学、养疴，先后在南京、扬州、镇江、常熟、苏州、上海、杭州等地停留。杭州最长，住了二十天。5月13日返京，6月5日写《悼朴老》，这是我病后第一篇文章。5月13日又写了记南行游兴的《桃花得气美人中——虞山访柳如是墓》，病后第二篇文章。8月，学界朋友拟以最亲切的方式庆贺季羡林先生九十华诞，邓九平兄来我家告知准备情况，并希望我能即席讲话。我说讲话不宜，因为与会者大都是前辈硕学，我不合齿序。但季先生对我多年的帮助尤其病中的关切，让我永志难忘。李玉洁先生告诉我，1999年夏秋以来，季先生经常念叨："梦溪怎么看不见了？"待知道我生病住院，他请李先生打电话给祖芬，转达他的话，嘱咐我："要付出一段时间，争取半生幸福""有病要有非常的自信，病就会好一半。排除一切，靠内心的调整，来增加抵抗力。要能抑制自己，这是很厉害的。"季先生还说他也有许多病，心脏病、肺气肿、十二指肠溃疡，但从来没有人听说过他有病，就是靠自己调整。祖芬把记下的季先生的话念给我听，我当时的状态如同赵萝蕤在芝加哥艺术馆看到了陈梦家辑录的《白金汉所藏中国铜器图录》，但也增添无限战胜病魔的自信力量。

后来我还接到季先生一信，其中写："我兄罹疾，我心难安，幸天佑善人，转危为安。此不只我一人之福，实亦学坛之福也。"

我已经愧不敢当了。因此欣逢先生九秩大寿，我想如果不用语言也应该用文字说点什么了。于是便有了这篇寿序，一气写成的，是为病后的第三篇文章。由于当时正泡在陈宝箴和湖南新政的晚清史料里，贴近文言的表达，于我有"语境"的方便，而且合于祝寿文的文体要求。但我是借鉴王国维为沈寐叟写寿序的办法，把季先生放在二十世纪学术史的流程里加以观照，与其说是一篇寿序，不如说是一篇学术史论更为恰当。序文初稿承邓九平兄补充内容，复经吴小如先生厘正文字，谨再申谢忱。

两篇哈佛访学记，是我1999年至2000年美东访学的一部分记录。在哈佛大学和哥伦比亚大学，我先后与十余位研究中国学的学者访谈对话，录音稿有近二十万字，因病未能及时整理出来。本来打算《世界汉学》出版一个专辑，结果只在今年出版的一期上刊出对史华慈教授的访谈，而且他在我离开美国不久就离开了人世。他和我交谈的时候，情绪热烈，他说他高兴谈关于中国关于文化的题目。我至今怀念这位渊博的西方儒者，并为他不能看到发表的文稿感到遗憾。实际上，我愧对了我与之对话以及帮助我安排访谈的许多美国友人，特别是杜维明教授、林同奇教授、王德威教授和商伟教授。也许王蒙的慰病电话，可以让我多少减轻一点心理担负——他说"病人是享有特权的，包括挑食、不守规矩、不讲道理"等等。不过，我会给愧对的朋友送去迟到的回答的，总有一天我会把全部访谈稿整理出来，不仅在《世界汉学》或《中国文化》上刊载，而且可能的话会出版一本《哈佛访学记》。

生病其实也是很有趣的，不仅如王蒙所说享有种种特权，还产生一种空灵，一种回归本我的宁静。贺麟解析张荫麟的浪漫爱情，得出"求爱与求真，殉情与殉道有同等的价值"的优美结论。生病的过程就是往这优美情境漫步的过程。由于生病，会得到更多的温暖和爱，得到更多的友情和爱情。回归本我是愉快的，因为它无减无增。学问是快乐的，因为它是接近殉道的最佳途径。

时在 2003 年 12 月 2 日览康丽小姐送来之清样后补序
《学术思想与人物》，河北教育出版社，2004 年初版

"了解之同情"

——《学术与传统》后记

读书做学问，在我既是一种兴趣，又是一种职业。读书、买书、整理书、写书，是我循环往复的日常课业。我也并非没有其他兴趣，譬如各种家用工具。我哥哥是木工，小时候，他做活的时候，我常在一边看。动乱年月下放到一家钢铁厂劳动，工种是钳工，又对五金工具发生了兴趣。直到后来的现在，家里的工具可以说应有尽有。包括居家不常用的管道钳，我也有两三把。大小电钻、电锤，也是四五个。装工具的木盒、铁盒、塑料箱，也是我的所爱。其实，我还擅长家庭布置、房屋装修。这个特长，只有家人和最好的朋友知晓，他人不知耳。一次跟王蒙说，我最合适作装修队队长，他满脸茫然，未置可否。

上世纪八十年代，刘再复有了劲松的新居，搬好之后邀我往观。我发现家具和床具的位置与居室结构不甚协调。于是立刻动手移动，做了很大调整。我们中国文化研究所的书柜桌椅，都是我看几家店后买来的。一张特殊一点的写字台，还是订购时我亲手画的图样。三十多年前住团结湖小区，区内商业街有一家新华书店，书架的陈列一塌糊涂。我自告奋勇，帮其调整。书店女主管因此受到了上级部门的表彰，但没有人知道背后有我的一份

"知识产权"。就更不要说自己书室的摆放了。颇有几位海外归人，说我的书房是国内看到的很不一样的学者书房。有好事者发图片到报纸上，季羡林先生看到了，担心书不好取，助理说有梯子。坐在梯子上取书看书，也是我的人生一乐。老友孙长江的家居陈设，我也小试过身手，但他说，没过几天就改回原来的旧观了。再复家后来如何，我忘记了。在我不过是一种兴趣，体会的是瞬间的永恒。时过境迁，就与我无关了。但我们研究所的桌椅器物，如果发生了一点点变动，包括位置的移动，我都能觉察出来，会要求及时纠正。

连类所及，我对城市建设也不乏浓厚的兴趣。北京城建的哪些地方好，哪些地方不尽如人意，我也每发出自己的一家之见。北京取消崇文区和宣武区，我老大不高兴。东单路北的过街天桥，上面写"银街"二字，也觉大为不类。于是遇有发言或做学术演讲的时候，总要提到此一问题。但都无效，至今，那"银街"两个字还明晃晃地耸立在过街天桥的横梁之上。中小学生的校服，我也有关注。孩子们穿着劣质运动装满街跑，实在有失雅驯。因此每有机会，我就提出此一问题。结果和"银街"一样，同样石沉大海。我还莫名其妙地喜欢拖地。几年前，当我发现明代的大学者李卓吾也有此好的时候，不禁怦然而喜，引为古代的同调。《中国文化的狂者精神》一书里，我写到了这一细节。如果听凭兴趣所之，也许我会成为一家装修公司的设计员吧。但也有知道我这方面爱好的朋友，说我做这类事情跟做学问一样认真，就不知道是赞许抑或是小有微词了。然则我毕竟没有成为一名装修工或设计员，甚至和明熹宗朱由校相比，也自愧弗如。这位奇葩皇帝尽管国家没治理好，却成了名传青史的巧木匠，至今受捧不衰的明式家具，似乎就有熹宗皇帝影响所及的影子。而本人则不过是出于爱好，止于爱好，兄长的家传手艺也没有学到手。

也许是我的其他兴趣都比不过对书的兴趣。几岁开始就喜欢书，听父亲讲书，自己乱翻书，字认识不全就尝试着读书了。多年形成的人生感悟，竟是最痛苦者莫过于无书可读。十年乱局，有两年发放到五七干校接受整治，不是罪人，但享受充分的"罪人"待遇。不准接触人群，不准到食堂用餐，不准和家人通信，不准保存剃须刀。但于我最痛苦的，是不准看《毛选》以外的书。就这么一部书，老看老看，难免就滚瓜烂熟了。一次小型批斗会，诬枉之辞实在让人难以接受，我于是抗争："你们即使不实事求是，也应该讲点良心呵。"会议的主事者认为抓到了把柄，便得意地大声回应："我们共产党员讲党性，不讲良心！"我即刻反驳说："你不讲良心，那是你没有良心。《毛选》里有四处讲到了良心。"他无语了，会议也随之结束。你看，即使只读一本书，也自有它的好处。但一个人终归不能只读一本书，而是要读很多的书，甚至希望能有机会读到更多生平所未见之书。读书的佳境，是闲适阅读。陶渊明的"既耕亦已种，时还读我书"，便是闲适阅读，因此只需"会意"即可。杜甫的"读书破万卷，下笔如有神"，则难免有一点想作诗的功利考虑。研究问题的阅读，包括为写书写论文而阅读，也需要博览与约取相结合。只读自己行当的专业书，未免有吃偏食之嫌。读书少，涉猎面窄，就是古人所讥讽的腹笥空空，是无法为学的。《文心雕龙》的作者刘勰岂不言乎："凡操千曲而后晓声，观千剑而后识器。故圆照之象，务先博观。"什么时候人在不自由的情境下也有书读，就是理想的好社会了。

实际上，我读的书仍然是少之又少。和老辈硕学相比，真是差得不知凡几。作为我研究对象出现在本书中的那些独标秀出的二十世纪现代学者,尤其王国维、陈寅恪、钱锺书、马一浮四位学术大师,他们才是真正的读书人呢。你看他们记诵之博,典故之熟悉,如数家珍不足以形容。如今我也以写书人的身份跻身斯道了,而且一篇一篇一本一本地写了不少,但值得留存于世的又有几何。出道迟早是一回事,读书能不能知味是另一回事。著作多寡是一回事,有无独到的思想创获是又一回事。我读书治学的微末之长,是读书细心。研陈研马,都能独得一个"细"字。三复四复其义,总能有所感会。前面题叙已略及,我研治的范围,早年为古典文学和文学思想史,也旁涉过文学理论和现当代文学,后转向现代学术及文化史和学术思想史。而思想文化史这一块,则是先近现代,后进入宋学,最后返归"六经"。为学次第非事先预设,后来发现各个点块能够在后面有历史和思想的连接,原来不曾想到。

  陈寅恪说:"对于古人之学说,应具了解之同情,方可下笔。"这一点,我自问是做到了。陈寅老还说:"吾人今日可依据之材料,仅为当时所遗存最小之一部,欲借此残余断片,以窥测其全部结构,必须具备艺术家欣赏古代绘画雕刻之眼光及精神,然后古人立说之用意与对象,始可以真了解。"我不是艺术家,但反观我的那些个旁骛的兴趣爱好,庶几有可能具备一些"真了解"古人立说用意的先期条件。我的确是以审美的心情和态度,来面对古人和古人的著作的。因此我发为著述,总离不开人物和思想。历史是人的历史,文化是人的活动,群书载籍是前人的智慧结晶。龚自珍称古先书册为"圣智心肝",是为真知书者之言。由此可知,撰文著论有无心肝,亦是评判人文作者的一个深在的标准。

本书中涉及的往圣前贤，古人、前人、近人、外人，也多矣，但是否做到了"真了解"，本人就不敢自我评说了。

没有想到会用这种方式出版一部如此规模的自著，完全是由于时代华文书局余玲副总编的隆情雅意，给了我贸然为此的勇气。本家文论泰斗彦和古哲曾经说过："凡文集胜篇，不盈十一；篇章秀句，裁可百二。并思合而自逢，非研虑之所课也。"我的心曲被他在一千五百年前预先说中了。谨在此向促成此书出版的余玲女史，并本书的责任编辑李强先生，深表谢忱。

2016年3月6日记于京城之东塾

《学术与传统》（上、中、下三卷），北京时代华文书局，

2017年初版

学术典范与文化传承

——《学术与传统》商略雅集侧记

2017年4月26日，周四，上午9点半。

北京时代华文书局的会议室里，方形合围的会议桌，蓝色桌布与主背景板上的洇染的蓝墨水相映成趣，呼应着此次的活动主题：学术典范与文化传承——《学术与传统》商略雅集。

这是一场规模并不大的学术雅集，却吸引了京城的十多家媒体。

年过八旬的历史学家杨天石、王俊义先生，以及文史哲领域的知名学者陈平原、张国刚、杨慧林、王守常、陈越光、梁治平、王学典、吴光、邓小军、范子烨、黄爱平、丁东、余世存等，在一个工作日的清晨，从京城拥堵的四方，甚至从浙江、安徽、山东赶来，围绕一位作者、一部书以及这部书所触发的大问题而展开研讨——雅集并不寻常。

《学术与传统》的作者是著名文史学者、中国艺术研究院终身研究员、中央文史研究馆馆员刘梦溪先生。七十七岁的他，正饱受重感冒的折磨，拄着双拐缓缓入席。

因为参与前期筹划，我们知道他对此次老友相聚有多看重。单雅集的题目就经过一再推敲。他不希望只为溢美其人其书，因为这些嘉宾，都是他交契多年的挚友。事前与我们讨论"商略"这个古意盎然的语词时，他特别引用范成大的"当否竟如何，我友试商略"、陈文蔚的"共到花前细商略，精神最好雨中看"，说不希望顺随浮华夸张的学术时风，更想听到朋友们如何"商略"前辈学人所树立的学术典范以及当今中国文化应如何传承等大问题。对嘉宾们的座位如何排，他很细心，希望每位朋友都能坐到合适的位置。夫人陈祖芬女士没有入正席，自己还执意要坐到我们认为的"末席"上——好在没听他的。

就书而论，这部皇皇百万言的三卷本《学术与传统》，是刘梦溪先生近三十年来学术论文的精要选编。书中既收录了作者研究王国维、陈寅恪的专论，研究马一浮、钱锺书、熊十力、张舜徽等现代学者乃至研究整个中国现代学术思想的专题和通论，也有他对传统文化与国学的分疏阐发、对古典文学和文化史的思想与人物研究，还有阐释"六经"价值论理的《敬义论》《立诚篇》《论和同》等，以及钩沉中国文化的"与人和同"的《易》理哲思，乃至对传统的反思与前瞻。这部书不仅是刘梦溪先生多年治学心路的辑录，也深蕴着他对二十世纪以来中国文化的学术典范与传承发展之究思。

此次雅集固然由北京时代华文书局、中国文化书院、凤凰网国学频道、敦和基金会联合主办，主持人却是霜发满头的青年学者余世存友情客串。时代出版传媒的副总经理、安徽省作协副主席韩进先生在代表联合主办方致辞时，高度评价了梦溪先生的独立人格与学术贡献。联系国人对传统文化的种种误读，他引用刘梦溪关于当今文化传统承续与重建的三条途径，即"文本经典的阅读""文化经典的熏陶"和"礼仪文化的熏习"，认为没有传统文化的认同，就没有文化传统的重建；文化传统的更新和重建，是民族文化血脉的沟通；学术思想是文化的精髓，是民族精神的理性之光。

不愿当"主角"的刘梦溪先生，致辞简短而谦逊，一再表示"不敢当"。他说，眼前的雅集让他想起二十年前在自己家里的那场雅集，李慎之、戴逸、汤一介、李泽厚、庞朴、余敦康等学界名宿和王俊义、雷颐、梁治平、何怀宏、任大援等友人与席，主题是讨论自己的论学长文《中国现代学术要略》。那场雅集成就了一段学界佳话。庞公批评该文最大的问题，是对前辈学者只有"仰视"，没有"俯视"，站在前辈的肩上著论才是合适的态度。余敦康不认同庞公观点，说已往的教育，恰好是只有"俯视"，未能"仰视"。李慎之为缓解气氛，说他既不"俯视"，也不"仰视"，而是"窥视"。众人闻之，忍俊不禁。梦溪先生称：今日之雅集，依然恭请大家多所批评。

随后，主持人余世存邀请嘉宾自由发言。除了讨论刘梦溪先生的著述外，还抛出一系列话头：如何看待中国学术的典范？由王国维等人开启的现代中国学术，一度被这个时代绑架裹挟，今天是否已剥离意识形态外衣？随着交流传播的介质由纸质转向移动互联网，中国学术如何传承？归结起来，关键词就是三个：典范、传承、人物。

著名历史学家、中国社科院荣誉学部委员杨天石先生以"小侧面、大贡献"为题，例举刘梦溪"以诗证史"，用陈三立的诗文揭秘戊戌变法失败后陈宝箴之死的历史悬案，高度评价了刘梦溪"不断深入，不断拓展；学养深厚，文史相承；思想严密，考证精细；文辞典雅，义精且宏"的治学特点。

清代学术史研究专家王俊义先生认为，中国文化的发展有其内在规律与理路，学术思想的传承与发展，首在学者的文化担当。刘梦溪研究王国维、陈寅恪等近现代学术大师巨子，并将他们的精神、思想发掘、传播而成学界共识，本身就是传承"独立之精神、自由之思想"的学术典范。

嘉宾们从不同角度探讨刘梦溪先生的治学特点、学术贡献、独立精神与著述风格。中国文化书院院长王守常将刘梦溪的《学术与传统》与美国学者希尔斯的《论传统》联系起来，认为传统不是过去，传统就是现在。对传统的整理和研究，不能只是宏大叙述，小材料也可能对大历史起到画龙点睛的作用。身兼多重身份的思想文化学者陈越光，既是敦和基金会执行理事长、秘书长，也是中国文化书院副院长，回顾上世纪八十年代的文化热和当下中国文化复兴热潮，他说，刘梦溪先生的研究著作也给了当今学者一个提醒，无论是身处何种学术领域，无论来自外部的压力或诱惑有多大，作为学者应该始终清醒地守住自己的边界，这是学人应有的典范精神。

北京大学陈平原教授的发言，保持着多年来的犀利话风。他认为，相比学院体制培养出来的学者，特别是当下很多人为写论文、争课题而作的学术研究，刘梦溪先生更像基于趣味而读书、基于兴趣而写作的老辈学人。无论是考辨思想、引征材料还是推敲文辞，都有着传统学者的韵味，其考辨文章往往从小处着手，得出很有意义的结论；其研究不受潮流时尚所干扰，固守传统人文的趣味、立场和方法，接续传统，开创新枝。但他基本不介入社会科学，而现代人文学研究，也需要社会科学的路径与范式。谈到中国文化的传承问题，陈平原认为，国学必须活在当下，对国学经典的研究，也需要落到百姓的日常生活中。晚清以降的一百六十多年，传统与反传统，各种声音都存在。传统与反传统是一对车轮，传统必须包含反传统，没有反传统的声音存在，传统难有自省能力和自我批判意识。

清华大学张国刚教授是隋唐史暨中西交通史专家，他的发言紧扣"典范""传统"和"网络"三个关键词。他认为，"典范"就是准则，"传统"就是传承典范，学术和文化都离不开土壤，土壤就是它的历史，就是老百姓生活的环境，从制度框架到日常物质和精神生活。中国的学术传统，就像长江，从夏商周到春秋战国，就是长江的源头，从百家争鸣到秦汉以后，便汇入了中国文化的长江。汉武帝罢黜百家，独尊儒术，以"六经"熔诸子百家于一炉，可称为长江的第一次汇集。东汉以后随着佛教东来，魏晋玄学的出现，到唐宋儒释道合流而成新儒学，是中国文化的第二次汇集。明清以降到现代，中国文化面对西方冲击何去何从，刘梦溪先生的书，反思讨论的主要是几百年来人们的探索。进入工业时代以来，伴随能源、工艺和信息传播方式的进化，我们正处在这三者叠加的时代。因此，今天我们研究近代学术问题，已经跟王国维、陈寅恪、钱锺书不在同一时代了，既要解释古今东西，还要站在人类文明共同体的角度上研究如何"再出发"。既要立足现代，讲述中国文化传统的"道"，使之既有文化，也符合现代生活；也要在表达形式上大胆接入自己的传统，重构中国学术和文化传统。从传播渠道看，网络时代的特点是精英与大众都在同一个传播渠道里，需要思考中国文化的未来。中国文化从晚清、"五四"、"文革"到改革开放，长江出口就是大海，大海就是各美其美，美人之美，美美与共，天下大同。

基督教与汉学研究学者、中国人民大学原副校长杨慧林先生认为，刘梦溪先生所关注的问题和人以及他的文章，都有很中国的人文之气。事实上，他研究传统文化，追溯中国现代学术典范与传统延续时，常引用王国维"学问之道，本无中西"的观点；在梳理中国学术思想史时，他推崇钱锺书先生读书的"趣味"，在学理上很严肃，而治学方式很开明甚至幽默，可以跟研究对象做一种交流和对话。杨慧林指出，新旧学术、中西学术之间也是如此，就像钱锺书读书笔记中所说，我们真正需要的不是新的宗教，而是一个被更新了的宗教。如果要从传统当中找到有价值的学术典范，找到值得传承的文化精髓，一定是在这样的意识下才行。

出差一直带着《学术与传统》三卷本的吴光先生，是知名的阳明学研究专家。他认为刘梦溪先生是独立意志很鲜明的人文学者，与流行时尚始终保持着距离。这套新作可谓是一部总结现当代学术的典范大著，他赞同刘梦溪先生关于中国传统价值理念与基本精神的高度概括，关于王国维、陈寅恪、马一浮、熊十力等文化典范的深刻研究以及关于中国传统学术文化的特点、生命力与发展前途的分析展望。吴光提出两点商榷意见，一是刘梦溪先生概括中国传统文化核心理念时特别崇尚"敬"，敬是一种态度，其本体应该是儒家思想最核心的"仁"；二是关于马一浮思想的特点，是否为"儒佛并重、儒佛兼通、儒佛会通"，吴光更倾向于"儒佛会通"，以儒为主，以佛为辅。

身兼山东大学儒学高等研究院常务副院长和《文史哲》杂志主编的王学典先生，是有名的历史学家，五天前李克强总理视察山东大学时，还在《文史哲》编辑部与他进行过交流。他认为，刘梦溪先生对传统文化的命运有深沉的追求和抱负，其大情怀令人感动，其学问非常纯正，是二十世纪中国新汉学传统的发掘者、诠释者和弘扬者，也是源远流长的中国古典学的传承者，期待他为中国文化的重新诠释、为人文精神的重建提供更多的思想资源。

法学家梁治平先生是中国艺术研究院中国文化研究所研究员，与刘梦溪先生同事二十多年，近距离领略到他的治学风格与思想变化。梁治平认为，梦溪先生读书的特点是循着自己的问题、循着问题的逻辑不断深入，发愤忘食，乐以忘忧。谈学术典范与文化传承，就离不开对人物的研究。刘梦溪先生研究王国维、陈寅恪、钱锺书等前贤的思想、学问、成就，深入到他们的精神领域中，认同并自觉传承其治学精神，将其内化为自身人格的一部分，可谓年轻学者的榜样。文化如何传承，其实最根本在人物，文化价值、文化精神需要人来传承，因为人能弘道。但文化传承的工作，需要一代代人去努力，今天的社会环境、教育环境、治学环境，还存在诸多问题，如果扼杀了学人的独立精神和自由思想，就无法培养出真正意义上传承文化之人，这是一个非常重要也极具危机性的问题。

知名学者、当代思想与文化研究专家丁东先生快人快语，谈及与刘梦溪先生交往的四十多年，见证他由红学家而"出文入史"的经历时十分动情。丁东认为，刘梦溪从上世纪八十年代中期就转入陈（寅恪）王（国维）之学的研究，是非常有眼光的选择。他不仅是一个学者，还是一个学术组织家、活动家，有着很强的文化担当。他致力于学术史的研究，对现实既保持着观照，也保持着一定的距离，这与其个人经历有重要关系。探讨学术典范与文化传承，需要注意这样的现象：没有在历史风浪、政治漩涡中的切身经历，可能很难做到目光如炬地进入学术与文化的深层义涵。

中国人民大学清史所副所长黄爱平教授是清代学术文化研究专家。她在发言中说，刘梦溪先生治学由文入史，涉猎广泛，思想敏锐，其研究不仅阐发学术、赓续传统，还观照现实，为我们梳理出传统文化发展变化的脉络，发掘传统思想中所蕴含的精华，既有高屋建瓴的把握，也有抽丝剥茧的考证。研究二十世纪大家的思想，深怀了解之同情、敬畏之初心、欣赏之眼光、认真之态度，没有任何功利目的，熔铸了个人志趣与文化情怀，堪称当今学人与学术典范。

来自首都师范大学的邓小军教授是古典文学研究专家，他专为《学术与传统》写了一篇数千字的读后体会，因为雅集时间已临近中午，只好长话短说，谈了自己认为最受启发的三点：一是刘梦溪先生将常人认为学术观念上南辕北辙的钱锺书与陈寅恪进行异同比较，发现他们的一致之处，比如"华夷之辨"（文化高于种族），比如野史小说可以佐助历史考察，可谓别开生面；二是刘梦溪先生揭示出马一浮新义理之学之新，在于会通儒佛，而不同于宋儒之援佛入儒而又辟佛，并进而提出马一浮对释家有"信"，这是非常独到也非常大胆的判断；第三是刘梦溪先生揭示出陈寅恪对儒释道三家的看法和对未来文化方向的判断，这是整个中国现代学术史第一号的问题，将这个问题单独提出来，对于今天的学术界乃至对中国未来文化发展方向，都是眼光独具的大贡献。

同为古典文学研究专家，来自中国社科院文学所的范子烨研究员最后一个发言，他总结了刘梦溪先生学术格局的几个主要特点，一是有思想；二是学问和辞章文笔高度统一，以一种诗性的文学性的语言进行学术书写；三是学术品位高，又深具现实关怀；还有，作为《中国文化》的创办人兼主编，近三十年来，新老兼容并包，慧眼识珠，提携了很多青年学者。在"文献替代思想、技术替代学术、电脑替代人脑"的浮躁学风下，他十分注重学习新的技术手段，吸纳包括技术在内的各方资源，提升学术的蕴含和理性精神。

雅集从九点半开到十二点半，有限的时间，实在难以做到人人畅言，囿于笔者的记录有限，难免挂一漏万。就现场感受而言，窃以为诸位学者所论所发，莫不关切到时下一个宏阔背景下不得不正视的问题：当弘扬中华优秀传统文化上升为国家意志时，作为传承固有之文化传统、引领未来之文化精神的当代学人，如何以"文化托命"之心，看待学术典范以及典范学人所应有的精神？如何在浮躁功利之风仍甚嚣尘上的时潮中，保持学者思想的坚守、态度的冷静与精神独立的品格？

《学术与传统》的封底，刘梦溪先生精选了王国维、陈寅恪、马一浮的三句话。权引以为本篇结尾，以俟各方同道的再商略：

> 天而未厌中国也，必不亡其学术。天不欲亡中国之学术，则于学术所寄之人，必因而笃之。
>
> ——王国维
>
> 真能于思想上自成系统，有所创获者，必须一方面吸收输入外来之学说，一方面不忘本民族之地位。此二种相反而适相成之态度，乃道教之真精神，新儒家之旧途径，而二千年吾民族与他民族思想接触史之所昭示者也。
>
> ——陈寅恪

国家生命所系，实系于文化，而文化根本则在思想。从闻见得来的是知识，由自己体究，能将各种知识融会贯通，成立一个体系，名为思想。

——马一浮

作者为凤凰网国学版主编　柳　理
《学术与传统》，北京时代华文书局，2017年

隆隆作响的震撼

——《陈寅恪论稿》自序

我研究陈寅恪迄今已二十有五年，整整四分之一世纪。出了三本书：一是《陈宝箴和湖南新政》，2012年故宫出版社出版；二是《陈寅恪的学说》，三联书店2014年出版；三是本书，《陈寅恪论稿》，仍为三联书店出版。书中的篇章文字系陆续写成，也大都在学术刊物和报纸的学术版刊载过。只是整理成书是最近几年的事。因为同时也在研究其他课题，所花时间比研陈多得多。单是研究马一浮就持续十有余年。由研马而进入宋学，旁涉佛学，又返归"六经"，时间更无法计量。何况还有多年来一直关注的国学，以及学术史和思想史的一些课题。

这种多头并进的研究方法，好处是不致忘记山外有山，天外有天，而为一隅一曲所局限。不好处是，战线长，论域多，出书慢。以至于一度常不自觉地诵念一副对联："终年著述无一字，大患分明有此身。"当然也和六十初度时生了一场大病有关。熟悉我研究状态的一位友人，一次打来电话，问又岔到哪儿去了。我说马一浮。他大笑，并问何时回来。显然指的是回到陈寅恪研究。所幸无论我走到哪里，陈寅恪的思想和精神，都不离不弃地跟随着我的行程。古今东西的大师巨子，很少有像陈寅恪这样，因读其书而受到透彻的精神洗礼。马一浮也是影响我至深的学术大师,相比之下,马的影响表现为潜移默化,缓慢地润入心田,陈则是隆隆作响的震撼。所以如此,是由于陈寅恪的学说有一种志不可夺的力量。"士之读书治学,盖将以脱心志于俗谛之桎梏,真理因得以发扬。""惟此独立之精神,自由之思想,历千万祀,与天壤而同久,共三光而永光。"试想这是怎样的情致,何等的力量。百年以来的现代学者中,没有第二人能够与陈寅恪的这种精神情致相比肩。

《陈寅恪的学说》一书,主要是梳理和还原陈氏学说体系的内在结构,提出陈寅恪不仅是大史学家,而且是了不起的思想家。他的学说体系的构成,一是属于义理学维度的种族与文化的学说,二是属于考据学范畴的陈氏阐释学,三是属于辞章学方面的佛典翻译和文体论。此三方面的内容构造和研究旨趣,我在《学说》的第五章、第六章、第七章三个章次,作了重点分论与阐释。余者第一章为探讨陈氏学说形成的个人经历和家世背景,第二、三章是还原其博学兼通的学术观念和研究方法,第四章系阐明"中西体用"的文化态度在学说建构中所起的立基作用。最后的第八章,章题为"陈寅恪学说的精神维度",意在总括其秉持一生的"独立之精神,自由之思想",如何令陈氏学说闪现出照彻人文学领域的永恒之光。也许这就是此书出版后,一直受到读者青睐的缘由吧。

《陈宝箴和湖南新政》则是对义宁之学的一个专项研究,尽力在汇拢爬梳翔实史料的基础上,再现陈寅恪的祖父陈宝箴在其子陈三立的襄助下,引领和推动1895年至1898年湖南维新运动的历史过程,以重构当时从朝廷到湘省的复杂多变的人物关系和当事人的心理结构。全书共九章,第一章叙论陈宝箴膺任湘抚前在季清社会所扮演之角色,是为前论部分。第二章至第六章叙论湖南维新运动的举措和展开。第七章和第八章论述湖南新政在戊戌之年的机遇和挫折,以及因慈禧政变而遭遇失败。此七、八两章是为该书的高潮部分,时局的跌宕变幻所导致的人物关系的重组和当时人的复杂微妙的心理活动,此两章有具体而微的呈现。最后的第九章,特为考证陈宝箴死因而作,长四万余言,是《新政》篇幅最长的一章,有关陈宝箴系慈禧密旨赐死的任何蛛丝马迹的线索,都鲜有放过。后来吾友陈斐先生又补充了一条极为重要的新材料,使此一疑案不致再有他解。此一悲剧事件,对陈氏家族的打击极为沉重,不止陈三立首当其冲,大病几死,当时只有十岁的未来的史学家陈寅恪也受到心灵的巨创。

现在呈献在读者面前的《陈寅恪论稿》,在性质上可作为《陈寅恪的学说》的姊妹篇。如果说《学说》是对陈氏学说体系内部构造的疏解,《论稿》则是对陈氏学说体系外部学术触点的著论。《论稿》第一章《陈寅恪的家学渊源与晚清胜流》,如题意所示,是为研究其家学传统和学术渊源,《陈宝箴和湖南新政》的首章与此篇之第一节有所重合,其余则完全不同。此章的特点,一是引用所能见及的有趣的资料,补论了陈宝箴、陈三立父子与郭嵩焘的知遇与交谊;二是对义宁之学的渊源和学术宗主有独家的阐发。我发现,从陈寅恪的曾祖父陈琢如开始,到祖父陈宝箴,到父尊陈三立,都一以贯之地宗奉阳明之学。此节文字曾在1994年9月举行的"阳明心学国际学术研讨会"上宣读,刊于2001年第2期《读书》杂志。被当代阳明学的护法蒋庆兄推举为首创斯义。全文则刊载在2002年《中国学术》第3期。收入本书前,又经过两次改订增补，第四节"陈宝箴的阅历陶镕和志行名节"和第五节"义宁之学的诗学传统"，均为后来所增写，文字也由当初的两万字扩充至三万字。陈寅恪一再标举的"独立之精神，自由之思想"，可以从陈宝箴、陈三立的志行名节中找到家世信仰的熏习源头。

《论稿》第二章《陈寅恪的"家国旧情"与"兴亡遗恨"》，是对陈寅恪诗作的研究。义宁之学本来包含有诗学部分，第一章对陈宝箴和陈三立的诗作，已有所评骘。散原固是同光诗坛的翘楚，而其诸子亦皆有诗传，尤其寅恪先生之诗作又自不同。1980年，上海古籍出版社出版的陈著《寒柳堂集》，附有《寅恪先生诗存》，所收陈诗远不完善。1993年，清华大学出版社出版了《陈寅恪诗集》，是为当时汇辑陈诗最称完备的文本。细详之下，发现一个突出的现象，即"家国""兴亡""身世""乱离"这些语词，反复出现于《诗集》之中，似有一唱三叹之致。于是做了一次研究取样，从《诗集》里找出包含有"家国"的诗句八例，"兴亡"二十一例，"身世"九例，"乱离"八例。并发现寅恪先生1965年写的《乙巳冬日读清史后妃传有感于珍妃事为赋一律》，具有特殊的题旨义涵，特别其中的"家国旧情迷纸上，兴亡遗恨照灯前"两句，可以看作陈寅恪先生整个诗歌创作的主题曲。以此，才以《陈寅恪的"家国旧情"与"兴亡遗恨"》为题，撰写了此章文字，始刊于《中国文化书院建院十周年论文集》，北京大学出版社1994年出版，之后虽经《光明日报》选载一个整版，看到全文者实甚少。但在《陈寅恪诗集》出版当年的8月16日，清华大学曾开过一次《陈寅恪诗集》学术座谈会，我应邀出席，并在发言中就陈诗中的"家国""兴亡"等四组关键词作了取样说明，大家甚感兴趣。周一良先生与会，他对我的研究表示认可。文章写就十年之后，即

2004年，又对此稿做了一次增补，收入本书的此章即为增补后的文稿。

第三章《陈寅恪学术思想的精神义谛》，写于2006年7月，首刊于《学术月刊》2007年第6期，意在对义宁之学的八个特点，做一次论纲性质的归结说明。其中第四节"陈寅恪从根本上说是一位贵族史家"，是为第一次提出，被心系义宁的一位友人誉为概括精准。而第八节"陈寅恪的'哀伤'与'记忆'"，则是对论陈诗章的补充论证。当我反复诵读寅恪先生诗作的时候，分明感受到作者有一种深层的哀伤充溢于字里行间，以至于不断有哭泣、吞声、泪流的诗句，反复出现于《诗集》之中。我做了一番统计，发现此类诗句竟有二十六例之多。而任何"哀伤"都与以往的记忆有关。对陈寅恪而言，祖父陈宝箴和父尊陈三立在戊戌政变中遭受的打击，包括两年后祖父被慈禧赐死，是无法忘怀的记忆。作为史学家，他自然还会想到，假如当年的维新变法能够按义宁父子的稳健思路行进，就不致有后来的越出越奇的无穷变乱了。所以他越思越痛，痛上加痛，便不由自主地写下了"死生家国休回首，泪与湘江一样流""儿郎涑水空文藻，家国沉湘总泪流"等直接发慨抒愤的诗句。陈三立《散原精舍诗》中，也有诸多"家国"并提的抒怀感发之诗句，我从中找出"百忧千哀在家国""旋出涕泪说家国""十年家国伤心史"等近二十组诗，每首都不离"家国"。本章之撰写，开辟出义宁之学研究的新思路，使笔者往寅老精神世界的深处又递进了一步。

第五章是对陈寅恪晚年的大著述《柳如是别传》的专项研究。此章文字最早的稿本写于1989年的年底，《中国文化》1990年第3期刊载。十年之后的2001年5月，"中国近代史学思想和历史写作"国际学术研讨会德国海德堡大学召开，我应邀出席此会并以《"借传修史"：陈寅恪与〈柳如是别传〉的撰述旨趣》为题，作为提交和在会上报告的论文。这是在原稿基础上，经过改订重写过的专篇论著，篇幅亦扩充至近三万言。研究义宁之学，再没有比对《别传》的评价更有分歧的了。老辈如钱锺书先生、李一氓先生，都不特别看好此著。我的看法大异于此，而是认为《柳如是别传》是寅老一生最重要的著述，其学术目标则是"借传修史"，即撰写一部色调全新的明清文化痛史。这一看法当1989年撰写此文的初稿时，就明确提出来了。后来，随着自己研陈的逐渐深入，持论益坚。一次在答友人论《别传》的信函里写道："我对《别传》评价极高，认为那是大史家一生最重要的著述，其史法、义蕴、体例，可视为近代以来史著的最高峰。无人能比，无人可及。斯为'借传修史'之创体，所修者盖明清文化之痛史，亦思想之史、政治之史也。寅老一生心事学思尽在《别传》一书中。"职是之故，此章在本书中的地位，应居于特别之位置。

第六章的《陈寅恪与〈红楼梦〉》，写于2000年，刊载在2001年《文艺研究》第1期上。此章的写作由头，是缘于陈寅恪与红学家俞平伯的关系。他们初交于上世纪二十年代的清华园。寅恪先生请俞平伯为之书写韦庄之《秦妇吟》，平伯先生请寅恪为其祖父俞曲园的《病中呓语》撰写跋语，所谓倾盖之交，由此开始。因之，当1954年俞平伯遭受无妄之灾时，寅恪先生禁不住发声了。这些故事由于缘合于笔者的研究范围，禁不住手痒，便撰写了此文。连带也将寅老在各种著述中随手援引《红楼梦》故事以为参证的例子，一并搜罗起来，加以贯串论说，使得此文读起来应饶有趣味。巧合的是，我的多年的好友、台湾大学的刘广定教授，也写了一篇同题论文。题虽同，引例也难免重合，但写法绝无重合之处。恰合于寅老在《论再生缘》中所说的，他与陈援庵先生抗战时期人各一方，所考证杨玉环"入道年月"，结论竟"不谋而合"，但"两人俱无抄袭之嫌疑也"。广定兄的文章收入其《化外谈红》一书时，附记了此一往事。我此次将《陈寅恪与〈红楼梦〉》编次收入本书，内容又做了许多增补，特别《论再生缘》中的涉《红》部分，系重新写过。因此该章之呈现，可以说是既为旧观亦非复旧观了。

第七章《陈寅恪与王国维和吴宓》，初稿成于1992年，开始陈吴单独成篇，曾连载于香港《明报月刊》。后来《吴宓日记》正、续编出版，有了更多的可资依凭的原始资料，于是经修改、增补，又于2013年重新定稿，在《中国文化》2013年秋季号刊出全文。清华国学研究院四大导师中，王、陈的关系自是不同一般，故陈的《挽词》以"风义生平师友间"状之。而吴宓则是陈的终生契友，亦为静安先生所信任。王遗嘱："书籍可托陈吴二先生处理。"可见王、陈、吴三人关系之全般。此章之作，盖为研陈所不能少。

第四章《陈寅恪对儒释道三家的"判教"》是为新写，两月前方竣稿，还没有发表过。但此章的重要，在于此题未就，《陈寅恪论稿》便没有资格出书。我一再申论，陈寅恪的史学带有文化史学的特点，其选题论域之要旨，实在我国古代的思想和制度。于魏晋主要是思想研究，于隋唐主要是社会制度和文化制度的研究。拙稿《陈寅恪的学说》第五章于此义阐论较详，并就种族与文化的关系揭示义宁学说的学理发明。本章今次对斯义又有所补论。更主要的，陈寅恪先生对中国文化的思想主干儒、释、道三家都有极明晰的断判，于儒家则说："儒家非真正之宗教，绝不能与释道二家并论。"于佛教则说："凡新儒家之学说，几无不有道教，或与道教有关之佛教为之先导。"于道教则说："中国儒家虽称格物致知，然其所殚精致意者，实仅人与人之关系。而道家则研究人与物之关系。故吾国之医药学术之发达出于道教之贡献为多。"于三家综论则说："真能于思想上自成系统，有所创获者，必须一方面吸收输入外来之学说，一方面不忘本来民族之地位。此二种相反而适相成之态度，乃道教之真精神，新儒家之旧途径。"笔者固陋，不知海内外之学人还有谁何之论三教，能有如是之创发明断而又深具历史哲学之义涵。因此不得不收视凝心，固化一段时间，专门撰写此章，以补前此之所未及者。此章写就，则《陈寅恪论稿》可以付梓矣。

原载 2019 年 3 月 1 日《文汇学人》

"由史入经"

——《马一浮与国学》自序

我关注马一浮先生，始于二十世纪九十年代初，当时正编纂"中国现代学术经典"，有《马一浮卷》，得以读了马先生的大部分著作。由于我的心性偏于审美与哲思，又略有佛缘，与马一浮的思想一拍即合。后来浙江古籍出版社和浙江教育出版社联合出版的《马一浮集》问世了，三大巨册，二百多万字，让我兴奋不已，一年之内读了两遍。尤其他的诗作和信札，我以为那是马先生学问的宝藏。写一本研究马先生的书的想法，不禁油然而生。可是当时已经在写陈寅恪，马先生只好暂且靠后了。

同时也由于写马一浮不是一件容易的事，起码需要熟悉宋学和佛学。因此好长一段时间，我是一面研究陈，一面准备马。我不得不跟着马先生的足迹往佛学里面走。孰料佛禅义海路有万重，追寻两载还不见内学的边际底里。写了一篇《熊十力与马一浮》，对唯识之学稍存感会。时间积久而生变，马著中的佛学部分慢慢可以读懂了。于是又写了《马一浮的佛禅境界和"方外诸友"》，是自己比较满意的文字。这是2004年到2005年的事情。《马一浮的学术精神和学问态度》《马一浮与复性书院》两篇，也是此前此后写成的，刊载于《文艺研究》和香港的《九州学林》。《马一浮的儒佛会通思想》当时也写成了初稿，但没有改定发表，直到最近才修润完成。

我还得跟着马先生进入宋学。又是一年多的时间，读竟了濂、洛、关、闽四家五人的全部著作。进入宋学比进入佛学相对障碍较少。各家都有版次比较好的排印本、手边书，阅读方便。宋明学术史这一块，原先我是先明后宋，阳明学摸清楚以后，才返宋去碰朱子。这和我研究陈寅恪有关，因为义宁之学的传统，从陈宝箴的父尊陈琢如，到陈宝箴，到陈三立，都是以阳明学为宗主。我的大好阳明与此不无关联。张载、朱子也喜欢，早已是旧相识。只有二程属于新知，不料如同旧雨，从细读来，方知洛阳两兄弟的厉害。难怪朱子那样称颂他们，连他们的门弟子也拿来讨论。写了一篇《为生民立命——"横渠四句教"的文化理想》，首载2008年的《中华读书报》，增补后又刊于2010年的《中国文化》，是为研习宋学的一次心得。2009年写的《竹柏春深护讲筵——白鹿洞书院访学记》，主要想重构朱熹当年创办白鹿洞书院的艰辛历程，载2009年8月9日《文汇报》，也属于涉宋学的文字。

问题是马一浮由宋学又返归到"六经"，并独发单提"六艺之学"。这块天地更加广袤无垠、渊深无底了。我只好跟着往那个云雾缭绕的高点上走。好的条件是，自幼熟读《语》《孟》，熟悉"诗三百"，喜欢《左传》，细读过前四史。需要啃一番的主要是《尚书》《礼记》和《周易》。《礼记》不难读，马先生也认为需要读此书。《大戴礼》马先生也颇看重，只好也去涉猎。《大戴礼·哀公问五义篇》对"士"的解释简直妙绝。哀公问孔子："何如斯可谓士矣？"孔子说："所谓士者，虽不能尽道术，必有所由焉；虽不能尽善尽美，必有所处焉。是故知不务多而务审其所知，行不务多而务审其所由,言不务多而务审其所谓。知既知之,行既由之,言既顺之,若性命肌肤之不可易也。富贵不足以益,贫贱不足以损。若此,则可谓士矣。"这是孟子之后对"士"行的最好论述。知、行、言都必须有其理由,而且守之"若性命肌肤之不可易",贫贱、富贵均无以"夺",不足"损",这才是"士"。试想这是何等分量。

"六经"中《尚书》一向以难读著称,连韩愈都有"佶屈聱牙"的感会。当然读《易》玩辞最难,但我的兴趣驱之不退。孔子说五十学《易》,我学《易》快六十了。马先生是高深博雅的易学大师,他称《易》为"六艺之原",不学《易》无以研马。应《中华读书报》的约稿,当时写了《2008我读的书》一文,其中讲了学《易》、温"经"、读程子的情形。此一期间,又写了《马一浮和"六艺论"》《马一浮的文化典范意义》,分别载《中国文化》和《中华读书报》。但这时我对先秦学术的兴趣超过了对马一浮的兴趣,往而不知有返,于是研马又停下了脚步。梳理"国学"概念的源流及探讨如何在当代发用,花去我许多时间,《论国学》和《国学辨义》两篇长文,即写于此一时期。尽管是因研马而引起的上下"旁骛",写马书的时间毕竟延宕下来了。

何况我还得写陈寅恪呢。研陈二十年,到2012年才有《陈宝箴和湖南新政》出版。其实研陈的积稿早逾三四十万言,只需要连贯的时间整理定稿。中国传统文化价值理念在今天的意义,是近两年我的学术关切。这缘于对《语》《孟》和"六经"的研习。我想探讨中国文化的观念的思想史。2012年在三联书店出版的《中国文化的狂者精神》,是这方面系列思考的一部分。研陈之书,去年又从积稿中整理出一部《陈寅恪的学说》,日前已付梓。

走进宋学和研习"六经"的收获,使我解开了研究马一浮的一个难题。马的《泰和会语》和《宜山会语》两论著,其中有八篇文字在题目下面标有"义理名相论"字样。开始接触,茫然不知所对。十余年过后,开始拨云见日,知道马先生在说什么以及为什么要这样说了。本书第五章《马一浮的义理名相论》,探讨的就是此一问题,新近才完成。马先生是通过融通儒佛,以佛家之名相来阐释儒家的经术义理,二学比较推勘,达到由分析名相到排遣名相的目的。天下的事物与人物,无不为名词概念所笼罩,所以孔子才有"必也正名乎"的教言。人文学术研究尤其如此。本体、性体、性理是无形无色无声无臭的,眼不可见,手不可触。所能见及的无非一个个单独的"器"与"物",以及因"气"的流行而形成的"相"。跟"器""物""相"相关的称谓、名词、术语、概念、范畴,形成于万千斯年,也是可辨、可梳、可推、可演而不可见的抽象物。至"气"中之"理"、"器"寓之道、"相"后之性,亦为不可见及的空无。性理和性体是同等概念。研究者之所能事,不过是识得性体,参究本体,见得道体。这就需要引入思维,而思维需要分析名相、破除名相、排遣名相,然后会相归性。其间经过了极为艰难曲折的体认、体究、审谛、察识的过程,此即学问的过程。因气明理、即器见道、明体达用的境界,就是在此种情况下产生的。也只有在此种情境之下,所谓"体用一源、道器不二、显微无间"的"实理",才能为我们的理性所认知。理性和义理为人人所同具,但容易为各种"习气"所汩没,须得刊落"习气",才能恢复本然之知和本然之性。章太炎民元之前因苏报案囚上海狱中,得读唯识旧师的著作,深悟"以分析名相始,以排遣名相终"的谛义并与之发生共鸣,以至于十年之后撰写《莉汉微言》犹忆及此一公案。而马先生的为学，则完成了从分析名相到排遣名相的学理超越过程。故马一浮"义理名相论"的宗旨实在于"复性"，他的谛言是："会得者名相即是禅，不会者禅亦是名相。"

终于有机会将已往研究马一浮的文字全部梳理增补厘定一遍，共得九章，即为是书。书写体例，大体以义理题义为纲，以时间为序，似乎带有学术思想传论的性质。马先生的学术思想系直承宋学而来，受朱子的影响至为明显。但他的思想义理多为原创独发，"六艺论"和"义理名相论"可视为他的两项极为重要的学理发明，足以在现代学术思想史上现出光辉。要之，马一浮的学术思想体系，可以用"新义理学说"立名，其学理构成为"六艺论"和"义理名相论"两分部，其方法则是儒佛互阐和会通儒佛。所谓"新"者，是针对宋儒的义理学说而言。宋儒融佛而辟佛，马先生视儒佛为一体之两面，只是名言化迹之不同而已。他的"六艺论"亦与郑康成的"六艺论"有别。他将国学重新定义为"六艺之学"的"国学论"，前贤不逮，义显当代，泽被后世。事实上，只有如此厘定国学的内涵，国学才有可能成为一单独的学科，与文史哲诸科门不相重叠。中华文化具有恒定意义的价值理念悉在"六经"，以"六经"为国学，可以使国学进入现代教育体系。马一浮的"六艺论"包括"六艺之道""六艺之教""六艺之人"三项连贯的思想范畴，现代国学教育可以通过"六艺之教"，传播"六艺之道"，从而培养"六艺之人"。此即马氏"六艺论"之一"新"也。二"新"则是视"六艺"为我国最高之特殊之文化，由古即今，永不过时。我曾说《语》《孟》和"六经"的基本价值论理，是以敬、诚、信、忠恕、仁爱、知耻及"和而不同"为代表，成为中华民族两千年来立国和做人的基本依据，此即直承马氏"新六艺"学说而来。

本人多年研究马一浮有一深切的体会，即在马先生其人和他的著作面前，我们的话说得越多，离马先生越远。因此本书的写作，力求让马先生自己说话。笔者之所为作，在个人是梳理、体悟与思考，形诸文字则是辨析、归纳与介绍。所介绍者为题义、事体、故事，介绍前须予以归纳类分。所辨析者为学思、义理、名相。马先生说："学原于思。思考所得，必用名言，始能诠表。名言即是文字，名是能诠，思是所诠。"马一浮的"学""思""诠""表"，是我辨析与介绍的重点内容。马先生又说："必先喻诸己，而后能喻诸人。"这个居于"先"位的"喻诸己"的过程，我想我大体做到了。至于能否"喻诸人"，则不敢预其必也。

马先生援引《易·系辞传》的话写道："唯深也，故能通天下之志。"他的意思是说，对"一切事物表里洞然，更无暌隔，说与他人，亦使各各互相晓了，如是乃可通天下之志，如是方名为学"。对此我只能引孟子的话为说："虽不能至，然心向往之。"

2014 年 7 月 30 日凌晨序于京城之东塾

《马一浮与国学》，生活·读书·新知三联书店，2015 年初版；2018 年出版增订版，补入第十章《马一浮国学论的施教义旨》

看不见的传统

——《中国文化的张力》后记

本书的编竟付梓，需要追溯到我二十二年前，即1996年出版的《传统的误读》一书。当时吾友王亚民兄主政河北教育出版社，正致力于精品书的打造，为出版此书，特请上海的设计名家陶雪华女士装帧设计，26万字、407页的一本学术著作，出版得相当典雅大方，风格上传统中带有少许洋气，是我很满意的一本书。但由于书中最后一组文字，包含有和余英时、杜维明、陈方正等三位先生的访谈对话，后来中华书局出版我的《学术访谈录》，作了收录；也由于王亚民兄工作变动，调来北京履新故宫博物院副院长兼故宫出版社社长，我们便忽略了此书是否应该再版重印的事宜。

但去年夏天，无意中看到的一则消息，使我心有所动。2017年6月4日，岭南史学社把二十年前河北教育出版社出版的这本《传统的误读》，作为最新一周的推荐书目，并向会员发表文字告白，写道——

亲爱的会员们，本周向大家推荐的书目是刘梦溪的《传统的误读》。本书主要阐述了传统的理念、学术与传统、红学与传统、传统与文化秩序及传统的阐释与重建这五部分内容。作者认为忘记是人类的生理保健机制。不同民族的生活之链是可以结成各自的传统的，但人类首先有忘记自己历史的传统。丛书中，有许多问题引起你的思考，如：传统究竟是何物？在今天的现实生活中我们还能看到多少可以称之为传统的传统？如果信仰不坚牢，能够成为合格的传统的继承人吗？等等。总而言之，一系列的问题都可以推动我们探究历史真相与人生真谛。

而所列举的"推荐理由"则为："刘梦溪在《传统的误读》中对文化传统进行了细致的追溯和深刻的阐释。我们能为他对中国二十世纪文化传统在'轮番实验'中不断流失的遗憾和对真正的文化传统的眷顾所深深感触。长期以来，我们热衷于把文化传统像旧式花瓶一样打破又修补，或扔在墙角，鄙夷地厌弃；或捧上圣坛，空洞地崇拜。文化传统就这样在我们视野中日渐模糊。而该书向我们吹起了警醒的号角：文化传统实际上是一个民族的生长之根，我们现在的任务是自觉地传承和重建，不对文化母体自轻自贱。"对我的一本旧著，推荐者能够如此感同身受地介绍与解读，无法不叫我顿生感慨。

推荐者甚至还不惮烦劳地引录书中的相关段落："传统不单纯是一种思想形态，首先是一种文化形态，化为千百万人习俗的思想方能转化为传统。思想经过沉淀才能成为文化。陈寅恪以及王国维等老一辈学者他们是一代文化所托命之人，深知文化的慧命薪火承传不易，所以常怀孤臣孽子之心。今天，承继与重建文化传统更加困难，迫切需要有新的一代文化所托命之人。"称这些文字不失为书中的"精彩部分"。但市面上久已不复见到此书,推荐者提示自己的会员:岭师图书馆藏有三本,索取号是I206/L737,上架位置在6楼6行B面5架。所示的书影图例,恰是陶雪华女士的设计杰作,让我感到不胜亲切之至。

事实上,我还看到过余昌民先生写于2006年的一篇文章,题目是《理想者袁庚》,引录袁庚写给作者的一封信,其中有如下一段文字:

> 蒙馈赠余英时及刘梦溪之著述,不胜感谢。前者在数年前在港曾拜读过(似王佩仪博士处送来的),而今重读另是一番韵味。刘梦溪之著述读之确含藏充实,气势磅礴,惜乎论述只及于晚清;如今知识分子之苦,有口难言。因学术独立于权势,学术思想之多元,学派之纷繁的局面,可能下一世纪才会出现。

这封信是1997年8月4日转到余昌民手中的,所说的本人的著述,即为《传统的误读》。虽然把我和余英时先生并列,不免愧不敢当,但这位余昌民先生的眼光以及袁庚先生的深识,着实让我感佩不已。试想"含藏充实,气势磅礴"的八字评,是何等分量。可以告慰的是,自《传统的误读》迄今所写的文字,应不下一二百万言,似尚未辜负袁庚先生二十多年前的谬许之辞。我个人并不认识袁庚先生,但他的令名和业绩听到不止一个人讲过。他是中国改革开放初起时的一位先行者,是有文化关怀的时代弄潮人。余昌明以"文章太守"称谓袁庚先生,应该是得其人格性体的一个断判。

岭南史学社把二十多年前的这本旧著推荐给今天的会员，不知与袁庚先生的评骘是否有关，但得到岭南一地的学人和得风气之先的改革者的许可，则是我决定重新出版此书的直接契机。然而时间毕竟过去了二十余年，原样付梓已不合我二十年来的学问历程。这二十年我对文化与传统、学术与传统的研究，更深入也更系统了。《传统的误读》中所涉及的题义，又有了几倍于前的著论。因此今次出版此书，必须重新调整篇章和编目。原书五篇章，收文三十五篇。今次收文四十八篇，厘分为六篇章。原书所收文字只保留了十篇，其余二十五篇全部裁撤。此次新补入的文章为三十八篇。篇题的名称，只有"传统的理念"一题，为原书所有，其他五篇题："文化与传统""传统解故（上）""传统解故（下）""传统的反思与重建""现代学术与传统"，均为新设。毫无疑问，较之原书而言，已经是一本新的著作了。

本书第一篇章的首篇文字，为《中国文化的张力》，对全书的内容似有一定统摄作用，于是便以此篇名来名书。中国文化是含藏极为丰富的世界，内部充满了张力，对中国社会的迁流和嬗变蕴蓄有各种可能。但传统是看不见的，只能通过历时历代积存的历史故实和文化现象来辨识和感知。感谢岭南史学社给了我出版此书的灵感和兴趣，感谢中信出版社王强先生和他的同事，特别是责编王佳碧女史，为此书的付梓作了周详无漏的安排。

2018 年 3 月 9 日记于东塾
《中国文化的张力——传统解故》，中信出版社，2019 年

孔子为何寄望狂狷

——《中国文化的狂者精神》韩文版序

本书作为中心题旨展开的对"狂者精神"的书写,是我研究中国思想文化史精神轨迹的一部分。中国自纪元前的汉代中期开始,直到清朝末年,前后两千年的时间,儒家思想始终占据社会的主流位置。儒家学说的创始人孔子,在人的性向品格的取向方面,主张以中道为期许、以中庸为常行、以中立为强矫、以中行为至道。但他的这一思想在他所生活的春秋时期并不行于时。即如中庸之说,孔子在力倡此说的同时,已经感到了施行的困难。相传为孔子的孙子子思所作的《中庸》一书,是专门阐述中庸义理的典要之作,宋代思想家朱熹将其与《论语》《孟子》《大学》合编为"四书",成为与《诗》《书》《礼》《易》《春秋》"五经"并列的儒家经典。

《中庸》频引孔子原话,一则曰:"中庸其至矣乎!民鲜能久矣。"意即中庸是很高的思想境界,一般的人很难做到,即使做到,也难于持久。二则曰:"人皆曰'予知',择乎中庸,而不能期月守也。"此论似更为悲观,翻译成现代语言无疑是说,很多人都认为自己聪明,可是如果选择中庸作为自己的人生信条,大约连一个月也坚持不了。所以孔子非常失望地承认:"道之不行也,我知之矣。"至于此道何以行不通？孔子想到的理由是："知者过之，愚者不及也""贤者过之，不肖者不及也"。聪明的人、智慧高的人，往往超过中道而走在前面；不够聪明的人、智慧不那么高的人，则落在了守中的后面。同样，品格优秀的人也会超过中道，而操行不端的人则达不到中道的要求。可惜很多人不懂得这其中所包含的奥妙，孔子不免为之惋叹，他称此种情况就如同"人莫不饮食"，却"鲜能知味"一样。看来真的是"道其不行矣夫"了。可是孔子仍然不愿放弃中庸理念所包含的人生理想，认为"依乎中庸"是君子必须具备的品格，即使"遁世不见知"也不应该后悔。

然则什么样的人有可能达致中庸的品格呢？孔子说："唯圣者能之。"这样一来，无形中提高了能够躬行中庸之道的人群的层级，不仅社会的普通人，甚至道德修为可圈可点的"君子"，也难于达到此种境界。孔子失望之余的一线期许是，看来只有圣人才能真正做到"依乎中庸"。问题是，揆诸春秋时期各国的实况和"士"阶层的状况，能看到几个可以称得上"圣人"的人呢！连孔子自己不是也不敢以"圣"自居吗？他说："若圣与仁，则吾岂敢。"(《论语·述而》)而且有一次感慨至深地说："圣人吾不得而见之矣！得见君子者，斯可矣。"(同前)这等于说，在孔子的眼里，现实中其实并没有"圣人"，能够见到"君子"已经很不错了。结果如此美妙的中庸之道，在人世间竟是没有人能够践履的品格。我们的孔子终于明白了这个矛盾重重的问题，为何不能最终显现出解套的光亮。他不得已只好愤愤地说："天下国家，可均也；爵禄，可辞也；白刃，可蹈也；中庸不可能也。"(《中庸》)孔子的意思，是说治理国家是非常困难的事情，但实现治平并非没有可能；高官厚禄的诱惑很大，但也可以做到坚辞不就；刀刃虽然锋利，必要时还是敢于在上面踏行；只有守持中庸，却无论如何没有做到的可能。

正是在此种情况下，孔子提出了打破原来宗旨的新的人格性向建构方案："不得中行而与之，必也狂狷乎。狂者进取，狷者有所不为也。"（《论语·子路》）中庸不能实现，中行不得而遇，只好寄望于"狂狷"了。"狂者"的特点是敢想、敢说、敢做，行为比一般人超前；"狷者"的特点，是不赶热闹、不随大溜，踽踽独行，自有主张。"狂者"和"狷者"的共同特征，是特立独行，富于创造精神。如果对"狂者"和"狷者"试作现代的分梳，则"狂者"体现的更多的是意志的自由，"狷者"代表的更多的是意志的独立。尽管求之学理，独立是自由的根基，自由是独立的延伸，两者无法截然分开。

置于诸位面前的这本规模不大的书，就是从疏解孔子的狂狷思想开始的。我在本书中提出，孔子的狂狷思想在中国思想文化史上具有革新的甚至革命的意义。特别是"士"阶层以及秦汉以后社会的知识人和文化人的"狂者精神"，事实上已经成为艺术与人文学术创造力自我发抒的源泉。我通过对"狂者精神"的历史考察发现，凡是"狂者精神"得以张扬发抒的历史时刻，大都是中国历史上创造力喷涌、人才辈出、艺术与人文的精神成果集中结晶的时代。而一旦"狂者"敛声，"狷者"避席，社会将陷于沉闷，士失其精彩，知识人和文化人的创造力因受到束缚而不得发挥。这也许就是西方思想家何以要把疯癫和天才联系在一起的缘故。希腊的圣哲柏拉图说过："没有某种一定的疯癫，就成不了诗人。"亚理士多德也说过："没有一个伟大的天才不是带有几分疯癫的。"德国哲学家叔本华更是对这种现象做了专门研究,详析古往今来各种天才与疯癫的案例,最后得出的结论是:"天才"无一例外都具有某种精神上的优越性,"而这种优越性同时就带有些轻微的疯狂性"。他援引薄朴的话:"大智与疯癫,诚如亲与邻,隔墙如纸薄,莫将畛域分。"并且补充说:"这样看起来,好像是人的智力每一超出通常的限度,作为一种反常现象就已有疯癫的倾向了。"(《作为意志和表象的世界》中译本,商务印书馆,1982年,页266—267)是的,天才的思维特点恰恰在于与众不同,在于"反常"。"反常"和反"中庸"可以作语义互释,因为按各家义疏,大都认同"庸者,常也"的解释。

不过,孔子的寄望"狂狷",实带有不得已的性质。孟子对此看得最清楚,当一次面对弟子万章的提问:"孔子在陈,何思鲁之狂士?"他回答说:"孔子岂不欲中道哉?不可必得,故思其次也。"(《孟子·尽心下》)可见"狂狷"在孔子心目中是退而求其次的选项,也可以说是被困境"逼"出来的思想。然而人类在学理上的发明,大多数情况下都是因"逼"而获得突破。孔子思想的核心价值是忠恕仁爱,即仁者爱人,泛爱众而亲仁,己所不欲勿施于人。教育思想则为"有教无类",也是要赋予每一个人以受教育的权利。孔子学说的伟大之处,是当"礼崩乐坏"的周秦社会的转型期,重新发现了"人"和人的价值。他期待"人"经过教育的途径能够健全发展,成为文质彬彬、坦荡无欺的"君子"。他给出了"君子"应具有的种种品格特征,诸如严谨好学、不忧不惧、不拉帮结派、不以人废言,即使发达富贵也不骄矜,而是以义为旨归、行不违仁,以及能够知命、成人之美等等。跟"君子"相对应的是"小人"。小人的特点是不知命、不知义、斤斤计较、唯利是从，整个身心言动都是反忠恕仁爱之道而行之。归根结底，小人无非私也，君子无非公也。

孔子把人的性体品相分为中行、狂、狷、乡愿四个级次。他最不能容忍的是"乡愿"，称为"德之贼"，即正义与德行的败坏者和虐害者。孟子解释为："贼仁者谓之贼，贼义者谓之残。"（《孟子·梁惠王下》）可谓得义。"乡愿"的特征，是"同乎流俗，合乎污世，居之似忠信，行之似廉絜"，总之是"阉然媚于世也者"（《孟子·尽心下》）。揆之世相，"乡愿"是小人的性体属性，君子则反"乡愿"。孔子之所以深恶乡愿，在于乡愿具有"似而非者"的诡貌。正如孟子引孔子的话所说："恶似而非者。恶莠，恐其乱苗也；恶佞，恐其乱义也；恶利口，恐其乱信也；恶郑声，恐其乱乐也；恶紫，恐其乱朱也；恶乡愿，恐其乱德也。"（《孟子·尽心下》）可知"乡愿"之立义，其乔装伪似、阉然"乱德"之罪也大矣。难怪孔子不仅蔑称乡愿为"德之贼"，而且取譬为说云："譬诸小人，其犹穿窬之盗也与。"（《论语·阳货》）将乡愿与偷偷摸摸穿墙越货的盗贼为比，可见圣人之恶乡愿已经到了何等无以复加的地步。

然则"乡愿"所"似"者为何耶？没想到竟是孔子最为期许却又无法做到的"中行"。本书之写作，在我个人可为一大收获者，是发现"乡愿"和"中行"极有可能发生"不正常"的关系。此无他，盖由于乡愿的品相性体"貌似中行"。而"乡愿"和"中行"在对待"狂""狷"的态度上，不可避免地会结成联盟。此正如《文史通义》的作者章学诚所说："乡愿者流，貌似中行而讥狂狷。"（《文史通义·质性》）于是人的性体的"四品取向"，如果以价值理念的进（狂）、立（狷）、守（中）、反（乡愿）为宗趣，则排序应变为:"狂、狷、中行、乡愿",而不是原来理解的"中行、狂、狷、乡愿"。"狂者"和"狷者"对思想革新和社会进步所起的作用,犹如大地之于翱翔天空的雄鹰,大海之于涛头的弄潮儿,绝非其他选项所能比拟。人类文化人格的精彩,其要义亦在于不"媚于世"。中国现代史学大师陈寅恪所说的:"士之读书治学,盖将以脱心志于俗谛之桎梏,真理因得以发扬。"亦即斯义。所谓"媚于世",就是通常所说的"曲学阿世",乃是学问人生之大桎梏也。历史的哲学命题原来是这样:一个社会如果无狂了,也就是人的主体意志的自由失去了,那么这个社会也就停滞了。但狂有正、邪:狂之正者,有益于世道人心;狂之邪者,亦可为妖,所以需要"裁之"。本书对此一层面也有所辨正。孔子"狂狷"思想的提出,使中国的圣人和古希腊的圣者站在了同一条水平线上。东西方共生的所谓思想文化的"轴心时代",也许本书叙论的案例可以为之提供一个具体而微的证据,说明虽然文化背景悬隔,思维的心理是相通的,正所谓东圣西圣,"其揆一也"。

  我不了解韩国的情况,不敢期待贵国的文化人士会对本书产生共鸣。但有机会得到不同文化背景的读者的阅读和指正,是令人向往的。这要感谢本书的韩文译者韩惠京教授和李国熙教授,通过他们既忠实于原著又能化入化出的译笔,使我的这本小书得以"投胎转世"(the transmigration of souls),并有机会与读此书的陌生朋友一结"文字因缘",自是乐莫大焉。

2014 年 5 月 23 日于北京之东塾
原载 2015 年 3 月 30 日《光明日报》

大观园里和大观园外

——《红楼梦与百年中国》韩文版导言

中国文学是个大宝库,里面有无尽珍藏。古典小说《红楼梦》是中国文学宝库中一颗璀璨的明珠,在中国文学史上占有特殊的位置。我使用"特殊"一词,是由于《红楼梦》称得上是中国文学的集大成之作。在中国思想文化史上,儒家学说创始人孔子是集大成者,孟子最早给出了这个评价。宋代的理学家朱熹也是集大成的思想家。中国文学的集大成者,唯《红楼梦》足以当之。虽然她只是一部长篇小说,却好像整个中国文学都装在里面了。

一

中国文学的各种文体,《红楼梦》里应有尽有,文备众体不足以形容。中国历史上那些文采风流的特异人物,小说开卷的第二回,就通过冷子兴和贾雨村茶肆对话的方式,从隐逸诗人陶渊明和竹林七贤的领袖嵇康、阮籍说起,一直说到女诗人薛涛,和大胆追求爱情的卓文君、红拂、崔莺莺,前后不下三十个人物。历朝历代的诗人、文学家、艺术家,更是经常成为《红楼梦》人物日常品评的话题。第四十九回香菱学诗,史湘云高谈阔论,满口是"杜工部之沉郁,韦苏州之淡雅""温八叉之绮靡,李义山之隐僻"。甚至连贾母的大丫鬟鸳鸯,为抗拒大老爷贾赦要纳她为妾的举动,骂前来自称有"好话"告诉她的金嫂子,开口便骂出了艺术典故:"什么'好话'!宋徽宗的鹰、赵子昂的马,都是好画儿!"既不识字又没有文化的丫鬟,竟然知道擅长瘦金书的宋徽宗会画鹰,元代的赵孟頫擅画马,而且用谐音的方式随嘼叱的语言淋漓诙谐而出。可见,艺术与文学已经成为《红楼梦》里贾府的日常生活和人物语言的一部分了。

更不要说,书中还有众多关于结社、吟诗、联句、拟匾额、题对联、猜灯谜、行酒令、听说书、看本戏、赏音品笛、丹青绘事的描写。单是由于对《负荆请罪》戏名的不同表述,让宝玉、宝钗、黛玉之间展开一场何等惊心动魄的心理战。至于男女主人公,时当阳春三月、落红成阵的惹人季节,偷读《西厢记》,借妙词,通戏语,以之作为谈情的引线;隔墙欣赏《牡丹亭》,女主人公林黛玉听艳曲,惊芳心,心痛神痴,眼中落泪,则是文学欣赏达致共鸣境界的绝妙写照。那么我提出《红楼梦》是中国文学的集大成之作,应该不是出于偏好的夸张溢美之词,而是理据昭然真实不虚的判断。

二

但《红楼梦》里所有这些艺文活动,大都是在大观园中发生的。这座可大可小、虚虚实实、人间天上诸景备的园林,是红楼人物的集中活动场所,是小说作者精心打造的理想世界。男女主人公贾宝玉和林黛玉,贾家的三位小姐迎春、探春、惜春,地位略同于黛玉而具有永久居住权的薛宝钗,还有不时飘忽而来飘忽而去的史湘云，以及服侍他们并与之形影相伴的大小丫鬟，如同天意安排一般顺理成章地诗意地栖居在这里。

　　山水园林加上青春美丽，使大观园成为爱情的滋生地。不仅是宝黛的爱情，还有龄官和贾蔷的爱情，小红和贾芸的爱情，司棋和潘又安的爱情，以及其他或明或暗的红楼儿女的爱情。宝黛的爱情也有许多头绪穿插进来，各类角色带着不同的意向互相交织在一起。贾宝玉和林黛玉的如醉如痴的爱情，自然是贯穿始终的主线，但薛宝钗的介入使这条主线爱情变成了三人的世界。还有爱说话、大舌头、开口便是"爱哥哥"的史大姑娘，也让黛玉感到似乎是模模糊糊的竞争对手。三人的世界于是变成四人的世界。头绪交错的爱情和对最终婚姻归宿的追求纠缠在一起，就不单纯是两小无猜的儿女之私，而是融进了深层的社会内容。

　　男女主人公本身的爱情意识是简单的，除了爱不知有其他。爱就是一切，包括生与死。但当事人背后亲长的意图伦理，往往视婚姻为社会与政治的交换物。这就使婚恋行为不只是青春美貌的竞争，而且是财产和社会地位的较量。正是由于后者的因素，薛宝钗婚姻追求的最后获胜，变得有先兆而无变数。宝黛之间的纯真的爱情因此经受到严峻考验。林黛玉痴情的感召、隽语的激励和诗意的熏陶，使早期带有某种泛爱倾向的怡红公子，很快变得痴心与钟情合一，不结合就宁可死亡或出家，成为两位当事人横下一条心的选择，他们最终取得了爱情的胜利。

三

　　大观园外面的世界又如何呢？如果说大观园是女儿的世界，那么，大观园外面的贾府则是以男人为主轴的世界。他们的名字刻板雷同，贾政、贾赦、贾敬、贾珍、贾琏、贾蓉、贾蔷、贾瑞，遇有大的仪式排列名单，极易混淆。要么名号怪异，什么詹光（沾光）、霍启（火起）、单聘仁（善骗人）、卜固修（不顾羞）之类。大观园外也有女人，但他们是男人的女人。王夫人是贾政的女人，邢夫人是贾赦的女人，尤氏是贾珍的女人，王熙凤是贾琏的女人。

不过，《红楼梦》的诡异处在于，男人不过是游身在外的徒有虚名的性别符号，家政主事管理的权力统由女人来执掌。所以贾府的当家人是王熙凤，以及同出金陵王氏一族的王夫人。此一性别管理模式也延续到管家人等，如赖大家的、周瑞家的、来升家的、林之孝家的、张材家的、王兴家的、吴新登家的、王善保家的。至于这些"家的"背后男性人士的情况，似有若无，作者并不关心。同为女人，妻的地位要高于妾，庶出远逊嫡传，这是中国历来的妻妾制度和嫡庶制度使然。精明干练的探春与其生母赵姨娘的畸形关系，就是由此而生成。探春不得不把生母的地位置于宗法伦常的框架之内。此外还有一类女人，如兼有钗黛双美的秦可卿，温柔软弱而又女人味十足的尤二姐，她们是沾上"淫"字的特种尤物，只好成为吃着碗里瞧着锅里的无良男人的欲望工具。她们是猎色的目标，不是爱情的对象。那个贾府上下人等都可以上手的鲍二家的，也属于此类人物，只不过品级低下粗俗而已。尤二姐和鲍二家的都死于王熙凤之手，醋妒阴狠而又和权力结合在一起的漂亮女人，是她们可怕的克星。

《红楼梦》的艺术天平因作者的好恶而倾斜。有美都归大观园，有丑必归宁国府，是作者预设的价值伦理。秦可卿和公公贾珍的风流韵事就发生在宁国府的天香楼。尤二姐和贾珍、贾琏兄弟聚麀，也是宁国府的家戏自演。贾蓉和王熙凤的眉目传情，也是东府里人人都知道的一道风景。难怪被关在马厩里的焦大，敢于以"爬灰的爬灰，养小叔子的养小叔子"的"今典"公开醉骂，说宁府只有大门外的两个石狮子干净。难怪秦可卿的判词有句："造衅开端实在宁。"

四

大观园是充满诗意的青春女儿的世界，但和大观园外面的世界并非没有联系。总有因了各种缘故需要进到园子里来的园外人。宝玉和各位小姐的教养嬷嬷，以及管理他们的这个"家的"那个"家的"，就是园子里面的园外人。承担闺房之外劳役的那些干体力活的小厮，也不得不随时出出进进。遇有大型的社交或宗教礼仪活动，大观园的儿女们偶尔也有走出园子的机会。如第二十九回清虚观打醮，大观园的人众，车辆纷纷，人马簇簇，全员出动了。但园子里的丫鬟们，一般不允许离园外出。除非特殊恩许，如第五十一回袭人探望母病，那是花小姐立功获宠之后，俨然以"妾"的身份近乎衣锦还乡似的成此一行。

还有就是因"过失"而被逐的丫鬟，对当事者来说，完全是被动的行为。最有名的案例，是金钏被逐、司棋被逐和晴雯被逐。被逐的举动，是通过强力手段把园内人变成园外人。被逐的结果无不以悲剧告终。金钏投井而死，司棋撞墙而亡，晴雯病饿而终。至于小姐们离园，只有出嫁了。例如第七十九回贾赦将迎春许配给孙绍祖，邢夫人便把迎春接出了大观园。唯一的例外是王熙凤，大观园里和大观园外的关防，她可以任意打破。她在园里园外都有合法的身份。她的美貌、诙谐和善解人意，和小姐丫鬟女儿们站在一起，没有人会视她为园外人。大观园存在的特殊意涵，唯凤姐知道得最清楚。当大观园的姊妹们邀请她出任诗社的"监社御史"，她立即拿出五十两银子，并且说："我不入社花几个钱，不成了大观园的反叛了，还想在这里吃饭不成？"其实这是说，大观园是贾府大家族中一个具有单独意涵的王国，其特殊地位，以凤姐之尊亦不敢小觑。不要忘记，此园的原初功能是专门建造的省亲别墅，后经元妃特命许可众姊妹才得以搬进去居住。如果仅仅看到所具有的实用价值，而忽略其作为象征的文化符号的意义，就本末倒置了。

另外，王熙凤的贪欲和狠辣，又使她成为大观园外面世界的弄权杠杆。而老祖宗贾母则是平衡家族各种势力的最高权威。女性的地位在权力结构中凌驾于男性之上，不独上层、中间层、中下层布局明显，家族宝塔的顶端层级也不例外。

五

读者诸君如果对《红楼梦》的这种结构意图感到困惑，不妨温习一下贾宝玉的经典名言："女儿是水作的骨肉，男人是泥作的骨肉。我见了女儿，我便清爽，见了男子，便觉浊臭逼人。"其对女儿情有独钟，自不在话下。但需要辨明的是，他强调的是女儿，即尚未出嫁的女孩子，并不泛指所有的女性。对出嫁后的女儿，宝玉另有言说："女孩儿未出嫁，是颗无价之宝珠，出了嫁，不知怎么就变出许多的不好的毛病来。虽是颗珠子，却没有光彩宝色，是颗死珠了。再老了，更变的不是珠子，竟是鱼眼睛了。"从无价的宝珠，一变而为光彩尽失的死珠，再变为不成其为珠的鱼眼睛，这个审视女性变化的"三段论"，可谓惊世骇俗。

这番言论的学理哲思在于，社会风气和习俗对人的本性的污染是惊人的，足可以让人的本然之性完全迷失，直至将人变成非人。第五十九回"柳叶渚边嗔莺咤燕"，可以看作图解宝玉"三段论"的原典故事。此事导源于探春理家施行的新经济政策，将大观园的花草树木分由专人承包管理，柳叶渚一带的承包者，是小丫头春燕的姨妈，她自己的妈妈也得了一份差事。在春燕看来，这两姊妹越老越看重钱，对承包一事认真得"比得了永远基业还利害"。所以当他们看到宝钗的丫鬟莺儿折柳枝编花篮，便把气撒到春燕身上，以致当众大打出手。究其原委，无非是利益驱使，利令智昏。因此大观园从此就不得安宁了。用平儿的话说："各处大小人儿都作起反来了，一处不了又一处。"果不其然，紧接着的第六十回，赵姨娘就和唱戏的芳官等小女孩子们打作一团。下面的第六十一回，则是迎春的大丫鬟司棋带着一群小丫头，大闹了园中的公共厨房。诗意的大观园，一下从天上落到了尘埃里。

最后是王熙凤施展计谋，将贾琏偷取的尤二姐也骗到大观园里来居住，直至尤二姐被逼自杀了事。这等于园子外面的人可以在园子里面找到死所，园里园外已混一而无分别。至于第七十回林黛玉重建桃花社，不过是诗意黄昏的回光返照而已。且看黛玉《桃花行》的结尾所写："泪眼观花泪易干，泪干春尽花憔悴。憔悴花遮憔悴人，花飞人倦易黄昏。"呈现的是一派春尽花飞人憔悴的凄凉景象。待到众女主填写柳絮词，除了宝钗仍存青云之想，探春、宝玉、黛玉、宝琴四人所填，都不约而同暗寓"离散"两字。《红楼梦》一书的深层哲理,竟成为一次诗社雅聚的主旋律。这并不奇怪,因为很快就是"惑奸谗抄检大观园"的情节了,使已经落在地上的大观园,又在自我残杀中消散得近乎干净。敏感的探春当着抄检者的面说道:"你们别忙,自然连你们抄的日子有呢!你们今日早起不曾议论甄家,自己家里好好的抄家,果然今日真抄了。咱们也渐渐的来了。可知这样大族人家,若从外头杀来,一时是杀不死的,这是古人曾说的'百足之虫,死而不僵',必须先从家里自杀自灭起来,才能一败涂地!"这是勇于担当的三小姐的激愤之词,亦未尝不是贾府命运的写实之语。

只是不曾料到,贾府的败落居然由大观园的衰败来做预演,而且抄家也是先从大观园抄起。是啊!既然女性在贾府统治层占有特殊的地位,那么摧折的风暴也必然从女性集中的地方刮起。大观园作为贾氏家族命运的象征符号,其所遭遇的兴衰比家族本身的兴衰要深在得多。小说的文学意象显示,当大观园的命运和整个贾府的命运完全合一的时候,《红楼梦》所描写的深广的社会内涵便露出了真容。

六

《红楼梦》作者显然不满足他的作品只是停留在爱情与婚姻的层面,他对爱情与婚姻背后的家族和社会的势力,铺排得广阔无垠而又密不透风。作为爱情与婚姻角色出现的每一个人物都不是孤立的存在,他们身后的亲友团和后援团,无不具有强有力的经济与政治背景。

林黛玉算是最孤单的了,但她是贾母的亲外孙女,来头不可谓不大。在"老祖宗"的最高权威面前,哪个不得让黛玉三分。黛玉刚进贾府时,老祖宗是视她为"心肝儿肉"的,相关待遇一概例同于掌上明珠贾宝玉。问题是这种态度能否持久,如果一旦有所游移,黛玉的特殊地位即发生动摇。史湘云来自史侯家,也是由于得到贾母的庇荫而确立自己在贾府的地位。王夫人和她的内侄女王熙凤,则是金陵王家的嫡系,现任京营节度使王子腾是王夫人的胞兄。宝钗的母亲薛姨妈和王夫人是一母所生的亲姐妹。所以薛蟠打死人命一案,全赖王子腾从背后关照,使之如同没事人一般。薛家的直接支撑来自皇商身份的经济奥援,即使政治靠山强大的家族也不能不另眼相看。

　　带着金锁的薛宝钗来到贾府,哪里是单纯的追求爱情,分明是为了家族的利益前来联姻。史、王、贾三家族用婚姻的纽带已经连接在一起,只差薛、贾这一环了。薛姨妈公开宣称,他们的宝钗要等到有"玉"的才嫁呢。普天之下谁有"玉"?不就一个贾宝玉吗?唯一的对手林黛玉很快就在他们面前拜了下风。第二十八回元春自宫中送礼物,独宝玉和宝钗的一样多,已经是权力高层的一次表态,只不过贾母没有立即呼应而已。紧接着的第二十九回,张道士给宝玉提亲,贾母的回应,一是等大一点儿再定,二是选取的标准,应该是"模样性格儿"都好的。林黛玉的模样自然难有对手,要说性格,贾母未必认为她的外孙女可置于薛宝钗之上。这是《红楼梦》写贾母态度开始有所变化的一处暗笔。

　　到第三十五回,宝玉挨打后棒伤未愈,贾母、王夫人、薛姨妈、薛宝钗到怡红院探望,结果老祖宗当着当事人说了这样一番话:"提起姊妹,不是我当着姨太太的面奉承,千真万真,从我们家四个女孩儿算起,全不如宝丫头。"薛姨妈故作谦让,说老太太的话未免说偏了。然而她的胞妹王夫人当即做证说："老太太时常背地里和我说宝丫头好，这倒不是假话。"贾母此时对黛钗的态度，至少内心综合判断的倚轻倚重，恐怕大体上趋于明朗。薛家占尽了道德的制高点。黛玉行酒令援引《西厢记》和《牡丹亭》的词语，薛宝钗也抓住不放，长篇大论地教训了一番，直至黛玉认错臣服。而第五十四回贾母破陈腐旧套，痛批才子佳人小说，其中的"只一见了一个清俊的男人，不管是亲是友，便想起终身大事来，父母也忘了，书礼也忘了，鬼不成鬼，贼不成贼"的嘲讽说辞，即使不明确具有直接的现实所指，但包括宝黛在内的听到的人会引以为戒，应不成问题。

《红楼梦》的读者不知是否已有所察觉，此前此后的一段时间，薛家母女在各种场合极为活跃，俨然成为大观园的主角，以至于到第五十八回，这位薛姨妈竟堂而皇之地搬进了大观园，具体说是搬进了潇湘馆，跟黛玉住在一处，使得宝、黛单独见面交谈都变得不方便了。但一有风吹草动，薛家又会爽利地从大观园撤出。第七十五回，大观园抄检之后，薛宝钗立即以母病为由搬出了大观园。作为人物角色，薛宝钗应该是大观园里面的园外人，因此她的进出并没有引起那么大的惊动。薛家后来事实上掌握了宝玉未来婚姻的主动权。所以当第七十回众姊妹无不怀有离散之悲的时候，唯有薛宝钗填的《柳絮词》作："蜂团蝶阵乱纷纷。几曾随逝水，岂必委芳尘。万缕千丝终不改，任他随聚随分。韶华休笑本无根，好风凭借力，送我上青云。"她反而觉得机会来临，自己一展身手的时候到了。至于他人的聚散，与她无关。可见宝钗是为忍人，不必另征前例，有此一词，即可为证。

而且宝钗以家族的势力介入的结果，也加剧了大观园的派系纷争。怡红院的大小丫鬟们，原本有口无心，争吵斗嘴，也不伤和气。可是自从薛宝钗通过闲言"套问"袭人的"年纪家乡"，并"留神窥察"，结果发现袭人的"言语志量深可敬爱"之后，怡红院的派系于是开始形成。袭人从此与宝钗结党自是无疑，所以已往的旧红学有"袭为钗副"的说法，实为有见。麝月、秋纹是袭人的替身，固属一党。用宝玉的话说，这两个都是袭人"陶冶教育的"。晴雯和芳官以及后来的四儿，则为袭、麝、纹所不喜。所以当第七十七回，王夫人盛怒驱逐晴雯之后，又来处置芳官、四儿，提出的罪名是："你们又连伙聚党遭害这园子。"被王夫人目为"聚党"的"党"里面，还包括已逝的柳五儿。王夫人说："幸而那丫头短命死了"，否则她一定成为你们的"连伙"之人。用政治语言形容怡红院丫鬟之间的人事纠葛，诉以"连伙""聚党""遭害这园子"之罪，王夫人未免小题大做。但作者采用如此写法，一定不是笔法的失措，而是有更为深在的创作意图。至少我们可以看到，家政权力的执掌者对"聚党"和"连伙"是何等深恶痛绝。"遭害这园子"，实含有罗织罪名的阴招，以证明"连伙""聚党"者不仅有"犯罪"事实，而且有"犯罪"意图。

问题是王夫人对怡红院的党派分野何以如此了若指掌？处置完晴雯等"连伙""聚党"之人，王夫人又回过身来吩咐袭人、麝月："你们小心！"这是对她认可的另一"党""伙"的训示。就连贾宝玉也明白了个中的奥秘。他怀疑有人"犯舌"，所以平时的玩笑话，素日的"私语"，都被王夫人一个个说中。王夫人自己也明白坦示："可知道我身子虽不大来，我的心耳神意时时都在这里。"那么，谁是她的"心耳神意"？令薛宝钗感到"深可敬爱"，被王夫人推许为"有心胸""想的周全"的花姑娘，恐怕难辞其咎！

七

《红楼梦》里的贾、史、王、薛四大家族,由于彼此都联络有亲,使得他们命运与共,一损俱损,一荣俱荣。但《红楼梦》作为故事中心展开的家族系统,是荣宁二府所代表的贾家。贾家比之另外的三家,其不同之处在于,它与朝廷有直接的联系。这缘于贾政和王夫人的大女儿贾元春,被当今皇帝晋封为凤藻宫尚书并加封为贤德妃。这样一来,贾家的身价自然不同寻常。何况贾家的荣宁二公都是从龙入关的有功之臣,其家世基业,已历百载,族望地位远非史、王、薛三家可比。

只不过当《红楼梦》故事启动发轫之时,贾家已呈衰败之象,即所谓"外面的架子虽未甚倒,内囊却也尽上来了"。但同为衰败,荣宁二府,又自不同。宁府的衰败,表现为荒淫无耻,日暮途穷,故倒行而逆施之;荣府的衰败,表现为子孙不肖,后继无人。唯一承继有望的宝贝孙子贾宝玉,竟然是个不肯读书、不求上进的"情种"。所以第五回贾宝玉梦游太虚幻境,荣宁二公向警幻仙姑托付说:"吾家自国朝定鼎以来,功名奕世,富贵传流,虽历百年,奈运终数尽,不可挽回者。故遗之子孙虽多,竟无可以继业。其中惟嫡孙宝玉一人,禀性乖张,生性怪谲,虽聪明灵慧,略可望成,无奈吾家运数合终,恐无人规引入正。幸仙姑偶来,万望先以情欲声色等事警其痴顽,或能使彼跳出迷人圈子,然后入于正路,亦吾兄弟之幸矣。"吊诡的是,在观赏了金陵十二钗的判词和《红楼梦曲》之后,这位受人重托的警幻,竟让宝玉与秦可卿当即成姻,并秘授以云雨之事。其结果,不仅宝玉与秦氏梦游成双,第二天又与花袭人演绎了一番。看来荣宁二公所托非人,将宝玉"规引入正"的想法，无可挽回地化为泡影。

事实上，《红楼梦》第五回作为全书的故事预演，处处都在警示贾府已进入衰败的末世。探春的判词是："才自清明志自高，生于末世运偏消。"王熙凤的判词是："凡鸟偏从末世来，都知爱慕此生才。"反复出现"末世"字样。《红楼梦曲》的最后一题，名曰"好事终"，也是况味尽出。其曲词则直接出现了"败家"和"家事消亡"的点题之语。《红楼梦曲》的尾声"飞鸟各投林"，更将贾家败亡所经由的途径，都具体而微地标示出来。这就是："为官的，家业凋零；富贵的，金银散尽；有恩的，死里逃生；无情的，分明报应。欠命的，命已还；欠泪的，泪已尽。冤冤相报实非轻，分离聚合皆前定。欲知命短问前生，老来富贵也真侥幸。看破的，遁入空门；痴迷的，枉送了性命。好一似食尽鸟投林，落了片白茫茫大地真干净。"可知贾氏家族的最后结局，不仅是败亡，同时伴随着凄苦的离散，亦即"家亡人散各奔腾"。《红楼梦》对"散"之一字，可谓做足了文章。秦可卿托梦给王熙凤，固然以"盛筵必散"的俗语为警示，连小丫头红玉都说："千里搭长棚，没有个不散的筵席。"第二十二回上元节，元春出的谜语是："能使妖魔胆尽摧，身如束帛气如雷。一声震得人方恐，回首相看已化灰。"贾政自然是猜着了，但心想："娘娘所作爆竹，此乃一响而散之物。"于是大觉不祥。而第五十四回凤姐讲的笑话，也是炮仗没等放"就散了"。然后她又笑说："外头已经四更，依我说，老祖宗也乏了，咱们也该'聋子放炮仗——散了'罢。"处处暗示这个"散"字。第三十一回作者还专门站出来透视人物心理，分析林黛玉喜散不喜聚的性格来由："人有聚就有散，聚时欢喜，到散时岂不清冷？既清冷则伤感，所以不如倒是不聚的好。"依林黛玉的哲学，人世间的"聚"反不如不聚的好，因为最后的结果总是要"散"的。所以甲戌本《红楼梦》第一回"凡例"末尾的那首题诗，不管作者为谁，至少此诗的开首两句，"浮生着甚苦奔忙，盛席华宴终散场"，可谓深得《红楼梦》题旨之语。

八

然而败亡是一个正在行进的过程，衰败中偶尔出现短暂的荣华，亦非不可理解。《红楼梦》叙事的跌宕起伏恰在于其强烈的戏剧性。第十七、十八回的元妃省亲，即为最富戏剧性的事件。第十三回秦可卿托梦给凤姐，已对此事发出警告："眼见不日又有一件非常喜事，真是烈火烹油、鲜花着锦之盛。要知道，也不过是瞬息的繁华，一时的欢乐，万不可忘了那'盛筵必散'的俗语。"但当辉煌绚丽的大观园即将兴建之时，贾府上下一片欢腾，王熙凤早将秦氏的嘱咐置诸脑后；相反，赵嬷嬷对当年太祖皇帝仿舜巡故事的回忆，让她生出无限向往与陶醉。赵嬷嬷说："唉哟哟，那可是千载希逢的！那时候我才记事儿，咱们贾府正在姑苏扬州一带监造海舫，修理海塘，只预接驾一次，把银子都花的淌海水似的。"又说："还有如今现在江南的甄家，嗳哟哟，好势派！独他家接驾四次，若不是我们亲眼看见，告诉谁谁也不信的。别讲银子成了土泥，凭是世上所有的，没有不是堆山塞海的，'罪过可惜'四个字竟顾不得了。"凤姐回应道："常听见我们太爷们也这样说，岂有不信的。只纳罕他家怎么就这么富贵呢？"

如此的一段对话，一般读者也许不会太留意，但《红楼梦》研究者可是不同。他们敏感地意识到，所谓"太祖皇帝仿舜巡故事"，一定指的是康熙南巡。而江南的甄家独接驾过四次，这个数字恰好和历史上的曹寅家族接驾的次数一致。甄家在书中是象征性的虚写，当贾家的事情不便直接"用史笔"的时候，就请甄家来救驾。比如直接写贾家被抄家，作者当乾隆时期，恐怕不好下笔。于是就用若隐若现的甄家的被抄作为震慑贾家的先兆，而且以抄检大观园来作抄家的预演。在清代，抄家的缘由无他，必是因获罪所致。这一点，秦可卿托梦给凤姐，已经点明底里。当时秦氏说得很明确，即事先要有所防备，以便日后一旦"有了罪，凡物可入官，这祭祀产业连官也不入的。便败落下来，子孙回家读书务农，也有个退步，祭祀又可永继"。请注意"有了罪"这三个字，其实就是为将来可能被抄家做未雨的绸缪。清朝的康熙与雍正政权交替期间，曾在康熙朝长期担任江宁织造一职的曹氏家族，史有明文记录，当雍正六年的时候，借口曹頫"骚扰驿站"被抄了家。

又是"赫赫扬扬，已将百载"，又是"接驾四次"，又是被"抄家"，这和曹氏家族完全都对上景了。还有秦可卿引来形容家族败落的"树倒猢狲散"那句俗语，其实是曹寅在世时经常说的一句话。而《红楼梦》的作者曹雪芹，应该就是曹寅的孙辈，应为不争的结论。尽管他是曹頫的儿子抑或曹颙的儿子，目前尚不能定论。既如此，研究者如果提出《红楼梦》的创作有曹雪芹自己家族的影子，恐怕是顺理成章的假设，不至于令人感到意外。事实上，自从1921年胡适之先生发表《红楼梦考证》首倡此说以来，绝大多数研究者都程度不同地以此说为圭臬。特别周汝昌的《红楼梦新证》，继胡适之后将此说发挥到极致。胡、周的研究不仅有清宫档案等大量直接的历史资料为依据，又以新发现的数种

《石头记》抄本作为参证。因为这些抄本上面有署名"脂砚斋"或"畸笏叟"的批语,显示批书人和作者有极不寻常的关系,甚至可以直接对作品的情节安排提出修改意见。于是以曹雪芹的家世和《红楼梦》的版本为主要研究对象的红学考证,遂成为百年来红学研究中最具优势的一个红学学派。

九

但"家世史"的研究途径,似乎无法尽得《红楼梦》的精义。因为书中内容或明或暗地含有一定的反满思想,研究者对此几乎已形成共识。例如第六十三回,贾宝玉给芳官改名为"耶律雄奴",并发出下面一番奇特的议论:

> "雄奴"二音,又与匈奴相通,都是犬戎名姓。况且这两种人自尧舜时便为中华之患,晋唐诸朝,深受其害。幸得咱们有福,生在当今之世,大舜之正裔,圣虞之功德仁孝,赫赫格天,同天地日月亿兆不朽,所以凡历朝中跳梁猖獗之小丑,到了如今竟不用一干一戈,皆天使其拱手俛头缘远来降。我们正该作践他们,为君父生色。

复按史籍,宋朝时北方"辽"的皇族即姓"耶律"。作者处身清朝的政治环境,竟然称"耶律""匈奴"等为"犬戎名姓",而且指斥其为中华历来之患,真不知作者的胆子从何而来。尽管后面有"幸得咱们有福,生在当今之世,大舜之正裔,圣虞之功德仁孝,赫赫格天"的说辞,谁都知道那不过是自我掩饰之语。清以北方之边族占得中华大地，无论如何说不上是"大舜之正裔"。连芳官都看穿了个中的把戏，说道："既这样着，你该去操习弓马，学些武艺，挺身出去拿几个反叛来，岂不进忠效力了。何必借我们，你鼓唇摇舌的，自己开心作戏，却说是称功颂德呢。"试想"鼓唇摇舌""开心作戏"两句，只有小说作者当得此评。仅就给芳官改名"耶律雄奴"一节，可谓不折不扣的"开心作戏"之举。而"历朝中跳梁猖獗之小丑"云云，则不啻是公开的谩骂了。至于所戏弄所骂的对象为谁？作者比读者更心知肚明。但正如芳官所说，原本是"借我们"来"鼓唇摇舌"，却又自称是"称功颂德"，宝二爷的其实更是作者在这里露出的马脚，被芳官捉了个正着。

既然如此，人们难免会发出另一疑问，即《红楼梦》作者对已经被清朝所取代的明朝，又抱持何种态度呢？一些研究者自豪地声称，他们在书中发现了大量的对明朝存有某种怀恋的证据。至少第四十回贾母带领大家行酒令，史湘云脱口而出的"双悬日月照乾坤"，应是明显的含有对明朝的留恋之意。甚至有的研究者如土默热，还从反清英雄陈子龙的诗集里，发现了"双飞日月驱神骏，半缺河山待女娲"的诗句。当1644年甲申之变后，站在南明的角度，当然是"半缺河山"无疑。这样的河山亟待有人来"补天"。《红楼梦》开篇援引女娲炼五色石补天的故事，即缘于此一社会现实的需求。结合陈子龙的诗句，再回过来看史湘云的诗句，如果得出《红楼梦》作者对明朝心存怀思，恐怕不算过分牵强。

这样的一种研究红学的方法，即是索隐的方法。代表性的索隐论著，应首推现代教育家蔡元培于1917年出版的《石头记索隐》。

他在书中写道："《石头记》者，清康熙朝政治小说也。作者持民族主义甚挚。书中本事在吊明之亡，揭清之失，而尤于汉族名士仕清者寓痛惜之意。"当然，红学研究的索隐的方法并不自蔡元培始，早在清后期末的嘉庆、道光朝，以及后来的咸丰、同治、光绪年间，就曾有诸多对《红楼梦》"本事"的猜测，包括影响比较大的"明珠家事说""清世祖与董鄂妃故事说"等。蔡元培的特点是将索隐的方法更系统化也更理论化了。所以，胡适的《红楼梦考证》主要是以蔡先生为商榷对象。胡的文章中最让人不易忘记的话，是指蔡先生为"猜笨谜"。蔡先生回应时表示，他无法赞同胡适的批评，说猜谜是有的，只是一定有那么"笨"吗？是为红学史上有名的"胡蔡论战"。

研究者一般都认为，现代意义的红学应该从二十世纪的"胡蔡论战"开始。而在此前的1904年，中国现代学术的开山王国维已发表了《红楼梦评论》，直接针对《红楼梦》文本本身进行美学的和哲学的批评，是为红学研究的小说批评派的开始奠立。于是红学史上的索隐、考证和小说批评三大派，就这样形成了。红学大家俞平伯先生的一段话非常富有学理意味，他说："'红学'之为诨名抑含实义，有关于此书之性质。早岁流行，原不过纷纷谈论，即偶形诸笔墨固无所谓'学'也。及清末民初，王、蔡、胡三君，俱以师儒身份大谈其《红楼梦》，一向视同小道或可观之小说遂登大雅之堂矣。"的确，红学在二十世纪成为显学，实与众多的第一流的文史学者的介入有关。如果说基于文本的研究还不能出离文学之外的话，则考证和索隐所面对的作者的家世史和明清社会史，已经由单纯的文学研究一变而为明清史学研究的一部分。考证和索隐的方法的引入，增加了红学作为一门专学的学术含量。

红学三派中,最兴而不衰的是小说批评派红学。只要文本在,就会有无穷无尽的话题。考证和索隐都不免受材料的限制。本来百年红学,考证派一直占有压倒优势,但进入二十一世纪以来,索隐派似有重兴的趋势。大量红学索隐著作在近十余年间问世,无法不令人产生重新检视之想。越来越多的研究者认为,《红楼梦》一书极有可能与明清鼎革及其所带来的大族世家的命运变迁有关。不久前,台湾清华大学出版社出版的黄一农教授的《二重奏:红学与清史的对话》,可作为当下红学研究新进展的代表,此书对索隐、考证两派均有新的材料的扩充。

十

我的《红楼梦与百年中国》一书,就是以梳理红学研究的三大学派为主轴,来探讨红学之所以成为红学的历史过程和学理内涵。实际上是一部研究红学史论的专著。此书原以《红学》为名,初版于二十世纪九十年代初。1999 年以现名经河北教育出版社再版。后经增补,2005 年又由中央编译出版社出版新版。对我而言,这已经是二十多年前的旧作了。尤其当我的研究已经全部转入中国文化史和学术思想史的今天,重新面对此旧时的著作,未免有恍若隔世之感。没想到韩惠京教授会如此看重此书可能有的价值,花费巨大劳动将其译为韩文出版。惊异和感谢同时回旋于我的内心。如果有可能,我将此书重新写过,然后再介绍给韩国的专家和读者,在我会增添更多的坦然和欣慰。幸好韩教授是多年治红学的专家,翻译过程发现和纠正多处原书的舛误,这使我在必须申明此点的同时,谨向韩教授致以由衷的谢忱。

《红楼梦》作为一部中国文学的经典名著,她为人类所共有,属于所有与文学结缘的人。愿我的粗浅研究给有机会读到此书的朋友,带来阅读的欢乐,带来文学的趣味,带来理性的思考。

2015 年 4 月 15 日于北京之东塾
原载《读书》2015 年第 7 期

第十一章 意难忘

中国文化研究所小引

我们中国文化所筹建于1988年7月，开始叫中国文化研究室，1993年4月经文化部批准正式定名为中国文化研究所。本来1988年筹办的时候，就是按所的规制设计的。建所报告也正式上报到文化部。当时王蒙是文化部部长，同时兼中国艺术研究院院长，李希凡是常务副院长。把我从另外一个单位调过来，就是为了建立文化所和创办《中国文化》杂志，以对八十年代中期以来的文化热，有一个文化系统的回应。王蒙后来说，于光远也热烈支持此议。希凡认为既然在中国艺术研究院建立文化所，应该带上艺术的内容，因此主张叫艺术与文化研究所。我坚执中国文化研究所的名称不要变，但最后上报的是什么名称，我事先没有看到。

大约过了一个多礼拜，希凡告诉我，文化部党组开会研究了我们院的报告，对建立文化所没有异议，但刚好有一个文件，暂停部下属单位相当于司局级机构的建立。中国艺术研究院的院长由文化部长兼任，下属各所属于副司局级。我历来不赞成大学、研究单位套行政级别，于是提出可否不套行政级别建立文化所。但部里已经做出了决定，短期内不可能重新再议了。希凡等院领导经过一番商议，想出了先成立直属院里的中国文化研究室的办法。

成立研究室，院里就可以决定，报备文化部，不用审批。中国文化研究室就这样成立了，时间在1988年7月12日。

五年之后，1993年的2月18日，我们建立中国文化研究所的愿望得以实现。这次我坚持无论如何不要再套行政级别，经费也由我们自筹，只要让我们成立就可以了。尽管如此，文化部常务副部长高占祥还是给我打来电话，问为何一定叫中国文化研究所，叫艺术与文化研究所，或文化研究所，不是也很好吗。我向他陈述了理由，主要说明我们是一个以研究中国文化为主的研究所，以及现在为什么特别需要深入研究中国文化。他同意了，于是中国文化研究所成立了。2017年在深圳，一次和占祥一起用餐，我说起此事，问他是否还记得，他说记得。我们是一个由艺术与人文及社会科学多学科组合的研究所，宗旨为吸纳学术先进，深研学术，整合传统，融会新知，在不忘记本民族历史地位的同时，希望以学术的努力推动文化与社会的现代化进程。保持学术的前沿性、注重学术的精深度、主张跨文化沟通、建立理想的学术家园，是我们中国文化研究所致力的目标。

事实上，我们中国文化研究所和院里的其他所，除了不套行政级别，没有任何区别。编制是院里确定的，工资是按国家事业单位统一标准发放。人员的调入调出，须经院人事处审核，院领导批准。后来王文章院长主政，连不套行政级别也变化了。当时重新聘任的两位副所长，一个是正处级，一个是副处级。但我个人直到2018年11月退休，仍无任何行政级别，这是我感到非常快意的一件事情。

更感到快意的，是我们聚集了一批第一流的学术人才。画家范曾、法学家梁治平、政治学者刘军宁、当代思想研究者摩罗、致力汉学研究的任大援、徐邦达的公子美学家徐书城,都是中国文化研究所的正式在编研究员。思想史学者葛兆光在所时间比较短,主要与我一起编辑《中国文化》的头几期,后去清华,现在复旦。伦理学家何怀宏、戏曲史专家廖奔,也都曾经是本所的正式成员。于丹是1989年北师大毕业来文化所的,1994年调北师大艺术学院。后来又有专事佛学研究的喻静研究员调入本所。都是我一个一个调入的。研究女性学的张红萍的调入,是经我熟悉的朋友丁东的推荐,张红萍原来是副教授,来所之后评上了研究员。秦燕春是陈平原的博士,她的论文答辩我参加了,孙玉石、孙郁等现代文学名家也都在场,大家一致认为其论文是多年来少见的。秦燕春的调入,是我非常高兴的一件事,现已评上研究员。

每个人来所都是一个故事。梁治平原来是人大法律系的教师,1992年出席哈佛"文化中国:诠释与传播"学术研讨,一路同行,认识了。第二年就调来我们文化所了。不仅调来,过一段时间,还破格由讲师评为研究员。再过一段时间,又被任命为中国文化研究所的副所长。我的努力是一方面,主要是治平的品学真是好。摩罗来所,我也做了不遗余力的努力。他是华东师大中文系硕士毕业,在北京印刷学院工作。研究鲁迅和当代文学,文笔好,有思想。丁东传递给我的信息,我怕直接打报告不容易通过,于是先请他参加我们的学术活动,包括院长出席的活动。如此这般,最后办成了。没想到后来他发生大转弯的变化,就像现在大家都知道的那样。思想取向与我不同,平日相处,还挺喜欢他。人各有志,何必强求一致。有一次年终考核,他报的成果是一本叫《圈子》的著作,我为他写的评语是:"莫道圈子小,年年万松生。"摩罗姓万,本名叫万松生。问他这样写如何,他说很好。

我平生最怕人事纠葛，也深受其害。建所之初，就希望建立一个干净的研究所。因此进人的条件，掌握得比较严格。我常说，学问第一、人品第一，是我们吸纳新人的条件。有人追问，两个第一何者在前？我说学问好的，人品在前；人品好的，学问在前。所内同仁，以及了解我们中国文化研究所的朋友，会认为我们的这些想法，已为事实所验证。我们进人，也采取过全所投票的方法。记得摩罗进入时，就经过了事先的投票。遇有应届毕业的研究生想来我们所工作，我们会请其在所聚时前来，旁听我们的话题讲论。中间插入考核环节，请其做五分钟的自我介绍，然后回答大家的提问。大家满意，才考虑是否报院人事处。只有周瑾是一个例外。周瑾是四川人，浙江大学的博士，中央美术学院博士后，读书极博，对宋学有独到的研究。李泽厚打电话向我推荐。于是在我家中和周瑾见了一面。不是一见如故，是见到此人，就不存在调还是不调的问题了。这样的人如不调，文化所可以不办了。所以我和治平说，我们这次想调的人，不和大家商量了。不久，周瑾调来参加所聚，大家一见之下，各个笑逐颜开。

我们中国文化研究所每两周有一次所聚，大家天上地下，海阔天空，无拘无束，但又相见无杂言，自成值得回味的学术聚会。一般是我提出话头，或从当天见闻说起，或提出最近思考的问题，然后大家交错论议。有时则是向治平、军宁等请教法律和金融方面的知识。军宁是政治学者，但博通金融，市场、股票、汇率，无不知晓。一次问他何为次贷危机和主权债务危机，还有一次问什么是离岸人民币，军宁都能以极简要的语言，几句话讲清楚，让我们外行也能听得懂。有时看到所内哪一位学人刚发表的好文章，就从这篇文章谈起。如果调入了新同事，就从介绍这位新同事的家乡、学术背景和研究领域谈起。范曾先生 2006 年正式调入本所，每次所聚都参加，和大家在一起，他感到快乐。他来后就由我们两人交互做开场语了。他出身世家，晚清大诗人范伯子是他的曾祖父，姑祖母范孝嫦是陈寅恪的长兄陈师曾的妻子。因此我们在一起话题很多。一次所聚，由感叹几位熟识的友人离世，我不禁念道："访旧半为鬼，惊呼热中肠。"然后讲起在德国开会遇到一位教育部部长，是杜诗爱好者，问我朋友不见面为何要用星辰作比。我知道他说的是杜句"人生不相见，动如参与商"，因略作解释。"参"字读 shēn 而不是读 cān，我自然知晓。但范先生莞尔而笑说："还好，没有念白字。"我们所聚的快乐，往往以此。自由谈，说真话，切实际，见性情，是我们所聚讲论的特点。

我们的所聚是开放式的，全所研究人员外，我和范先生的研究生也都参加，作为他们课时的一部分。有的学子深受震撼，致有被大家的警语真情感动得落泪者。院内其他所的同道，院外的一些朋友，乃至报刊媒体的编辑记者也时有参加。来过的都想再来。但后来，各自忙起来，所聚的间隔就难免拖长了。每逢年终的时候，圣诞元旦之间，我们举行新年嘉会。少量眷属好友，亦可同来。选京城典雅一些的酒店，品茗谈往，抽签分礼，乐莫大焉。新来的研究人员，在所感受一些时间，会觉得我们的学术气氛浓，空气自由，同时有一种秩序和礼敬。我们每年都会邀请一些国内外知名的学问大家，到文化所做学术演讲，讲一个小时，讨论互动一个小时。何炳棣、许倬云、杜维明、李欧梵、周质平、黄一农、沟口雄三，及藏学专家王尧、年轻学者刘笑敢、刘禾、刘小枫等，都来所做过演讲。参加讨论者，本所学人之外，京城学界名素汤一介、庞朴、李泽厚、李慎之、余敦康、方立天、沈昌文、董秀玉、梁从诫、牟钟鉴、陈来、王守常、汪晖、周国平、秦晖、刘东等,都莅临过我们的学术演讲会。

我们中国文化研究所开始有学术评议小组,1997年正式成立了学术评议委员会。评议委员有本所的刘梦溪、梁治平、何怀宏、廖奔、任大援五位研究员,和外聘的汤一介、李学勤、余英时、金耀基四位专家,共九人组成。当我们向所外几位专家发出邀请时,他们都欣然答允。英时先生是内子陈祖芬代我电话邀请的。当时祖芬在美访问,电话向余先生提出此事。余先生说,他一般不参与国内的此类事情,但梦溪叫我做的事,我一定答应。说起来,无法不让我感念英时先生对我的信任。

《中国文化》杂志和中国文化研究所的宗旨相同,有如同袍兄弟。一所一刊的学术理念,就是我本人的学术理念。我主张多元共生,为学不专主一家,提倡"为己之学",既强调本民族文化传统的传承,又重视精神价值的永恒性和普世性。我认为学问的会心独得比结论的正误更重要。《中国文化》的创刊,比成立研究所顺利,1988年筹办,1989年就创刊了。由三联书店、香港中华书局和台湾风云时代出版社,在北京、香港、台北同时出版。聘请季羡林、饶宗颐、缪钺、周有光、王元化、余英时、金耀基、汤一介、李泽厚、庞朴、李学勤、裘锡圭等老师硕学为学术顾问。每年出版春季号、秋季号两期,以刊载人文学领域的名家名篇著称。举凡海内外的大家,很少有没在《中国文化》上发表文章的。

2008年11月30日,《中国文化》创刊二十周年时,我们举行过一次纪念活动,名为"戊子岁尾雅集",多年来关照呵护我们一所一刊的学界友人杨振宁、何兆武、戴逸、冯其庸、汤一介、乐黛云、李泽厚、余敦康、李学勤、李希凡、王蒙、王文章、范曾、严家炎、陈平原、沈昌文、董秀玉、于丹等师友出席，并分别作了讲话。

王蒙第一个讲话，他说："时隔二十年，又看《中国文化》的创刊词，写得还真是不错。我可能当时看得并不认真，没好好看。世界上有很多事，隔了二十年，就不能看了。而这个创刊词还真是能看，而且很好看。"又说："现在谈中国文化，已经有点过于热了。《中国文化》和研究所还是那样不冷不热的，一如既往地进行着。这也很难得。"王文章当时是文化部副部长兼艺术研究院院长，他接着王蒙的话题说道："刚才王蒙同志谈到，二十年的时间，很多东西不能看了。但是《中国文化》这本杂志，二十年之后再来看，感到它确实很厚重。二十年之前创办这个杂志，确实是一个很有见地很有思想的决策。"并说："中国文化研究所建立二十年了，在我们中国艺术研究院的背景下，我有时候会想，中国文化研究所对中国艺术研究院的意义到底是什么。很多同志也谈过这个问题，有段时间，有人提出，给文化所改一个名字。此外，还有其他一些看法。但是，在经过讨论之后，大家认识到，中国文化研究所对中国艺术研究院的发展来说，具有基础的意义。它的文化积淀、学术积淀和学术精神，对中国艺术研究院来说，是一个基础。中国艺术研究院如果没有中国文化研究所，会不会有今天呈现的这样的整体面貌？我想，它会减弱很多，不会完全是今天这个面貌。"这个评价，让我从内心感到欣慰。文章不愧是知我们者。实际上，文章院长主政的十五年，我们中国研究所和《中国文化》杂志得到了格外的呵护，我至今心存感激。

李希凡是我们建所和创办《中国文化》的见证人，他讲了我不愿多讲的一些事情。他说："梦溪也经历过一些困难，他自己今天没说，特别是有一段，甚至有外边的干预。《中国文化》有很多港澳台和国外的一些学者在这里发表文章，很容易引起注意。这当然是过去的事，现在看来，《中国文化》还是中国文化，的确是中国文化，跟时下的那些东西没有一点联系。它的品格，经过二十年的考验，摆在这里了。"希凡是我相交五十多年的老朋友，尽管学术思想异趣，一刊一所的创办，当年如没有希凡的支持，不会有后来的发展。2018年10月他不幸逝世，我写有《忆希凡》一文，刊载于《中华读书报》，讲述了我们一路走来的诸多记忆。

在纪念一刊一所的"戊子岁尾雅集"上，许多学界师友的发言，也都精彩得令人难忘。《〈中国文化〉20周年戊子岁尾雅集发言集锦》，整理得详尽无遗，读者当不会放弃一窥全豹的机会，此处不再具引。斯亦可见，我们中国文化研究所的创办时间，院里历届主事者也都是从1988年7月成立中国文化研究室算起的，到今年已整整三十年了。

1988年筹办《中国文化》的时候，同时有出版英文提要本的计划。所以国家新闻出版署批给我们两个刊号。但几位老辈不赞成出英文刊物，认为费力不讨好。钱锺书先生给我的信里，也流露出此层意思。以此至有七八年的时间，《中国文化》的英文版刊号白白地空着。出版署几次欲吊销刊号，幸亏一位熟悉我的出版界元老，说刘梦溪是书生，说不定什么时候他就弄出来了，何必急于举措。没想到还真让他言中了。二十世纪九十年代，我常有国外访学的机会，认识了不少汉学家，对国际汉学的状况有一定了解。于是酝酿将《中国文化》英文提要本改名为《世界汉学》。此事得到时任出版署副署长梁衡的支持，比较快地完成了相关手续。

1998年5月30日、农历五月初五端午节，我们召开了一个规模不小的创刊座谈会。京城的人文社会科学学者和国外专家五十余人相聚一堂，祝贺创意新颖的学术杂志《世界汉学》出版发行。钟敬文、季羡林、张岱年、龚育之、李学勤、汤一介、庞朴、周汝昌、冯其庸、乐黛云、何兆武、梁衡、曲润海、陈平原、汪晖、成中英等在会上发言。不光是祝贺，主要是围绕"《世界汉学》和世界汉学"的话题，做了热烈的交流和研讨。很多发言都很精彩，对如何办好这个新刊物提供了有益的建言。记得周汝昌的发言谈到，他认为与其叫《世界汉学》，不如叫《汉学世界》更规范。周先生是英文系出身，他讲的其实很有见地。参加此次座谈会的学者和作家，还有王蒙、谢方、耿昇、董乃斌、梁治平、何怀宏、廖奔、任大援、雷颐、王邦维、柴剑虹、张西平、杨念群、孙歌、于丹，以及德国《华裔学志》研究所的孙志文博士、美国加州大学戴维斯校区东亚系主任奚密教授和台湾政治大学施淑慧教授等。赵朴初写来了诗联："汲古得修绠，开源引万流。"任继愈写了贺信，为《世界汉学》创刊志庆。天时、地利、人和，都凑泊到一起了。

为《世界汉学》创刊，我写了发刊寄语。其中写道："现代社会交通便捷、传媒发达，地球变小了，地球和其他星球之间的距离拉近了。但人与人之间、族群与族群之间、国家与国家之间、不同文化系统之间，仍存在隔膜，甚或发生冲突。如果冷战后文明的冲突愈益凸显之说无法得到广为认同的话，那么冷战的结束，并不意味着不同文化系统之间的沟通与对话变得更容易而是增加了新的难度，应是大多数学人都可以接受的事实。我们创办这本刊物，为的是给关切儒教文明为基底的中华文明的历史经验事实和未来发展前景的各国汉学家，提供一个自由论说的园地，祈望以汉语的方式建构不同文化背景、不同文化系统之间的沟通与对话，建构国际汉学研究的学术桥梁，为实现人类在二十一世纪的梦想稍尽绵薄。"看来当时的本人，怀抱还不小。

我在"发刊寄语"中还说："现在国际汉学正进入一个转型期和整合期。本世纪许多有影响的老一代汉学家，有的故去了，有的退出了研究岗位，一些青年学人以传统汉学无法范围的新观念、新方法、新取径，跻身汉学领域。处此种背景之下，国际汉学界亟须整理传统，交流资讯，总结经验。而中国学术界，尤其有系统了解世界各国汉学的历史和现状的强烈愿望。一般民众也很关心外部世界怎样看自己的传统与文化。为此，我们决定创办一本专门介绍与研究世界各国如何研究中国的国际性学术刊物，取此一概念的宽泛义，名字就叫作《世界汉学》。"对何以创此新刊的背景、旨趣和目标，也做了简要的阐发。

还有必要交代一下《世界汉学》和《中国文化》的关系。《发刊寄语》又字斟句酌地写道："《世界汉学》是《中国文化》的姊妹刊物，但办刊宗旨和组稿范围，两者互为区别。《中国文化》主要研究与整理中国本土的文化传统的资源，《世界汉学》则是对国外中国研究的介绍与研究。杜维明教授得知我们继创办《中国文化》之后，又要创办《世界汉学》，曾说这很像'太极生两仪'。杜先生的话鼓励我们不仅办好《中国文化》，也一定把《世界汉学》办好。本世纪最具个人魅力的大史学家陈寅恪先生毕生提倡、生死以之的'独立之精神，自由之思想'，将成为我们办刊的座右铭。《世界汉学》是世界各国汉学家的园地，古老的汉学和现代中国研究将在这里自由驰骋、交相映辉。"

最后，《发刊寄语》不无诗情地向可能的作者和读者发出呼呼:"让我们携起手来,为耕耘好《世界汉学》这块学术新园地而尽心尽力。《世界汉学》属于我们和你们,属于东方和西方,属于整个学术界。《世界汉学》是大家的。"可能当时我还年轻,现在是无论如何不想再写出如此这般的语句了。

可惜好景不长,《世界汉学》只出版了四期,就因资金不济而停刊了。盖《世界汉学》和《中国文化》都是自筹资金,就中的艰辛与苦楚,实有不能尽向外人道者。任大援担任《世界汉学》的副主编,这是他熟悉的学术领域,虽然不能为继,还是挺感谢大援付出的劳动。《世界汉学》的装帧设计,请的是大名家吕敬人,至今翻看创刊号,还感动得于我心有戚戚然。台湾"中央图书馆"汉学中心是我们的合作单位,负责人刘显叔先生看到《世界汉学》样刊,拍案叫绝,说一直想办这样一个刊物,结果被刘先生办成了。停刊后,很多人为之惋惜。只有台湾《联合报》主笔陈晓林先生,每次见面都坦诚建言,认为我不应把精力放在办刊物上。他说依他对本人才学和文笔的了解,是应该写大著述的。当时他使用了"名山事业"一词。我的五六种著作的繁体字版,都是经晓林之手在台出版的。但他不知道,我做学问经常不是事先的安排,更无远大的目标。兴趣在读书,读书也是跟着兴趣走。读出了有意思的问题,才想写文章。我研究陈寅恪,研究马一浮,都是如此。

我是太喜欢世间的美好事物和出色的人了。我与之相交的许多友人,都是极出色的人物。本书各章,写到很多,大家可以参看。对本所的优秀学人,我是喜之不尽,夸之不尽。每逢所聚,十次有八次会夸赞治平和军宁。一次治平说他都不好意思了。何怀宏后来去了北大,教伦理学,几个月后携妻子来看我,我问新去处可好？他妻子说："再没有人像刘先生那样夸我们怀宏了。"是的，我的确喜欢称美人物。我的称美，是出于对人物美质的欣赏。学人的美质，在学品学养和真实不欺，而不是没有弱点和不足。按章学诚的说法，凡学问有成者，都是有"殊致"之人（《文史通义·知难》）。有"殊致"，岂能全美？我之看人，只取其美质之大略而已。文化所刚成立时，需要聚集人才，我向院里提出，只要学问好人好就可以，至于是否有一点骄傲，我不在乎。当时管人事的副院长刘颖南和李希凡都在。刘颖南口出奇语，说"当然了，你可以跟人家说，你还能骄傲过我去"。不知道他是从哪里得知的此一消息。真正骄傲的人，应该目中无人。可我真的是目中有人。我看上的人可是不少呢。发现人物并且能赏，是极欣悦的一件事。当我称美他人时，自己有一种安然的怡然快慰之感。古人有"真赏"之说，我"虽不能至，然心向往之"。范仲淹说："真赏之际，使人愉然。"信哉，范文正公之言。

　　当然，我也不是一味称赏。研究所也有一些维持运行的日常事务，不得不按时按质按量完成，这方面我的态度用得上"严格"二字。任大援一次在所里说："刘先生即之也温，久而知其严，再久，又转温矣。"可谓知我之言。那个第二阶段的"严"，往往是因事而生。由此可知，治学和治事的分别。做学问是个人之事，做事情是大家之事；做学问需要有兴趣，做事情必须尽责任。所以我对汤一介先生祖父提出的"事不避难，义不逃责"，深感共鸣。我的办法是尽量减少学问之外的闲杂之事。

　　2018年11月，我以七十有八的年龄在研究院退休，不再担任中国文化所的所长。但退得不彻底，还是中国艺术研究院的终身研究员，《中国文化》仍由我主编。

岁月迁流，逝者如斯。天下物事，有变者，有不变者。

我喜欢我一手建立的中国文化研究所，喜欢我购置的那些永不过时的办公用具，喜欢经由我主体对象化的学术环境，喜欢我悉心培养的学术氛围，喜欢那里的秩序和美质。

2020年岁在庚子二月初七于京城之东塾

乙酉新年嘉会致辞

尊敬的各位嘉宾、本所诸位同仁：

欢迎大家光临"凯莱有约——新年嘉会"。我们中国文化研究所，是一个比较特殊的研究所。她处身中国艺术研究院的背景，却能保持人文与社会科学的前沿位置。我们有法学、政治学、人类学、思想史、国际汉学、休闲研究、女性研究和当代研究等诸多学科领域，在这些领域，我们拥有自己的发言权。

我们研究所的宗旨是，吸纳学术先进，深研学术，整合传统，融会新知，而不忘记本民族的历史地位，祈望以学术的努力推动文化与社会的现代化进程。我们提倡"为己之学"。"独立之精神，自由之思想"，是我们的座右铭。我们主张文化比政治更永久，学术乃天下之公器。《诗经》里的话："如磋如切，如琢如磨""嘤其鸣矣，求其友声"，是我们喜欢的学术状态。《楚辞》里的话："乐莫乐兮新相知"，汉代李陵答苏武书里的话："人之相知，贵相知心"，以及嵇康写给山巨源的信里的话："人之相知，贵识其天性，因而济之"，是我们的心灵期许。

我们中国文化研究所的同仁能够温暖地聚集在一起，是人事的因缘，也是上天的意旨。陈寅恪诗里面说："吾侪所学关天意。"

的确如此。因此当我们送走二十一世纪的第四年、迎来第五个年头之际，我们默默地感谢上苍。我们也感谢我们的父母，是他们给了我们生命之躯。感谢我们的家人，他们让我们知道生命是安全的。感谢身边的朋友，他们使我们的生命不感孤寂。感谢知识的赐予，它让我们的生命富有价值。也顺带感谢我们研究所温暖畅意的学术氛围吧——她为我们的生命添加了一份快乐。

今天我们特别感到高兴的是，我们研究所同仁的许多眷属，都应邀与会。我个人颇信服晚明的一句流行语："情之一字，可以维持世界。"我们的理想是："愿天下有情人终成眷属。"今天还有我们研究所的一些知交好友，与我们一起欢度良宵。我们的心情是："有朋自远方来，不亦乐乎。"陈迎宪、蔡小雪伉俪，欢迎你们。孙萍小姐，欢迎你——你的到来，使红萍、莽萍之外，又添一萍。纵然是萍水相逢，也可以心心相印。崔自默先生，欢迎你。王治国先生，欢迎你——你的屈驾光临，使我在年龄上不敢称尊。而且让梁治平先生稍逊一筹——他只是治平，您却能治国，而且是国中之王。孙萍和刘静都是著名的表演艺术家，孙萍是京剧名旦，刘静是昆曲名媛，她们应该是今晚最闪亮的双子星座，我们大家对你们的期待，想必两位佳丽早已心知肚明。

2004年12月30日这一天，是我们大家的日子。

祝各位嘉宾新年吉祥，阖家幸福，万事如意！祝我们的研究所和所里的诸位同道，夫妇和美，学术丰收，心情快意！

2004年12月30日岁在乙酉

丙申仲春所聚义述

君自汴都来，注一
能说五霞明。
报道花正好，
洛阳牡丹红。注二
京城无异卉，
芍药喜相逢。注三
我有千年槐，
不意老还童。
晨兴三致意，
草木也知情。注四
纷纭遣返事，
法理界分明。注五
为有惝惘问，注六
宫女忆玄宗。注七
文明无新旧，注八
雅俗有定评。注九
何必窗外事，

只说儿女情。注十
题例有大小，注十一
学者宜警醒。
静姝传今语，注十二
文化须相融。
佛法来华夏，注十三
旧义结新盟。
道生洞幽微，
佛性寓众生。注十四
三教固分立，
一心却闲名。注十五
盛世泯内外，
四海皆弟兄。
长安繁华日，注十六
仕女尚胡风。
东瀛遣唐使，
乐此忘归程。
明时泰西教，注十七
衣冠吾儒同。
天文与历算，
皇室素所宗。注十八
只有国运弊，
视外如仇兵。注十九
礼乐岂可废，
失敬人所轻。注二十

谁起十年乱，注二十一
故国转飘蓬。
文化成粪土，
斯文扫地声。
改革成新象，
开放齐西东。注二十二
何来嘈嘈语，
重欲筑围城。
天下有达道，
勇往莫旋踵。注二十三
为学贵独立，注二十四
破茧入苍穹。
岂容夺我志，
孰能改素衷。
人生感意气，注二十五
弃置利与名。
贞观君臣意，
长孙与有功。注二十六
要当真男子，注二十七
誓作好女英。注二十八
今日缘何聚，
且听两字评。注二十九

2016年4月26日晚记于东塾

注一　李飞跃博士，河南开封人，新调入文化所，特介绍给本所同仁并及汴都旧事。

注二　由开封而牵及洛阳，秦燕春副研究员刚从洛阳归来，娓娓说牡丹花事。

注三　话题转到各城市之奇卉，一时说不出京城以何花为胜，喻静研究员答曰芍药也。

注四　由花而树，莫不推杭州，画家范曾叙及宅前千年古槐之来历，云每日晨起，绕树三匝，与之对话。

注五　台诈骗团伙被遣返大陆，众说纷纭，法学家梁治平从法理上予以界分，政治学者刘军宁补论。

注六　研究休闲学的马惠娣，乘高铁遇一英人，谈在华观感，彼对满街标语质疑，认为破坏公共空间云。

注七　围绕英人话题众声喧哗。马殷殷求教于范公，期有渠道反映。以余观之，无异时空错位，如同白发宫女之忆玄宗也。

注八　余引钱锺书"东海西海，心理攸同"，及陈宝琛"文明新旧能相宜"，证人类文明的价值宜有共指。

注九　众学士嗤传媒话语之滥，以恶俗、不文明拟之。

注十　余推许梁、刘之论著，称自己竟以《红楼梦的儿女真情》为论，比之法、政二公相差远矣。

注十一　学士们或以不能为比焉，余提醒众学士，研究之课题确有大小之别，不能混一论之。

注十二　喻静介绍宗教会议内容，云各宗教应与中国文化相融合也。

注十三　余讲论佛法东传过程，由早期之格义到宗派形成。

注十四　道生主张一切众生皆有佛性，是为佛法东传之一大变革。

注十五　余讲论"三教合一"及历代盛期之文化开放与融合，以下大都记此义。

注十六　畅论开放包容之盛唐气象。

注十七　谈天主教入华及利玛窦诸人之不悖儒风。

注十八　明清大用西士汤若望。

注十九　谈衰世之排外并及庚子拳民旧事。

注二十　讲礼仪之废弛问题。

注二十一　范公谈起"十年动乱"之遭遇，余二人共论"文革"乱象并斥全民大揭发之邪风。

注二十二　论改革开放之国策之确立。

注二十三　论盛世必开放而不排外，唯衰世排外，以不倒退是祈。

注二十四　余述自身为学之转变过程，要在突破束缚，"志不可夺"。

注二十五　叙及贞观之治及唐太宗和魏征之佳话。

注二十六　长孙皇后劝慰太宗勿伤魏征。

注二十七、注二十八　众学士口号。多人高声云：那就是说，不仅要做好男人，还要做好老婆。

注二十九　每有新义出，范公辄以两字评之，如"深刻""冷艳""庄严"等等，全场或莞尔或轰然。

附记　所聚时间为2016年4月25日，星期一上午，10时至12时。由李飞跃博士之调入，而东西南北，而天上地下，而古今中外，而抚今追昔，才思喷涌，胜义纷呈，宜积学之所致，亦所风之蔚然。当晚夜不能寐，成散句记之。

《所聚义述》与范曾先生互函

一 范曾先生来函

梦溪兄：

　　夫诗之为道，本无定则，唯唐之后近体以兴，始格法森严。然天资纵横者，初不为所茧缚，乃皆称乐府，兄之诗乐府也。无知者责以格律，反见其陋矣。来诗极佳，有情、有景、有叙事、有抒怀，尤末句"且听两字评"出，余大乐。当日之评为"深刻""冷艳""庄严"……，会上诸学士，皆欣然。当今之世，学术团体之中钩心斗角，岂如吾文化所之融融者哉，每思多年来与兄之情谊，曷胜感喟，偶有文字相讥嘲，亦文人雅趣，如自称"同样级别"云云，皆谐谑而不虐者。兄之题似可改为"集贤述"，"聚义"则有梁山好汉之误解，如何？

　　此颂

夏祺

范曾
2016.05.03

二　刘梦溪答函

范公吾兄道鉴：

　　兴之所至之韵句得吾兄谬奖，其乐何如之。兄所言诗学之道，是极是极。然弟在受鼓舞之时，亦何敢或忘唐律之严整，及宋四六之工雅。老杜秋兴、登楼诸作，李义山锦瑟、昨夜星辰诸诗，几令古风乐府自惭言多而失声矣。虽然，是不可比论也。倘不以弟之鲁钝为然，将来得暇当从吾兄受律法，庶几可免动辄顺口胡诌也。

　　那天所聚，足可见出我文化所之学养与德风。漫兴之散语，乃有大义理、真精神存焉。弟所"述"者，即所聚之义理也。故以"所聚义述"为题（述所聚之义），似尚可暂存。兄之两字点评，可谓奇绝妙绝。无此评则众义散珠矣。孰料最后的收束，竟变成众声喧哗，声音很大的口号不知出自谁人之口，道是："不仅要做好男人，还要做好老婆！"尾句"要当真男子，誓作好女英"以此。斯义疑为弟讲魏征和长孙皇后的故事所致。

　　谢谢今次来示，你我之君子之交，学问之情致，智慧之激发，绝妙好辞之雅谑，固人生不可多遇之至乐也。

　　不备，此祝文祺。

弟　梦溪　拜上

2016 年 5 月 3 日

三　范曾先生又函

梦溪兄：

　　来信收悉，格律诗于高手固为戴着镣铐跳舞，如老杜之"丛菊两开他日泪，孤舟一系故园心"；如李商隐"沧海月明珠有泪，蓝田日暖玉生烟"；贱子："白蚁曾教天柱塌，精禽正藉海云飞"，皆可谓绝伦。然则李太白之《将进酒》《梦游天姥吟留别》，岂可轻让。自伯子先生而后，因有桐城古文学为底，其为诗更入绝域，今之能识同光体者，舍君与贱子更无人焉。贱子于诗学，自幼濡染，颇能克绍箕裘，世之不识诗为何物者恨妒交加，正所谓蝉咕嘹噪而已。

　　聚义经兄之释，贱子亦甚赞成，因忆孟子所谓"集义养气"者，义即指理义，为通向"仁"之大宅的通衢。深感吾兄之学，透经书而达博雅，中心之乐，以为天不亡我中华，必不亡中华之文化，而于文化所寄之人，世亦有厚望焉。

　　此颂
夏祺

范曾即日（5月4日）

思想小集

中国文化研究所每两周有一次所聚，往往由我开头作几句引言，然后大家插话互动，天上地下，学思哲理，世道人心，尽在谈讲一乐中。特点是有思想，无主题。时间长了，所聚间隔增加，有时几周才聚一次。我们的学术秘书廖齐是个有心人，没有想到他竟将大家的交谈或录或记地保留下来。仅2004年至2012年，就有近二十万言。回头翻看，颇感自珍，不失为有意思的"所语"。今特将2004年和2005两年本人的引言短语部分辑录如次，以见本所当年之风气云尔。

2004 年

2月16日

我们想调入一两个人，一直没有结果。就如同谈恋爱一样，很难遇到合适的对象。本所进人的标准是"三个第一"：人品第一、学问第一、仪容第一。人品当然最重要，人品不好，学问再好，我们也不欣赏。而且这样的人，学问也不会真正好。仪容包括形貌，更重要的是风度和气质。其他都好，就是风度气质欠佳，虽不影响调入，也不是我们完全中意的人。孔子说，君子有九思，前五思是视、听、色、貌、言。色是指人的"态"，或者说是"漾"，即人的样子。貌直接指仪容。看人也不要轻视仪容。

我的一个理想，是要把中国文化研究所变成一个"快乐"的场所。要有一种欢乐的氛围，要知学术的快乐。所以我希望引进的人，能够是性情相契合的同道，这样才会有快乐。

现在大学培养不出精彩的人。光有一点书本知识，或者再加上道听途说的闻见知识，没有返身求己的修养，没有灵秀之气，算不得人才。博士毕业到我们研究所，至少要学会一段时间不说话，只听各位师长说话，才能积累起内心的定力。

我们这里不追求经济效益，所以引进人的时候，不看他有没有经营能力和商业能力。

这个时代"人才难得"。这么多年了，我发现很难找到一个合适的人。五十年代以后，中国的"人才标准"出现误区，对什么样的人是"人才"的看法是有偏颇的。所谓"红专人才"，"红"的概念过于单一。当时所谓"红"，是指政治态度。"专"是指业务。很大一个遗漏，是心性品质。光是政治态度，无法包括人品的好坏。这样，得人有偏，更容易失人。理想的精彩的人就成为遗才了。

在一次会上，庞朴说，我们对于前辈先贤，不能只"仰视"，而要有"俯视"。余敦康马上反驳说，中国教育最大的失败是只有"俯视"，没有"仰视"。余是极有个性的学者。李慎之则说，他既不"俯视"，也不"仰视"，他是"窥视"。

中国人需要人性的再造。需要从心灵深处把人复归为人。首先是使人成为人，而不是先成为一个专家、学者或者官员。

中国曾经是礼仪之邦，但现在我们的国人，连最基本的日常礼仪都不懂。坐没坐相，站没站相。尤其不知道如何称呼，动不动就是"师傅""同志"，非常难听。在一个不懂礼仪的环境里，很多人开口便错。

2月23日

《中国文化》创刊的时候，是觉得有一种需要。就是觉得单纯依靠西方的思想不足以解决中国的问题，需要从中国的传统智慧中寻找灵感。现在，这样的宗旨已经被越来越多的人认同了。《中国文化》的使命好像已经完成了。

中国学术界最缺什么？缺大学问，缺高深的学术。当然，高深的学术不是短时间可以建构的。大学问需要器识和格局。首要的是要看有没有思想。思想是学术的灵魂。但不是要求学人与现实的浅层政治发生纠葛。需要关注的是人生与社会的深层的东西，是世道人心。因此需要诉诸理性。学术思想是民族精神的理性之光。

文化、教育滑坡，知识分子畏葸不敢讲话，"士"不像"士"，就会导致国不像国。国要依靠文化来充实。顾炎武区分了"亡国"与"亡天下"的不同。国家包括政权和疆土。政权被人家推翻了，领土被人家占领了，就是亡国。但国家和天下的概念不一样。连你的文化也铲除了，就是亡天下。清兵南下，剃发易服，就是亡文化。

清朝的剃发易服，是对华夏文化最残酷的摧残。

我办的刊物是给知者看的。有人看不懂没关系，能吸引人摸一摸就行了。这就是我对刊物的理想。真学问是属于少数人的，不是所有的学术都需要普及。

我对《中国文化》也有另外一种期待，就是打破办刊物的固定模式。可以不拘形式，不论长短。不只是发表学术文章。好的小说也可以刊载。如果遇到真正的好东西，哪怕篇幅再长，哪怕是一篇论文三十万字，也可以发表，那就一期只发表一篇文章。

听说北京要扩建琉璃厂街，在那里建一条很宽的马路，这就是杀掉文化了。文化遗存是和文化环境连在一起的。我到国外，最喜欢看老街旧物。窄小的老街改造成大马路，文化气息就散掉了。现在北京有些马路，都变成了高速公路，还有什么城市的味道呢？

我与一般学者的不同之处在于，我有"廓然大公之心"。

3月1日

人的记忆有选择性，也有非自觉性。老人记得最清楚的是儿时的事情。即使尘封很久的经历，一旦遇到触媒，那些经历就会在记忆中浮现。但忘掉也很好。钱锺书说，忘掉是一种生理保健。

城市的文化从哪里体现？从细部体现，从不经意处体现。边边角角做好了，才有文化。

中国是一个消解贵族的国家。传统社会留下的文化遗存中，很少有贵族。贵族主要不是财富，首先是文化积累高出其他阶层，因此在社会上受人尊重。贵族是秩序和文明的引领阶层。绝不是有钱了，房子住得阔气了，就是贵族。所以才有三代才能造就贵族的说法。

文化重建中，礼仪文化的重建非常重要，但也是最需要时间的事情，因为直接和教育相关。"百年树人"，礼仪秩序的重建急不得。

文化流失、学术滑坡，与五十年代的院系调整有很大关系。破除欧美式教育，完全"一边倒"，改用苏联的教育模式，使得留学欧美的知识分子无以立足了。这种情况的影响，使大陆与台湾的文化沟通，遇到一些不应有的障碍。说来也很可悲，我们自己的教育传统呢？有没有值得承继的东西？问题是，现代大学确实是从西方开始的。

文化问题的根源在于教育，教育中起决定性作用的是典范的树立，这个典范就是老师可以为人师表。但是现在"谁可为师"，典范的影响已经大为减弱。老师只是在传授一些知识，但知识远不是学问，当然知识更不是文化的精神和文化思想。

人类学家提出，文化有大传统、小传统之分。大传统是指社会的主流思想形态，代表的是精英文化。小传统是指民间文化、民间习俗和民间信仰。中国传统社会民间社会发达，小传统一直很完整。政权的更迭对民间社会的影响不大。但是五十年代以后不仅改造了大传统，小传统也遭到了破坏。传统不再，文化已经断层了。最近我看到《费加罗报》的一个记者写了一篇引人深思的文章，题目是《是什么让中国与自身脱离》，说的就是我们正在远离我们的传统，老的东西都被摧毁了，比如城市的拆迁，把城市的老房子都拆掉了。没有了这些老的东西，传统何存呢？

3月22日

《中国文化》要变成周刊影响就大了。很多现象都可以从文化角度进行解读，进行学术层面的思考和批评，比如对时装，对选美，对主持人形象的设计等。如果把《中国文化》变成周刊，我愿意发表对各种问题进行文化思考的文章，贴近生活，传播文化。

有人认为，梁启超不能与腐恶政治绝缘，这是他的悲哀。不过我赞成陈寅恪的看法，中国的知识分子受董生（董仲舒）"国身通一"思想传统的影响太深，批评梁启超不能与政治绝缘是一种超限的要求。

3月29日

南水北调工程所经之地都是中国历史上富庶的地方，到处都是古城、古镇，地下有丰富的文物遗存。怎么避免把这些宝贝毁掉，是我最关心的。

作为一个现代学者，只尊崇儒学一家，是很狭隘的想法。儒学如果不与现代的学术资源相结合，只是以古为古，古今不搭界，那是没有意义的。儒学研究应该与鲜活的现实生活相关，要注入现代性。

中国文化自"五四"以后，一直处于危机和重建中。"五四"打断了中国文化的大传统，自此大传统一直没有建立起来。现在小传统也遭到了破坏。马克思主义和中国文化传统的连接是个未决的问题，因此也难以进入中国文化的大传统。当代文化建设主要面临大传统的重新建构的问题。

文化建设中最急迫的工作莫过于礼仪文化的重建。无礼仪便无文明。礼仪是社会文明的指标，不懂礼仪的人是没有文化的人。国家应该召集专家，设计《国家礼仪大典》。

校服是礼服，在重要场合才穿。人穿上丑陋的衣服，会变得既不自尊，也不自信。一旦穿上好衣服，人马上就会振作起来、自重起来。所以，校服一定要设计好。文化建设首先要从校服的改良开始。

4月19日

快乐要以成就感为基础。施一德，行一善，都是成就感的来源。没有成就感而快乐只能是傻乐。本职工作做不好，就没有成就感。

腐败有各种形态，话语腐败很少引起注意。说不痛不痒的话，说套话，说废话，说胡话，说大话，说假话，说屁话，就是话语腐败的表现。做学问的人还要多一条，就是不能人云亦云。我对自己有一个简单要求，就是说话要言之有物。我的话在许多地方是听不到的，没有人能够讲出我这样的话。我的话有人情，有生活体验，有新鲜见解。能够听得到、听得懂我的话的人将受益无穷。

不久前我应邀去了一处佛教圣地，晚上住在军队的招待处，基地的几位首长要跟我谈传统文化。其实我关心的是，遇到突发情况，军人能不能打仗？军队的使命是为了保护国家不被欺凌，保护国家和人民的生命财产安全。直白地说，军队就是为了应对战争，是为打仗而存在的。国家应该追求和平，正是为了和平，国家要有一支骁勇善战的军队。

5月10日

社会发展的阶段性是任何人都改变不了的。中国历史上没有发展出资本主义社会，只好在日后的社会发展中补上这一课。中国人的智慧，已经在前资本主义时期一定程度上被窒息住了，亟须商业刺激重新激发国人的智慧。因此，中国需要一个商业冲击的历史阶段。只有许多人从商业化的潮流中获得了真正的人格独立之后，才会产生创造的热情和智慧的提升。

5月24日

好的习惯需要一点一点养成。不能懈怠，需要自律。

平等是一个吸引人的概念，却是一个最没有出路的概念。中国长期在"平等"中度过，一起过穷日子，大家都一样穿打补丁的衣服，这样就好吗？

任何进步都可能是陷阱，现代化就是一个陷阱。但是我们还得往前走，这是不能绕开的选择。

在市场经济背景下，为人民服务的概念应重新诠解。用得不好，反而有另外的效果。要让出租车司机知道，他开车不只是为人民服务，而是为人民币服务。为了多赚钱，应该提高服务质量。

6月13日

许多学者没有培养起"公心"，他们不懂得"学术乃天下之公器"的道理。梁武帝最大的一个缺点是"护前"，对自己过去所犯下的错误不但不思悔改，反而一再维护，以致贻误终生。现在的很多学者也有这样的缺陷，这样的缺陷也是因为他们没有"为公之心"。

1949年以后，中国兴起一股又一股的更名运动。杭州九溪十八涧后面有一个著名的"云栖竹径"，可能是六十年代被改过来的，此前叫作"云栖梵径"，自明代以后就非常有名了。但是这样优美而有历史感的名字竟轻轻被抹去了。我们被置身于一个没有特定历史文化的地方了。

7月26日

当今公共舆论的媚俗走偏真是令人惊奇。电影导演中，张艺谋是真正有思想的，但是媒体对他的电影只有一片讨伐声，看不懂他的电影的深意。《英雄》提倡的是一种"不要以暴制暴"的精神，在一个尚武逞强的时代，只有能够放弃的人才是真正的英雄。《十面埋伏》要告诉我们的是，真正的爱与自由遇到了"十面埋伏"。

8月9日

人间路是不平的，公正是很难求的。苍天有时也很木然，是一个智商不高的糊涂老人。

真知甚难，学者能够欣赏他人不容易。我所见到的很多学界人物，对同行往往不置一词，很少见到能欣赏和赞扬同行的学者。只有在中国文化研究所，形成了真心欣赏和赞扬别人的氛围，这是非常难得的，大家一定要珍惜。过去的大学者有赞扬他人的传统，黄遵宪评价梁启超，第一句话就说梁的文章是"当世第一"。

8月2日

"利令智昏"。当人沉溺于私利时，智慧就窒息了。现在许多人沉溺于小名小利的计较，没有意识到当前国际局势隐藏的危险。美国已经做好了对中国遏制打压的准备，甚至不惜极端手段，包括军事方面。为什么在此时要极力遏制中国？美国想打一个时间差。以目前的速度发展下去，二十年之后，没有哪个国家有实力敢与中国叫板。现在是一个关键的时期，是中国开始强大但还没有真正强大的时期，一定要有所警惕。

长期以来，无数有担当的人付出了极大的努力，但是都付诸东流了。于是，现在有能力担当的人也无意担当了，知识分子也滑头了，为了分得一杯羹，不惜斯文扫地。

甲午战争中，清朝政府实际上是被一步一步地拖进了日本设计的战争圈套，最后只好不该战而战而且战败。现在，美国也正精心设计一场台海间的战争。一旦开战，中国已经取得的所有现代化的成就将付诸流水。为了避免这场战争，我们需要有大智慧。但是很多人好像并没有意识到这个危险。对一个国家而言，没有比安全更高的利益。

8月23日

现在最重要的事情是要使国家尽快强大起来，只有强大了，说话才有分量，抗议才会起作用。有一次，我遇到沟口雄三，他说，根据民意调查，五分之四的日本人蔑视中国人，日本人只瞧得起明朝以前的中国。

9月27日

集体课题只能出妥协的成果，不大可能出思想。思想是个人的产物。如果要鼓励思想的创新，应该推崇个人著述，而不是大搞集体课题。

与精彩的人相处，是人生无上的光荣。对精彩人物，对高深的学问，对高尚的情感，应该有一种庄重的敬意。舍此，不能成其为人。我希望中国文化研究所成为精彩学人的理想家园。

11月22日

传统社会，相（宰相）权是对皇权的一种分解。过去的皇帝敕令是不会直接传达给社会的，都需要通过宰相这一中间环节。相权对皇权的分解作用被历史学家忽视了。当然，这种分解制约的作用从明朝开始就衰退了，皇权得以进一步集中和强化，高度的专制集权在明清两代最为成熟。

11 月 29 日

真正精彩的人往往都是特异之士，都有个性。没有个性就没有创造。如果没有一种宽容的气氛，人才就出不来。邓小平好像说过，"不应该让知识分子总开会，有成果就行"。

12 月 6 日

动不动就检举揭发是一种恶德。揭发别人会使自己失去尊严。

商业会冲击学术，也给学术发展带来机会。在商业社会，真正好的东西是值钱的，知识也是商品的一种，而且是含金量高的商品。做事一定要追求高品位，要么不做，做就做得最好。因陋就简，退而求其次，是乡愿的表现。

学问和政治需要分途，学者不应与浅层政治纠缠。如果谈政治，要从文化、学术的深层次去谈。浅层的批评如果出自学者之手，那是一种流俗。

现在的公众舆论很多是一种"后现代"的语言，以调侃为主。这样的语言没有庄重性，容易耗散人心。语言的低俗反映出社会的低俗，是文明衰落的表现。社会文明首先在语言中体现出来。

2005 年

1 月 17 日

中国何以能够如此高速发展，这是一个待解的谜。现在还没有人能够完全解释清楚。经济的发展和物质财富的增加是确实的，而腐败和对自然环境的破坏也是触目惊心的。我的一个基本看法是，目前还是一个混沌的过渡期，是在为未来做准备，随时都在变化。这种混沌也许是未来健康成熟社会的必经阶段，是必须付出的代价。

3月28日

只有达到无己、无功、无名的境界，才能获得心灵自由。

评价自己是很难的。但学者不了解自己，就不容易找准学术的方向。

为学做事，"公心"是最为重要的。中国文化研究所倡导国家利益为第一生命。公与私是评判君子与小人的标准。

每个人都是一个完整的个体，把人分成优点哪些，缺点哪些，不如总结这个人有哪些特点。

5月9日

费老提出了"各美其美，美人之美，美美与共，天下大同"。有人建议把"天下大同"改为"和而不同"。我认为当然是"天下大同"好。"天下大同"是把整个思想往前推进，预示着期待一种美好的前景，有一种理想的感召力。

中日国民的一个区别是：中国人忘记历史，日本人不反思历史。

5月16日

祭文须用文言写才符合体式，文言文与庄重的氛围是相契合的，白话文缺少庄重感。

6月6日

善良的人能够做成常人眼中做不成的事情。老子说，天道无亲，常与善人。善人做事，宜有天助。

现在开会介绍嘉宾，都是从自己一方官位最高的人开始介绍，这是不合礼仪的做法。邀请的客人是最尊贵的，应该首先介绍尊贵的客人，自己人应放在后面。

7月11日

读书有什么用？朱熹说，读书能够变化气质，进而转移风气。读书的用处可谓大矣！我的经验，读书还可以使人安宁。

赖斯见中国领导人时总是面带笑容，而见韩国和日本政治领导人时不笑。这种"笑"可能代表着她认为中国不会是任何国家的威胁，所以可放松地交往，也可能反映她对中国文化的一种喜欢的情感。

8月8日

杰出的学人不仅要学术精深，也要胸怀大度，能够认同和秉承"学术乃天下之公器"的理念。现在很多做学问的人畏首畏尾，缺少堂正的君子相，缺乏"为公"的心胸，都掉到钱眼儿里去了。

相由心生，所以很多人形貌都变了。

8月25日

周质平教授在我们所做的"胡适英文笔下的中国文化"的讲演，是一篇大文章，听后启发甚多。最大的启发是，做学问一定要以公心出之，离开了"公"，再怎么做都不对。胡适有一颗"公心"，所以他的中英文写作的不同表现可以统一起来。用英文写给外国人看的文章，为中国文化辩护，在国人面前对中国文化颇多批评与反思，真是苦心孤诣啊！这比高喊"爱国"不知深刻多少。

9月4日

美国遭遇"卡特里娜"飓风袭击，损失很大。这是大自然的示警。

中国人民大学最近成立了国学院。成立机构容易，问题是国学院研究什么，在大学里承担什么，和文史哲三系三科是什么关系。国学的基础是经学和小学，不明白这一点，势必与其他人文学科混淆。

把国学奉为救国救人类的法宝，这是很糊涂的看法。

人的生命的本体是什么？李泽厚主张情本体。但情是不稳定的，能不能构成生命的本体，尚待研究。追寻人生快乐的本源，应该是走在通往生命本体的路上。人的幸福感当然与情相关。但幸福感是短暂的，所谓瞬间即永恒。如果一味追寻人的生命本源，会导致虚无。所以李叔同最后出家了。

研究道家的人，应该是内心空灵的人，凡夫俗子去研究道家是不会有什么真成就的。现在的学人，虽然涉及道家的很多，但很少有人周知本末，更少有人能够把问题讲得通透。老庄的痛苦，不见得比儒家少。

传统社会不是没有直言敢谏的官员。汉唐最多，但明朝开始有一变化，就是有了专门让大臣受辱的廷杖制度。众目睽睽之下，当场打大臣的屁股。明朝以前，大臣大体还可以在朝廷比较轻松地议论朝政，敢直谏的官员经常出现。但是明清两朝，是大转折、大倒退。

清朝兴起的文字狱有一百七十多起，对思想言论的压制变本加厉。其中以庄廷鑨的修明史案最为惨烈，主修者、撰稿者、参与者、挂名者、刻版印制者、所有牵连人和他们的家属，全部予以处置。光杀头的就有一千多人，端午节当天在杭州行刑，西湖水都染红了，而且要求老百姓都出来观看。此外，还有一万五千人流放打牲乌拉，就是黑龙江最北的一个地方。从浙江平湖上船，然后陆路，一路上死者过半。

　　高压之下，人们不敢不做顺民。鲁迅说中国历史上只有两个时代：坐稳了奴隶的时代和想做奴隶而不得的时代。

《中国文化》创刊词

《中国文化》没有在我国近年兴起的文化热的高潮中与读者见面，而是当文化热开始冷却，一般读者对开口闭口大谈文化已感觉倦怠的情势下创刊，也许反而是恰逢其时。因为深入的学术研究不需要热，甚至需要冷，学者的创造力量和人格力量，不仅需要独立而且常常以孤独为伴侣。

创办《中国文化》的宗旨是：深入地创造性地研究中国文化发生和发展的历史，并在当今世界文化的大背景下，通过不同文化系统的参证比较，探讨中华文化的特质和整合规律，促进文化复兴，推动现代化的进程。选题范围包括中国文化史、东西方文化比较研究、文化学理论、宗教文化、民俗文化、文化地理和国家文化发展战略，以及对艺术与文学的分学科研究和综合研究。着眼点在学术，即主要对文化现象做学术研究。艺术各学科与文化的关系、传统文化与现代化的关系、中国文化与外来文化的撞击和融合、我们在二十一世纪的文化发展战略，将作为重点研究课题。

《中国文化》系综合性学术专刊，总的以发表高水准的学术论文为主，同时也配以随笔、札记、书评；形式力求多样，提倡文体革新。明白晓畅的白话文和典雅雍容的文言文,均所欢迎。如果遇有确实不同凡俗而又饶有文化韵致的小说或诗歌,也考虑予以选登。

自创刊号开始,将陆续开辟中国文化发生学、中国的文化圈、专学研究、文史新篇、文化与传统、文化哲学、文学的文化学阐释、宗教与民俗、现代文化现象、古典新义、序跋与书评、学苑撷英,以及文化名人专访和学者答问等专栏,为慎思明辨的研究者提供充分的用武之地。并通过文字和图版,摘要报道我国学术界一定时期文化研究的新成果,包括最新的地下发掘,做到图文并茂,使刊物既有学术价值,又有历史文献的价值。

特别对具有中国学术特点的一些专学和绝学,如甲骨学、敦煌学、西夏学、周易学、许学、选学等等,以及为时尚淹没的学科和被冷落的学者,本刊将给予格外的重视。经过深入研究,观点上有创见的文章固所欢迎,学者们发现的新材料和拓展的新领域,同样会引起我们浓厚的兴趣。既重独断之学,也重考索之功。

本刊确认文化比政治更永久,学术乃天下之公器,只求其是,不标其异。新,固然是人心所向往;旧,亦为人情所依恋。关键是一切从学术出发,提倡独立的自由的学术研究,自由才能独立。即使物境不自由,学者的心境也应获得自由。为学之道,尚同比求异更重要而且深刻得多。诚如当代学术泰斗钱锺书先生所说:"东海西海,心理攸同;南学北学,道术未裂。"

这就要求学术认知不唯上、不唯书、不泥古、不趋时,既不做传统观念的奴隶,又不做流行观念的牺牲品。贺麟教授1940年在《五伦观念的新检讨》一文中提出的:"必定要旧中之新,有历史有渊源的新,才是真正的新。那种表面上五花八门,欺世骇俗,竞奇斗异的新，只是一时的时髦，并不是真正的新。"至今仍是不刊之论。

陈寅恪先生 1933 年在审查冯友兰先生的《中国哲学史》的报告中阐释的："窃疑中国自今日以后，即使能忠实输入北美或东欧之思想，其结局当亦等同于玄奘唯识之学，在吾国思想史上，既不能居最高之地位，且亦终归于歇绝者。其真能于思想上自成系统，有所创获者，必须一方面吸收输入外来之学说，一方面不忘本来民族之地位。"此论已为半个多世纪的历史事实所验证。

因此我们主张，在学术上应特别重视中国传统，在广为吸纳国外的各种新观念、新学说、新方法的同时，刻刻不忘本民族的历史地位；在方法上，提倡从一个一个的具体问题入手，反对"狗比猫大，牛比羊大"一类抽象比较，主张宏观与微观结合、思辨与实证结合、新学与朴学结合。

"嘤其鸣矣，求其友声。"《中国文化》的优势，在于少，每年只出两卷；《中国文化》的特点，在于专，重视专门之学。与学界一片走向世界的滔滔声不同，我们想为了走向世界，首先还须回到中国。明白从哪里来，才知道向哪里去。文化危机的克服和文化重建是迫临眉睫的当务之急。如果世界同时也能够走向中国，则是我们的私心所愿，创办本刊的目的即在于此。

创刊在即，意绪怦怦，瞻彼前修，既恂且惊，不求闻达，但求友声。热切希望海内外学术界诸同道给我们以心援笔援，共同耕耘好《中国文化》这块新地！

1988 年 12 月 15 日本刊主编谨识

《世界汉学》发刊寄语

我们又创办了一本新刊物。

现代社会交通便捷、传媒发达,地球变小了,地球和其他星球之间的距离拉近了。但人与人之间、族群与族群之间、国家与国家之间、不同文化系统之间,仍存在隔膜,甚或发生冲突。如果冷战后文明的冲突愈益凸显之说无法得到广为认同的话,那么冷战的结束,并不意味着不同文化系统之间的沟通与对话变得更容易,而是增加了新的难度,应是可以接受的事实。

我们创办这本刊物,为的是给关切儒教文明为基底的中华文明的历史经验事实和未来发展前景的各国汉学家,提供一个自由论说的园地,祈望以汉语的方式建构不同文化背景、不同文化系统之间的沟通与对话,建构国际汉学研究的学术桥梁,为实现人类在二十一世纪的梦想稍尽绵薄。

中国是一个经常被误读的国家,所以如是,主位和客位各有其远因与近因。解读中国之难,犹如解读中国的汉字。长期以来西方人士视中国文化为解不开的谜团,也许正因为如此,外部世界的确不缺少了解中国的兴趣,即使是出于单纯的解谜的需要。世界上因而有了专门研究中国的学问"汉学"以及"中国学"。

同是研究中国，欧洲的、北美的、日本的，彼此很不一样。不同的国家有不同的汉学传统，同一个国家不同的历史段落的汉学也有区别。汉学和中国学，代表着研究中国的两种不同的传统。学术理念、研究方法、关注的问题，两者之间兼容或不同，但就办好广开文路的学术期刊而言，恰好可以彼此吸收、兼容互补，而不必有我无他、互为畛域。

　　何况，传统汉学与现代中国学的合流，已是大势所趋。现在国际汉学正进入一个转型期和整合期。本世纪许多有影响的老一代汉学家，有的故去了，有的退出了研究岗位，一些青年学人以传统汉学无法范围的新观念、新方法、新取径，跻身汉学领域。处此种背景之下，国际汉学界亟须整理传统，交流资讯，总结经验。而中国学术界，尤其有系统了解世界各国汉学的历史和现状的强烈愿望。一般民众也很关心外部世界怎样看自己国家的传统与文化。为此，我们决定创办一本专门介绍与研究世界各国如何研究中国的国际性学术刊物，取此一概念的宽泛义，名字就叫作《世界汉学》。

　　《世界汉学》是研究世界各国汉学的历史和传统，交流汉学研究的经验，传递汉学研究最新讯息的资讯性、知识性、研究性、国际性的学术刊物。选题包括：（一）研究与介绍世界各国汉学的历史渊源、发展过程，梳理传统，总结经验；（二）介绍世界各国主要的汉学机构、汉学期刊和相关的出版物；（三）推介世界各国著名的汉学家，包括介绍其生平、履历和学术成就；（四）介绍和推荐不同历史时期具代表性的汉学著作、研究论文；（五）介绍和交流各国汉学研究的最新资讯、学术动态；（六）对世界各国汉学的传统、资源、观念、方法做比较研究；（七）探讨世界汉学在二十一世纪的走向及发展前景展望；（八）刊载与汉学相关的历史文物及机构、人物、刊物、著作的图版和书影。

　　《世界汉学》是《中国文化》的姊妹刊物，但办刊宗旨和组稿范围，两者互为区别。《中国文化》主要研究与整理中国本土的文化传统的资源，《世界汉学》则是对国外中国研究的介绍与研究。杜维明教授得知我们继创办《中国文化》之后，又要创办《世界汉学》，说这很像"太极生两仪"。杜先生的话鼓励我们不仅要办好《中国文化》，也一定要把《世界汉学》办好。本世纪最具个人魅力的大史学家陈寅恪先生毕生提倡、生死以之的"独立之精神，自由之思想"，将成为我们办刊的座右铭。

　　《世界汉学》是世界各国汉学家的园地，古老的汉学和现代中国研究将在这里自由驰骋、交相映辉。我们深深感谢法、德、英、俄、美、日、荷兰、瑞典、葡萄牙、新加坡，以及台湾、香港、澳门地区的汉学机构，乐于作为具名的合作单位，和许多资深汉学家欣然出任《世界汉学》的国际编委。

　　让我们携起手来，为耕耘好《世界汉学》这块学术新园地而尽心尽力。《世界汉学》属于我们和你们，属于东方和西方，属于整个学术界。

　　《世界汉学》是大家的！

1998年4月9日本刊主编谨识，
载同年5月出版之《世界汉学》第1卷

《红楼梦学刊》创刊词

创办一个专门研究《红楼梦》的刊物,是大家盼望已久的事情,现在终于实现了。

《红楼梦》在我国文学史上的地位是毋庸置疑的。她的广阔丰富的生活内容、巨大的思想深度和高度圆熟的艺术技巧,使她在世界文学之林中占据显赫位置。但是,迄今为止,我们对这部伟大作品的研究做得还很不够,有关她的作者曹雪芹的生平事迹,所知也甚少。全面地科学地评价和阐发《红楼梦》思想意义和艺术价值,把古典作家的宝贵遗产真正变成广大群众手里的财富,仍然是我国古典文学和文艺理论工作者面临的一项重要任务。创办本刊的目的,就是为专业的和业余的《红楼梦》研究者提供一个园地,通过彼此交流,互相切磋,共同探讨,提高《红楼梦》研究的学术水平。

本刊坚持以马列主义、毛泽东思想的完整体系为指导思想的理论基础,坚定不移地贯彻百花齐放、百家争鸣的方针,提倡创造性的学术研究,提倡实事求是的民主学风,提倡不同学派观点相互争鸣。要解放思想,敢于打破禁区,反对唯心主义和形而上学。凡属经过认真研究,言之成理、持之有故的论著,不管其学术观点如何，本刊都予刊载，文责自负。确有创见或为《红楼梦》研究提供新材料的文章，优先发表。港澳台同胞以及国外学者的惠稿，保证版权。

本刊是综合性的《红楼梦》研究集刊。除主要发表从各个角度探讨《红楼梦》的思想和艺术的论著外，关于作者的生平家世、版本源流、文物资料的考订、书刊评介以及红学研究和出版动态等稿件，均所欢迎。为了替《红楼梦》研究者提供翔实可靠的背景材料，还将酌量发表一些有关的研究清代经济史、政治史、思想史、文化史等方面的文章和资料。形式力求活泼多样，文字长短不拘，但务须言之有物，反对说空话，提倡朴实、生动的文风。

本刊每年出四辑，每辑约二十五万字。

值此创刊之际，本刊全体编委谨向海内外学者和读者致意，切望得到各方面的支持、帮助和指教，以便集思广益，办好学刊。

《红楼梦学刊》编辑委员会
1979 年 5 月 20 日

《中国文化》创刊周年座谈会纪要

　　本刊编辑部不久前举行了一次《中国文化》创刊周年学术座谈会,在京的学术顾问和对本刊的创办始终给予热切关注的资深学者二十余人莅会。三联书店总经理沈昌文先生、香港中华书局助理总编钟洁雄女士,分别介绍了《中国文化》在大陆和香港、台湾地区出版发行情况。没想到这样一本专业性很强的纯学术刊物,还拥有那么多读者。大陆版第一期印两千册,很快销售一空,于是第二期起改印三千册。

　　季羡林先生在发言中说:"《中国文化》的出版,像是从天上掉下来的一样。有人断言这个时候它不该出,本意是说它出不来。现在出来了,还能够脱销,不能不让人惊奇。看来不能低估中国读者的眼光。"吴组缃先生说:"文化和历史是伴生物,没有文化的历史和没有历史的文化都难以想象。不了解历史,讲爱国主义就缺乏依据,讲唯物论也靠不住。"舒芜先生说:"电视里播历史剧,总以为可以获得一些历史知识,但常常扫兴关机。比如有个剧本,演到鲁迅要辞职,别人挽留,一口一个'树人兄',应当是'豫才兄'嘛。又如总督称自己'卑职',这都是闹笑话。"因此他们赞成本刊重视历史文化研究的办刊方针。

周汝昌先生谈道，中国的艺术与文化有自己的特征，但不同意一个时期流行的那种抽象比较，如说"西方文化是动态的、外向的、向前的，中国文化是静止的、内向的、反省的"等等。他说："鲁迅是一代文豪，可他对中医有偏见。偏见不影响鲁迅的伟大，也不影响中医的发展。中医和西医是两个劲儿。西医讲解剖学，中医重视人体的表里寒热虚实，认为生机一旦停止，就难以掌握生命体的周流运行的各种关系，这是两种看待宇宙万物人生世界的态度。"

赵朴初、周有光两位先生提出，应从世界的角度来观察中国，这样才能参与人类文化发展过程的整体对话。李学勤先生说："'中国文化'这一概念本身的界定很有意思，明清时期不会有中国文化之说，只有从世界文化的大背景出发，才好谈中国文化。"

冯至先生近年来很少参加会议，但看了《中国文化》，觉得有话要说。第一期刊载的王伯祥先生的遗稿中有"以不苟不欺自勉"的话。他说这是中国文化所要求的一种境界，弄文字的人应该共勉。任继愈先生和庞朴先生建议，研究中国境内少数民族文化的文章应给予重视。冯其庸先生主张立足于自己，认为承继了传统，文化的建设才有根基。严绍璗先生希望注重传统文化的现代诠释。

乐黛云先生说："人文学科的后继人才问题令人担忧。北大历史系1989年没有招生，1990年中文系录取的不少是第二志愿。文史哲终究是文化的核心，不重视人才培养，容易形成学术空当。"

作家王蒙说："就学术的力量而言，冷文化比热文化力量大。"李泽厚先生插话："《中国文化》创刊之初我就提议，不妨搞一点冷文化。"

参加此次座谈会的多是精闻博洽的宿学硕儒，出于对中国学术与中国文化的眷爱和前瞻性思考，对本刊寄望甚殷。

我们还接到张光直、周策纵、傅伟勋、汪荣祖、李又宁、高辛勇、王润华等海外学者的信函，也对《中国文化》勖勉有加，并提出一些使刊物办得更好的建议。

一位在德国基尔大学学习日耳曼语言文学的留学生朱尔宁，写信来要求订阅《中国文化》，信中写道："几年前，当人们开始对中国文化发难的时候，我们在校园里也跟着激动愤然了一番。后来跑到欧洲来，看到这里的人们由于中国文化的神秘性而产生崇拜——一种盲然的崇拜。人人都会顺口滑出'中国文化'四个字，但谁也解释不清那是什么。"他说也许读了《中国文化》杂志，"可以撕开那无垠天幕的一角"。莘莘学子之心，其情可悯，但读到刊物之后，他也许会失望吧。

因为说到底，《中国文化》只不过是一本刊物而已，编者的眼光和识见难免不存局限。何况操持此刊，常感困难重重。自筹资金就颇为耗时费力。但学界同道师友的厚爱和读者的期待，使我们在选题组稿时不敢稍忽，总希望每期都能集中解决或至少探究几个有关中国文化的学术难题。这期"文史新篇"专栏里的三篇文章，便是此种努力的一部分。古代数术家用以占验的工具"式"，历年出土所得共有八件，大都是汉代原物，包括天盘和地盘，分漆木式、象牙式、铜式等不同种类，其构造、功能、应用颇具神秘色彩。国内外发表的研究古式的论文有十五篇，但言人人殊，难定一尊。李零的《"式"与中国古代的宇宙模式》一文，可以说对这一问题提出了系统的带总结性的圆解，文字虽长，却能够引发读者的兴趣。

而钱穆先生的《中国文化对人类未来可有的贡献》，是他辞世前撰写的最后一篇文章，提出了中国思想文化史上的一个旧而弥新的大课题，其中一段写道："现代人如果要想写一部讨论中国古代文化思想的书，莫如先写一本中国古代人的天人观，或写一部中国古代人的天文学，或人文学。总之，中国古代人，可称为抱有一种'天即是人，人即是天，一切人生尽是天命的天人合一观'。这一观念，亦可以说是古代中国人的一种宗教信仰，这同时也即是古代中国人主要的人文观，亦即其天文观。"整篇文章未来得及展开，但思路明晰，结论确定，包孕着作者对中国思想文化的终生体悟。

恰好本刊自创办以来就很注意这方面的问题，所以第一期发表《火历钩沉》，选取的就是从天文学探考中国古代文化发生的角度。第三期又刊载葛兆光的通译互释北极、太一、道、太极的文章，并在编后记中申论自然崇拜和神的崇拜的关系，认为《老子》二十五章提出的"人法地，地法天，天法道，道法自然"是中国文化的认知循环圈。本期"文史新篇"专栏的文章，对此一课题的探讨又进了一步。

就中国文化发展的历史而言，1990年是文星陨落的一年。国学大师钱穆先生在这一年辞世。此前不久，老作家台静农病逝于台北。大陆则有老作家俞平伯、词学家唐圭璋、古史专家徐中舒、哲学史家冯友兰等相继病故。1990年同时也是史学大师陈寅恪先生诞辰一百周年。1991年是胡适先生诞辰一百周年。对此本刊特在"现代文化现象"专栏刊出四篇文章，以表示我们的追思与纪念。冯友兰先生晚年自署的一副联语是："阐旧邦以辅新命，极高明而道中庸。"这种境界也是我们《中国文化》所追求的——"虽不能至，然心向往之"。

此文系为1991年出版的《中国文化》第4期撰写的编后记

海上访学记

——《中国文化》上海座谈会纪实

1991年9月11日，我以《中国文化》编辑部的名义，在上海召集学术座谈会，地点在东湖宾馆，上海各方面的文史专家和著名学者二十余人与会，有谭其骧、顾廷龙、蔡尚思、苏渊雷、冯契、贾植芳、王元化、钱伯城、王运熙、章培恒、朱维铮、徐鹏、汤志钧、唐振常、黄裳、邓云乡、余秋雨、孙逊、赵昌平、王小盾等。大家围绕《中国文化》的办刊宗旨及如何深入研究中国文化和中国学术、包括怎样解决一些学术难题，展开热烈讨论。

近年致力于禅宗史研究的苏渊雷教授首先发言，他说文化本身有承继性、吸收性、创造性。承继是历史的传统，吸收是时代的潮流，创造是民族的形式。人类只能在历史提供的条件下自由创造。文化遗产的承继，是生物学上自然遗传的意味，不是社会学上法定继承的意味。在今天，要想建立一种与传统绝缘的新文化，实在是不可能的事。因此，他对《中国文化》的宗旨和风格表示赞许，希望循此以往，走一条致广大而尽精微的学术路向。

蔡尚思教授重申他对儒家思想的一贯看法，不赞成对儒家搞虚无主义，但强调孔子以外有比孔子更好的人。他说孔子最不肖的弟子是颜回，子路就比较好一些。有人说孔子有平等观念，这是胡说八道。过分强调儒家中心，是只看朝廷，没看朝廷以外的地方。章培恒、唐振常教授认为对传统要做分析，不应一讲传统就是儒家。到底什么是中国文化的主干？这个问题值得研究。儒家提倡的"三纲五常"，绝不是好东西。不能走向一个极端，以为可以纳入传统思想文化里面的都是宝贝。谭其骧教授插话说，现在算命、问卜，看阴阳宅，不得了。冯契教授、汤志钧教授说，对近代的传统应该重视，不要一讲传统就是古代的。古代文化发展到近代，增添了许多新内容，里面有大可借鉴的经验教训。

王元化教授肯定《中国文化》重视个案研究、具体研究的做法，同时建议对各种学术思潮也给予注意。他说有人赞许中国的宗法制度，他个人对宗法制度一无好感。台湾有些学者高度评价黑格尔的"市民社会"理论，到底基于什么原因，应加以研究。朱维铮教授说，历史首先要问是什么，然后再问为什么。因此，他深感学风问题实在重要，学风不正，学术成果必然要打折扣。他建议《中国文化》不妨讨论一下"经世致用"问题，明清以来这种主张风行一时，但"经世致用"能否作为判断学术是非的标准？用它来区分知识分子进步与否，是否合适？冯契教授说，从事学术研究，应该有为学术而学术的精神。

王运熙教授提出，文化研究有各种角度，《中国文化》的内容可以更开阔一些。余秋雨先生建议，刊载一些有关俗文化的考察报告，让人知道各个地区的中国人到底过着一种什么样的生活。黄裳先生希望注意文献的搜集。赵昌平先生主张对牵动大的学术问题展开讨论。

座谈会自上午9时一直进行到12时半，气氛热烈，思想活跃。中午便餐，大家仍在讨论、争论。我本人深为与会的老中青三代学者的学术热情和学问精神所打动。

1991年12月5日整理、载《中国文化》第4期

附记　1991年9月11日在上海召开座谈会的情景，我至今记忆犹新。因为有照片，能看到各人坐的位置。长方形的会议室，四周是沙发，沙发前是玻璃茶几。我的位置在进门处横摆的沙发上，邓云乡先生和我坐在一起。左边依次是黄裳、唐振常、徐鹏、苏渊雷、谭其骧、朱维铮；右边依次是王小盾、钱伯城、汤志钧、顾廷龙、冯契、蔡尚思、贾植芳、王运熙；对面窗前沙发上自左至右为章培恒、王元化、余秋雨、赵昌平。孙逊拍的照，所以照片上没有他。后来上海的朋友说，即使上海本地的学术单位召开会议，也不容易到这么全。可是时光荏苒，转眼已过去十七个春秋。更令人感慨的是，参加座谈会的诸位前辈，谭其骧、顾廷龙、苏渊雷、冯契、唐振常、邓云乡六位，已经离开了人世。抚今追昔，不胜感慨云尔。2008年9月8日附记。

为中华文化护法传薪

——《中国文化》20周年戊子岁尾雅集发言集锦

2008年11月30日,中国艺术研究院中国文化研究所"戊子岁尾雅集"在国际俱乐部饭店举行,杨振宁、何兆武、戴逸、冯其庸、汤一介、乐黛云、李泽厚、余敦康、李学勤、李希凡、王蒙、范曾、严家炎、陈平原、沈昌文、董秀玉、于丹等师友与会,并分别作了讲话。文化部副部长兼中国艺术研究院院长王文章莅临并讲了话。本所全体人员与会。《中华读书报》《文汇报》《中国文化报》《北京大学学报》、中华书局的友人与会。主题是中国文化研究所和《中国文化》杂志创立二十周年。

会场清幽雅静,自由交谈论道,享受西点美食,并插以抽签抓彩,范曾先生准备"至乐""大乐""快乐"书画奖,伴以古琴家吴钊先生的《忆故人》和《阳关三叠》。或抵掌以谈,或拈花而笑,欢声笑语,乐何如之。上午不知何时而始,下午不知何时而终。会上发言及互动情形兹据录音整理成文字,溋漫自在如初始,老友叙旧岂云工。

开场致语

刘梦溪:《中国文化》杂志,我们的中国文化研究所,已经二十年了。没有想开会。所内同仁觉得不妨有一个会。可是我对值不值得不无怀疑。开会说什么呢？一次，文化部请来一些专家研究艺术和文学工作者的荣誉称号问题。京剧名家杜近芳发言，开头第一句是："盘古开天地，领导不容易。"那么如果我们开一个会，有人说"'文化'二十年，如何不容易"，我们情何以堪？还是没打定主意开或者不开。前两天知道李泽厚要返回美国，我想，要么就开吧。所以今天大家就来这里了。名称叫"戊子岁尾雅集"，请柬来不及事先寄呈，各位的座位上放有一份。

《中国文化》创刊的时候，也开了一个会，二十年前，在王府井中华书局的会议室。李泽厚也参加了，当时还有金观涛和刘青峰。我记得李泽厚有一句名言，他说："我很赞同创办这个刊物，金观涛要走向未来，刘梦溪要走向过去，我都高兴，都赞成。"他这话也许有很深的含义。我是有点要"走向过去"，我在创刊词里写，要了解今天、了解未来，需要了解过去。当时是八十年代末，大家都要走向世界，所以我说，如果世界也能走向我们，也是我们的私心所愿。二十年过去了，虽然不能说现在的世界已开始走向中国，但是中国越来越引起世界的瞩目，是没有问题的。可是我们今天，说什么呢？我不知道说什么。我想，还是把它当作一个自由的朋友间的聚会吧。因此，我们请的都是我们中国文化研究所的朋友，梦溪本人的朋友，或者说，大家都是中国文化的朋友。在座的各位都和中国文化研究所的创办，以及《中国文化》杂志的创办，有这样那样的渊源，文化的渊源，或者其他什么渊源。

我个人首先需要感谢王蒙。中国文化研究所和《中国文化》的创办，他是有力量的支持者。当时王蒙是文化部部长，李希凡是中国艺术研究院的常务副院长，他们两个把我从一个地方调到这里来，支持我筹建文化研究所，然后再办《中国文化》杂志。在座的很多是《中国文化》的学术编委，感谢你们尽到了编委的责任，不仅当编委，还把你们最好的文章给《中国文化》发表。像李学勤先生，只要我一个电话，他很快就能把一篇新作寄来。何兆武先生，今天在这里，他的年纪可能是最长的，周岁八十七岁，虚岁八十八岁。可是大家看，他的身体很好，他最近写的《上学记》，成为一本畅销书，我们也期待他的《上班记》什么时候让我们看到。戴逸先生是我尊敬的老师，清史专家，他也经常在我们刊物上发表文章，我想不到戴先生还曾经写过关于清代书法的文章。

我还要感谢许多人。汤一介先生和乐黛云先生是我很亲近的朋友，从七十年代末开始，每次去北大看他们，总能从他们身上看到一种学术的氛围，使我念书问学不敢懈怠。我还要介绍范曾教授。我原来不认识他。但是我近二十年一直研究陈寅恪，陈寅恪的祖父是1895年到1898年的湖南巡抚，寅恪的父亲陈三立是晚清的大诗人。我在研究义宁之学的过程中，认识了范家，范肯堂范伯子，他和陈三立一样，是晚清同光体的代表人物，他们又是儿女亲家。范肯堂的女儿嫁给了陈三立的长子陈师曾。陈宝箴戊戌被处分以后，1900年在南昌去世，墓志铭是范伯子写的。因此，范伯子的诗，范家跟陈家的关系，我很留意。后来知道，大名鼎鼎的范曾教授，就是范伯子的曾孙。从此，我就认识了范曾先生。而且事有凑巧，他还正式调到了我们中国文化研究所。天下竟有这样无巧不成书的事情，我也很感谢范先生。

当然，还有王文章院长，他现在是文化部的副部长。可是我叫部长非常不习惯，我可能永远叫他文章院长，而且平时我们说话，我就叫他文章。就像李希凡，我总是叫希凡，没有办法。最近八年来，我们中国文化研究所，我们的刊物，能有今天的样子，得力于文章的支持。他对我们很宽谅。他了解我们研究所在学术上的一些特点。在艺术研究院的背景下，有我们这样的结构，全国没有第二家。我们叫中国文化研究所，可是有法学家，你们了解的，是梁治平先生。有政治学家刘军宁先生。法学和政治学可以进入中国艺术研究院的一个所，可能是一个有趣的值得思考的问题。这反映我们中国艺术研究院的学术胸怀。因此，我不能不感谢文章院长。

我也很感谢李泽厚，他是我私下的朋友，我们经常通电话。一通电话，我们讲的总是和学术相关的问题。他是一个有思想的人。当我写《中国现代学术要略》的时候，他说讲中国学术史，其实是学术思想史。有一次，好像是讨论施琅大将军，涉及一个道德取向的评价问题，他在海外有一个言论，说道德理性具有绝对价值。这个概念是康德的，但也不是谁一下子就能说得出来。否则我们就没法评价岳飞、文天祥、郑成功这些历史鼎革时期的人物。一些道德节操、道德理性，不是一下子会成为过去，而具有某种永恒性。

我也感谢平原，他现在是北大中文系的掌门，是严家炎先生之后的又之又之又之。他是《中国文化》的经常的作者。在学术理念上，我们有针芥之合。欢迎他的到来。感谢严家炎先生，他是我们的好友，好到我们现在共住一个小区。严先生的太太，是卢晓蓉，她的散文写得极佳，很快就能写一篇文章。她出身名门，是卢作孚的孙女，我很少看到一个年龄比较轻的现代女性所保持的传统美德，能跟我们的晓蓉相比。

我当然还要感谢沈昌文和董秀玉两位。他们两位是三联书店的老板，是《中国文化》最早的出版者，《中国文化》跟香港的联系，跟台湾的联系，变成三地同时出版，都是沈公和秀玉的功劳。后来我们成立独立的杂志社，自己出版了。但草创之功，我们不敢忘记。他们都是我们的朋友，我们研究所只要有活动，他们都会来参加。陈祖芬，我的太太，我也很感谢。刊物早期，她用自己的笔和健康换来了有识之士对这个刊物的支持。

吴钊先生，我们音研所的教授，他的古琴演奏，鲜有其匹。古琴列为世界非物质文化遗产的名录，就是我们中国艺术研究院申报的。我们音研所收藏古琴的数量和质量中国第一。我们请吴钊来，一是感谢他，二是今天大家会有幸欣赏到他的演奏。今天这样的场合，如果听他演奏《阳关三叠》《忆故人》，我们只能物我两忘了。

我也感谢过去不认识的一位朋友——张伟仁教授，他是台湾"中研院"史语所的教授，现在客座北大，他是我们梁治平先生的朋友。我们欢迎你。还有哪位朋友我没有介绍到？噢，李晨光先生，中华书局汉学编辑室的主任，我们即将出版的《中国文化研究所学报》，由中华出，晨光负责，谢谢你。

我们今天是一个比较低调的聚会，没有请电视台，没有请记者，但是我们请了三位报刊的朋友，他们不是作为媒体带着任务来的，而是作为朋友来的。一位是《中国文化报》的徐涟，她是北大哲学系毕业。我可以透露一个秘密吗？她是我们王文章院长的太太。还有一位是《文汇报》驻京的记者江胜信，也欢迎他。还有一位是《中华读书报》的，文章写得很好的陈香。他们三位，如果觉得有趣，愿意写点小文字，我不反对；不写，我们高兴的程度无减无增。还有《北京大学学报》的副主编郑园，她的到来，我们也很高兴。

还有，我们的于丹又回到了我们的研究所。她在北京师范大学毕业之后，一开始分配到我们中国文化研究所。六年之后，她去了北京师范大学艺术系。后来，她走上了现在这样一条学术道路。我为她高兴。旬日之间，她把中国儒家的第一部经典，送到千家万户。当许多民众已经忘记了自己的文化传统，忘记了儒学的基本文本经典的时候，她的《〈论语〉心得》是一本适时的书。这个贡献是开创性的。于丹今天来，我特别高兴。

我们文化所的人，不一一介绍了，大家慢慢认识。现在编《中国文化》是两个人，一个是胡振宇先生，他是甲骨学家胡厚宣先生的公子，是编辑部主任；还有一个是秦燕春，她是前年来我们研究所的，陈平原的博士。我也许还漏掉了谁。但没有关系。请大家来，发言是次要的，"语默动静，贞夫一也"。动也可以，静也可以；说话可以，沉默也可以。那个"一"，是我们共同感悟的天地之道。更主要的，这里环境很好，等会儿，我们这里有标准不低的西餐。乐黛云先生因为腿不方便，什么活动都拒绝了，今天能来，真的不容易。是经过我跟汤先生两个人的努力，她才肯来。因此我感谢乐先生的同时，也感谢汤先生。

现在我已经理屈词穷，没有话好说了。请大家随意说点什么，什么都可以，不说也可以。已故的王瑶先生讲，"不说白不说，说了也白说，白说还要说"。本着王先生这句话，大家索性不说白不说吧。

不冷不热的《中国文化》

王蒙：时隔二十年，又看《中国文化》的创刊词，写得还真是不错。我可能当时看得并不认真，没好好看。世界上有很多事，隔了二十年，就不能看了。而这个创刊词还真是能看，而且很好看。这是我今天的一个感想。这么办刊物，也还不错。首先，这半年刊，就不错。我们已经习惯了月刊，最少的是双月刊，季刊都不多，半年刊就更少了。它不可能太热，居然能坚持到现在，居然还能有一个二十年的纪念。我个人非常佩服，觉得很不容易。所以，我表示祝贺。现在谈中国文化，已经有点过于热了。《中国文化》和研究所还是那样不冷不热的，一如既往地进行着。这也很难得。我感谢梦溪的邀请，我是从昌平赶来的，所以到得晚了一点。但我仍然非常高兴，非常快乐。戊子雅集，戊子年很快要过去了。能在 11 月 30 日，参加这么一个活动，也还是人生一乐，谢谢。

构建共同的学术精神

王文章： 王蒙先生是我们的老部长，也是研究院的老院长。这个杂志二十年的时间里，能走到今天，确实不容易。刚才王蒙同志谈到，二十年的时间，很多东西不能看了。但是《中国文化》这本杂志，二十年之后再来看，感到它确实很厚重。二十年之前，创办这个杂志，确实难，确实是一个很有见地、很有思想的决策。

《中国文化》看上去平平的、淡淡的，但是，从二十年之前一路看过来，又是非常的醇厚、非常有味道有意味的一本杂志，沉沉的，重重的。这样的杂志，不是很多。现在的刊物，有的为了顺应时尚，有的是自身发展的要求，难免追求以迎合读者的面貌出现。但《中国文化》始终坚持一种品格、一种文化精神，很少受流行时尚的影响。这是很难做到的,但《中国文化》做到了。就像创刊词里讲的:"学术乃天下之公器,只求其是,不标其异。"文化很难说新和旧,新旧之间不是没有联系,而是有很多联系。旧的里面,很多可能是新的东西,对今天仍然有意义。新的也不见得一定就有价值。当然对文化艺术来说,创新永远是我们要追求的。《中国文化》坚持自己的精神品格,按照自己的办刊思想,一直这么走下来。不敢讲一本杂志对当今的文化发展、文化建设、文化创新能产生多么巨大的影响,但是《中国文化》确实在承继中国文化的精神,特别是优秀传统文化的精神,这对当今浮躁的,或者一些时髦的浮光掠影的文化现象来说,是一种反拨。我想,这是《中国文化》存在的很重要的一项意义。

中国文化研究所建立二十年了,在中国艺术研究院的背景下,我有时候会想,中国文化研究所对中国艺术研究院的意义到底是什么。很多同志也谈过这个问题,有段时间,有人提出,给文化所改一个名字。同时,也还有其他一些看法。但是,在经过讨论之后,大家认识到,中国文化研究所对中国艺术研究院的发展来说,具有基础的意义。它的文化积淀、学术积淀和学术精神,对中国艺术研究院来说,是一个基础。中国艺术研究院如果没有中国文化研究所,会不会有今天呈现的这样的整体面貌?我想,它会减弱很多,不会完全是今天这个面貌。至于为什么能成为我们研究院的重要基础,是因为中国文化研究所的这些学者,以及中国文化研究所联系的中国的也包括海外的许多第一流的学者和艺术家,他们以中国文化研究所和《中国文化》杂志为纽带,形成了一种学术的力量,也可以说构建了一种共同的学术精神,这对中国艺术研究院的学术研究给予很大的推动。所以值此《中国文化》杂志二十周年的时候,我非常感谢当时创办中国文化研究所和《中国文化》杂志的决策者。

有时候我想,中国艺术研究院今天的发展跟以前有很大的不同,包括整体的学科建制、发展的思路,都有很大的调整。但是,在八十年代很长一段时间,当时这些前任领导,为研究院后来的发展打下了非常好的基础,比如研究生教育的建立,中国文化研究所和《中国文化》杂志的创办,其他一些研究所和研究中心的成立等等。所以,借这个机会,我对中国艺术研究院的前辈领导和学者致以谢意。当然,我也非常感谢中国文化研究所和中国文化研究所联系的中国当代的这些著名学者,他们是当代中国文化建设的中坚力量。今天来了这么多著名学者,我为中国文化研究所感到高兴,为中国艺术研究院感到高兴。你们的支持,你们的学术精神的影响,我们备感珍贵,使我们对明天更加充满希望。祝大家身体健康,万事如意,祝老辈学者长寿永康。谢谢!

一本杂志长久留下来很有意义

汤一介:我跟梦溪认识已经很多年了。他的杂志开始办的时候,我就非常支持他。一本杂志,能够坚持二十年,保持它的学术水平,这是非常不容易的。现在的杂志那么多,但是从长久的、历史的角度看,能够为后人留下一些影响的杂志,可能是很少的。我觉得,在1949年以前,能够在中国留下影响的一部杂志,是史语所的《集刊》。史语所《集刊》办那么多年,给我们留下了很多宝贵的材料,是非常了不起的。当然,1949年以后,我对史语所《集刊》就不太了解了,我收到的是断断续续的。但是,在1949

年以前，它对中国学术水平的提高，有非常大的影响。八十年代以后，梦溪这本杂志办了二十年，从历史看来，这是一本可以留下来，让大家参考的重要杂志。在世界上，有许多重要的杂志留下来了，但是非常有影响的，也是有限的。就我的专业领域而言，欧洲的《通报》，有上百年的历史，是比较有影响的杂志。一本杂志，能够长久留下来，是非常有意义的事情。梦溪这本杂志，很可能起到这种作用。希望继续它的学术水准，办下去，不要降低学术水准。

最近参加了一些会，有一些感想。一个是我虽然没有最后参加，但是在筹备过程中参与了一点点关于马一浮的会。梦溪已经注意到这个问题，我也早就注意到马一浮先生的贡献了。我觉得，像马一浮这样的思想家、大诗人、大书法家，从中国来讲，是不可多得的。近代中国学者很多，像马一浮这样的学者没有多少，值得进一步研究。建议在以后的《中国文化》杂志上，可以多发一些研究马一浮的文章。我给马一浮的会议写了一封信。过去冯友兰先生认为，中国最后一位经学家是廖平，其实我认为，最后一位经学家，应该是马一浮。马一浮认为"六经"是最基本的东西。中国文化是怎么产生的？夏商周是怎么传继的？这方面李学勤先生比我懂得多，但是"六经"或者说"五经"，是一个源头，尽管它是由后人整理而成的。研究中国文化的源头，研究夏商周三代的文化是怎么流传下来的，恐怕是非常有意义的事情。我建议在以后的研究中，给马一浮一定的地位。

最近去上海，参加庆祝上海社科院成立五十周年的会，讨论中提到一个问题，是关于对当前普遍主义的批评，我觉得这是必要的。特别是美国，它认为，它的价值观就是普遍的价值观。这当然是一个大的问题。但是，有没有另外一个考虑：就是文化中有没有属于全人类的普世价值？我认为不能否认普世价值的存在。中国的文化传统中，比如"六艺"中，有没有包含普世价值的思想资源？我觉得是应该考虑的一个问题。希望在文章部长的领导下，在梦溪先生的努力下，大家支持，让这本杂志越办越好。谢谢大家！

刘梦溪：谢谢汤先生的讲话。我近年研究的个案除了王国维、陈寅恪，其实还有马一浮。你对马先生这样评价，我很高兴。刚才你讲到中国文化的源头经典"六经"。马一浮有一个概念，他说，国学这个概念讲得太泛了，真正要讲国学的话，应该是"六艺之学"，这是他在1938年5月，在江西泰和浙江大学的讲座上第一次讲到，这个概念没被很多人注意到。

学术应远离市场和官场

戴逸：我今天来，没有准备讲话。这个刊物办了二十年，很不容易。梦溪同志坚持办这个刊物，能支撑二十年，确实不容易。我非常喜欢这个刊物。这个刊物有特殊的学术品格，在我们今天这个社会里边，比较少，可以说凤毛麟角。很多杂志每年出十二期或者六期，在我看来，其中很多文章是空话、废话、套话。《中国文化》这个刊物，很实在，有它的学术品格，有独立性，不受社会风气的影响，不被官场市场左右。我很喜欢看，每次来了我都看。学术刊物，就是要这样，不要随风摇摆。这样的刊物太少。梦溪先生让我写文章，实在写不出来，我只写了一篇，是关于清人的书法。田家英同志在毛主席身边工作的时候，收集清人书法，达到三千件之多，包括对联、书信、手稿。他说，别人都收古代书画，我只收清代的，清代的便宜。我喜欢清代文化方面的一些东西，就写了一篇，我说这个可能符合《中国文化》的性质，不会有很多意识形态的东西在里边。结果刊登出来了。其实我不懂书法，完全是研究清史的需要，对清史的爱好，对清代文人的爱好而看这些书法的。我觉得，搞文化，搞学术，远离市场，远离官场，是我最欣赏的态度。

现在既缺乏文化又有文化

冯其庸：各位老朋友！昨天我跟希凡通电话，让他给梦溪打个招呼，告诉他我实在去不了了，昨天开始发烧出汗。晚上，梦溪给我打电话，说不少老朋友要来。幸亏今天没有烧了。我特别想念很多老朋友，借这个机会，看望一些多年不见的朋友。当然，首先祝贺中国文化研究所和《中国文化》二十周年的纪念。二十年的历程，也不短，经历的困难也很多，但是终于坚持下来。我觉得，我们的国家缺乏文化，而又有丰富的文化。丰富的文化是我们的传统，缺乏文化是我们的现实状况。我们研究院在二十年前创建中国文化研究所，创建《中国文化》杂志，还是有远见的。文化部有王蒙同志，院里主要有希凡同志的支持，大家讨论以后，决定建立这样一项事业。二十年的历程，证明这个决定是对的。

这个刊物的方针、路子，我觉得做得也很对。第一是纯学术的，不谈其他的问题。这点很难做到，可是我们还是做到了。纯学术，没有大吹大捧，很低调。梦溪一开始就说，这次是一个低调的会。我觉得，低调比高调要好得多。这个杂志一直静静的、稳稳的、踏踏实实的，走到现在，实在是不容易。包括今天的会，布置得也让我非常欣赏。二十年的庆祝，没有大横幅、大红花，也没有大的花篮，全是白的花，桌子上的花，像天女散花一样，也是纯白的，安安静静，非常淡雅。有句老话，君子之交淡如水。今天在座的老朋友，也可以说都是君子，也都是这种风格，没有大操大办的这种情况。《中国文化》二十年的过程，就像一泓清水，在慢慢地流，不急不慢地流，永远地流，灌溉文化的田野。我想，这个刊物，这样办下去，会使我们的文化越来越丰富，越来越值得回味。

刚才汤一介同志讲到马一浮先生，我想到我读书的时候，汤一介先生的尊人汤用彤先生，还有熊十力先生他们办的杂志。有一个杂志，我非常喜欢，是纯学术的，那时快解放了，一共只出了十期。但是在我心目里，永远想着这个杂志，纯粹是讨论学术的，佛学方面的更多。我觉得，这本杂志在学术界，会让人永远记在心里。《中国文化》也是这种品格，我希望今后会办得更丰富，有更深刻的意义。我这次来，一个是来看看老朋友。刚才李泽厚进来，跟李希凡打招呼，我还问希凡，这是谁呀，他说是李泽厚。我大吃一惊，原来脑子中的李泽厚跟现在相比，差得比较大了。其他的，虽然几年没见面，我基本上还认识，像吴钊同志。借这个机会，向各位老朋友问好，希望大家都健康，希望这刊物越办越好。谢谢大家！

刘梦溪：谢谢冯老师，没想到细节您观察得这么细，观察到花的颜色，您的审美感受还这么敏锐，说明您的内心还很年轻。下面请写《上学记》的何先生来讲，怎么样？您年最长。不了解他的人，以为他仅仅是翻译家，其实他的学问是一等的。

何兆武：我没有什么可讲的，现在呢，请我们著名的历史学家李学勤先生讲。（大笑）

中国学人的优秀传统

李学勤：这是突然袭击呀，我没有做准备。昨天晚上，刘先生也给我打电话。到昨天晚上我才能说，我百分之百能出席。这几天，我正给学校的一批文物拍照，拍照的时间经常需要控制。今天上午能来，对我是一个很难得的机会。（刘梦溪：我插一句，他那里得了一批宝贝，是一批简牍，是不是大篆《尚书》？如果这些东西确定为真实的话，那么今古文论争中的那个古文，几千年之后又重新展现在我们面前了。这是不得了的事情，所以他们专门成立一个简牍研究中心，李先生牵头做这件事。你抽出时间，今天能来，我很感谢。）这些天正筹备照相。大家知道，对文物的保护，我们最基本的一个观点：任何的文物，只要被发现之后，不会是越来越好，最后总是会越来越差，这是没法挽回的客观事实，所以照相是大事。对于我们来说，就一定要照好，才能有助于长期保存，这是我们应尽的一点义务，能为学术界做的一点贡献，这个问题不说了。

刚才各位先生在谈，我在恭听的时候，心里有很多感想。我很有幸，从《中国文化》的第一期开始，我就写过一点东西，可以说，《中国文化》是我生活里头一个不可或离的老朋友，每次收到《中国文化》，我就好像看到了刘梦溪先生。我没有那么多机会跟刘先生请教，刘先生住东边，我们离得比较远。每一次，我看到刊物出版之后，就觉得如晤老友，就得到一个学习的机会。我说这话，一点都不夸张，因为《中国文化》有那么多先生的文章，那么多重要的作品，各位先生的看法也不会一致，可是，《中国文化》之所以为《中国文化》者，我想这是由于它的文化理想和人文胸怀。《中国文化》确实是一本具有独特学术风格和学术个性的刊物。这一点，的确难能可贵。我说实话，现在学报出得太多了。除了新闻出版署专门对学报的统计表之外，我想任何先生都无法背出我们有多少学报。有一些学报，我从来没见过，实际上出来很多年了，一定是我自己太浅陋。学报太多了，但是真正在学术方面有个性的刊物，能持续二十年之久，我真是想不出很多，除了《中国文化》，就很少见了。这一点，是我们今天特别要向各位编辑先生祝贺的。

刚才重新读了创刊词，我看这个，其实挺熟悉的。还有最新一期的编后。我看这两个都引到了钱锺书先生的话，刘先生也多次谈到他对钱锺书先生的仰重。这些天，忙得要命，刚才我还跟何兆武先生说，钱先生就在我们清华校园里面，我都没有去拜访他。真是没时间，不是假的。这还请何先生和在座很多先生原谅。可是，我还是省出时间，读那本《听杨绛谈往事》，今天早上，起来之后，我用了十分钟时间，把最后一页读完了。我也认识钱先生和杨先生，可是并不熟，见他们的机会很少。就像刘先生强调的，这本杂志虽然是《中国文化》，实际上，不是只有中国文化，也包括了西方文化和其他文化，以中国文化为基础，实际上对中西文化的比较，特别是中西文化的冲撞和融合，有很多学者做了很好的论述。我读钱先生和杨先生的著作，他们是我们清华外文系的，学外语的，跟我们这些人完全不同，他们读过那么多外国的书，介绍过很多外国的东西。可是钱先生和杨先生本身，就是中国文化。我读吴学昭的这本书，看到钱先生和杨先生，他们主要代表的是什么呢？他们主要代表的不是西方文化，而是中国文化，是我们中国学人的一个优秀传统。《中国文化》告诉我们的，也是这个。刚才汤先生讲到世界各种文化的共性，我觉得，各种文化的共性就是它的多样性。如果世界文化没有多样性了，世界文化也就不存在了。我想，这也是各位可能会同意的。我就说这么多。谢谢！

跟时下的那些东西不同

李希凡：今天是《中国文化》的二十年大庆，可是这不是庆祝会，而是一个小小的座谈会。我觉得《中国文化》办得很不容易，当然，在两个王部长（王蒙和王文章）时期，还比较顺利。在一开始的时候，是不太顺利的，我跟冯先生都是外来人，不是过去戏曲研究院或者中国艺术研究院的老人。当时，有两个单位，一个是《红楼梦》研究所，一个是中国文化研究所，在成立的时候，都有人反对，甚至有政协提案，说要取消红学所，把《红楼梦》研究所合并到社科院的文学所去。

梦溪也经历过一些困难，他自己今天没说，特别是有一段，甚至有外边的干预。《中国文化》有很多港澳台和国外的一些学者在这里发表文章，很容易引起注意。这当然是过去的事，现在看来，《中国文化》还是中国文化，的确是中国文化，跟时下的那些东西没有一点联系。它的品格,经过二十年的考验,摆在这里了。我祝贺这二十年,也希望这刊物继续办得更好。我现在眼睛很成问题,自己的求知欲也不是那么高,所以《中国文化》的文章,我是挑着看的,不是所有的都看。我跟李(学勤)先生的老师侯外庐先生主持的《中国思想通史》有一定的渊源,可以说,我的启蒙就是在那里开始的,赵纪彬写的范缜、王充,都是我笔录的,所以我对《中国文化》发表的有关先秦诸子的文章比较注意。对于中国历史文化,《中国思想通史》的几位作者,有他们自己的看法。

我不是《中国文化》的忠实读者,但是,我是忠实的支持者。我在位的时候,梦溪的要求,除去我不能满足的,我一概都满足他。今天走过二十年了,将来,梦溪还应该培养接班人,能够让它继续下去。我祝贺这二十年。好了!

是学问是文章也是性情

陈平原: 我想,纪念《中国文化》创立二十周年,应该先祝贺中国艺术研究院。这句话怎么说呢?说实话,在文化所创立之前,学术界并不把艺术研究院当作一个很值得重视的学术单位。换句话来说,艺术研究院在一些具体的学科、在"技"和"艺"方面的研究上贡献很大,比如美术、音乐、戏曲,但是在大问题上,比如思想、学术、文化,一般来说,大家会觉得,各个重点大学以及中国社会科学院是做这方面研究的,而且有比较多的人才,大家不会觉得,艺术研究院也会关心这方面的问题。有了中国文化研究所以后,我们才知道,讨论中国现代的思想和学术,必须把中国艺术研究院考虑在内。从这个意义上来说,我觉得,当时的文化部和艺术研究院的领导,下这盘棋,很高明,虽然人不多,就这样几个人,但起码让他们跟主流学术界能够对话,跟国外也能交流,就不会长期游离于主流学界之外。"技"进乎"道",用中国文化做桥梁,我觉得,这很聪明。在这个意义上来说,虽然这其中有很多的曲折,但是外面看不出来,外面能看到的是,艺术研究院也有文化。这是我第一个要祝贺的。

  第二个我要说的是《中国文化》杂志。我自己也办杂志,也有兴趣,跟刘先生有很多交流,细到用什么纸,用什么字体,包括怎么做广告,都讨论到了。这个杂志最大的特点,跟其他杂志不一样的地方,在于它参差不齐。这个杂志里的文章,按照今天的所谓学术规范来衡量,恐怕有一些不大可能发表,它们很大程度带有个人的性情在里边,是学问,是文章,同时是性情,没办法被归纳到现在这个日益僵硬的学术体制里面去。所以,你会发现,这是半个世纪以来,唯一一个学术杂志里边发文言文的。你会发现,刘先生的办刊宗旨可以用一句话来概括,就是"认人而不是认文"(刘梦溪:有时也认文不认人)。认人,就是假定这位先生有才华,有学问,不管你什么文章,我都登,不会按照一般杂志搞匿名评审。这一点,明显地体现了《中国文化》对学问的尊重,对作者的尊重,以及对文章的尊重。回过头来看,这里边的文章不见得都精彩,但是每一期总有可读的,比起我们现在绝大多数的学术杂志基本上不可读,这是特别值得我们推荐的。在这个意义上,与其说它的专业水平有多高,不如说这是一本有性情的、有文采的学术杂志。这一点,将来会留下来。比起我们现在绝大多数通过匿名评审,非常规范的学术论文来,这很不一样。

我记得,当初办《中国文化》的时候,我们紧接着办《学人》。当时,刘先生跟我说了一句话,记忆很深。他说,你们的路子不能走得过窄,不必自外于现行体制。我不知道刘先生还记不记得这句话。当时九十年代初,我们年轻气盛,特别强调"学在民间",尽可能在体制之外做事情,尽可能跟体制不发生关系,我们自己来做一些事情。确实也这样做了,而且做了很长时间,后来逐渐知道刘先生的深思远虑,依托在中国艺术研究院这个大框架内,然后又保持自己的自主性,有类似民间的特点,又在体制内,有很多活动空间。我们一开始就决定不进入体制,在某一个特定时期,我们发挥得很好,在学界也有号召力,可是到了一定时候,就出现了问题,比如人的问题,很多技术的问题。中国文化研究所可以把各种有才华的人聚集在一起,这在体制外根本做不到,过不了两天,有才华的人就被别人挖走了,你就没办法再做。

当初,我们强调学在民间,不愿意体制化,还有一个想法是,不考虑体制内的评价体系。刘先生很早就申请了正式的刊号,有了正式刊号以后,中间断了一两年还可以继续出。我们办《学人》,没有刊号,到了九十年代中期,随着政府管制越来越严,民间学术的生长遇到很大的困难。一个刊号就可以卡死一本杂志,在没有刊号的杂志上发的文章,不能进入学术评价体系等一系列问题就出来了。二十年前,刘先生提醒我不必拒绝体制,在体制里边,依旧有很多空间,独立性照样可以保持。后来,我们发现,刘先生说得对。艺术研究院给了《中国文化》活动的空间,依旧保留着自己的学术个性,没有被泯灭。这一点,非常了不起。做学问很难,做学术行政工作也很难,做学问兼做行政工作,难之又难。既做学问,又做行政工作,而且举重若轻,实在让我很羡慕。谢谢!

刘梦溪：开头没听见,不过我谢谢平原,你有一句话,让我没有完全想到。你说,我们这刊物,如果还有什么特殊的话,就是我们有其他杂志所没有的性情。你说得很对。我们确实对一些特殊的学人,文章拿来就发,比如缪钺先生、张舜徽先生、程千帆先生,他们年长,我也知道他们身体欠佳,我就希望他们的什么东西都放在这儿。其实他们只要写,没有不好的文章。而且还有一个秘密,我们会给他们很高的稿酬。对一些身体欠佳,家境艰窘的作者,我们都会这样。我还告诉你最新的消息,从去年开始,《中国文化》杂志按时出版,邮局发行,北大中文系可不可以订一本?（陈平原：没问题!）（笑）

文化里面一定有恒久不变的东西

范曾：梦溪兄办《中国文化》,有悲壮之感,经常让我感到知其不可为而为之的困境。你刚才开玩笑说自己"理屈词穷",其实也有弹尽粮绝的时候。可是我们梦溪兄坚守不殆,而且一期期出来,这让我感到文人的风节,所以我说有悲壮之感。现在是一个声光影像蓬勃于世界的时节,在这个时候,文字逐步被赶向边缘,边缘化好像会成为一个趋势。可是在这样的情况下,我们的文化人能够想一些办法,譬如于丹,她能够为千百万群众开一个方便法门。开方便法门,一个人得先入门,先知道这里头有意味,对不对?这个,功德无量。再加上有汤一介先生这样一些人，炉火纯青，深谙微妙法门。有方便法门，有微妙法门，何患国学不传？

有人讲，中国文化对世界没什么影响，这是英国伦敦一个市长在中国奥运会时发出的胡言乱语。当时我在欧洲报上讲，英国的文化倒是对世界有影响，譬如通过东印度公司，曾经推销过鸦片文化，这也是一种文化的影响。所以，我讲要谈中国的文化，人们都会讲，这是农业社会产生的文化。当然，先秦诸子哪里会用蒸汽机，更不用说信息技术。可是我们知道，文化一定有恒久不变的东西在里面，譬如讲美丑，譬如讲善恶，譬如讲道德。康德在《纯粹理性批判》的最后讲到，我心头升腾起两个词，一个是星空，一个是道德。这不正说明一个恒久性的东西存在着吗？这恒久不变的东西，不正是我们今天应该坚守，我们中华文化能永葆绝美的原因吗？我想，这是我们中国人值得自豪的。可是也要看到，在今天这样的情况之下，我们也不能豪言壮语太多，的确，我们在文化上还势单力孤。很糟糕的杂志，人们抢购，越好的杂志，人家越不看。好东西的销路不像那些垃圾那么好。这是目前的一个现实情况。可是我想，坚持就会有成效，所谓"力行近乎仁"。

刚才梦溪兄讲"理屈词穷"是开玩笑，我为《中国文化》二十周年，作了一副对联，上联是："中庸与世在，当知任重而道远"，下联是："大学有人传，何曾理屈又词穷"。

刘梦溪：范先生善撰联，这是他家的祖传。他家从明代到清代十三世，每一代诗文不断，代代都有诗文流传。

大家不知是否已经注意到，我们这个讨论中国文化的会，放在一个西味十足的酒店来开，连环境布置，都是西式的。我觉得研究中国文化，不能认为只有中国文化才是好的。学问的大背景，是全人类的思维成果。钱锺书先生有一句话："东海西海，心理攸同；南学北学，道术未裂。"他主张人类有共同的东西。乐黛云先生研究跨文化沟通，你在此刻、此时、此境当中讲，会有特殊的意味。

什么是中国文化的基因

乐黛云：我就讲一点吧。每一次梦溪和祖芬邀请的聚会，我是非常喜欢参加的。他们开的会，别有风趣，每次都有小礼物，做游戏，大家非常亲切，非常好玩，非常热闹。虽然这次我的腿非常糟糕，很出洋相，做出一副贾母的态势，两边有人搀着，很可怕的。可是我还想来。他们伉俪二人做的事都非常风趣，非常有性情。

对这个杂志，我非常看重，我写得最好的文章，才敢给他们。在《中国文化》上，我才发了两篇，一篇是关于中国现代保守主义的，发在第一期上。我今天见到了这一期的目录，赫然在目，非常高兴。那个时候谈的是关于"五四"运动，谈的是以陈独秀为代表的革命派和以胡适为代表的自由派以及以吴宓为代表的学衡派。三派的张力才产生了"五四"的繁荣。这篇文章刚写出来的时候，不是很多人能接受。我寄给梦溪，他说很好，就发了。这是我写的一篇到现在还有影响的文章，别的文章废话很多，不好的也不是没有。另一篇是《〈再生缘〉的再思考》，我是按照陈寅恪先生的主张，但不敢说是接着他来写的。通过对陈端生和她的

《再生缘》的研究,谈女性在中国的地位,这是真的下了功夫的文章,我才敢给。一般的文章,我不敢给,所以很久没有给他们文章了。这是我很尊重的刊物,我喜欢的刊物,我感到是好的东西,才贡献给她。

为什么我会这么喜欢这个刊物?我非常服膺费孝通先生关于文化的主张。他认为,我们首先要把中国文化的基因搞清楚。中国文化有什么特点,特点在什么地方,现在并没有搞得很清楚,公说公有理,婆说婆有理。这需要做很多的研究工作,来梳理澄清这个问题。在这一点上,《中国文化》做了很有效的工作。把中国文化的基因搞清楚,这一点很重要。他说的第二点是,对文化,要有现代人的解释。只是把原样的东西搬出来给大家,这个意义不大。必须要有现代人的诠释。这一点,《中国文化》也做得很好。可能在大家的印象中,这一点不是很重视。但是只要看看《中国文化》的目录,就可以看到很多文章,谈的是今天的人怎么看待古代的问题。相当一部分文章是探索中国文化的基因,这是很深入地钻研。另外一些文章是讲,我们今天的人怎么来解释过去的文化。费先生第三点特别强调的是,中国文化在现在这个文化转型时期,在全球化的过程里边,在世界文化重构的形势下,怎么样把中国文化摆到一个合适的地位,让它发挥应有的作用。这不是一般人所讲的"文化输出"。我非常讨厌"文化输出"这个说法,文化是不能输出的,只能放在人家面前,让人家来选择,人家觉得有用,觉得好,能解决他的问题,他就会接受。如果他不想接受,你再怎么输出,再怎么灌输,也没有用。

最近,我对一件事情很有感想。孔子学院向全世界开放,最近要在北京召开全世界孔子学院负责人的大会,很是轰轰烈烈的。

可是，我觉得，这里边的方针政策是值得探究的。我有一个学生，是法国巴黎一个大学的教授，挺有学问的，后来请他当了巴黎孔子学院的院长。他的方针就跟别人不一样，他认为，在国外讲中国的东西，应该让外国人一起来讲，不能只是听孔子学院一般的老师讲一般的话，必须要请法国最好的汉学家来讲他们对中国文化的认识，他第一个请的就是汪德迈，巴黎的第一大儒，请他来讲孔子学院开讲的第一课。他们设立了一个系列讲座，请法国最有名的汉学家来讲中国文化。我觉得，这个路子比较对。费先生强调的，要把中国文化置于全球化和世界文化重构的正确位置上，让以后的文化重构中有中国的声音。这是我们这一代人非常重要的任务。

这三点，《中国文化》都在做。对中国文化基因的研究，《中国文化》做得很出色；关于中国文化的现代诠释，这里也有很多新篇；关于中国文化在世界的地位，我觉得梦溪也做了一些东西。我不知道他是不是在自觉地做，比如他访问了海内外一些有名的学者，比如余英时、史华慈，看他们对一些问题是怎么看的。这样，至少是一个开始。中国文化在全球的文化重构中，应该亮出什么东西。上面说的三点，费先生说是一体的。在这一点上，我对《中国文化》是非常赞同的。我做的只是一小块，比如讲跨文化的沟通。我比起《中国文化》的功力，还是很不够的。我没想到今天的聚会是很严肃的、非常学术的聚会。我一向改不了自己的性格，到了七十岁以后，就更不想改了，想到什么，就说什么，常常是出言不逊，不太合调，我很抱歉。

这次我很高兴梦溪专门请了于丹。对于将来文化发展而言，很重要的一点是，精英的东西怎样与大众的东西结合。现在不可以不管大众，只研究精英的东西，那是不够的。怎么让精英研究的成果，为大众所接受，这一点于丹做得非常好。当然，她也受到很多攻击，这次去南京、杭州，我听到很多对她负面的评价，我总是跟他们解释，告诉他们不应该这么讲。这次能请来于丹，我特别高兴。精英和大众的沟通，是当前非常重要、非常迫切的课题。现在的流行歌曲，怎么不把我们那些历史上最优美的诗歌，《诗经》里的情诗放进去呢？应该是可以贯穿进去的。这些很需要人来做。《中国文化》不妨向这边稍微倾斜一点，我觉得还是会有好处的。最近的这一期，已经展示了这样一种考虑，我非常高兴。谢谢大家！

刘梦溪：谢谢乐先生。你注意到没有，大家很愿意听你讲话。你有很开阔的思想，不局限于单一的义理。1999年，我在哈佛大学，跟史华慈教授有一个对话，当然，主要是我提问题，他来讲。我们平常都觉得，语言是思维的工具，没有语言，还能思维吗？但是史华慈却提出，语言对思维的作用，并不像人们想象的那样重要。所以，语言不通，可以谈恋爱，跨文化沟通完全能够成立。

学人作家是出版者的衣食父母

沈昌文：我非常支持《中国文化》，不过，有一点是遗憾的，《中国文化》上边经常有"拉丁文"，我看不懂，包括这次的邀请信，我看起来就跟看拉丁文一样。过去我在《读书》杂志的时候，有个同事赵丽雅，当时她是我的部下，凡是我看不懂的"拉丁文"，就请她翻译成白话文，我就懂了。我做出版，差不多有五十五年了。我刚做出版的时候，好像是编辑领导作者，觉得很光荣。1953年来了一个新思想，那个时候我还很小。那个新思想的提倡者，可能大家对他各有评价，不管他了。是胡乔木同志开始在三联书店提出一个观念，"作家是出版社的衣食父母"。我接受了这个观念以后，很高兴。我的出版工作，从这以后，基本上就做下来了，特别是1986年我主持三联书店以后，跟董秀玉女士，基本上奉行在座各位为衣食父母的方针。这样做下来，使我们的工作能够开展起来。我非常乐意参加今天的活动，梦溪兄不仅是我们出版社的衣食父母，对我个人来说，也是如此。我已经退休了，已经不便为衣食父母张罗，可是我的衣食，特别是食，有的时候还非常需要。梦溪兄每次有食的机会，一定找我，我特别高兴。

像《中国文化》这么一个杂志，能够坚持下来，在我们出版行业来说，是一个奇迹。这个二十周年，今天有记者在座，我很希望记者朋友会后很好地采访一下，因为这是杂志界的一个奇迹。这个奇迹包括刊物如何成长，梦溪兄如何行事，还包括在座各位如何支持。这是非常值得写的。会前，我跟于丹女士讲了几句话。我尽管不懂中国古典，看起来就跟"拉丁文"一样，可是蒙党的信任，当年"批林批孔"开始的时候，把我找去了，我是"批林批孔"前门饭店会议做记录的人，在那里做了几个月的记录。所以，一讲起《论语》，讲起孔子，我简直"恨之入骨"。听了于丹的讲话才知道，原来还可以这样读的。我年纪大了，搬一句老话，于丹的老爸我也见过，当然他比我大，在改革开放的时候，他已经是我们行业的前辈了，所以，我听说是于丹，不管三七二十一，不管十个博士八个博士，我都表示支持。因为我有过"批林批孔"

的一段经历，现在看到有这样讲《论语》的，我特别高兴。

我也知道于丹过去是梦溪兄的同事，刚才于丹很客气地说，不是同事，是部下。同事跟部下是一个意思。这说明，当年《中国文化》的生长，有各种力量的支持，这是出版行业的一个奇迹。这个奇迹值得我学习，值得我的同事董阿姨学习。梦溪兄那么执着来做这个事情，尽管风险非常大，我们从一开始还就表示支持。想不到能够支持到今天，而且越来越辉煌。大概梦溪兄不喜欢"辉煌"这个词，我想不出别的词来，越来越精彩吧。我觉得，这是值得祝贺的。我很希望我的同行，把这二十年的历史采访一下，写成很精彩的报道。谢谢各位！

刘梦溪：谢谢沈公。《中国文化》最早的出版人就是三联书店，昌文先生是三联书店的总经理，往事历历。后来沈公从位置上退下来了。我做事情，有点像《红楼梦》里不被看好的人物花袭人，遇着谁都愿意有始有终。也有点晴雯似的"不忘旧"。尽管沈公、秀玉都退下很多年，只要有什么活动，沈公、董总，都是必请的。我告诉大家一个秘密，当我要请一些特殊的客人，我知道的饭店不那么多，只要给沈公打一个电话，问他这件事应该在哪里。他说，这件事恐怕有几个选择，一个这儿，一个那儿，然后告诉我，可能哪个更好一些。京城了解饭店的第一人，要推沈公。昌文先生，我这样说不算溢美吧？

不管东南西北风

董秀玉：我不善于说话。我想，从我们这个行业来讲，一个杂志的性格，就是主编的性格。我看《中国文化》的二十年，就是看刘梦溪的性格。一个，是他低调，这个杂志也是这个风格。对这个杂志，我的感受是，它学术，它名士，还有一个是它性情。这基本是梦溪的性格。这个中间，它有很多坚持，能够坚持二十年，把宗旨非常低调地坚持下来。而且，这种坚持，不管东南西北风，不管刮什么风，它还是它的宗旨。一个学术杂志，能办下来，而且能够一以贯之，没有这种坚持，没有这种低调，大概很难做到。因为我们这个社会，什么风都有。想想，这二十年，刮了多少风，梦溪的《中国文化》始终坚持深入的学术研究，值得我们学习。谢谢！

刘梦溪：谢谢秀玉，你这样讲，我不敢当。三联书店是一个特殊的结构，昌文先生、秀玉，他们都没有很高的学历，但是他们是最优秀的出版人。沈昌文先生的英文完全是自学的，他退下来之后，写的三四本书都畅销。秀玉也没有什么学历，但内地三联、香港三联的总经理，她都担过纲，也是《读书》杂志的主编，她亲近学术，亲近学人。《读书》杂志、三联书店，是中国学术的一个集散地，一个集散码头，说是园地，好像还太小了。

把中国的法文化介绍给世界

张伟仁：刘先生让我讲几句，实在是非常冒昧。今天，我是一个不速之客。我跟梁治平先生认识，是二十年前，我在纽约大学教书，当时治平在哥伦比亚大学做研究，可谓倾盖如故，我比治平虚长几岁，但是对他的治学、精神态度和治学的成就，非常敬佩。知道有今天这样一个盛会,他问我要不要来参加?我觉得,有一点胆怯,因为,我从治平那里知道,中国文化研究所的朋友都是前辈的硕儒,这个目录上的文章,我大部分都看过,虽然我是学法律的,我小时候读私塾,读了十几年,所以我看得懂"拉丁文"。

各位前辈都谈到了这个刊物的重要性,尤其有几位先生把它跟史语所出版的《集刊》相比,我自己作为史语所的一分子很高兴,当然史语所出版的时间更久。说实在的,文史方面的杂志,能够与《集刊》相提并美的,也许就是这个《中国文化》了。

大家谈到中国文化的重要性,如何发扬我们的文化,我也一直有很多的感受。我在国外读完书,回到史语所工作,傅斯年先生那时是我们的所长,他问我学到些什么,我说,我在国外混了几年,学了什么东西,我实在答不上来。他就直截了当地说,我知道你是学法律的,想要来做法制史的研究,我才聘用你。你要记得,法制史研究,除了对中国固有的文化加以整理,假如你有能力,再加以阐述发扬,假如更有一点能力,我希望你好好地把中国的法文化介绍给世界。这是非常重的一个担子,我在勉强地挑这个担子。

我在美国读书的时候,在哈佛大学法学院听好几位汉学家讲中国传统的法。我听了许多,觉得很奇怪,好像中国不应该有这样奇怪的做法。比如一个很有名的汉学家说,中国的公决,就是皇帝在死刑名单上画个圆圈,圈上的人都得死,或者说是被朱笔碰到的人就得斩。我当时就在想,有这样子奇怪的做法吗?后来我到了史语所,知道了死刑名单根本不是这样一回事。我记着傅斯年的话,花了将近二十年,写了一本书,讲我们中国的法制史是怎样，就是要给外国人看的。现在，我正在写一本书，是要给我们中国人看的。我这话说来，好像是狂妄自大。我这几年在国内，在清华北大的法学院上课，确实发现，现在的学生对中国文化疏远很多了。所以，这次答应治平的邀请，来跟诸位前辈见面，非常仰慕各位对中国文化的努力。李泽厚老师的书，我很早就读，李学勤先生每次去史语所讲座，我都尽量去听。我再说一遍，在中国，要说文化方面的杂志，一本是这《中国文化》，一本是史语所《集刊》，我都不会忘记。谢谢刘先生，谢谢各位！

刘梦溪：谢谢张伟仁教授，不过你讲的，我们不敢当。史语所《集刊》是老一辈学者创办的，我们不能望其项背。不过，我们得到了一个启示，傅斯年先生当年在史语所《集刊》上写的"旨趣"，对我们的研究，对我们中国文化研究所的建构，都是起了作用的。

我介绍一个人，余敦康教授，他今天在北大讲课。我跟他相约，今天派一个本所的人，把他从讲台上请下来。他的课一定没有讲完。在学术界，余先生是我非常喜欢的人。他的性格也跟我们中国文化研究所一样，很有性情。他早年研究中国哲学史，宗教方面，近年有所转向，主要致力于《周易》的研究。

余敦康：我刚来，就不讲了吧。

我是中国文化的"副产品"

于丹：谢谢刘先生！我今天在这里，是最小的小字辈，晚生后学，能够在这样一个隆重的场合，见到我最崇敬的、中国文化学术界最顶级的泰斗们，应该说，我今天诚惶诚恐。按说，我今天只有致敬和倾听的份儿，没有我可以讲的话。但是我跟中国文化研究所的渊源实在太特殊了。我今天是把自己作为中国文化的另外一个"副产品"，向各位前辈汇报一下，它对于我的生命而言，是我少年启蒙的精神养成。

我们说人生的际遇，有时候会说到人与人的相逢，会相逢恨晚。有的时候，人与一处风景，与一个职业，一本书，包括一杯茶，这样的相逢也都可能有相逢恨晚之感。而我跟中国文化的这种渊源，恰好是我生命中最蓬勃的时候，所以我得以被它成全。今天是《中国文化》创刊和中国文化研究所创办二十周年的纪念，我是在1988年转过年来的。1988年的夏天，我刚好硕士毕业，来到这里，当时叫作中国文化研究室。刚才，我还跟治平兄说起我们最早的那个精神家园，现在已经修缮一新，成为向公众开放的一个游览场所，它就是恭王府。那个时候，走进恭王府后面那个大院子，旧旧的那个大木头楼，我们要踩着吱吱呀呀的旧木板，走上二楼，在最西边拐角的一个地方，有一间小小的办公室。就在那个办公室，每周二，我们推开吱吱呀呀的门。每个春天，透过后面那个雕花的窗户，可以看见蓬勃的紫色的泡桐花。那个地方，夜晚安静到可以听见泡桐花落地的声音。那个地方的油漆都是斑驳的，趁着阳光，逆光望去，能看见浮动的尘埃。那个时候，刘先生率领着我们这些人。哎呀，那个时候的感觉，就像魏晋名士的清谈，无所谓上班。从那个时候，我们每周二就有饭吃。刘先生从那个时候就有饭局，不过听说后来饭局的规格越提越高了。

那时候大家来呢，就是聊一聊。聊的是什么呢？我一直觉得，走进那个研究所,在那里浸润六年,我见识了各位大家的文章,我知道了各种观点,也在刘先生指导下,读了一些书,可是这一切的一切,总和加起来,最重要的,就是那个地方给了我一段文化的情怀,以及文化是一种生命的态度。它不是游离于我们自身的一种职业化的、外在的饭碗,而是我们精神中最深刻的支撑与救赎。这是中国文化研究所给我的最重要的东西。我读书的时候,是学先秦两汉的。到了中国文化研究所,刘先生指导我,开始读陈寅恪,包括马一浮先生的东西。我还记得刘先生跟我讲冯友兰先生的文化态度,"阐旧邦以辅新命,极高明而道中庸",这是一种中国文化的态度。我到现在,受那个时候的濡染,岁月越长,越知道它在我生命中发酵之后的那种力量。我是在中国文化研究所的墙上,第一次看到张载的《西铭》:"为天地立心,为生民立命,为往圣继绝学,为万世开太平。"我还是一个很幼稚的小姑娘的时候,这四句话对我来讲,仅仅是一种振聋发聩的震撼。但是要走过二十年,它真的会在你的生命里发酵,变成一种气息,濡染着你整个血液中的那种成长,成为文化的基因,才逐渐知道文化的使命与担当。

  我当年在做一些什么事儿呢?我看这些文章的时候,受一种陶冶,我是被中国文化的气场养大的。在这里,文章本身,观点本身,都不重要,关键是,它能化入你的生命。我记得,在1995年的年初,那个春天,我不到三十岁的时候,刘先生派我去李泽厚先生家约稿,他的《〈论语〉今读》还没有出来。我那个时候是多么不职业化的编辑,去了以后,完全没有谈稿子,像一个小粉丝,跟李先生大谈我在高中时候读他的《美的历程》。那是一番什么样的感受呀?我现在跟学生讲《春江花月夜》的时候,我仍然可以清晰地想起李先生当年写的张若虚那种少年轻愁般在流光中的喟叹，那种甜蜜的忧伤，以及他写的那些汉代的雕刻、宋代的庭院，一路行来，旖旎如新。然后李先生就开始激情澎湃地跟我聊天，我们大部分的时间都没有谈稿子，尽管最后我抱着厚厚的一大摞稿子回去。我多么怀念那个时代。那个时代没有电子文本，我们可以看见各位先生的手迹，可以看见一个一个中国字，包括那些地地道道的沈先生说的"拉丁文"。因为我记得，很多手稿是竖写的，里边有繁体字。所以我到今天，仍然不习惯于这种电子文本，我还是怀念那种墨香，那种捧在手里的稿子，沉甸甸的质地，和它给你的安全感。那是一种家具上檀木的味道，那是一种真正中国文化的气质，它从容，它适合这个刊物的名字。我今天又看见了"中国文化"，这四个字没有什么装饰，写得就是这样雍容雅正，素朴庄严，一路走来，二十年。

中国文化给了我什么呢？给了我一个最基本的态度。我当时就在想，什么是文化。我就去查，我还问了当时的一位同仁傅道彬老师，问他，我们在什么地方可以给文化一个最庄严的解释。后来，我就一直记住了《周易》上最初的那句话："观乎人文，以化成天下。"这句话是我当时拿着《中国文化》专门去找的。后来，我才明白，文化其实是一个动词，最重要的，是"文而化之"，它要有一种精神的凝聚，价值的确立，以为信念，以流行天下。在后来的成长过程中，我一直试图以一个晚生后学的生命热忱去为中国文化做一点点事情，可能因为年轻，所以我胆子大，我尝试的很多东西是一己心得，很不够严谨。我最感动的，是今天，在这个场合，让我能够肃穆地道一声"谢谢"。因为在座的各位先生，你们是中国今世最有资格挑剔我的人，但恰恰是你们站出来呵护我，包容我，支持我。刘梦溪先生、汤一介先生、李泽厚先生、余敦康先生、冯其庸先生、沈昌文先生，今天在座太多位先生、在不同媒体上，长篇大论支持我包容我。今天我听到范曾先生、乐黛云先生也在这样说。我想说，其实先生们支持的，不是我个人，而是我敢去做这个尝试。因为，我觉得，当年看张载的《西铭》，觉得"为往圣继绝学"，这个"继"字，该怎么去继呀。其实，我学得太浅陋，在这个地方，我根本不敢谈学问，我有的其实就是生命的热情而已。

因为中国文化研究所，把我陶冶成它的一个"副产品"，我的这个生命热情，是我面向学术的一种真诚。前不久，汤一介先生赐给我一幅珍贵的墨宝，汤先生写的，也恰恰是这句话："观乎人文，以化成天下。"我会把这句话作为我的一个座右铭。今天，我是把《中国文化》的"副刊"，摆在这里，接受大家另外一种指导和检阅。刚才范曾先生说，《中国文化》上大家的文章，是中国文化当今研究中最权威的精妙法门，那么像我，如此浅陋冒昧的一个少年书生站在这里，想要做事，把我当作一个"副刊"，如果各位大家给梦溪先生赐稿，那么大家就给我赐教，我会用我的后半生，真诚地做事。我希望有一天，像各位前辈一样，白发苍苍，在这里的时候，我也还能够用自己的生命，对中国文化做一种回报。谢谢老师们，谢谢梦溪先生！

刘梦溪： 谢谢于丹，你讲的叫我们很感动。于丹说的不是"拉丁文"，但是也很雅。由于时间的关系，我没法请所有的人都来发言，现在请杨先生讲几句。

为什么做不好低科技的东西

杨振宁： 梦溪兄邀请我来参加这个午餐会，我想了想，觉得应该参加。五十多年前，在我人生非常重要的一次公开演讲会上，我曾经讲，我是中国文化跟西方文化共同的产物。这个话，不是随便讲的。以后我在美国住了五十多年，现在回国来，又住了五年。这五年，我吸收了很多中国文化在二十世纪末、二十一世纪初所发展出来的新气息，我自己从一个外行的立场上，觉得这个影响非常之大。

大家都知道，有一句话，叫作有中国特色的社会主义。我这五年，就经常在想这句话是什么意思。我想，这句话有非常深的意思，而且有种种方向的发展。比如，我们大家都知道的，全世界也都知道的，过去三十年来，中国发生了有史以来没有见过的一个大国的高速经济发展。之所以有这样一个现象，与中国的传统文化有什么关系？这是一项需要深入研究的题目。我再想到，中国的科技发展。前天，我去天津大学，坐了新的高速列车。有位张姓的副总设计师，向我介绍了高速铁路详细的设计情况。前些时候，我去北大医院看牙医，我问大夫，我坐的椅子是不是国产的？大夫说不是，是德国产的。我说，为什么不买国产的？他说国产的做得不好。我就不懂，为什么我们火箭能够上天，而做不好低科技的东西。我说把这个问题向这位张副总设计师提出，他说这里头有非常重要的道理，这些道理与中国的文化传统有非常密切的关系。我觉得，这是一个非常急迫的研究课题。梦溪兄请了各个领域的人来，我想这是非常好的一件事情。我觉得，传统文化对中国社会的发展以及前景的影响，是一个做详细研究的题目，是必须要做的事情。谢谢！

刘梦溪：谢谢杨先生！你的讲话，提出了一个很深的问题。为什么火箭可以上天，最高的科技可以发展得不错，而一些日常的科技，却发展得不好，这是什么原因？李泽厚可以给我们讲讲吗？（李泽厚：事先说好的，我今天不讲了。）这个题目的确需要我们好好研究。那么，发言到此结束，先休息一会儿，然后用餐。国际俱乐部的西餐，在北京是很有名的，各位不妨一尝为快。

此雅集之发言系《中国文化》杂志助理编辑廖齐先生根据录音整理，复经本所周瑾博士校正，原载《中国文化》2009年春季号

第十二章　有所思

一只飘立在空中的洁白羽毛

——台湾归来所聚谈话

刘梦溪：大家如何？

秦燕春：确实是瘦了。

刘军宁：瘦了，腰椎负担就轻了。

刘梦溪：这个，对我是很意外的事情，是他们策划的。给陈老师看病的医生，他看到我走路的样子，拄着双拐，步履维艰，他说我们得帮助刘老师调理调理。

实际上在去了一个月以后，给陈老师治疗的同时，他们也在调理我的身体。我不知道他们的具体目标，后来知道是想让我身体的所有指标都变得正常。过了一段，真的都正常了。

台湾的医疗还是蛮厉害的。给我做了一次全面的体检，比我们这边的体检要复杂许多，多出很多项目，某些项目还要送到日本去检测。都正常以后，他们提出来：建议刘老师做个手术。

我说我有这个拐，可以走动。他说如果你不做手术，这个状况持续不了多少时间，最多超不过二年，就得坐轮椅。一旦坐了轮椅，不能站立行走的时候，身体的状况就会大为下降。

我说颈椎不太适宜做手术的。他说会找到好医生。他本来想把我送到台北荣民总医院，但是后来他们在高雄找到了做这个手术的，可以说台湾最好的人。后来我了解到，做这个手术，高雄的荣总比台北荣总更有把握。

我以为是颈椎。但我手不麻，主要是大腿的后侧直到小腿的后侧有些麻。他认为这个是胸椎。脚像踩在棉花上，是颈椎。经过三次核磁共振后，发现不止是颈椎，胸椎、腰椎都有问题。

本来一开始说好，只做颈椎和胸椎的手术，解决我这两个急迫的问题。后来医生仔细看片子后，觉得腰椎也需要做。结果颈椎、胸椎、腰椎同时做，手术时间十个半小时，连麻醉时间十五个小时。因为麻醉完需要近两个小时的观察，看你有没有问题。麻醉前他要跟你谈话，要签字，告诉你风险有多大。风险是六级，我属于四级，最危险的是一二三级。我说我这个四级危险在哪里？他说你的年龄，七十八岁了。我说这样的话，我不应该做这个手术。他说当然由你来决定。

后来完全处于不自觉状态，懵懵懂懂。本来遇到大事我爱做个梦之类的，这次连梦都没做，就进去了。医生特别棒，他已成为我的好朋友。

是一次很大的手术。8月9日下午一点半把我送到手术室，麻醉时间到三点半，三点半以后开始手术，一直做到夜里一点半。第二天他来查房，我问时间为何这么长？他说刘老师的骨头太硬了。他说他做过不知多少例，刘老师的骨头是最硬的。我说大陆文化界倒是确有人讲过，梦溪比较有骨气，没想到骨气还跟骨头硬有关系。他说这个他没研究。然后补充一句说：可能吧。做这么大手术，是原来不曾想到的。

摩　罗：没想到，三个地方还一次做，太狠了。

刘梦溪：这个手术，居然从手术完了以后一直到现在，整一个月过去，从来没痛过，伤口也不痛。第二天护士换药，打开纱布，大叫一声：这么漂亮！我说为何漂亮？她说这个伤口缝得太漂亮了。原来是医生亲自缝的，技术高超。不用拆线，用的是美容胶。

梁治平：抱歉抱歉，来晚了。

周　瑾：梁老师看装备（手术后，脖颈和上身需戴护架装置）。

刘梦溪：你是远道而来。

梁治平：哎呀，刘先生太空人下凡了。

刘梦溪：前年在深圳，我在前边走，王石跟陈老师还有他太太后边走。王石说你看刘老师多像蝙蝠侠。前几天跟他通电话，我说现在不是蝙蝠侠了，成变形金刚了。需要戴三到六个月，睡觉可以摘掉，前边可以拿掉，后边的不能动。洗澡可以拿掉，湿了可以换另外一个。

秦燕春：挺好的。

刘梦溪：大陆一般不敢做颈椎、胸椎、腰椎手术，做一处都风险重重。

张红萍：这多好，六个月以后就完全好了。

刘梦溪：有改善，就是原来脚像踏在棉花上这个感觉没有了。另外我这个大腿后侧一直到小腿原来是麻的，现在这个感觉没有了。但是坐时间久了，腿不肿，脚还有点肿。人生，就是受罪。

摩　罗：不容易、不容易。

刘梦溪："未若还我未生时。"人生下来就是受各种罪。给你不愉快，上苍不会让你一切都好，要损有余，补不足，这是大自然的自平衡。

周　瑾：把这些都当成是礼物。

刘梦溪：这个礼物还是不收好。

张红萍：以后就一切都好了。

刘梦溪：也不一定。我觉得伤口不会有问题，但是究竟复原到什么程度，医生讲，希望扔掉手杖，可能很难讲。但是他提出来需要做康复治疗，教你练习不经过手杖如何走路。

喻　静：残联下面的博爱医院，是做康复的。

刘梦溪：可以做康复？

喻　静：是中国最好的康复中心。

刘梦溪：在哪里？

喻　静：在丰台区。

胡振宇：就是北京南站再往南一点。

刘梦溪：需要住院吗？

喻　静：要住院的，他指导您康复。

刘梦溪：这个太痛苦了，我不大愿意住院。

梁治平：这边有一家，离您比较近，叫和睦家，应该是很好的，在青年北路那边。

刘梦溪：我那边？

梁治平：对，姚家园路往北。服务和条件应该是最好的，但是康复项目是不是最好，不知道。

刘梦溪：那离我近一点。

刘梦溪：各位还好？你们都没变，故人依旧。就我变化了。

秦燕春：就是瘦了。

刘梦溪：戴背带了。

秦燕春：精神挺好的。

刘梦溪：见着你们高兴就是。

刘梦溪：有一次在台湾坐出租车，丽丽说话带口音，说到哪儿去，这个司机哈哈大笑，说姑娘你是哪儿的人？这个口音怎么听不懂？丽丽在北京口音不那么重，到台湾以后，都是闽南话，她就把乡音捡回来了，我有时候也听不懂她的话。我说她在北京很多年了。他说她的话不好懂，您的话我就懂。我说能猜到我是做什么的吗？他说你好像国民政府当年迁台时候过来的。我说你真有眼光。

周　瑾：外省的高官。

刘梦溪：也许看起来像那批人里的什么人物。

刘梦溪：（眼睛忽然湿润）我不是掉泪——

周　瑾：高兴。

刘梦溪：是的，见着大家确实高兴。

张红萍：没想到您做了手术。

刘梦溪：我也没想到。后来我跟陈老师治疗的医生讲，我说这件事你是总设计师，我被你设计了。治平怎么样？瘦了一点。

梁治平：还好。

刘梦溪：军宁还好？好久不见了。

刘军宁：马马虎虎。

刘梦溪：我走之前，把你的《保守主义》看了一遍，这本书看得我很激动。这本书中国没有第二人能够写得出来，跟我行文的文风不一样。我喜欢引用古典，由于某种原因和自己的爱好，喜欢让古人讲话。因为我觉得古人讲的话比我们讲得清楚，我们自己讲的常常是废话。但是军宁的书是对这个思潮彻底消化之后，用自己的学术语言把它明白晓畅地表达出来。这本书值得大家看，一等的著作。还有《投资哲学》，这本书能买到吗？有中文版吗？

刘军宁：我赠您一本，请您指教。

刘梦溪：去台湾的前一天——4月12日去的，4月10日我跟治平通电话。那时候一片迷茫，此行如何，完全不知道。我跟治平讲，我像一个人走在荒漠里一样。治平说不会啊，不应该这样。我说真是感觉太孤立无援了！你还记得这事吧？第二天我又给他打电话，我说昨天失态了，对不起。我说昨天是英雄志短，儿女情长，今天好了一点。

刘梦溪：我们得到不知多少朋友的帮助。有一个朋友专门派一个高雄人到北京来接上我们，把我们送到高雄。回来的时候，这个朋友又叫这个人专门飞高雄，又从高雄把我们送回来。这个朋友不得了。我说当时去的时候幸亏了这个人。当然我的台湾学术界朋友不少，但去治疗，不方便惊动这些朋友。幸亏有另外几位和学术有关的人物出现了，使我们在艰难的时候不感孤单。我的朋友都是君子之交，平常我无所求，我也没有权力，人家也无求于我，无非是思想学术之交。但是有一些好朋友在关键时刻纷纷站出来，减少我们很多烦忧。医疗方面我们没有知识，不像秦燕春，自己就能把握整个过程。秦燕春也经过大的磨难，但是她自己走过来了。有些女性的忍耐精神、耐力，要高于男性。男性年龄大了以后就是一个小孩子。需要有人来呵护，如果没人呵护就要闹，要哭。但是有些女性真是强大。

刘梦溪：陈老师情况也蛮好，但不能说完全治愈，每过两个月还要去一次。医生比较乐观。

刘梦溪：本来是看我的颈椎病，结果协和的医生对陈老师说，你需要尽早检查。做了彩超、一般的 CT 还不够，还需要做 PETCT，加强 CT。

派特 CT 的结果第二天就能看到了。头天晚上我做了一个梦。梦见突然从我家的西北方向，黑云翻滚，狂风大作，暴雨来袭。风雨急促地打在我家的窗子上，关窗已来不及。雨还夹杂冰雹，全都刮到房间来了。再一看，有两棵根部连接在一起的笔挺的中等粗细的大树，突然连根拔起，拔到空中又停下来。然后这两棵树变成了一根长长的洁白的羽毛，直立在空中。立刻惊醒，看钟刚好是夜里三点。再也无法入睡了。上午看结果，已经确凿无误。经朋友帮助，找到了协和最好的医生，后来知道的确是最好的。治平这方面的知识比我多，给我不少指点。后来又经朋友介绍，到台湾去治疗。

此事对我们来讲，对我的家庭来讲，真是痛苦的一劫。你们会了解，我有一点人生的意气。我给大家念过魏征的诗："人生感意气，功名谁复论。"平常我的情绪总是处于比较喜悦有趣的状态。其实这得益于陈老师。她对我是一种娇宠的态度，她是这个世界上对我最好的人。如果她有了什么问题，我的精神后盾就没有了。家庭和爱情对我的重要，我自己知道。

我们很艰难，当然所有的人都很艰难。人的乐观精神是怎么产生的？绝对不是什么成就，绝对不是学术成果给你带来什么喜悦。学术成果，写几篇文章，出一本书，这是太小的事情了。那么，个人的幸福和快乐的源泉到底在哪里？

张红萍：现在都好了。

刘梦溪：不一定，人是不断地经受劫难，这个谁也不敢说自己不经受劫难。杨明来了吗？

杨　明：在这里。

刘梦溪：杨明摔个跟头，把肩胛骨摔断了。你也经过一个手术，现在好了吧？

杨　明：好了。

刘梦溪：你们各位还都好。当一想到人生的灾难的时候，你就可以抛弃很多东西。我很少在外边待这么长时间。1998年先在加拿大，后来又去美国，在哈佛大学访学三个月，然后又到哥伦比亚大学访学，又到西部，前后也有五六个月的时间，但不在一个地方。陈老师也在，身体也还可以，没有那种感觉。这次在一个地方待了整四个半月。4月12日去的，8月27日回来，整四个半月。待到第三个月的时候，我非常想念北京，想念我的书房，也想念我们的研究所。

周　瑾：这次比九十年代那次轻吧？九十年代那次大病。

刘梦溪：对，那是大病。

周　瑾：比现在严重。

刘梦溪：1999年我正好六十岁，那是一场大病，也可以死，但是没死。正好年三十出院，第二天是初一，那一年是龙年，正是我的本命年。这次不是那个天命的效应，按中国文化的讲法，你主动动一个手术，假如这个手术比较成功，也算小灾，可以避更大的劫难。这次是陈老师遇到了问题，这对我是无法承受之重。

刘梦溪： 研究院领导又换了吧？这是我经过的第五代领导。艺术研究院的第一代是王蒙的院长，李希凡的常务副院长。第二代是曲润海，五年。第三代是王文章，后来当文化部副部长，也兼这个院的院长。文章在艺术研究院主政十五年，对我们文化所另眼相看，我们没有受委屈。文章之后是连辑，连辑是第四代。现在又第五代了。本人是五朝元老，跟冯道一样，金身不坏。

刘梦溪： 人的感受很有意思，我在台湾到三个月的时候特别想念我的书房，不是一般地想念，很苦地想念。但是这次回到北京，回到我的书房，我发现所有这些一无意思。

张红萍： 看透了，看淡了。

刘梦溪： 看透了还太简单。我的那些书，书房，什么都不是。究竟什么是有意思的？我也不知道。我说的是非常真切的感受。

刘军宁： 我没有书房，所以不知道书房是个什么感觉。

秦燕春： 佛教里有一种叫"舍受"，就是那个东西在的时候，其实是无意思的，但一旦没有它，反而激起舍不得的感觉。只有舍的时候你才觉得它有意义，不舍的时候，那个东西凸显不出来。

刘梦溪： 这个解释有一点意思。

秦燕春： 因舍而生受，它在的时候没有意义。

刘梦溪： 这是佛教的观念了。

喻　静： 对，因为你觉得没有意思，但是关键是你会不会觉得它没有意思，需要再否定一遍，才是根本。

刘梦溪： 是有—无—有、无—有—无的关系？"无为有处有还无，假作真时真亦假"。

刘梦溪：我后边是哪一位？

雍文昂：我是雍文昂。

刘梦溪：有人介绍，她自己也给我写信，说特别想到文化所来。还想吗？

雍文昂：是。

刘梦溪：我这个老师都觉得没意思了，你还来？

雍文昂：您康复了就觉得有意思了。

刘梦溪：康复了以后也许更觉得没意思。我第一次去海南的时候，到天涯海角，朋友开车，往一个小山上走，下山就到天涯海角了。可是刚往上走，我眼泪哗的一下就掉下来了。不知道为什么，后来想可能是要离开故国的本土了，所以产生了感伤。后来去广西，风景很好，去过不止一次了。前几年去的时候居然也不喜欢了。回来跟喻静讲这个经历，她说你长期研究中华文化的正脉，对那些歪门邪道不会喜欢。她讲的真是说中了。我的确比较喜欢中华文化的正脉。

刘梦溪：治平，给我们讲点东西。你们都没变，非常好。治平比我小二十岁，正当年。军宁小多少？

刘军宁：我比治平小两岁吧，1961年。

刘梦溪：治平属猪，你是不是属牛？

刘军宁：对。

刘梦溪：哪一年生？

刘军宁：1961年。

刘梦溪：治平1958年？

梁治平：1959年。

刘梦溪：红萍多大？

张红萍：我比他小三岁。

刘梦溪：是不是对女性不能问年龄？

张红萍：没关系，都看开了。

刘梦溪：周瑾还小？

周　瑾：也老了。

刘梦溪：你妈妈好了吗？

周　瑾：还在吃药。

刘梦溪：摩罗小一点。

摩　罗：不小了。

刘梦溪：你是哪一年？

摩　罗：在您面前小一点，其实不小了，我1961年的。军宁也是1961年，我跟军宁同年。

刘梦溪：你们俩同岁？

刘军宁：对。

摩　罗：咱们所是不是只有我们两个是同年的？其他还有同年的吗？

刘梦溪：陈斐怎么样？你年轻。胃好了吗？

陈　斐：吃不好还是不行。

张红萍：都有小痛苦。

刘梦溪：我不在期间，高研院举行了两次讲座，都很成功，治平主持。是不是9月可以再办一次？

刘梦溪：我跟我的学生都好久没见面了。向谦在吗？你有变化。

向　谦：胖了。

刘梦溪：那个男同学叫什么名字？

李熙辰：李熙辰。

刘梦溪：哪里人？

李熙辰：湖南人。

刘梦溪：湖南什么地方？

李熙辰：郴州。

刘梦溪：跟李康一个地方。

李熙辰：对，我才知道。

刘梦溪：你是哪里人？

常　睿：我是吉林省四平市的。

刘梦溪：哪个学校毕业的？

常　睿：吉林艺术学院。

刘梦溪：你工作过？

常　睿：对，我工作二十年了。

刘梦溪：做什么工作？

常　睿：我一直在广告公司，还在企业做品牌市场。

刘梦溪：那你为何考我的研究生？

常　睿：我其实很多年前就想学习中国文化，也知道咱们学校，但之前一直没有特别好的机会。

刘梦溪：复试录取的时候我不在场，但他们及时向我报告了相关情况。你是哪里人？

丁倩倩：我是山东潍坊人。

刘梦溪：哪个学校毕业的？

丁倩倩：中国海洋大学毕业。

刘梦溪：在青岛。

丁倩倩：对。

刘梦溪：什么系？

丁倩倩：新闻系。

刘梦溪：山东姑娘，吉林姑娘。欢迎你们。向谦工作单位是国家博物馆，非常好的工作。他原来是我们艺术研究院毕业，很愿意考我的一个学位。我们另外的时间再谈。希望你们不虚度三年的时光，先按我的书目读书，不必按顺序读，选你最喜欢的书，先读哪一本都行。张健旺写了一个关于书目的体会，写得很好，可以参看。

刘梦溪：中美贸易战，现在打到什么程度了？2000亿美元实施了吗？

刘军宁：还没有实施。

刘梦溪：缓解了？

刘军宁：目前还没有。

刘梦溪：特朗普的民意基础怎么样？

刘军宁：两极化，恨他的人特别恨他，非常两极化。

刘梦溪：他的支持率是高还是低？

刘军宁：他个人的支持率应该是高的。

刘梦溪：中期选举他会胜吗？好像前一段有三百多家媒体一起讨伐他。

刘军宁：恨他的人很恨他。

张红萍：我觉得您做了手术好，否则您的痛苦会延续。

刘梦溪：不知道。

刘军宁： 正好把您跟陈老师的病都治了，要不然分开治，还要多花好多时间和精力。

刘梦溪： 我是糊里糊涂的，失去感觉的状态。

刘梦溪： 刘静，你还是风采依旧。

刘　静： 看见您高兴。没想到做这么大的手术。

刘梦溪： 不知道是祸是福。

刘　静： 应该是越来越好，您都能走路走得那么平稳。

刘梦溪： 最困难的时候是手术后的第二天、第三天。当我完全清醒以后，伤口不痛，但呼吸像堵住了一样。

秦燕春： 您这个麻醉时间比较长，我因为年轻，当晚就想下来跑，他们不让我下来。

刘梦溪： 这个太痛苦了，鼻子吸进去，但呼不出来。哪儿都不舒服。这时来了一个护士，这个人说话的能力太强了，居然把我说笑了。我说你不是一般的人，是主管吧？她说一般而又一般。她说刘老师有很多学生，一定都很了不起。我说我遇到的事情从来没叫我学生做过。我觉得他们也不一定会做。她说不会不会。我说一般他们在我面前很少说话，显得笨笨的。她说人家是策略，你不在的时候他们就说话了，你把人吓住了。我说不会啊，我对他们很好啊。她说年轻人很有策略，聪明得很。我说你怎么知道？她说我当然知道。后得知，原来她是护士长。

梁治平： 住院住了几天？

刘梦溪： 本来按他们安排就是一个礼拜就出院，但是又延了两天，因为赶上一个礼拜六礼拜天，等于是九天。

刘　静： 手术之后还是要做康复。

梁治平： 回头我把康复地址发给您。

刘梦溪：好的。也不一定到非常高级的地方，只要它有基本的途径、技术就可以了。

刘　静：可能需要有一些器械或者医疗。

梁治平：一定要到好的地方，他给您设计得非常合理，针对性强，服务水准到位，收费水准肯定也是高的，这个是成正比的。

刘梦溪：你说的是国外的那个？那钱太多了。钱太多花不起。刘老师现在是因病致贫。

张红萍：您在台湾做手术能报销吗？

刘梦溪：谁给我报销？

张红萍：院里不给报？

刘梦溪：不知道。要是王文章在，他会想办法，文章不在，我不知道。中国文化研究所在文章在位的十五年，承蒙他的厚待，保住我们本体的一个完整，做我们的为己之学。我们够幸运的。

喻　静：刚才吕院长看您来了。一会儿他过来，说要来看您。

刘梦溪：请他来吧。

刘军宁：台湾夏天热不热？

刘梦溪：高雄的天气有海风，不会感到太热，只要一有云就不热了，到太阳底下又很热。回来前的将近两三个礼拜，雨很多，但是我们也没有感到潮，因为住的地方，冷热气都可以开。台北最高达到38度，电都停了，高雄也三十六七度。

刘军宁：跟北京差不多。

刘梦溪：听说今年夏天北京温度高，而且多雨。

刘军宁：潮湿，特别潮湿。

刘梦溪：治平你现在延庆那里是不是挺好？

梁治平：那边早晚很凉。

刘梦溪：莽萍还好？

梁治平：挺好。

刘梦溪：摩罗你的孩子是不是长很大了？

摩　罗：对，上高中了。

刘梦溪：女孩吗？

摩　罗：男孩。

刘梦溪：回江西老家了吗？

摩　罗：我七月回了一次。

刘梦溪：孟潇来了。小张来了吧？

胡振宇：来了。

吕品田：你们还在开会？

刘梦溪：来来来，请坐。我不能回头，只能在这儿握手。

吕品田：刘先生现在是全副武装。受苦了。没想到您在那儿动手术了，这样可以很好地改善一下。

刘梦溪：未来之事不可知也。

吕品田：我以为你们散会了，我说我来看看。

刘梦溪：现在院里主要是你了。

吕品田：没有，大家都在做。院里班子都还是很投入的。上次治平主持那个活动主持得非常好。

刘梦溪：高端讲座。品田参加了，还随时把进程图片发给我。我们今年还会有几次，会请一些学术地位影响更强的人，不同的题目。

吕品田： 您还是多保重，这段时间特别重要，休养一段。

刘梦溪： 谢谢你的支持。

吕品田： 没有，应该的，我们要为您做好服务，为文化所做好服务工作。

刘梦溪： 刚才我们讲到研究院一代一代的领导，文化所还是蒙院里垂注，各个时代的领导对我们都很眷顾。

吕品田： 那是应该的。刘先生是大家，您的治学风范，您的学养，您的人格方方面面，很值得大家学习。

刘梦溪： 现在梦溪老矣。

吕品田： 您坐在那儿，大家就觉得踏实了。

刘梦溪： 帮我们再进些人。

吕品田： 好。下一步，院里可能还要统一来筹划这个事情，可能要从整体上来解决这个事情。

刘梦溪： 我们是不是最少的？

吕品田： 不是最少的。

刘梦溪： 我想传统文化研究，院里应该侧重一下。

吕品田： 对，要侧重。

刘梦溪： 根脉不断。另外，艺术怎么和人文结合，值得探讨。

吕品田： 是，来看看您，那就不耽误您的时间。

刘梦溪： 谢谢你。

吕品田： 我送您下去。

刘梦溪： 别送，你一送，我就紧张了。《红楼梦》讲，聋子放炮仗，散了。

吕品田： 是不是这个话说得不太吉利？

刘梦溪： 看来你对《红楼梦》很熟。那么今天不放炮仗就是了。

此次所聚时间为 2018 年 9 月 10 日，内容系中国文化研究所学术秘书朱蕾根据录音整理，谨附此致谢

人生小语

丁聪大师为文化人造像,贱名亦忝列其间。像后例有自述及友朋附语。我的自述是:"吃麦当劳,喜欢柳如是,研究中国文化。"季羡林先生赐语曰:"相互切磋琢磨,莫忘那更好的一半。"[1] 王蒙撰一联:"古今商之,阅经史子集,颇悟微言妙谛;天下念也,观暑寒晴雨,但求大概明白。"内子陈祖芬附语:"小孩总想装大人。"丁聪夫人沈峻赐函或打电话,呼我为"民国前"。本所一副所长荣升,临别语所内同人:"刘先生即之也温,久而知其严,再久,又转温矣。"二十余年前,一职掌文化界之高官评云:"自傲之甚,天下谁都不如他。"邻居一退休女杂技演员的印象:"刘老师就是胆儿小。"

---

[1] 季先生赐语的原文为:"博古通今,颖慧而且谨严。相互切磋琢磨,莫忘那更好的一半。"我最看重的是后两句,故公之于众时总是省略了前两句。

爱为何物

爱是一种感受
爱是一种惊喜
爱是初相遇
爱是曾相识

爱是探索
爱是寻觅
爱是永恒
爱是无极

爱是游龙戏凤
爱是巫山云雨
爱是雾都春晓
爱是太平广记

爱是生命的狂欢
爱是待诉的心语

爱是不可告人的私密

爱是隐忍不住的展示

爱可遇而不可求

爱可示而不可市

爱不分年龄大小

爱没有贫富差异

爱超越契约

爱不拘形式

爱是社会的暖风

爱是和谐的真谛

爱是孤独

爱是记忆

爱是思念

爱是希冀

爱是你中有我

爱是我中有你

爱是不约而同

爱是心有灵犀

爱是体贴

爱是细腻

爱是融化剂

爱是花解语

爱是悄悄话

爱是甜蜜蜜

爱是缠绵绵

爱是情依依

爱是奔泻的山洪

爱是涓涓的小溪

爱令人躁动不安

爱使人悄没声息

爱是天地交欢

爱是阴阳大赋

爱是惊涛裂岸卷起千堆雪

爱是郡亭枕上看潮头江南忆

爱使国王变成平民

爱使平民成为皇帝

爱让死而生

爱让生而死

爱是死灰复燃

爱是枯树新枝

爱是绽放的花蕾

爱是浇灌的土地

爱使老人回归少年

爱使成人变为童稚

爱是家家酒

爱是儿相戏

爱是温柔乡

爱是芳草地

爱是无所作为

爱是不明所以

爱使阳光更灿烂

爱使河流更旖旎

爱使百花增颜色

爱使险阻变平易

爱是劳燕飞

爱是在一起

爱是长厮守

爱是不分离

爱是梦中人

爱是有所思

爱是魂牵梦萦

爱是离愁别绪

爱是雷鸣闪电

爱是毛毛细雨

爱是温情脉脉

爱是无所顾忌

爱是神魂颠倒

爱是亦狂亦痴

爱是乱语胡言

爱是不可思议

爱是云中漫步

爱是瀚海单骑

爱是逍遥游

爱是大宗师

爱是创造的源泉

爱是发明的枢机

爱是文明的起源

爱是文学的母题

爱是生命之源

爱是人类之母

爱是欢乐的峰巅
爱是哀愁的谷底

爱是付出
爱是给予
爱无须回报
爱不计得失

爱是爱本身
爱没有目的
爱是瞬间的永恒
爱不管终局

爱是接受
爱是容纳
爱是宽容
爱是全体

爱是春
爱是夏
爱是秋
爱是冬
爱是四季

爱是悲欢与共

爱是祸福相依

爱是无伤的痛

爱是不尽的思

爱是谛听天使之音的罗切斯特

爱是惊叹彼何人斯的子建曹植

爱是仲夏夜之梦

爱是源氏物语

爱是执子之手与子成说

爱是执子之手与子偕老

爱是思公子兮未敢言

爱是心悦君兮君不知

爱是爱恨交加

爱是活来死去

爱是前世冤孽

爱是今生知己

爱是偏私

爱是鸩癖

爱是鸦片烟

爱是瘾君子

爱是诗

爱是剧

爱是少年维特之烦恼

爱是情思昏昏的林黛玉

爱是丘比特的箭

爱是达吉雅娜的笔

爱是杜辛尼亚

爱是愁容骑士

爱是呼啸山庄

爱是浮生六记

爱是魂断蓝桥

爱是世说新语

爱是罗密欧

爱是朱丽叶

爱是牡丹亭

爱是石头记

爱是唐诗

爱是宋词

爱是元曲

爱是明清传奇

爱是爱餐

爱是美食

爱是六宫粉黛无颜色

爱是此恨绵绵无绝期

爱是无标题音乐

爱是无题诗

爱是绘事后素

爱是以意逆志

爱是善根

爱是大乘

爱是回归自然

爱是道成肉身

爱是道德经

爱是食色欲

爱是乾坤藏

爱是第一义

爱能成佛

爱能作圣

爱是诸子集成

爱是二十四史

2010年2月9日于京城之东塾

"敬"之一字可以升华世界

一

我们文化所今年会进一个人,基本定下来了。就是我设了一个悬念,不告诉大家,不跟任何人商量,自我做主,要调的一个人。等他正式办完手续,来了之后,大家再见面,检验一下我看人的眼光是不是还说得过去。

不过我看人也常常看错。我一个朋友,发明家,做伽玛刀生意的一个很大公司的CEO,他的公司过去常常用人不当,觉得刘老师会看人,一旦有新的高层主管进来,就请我去看看,相相面。好多年下来以后,他太太说,刘老师如果认为是不好的人,百分之百是不好的人,但刘老师说是好人的,不一定都是好人。

我现在对我的看人,越来越不自信。最近尤其怯于跟人打交道。觉得人心比想象的要复杂得多。"人心惟危,道心惟微,惟精惟一,允执厥中",《尚书·大禹谟》中的这段话,一向被称作"十六字心传"。至少头四个字"人心惟危",验之世相,我无法提出否证。说一件不足挂齿的小事情。每年春天都有朋友送新茶给我们,陈老师是特聘的"西湖艺术家",还有韩美林、余秋雨。杭州人很欢迎陈老师,她写过《杭州的现代童话》。新茶下来,或明前,或雨前,都有那里的朋友送茶给我们。有一次,事先打电话来告知,明前茶一斤。我们知道明前茶的价位,很不好意思,谢之又谢。当茶来到,试冲一杯,淡而有异味。看包装,没有日期,明白了可能是陈茶。当然不会是送茶的决定者出的错,而是受命送茶的人,也许是忙乱中不知什么原因无意中新旧未加区分。

今年,又有杭州的朋友送来一包明前茶。包装豪华,木盒子包装,雕刻着花纹。其实,时令明前茶是不需要豪华包装的,真的好东西哪需要那么复杂的装潢呵。陈祖芬老师一看,说没有日期。本来想与朋友分享,也不敢了。不久前我们去宁波,慈溪图书馆揭幕。宁波的文联负责人,原来宣传部的副部长,山东人,有个性,讲义气,会写诗,看人的悟性也很好。一米九的个子,我很欣赏的人。他派人送茶给我们,一大包,里面是一个个小的易拉小罐,足有十多罐。我们在机场商店看到了这种茶的价格,两小罐就要八百块钱。回来宝贵地送了一些给朋友。后来自己也尝了一尝,不料按习惯用85度的水一冲,变成了一杯茶泥。是拿错了装错了还是生产错了?部长本人当然一无所知。这些状况,不能不说太超乎我们智力所能达到的范围了。

我一向以看人比较准自许,现在不敢再以此自相期许了,承认自己看人的水准和天下大众没什么两样,也许还要低一两个三四个档次。我把人看得太好,结果难免失望。

另外,我还有必要反思一个与此有关的问题。我表扬人太多。现在我知道,表扬人太多也有副作用。老表扬人,被表扬者就会觉得,你之所以表扬我,是你的水平太低,所以你才会表扬我,否则怎么老说我好啊。我是不是得改弦更张?包括对各位,以后也不能老是一往情深地赞美有加。批评当然我也不敢，但表扬我可能要适当停止。我半生还是一生的经历，尽说别人好话，"平生不解藏人善，到处逢人说项斯"。近来渐渐有所觉悟，时下的学术界风气，是不时兴讲别人好话的。我熟悉的一些大学，近三十年成长起来的中年一代学人，他们很少公开地赞许同道的成绩，当然不少人也确实修炼到一定境界，虽不讲别人的好话，但也很少讲人家的坏话。这个"新传统"是蔡元培的北大所没有的。原来我不懂，现在明白，这也是一种学问的功夫。年长一些的学人像我熟悉的汤一介、乐黛云、严家炎，以及再老的邓广铭、吴组缃、王瑶、季羡林先生不用说，他们是讲人好话的，他们思贤若渴，爱才如命，有求必应。我主要说的是四五十岁的这一代学人，他们深谙老子"损之又损"之义，尽可能减少讲别人好话给自己带来的失去平衡的副作用。当然不一定都是预先设计好的策略，也不排除是"洞明世事"之后的一种修养。阮嗣宗口不论人过，现在流行的是嘴不说人好。

可是中国自古以来的传统，历来的大思想家、大学者、大儒、大诗人，总是不吝惜讲别人的好话。你看唐代诗人之间的惺惺相惜。杜甫称赞李白："白也诗无敌，飘然思不群。"李白欣赏孟浩然："吾爱孟夫子，风流天下闻。"杜甫赞美王维："不见高人王右丞，蓝田丘壑漫寒藤。"晚近一点的，黄遵宪看到《时务报》发表的梁启超的文章，兴奋得像个孩子，说梁任公的文章怎么写得这么好啊，没有人能写得出来。他说自己也算会写文章的，但就是写不到梁启超那个水准。驻在安庆的曾国藩第一次见到陈宝箴，几句话下来，说"海内奇士也，转变风气，端赖吾公"。当时是一士出来，惊才绝艳，大家欣赏。现在，能欣赏别人的人是太少了。

他们怎么"严谨"到如此地步？守口如瓶，惜墨如金，不肯多置一词呵！真是太老到的时代风气了。

二

本人最近去了一个我素所景仰的地方——庐山白鹿洞书院，天下书院之首，宋初的四大书院，以白鹿洞为第一。最早是唐代贞元时期，李渤兄弟在那里读书隐居的地方，南唐开始建立"庐山国学"，就是国家设立的学校的意思，不是我们今天讲的"国学"。但真正建立起名副其实的书院，是朱熹的功劳。朱子重建了馆舍，制定了学规，增加了藏书。还把陆九渊请来讲学，讲的是"义利之辨"。当然后来屡兴屡废。中国的好东西很多都毁于兵灾，异族的侵凌是一方面，自己人打架，焚烧劫掠，比外人破坏得更厉害。所以我对农民起义殊无好感。秦末的起义，东汉末的三国纷争，隋末的混战，唐末的起义，宋的起义，元末的起义，明末的起义，清的太平天国，大规模杀戮不用说，动不动一烧了之。秦始皇焚书已经开了先例。现在的白鹿洞书院，清代恢复了一些，后来又废掉，基本上是改革开放之后，慢慢恢复重建的。香港的一个儒学团体捐了一尊朱子的铜像，陆子敬的像也是不久前塑的，不过很好，陆像比朱熹的还好。

我这次去庐山，是"白鹿洞书院讲座"正式开讲，请我担任第一讲。兹事体大，我毕恭毕敬。我讲的是"国学和儒学"。本来我喜爱王学，好多年前读王阳明的书，有大感悟，写了一篇文字叫《王学的力量》。近年看朱子，同样觉得朱子了不起，开阖自如，是大学问家，而且他创立了理学的哲学体系，他是宋代儒家思想的集大成者。

  我近来一直反复思考一个概念，就是"敬"，尊敬的"敬"，肃然起敬的"敬"。过去我也讲过，有新的心得，是在最近。比如学术界一直在探讨，传统的资源怎样才能在今天发用。林毓生先生提出"传统的现代转化"，怎么转？我觉得并没有"转"出东西来。另外新儒家主张的"开出外王"，通过什么途径"开出"，也不够清楚。儒家是内圣之学，在传统社会中，儒家在汉以后成为主流意识形态，和社会的政治结构相结合，"内圣外王"的互动不成问题。但是今天，儒家思想是否可以作为社会的主导思想？恐怕有待讨论。既然如此，儒家思想在当今社会能否由"内圣"开出"外王"，应是个待观察的未决的问题。

  我觉得"敬"字是个关键词。我讲过，在儒家语境下"敬"是对儒家宗教性缺失的一种补充。为什么这样讲？比如"孝"，它是儒家的核心价值之一，古代有《孝经》。现在大家又开始讲"孝"了。但是这个"孝"的内涵，能不能原原本本拿到今天来？"子为父隐""父母在，不远游""不孝有三，无后为大""三年无改于父之道，可谓孝矣"。这些对"孝"的解释，你能原原本本搬到现代社会来使用吗？可是你看，孔子解释"孝"的一句话，被大家忽略了。《论语》"为政"篇，记载子游问孝的含义，孔子回答说："今之孝者，是谓能养，至于犬马，皆能有养，不敬，何以别乎。"孔子说，人们现在把"孝"理解为"能养"，以为做到了能养父母就是孝了。可是你看看动物，犬和马也都能养，人和动物不同的地方，是"孝"里面有"敬"的内涵，如果没有"敬"的存在，人和犬马就没有区别了。孔子显然认为"敬"是"孝"的核心内涵。如果对"孝"的诸多解释移用到今天还可能有不适切之处的话，那么"敬"这个内涵则可以了无障碍地拿到今天来。而且"敬"是可以培养的，朱子讲"涵养须用敬"。"仁"的实现其实也需要通过"敬"的途径。孔子说"克己复礼为仁"，什么意思？就是以"礼"来约束自己。"约"就是自我检束，也就是克己。所以孔子又说："以约失之者鲜矣。"至于怎样才能实现"约"？如何才能做到"克己复礼"？关键在于"敬"。

我认为在中国文化里边，"敬"是最具普世价值的东西，是具有永恒意义的道德理性。我多次讲孔子对鬼神的态度。你看他讲，"祭神如神在"，这不是信仰的表示，因为宗教信仰不能假设。如果你在一位天主教或基督教信徒面前讲，假如上帝存在，他一定不以为然。因为信仰告诉他，上帝本来就存在，怎么可以假设？那么，孔子讲的是什么意思呢？他讲的是，在祭神的时候，你要假定神是存在的，虽然你并没有看到神，也许神是否真的存在你还心存疑问。但无论如何，在祭祀的时候，你应该假定神是存在的，甚至应该设想神正在那里享用你的祭品。只有如此，当祭祀的时候，你的态度才能恭敬如仪。所以在中国，拜佛也称作"礼佛""敬佛"，表达的是对神的"礼敬"的态度。"敬"跟"诚"是联系在一起的，所以二程子说"敬则诚"。不"诚"不可能做到"敬"，而不敬，"诚"的存在也值得怀疑了。

任何礼仪的精神内涵主要是"敬"。无敬不成礼。宗教仪式不用说了，欢迎一个什么嘉宾也好，举行一个仪式也好，或者开一个什么会议也好，都应该有"敬"存焉。人与人之间的交往，基础的准则，仍然是"敬"。古人把美好的夫妻关系形容为"相敬如宾"，也不离开一个"敬"字。可是百年以来，随着我们文化传统的流失，是五十年代以后，特别是"文革"以后，这个"敬"已经流失得所剩无几了。现在大学风气的颓势,很大程度是"文革"的后遗症。人们不再敬重自己以外的世界了。为什么不讲别人的好话?学术文化断层,内美不充实,是一个原因。更主要的,是"大不敬"风气的流行。什么都不放在眼里,更不放在心中。对上苍对神圣的事物都不敬了,对学问对他人就更不敬了。

中国是一个打倒一切权威的国家,是让精英无立足之地的国家。在法律面前,在真理面前,没有做到人人平等,在低俗、世俗、庸俗面前,倒实现人人平等了。在中国人眼里,大家都一样,没有精彩,没有精英,没有权威,没有神圣。国家动乱期间,大学失去秩序,学生和年轻教师可以自由地该用餐就用餐,一些教授,一些学术权威,却不能正常生活,大家用餐的时候让他们去打扫厕所。多少青年教师青年学子进了厕所,都不跟年长的老师说上一句话。但我本人不如此,只要遇到熟识的师长,我都会致以同情的问候。

三

我们今天这个社会,是个失礼失敬的社会,谁跟谁都不吝,基本的礼貌都很难看到了。当然老辈不一样。本人不好意思,今年出了几本不很像样的书,有几位朋友我送书请他们指正。我送给香港中文大学金耀基先生一本《论国学》,一本《中国现代学术要略》,金先生全部看完,然后写了五六页纸的信给我。他认为我写的书跟时下的不同,不是其他人可以写得出来的。还讨论了一些问题。我给来新夏先生寄去一本,他马上写信来,如何如何。我也给了王蒙,他一直不在北京,很迟才收到。昨天他打来电话,说，梦溪，你还真坐得住。我说哪里。我们是好朋友。他说你这书里面，读起来还有点让人感动，读着读着，就会有激情迸发出来。学术文章怎么会让人感动呢？你的学问跟别人的不一样。老辈、年长的学者，都很讲礼仪。不是讲虚礼，内心有诚，礼就不虚。我的《要略》也送给了上海的朱维铮先生。朱先生是何等不可一世的人。没想到很快就写来一封信，说他用一个晚上全部读完。对我的书的评价，我这里不说。出于他的口，能给予这个评价，我感到欣慰。可是也有我送给年轻人的书，石沉大海，连收到没收到都不肯告诉我。我的书其实没送几个人，包括所里也没几个人收到。

我写东西的特点，尽管研究的大都是历史文化的内容，但我把自己的阅历和对生活的感悟融进去了，文字里流淌着我的感情。如今的写家，冷面杀手不少，可以做到不动声色。老辈里边，是讲究文笔的情采的，中国历来有此传统，所以《文心雕龙》有"情采篇"。陈寅恪，是大史学家，也是大思想家，他的书讲究"古典今情"。梁任公更是有名的笔墨常带感情。什么叫人文？什么叫人文学科？人文学科一定有人文关怀在里边。关怀，能没有感情吗？为了出书而出书，为写文章而写文章，博取少许的虚名，赚一点点小利，此外不知有他人，不知有世界，更不知有家国天下，那叫什么"人文"呵！我看那是有"文"无"人"！

关于"敬"的问题，前些时我写了一篇文章，略抒己见，还要继续写。我去白鹿洞书院，内心就怀着一种"敬"，对学问的敬，对历史遗存的敬，对中国书院传统的敬，对朱子的敬。接待方同样表现出一种诚敬的精神。晚上我住在延宾馆的春风楼，书院五个院落中的一个院落，地势最高，前面有朱子的塑像。偌大的一个古院落，就住我一个人，第二天就要演讲，我想晚上一定会做梦的。意想不到的是，居然一夜无梦。后来明白，自己已经在梦中了，何须叠床架屋地再做梦。一次学术演讲，对我不能算怎样严重的事情，可是这次，我始终怀着诚敬之心，兢兢业业，一丝不苟。对朱子，对白鹿洞书院，我心存一种神圣感。就像平时瞻仰寺庙一样。我走进任何一个寺庙，都是默然不讲话的，而且喜欢一个人独行。很多年前，在杭州的灵隐寺，大殿前水池中间有一个很高的铸铁的大香炉，上端有镂空的地方，很多人都往里面投钱币祈福。那么多人嬉戏地投，却很少有人投中。我问陈老师有没有硬币，祖芬给了我两枚。我站的位置在众人的后面，举手一投，"啪"，正好投中。又投，又中。我说，还有吗？再拿出一枚，还是正中。那么高，全都投入了。为什么？我想是我的内心有诚敬。不是我投掷的技巧有多好，是诚可以通神，敬可以无失。

很多年前，我去四川的峨眉山。峨眉山的金顶有时可以看到佛光，资料不乏记载，但究竟谁看到了，举证很难。当时李学勤先生也在，一个会的间隙大家来到峨眉。风景佳处，我喜欢一个人独行。李先生他们已经在金顶一侧的山上远眺。过了一会儿，我慢慢走过去，当走进大家的队伍里，刚举目观看之时，佛光马上出现了。我举起双手，泪流满面。我举起的双手和我整个人，全都出现在佛光的圆环中。祖芬看到了，看我流泪，她也流泪了。李学勤先生站的比我稍低，看我流泪，大惑不解。李先生是一位科学主义者和工具主义者，他的学问所长，是古文字研究和青铜器研究，真正能让他动感情的据说是古代的青铜器。我跟李先生交往多年，也有对他大惑不解的时候。1989年，6月的一天，因为文章的事，我去他紫竹院的家里。在他书房，未及说话，我已经止不住泪水。刚要提及某个话题,他连忙岔开。我才明白一个学者的严谨,可以做到对时事不置一词。但我不轻看李先生。他做学问很用功,时间抓得很紧,不臧否人物,口中无是非,这有点像阮籍的"口不论人过"。但如果你有学问上的事有求于他,他会尽量帮助你。

冯其庸先生是我的老师,我跟他道不尽相同。他是有才华的,字也不错,还能画画。他古典文学的修养很好,能从先秦一直通下来。对《三国》,对宋词有独到的体会。宋词的婉约和豪放两派词家的特点,我最初就是听他讲的。他写的谈京剧"青梅煮酒论英雄"的文章,文采逼人。后来他醉心于红学,限制了他的学术视野。我所谓"道不同",是觉得他不能摆脱俗世的名利。所以我宁可与北大的一些老辈私淑为师,跟人大一直了无干系。可是冯先生有一个好处,就是有求必应。你生病了,他可以帮你找医生。如果谁需要写一封推荐信,冯先生马上就可以写。他有待人热情的特点。

现在学界的很多人,连这点热情都没有了。只做自己的事,绝不助人。似乎是杨朱学派的信奉者,即使拔一毛而利天下,也绝不肯为。是不是现代或者"后现代"的处事方法理应如此?各人只做各人的事,自己以外的事与我无关。你没有做好,是你无能。你遇到困难了,那是你倒霉。然而人世间人与人的关系,人间的感情,必定是应该如此吗?"人"的本义是这样的吗?这还是"人"吗?可是我们面对的,的的确确是如此这般的一个现实。"利"是第一位的,一切都为了一己的私利,为了"利",可以不择手段。我非常失望,我不愿意看到我们的世界是这样一个世界。

前些时我去了东莞,那里有一个"可园",晚清到民国时期,有个打过仗的有钱人在那里修建的一个园林，后来这所园林荒落了。现在又重新修好，请我去讲一讲和传统文化有关的问题，作为开园的典礼。东莞的财政收入，好像是全国第三，超过长三角的很多城市。去过东莞的人，都称赞得不得了。我看了以后，发现这是一个没有文化的地方。它叫我懂得，富起来之后，如果没有文化，会是什么样子。中国传统的东西，这里几乎找不到痕迹，这和浙江、安徽有很大不同。文化上没有根基，加上这么多年的断层，一旦超过温饱，就趾高气扬起来。文化需要对话，包括不同文化系统之间的对话，和古代典籍的对话，和往圣先贤的对话。前提是需要读古人的书，了解古人，跟古人做朋友。如果仅仅把古人当作写文章取资的工具，意义就小了。其实，不了解古人，也就不可能了解今人。

我认为我对我们所的各位，是有真了解的。但各位对我有真了解吗？我的书也送给了王文章院长，不是因为他是院长，而是由于朋友的关系。他拿到后，当天晚上来电话，说书已经收到，一定好好读。一个礼拜之后，又打来电话，说你的《学术要略》很深，还没有读完，但后记读完了。《论国学》，一字不漏地读完了。他说："我可以这么讲，没有人能写出这样的书来。"我还送给张振涛先生一本，音研所的所长，我比较欣赏他的为人为学。他英文很好，在香港念过两个博士学位。张振涛三天后打来电话，说："刘先生，你的书，我一夜看完的。只有你能写出这样的著作。"

我不是要大家一定看我的书，只是觉得，看了我的书，可能会增加一点对我的了解。学问上我是很孤独的。情感上我不孤独，但学术方面，没有谁了解我的学问世界。当然如果按圣人的说法，一个人不必计较别人是不是了解自己，主要应该考虑自己是不是了解别人。但共处一所，同在一室，十几年过来，希望诸位对我为学办所的用心，能够有一些了解和理解，或者用陈寅恪的话，表示一点了解之同情，这个想法应属情理之常吧。孟子说："读其书，不知其人，可乎？"那么既识其人，何妨也读读其人之书呢。

四

我近来一再讲国学，为什么？主要想厘清一些问题。我们国家喜欢刮风，一会儿一阵风的事情太多了。以前是一窝蜂地反对传统，蔑视传统，和传统彻底决裂。现在国学大热，人人都讲国学，跟学问沾边的人都成了"国学家"。而且风气之下，你不能讲不同意见，连碰都不能碰一下。其实我从八十年代到现在，倒是一直主张承继传统、重建传统的。我研究的范围，也无法离开传统的学问。当时大家都讲西学的时候，我提出要回归传统。李泽厚说我要走向过去，因为金观涛要"走向未来"，所以他这么说。《中国文化》杂志为什么创办？中国文化研究所为什么要成立？当然是我的学术理念的施行。但是现在，我觉得需要对"国学热"有所反省，有所检讨，需要弄明白到底什么是国学，有没有必要一窝蜂大热起来。

实际上没有谁敢于自称是研究国学的。老辈学者国学根底好的，也都不说自己研究的是国学。我认识北大的邓广铭先生，他是一位了得的宋史专家，如果你问他研究什么学问，他连中国历史都不会说，更不用说国学。他只说两个字：宋代。还要加一句：做得不好。你听谁说过，他老人家是研究国学的？没有任何一个懂一点学问的人肯这样讲。反过来也是一样，你同样没听说过,哪一个人会自称,他是研究西学的。你问叶秀山先生,你研究什么?"我研究西学",他绝不会这样讲话。叶先生研究西方哲学成绩斐然,无人不晓,也只是说尼采有东西。

可是国学在另外的意义上,就完全能够成立。比如说某某人国学根底厚不厚?西学根底如何?"国学根底厚不厚",是指一个学人的传统学问的根底如何,最主要的是指小学和经学的基础如何。小学包括文字、音韵、训诂。在现在的学人当中,非常优秀的中年学人,他们在文字、训诂、音韵等小学科目上,基本上都缺少根底。小学不通,如何懂经学?通小学的目的,过去就是为了"明经"。所以,清儒有"读书必先识字"的说法。经学和小学,是国学的两根支柱,不通小学,不明经学,国学的根底就谈不上。最近我的几篇文章,都涉及这个问题。我相信我讲清楚了,可是没有人听清楚。深圳大学的景海峰是文学院副院长,北大毕业的,学问不错。他研究新儒家,和我很熟。但是他说国学"热"得还不够。顺便说一个现象,研究新儒家的学人,一般都比较执拗。上海有个罗义俊,对钱穆兴趣浓厚,如同中了魔一样。我是比喻,其实执拗也是一种做学问的态度。余英时先生并不认为钱穆是新儒家,你看他写的《钱穆与新儒家》那篇长文章,《中国文化》发表的,对新儒家分析得入木三分,他说新儒家有"良知的傲慢"。

我和余英时几位先生的对话,整理出来,中华书局出版了。我还请治平看了两篇,因为涉及狄百瑞的一本书的译名,看有没有不妥之处。社科院文学所所长杨义,研究现代小说史,现在也研究古代文学。文学所有人说他挺好,有人说他不够好。其实他没什么不好。很用功,写了很多东西,思想处于学问的活跃状态。所缺者不过是国学根底而已。我们通电话,他说刘先生,我看了你一本书。我问什么书？他说学术访谈录，在书店买到的。"咳，你打个电话，送你一本。""哪里哪里，哪能让你送。"他说读了很受启发。我说哪里，你涉猎那么广，还受什么启发。他说你写的东西，有种"雅"的东西在里面。他说："这种对话很容易流俗，可是你的东西是雅的。"我觉得他讲的也许有一点点切中，看出了我学问文章的某种东西。我自己倒无此知觉，经他一说，可能我在形诸文字表达的时候，包括为文造句，调式风格，或许真的还比较雅驯，而不愿堕入俗流。习惯如此，不是刻意为之。

五

我出身乡下——现在讲一点我的经历。我的父母都是山东黄县人，现在叫龙口。后来一个什么原因，可能是官司没打赢，他们去了辽宁，把我生在那里的一个很偏僻的地方。但是1949年以前，我念过一段乡间的私塾，念《论语》《孟子》和《诗经》。1949年以后开始上新式学校。要直接上三年级就好了，可是必须重新上一年级，耽搁很多时间。我父亲在乡下算有文化的人，毛笔字写得不错，春联、礼账、各种契约文书，一村的文案他都包了。他还喜欢看书，也能讲书，一到冬天，村里很多人聚到我家里，听我父亲讲书，不收费的。讲的都是侠义小说。所以人家问我的"家学"如何，我说乡下人的一点文化基因罢了。《三字经》《百家姓》《千家诗》倒是很熟，能背很多东西，都是父亲口授。再加上野史小说。诗词古文是初中的爱好，又背了很多。总之，是有一点村塾的底子，谈不上什么"家学"。可是我们学界的那些老辈，为什么厉害呀？四五岁就发蒙，到十几岁的时候，"五经四书"滚瓜烂熟,连"前四史""十三经"、诸子集成都念过了。绝对不是念几句唐诗,看了《三国演义》《水浒传》,就算有了国学根底。在学问问题上,我们这一代人,一点自傲的理由都没有。

本人聊以自慰的是,这些年写的讲的这些东西,所提出的问题,都是自己的思想,是自己的所得和所会。我是把自己的情感、经验、知识、见解,和古人的精神糅合在一起,然后理出自己的东西。学术界经常有人为材料而打架,研究陈寅恪有这个问题,研究《红楼梦》更如此。这方面,振宇先生一定知道。但是我做学问,从不跟他人发生材料纠缠。学问如何,主要看有无独到的心得,是否会人所未会,知人所未知,发人所未发。我从不担心文章谁先写谁后写的问题。我研究陈寅恪,是把陈的一家跟戊戌变法这一案,跟晚清以还百年中国的诸多案例结合起来。不仅研究寅老本人,也研究他的祖父陈宝箴和父尊陈三立,还研究曾国藩、郭嵩焘、张之洞等咸丰和同光诸重臣。我写的《陈寅恪的"哀伤"与"记忆"》那篇文章,是探讨一个人的精神世界为什么那么哀伤?何以有那么深的沉哀巨痛?我相信一定和他的特殊经历和特殊记忆有关。我自认为找到了解陈的钥匙。我请治平看了这篇文章。治平提出了另外一个问题,即陈在国外那么多年,有没有国外的什么东西给了他影响。我说当然有,只不过陈的厉害之处在于,虽然他十三岁去日本,然后德国、美国,然后又德国,前后十五六年的时间在国外,不可能没有影响,但在他的文章和著作中,却很少流露出来,如果不细心观察,几乎看不到痕迹。

话虽这么说,有时不小心,也难免会露出些许马脚。马脚在哪里?一只马脚是在给冯友兰的中国哲学史写的审查报告里面。他讲到，对古人的学说，要有一种"了解之同情"。怎样才能做到"了解之同情"？他说，你得像艺术家一样，设身处地，有一种欣赏，表一种同情，能够体会到立说之人"不得不如是"的"苦心孤诣"。"不得不如是"这个说法很有意思，涉及立说者的学问经历，家庭的背景和现实的关切，这些都是造成他"不得不如是"言说的理由。甚至还包括家世信仰方面的隔代精神熏习。所以，我在论述陈寅恪的阐释学的文章里，把"了解之同情"叫作"阐释的先验态度"，把家世信仰的熏习叫作"阐释的种子求证"。种子这个概念，是佛教唯识学的概念。大乘唯识学是玄奘从印度带来的，由于学理太玄妙高深，唐以后不得其传。

可是晚清的时候，唯识学有复兴之势，从杨文会、欧阳竟无到太虚，现代佛学的三大家，他们的宗趣尽管不尽一致，但义理上同为法相唯识则一。太虚的特别之处是建立了人间佛教，使佛教跟现实人生，跟人的此岸生活结合在一起，影响特别深远。当时思想界的很多人，如陈三立、梁启超、章太炎、谭嗣同、熊十力等，都有在南京内学院学习佛法的经历，他们在那里所受的熏陶，基本是唯识一派。熊十力后来写《新唯识论》，就跟他的这一经历有关，虽然《新唯识论》是一本向佛教的唯识学告别的书。熊是哲学家，他是从哲学的角度来重新检讨唯识学。那么，熊先生的态度对不对？我说也对也不对。对，是说一个学者如果用哲学的立场来解读佛学，他当然有理由这样做；不对，在于他抽去了佛学的信仰成分。杨、欧阳、太的佛学，都有信仰的成分在里面。所以当熊的《新唯识论》问世之后，欧阳竟无大师及弟子们都站出来说话了，一个弟子写了《破新唯识论》，熊先生则写了《破破新唯识论》，给予回应。晚清唯识学的兴起，是这些人想找到一种传统的思想资源，以便跟西方的实证论建立一种互阐的关系。西方的实证论哲学，重证据，重经验事实，在此基础上分析论理。中国哲人的思维习惯，是近取诸身，假设人与天地万物为一体，会心妙悟，点到为止，不做系统的思辨论证。明清之际有"实学"一派，有实证的影子，但也不是很系统。重视经验事实与哲学的实证论不是一回事。如此怎样能和西方的实证论对话？于是晚清的学者们找到了佛教唯识之学，这是晚清唯识学兴起的背景原因。

我已经说远了。我说寅老在冯友兰中国哲学史审查报告里露出了马脚，是因为他有一句话，说今天的治史者须通过检视那些历史的"残余碎片"，来重建当时的"结构"。他使用了"结构"一词。"结构"这个词，中国从来没有，这是西方结构主义史学的一个概念。中国的语言里，不讲结构，从先秦两汉，一直到晚清，中国人从不讲结构。西方人讲结构，中国人不讲结构，这是学理上的一个分别。但陈寅恪不自觉地用了"结构"这个词，显然是受西方结构主义史学的影响的结果。还有比较语言学的概念，陈寅恪在和刘文典论国文试题书里，一再使用并详论此法是必须守持的规则。这方面就不仅是影响了，而是陈学的一种学术理念。他研究藏文、蒙古文、西夏文，为的是阅读佛教经典的原著，通过语言的比较，更好地理解原典。可是这些还不是最重要的，最重要的是他的史学是充满了现代性的史学。西方思想的影响，是成就陈寅恪这位现代大史学家、大思想家的一个不可缺少的条件。他首先是一位现代学者，这是我一再讲的。把陈寅恪先生封为"国学大师"，是夸赞了他，还是局限了他？

我说陈寅恪的史学是具有现代性的史学，是有具体而微的证据的。《柳如是别传》是寅老晚年的大著述，我评价很高。钱锺书先生不赞同我评价那么高，李一氓先生也说《别传》文笔过繁。这是另外的话题，不去说它。其实《别传》的笔调相当幽默。柳如是跟钱谦益结婚以后，北京的朱明政权垮了，崇祯吊死在景山的煤山，那是甲申年，即1644年。于是弘光帝在南京登基，是为南明。南明的两个主事大臣是阮大铖和马士英，历史上有名的权臣。钱谦益在南明小朝廷入阁，做礼部尚书。但一年以后，即乙酉年，1645年，南下的清兵灭了南明。大臣们纷纷投降，为首的是钱谦益和王铎。王铎就是王觉斯，大书法家。降清以后，他们需要带领眷属"循例北迁"，到北京去报到。王觉斯就带着太太去了。但柳如是没有去，一个人留在南京，不久又回到常熟老家。钱谦益在北京内心很痛苦，不到半年便"托病"还乡了。但在此期间，柳如是在常熟发生了一件事，跟一个郑姓男子有了情爱的关系。钱谦益和原配生的儿子，已经长大成人，叫孙爱，趁机把那个男子送了官，最后被打死，弄得满城风雨。钱谦益回来的时候，很多人向他讲这件事。但钱谦益不为所动，说这样的时代，"士大夫"尚且不能全节，难道还能责怪一个女子？他写诗为柳如是辩护，其中有一句是"为有苍蝇污白璧"。他这样的态度，是对柳如是极端的"了解之同情"。他一定有潜台词：自己已经是六十多岁的老人，可柳夫人如是，不过二十几岁，她难道没有理由可以如此这般吗？可是这个观念，在传统社会，在清初，可是不得了的观念。陈寅恪说钱牧斋的这一观念，"一扫南宋以来贞节仅限于妇女一方面之谬说"，南北朝以来就没有见过如此合理的说法，因此，寅老表示非常佩服。几年前我写过一篇小文章，叫《陈寅恪与现代性》，分析的就是这个例子。

六

我对陈寅恪研究二十年，书还没有出来。论陈的文章当然我写了不少，但时人未必看到。季羡林、周一良、邓广铭等老辈读过我研陈的文章，因此说如何如何。余英时先生当然也了解。时下的大学问家恐怕不一定知道本人在做什么。他们一定觉得，这个刘某某，老讲陈寅恪，也没有书，就几篇文章，成什么气候，"君子所不齿也"，你看人家都是大本大本地出书。但我可以坦告诸位，那些大本大本的涉及陈的书，我不是不想看，是真的无法看。余英时的书、汪荣祖的书，自然仔细读过，受益匪浅。其余的，我也都搜罗在手，也翻看过，除了个别的一两种，大都无法终篇，如果不是"哑然失笑"，也是"笑而不答"而已。一些写马一浮的书，我也有同感。包括对陈寅恪的诗的解释，依我的学术观念，认为解陈诗，不必完全"说破"。如果一一指实，全都说破，诗的语言张力就没有了。寅老的关切比指陈的故实要大得多。

我写过一篇文章，叫《陈寅恪与〈红楼梦〉》，其中特别讲了陈寅恪和俞平伯的关系。他们1928年都在清华任教，陈寅恪请俞平伯做了一件事。他当时正在研究韦庄的《秦妇吟》。陈寅恪一生当中，曾经前后四次解读笺释《秦妇吟》，他是有感而发，有特殊的寄托在里面。他请俞平伯把《秦妇吟》写下来，裱好挂在自家的墙壁上。俞平伯的曾祖父俞樾，就是俞曲园，是晚清的大学者，章太炎的老师。俞曲园逝世前，写了一篇《病中呓语》，是九首绝句，相当于最后的遗言。俞樾说，他身后两百年的世事，都在里面了。当时大家都觉得，这九首诗极富预见性，把中国自晚清以来的社会变迁，甚至今天和未来，二百年的天下，都包括在内了。

我文章里常常引用这篇《呓语》，有时略进一解，更多的时候是引而不发。当时俞平伯把《呓语》整理出来，并请陈寅恪为《呓语》写了一个跋，这是陈寅老非常有名的文章。大意是说，历史和人事并非不可以预知，特别对天人有特殊敏感的大学者，是可以做出一些预断的。

不过，我讲他们在二十年代的交往，主要想讲1954年俞平伯挨批的时候，陈寅恪写了一首诗，叫《无题》，为俞平伯的冤案鸣不平，同时斥责批俞的举动是欲杀无辜。这首诗的第一句是"世人欲杀一轩渠"。这用的是汉代的一个典故，有一位叫蓟子训的人，抱邻家小儿，失手落地，竟将此儿摔死，过了几天他又将此儿抱回，其父母颇受惊吓。但儿识父母，"轩渠笑悦，欲往就之"。陈寅恪用这个典，是形容俞平伯1949年以后对新政权的态度，说他像那个孩童笑容可掬地"欲就父母"一样，是非常认可新政权的。俞平伯当时灵感大发，连续发表《红楼梦简论》《红楼梦随笔》等文章著作，大谈《红楼梦》。可是这个新政权，却兴师动众地批判起这个"欲就父母"的孩子来。诗里面还有一句是"猧子吠声情可怜"。"猧子"是什么？陈寅恪特意加了一串注解，婉转地说明"猧子"就是一种狗的名称。他在注解里说，就是外国人叫的"北京狗"，也叫"哈巴狗"。但这样直白亮谜底的话，他只放在后面的注解里，诗里面的句子则是"猧子吠声情可怜"，很含蓄，而且表一种同情，曰"可怜"。陈寅恪的诗是学者之诗，你要把他的诗的谜底全都解出来，就丢失了陈寅恪诗的那个学问的味道。轩渠的古典，是中山大学一位教授寻查出来的，我这里得交代清楚出处，不敢掠美。

同样，钱锺书先生写《管锥篇》，写《谈艺录》，也是宁可

"述而不作",也不愿把所有的问题都说破。有无知之徒说,钱锺书有什么了不起?写的那些东西都是古人的东西,他自己有什么观点?提出什么思想来了?这些人不仅是不学,而且是无知。他以为只有讲一大篇空话才是学问。中国的一些大学者,常常是述而不作,引而不发。如果你看我的书,你会看到我受这种学问传统的影响,我也是不愿把话说透。讲话,我可以痛快淋漓,写文章,我有时难免欲言又止。结果无非是知者知之,不知者不知而已。

看到有人说汤一介的学问如何如何,但汤一介先生自有他了不起的地方。他了不起的地方在于,在儒释道三家,他基本都有发言权。他熟悉道教,有文章著作可证。佛学受他父亲汤用彤的影响。而他常年研究的是儒学。对儒释道三家的渊源流变,对三者最基本的东西能讲得清楚,而且他身上有儒者的气象。李学勤先生就不能把三者都讲清楚,当然李的专长是古文字和青铜器,此又是汤所不能比者。李泽厚也讲不清楚三者,因为他没有深入涉猎佛学。但李有思想,善思辨,举一反三的功夫胜人一筹。当然,如果说到国学根底,特别是小学的功夫,音韵、训诂、文字,李学勤稍强,其余都有欠缺。这些都是比我大十多岁的有影响的学者,包括王元化,国学的根底也有限得很。到我这个年龄层,小学的根底,就更谈不上了。

元化已经去世了。许纪霖在旧金山给我发来这个消息。许纪霖知道我跟元化有往还。我跟元化的心比较相通。我写了一篇文章纪念他。王先生是华东师大的教授,他在那里带研究生。前不久我在杭州,有两个原来浙江美院的画家朋友,一个是舒传曦,高人。他的画,不是常人之画。他的太太叫唐玲。他们年纪都比我大。唐玲喜欢有学问的人,谁有学问,她就喜欢谁。所以她喜欢王元化，后来又喜欢林毓生。我也是被她喜欢的人之一。杭州所有的好去处，他们夫妇最了解。他们一直要我去老龙井，没得机缘。这次终于带我去了。我下午就要走，上午他们开车过来，带我去了老龙井。在那里吃茶，说话，恰好汪丁丁来电话，他们跟汪丁丁也很熟。汪丁丁看了王元化，说元化情况不太好。尽管这样，听到元化去世，我内心还是有一种不平静的东西。所以我就写了篇文章，先压缩放在博客上，全文三千多字，给了《文汇报》的陆灏，上海一个年轻人，《万象》是他编的。个子不高，但是他绝对具有上海文化人的全部特征，聪明绝顶。聪明绝顶的人也不少，他的好处在于，为人清通淡泊。陆灏是身在名利场，绝无名利心，懂得什么是真学问。这个人我佩服。他给我回了一个邮件，说王先生去世，他感到很伤心，不过，他说在元化先生面前，他只是一个小朋友而已。他说看了我的文章，认为我是元化的知音。

  不会有任何一个人想到，我跟王元化还有什么关联，对他还有什么独到的了解。你们也一定知道，当然他当过上海的宣传部部长，又是一位很有影响的学者，可是他的痛苦的经历难以想象。他被打成"胡风分子"，"胡风分子"啊！行政降六级，开除党籍，长期审查，交代问题。他哪有问题？逼得他想死。最后他决定死，撞墙，结果没有死。我特别讲这段，我说他想到死，可是他没有王静安可以从清华园走到鱼藻轩的自由。他被关闭起来了，哪有自由？他只好用他高贵的头颅撞在墙上。也许是他的孱弱，体力不够，当然，更可能是仁慈的上帝不愿意接受他的请求。人没死了，可是人变成了什么样？官能性精神病，嘴角歪斜，二目凝滞，口齿不清。到现在，你要跟王元化说话长了，他嘴角回过来，会有口水流出。这是从1955年开始，到1959年才定案的事情，定为"胡风分子",降六级。紧接着反右派、"反右倾"、"大跃进"、文艺整风、"文革"开始。他的太太张可非常漂亮,是祖芬的老师。祖芬说,这老师怎么长这么漂亮?出身名门,上海戏剧学院教授。元化之所以能活下来,跟他的妻子有极大关系。"文革"的时候,妻子受他牵连了,也被批斗。有一次批斗,张可晕过去了,居然七天不能苏醒。王元化就像孩子一样,放声大哭。你看后来的王元化,好像很风光,这段经历,刻骨铭心。

中国知识分子,哪一个没有类似这样一段经历。像江平,57年的右派,很欣赏治平的,法学家。吴敬琏好像不是。北大的王铁崖,右派,北大的大法学家。治平的职称评定,一个是王铁崖,一个是江平,写的推荐函。他当时能"蒙混过关",评上研究员,跟这两人的推荐有很大的关系。骂王蒙的人非常多,可是你细想王蒙,那么年轻,被打成右派,下放到新疆,只不过他太有生存能力了,到新疆就学维吾尔语,跟最下层建立了联系。所以,你看王蒙现在也改不了土气,穿什么衣服都不好看。其实王蒙的父亲是北大的教授。多少人是右派啊!程千帆先生,三四十年代的才子,被打成右派。他的右派生活特别苦,后来"文革"下放,就彻底到乡下去了。他的太太沈祖棻,才女诗人,真正到乡下做一个老太婆,天天带她的外孙女。你看她写的那个《宝宝诗》,给孩子写的诗,感人至深。大诗人写孩子诗,如同一个农民。现在的很多年轻做学问者,懂得老辈这个经历吗?轻易地就去骂人家!一点点不懂得什么叫"了解之同情",什么叫"设身处地",什么叫"恕",什么叫"己所不欲,勿施于人"。

我讲句心里的话,我对古人,对二十世纪的大师,对比我年长的人,颇有了解之同情,是发自内心的了解之同情。你们看我平时的语言，会有一些锋芒，文章里不见得有这个锋芒。但是，梦溪有一颗极端善良的心。我在我们研究所，有时也批评过一些人。但是，我只是就事论事，一点都不影响对他的人格的评价。可是，我的这种慈念之心，不见得谁都能懂。善念也需要善念来接应。我的善良得自于我的母亲。红楼梦研究所过去有个胡文彬，写过很多关于《红楼梦》的文章，书也出有多种。但他不容易跟本单位的同道建立起好的关系。原因在于他缺少一种不动摇的人生信念。其实他为人热情，也能助人，只是他的精神世界少了那种不可动摇的恒定性。但是他说，梦溪的心好。这是他的话，能说出这样的话，可是不简单啊。但能见善，不等于知善。知善才能积久。善能够久积，就能够知恶。那就是王阳明说的，良知的境界就开始呈现了。王阳明的四句教："无善无恶心之体，有善有恶意之动。知善知恶是良知，为善去恶是格物。"良知的呈现，就是需要做到知善知恶，这已经是另外的话题了。我说的恒定不变的信念，应该就是王阳明讲的"心之体"。

七

我们这个研究所，之所以有今天，其实不容易。我今天这番话，是有感而发。我觉得有人看轻了我的苦心孤诣。这是个充满虚伪的社会，说真话很难，听真话更难，世风可忧。任大援说不喜欢李零对李学勤的态度，但李零是个好人，那是他的一种观点、一种风格，有他的来历。他的来历中包括对"文革"中极坏的世风的愤恨。他的父亲叫李益三，老干部，是人大原来的组织部长，校长胡锡奎的朋友，华北方面很重要的一个人物。他父亲在"文革"中被整的时候,他看在眼里。他看出不少这样那样的人都不是好人。他还觉得,现在很多人,到底是不是好人,也值得观察。一个好人的标准,起码应该是能够主持正义的,讲真话的,有真性情的。能够讲情义,一刀子见血的人。所以他喜欢孔子的一句话,这句话永远不过时,就是"三军可以夺帅,匹夫不可以夺志"。他认为这句话厉害。可是他看到,很多人的"志"被夺了。你说他讲的没有道理吗?这个"志"的被夺,清代最厉害。明代的知识分子还有一点"志",虽然有羞辱大臣的"廷杖",当众打屁股。清代一两百年的文字狱高压,知识分子已经没有精神了,骨头都没了,哪里还有什么"志"。另外你想想,我们五十年代以后历次的运动,把人整治得颠三倒四。在座的各位都太年轻了,没有经过者,绝对不知也。不只是"文革","文革"也是渊源有自。你看杨绛写的《洗澡》,当然笔调写得平淡,可是那里边的东西,多沉重啊!哪个知识分子没经过"洗澡"。那不是通常的沐浴,那是强迫的搓澡!所以你们很幸运,居然还可以发表文章,还有书可看。那时候,没书可看!你上哪儿去发表文章?谁发表你的文章?哪有这个园地呀。

　　学问提升不容易,品德提升更不容易。有些品德是天生的,不会变的。你要治平变坏,他也变不了。你教他,他也学不会。学问到了一定程度,就自己停在那儿了,没法往上提升一步了。你们大约不知道我的经历。我念文学出身,但是一度,我居然有六七年的时间没有发表过文章,不是人家不发表我的文章,是我觉得发表文章很耻辱。我当时的心情,如果我的名字出现在《光明日报》上,我简直会面红耳赤。那时候,我看不上文学。我是念文学出身,看轻文学,也就是看轻我自己。那时候我只读古人的书，读二十世纪大师的书，读王国维的书，读陈寅恪的书，读钱锺书的书，越读越觉得自己不必写文章了。后来开始写关于王（国维）、陈（寅恪）、马（一浮）、钱（锺书）的文章，是积累多年以后的结果。如果说我的研究有什么独到之处的话，那是我对他们有一种真了解，有一种真同情，所谓"了解之同情"，这是陈寅恪的话，我觉得我大体上做到了。你叫我发明一个原理，建构一个什么东西，中国的人文学问，很难做到这一点。勉强这样做的，必然"蹈空"。我常常讲，学问之道，无非是借人讲话，和借符号讲话，这是做中国学问的两条途径。大多数学者都是借人讲话。哲学家中，借符号讲话的，只有金岳霖一人。

我的乐趣在于跟古人建立一种沟通，跟二十世纪的大师陈寅恪、王国维、马一浮建立一种沟通，一种内心的欢乐的沟通。他们的悲苦，我知道他们为什么有此悲有此苦。他们在行文中偶尔有所乐，我知道他们何以有此乐，我能够讲出他们乐在何处。有一个儒家的经久不变的课题，叫"孔颜之乐"，宋儒就大讲这个主题。孔颜之乐，乐在何处？我今天讲这些话，是我内心情感的积郁。我从不妒忌人，妒忌这种情感与我无缘。所以我特别喜欢称颂别人的长处，一点一滴，微才小善，我也给予提扬。这需要有一定的胸怀和眼光。我遇到这样一个例子。黄克剑在我们所有一段时间，他的学问是比较窄的，守持的是新儒家的观点，但表达有自己的特点。他说我们每周的聚会，应该围绕一个问题，进行讨论。我说学问不是讨论出来的，我最怕讨论。有一次，他确实跟梁治平在一个房子里讨论了，讨论完了，我看我们治平，脸色都讨论白了。学问哪里是讨论出来的？学问是内心的体认和感知，是得之于心、存乎于心的东西，讨论不讨论跟一个人的学问没有直接关系。

人的相知，真了解，是很难的。我看人，主要看他的心。心能看到吗？心看不到，但心可以感知。我了解你们的心，你们也应该了解我的心。林黛玉之所以跟贾宝玉吵架，理由就是"你不了解我的心"。后来她知道宝玉了解自己的心了，在宝玉说"你放心"以后，就不吵架了。其实这是很高的要求，甚至是不切实际的奢望，一般情况下是不能这样讲的。我之所以如此讲，是觉得我们的研究所不同寻常，我们是一个特殊的学术团体。你们见过几个中国文化研究所这样的研究机构？见过几个像刘梦溪这样讲话的人？居然说，你也得了解我的心。哪一个所长能这么讲？但是，如果连这样一点期许都不愿意让我提出，我就不愿意跟大家在一起了。我可能移情别恋，自得其乐而去。人是需要精神世界的平等对待的。希望大家共同爱惜这个学术团体，用真心来对待，万不可有丝毫的虚情假意。记得方李莉走的时候，我讲了几句话，我说我们这里既没有金钱的诱惑，也没有权力的驱使，一切都是为了学问。学问是起点，也是终点，除此之外，一无所有，空空如也。

理解人岂是容易的。已经故去的冯牧，原来《文艺报》的副主编，文学评论家，人非常好。他有一个时期是文化部政策研究室的主管，我们曾经在一起，有一段时间。当时刚粉碎"四人帮"，我激情满怀，写了很多文章。后来他们叫我加入组织，要我写申请书。我说申请在"四清"的时候写过了。在陕西长安县"四清"，那是1964年，我的申请没有被批准。原因是有一个地主的儿子，会写诗，经常送诗给我看，我就跟他谈诗，结果认为我和地主的儿子划不清界限，就没有批准。后来叫我加入，是1980

年，三中全会之后了，观念有很大改变。当时支部会开得很严肃，人很多，冯牧也在，很多都是有头有脸的人。大家讲我好多好多好话，"原来以为梦溪这个人骄傲，现在看，梦溪就是有个性，他敢于讲出自己的见解"。长期伴随我的"骄傲"也给平反了。冯牧的讲话，更有意思。他说，"有些事情我老是想不清楚，梦溪的文章，对问题的见解，有时我们也比不上，可是他对人与人之间的关系的处理，怎么这样幼稚？我没法解释这个事情"。现场也没有人解释。这个谜，我带给你们。实际上，到现在为止，我在人与人之间关系上，仍然还是很幼稚。幼稚在于，我认为人与人之间，是不必藏起本心来的，而应该真诚相待，真情相待，真实相待。不真实相处，不真情相待，彼此发生关联的理由就没有意义了。可是要真情相待，真实相处，就难免得罪人。所以严格地说，我不适合在这个世界上生活。本该学习李叔同，可是我的情缘未了，还喜欢女人。冯牧提出的问题，现在有解吗？现在这个问题，对我是不是没有了？其实完完整整的继续存在，最多懂得了可以躲开、避开，退避三舍，不与之周旋。

所以我希望我们的研究所，应该不避不躲，大家一起来真诚相待。如果我们这里也不能真诚相待，我们今天就是最后一次见面，我将永远不再来这里。这个要求也许很不合时宜，都是什么时代了？你还要求人家对你真？然而，如果连这个要求在我们研究所都不能实现的话，不仅我不必来了，各位有不愿意在这个研究所的，不妨也走人。你走了以后，别人问你为什么离开，你可以说，这个所长，老东西，头发全白了，居然提出互相彼此要真诚相待。人与人怎么能真诚相待呢？我做不到他这个要求，所以离开了。我不愿看到任何弄虚作假。假如这个社会是虚伪的，我们这里绝不应该虚伪。假如这个社会是利禄的染缸,我们把利禄抛到一边。学问上,有多少,就是多少。为学在己,不在乎时人的看法。不做学问有什么了不起?不写文章有什么了不起?写几篇文章或者出一本书,又有什么了不起?

八

这次去白鹿洞书院,本来叫"白鹿洞书院讲座"第一讲,由我来讲。当时确实不是谦虚,我说你们应该请杜维明先生,因为他对儒学,比我有了解。我的研究,不是专主儒学一家。这个地方由庐山管理局管理。之所以请我,有一个缘由,这一切都取决于一个人,现在庐山管理局的第一把手,叫郑翔。这是个特殊的人物,他原来是庐山植物园的主任,后来提拔到庐山管理局当第一把手。庐山植物园是陈寅恪的侄辈陈封怀等第一代植物学家建的,建得好得不得了。他当这个主任的时候,有时候一个人在傍晚,看着树,看看天,可以坐三个小时。还有三老墓,就是胡先骕、陈封怀、秦仁昌的墓,都在植物园里,他会在三老墓前待一两个小时。后来最大的机缘,是陈寅恪先生的骨灰,经过他的手,在庐山安葬。一切都玄妙已极。他说这件事神妙得难以想象。当骨灰盒交到他手里的时候,他把骨灰盒放在植物园的标本室里,他也不进去,所有的人都不知道里边有骨灰盒放在那里。

陈寅恪的尊人陈三立的墓在杭州,陈寅恪的后人曾向杭州提出安葬杭州的请求,结果杭州方面说,那里是旅游风景区,不能安排此事。现在杭州几个大学的校长,还在向杭州提出质疑。我告诉大家一个奇迹。庐山下葬那天,郑翔把一切都准备好了,把墓槽挖好，把骨灰盒放进去，由四个人加上盖子，然后填土。第一锨土，由郑翔填的。刚往上一填，太阳周围出来一个大的圆圈，就在此刻和挖第一锨土同时出现，大家全都震惊了。我看了录影带、照片，很大的圆环。你说，怎么会有这样的事？对待未知，我们敢不敬吗？我此次南行，一路讲的是一个"敬"字。反过来讲，当今的社会，太缺少"敬"，人与人之间也太缺少"敬"，太轻看他人，太轻看外部世界。

这个轻看，跟现代的知识论有关。中国古代学问，不仅需要知识根底，还讲"道"。可是我们的现代大学建立后，大学成为知识的生产和消费的场所，传道的环节没有了。有人说，西方就不讲这个"道"。西方并非不讲，它是分途的。西方的传道，由教会承担，到今天，教会系统仍然是很完整的，神职人员的使命之一就是传道。可是，我们的"道"，就不得其传了。韩愈写《原道》，认为"道"在孟子之后不得其传。韩愈的担心，到宋代就不必了，宋儒等于重建了"道统"。宋儒把这个"道"重拾起来，重新包裹起来，建立了新的体系。但是现在，没有"道"了。由于没有"道"，知识人士就没有共同语言了，就没法对话了，各说一套。"道"从何而来？就像刚挖下第一锨土，天上出现圆环，就有道存在。我在峨眉山，进入那个佛光，也是有道存在。之所以如此，唯本人心诚。郑翔的所遇，也是由于他对陈寅恪心诚。诚能通神，诚则灵。

请问，第一锨土下去，天上出现圆环，怎么会这样？这怎么解释呀？我们只好敬畏这个未知。庐山行，在白鹿洞，我对朱子的"敬"加以阐发。还有一个收获，庐山拜陈寅恪墓，这是我极大的收获。郑翔之所以那样对我，就是因为他经历了陈寅恪墓的所有过程，他读了一些研究陈寅恪的文章。在读这些文章当中，发现这位刘先生的文章，有所不同，就产生一点什么。于是庐山管理局三次派人到我家。第一次，四个人，他的副局长，加上另外三个处长，到我家来。找我干嘛呢？请我当庐山文化顾问。我谢绝了，因为我跟庐山没有渊源，我说我真的不是客气。还有一点，我的学问资望还远远不够。两个因素都有，我不适合做。假如我在庐山住过十年，我在那里受过苦难，或者什么别的，或者我一直参加庐山志的写作，目前有一点点小名气，这些加在一起，我可以勉为其难。但是没有，没有渊源。还有，我也不是研究庐山文化的，如果我研究庐山文化，或者有本庐山文化的专著，这也有一点道理。所以第一次，我没有接受，他们拿来的庐山云雾茶我收下了。隔了四个月，他们又来了，还是四个人。他们说，他们的郑翔书记还是特别希望您能答应做我们的文化顾问。我以同样的理由再次回绝了。第三次，郑书记亲自来了。他就给我讲修建陈寅恪墓的全部经过，我内心感动得不得了。谈话中间他示意，副局长把聘书放在我桌子上了。然而，我还是说这个不能敬领。他看我讲得太诚恳，便说，我们请你到庐山做一次演讲，给庐山全体员工做一次讲演。我说，这个可以。这个再不答应，就不近人情了。后来，他们又专门来过一次，决定用白鹿洞书院的名义，举办正式的"白鹿洞书院讲座"。

我说，白鹿洞书院第一次开讲座，我还不是最合适的，比如杜维明先生，应该最合适。他说，我们找不到，我们觉得刘先生最合适。在这种情况下，他们四次到我家，我内心觉得，无论如何只好走这一趟了。恰好，我在那里讲的是宋儒"主敬"的理念，跟白鹿洞书院的宗旨尚能相合。朱熹写的书院的学规里边，就揭示了敬的问题。此行对我的内心,是一种洗涤。头天到达,整个下午都是在参观白鹿洞书院。参观完了,他们还举行了记者招待会,江西的多家媒体向我提问。当天晚上宴请,我说我得两个字,"喜""敬"。我说,今天到白鹿洞,我内心的一个状况是"喜"和"敬",欢喜的喜,尊敬的敬。我一点点看碑刻,看朱子的像,使我生敬,感觉自己在古人面前,内心充满了欢悦。我去白鹿洞,得此两个字,人生好幸福啊。

第二天上午演讲,下午去拜陈寅恪的墓,第三天去修水,到陈寅恪的老家,也很有收获。那儿还有陈宝箴的举人旗杆石,和陈三立的进士旗杆石。房子就是当时的房子,中了进士以后,增加了一点房子。陈寅恪曾祖父陈卓如的墓,在房子后面的山上。房子后面是山,前面非常开阔,再往前是河流,呈"三溪合流"之势。远处则山岭环抱,绝对不挡屋宅,风水极佳。陈卓如的墓在屋后山上面,之所以这样做,是要看到自己的儿孙。他终于看到了陈宝箴、陈三立、陈寅恪。一般不会把祖宗的墓建在后山上。陈家的门风,在上一个百年,没有第二家。所有晚清的大吏,没有人不敬重陈宝箴。

这次庐山之行,增加了我的人生感悟,也增加了对人世的一些看法。我愿意我们的研究所里有一批真正的人,大家在一起,共享学问的快乐。我们中国文化研究所二十年的构建,无非是为了学术的安宁和快乐。我不愿意我们的研究所有任何一点纷扰。你(李勇——十年砍柴)是我们的新朋友,刘梦溪是一家言,你今天第一次前来观我们的"礼",就遇到梦溪的长篇大论,慷慨陈词。我相信你已往的经历,不会听到一个单位的主事者,会当众说出这样一番肺腑之言。我是以心相许。大家不必以心相许,只要以诚相待就可以了。有诚才有敬，敬是能够维持这个世界的价值力量。

人生不容易，有一个不染尘杂的聚合之所，难矣哉！这是何等世道？利欲力势，习气蒙心！耽搁大家用餐，抱歉之至。

2008年5月12日中国文化研究所所聚，我有感而发，逞臆而谈，实不知会成此一文。当时作家十年砍柴君亦在座，谈毕已下午1时，回家路上在一咖啡店小坐，汶川大地震随即发生

文化大观园
——王鲁湘对话刘梦溪

> 年逾古稀，稚子之心。
> 蜗居书斋，心忧天下。
> 梦公有梦，随溪而流。

2018年1月10日，由中华文化促进会和凤凰卫视联合主办的"中华文化人物"颁授典礼在深圳举行。在获奖人中间，有一位拄着手杖登台的老先生，他叫刘梦溪。

老朋友都喜欢称呼他为"梦公"。

在北京冬日的一天，《文化大观园》摄制组来到了刘梦溪的家。

王鲁湘：梦公好，梦公好。

刘梦溪：好久不见你。

王鲁湘：对对对。刚才我上楼梯，发现这里没有电梯，那像您这腿脚怎么办？

刘梦溪：也还可以，现在还可以，将来很难讲。

在梦公的家里，房间角落里摆放的各式各样的葫芦和南瓜，引起了我们的好奇。

［刘梦溪，山东黄县人（今龙口市），1941年生于辽宁。1964年，年仅23岁的刘梦溪在《光明日报》上发表了红学论文《探春新论》，引起强烈反响。自此，刘梦溪与《红楼梦》结下了不解之缘。然而令人感觉意外的是，自二十世纪八十年代中期以后，他却转入了思想史研究。］

王鲁湘：梦公您看，我一进您的书斋，就感到有几个东西特别有趣，和一般学者的书斋有所不同。除了书以外，就是您这个房子里头，可以说是堆满了葫芦、南瓜这些农家园圃里头的东西，那您为什么特别喜欢这种小金瓜、大葫芦堆满书斋呢？

刘梦溪：我确实喜欢南瓜。这可能跟我是乡下人有关系，我喜欢带有一种田园的东西。当然，南瓜的颜色、造型，也给人以充实的感觉。南瓜我特殊的喜欢，放多少我都不会厌弃。

王鲁湘：您还给它们很崇高的地位，这种红木的座子，上头搁一个这样的自然地干枯了的一个小金瓜，这个非常好看，这个颜色、形状。非常好看。很多做宜兴紫砂壶的，比如说过去做的这个壶，不就是仿一个这样的南瓜的东西吗？

刘梦溪：你这个妙解真是厉害了，得有特赏的人才能看出来干瘪以后的这个南瓜有多美。我很高兴。

王鲁湘：肌理色彩。

刘梦溪：鲁湘兄居然看到这个，你是知音哪，不得了。

王鲁湘：梦公，我很奇怪，我上大学的时候，就读过您关于红学的研究，包括文学史研究的一些东西，您什么时候开始转到近代思想史和文化史研究的?

刘梦溪：这个呢，当然你了解我是学文学出身，这个学文学出身呢，就慢慢产生一种对文学本身的厌倦，觉得它给不出问题，不能解决我关注的东西。特别我们都经过那些经历，那些经历的结果使我们想知道世界的真相，想探寻一些真理性的东西到底在哪里，而这个，文学不能给你。这方面的追寻，必须借助于哲学和历史，历史可以给你提供真相，哲学给你一个分析的方法，所以这个转变，我是在八十年代中期，1985年，1986年这个时期。有一阵我很苦闷，觉得真是百无一用，我当时也出过一点书，也写过不少文章，应该讲还有一定影响的，但是觉得一无意思。当时引发我产生转变的是王国维、陈寅恪、钱锺书，一旦读了他们的书以后，我们还写什么文章？

〔刘梦溪读王国维、陈寅恪、钱锺书三位先生的书，如醉如痴，足以忘我。他相信陈寅恪"文化高于种族"之言，认为人类的"同"远大于"异"。〕

刘梦溪：九十年代后期，我在哈佛大学有一个短期的访学，三个月的时间，跟哈佛的一些主要的教授，都有对话，这些对话，其中有一个费正清中心的史华慈教授，他一直追寻的是跨文化沟通，他认为人跟人之间是可以沟通的，这个正是解决当今世界繁复问题的一个途径。更妙在哪里，他居然提出来，语言对思维的作用，并不像人们想象得那样大。

王鲁湘：这话很深刻。

刘梦溪：我当时讲，我如果给你提供一个证据的话，语言不通可以谈恋爱呀,他笑,我说当然谈恋爱也有很多问题,可是语言相通,谈恋爱的问题,跟语言不通发生的问题,很难讲哪个更多。还有一个,幼儿不会说话的阶段,思维的活跃,和大人的交流,那也是极有趣的。史华慈是西方的大儒,相当厉害。

同和异的问题,现在学术界太喜欢标新立异了,其实,真正的大家、大学者,他既不需要标新,也不需要立异,凡是标新立异者,一般都格局比较小。所谓"一隅之见,一曲之察",他把它扩大成一个整体,这是学问的误区。

尚同的格局才是大学者的风范。

[刘梦溪曾撰写两万字的长文《论和同》,他说"和而不同""己所不欲,勿施于人",这两句话是中华文化给出的可以解决人类生存之道的一种大智慧。]

刘梦溪:一个是"己所不欲,勿施于人",一个是"和而不同",你想,在今天这样复杂的内外背景下,这两个观念能够深入所有人的内心,什么麻烦不能解决呢?在争什么呢?所以我近十多年的研究提出一个观点,就是人类的同远远大于异。

王鲁湘:对,您也说过,研究"同"的思想比研究"异"的东西要深刻得多。

刘梦溪:对,那是《中国文化》创刊词。人类有一个天大的误区,是把人与人之间的差异夸大了,我认为夸大人类的不同,是文化的陷阱,造成许多不应有的争斗,甚至到了不可开交的地步。

["对话"与"尚同"是刘梦溪的一个核心思想,他说人类

最终总会走到一起。他反复引证北宋思想家张载的话："有象斯有对，对必反其为；有反斯有仇，仇必和而解。"]

王鲁湘： 您好像特别重视张载四句教里头的"仇必和而解"。

刘梦溪： 这个厉害。

王鲁湘： 是吧？转一圈，最后是仇必和而解。

刘梦溪： 他把这个思想用哲学的语言描述出来了，这个四句教你看，有象斯有对，他认为天地万物，宇宙之间到处都是象，生命也好，非生命也好，都是流动的象，都处于流动当中。这个"对"就是不同，有象斯有对，就是每个象是不同的。象不同，流动的方向也有同与不同。因为流动中，象与象之间会因流动方向不同而发生纠结，这就是"有反斯有仇"了。

你看这个仇，现在当然写的简体字的仇，但古代这个字恰好是左边一个隹，那不是佳人的佳，右边一个隹，中间一个言论的言，这个可以从象形来会意。

王鲁湘： 两只鸟在那里吵嘴，喳喳喳喳叫呢。

刘梦溪： 是啊。这个隹是尾巴很短的鸟，一般讲，尾巴短的鸟叫的声音容易比较高，两个短尾巴鸟在那里说话，我觉得它们吵得很激烈，对不对，那什么情况可能都有。但是妙就妙在最后一句，仇必和而解，或者是存异求同，或者是达成谅解，或者是取得一致，甚至没有取得一致也没关系。总之，最后不是这个鸟把那个吃掉，或者一起飞到另外的地方，或者分地而飞，都没关系，但是它不扭结到你死我活。

这个思想恰好可以拨正人类现在不断犯的一个错误，一点点东西都在这儿扭结，比如说巴黎协定、环保问题，你说要行，他说不行，这个东西，你只要着眼于人类的久远和未来，环境不治理，将来人要吃大害呀！所以这个"和同"的思想非常重要，而且这个"和同"的思想呢，具有普遍价值。

［在刘梦溪位于北京的家里，到处随意摆满了各种书籍。刘梦溪夫人陈祖芬说，整个家都被梦公变成了书房。］

王鲁湘： 您这个书房，听说是您亲手设计的，包括这个房子，这个隔断也是您打的吗？

刘梦溪： 是的。

王鲁湘： 这真的是里三层外三层的感觉了。

刘梦溪： 我对装修有特殊的敏感，你要是有时间可以看看，我的《学术与传统》那本书的后记，讲了这个事儿。我小时候，哥哥是木匠，在乡下，我对木工的东西特殊地喜欢。余世存看了我那个后记，他说刘先生空间感这么强，这也是别人讲不出来的，这一句话深获我心，我大概有一种结构性的空间感，对这个世界也好，对具体的环境也好，我可能空间感比较通透。

［刘梦溪常常蜗居在书房读书，他说他渴望的阅读是闲适的阅读，是不带功利心的阅读。这样的读书，获得的不仅仅是知识，更是一种身心的放松与愉悦。］

王鲁湘： 刘先生，您看啊，这个顾廷龙先生给您写的是，我如果没有念错，应该是无梦斋吧？

刘梦溪： 无梦斋。

王鲁湘：无梦到徽州，汤显祖无梦到徽州，您这是无梦到什么地方了？

刘梦溪：这个很有趣，这跟我八十年代的学术转折有关系。当时有一种孤独感，这个一言难尽了。孤独感就容易看破一些东西，觉得不抱太多的期待。钱锺书先生有一首诗："弈棋转烛事多端，饮水差知等暖寒；如膜妄心应褪净，夜来无梦过邯郸。"但是从现在的思想来讲，这个又不能满足我的这个想法了。因为说真的，讲无梦，实际上是有梦，有一次，德国一个汉学家，他研究王国维，到国内来，来找我，他看过我写的一些文章，他在我书房看到"无梦斋"三个字，他说老师有很多梦啊。你说这人厉害不厉害。

王鲁湘：他能知道含义。

刘梦溪：就是看到"无梦斋"三个字。

王鲁湘：真正的一个西方人吧？

刘梦溪：是的，德国人，土生土长，中文讲得很好。他说无梦斋有很多梦，你说厉害不厉害。我们国内有些朋友到我这儿来，还没有人这么讲过，还觉得我真的无梦。这位德国学人说老师有很多梦。当自言无梦的时候，恰好是有梦，自己说"如膜妄心应褪净"，恰好没褪净，要真正褪净了，这个话都不会讲。

〔刘梦溪多年研究大师级人物，让他受益无穷。更让他觉得中国传统文化中的智慧，必须得到传承和推广。

二十世纪八十年代末，各种文化思潮涌入中国，尤其是西方文化，一时成为显学。而绵延几千年的中国传统文化，却被有意无意地忽视。当时已至中年的刘梦溪，在这场中西文化的此消彼长中，忧心不已。1988 年在时任文化部部长王蒙的支持下,刘梦溪组建中国文化研究所。并还多方筹集资金,创办了《中国文化》杂志。]

在创刊词里刘梦溪写出了创办这份杂志的初衷。

我们想为了走向世界,首先还须回到中国。明白从哪里来,才知道向哪里去。文化危机的克服和文化重建是迫临眉睫的当务之急。

在刘梦溪书房内,挂有一副他最喜欢的对联,"云若无心常淡淡,川如不竞岂潺潺"。这是当年赵朴初先生送给刘梦溪的,从中可以看到梦公的处世心境,及学术造诣。

刘梦溪:可能是二十世纪七十年代,那一段我跟朴老有接触,主要是请教一些佛学问题,那个时候,我们容易对这些问题感兴趣。跟朴老一见如故,他觉得一个年轻人,喜欢这方面,如何如何,来往比较多。恰好赶上"四人帮"肆虐时期,谈佛学,也关心国事。后来"四害"扫除,朴老送我一联:"天道无亲常与善,人才非正不能奇。"是对我动乱岁月中操守的认可。十年之后,我在学问路上越走越深了,我跟朴老说,现在更喜欢王国维的两句诗:"云若无心常淡淡,川如不竞岂潺潺。"结果,朴老又给我写了这副对联。一直挂到现在,我的内心就是这个状态。我们跟外界有什么可争的呢?在我们自己这里,能做多少是多少,学问是有大有小的,能做到怎样的程度,也有天意存焉。

王鲁湘:心是淡的,但是学问其实是很活泼的,像川流一样。

刘梦溪:学问这个东西,无止境的东西,你还不敢说到了什么程度，只要自己还有兴趣就好。

在五十余年的学术研究生涯里，刘梦溪出文入史，由史入经，沉潜学术，传承典范；他用七年时间，编纂35卷、2500万字的皇皇巨著《中国现代学术经典》，来寻找二十世纪中国学者的精神家园的奥秘。2017年年初，他出版了《学术与传统》，三卷本百万言，慎思明辨，堪称年度具有指标意义的学人著作；"云若无心常淡淡，川如不竞岂潺潺"，则是他不惑之年过后学术造诣、道德文章、学者心境的真实写照。

大师与传统

——刘梦溪在凤凰卫视《世纪大讲堂》演讲全记录

演讲前和主持人对话

曾子墨（主持人）：在过去的一个世纪里，中国的学术界，出现了很多泰斗级的人物，比如说大家都非常熟悉的陈寅恪、钱穆、王国维，还有梁启超等等，他们被我们称为大师，他们的学术成就在中国的学术史上，具有既开风气又为师的地位，以至于在今天有很多人都在纷纷地感叹，与他们的成就相比较，今天的中国已经看不见大师了。因此我们也想追问，是什么原因造就了他们如此辉煌的学术成就，而他们的治学精神在当今的中国，又有着怎样的借鉴意义。今天，我们很荣幸地邀请到了著名学者刘梦溪先生。

温文尔雅，我想这是很多人用来形容您的一个词，今天我见到您的时候，也确实有这样一种感受，是什么原因造就了这样温文尔雅的气质，和您所从事的专业有关系吗？

刘梦溪：谢谢，不过，我不敢当。我想也许跟读书有关系，读书可以改变人的气质，这是我的一个看法。当然，我读的书还不够多,比起前辈学者,我的书读得还是太少。

曾子墨:我们知道,早年您是对《红楼梦》有比较深入的研究,后来开始研究近现代学术史,这个转变仅仅是因为兴趣吗,还是有其他的原因?

刘梦溪:我有这么一个转变。文学很有意思,当你年轻的时候,我想每个人都是文学爱好者,甚至每个人都是诗人。随着年龄的增长,你的知识提升以后,感到文学不能满足自己的需求,愿意追求历史的真相,愿意追求事物的本真,所以愿意离开文学,进入史学和哲学。我觉得是学术兴趣以及对学术求真的探求,使我有相当一段时间离开了文学,甚至有点儿厌弃文学。可是我现在又必须讲,当年龄又往前走的时候,回过头来又感到文学是史学和哲学的一个很好的补充,甚至史学和哲学探索不到的东西,文学却可以感悟到,而且它可以填充我的情感。

曾子墨:在您从事学术史专业研究的过程当中,我想有很长一段时间,您天天都是与我们所熟悉的这些大家相伴的,尽管可能不能够见面,但是我想有一种神交的感觉,也有很多人评论说,这些大家,国学功底非常深厚,西学功底也很深厚,也就是说中西结合得好。那到了今天,二十一世纪的中国,可能会更加开放,接受西方的东西会更加多,但是大家会有疑问,为什么我们很少或者说根本就看不见大师了?

刘梦溪:这个问题很具有挑战性,我想它的原因跟我们百年中国的文化断裂有关系。中国是一个很有文化传统的国家,几千年的文化史,几千年的历史,当然有自己的传统。但是我们不能不承认,清朝末年、民国初年,那是一个很大的文化断裂时期,主要是传统思想的核心价值,儒学思想解体了。而后来战乱,以及五十年代以后,运动太多了,学者问学的时间比较少,造成了文化的断裂,学术上也有断裂。没有学术根底,大师就不容易出现了。所以当我们阅读二十世纪这些大师著作的时候,我们常常觉得,不能望其项背,他们的特点不仅是对历史,对本民族的文化有了解,而且他们对西学也非常——如果不用精通这个词的话——他们西学的修养也相当之好。如果说古代的学者是通古今的话,二十世纪这些学者,他们还能够通中西,他们常常十几岁就到西方留学。如果说西学这个根底,现在或者将来可以有所弥补的话,那么在传统的学问的根底方面,国学根底方面,特别是家学渊源方面,后来者不容易赶上他们。所以也许这是大师不容易出现的一个原因。

曾子墨: 如果说在当前这一代人当中,我们看不见大师了,在未来,在下一代人,现在在成长的这些孩子当中,会造就出大师吗?我们需要什么样的环境,什么样的必要的条件?

刘梦溪: 未来的事情,我们不好预料,我希望有,可惜我不一定看得到。

〔时光回溯,百年流转,近代中国在艰难的蜕变中寻求新生。危难时节显才俊,中西碰撞出大儒。章太炎、王国维、陈寅恪,一时多少英杰!他们一手擘画了中国现代学术的建设,既开风气又为师。我们追问的是,他们为何会取得如此辉煌成就?大师留给我们什么精神义谛?今天如何接续那些渐行渐远的传统?大师其大,传承堪忧。著名学者刘梦溪做客《世纪大讲堂》，评说"大师与传统"。]

演讲现场全记录

刘梦溪： 现在是 2007 年夏天，如果我们把时光上推八十年，那是 1927 年的夏天，在那一年的 6 月 2 日发生了一件事，清华国学研究院的导师、逊位皇帝溥仪的老师、中国现代学术的开山人物王国维先生，他在颐和园昆明湖的鱼藻轩投水自杀，他死的时候五十一岁。这个事件震动了中国，也震惊了世界，同时也给现代学术史增添了一个谜团。因为迄今为止，学术界对王国维的死因，还没有一致的看法，有的说，他是殉清；有的说，他是跟罗振玉的矛盾。我个人的看法，陈寅恪先生对他的死因的解释最具文化的意涵。王国维死后，陈寅恪先生写有一首挽诗，并且还有一篇挽词，他在挽词的序言当中提出，王国维的死，跟殉清没有关系，而是由于文化的苦痛，他用自己的方式结束了自己的生命。

现在"大师"这个称号很流行，其实如果把名副其实、实至名归作为条件，我们就会知道，并不是任何跟学问沾边的人都可以称作大师，时尚和流行应该与学术大师没有缘分。但是王国维和陈寅恪，我们却可以称他们作学术大师，如果你要说他是国学大师，我觉得也可以。而且我们从王国维和陈寅恪的身上，看到了中国现代学术的一些传统。我曾经讲过，学术思想是文化的精髓，是民族精神的理性之光。王国维说，提倡最高的学术是国家最大的荣誉，这是王先生的话。大家可以设想，假如中国现代学术史没有王国维和陈寅恪，现代学术史就会黯淡许多。

[王国维自沉昆明湖。知己陈寅恪把死因归结为文化的苦痛。"自由共道文人笔,最是文人不自由。"由此开启了现代学术之门。那么,现代学术和传统学术有何区别?现代学术精神传统何在?]

刘梦溪:中国现代学术这个概念,是和传统学术相比较而言的。传统学术,是指传统社会的学术,从先秦直到晚清,两千多年的中国学术,都可以看作是传统学术。

传统学术的特点——

第一,不同历史时期,都有代表性的学术思潮。

第二,中国传统学术思想是多元并立的。儒释道三教的并存,以及它们的互动互补,是中国传统学术思想多元并立的标志。

第三,中国传统社会的学术思想是互相融合的。再没有比佛教的传入,以及它本土化的过程更能说明中国学术思想是互相融合的特点。佛教是一个外来的宗教,是从印度传来的,但是到中国以后,直到宗派产生,有了禅宗,它变成中国的东西,它跟儒学当然有矛盾,但是它们合作得很好。所以在中国,学者们都讲,三教是可以并存,甚至是互相融合的。

但是中国传统社会到了晚清的时候,出现了"大变局",当时曾国藩、李鸿章、张之洞,都提出"大变局"的思想,而在学术方面,也开始了传统学术向现代学术的转变。"大变局"的主要标志,是西方人大规模进入中国,学术思想的转变,也和西潮汹涌而来有关。

我想有三个方面的特点,可以把现代学术和传统学术作一个划分。

第一,学者开始追求思想自由,不是说以前不追求自由,但是这个时候,学者追求思想自由,成为一个自觉的精神趋向。

第二,开始了学术独立的诉求。不是说中国古代没有独立的想法,孔子提出来的,说"古之学者为己,今之学者为人",我想孔子是不满意春秋时期的学风,他是肯定为己之学的。为己之学不意味学术是私利,而是不为学问以外的目的所左右,这种学术就容易是纯正的。如果做学问,想到的是跟别的什么有关系,这个学问可能是不纯正的,所以中国传统的"为己之学",有一点点学术独立思想的萌芽,但是它不是现代思想的学术独立。

第三,中国现代学术的另一个特点,是吸收了新的学术观念和研究方法。

我想这三点,应该是中国现代学术的标志。

中国现代学术的发端,应该开始于1898年到1905年这一段时间。学术思想的演变,一般地讲,不大容易用一个年份来断代,但是我们仔细看这段时间,在1898年到1905年这段时间,确实出现了一些状况,使我们觉得传统学术已经不能范围它了。这个时候,严复写了《论治学治事宜分为二途》,他把学术跟"事功"主张分开。1902年,梁启超发表《新史学》,他的史学观念的提出,跟传统的乙部之学的概念已经不完全相同了。特别是1904年,王国维发表《红楼梦评论》,这是在中国近现代历史上,中国学者第一次用西方的哲学美学观念来解释中国的古典,这样一些表现,我觉得传统学术的概念就没法范围了,所以我说,在这一段时间,应该是中国现代学术的开端时期。

中国现代学术的繁荣期,主要是后"五四"时期,直到三十年代、四十年代,那应该是乾嘉之后,中国学术又一个高峰期,学术创获，果实累累，大师巨子，层出不穷。我们觉得，它既承前启后，在一定意义上，也可以说是空前绝后。承前启后比较容易理解，他们起到了桥梁的作用，为什么我又讲它是空前绝后呢？因为他们开始大量地吸收西方的学术思想和观念，在这点上，不论是宋儒还是清儒，他们都没有这个条件。在对西学的掌握上，我们说它空前，我想没有人会反对。而另一方面，他们在传统文化的根底方面，国学的修养方面，尤其是家学渊源方面，后来者不大容易望其项背。所以在这个意义上，我觉得二十世纪的大师，他们既承前启后，在一定意义上也是空前绝后的。

中国现代学术不仅收获了丰富的果实，而且形成多方面的学术传统，包括学术独立的传统，科学考据的传统，广为吸纳外域经验又不忘记本民族历史地位的传统，还有学者能诗的传统，重视学术分类的传统，重视通学通儒的传统，等等。其中尤其以学术独立的传统最为重要，甚至现代学术这个概念，也和学术独立直接相关。产生并开始学术独立的诉求，是现代学术和传统学术相区别的一个重要标志。

王国维说，"学术之发达，存乎其独立而已"；梁启超说，"学问之为物，应离致用的意味，独立生存"；陈独秀说，"中国学术不发达最大的原因，莫如学者本身不知道学术独立的神圣"；萧公权说，"所谓学术独立，其基本意义，不过就是尊重学术，以学术具有本身的价值"。

如果我们拿这些论述和今天的学术界状况做一个比照，不难发现，我们今天的学术未免过分强调实用，我指的是人文学术，而忽略了为学术而学术的真理性和神圣性。我认为文史哲人文学术如果只是追求实用，那将使人文学走向迷途。

至于陈寅恪先生，他更是毕生都在为学术独立而诉求，而抗争，他的最有名的话是，"独立之精神，自由之思想"，这是1929年他在《王观堂先生纪念碑铭》中讲的话。他说："思想而不自由，毋宁死耳。"他还说："先生之著述，或有时而不章，先生之学说，或有时而可商，唯此独立之精神，自由之思想，历千万祀，与天壤而同久，共三光而永光。"实际上，陈先生把独立之精神和自由之思想，看作一定程度的永恒的东西。

二十四年之后，1953年，陈先生在撰写《论再生缘》这本书时，又一次提出，"无自由的思想，就没有优美的文学"。而在1954年，通过《柳如是别传》的撰写，陈寅恪先生把"独立之精神，自由之思想"，升华到我民族精神原旨的高度。《柳如是别传》是陈寅恪晚年一部最大的著述，全书近八十万言。有人曾经遗憾，说陈先生，大史学家，但没有写出一部通史。在我看来，他的这本《柳如是别传》，其学术价值绝不在通史之下，他是为一代奇女子立传，是"借传修史"，所修之史则是一部明清文化痛史。主人公是明末的一个名妓，当然不是一般的现在我们理解的某一行业的人。她是一个特殊的人，她是一个有个性的人，她是一个有民族气节的人，她是为了追求爱情不惜一切的人。她早期喜欢陈子龙，后来跟钱谦益结合，而拒绝与牧斋一起降清，晚年又投入反清复明活动。她一生的事迹，她的作为，她的异行奇节，以及她的精神追求，可以说，都是陈寅恪先生发覆索隐，一手发掘出来的。而他写这部书，不仅是给奇女子柳如是立传，而且是"借传修史"，"修"明清文化痛史，用以表彰我们民族独立之精神，自由之思想。

陈寅恪先生在《柳如是别传》的缘起里说："夫三户亡秦之

志，九章哀郢之辞（即发自当日之士大夫），犹应珍惜引申，以表彰我民族独立之精神，自由之思想。"何况是被历史灰尘所埋没，为当时的迂腐之人所攻讦，被后来的轻薄之徒所诬陷的一个小女子呢。

1953年，他和汪籛的谈话，更把独立之精神、自由之思想的义谛表述得更为直接，更加不容置疑，这就是有名的《对科学院的答复》。他往昔的学生汪籛，受命前来广州，试图说服老师，不拒绝科学院的约请，能够北上，就任历史第二所所长。陈寅恪先生未能让他的弟子如愿，反而出了一个天大的难题。他提出了两个条件：第一，他说去，可以，但是他主持的研究所应该不奉行马列主义，也不做政治学习；第二，他希望毛公或者刘公能写一封信，作为他的允许证明书。这个条件在当时的背景下，是太困难了。当然我们知道，毛公或者刘公，并没有给陈先生写一个允许书，当然陈寅恪先生也没有北上就职。

通观五十年代以后的中国思想学术界，在中国现代学人当中，可以说没有第二人能把为学的这种精神义谛保持到如此的强度和纯度。主张并坚持学术独立的地位和独立价值，是中国现代学术的重要传统，许多学人的力量源泉就在于此。

刘梦溪：中国现代学术还有重视学术分类的传统，还有重视通学和通儒的传统。特别是后者，我觉得在今天提起，特别重要。中国现代学者当中，很多都是通儒，章太炎、梁启超、严复、王国维、陈寅恪、马一浮、梁漱溟、熊十力、钱穆，我们可以举出一长串的名字，他们都是通儒大儒。

中国学术史上自古就有专家和通儒的区别。

古代的通儒是通古今，就是太史公讲的，"通古今之变，成一家之言"。而现代的通儒还需要会通中西。这一点，二十世纪的许多大师级人物都是如此。当然还有关于"四部兼通"的问题。中国传统的学问是四部之学，就是经、史、子、集的四部分类法，在中国现代学者中，能够做到这一点的很少。章太炎是突出的一位。再有，我觉得是钱宾四先生，大体上讲，他是通四部的。我们看他的著作，不仅有经学的著作、史学的著作、哲学的著作，甚至还有文学和艺术的著作。还有一个人，现在容易被人所忽略，那就是张舜徽先生，要讲学问通四部的话，他应该比钱宾四更明显。张先生的学问根底深厚，他通读过"二十四史"，而且懂经学，通小学。

中西会通，四部兼通，还有一通，就是文史打通。中国现代学者，一些大儒、通儒，他们是文史打通的，代表人物是陈寅恪先生和钱锺书先生。陈先生一生所为，都是用诗文来证史，他开辟了史学研究的新途径，不论是早年的论陶渊明和魏晋的论文，还是隋唐政治制度"两论稿"，《元白诗笺证稿》，以及晚年的《论再生缘》和《柳如是别传》，都是以诗文来证史的重要的学术著作。还有钱锺书先生，他基本的学术理念是主张文史打通，这个话是他自己亲口跟他的朋友、厦门大学的郑朝宗教授讲的，郑先生在一篇文章中专门讲钱先生这个思想。我们看钱先生的《管锥编》和《谈艺录》，他主要的目的在打通文史，而不是像有些人所理解的，它是一个比较文学的著作，它不完全是比较文学的著作。打通，会通，兼通，才能产生思想，所以通儒不仅是学者，而且是思想家，这一点就更重要了。我觉得当代学者，很多是专家，很多是学者，但是思想家未免太少。

说到这里，我想附带说几句关于学术研究的课题制问题。因为现在大学和研究机构，基本上都是以课题来作为学术运作的基本方式，这当然很好，可以得到国家的拨款，而有一些大的著述，不通过课题制，也不能很好地完成，如多卷本的通史一类著作，只能集中很多专家，通力合作来完成。但是我也应该说明，课题制不容易产生思想，产生的是往往是思想的妥协，而不是思想的创生。课题制可以带动人才，但是也局限人才。

中国现代学术还有一个传统，是学者能诗的传统。中国现代学者当中，有很多人都会写诗，不是一般的会写，而是喜欢写，善于写诗，诗是他们学术生命的一部分，是他们学问的别体。王国维、陈寅恪、马一浮、萧公权、方东美、钱锺书先生，他们都是学人兼诗人，既是第一流的学人，又是第一流的诗人。我有一个见解，马一浮的学问主要在诗里，因为马先生的著作并不太多，《泰和宜山会语》《复性书院讲录》等，但是他的学问，在二十世纪中，很少有另外的人能跟他相比，他的学问表现在哪里？他的学问很大一部分在他的书信里，特别是在他的诗里，如果不信，可以去看看。

总之，中国现代学术造就了大批大师级的人物，在发展过程当中，又形成诸多的学术传统，这些对今天而言，弥足珍贵。至于那一时期，学界胜流为学精神的坚韧性和顽强性，则是时代风雨和学术理性双重铸造的结果，即使是战乱时期，他们也没有停止过学问的探究。最不可思议的是西南联大，在战乱期间，也是他们成果出得最多的时期。抗战时期，北大、清华、南开大学合并为西南联大，在西南一隅，但是他们的学问研究没有停止，这简直是奇迹。

还有，中国现代学者，他们许多人并不是一开始就致力于学术，他们是受时代潮流的激荡，往往一个时期，无意为学，有心问政，中年以后，渐悟政治不可为，转而潜心学术，又在学术上卓然立说。康有为、梁启超、章太炎、黄侃、熊十力等，都是如此。章先生是声名显赫的革命家。黄侃和熊十力，年轻的时候也热衷政治活动，他们甚至成为地方的群众领袖。这种情况使他们有丰富的人生阅历，增加了他们潜心学问的深度，他们的学术历练和文化担当，与清初的大儒有一脉相通之处。我说的是顾炎武、王夫之、黄宗羲这几位清初的大儒，他们都有通人之学，都是通儒。中国现代学者，其中第一流的人物，在学术精神的取向上，跟明末清初的这几位大儒确有相通之处，而他们的学术训练和执着单纯的精神，又类似乾嘉诸老。

乾嘉的学者们，他们专心向学，他们的学问存在的方式是很单纯的，而现代学者中一些第一流的人物，他们的学问也是很单纯的。马一浮特别讲道，人的心不应该有"间杂"，中间的"间"，私心杂念的"杂"。一个人如果内心有很多"间杂"，他的精神世界便会混浊。我可以说，二十世纪第一流的学人，他们的内心世界是单纯的，没有"间杂"。

那一时期许多学人的立身行事，流品之高，更有很多可以感叹而可歌可泣者。比如王国维的自杀，蔡元培的出走，马一浮的居陋巷而谢绝讲舍，李叔同的出家，黄侃拜师，辜鸿铭穿着前清的装束执教于北京大学，胡适讲课看见女生衣服单薄，走下讲台亲手去关窗；还有梁漱溟和毛泽东吵架，钱锺书先生论学，手杖捅破了蚊帐，以及傅斯年的雄霸，熊十力的傲岸，陈寅恪的哀伤，吴宓的浪漫，汤用彤的温良，这样一些异事奇节、嘉德懿行，在当时后世必有警世励人、启迪心智的作用。

虽然有的传统已昔不至今,"昔不至今"这个话是佛学大师僧肇的话,他有一部著作叫《肇论》,里边有一篇叫《物不迁论》,说昔物即过去的物,来不到今天,昔物不至今。北京大学百年校庆的时候,汤一介先生有一篇文章使用了这个概念,我看了以后,非常感动。他是讲,北大过去的传统并没有传递到今天,他是指蔡元培的传统,即思想自由、兼容并包的传统已经昔不至今。虽然我讲的二十世纪的这些大师们确立的学术传统,有的已经昔不至今,但是今天的学人,要使自己学有宗基,取径有门,中国现代学术大师们的风范,他们建立的传统,不仅没有成为过去,而且必将成为今天的学人获得灵感的源泉。

现场答问互动

曾子墨:好,感谢刘梦溪先生带给我们很精彩的演讲。听过您的演讲之后,我们特别想了解,在演讲当中一一列举的这些大师级的人物,您个人最欣赏的是哪一位?

刘梦溪:我个人最欣赏的是两个人,一个是站在地上的人,陈寅恪;一个是站在云端的人,马一浮。陈寅恪先生,我觉得是二十世纪最伟大的史学大师,他是开辟性的人物,他不仅是学者,而且是思想家。我研究他多年。还有一个人就是马一浮,马先生留下的著述不多,可是他的学术思想的高度和深度,很少有另外的研究经学和义理之学的学者能跟他相比。我曾经讲过,梁漱溟、熊十力、马一浮,是被称作新儒家"三圣"的,如果说这三个人都是"圣"的话,我觉得马先生为学的本我境界,要高于熊先生和梁先生。当然有时候不太好比，梁、熊也都很了不起，可是我自己的偏爱如此。

曾子墨：刚才您提到的陈寅恪先生，在演讲当中，您也花了相当大的篇幅来强调陈寅恪先生，一直推崇一种学术的独立精神，我想，他这样做是希望所有的中国文化人物能够走出过去的学术老路子，比如"学而优则仕"。那今天您强调学术的独立精神，用意是在哪里？

刘梦溪：今天的学者，我不能不讲，在学风方面和二十世纪的大师相比，存在的问题多到不知凡几。因为高等学校是学术的重镇，以前的高校是没有钱的，现在突然发现，高等学校是可以赚钱的，甚至变成一个赚钱的机器，我因此觉得学术面临被外物诱惑的严重危险。在这种情况之下，学者们应该不被金钱所引诱，也不要被其他的因素所干扰，应该谨守为学之道。所以我讲陈先生的这个"独立之精神，自由之思想"，对今天是特别有针对性的。

曾子墨：那现在的学术状况，您认为更多的是制度造成的、环境造成的，还是学者本身个人素质造成的？

刘梦溪：我觉得两方面的因素都有。这个世界诱惑太多了，甘心为学不容易。有的也有制度问题，比如学术体系的评价问题，人文学科不大好用量化的方式来评价，可是现在很多研究单位，都用量化的方式，用论文的多少来确立你的学术水平。你要用这个方式来判断，马一浮先生就不合格了，写的东西太少了，可是你能否认他是真正的学术大师吗？

听众一： 您好，刘先生！我来自中国人民大学，因为我所学的专业是中西文化比较，所以我想请问您一个问题，您说的陈寅恪先生作为一位通儒，他又有过很长时间的留学经历，那么他是否受到了西方思想的强烈影响，尤其具体是哪一位思想家的影响？谢谢您。

刘梦溪： 谢谢你的问题。陈寅恪先生十三岁就开始留学日本，后来还到哈佛大学留学，很长时间是在德国，我想他的思想中，受到国外学术思想的影响是没有问题的。问题是在哪些方面受了影响，学术界没有定论。像研究陈寅恪比较早的，写《陈寅恪传》的汪荣祖教授，他曾经提到，说陈先生受德国史学家兰克的影响，可是具体的痕迹怎么复现起来，非常困难。我前些年在海德堡开过一次关于史学方面的会，在这个会上，我专门请教几位欧美的史学家，实际上他们也不能说得清楚。

陈先生的厉害之处在于，虽然长时间留学国外，很难在他著作当中看到国外思想的痕迹。但也不是一点都没有，他在给冯友兰《中国哲学史》写的审查报告当中，有一个地方讲，说如果你对古人的学说缺乏了解之同情，你就不大容易发言。怎样才能做到对古人的学说有真正了解呢？他提到，你得像艺术家那样，通过一些蛛丝马迹，通过那些残存的碎片，重建当时的结构。"结构"这个词，中国过去没有的，显然是国外来的，因为国外就有结构主义的史学。另外在文化语言学方面，陈先生似乎情有独钟，这在回答刘文典论国学书中，讲得非常集中。所以总的看，他是受了西方思想影响的，但难能之处在于，他很少在他的著作当中留下痕迹。但又不影响他是一个现代史学家。

听众二： 刘先生，您好！我是来自武汉大学的本科生，这次千里迢迢来听您的讲座，刚才听了您的讲座，感觉确实是高屋建瓴，从中外古今，时间和空间两个维度上，把二十世纪的学术大师之间的关系，讲得确实是清晰透彻，受到很多的启发。我这里有个问题想向您请教。现在大家都说，目前是一个知识爆炸的时代，网络，出版产业的发达，导致知识的生产量剧增。我们的教育体系，从小学、中学到大学，一直到硕士、博士，是一个生产人才的专业链条。在工作中，人们的工作压力比较大，生活节奏也比较快。那么就您所说的，在这样的条件下，专才都很困难，我们怎样才能成为一名您所说的通才呢？

刘梦溪： 你这么远道而来，真的谢谢你。在现在的这个社会背景之下，怎样能够保持学问的单纯性，怎么能产生通儒的问题，实际上这是我今天演讲透露出的困难所在。今天不容易产生通儒，可是假如一个社会没有通儒，只是一些专门家，它就不容易产生思想。比如说刚故去的费孝通先生，他就是一个思想家，他一生不停止思想，在晚年也没停止思想，我觉得他晚年提出的两个思想非常重要，一个是文化自觉的思想，还一个是"美美与共"的思想。所以我觉得如果要想产生通儒，知识储备固然重要，学者们的历练和国际视野同样非常重要，包括增加自己的人文关怀，不仅在本专业领域里发言，还应该对社会、对人类发言，这样就容易产生思想家，也有可能产生通儒。

听众三： 二十世纪那些学术大师，以及往上数更加远的那些学术大师，他们有一个特点，就是学与诗是不分离的，学与诗兼通。而当下的学术界，一般的学者可能就没有这个传统了。那为什么我们现在的这些学者丧失了这种传统，是不是跟"五四"以来，我们放弃文言文作为我们的学术语言有关，因为文化表达跟语言是有关的。如果跟这个有关，"五四"以来所提倡的废弃文言文，只用白话文，对我们的文化发展究竟有什么样的影响？如何评价这个文化上的现象和实践？

刘梦溪：这是个很重要的问题。按照我的看法，我觉得现代学术大师，他们很多能写诗，当然写的不是新体诗，而是旧体诗。他们这样一种训练，在某种意义上弥补了"五四"以来白话完全代替文言以后的语体书写方式的不足。当然白话代替文言，这个历史过程没法逆转，是一种历史的进步，没有问题。但现在重新检讨这个转变，我觉得我们对文言文的废弃有点儿太过于绝对了。文言是一种载体，文言这种方式可以增加文章的庄敬性。如果我们觉得中国人作为一种文化性格来讲，有一些大家能够知道的特征，比如说对宗教信仰的态度，未免有一点马马虎虎。但孔子是非常强调"敬"这种精神态度的。宋儒意识到了这方面的问题，所以不论是二程还是朱熹，都提出了"主敬"的概念。提出"敬"或者"主敬"，都是想提升民族文化性格的庄严性。文言这种载体，它可以使文本方式庄严起来，所以古代一直有"临文以敬"的说法。在我看来，当前国家的重要文诰，重要的外交文献，如果带有一点儿文言，也会显得更加严肃庄重。我觉得文言不可全废。现代学者很多能诗，可以看作对白话完全取代文言的代价的一种补偿。

曾子墨：中国的现代学术造就了一大批大师级的人物，而他们也创造了许许多多不同方面的学术传统，在这当中，可能最重要的，就是保持学术研究的独立性。正像陈寅恪先生所说的那样，独立之精神，自由之思想。我们希望前人、前辈、大师们给我们留下来的学术传统，不要在我们的手中断裂，也希望在未来的中国学术界，可以早一日重塑大师。

2007年12月15日下午2时，凤凰卫视《世纪大讲堂》播出"大师与传统"节目，此为演讲全记录，略加整理

第十三章 失调名

俞曲园《病中呓语》的"呓语"

一

俞曲园老人易箦之时,写下绝句九章,说他身后二百年的世势,都在其中了。人以为奇,称作《病中呓语》。当时是光绪三十二年,也就是1906年,距今已逾百年之数。我们且看这九章绝句是如何写法,兹依原章次序抄录如下:

第一章
历观成败与兴衰,
福有根由祸有基。
不过六十花甲子,
酿成天下尽疮痍。

第二章
无端横议起平民,
从此人间事事新。
三五纲常收拾起,

大家齐作自由人。

第三章
才喜平权得自由,
谁知从此又戈矛。
弱者之肉强者食,
膏血成河遍地流。

第四章
发奋英雄喜自强,
各自提封各连坊。
道路不通商断绝,
纷纷海客整归装。

第五章
大邦齐晋小邦滕,
各自提封各自争。
郡县穷时封建起,
秦皇已废又重兴。

第六章
几家玉帛几家戎,
又是春秋战国风。
太息斯时无管仲,
茫茫杀气几时终。

第七章
触斗相争年复年，
天心仁爱亦垂怜。
六龙一出乾坤定，
八百诸侯拜殿前。

第八章
人间锦绣似华胥，
偃武修文乐有余。
璧水桥门修礼教，
山岩野壑访遗书。

第九章
张弛由来道似弓，
聊将数语示儿童。
悠悠二百余年事，
都入衰翁一梦中。

　　验以世事，第一至第五章昭示的内容，似乎我们在已往百年中国的世变中已经看到端倪了。
　　第一章："历观成败与兴衰，福有根由祸有基。不过六十花甲子，酿成天下尽疮痍。"此章类似序曲，先做总的概括，以明因果。第二章："无端横议起平民，从此人间事事新。三五纲常收拾起，大家齐作自由人。"应该是"五四"新文化运动前后的情况。第三章："才喜平权得自由，谁知从此又戈矛。弱者之肉强者食,膏血成河遍地流。"十四年抗战加上三年两党大战庶几近之。第四章:"发奋英雄喜自强,各自提封各连坊。道路不通商断绝,纷纷海客整归装。"很像五十年代两岸关系和各自的情景。第五章:"大邦齐晋小邦滕,各自提封各自争。郡县穷时封建起,秦皇已废又重兴。"考其内容属于第四章的延续,意象所指正是我辈所亲身经历者。

现在的世势,应该是第六章:"几家玉帛几家戎,又是春秋战国风。太息斯时无管仲,茫茫杀气几时终。"同时第五章描述的:"大邦齐晋小邦滕,各自提封各自争。郡县穷时封建起,秦皇已废又重兴。"仍大有重启再兴之势。至于第七章:"触斗相争年复年,天心仁爱亦垂怜。六龙一出乾坤定,八百诸侯拜殿前。"第八章:"人间锦绣似华胥,偃武修文乐有余。璧水桥门修礼教,山岩野壑访遗书。"只能视作一种期待和愿景而已,究竟何时能够实现,抑或是否真的会有此一境,愚钝如吾辈,恐难以预知。

二

俞曲园是经学大师俞樾的号,浙江德清人,字荫圃,生于道光元年(1821),三十岁考中进士,恰好是道光在位的最后一年,按时运颇不利于各路生员。但曲园不仅考中,且礼部覆试获得第一名,称为"覆元"。覆试的诗题是"淡烟疏雨落花天",很容易让人生出暗淡惆怅之感。可俞樾按试题所作的两首五言八句,其第一首的头两句竟是:"花落春仍在,天时尚艳阳。"以阅卷大佬们的眼光,有了这出人意表的头两句,下面的几乎可以忽略不及。何况担任此场阅卷官的有曾国藩,他当即评说道:"咏落花而无衰飒意，与小宋《落花》诗意相类。"(《俞曲园先生年谱》，《春在堂全书》第七册，第800页）小宋即宋代诗人宋祁，所写《落花》诗为两首，第一首是："坠素翻红各自伤，青楼烟雨忍相忘。将飞更作回风舞，已落犹成半面妆。"擢拔俞樾为第一名，实即曾国藩所力主，故终其一生，俞曲园都对曾湘乡心存感激。

但俞樾的仕途并不顺利，仅在咸丰五年（1855）放了一年多河南学政，就因科场案而罢归。真是成也科场，败也科场。后来的遭际更其命途多舛，家人、子女、亲故迭遭病患与死亡，直至发妻姚氏病故。姚氏名文玉，系舅氏姚昆的第四个女儿，俞樾七岁与之订亲，结缡时俞樾十九岁，文玉二十岁，伉俪情深，患难与共。光绪五年（1879）文玉离世，俞樾当时五十九岁，建成于光绪元年的苏州春在堂，启用未及五载，其所受打击难以名状。两年后，长子绍莱卒于天津，三年后，次女绣孙复又病故。俞樾写悼亡诗十五首，哭女、哭子、哭妻，歌哭阵阵。其第五首："身后零丁事事非，二男六女痛无依。呢喃一队梁间燕，母死巢空四散飞。"令人不忍卒读。本来文玉逝后，曲园老人拟三年不作文字，无奈早已著书满家，文名满天下，欲停止作文也难矣。正所谓"垂老方知搁笔难"（《春在堂诗·壬甲编·八月为始》）是也。

俞樾罢归河南学政后，专事著述，影响最著的是《群经平议》《诸子平议》《古书疑义举例》三书。《清史稿》本传称："其治经以高邮王念孙、引之父子为宗。谓治经之道，大要在正句读，审字义，通古文假借，三者之中，通假借为尤要。""其《诸子平议》，则仿王氏读书杂志而作，校误文，明古义，所得视群经为多。"又称其治《易》之创获为："诸经皆有纂述，而易学为深，所著《易贯》，专发明圣人观象系辞之义。《玩易》五篇，则自出新意，不拘泥先儒之说。复作《艮宦易说》《卦气值日考》《续考》《邵易补原》《易穷通变化论》《互体方位说》，皆足证一家之学。"可谓平实允当之论。实际上，曲园先生于经子百家之学，于文史辞章之学，无书不观，随手即可成文。所撰著往往以居室名书，如苏州曲园，有《曲园杂纂》，杭州俞楼有《俞楼杂纂》，姚氏葬杭州右台山，曲园筑室于旁名右台仙馆，因有《右台仙馆笔记》，姚氏生前居室为《茶香室》，又有《茶香室丛钞》，主讲杭州诂经精舍，住处为第一楼，有《第一楼丛书》等等。而春在堂则是其著述的总名，收辑俞著最全的《春在堂全书》以此。所以曾国藩说："李少荃拼命做官，俞荫甫拼命著书。"李鸿章字渐甫，号少荃，与俞樾同出曾门，两人交谊甚笃，曲园之建即得到了李的资助，曲园门外匾额亦为李鸿章所书，曰"德清俞太史著书之庐"。

碰巧的是，同治四年四月（1865年5月），李鸿章继曾国藩之后，以江苏巡抚署理两江总督，特推荐俞樾为苏州紫阳书院讲习，第二年二月开讲，人文甚盛，吴大澂、张佩纶、陆润庠等大吏，都列于门墙。同治七年（1868），受浙江巡抚马新贻之聘，俞樾任杭州诂经精舍主讲，遂辞去紫阳书院讲习。当年闰四月，曾国藩回任两江总督期间，到苏州巡察，专诚探望俞樾，俞有诗记其事："吴中传报相公来，军将敲门妇子猜；深感殷殷推许意，舟窗亲自一笺裁。"盖曾有诗赠俞，推崇备至，诗的三四两句指此。俞樾的著作传到四川，复得到时任四川学政的张之洞的激赏，蜀中大儒廖平亦引以为重。因门下有日籍人士，《群经》《诸子》两"平议"传至东瀛，也引起了日本学界的重视。而出于紫阳书院和诂经精舍的门下士，如章太炎、黄以周、缪荃孙、吴昌硕、朱一新、张佩纶、吴大澂、崔适、戴望、谭献、宋恕等，无一不是晚清民初政学两界的精英翘楚，这也是曲园老人声誉日隆的一个缘由。

俞樾亦擅长诗词、书法，《清史稿》本传许为："所作诗，温和典雅，近白居易。工篆、隶。"可谓言之不虚。书法不止篆隶，行书亦其所长。光绪三十二年（1906）九月，江苏巡抚陈夔龙重修寒山寺，鉴于文征明所书的张继《枫桥夜泊》诗碑已残破，于是请曲园老人补书，这就是如今我们到寒山寺无人不想瞻仰的俞书诗碑，可谓酣畅淋漓，气韵贯注，圆润而有逸气。当时距曲园老人之逝不及两月，遂成绝笔。诗作在《春在堂全书》中占有重要地位，几乎是事事有吟咏，时时不离诗。《全书》中的《自述诗》一百九十九首，无异于诗体的自传，是研究曲园老人生平事迹的直接材料。其赠彭雪琴六十寿诗，八首七古，一气呵成。此亦由于俞、彭二人一见如故，似有宿契，以致彭以玉佩为礼，将自己的孙女许配给了曲园的孙儿俞陛云。俞陛云是俞樾最宠爱的一个孙儿，系其次子所生，赴京科考，曲园亲自陪同。而当今人所共知的红学闻人俞平伯，就是俞陛云的佳公子。

三

笔者之所以如许钩沉梳理曲园老人的命运遭际和生平志业，是想以此证明其《病中呓语》九章的撰写，绝非偶然。盖俞樾是经历过大浮沉、大悲欢，生与死和殊荣隆誉相与纠缠的有大阅历的传奇人物，学问、经历和天生敏悟，使其具有洞识社会人生的超验能力。何况他对《易经》有极深湛的研究，故对一定历史段落的事变和人事有所预判，应属可以理解。

也许真的是无巧不成书。谁能想到俞樾离世的二十六年之后，曲园老人的曾孙，也就是俞陛云的哲嗣俞平伯，竟请托二十世纪的大史学家陈寅恪做了一件他们的先人无法想象的事。当时俞平伯和陈寅恪同在清华任教，寅恪先生尝请俞平伯以小楷抄录韦庄的《秦妇吟》，时在1928年。四年后的1932年，寅恪应老友俞平伯之请，又为乃曾祖曲园老人的《呓语》，写了一篇跋文，题目作《俞曲园先生病中呓语跋》，始载《清华周刊》第三十七卷第二期五二九号，后收入陈著《寒柳堂集》。陈先生在跋文中写道：

> 曲园先生病中呓语不载集中，近颇传于世。或疑以为伪，或惊以为奇。疑以为伪者固非，惊以为奇者亦未为得也。天下之致赜者莫过于人事，疑若不可以前知。然人事有初中后三际（借用摩尼教语），犹物状有线面体诸形。其演嬗先后之间，即不为确定之因果，亦必生相互之关系。故以观空者而观时，天下人事之变，遂无一不为当然而非偶然。既为当然，则因有可以前知之理也。此诗之作，在旧朝德宗景皇帝庚子辛丑之岁，盖今日神州之世局，三十年前已成定而不可移易。当时中智之士莫不惴惴然睹大祸之将届，况先生为一代儒林宗硕，湛思而通识之人，值其气机触会，探演微隐以示来者，宜所言多中，复何奇之有焉。（陈著《寒柳堂集》，上海古籍出版社，1980年，第146页）

陈先生的态度很明确，在他看来，世间之人事变化虽然至赜至幻，但就中并非没有因果联系可寻："其演嬗先后之间，即不为确定之因果，亦必生相互之关系。故以观空者而观时，天下人事之变，遂无一不为当然而非偶然。既为当然，则因有可以前知之理。"即陈先生认为,人事之变迁是可以预知的。亦因此可知,历史上有一些预言,并非完全不可信。他这样讲的时候,一定想到了刘伯温的《推背图》。而他自己对晚清史事和后来的人事与社会变迁,亦有相当的预见性。跋文又说他曾与俞平伯讲过:"吾徒今日处身于不夷不惠之间,托命于非驴非马之国,其所遭遇,在此诗第二、第六首之间,至第七首所言,则邈不可期,未能留命以相待,亦姑诵之玩之,譬诸遥望海上神山,虽不可即,但知来日尚有此一境者,未始不可以少纾忧生之念。然而其用心苦矣。"是啊,《呓语》第七首:"触斗相争年复年,天心仁爱亦垂怜。六龙一出乾坤定,八百诸侯拜殿前。"自然如寅老所言,真是"邈不可期"也。

而曲园《呓语》最后一章,即第九章:"张弛由来道似弓,聊将数语示儿童。悠悠二百余年事,都入衰翁一梦中。"陈寅恪说,如今经由曲园老人的曾孙俞平伯来抄录此诗,并略加诠解,岂不是使得"聊将数语示儿童"的预见性,也得到证实吗!因此"所谓人事之当然而非偶然者",就没有什么好奇怪的了。陈寅恪先生此跋,可以看作对曲园老人《病中呓语》的神解矣!

四

庚子春节,居家避疫,闲翻俞曲园《春在堂全书》,偶成此稿。然写讫竟不知缘何撰此文矣,健忘如此,叹叹!